本书为国家社会科学基金重大招标项目“明清以来徽州会馆文献整理与研究”(项目编号:14ZDB034)的阶段性成果

旅外徽州人与近代徽州社会变迁研究

张小坡◎著

中華書局

图书在版编目(CIP)数据

旅外徽州人与近代徽州社会变迁研究/张小坡著. —北京:中华书局,2018.9
ISBN 978-7-101-13421-6

Ⅰ.旅… Ⅱ.张… Ⅲ.华人-关系-社会变迁-研究-安徽-近代 Ⅳ.K295.4

中国版本图书馆 CIP 数据核字(2018)第 203054 号

书　　名	旅外徽州人与近代徽州社会变迁研究
著　　者	张小坡
责任编辑	常利辉
出版发行	中华书局 (北京市丰台区太平桥西里 38 号　100073) http://www.zhbc.com.cn E-mail:zhbc@zhbc.com.cn
印　　刷	北京市白帆印务有限公司
版　　次	2018 年 9 月北京第 1 版 2018 年 9 月北京第 1 次印刷
规　　格	开本/920×1250 毫米　1/32 印张 17⅜　插页 2　字数 470 千字
印　　数	1-2000 册
国际书号	ISBN 978-7-101-13421-6
定　　价	88.00 元

序

王振忠

在传统时代，徽州是个高移民输出的地区，大批徽州人离乡远涉，在全国各埠居廛列肆、务工经商。有鉴于此，包括徽商在内的旅外徽州人之活动，是徽学研究中最为重要的一个问题，历来备受关注。而在另一方面，旅外徽人对于徽州社会亦有着重要的影响。对此，著名学者唐力行先生曾指出：

> 徽州乡村自治的动力可分为内外两个循环，内循环是徽商、士绅、宗族三个要素通过文化整合形成良性互动，外循环即同乡组织，内、外循环的任何一端遭到破坏，在另一循环的带动下，都能迅速得到恢复，并导致内外循环进行良性运行，乡村自治得以延续，这也是徽州乡村社会超稳定结构的特有属性……

这一论断揭示了旅外同乡组织与徽州乡村社会变迁的相互关系。揆诸实际，在旅外徽人组织中，以敦睦桑梓、声应气求为旨归的会馆、同乡会最为重要。关于这方面的研究，很早就引起学界的高度重视。譬如，在何炳棣、根岸佶、王日根等海内外学者的研究成果中，徽州会馆都受到了较多的关注。而在徽学研究领域，早在世纪之交，由安徽师范大学王廷元教授指导的硕士研究生陈联，就撰有《徽州会馆研究》的论文。此后，国内以徽州会馆作为研究主题的学位论文还有多篇，而零星旁涉于此的研究成果更是时有所见。不过，由于围绕着徽州会馆的资料相当不少，有不少分别收藏于各类公藏机构以及私人藏家手头，搜集颇为不易，其个案之累积与总体性的系统探研，仍存在不小的空间。

此前，安徽大学徽学研究中心的张小坡副教授，完成了一部《旅外徽州人与近代徽州社会变迁研究》的专著，内容颇为翔实，我拜读一过，觉得该书具有以下两个突出的特点。

一是大批新史料的利用。作者孜孜不倦地广泛收集、阅读各公藏机构庋藏的征信录、同乡会文献，所获甚丰。其中，特别是上海市档案馆收藏的同乡会档案，私人收集的徽州碑刻资料，以及安徽省图书馆等处珍藏的近代报刊等，皆为此项研究奠定了相当扎实的基础。从资料收集的种类来看，该书较此前的不少著作都更为广泛。

二是长时段的细致考察。作者网罗散佚、远引旁搜，对旅外徽人与徽州社会变迁，做了从传统到现代连续性的考察，为我们勾勒出同乡组织与徽州社会互动的清晰脉络。书中对于会馆、善堂等组织的探讨，考其源流，叙其本末，既有宏观层面上地理分布的分析，又有具体个案的详细探究，这使得此一论著颇显厚重。另外，全书不是仅局限于会馆、同乡会组织的考索，而是将其与徽州乃至中国社会变迁紧密结合在一起，缕析条分，巧制新裁，在更为宏观的层面上加以深入、细致的分析。

我特别注意到，书中征引了不少第一手的原始文献，并有一些根据原始档案等相关资料制成的表格。据此，将来大可做进一步的深入研究。例如，书中附录一“《旅京歙县同乡录》(1927 年)”反映出杞梓里、磻溪和昌溪等诸多歙县南乡人的记录，这与明代以来(特别是晚清时期)歙南茶商在北京的贸易活动密切相关。这些，都可以结合大的时代背景与地域特色，做详尽的分析与探讨。

近年来，有关会馆、同乡会的相关史料层出迭现。2014 年，由我主持的国家社科基金重大项目“明清以来徽州会馆文献的整理与研究”获得立项。在此前后，我们陆续收集到不少与徽州会馆、同乡会相关的资料。与此同时，也注意到国内同行出版的相关资料集。在这方面，以王日根、薛鹏志主编的《中国会馆志资料集成》和李琳琦、梁仁志主编的《徽商会馆公所征信录汇编》最为重要。其中的不少资料，为相关课题的研究提供了极为丰富的史料。另外，在我主编的《徽州民间珍稀文献集成》中，也收录了同治七年(1868)和宣统三年(1911)的《徽宁思恭堂征信录》、民国《旅汉安徽同乡会第一期调查同乡录》和《徽宁旅沪同乡会章程》等。其中，同治《徽宁思恭堂征信录》应是目前所见《徽宁思恭堂征信录》中年代最早的一种，而宣统《徽宁思恭堂征信录》亦为迄今所仅见。1913 年，旅外人群在汉口筹办安徽义赈之后，将义赈灾会改组为同乡会，创立汉上安徽全省会馆，并刊刻了《旅汉安徽同乡会第一期调查同乡录》，从中可以较为详细地反映徽州一府六县之人在汉口的分布及其职业特色。而最后一种虽并不罕见，但却是 1924 年 11 月《徽宁旅沪同乡会章程》的修正案，其中存有拟议改动的多处痕迹，或可与上海档案馆 1923 年的版本比照而观。

这些都说明，有关旅外徽人的资料还有相当不少，相关问题仍有极大的拓展空间。今后，如何在众多一手史料的基础上细绎覃思，加强个案之累积与进一步的理论提升，无疑仍具有相当的挑战。我期待作者在此专著的基础上，将来有更多佳作面世。

兹值该书付梓前夕，聊志数言为序。

2018 年盛夏于新江湾

目 录

表格目录

导　言

一、问题的提出

> 今天先生在卧房里吟诵杜甫的《咏怀古迹》五首的一首。一会儿出来了，满面笑容的对胡颂平说："真奇怪，我少时用绩溪土话念的诗，现在也只能用土话来念；长大时用官话念的，才能用官话来念。于是谈起钱牧斋的笺注杜诗最了不得。"①

这是从绩溪走出的现代中国著名学者胡适先生晚年生活的一个片断。自从 1949 年 4 月 6 日在上海登上开往美国的克里夫总统号轮船，直至 1962 年 2 月 24 日在台北逝世，胡适再也没有机会返回大陆，但是他对故乡的眷恋之情却始终没有淡漠。在胡适晚年助手胡颂平编著的《胡适之先生晚年谈话录》中，胡适儿童时代玩过的"苏子"以及"出门要带三条绳""一世夫妻三年半""大王会"和"小王会""朝奉""员外"等有关徽州社会生活习俗的话题不时出现。1961 年 4 月 5 日，胡适在提及家中雇人整理菜园时说道："我将来写自传，要一大章来写徽州的社会情形。"②他早年完成的《胡适四十自述》就从绩溪的太子会讲起，"太子会是我们家乡秋天最热闹的神会，但这一年的太子会却使许多人失望"。然后描摹了太子会举办的具体场景，并用很大篇幅回忆了自己的家庭生活。而由唐德刚译注的《胡适口述自传》第一章也是《故乡和家

① 胡颂平编：《胡适之先生晚年谈话录》，联经出版事业公司 1984 年版，第 10—11 页。

② 胡颂平编：《胡适之先生晚年谈话录》，第 149 页。

庭》,开篇语即为"我是安徽徽州人"。[①] "暮年诗赋动江关",徽州已成为胡适心中挥之不去的乡土情结。

胡适只是庞大的旅外徽州人群体中的一员,他对故土的眷恋也只是一代又一代旅外徽州人真实生活的缩影。无论徽州人散落何处,从事何种营生,是否在侨寓地落籍,他们与家乡的联系始终没有中断。对于已在侨寓地落籍的徽州后人来说,或许徽州只是一个地理概念,但是他们的祖先葬在那里,他们在身份认同上仍愿意将自己视为徽州人,坚持将祖籍作为自己的籍贯。如康熙初年,歙县大阜潘氏宗族的第二十五世潘景文迁居苏州,他生有九子,形成苏州大阜潘氏一支九脉的基本格局。其后,潘氏长房枝繁叶茂,科第兴盛,乾隆五十八年(1793)潘世恩状元及第,显赫一时。虽然潘氏已跻身于苏州显宦望族之列,但其族人却没有忘记徽州,经常回到歙县三十五都一图的大阜祭祀、展墓。据徐茂明统计,苏州潘氏族人有时间可考的展墓活动共有六次。[②] 光绪七年(1881),潘钟瑞奉叔父之命回到大阜修理祖墓,待其返回苏州后,和族人商定,"自今以后,吴中子姓或间一岁二岁,必当一赴徽州展墓"。[③]可以说,旅外徽州人与故乡的血脉始终相连。诚如《歙风俗礼教考》所言:"歙俗之美,在不肯轻去其乡,有之则为族戚所鄙,所谓千年归故土也。间有先贫后富,缘其地发祥,因挈属不返者。殊不知吾徽有千百年祖墓、千百丁祠宇、千百户乡村,他处无有也。假令迁后子孙长保富贵,已属孤另;设有不振,失所凭依,其流移有不可问矣,可不慎欤。"[④]这段话实际上是劝说那些在外落籍不肯回乡的徽商不要忘记故土还有祖墓、祠堂,不能轻易斩断与家乡的血脉亲缘,否则就成了无源之水、无本

---

① 《胡适自传》,江苏文艺出版社 1995 年版,第 133 页。

② 唐力行等著:《苏州与徽州——16—20 世纪两地互动与社会变迁的比较研究》,商务印书馆 2007 年版,第 117 页。

③ 潘钟瑞著:《香禅精舍集》杂著第八《歙行日记下》,《历代日记丛抄》第 106 册,学苑出版社 2006 年版。

④ 许承尧撰,李明回、彭超、张爱琴校点:《歙事闲谭》卷十八《歙风俗礼教考》,黄山书社 2001 年版,第 606 页。

之木。

本文的主要研究内容是“旅外徽州人与近代徽州社会变迁”，简而言之，是将旅外徽州人视为一个群体，在分类考察旅外徽州人所设立的会馆、同乡会、同业公所、同学会等团体组织的基础上，探讨旅外徽州人的桑梓情怀及其对近代徽州社会变迁的影响。徽州具有特定的地理与区位条件，是一个高移民社会，人口流动频繁，以徽商为主体的旅外人群与徽州本土始终保持着一种良性互动关系。1840年鸦片战争后，中国被迫开放通商口岸，欧风美雨开始从东部沿海席卷内陆。得风气之先的广东、宁波商人很快完成自身转型，逐渐取代了徽商在商界的主导地位。咸同兵燹更是彻底打乱了徽州社会的正常发展进程，对徽州本土造成了空前严重的破坏。旅外徽州人对桑梓社会的衰落产生强烈的焦虑感和使命感，不得不调整尴尬的身份认同，积极行动起来，对家乡社会建言献策，并付诸实施，从而推动了近代徽州社会的变迁。

二、近代旅外徽州人群体概况

徽州地处皖南低山丘陵间，山多田少，地狭人稠，农业生产条件恶劣，人地关系始终比较紧张，当地所产粮食不足以自给，需要依靠境外输入才能维持最基本的生存。淳熙《新安志》对徽州的农业生产环境作了深入描述：“大山之所落，深谷之所穷，民之田其间者，层累而上，指十数级不能为一亩，快牛剡耜不得旋其间，刀耕而火种之。十日不雨，则仰天而呼；一遇雨泽，山水暴出，则粪壤与禾荡然一空，盖地之勤民力者如此。”[①]严峻的生存压力迫使徽州人外出寻找活路，负贩四方，“力作重迁犹愈于他郡，比年多徙舒、池、无为界中”。[②] 祁门县“水入鄱，民以茗、

① 淳熙《新安志》卷二《物产·叙贡赋》。
② 淳熙《新安志》卷一《州郡·风俗》。

漆、纸、木行江西，仰其米自给”。[①] 明代中叶以后，徽州盐商、典商、茶商、木商积累了大批资金，正式登上历史舞台，成为引人注目的一支商帮。嘉靖《徽州府志》记录了境内民众经商风气之盛及其背景：“徽之山大抵居十之五，民鲜田畴，以货殖为恒产，春月持余赀以出货十二之利为一岁计，冬月怀归，有数年一归者。上贾之所入，当上家之产；中贾之所入，当中家之产；小贾之所入，当下家之产。善识低昂，时取予，以故贾之所入视旁郡倍厚。然多雍容雅都，善容仪有口，而贾之名擅海内。”[②]万历《歙志》总结得更为细致全面：“今邑之人之众，几于汉一大郡，所产谷粟不能供百分之一，安得不出而糊其口于四方也。谚语：‘以贾为生意，不贾则无生’，奈何不亟亟也。以贾为生，则何必子皮其人而后为贾哉？人人皆欲有生，人人不可无贾矣。故邑之贾岂惟如上所称大都会者皆有之，即山陬海壖、孤村僻壤，亦不无吾邑之人。……总之，则其货无所不居，其地无所不至，其时无所不鹜，其算无所不精，其利无所不专，其权无所不握。而特举其大，则莫如以盐筴之业贾淮扬之间而已。”[③]清嘉庆年间江绍莲所撰《歙风俗礼教考》描摹了徽商经营的地域范围及不同层次徽商的特点：“郡邑田少民稠，商贾四出，滇、黔、闽、粤、豫、晋、燕、秦，贸迁无弗至焉，淮、浙、楚、汉，其迩焉者矣。其拥雄资者，高轩结驷，俨然缙绅。次亦沃土自豪，奔走才智，而遍植其亲朋。最次且操奇赢，权出纳，翼妻孥而橐遗其子孙。然亦固有单寒之子，无尺寸藉而积渐丰裕者，亦有袭祖父成业，未几而贫乏不振者。”[④]

出门经商已成为徽州人最为基本的一种生存方式，这种情况一直持续到近代。道光之后，随着清政府盐法改革，盐商失去垄断地位，实力一落千丈，咸同兵燹对徽商的经营地和徽州本土造成严重破坏，徽商

---

① 淳熙《新安志》卷一《州郡・风俗》。

② 嘉靖《徽州府志》卷二《风俗》。

③ 万历《歙志》传卷十《货殖》。

④ 许承尧撰，李明回、彭超、张爱琴校点：《歙事闲谭》卷十八《歙风俗礼教考》，第603页。

整体上的影响力大不如前，但在紧张的人地关系之下，徽州从商人数之多还是远甚于其他地区。“吾歙处万山之中，为浙江之所自出，其民山居而谷汲，终岁勤动或不足以自给，故自束修以上即出于江浙之间，从其父兄习废著之术，或不远千里北走宛平，受廛列肆，以牟什一之利。”[①]如徽州各县商人在上海形成了各自的经营主业。据吴拯寰的记述，歙县人经营京广杂货，黟县人经营草货、皮革和土布、绸缎，休宁人经营典当和衣庄，祁门人经营茶业，绩溪人经营菜馆和墨业，婺源人经营木材、漆和墨业。[②] 徽州人一直以从本土走出的商人群体为自豪，在编修方志时，不惜留出较大篇幅，记载徽商事迹。胡适在致《绩溪县志》总纂胡晋接的信中特别提出：“县志应注重邑人移徙经商的分布与历史。县志不可但见‘小绩溪’，而不看见那更重要的‘大绩溪’，若无那‘大绩溪’，‘小绩溪’早已饿死，早已不成个局面。新志应列‘大绩溪’一门，由各都画出路线，可看各都移殖的方向及其经营之种类。”[③]胡适先生的这段话屡为学者征引，以证明绩溪浓厚的重商氛围。绩溪人胡大刚也提到，志书于自治之后应该增加旅外同乡团体一目。他详细阐发了自己的看法：“盖我邑山多田少，地瘠民贫，人除应力图仅有富藏之开发外，非兼图向外发展不可。况我邑旅外先辈对于会馆产业之设置及同乡会之组织，殆到处多有。值此续修县志之机会，详为调查记载，既可免历久无稽之患，且足为邑人向外发展之导线。”[④]绩溪县志馆为此向旅外同乡发出通告，请他们填写调查表格。[⑤] 休宁县筹修县志委员会在讨论采访员名单时，专门指定了旅外同乡会采访员，负责调查统计本县经商情况。由此

---

① 《旅京歙县同乡录》(1927 年)。此份材料复印件承蒙歙县党史地志办公室邵宝振主任惠赐，特致谢忱。

② 吴拯寰：《旧上海商业中的帮口》，上海市文史馆、上海市人民政府参事室文史资料工作委员会编：《上海地方史资料》(三)，上海社会科学院出版社 1984 年版，第 102—106 页。

③ 《胡适之先生致胡编纂函》，《绩溪县志馆第一次报告书 · 文牍》，安徽图书馆缩微胶卷室藏。

④ 《胡大刚先生讨论目录函》，《绩溪县志馆第一次报告书 · 文牍》。

⑤ 《致旅外同乡函》，《绩溪县志馆第一次报告书 · 文牍》。

可见，徽商仍然是近代旅外徽州人的主体。

步入近代，中国社会经济结构发生了深刻变化，出现了房地产、金融、新闻媒体、电话电报、铁路运输等很多新兴行业，化学、火柴、纺纱等工业也获得了长足发展，这些新兴领域都出现了徽州人的身影。此外，中国近代教育领域引入了西方学制，初步构建了包括初等教育、中等教育、高等教育、职业教育、师范教育等在内的新式教育体系，培养了一大批专业技术人才，徽州青年学生在本地接受初等教育后，有的开始到外地进入省城安庆或者上海、南京、北京等高等学校集中的大城市继续求学深造，由此形成了一个具有鲜明特色的学生群体。

1927 年，北京歙县会馆为联络同乡感情，编订了同乡录，登记内容分为姓名、年龄、职业、住址、原籍、居京年数和备考数项，这为我们考察旅外徽州人群体概况提供了比较详细的一手资料。《旅京歙县同乡录》共登记同乡 330 人，从职业上来分，茶商 146 人，笼统标为商界的 25 人，药房商业 2 人，杂货商 1 人，菜馆业 2 人，笔墨庄 4 人，开设糖坊者 1 人，银行业 11 人，金银号店员 3 人，报馆编辑 1 人，学界 14 人，学生 21 人，政界 45 人，医生 2 人，军界 11 人，警界 5 人，电报局职工 6 人，铁路职工 8 人，煤矿文牍 1 人，火柴公司任事 1 人，飞艇厂技工 3 人，纱厂实习生 1 人，德商颜料化学厂任事 1 人，农务 1 人，职业不详者 14 人。从居住北京的时间来分，10 年以下者 49 人，10 年至 20 年者 36 人，20 年至 30 年者 30 人，30 年以上者 20 人，在北京出生和居住二代、三代甚至七代者 153 人，时间不详者 42 人。① 可见，商人在旅外徽州人群体中仍然居于主导地位，占总人数的 59.7%，而且经营的行业也比较多元，其中茶商是主体，另有经营杂货者，开设笔墨庄、糖坊、药房、菜馆者。在政府部门任职者也比较可观，占总人数的 14.9%，他们或任外交部主事、驻德使馆参赞，司法部秘书，交通部办事员，或在财政部、内务部等

---

① 《旅京歙县同乡录》(1927 年)。

各级部门供职。在军界和在警厅总务科、京师看守所等警界任职者亦不在少数。另外，除了学生和教师，在电报局、中国银行、中华实业银行、铁路段、火柴厂、颜料化学厂等行业任职者也都在在有人，可见近代旅外徽州人是一个来自多种行业的多元的群体。另据徐松如对旅沪徽州人群体的分析可知，1945 年歙县旅沪同乡会会员 785 人，其中职业为商业的 646 人，占总人数的 82.29%，工人 47 人，政界任职者 18 人，农业 2 人，学生 72 人。1946 年旅沪婺源同乡会会员共 996 人，其中职业为商业的 932 人，占总人数的 93.5%，工人 24 人，学生 22 人，在家从事家务活动者 4 人，在政界任职者 6 人，新闻业 3 人，警察 4 人，医师 1 人。1946 年黟县旅沪同乡会会员共 205 人，其中从事商业者 186 人，占总人数的90.73%，学生 12 人，工人 1 人，政界任职者 2 人，律师 2 人，教育界 1 人，军界 1 人。[①] 两相比较，可以看出，徽商是旅外徽州人的主要组成部分，从事学生、工人、职员、官员、医生、律师、记者等各种职业者也为数不少，共同构成庞大而多样的旅外徽州人群体。

三、学术史回顾

本书的学术立足点是徽学研究领域。自 20 世纪 80 年代以来，徽学以其不断涌现的民间文献引起海内外学者的浓厚兴趣，在明清史研究中异军突起，逐渐成为一门国际性的显学。30 多年来，学界在徽学文献资料的整理、研究领域的拓展、研究方法的探索等方面做出了不懈的努力，取得了丰硕的成果。进入新世纪以来，徽学研究在时段上不再局限于明清时期，上至宋元，下至近代，都有学者在关注；而在学科定位上，徽学研究也不再是历史学的专有领地，哲学、文学、民俗学、社会学、宗教学、法学、艺术学、地理学、建筑学等相关学科的研究者都把目光投

① 徐松如：《都市文化视野下的旅沪徽州人(1843—1953 年)》，上海人民出版社 2015 年版，第 36 页。

向徽州，徽学成为多学科交叉融合的研究领域。①

仅就本书涉及的“近代”这个时段而言，近年来亦出现了不少重要的研究成果。此处从旅外徽州人的研究和徽州地域社会的研究两大方面，对本书涉及的相关成果进行梳理。

（一）近代旅外徽州人的研究成果

徽商是旅外徽州人的主体，学界对经营茶业、木业、布业、典业等行业的近代徽州商人进行了研究，尤其在“徽商衰落”这个问题上聚讼纷纭。

张海鹏、王廷元主编的《徽商研究》在第十一章讨论了“徽商的衰落”。文章指出，经历三百余年发展历史的徽州商帮，在道光中叶后走向衰落，这是多种因素综合的结果，包括清政府的衰败、经济政策的变化、咸丰年间的兵燹、近代市场经济大潮的冲击、外国资本主义势力的入侵等，其中咸丰兵燹对徽州商帮的打击尤为沉重。徽州商帮的衰落，大致经历了两个阶段：道光三十年(1850)以前，徽州盐商的率先衰落昭示着徽州商帮走下坡路的开始；道光以后，徽州茶商的盛而复衰，则表明徽州商帮的彻底衰落。不过，该章最后也指出，虽然徽商作为一个封

---

① 卞利对20世纪国内徽学研究成果作了全景式的综述，可资参考。(卞利：《20世纪徽学研究回顾》，《徽学》第二卷，安徽大学出版社2002年版)邹怡在其专著《明清以来的徽州茶业与地方社会(1368—1949)》(复旦大学出版社2012年版)中对徽学研究的学术史作了较为全面的总结，尤其是对海外徽州研究的学术脉络进行了比较系统的梳理，并列出论著目录，极大地方便了学界使用。王世华于2004年撰文回顾了徽商研究的学术史，对迄至该时近六十年的徽商研究成果做了比较详尽的分析。参见王世华：《徽商研究：回眸与前瞻》，《安徽师范大学学报》(人文社会科学版)2004年第6期。此外，刘道胜的专著《明清徽州宗族文书研究》(安徽人民出版社2008年版)、冯剑辉的专著《近代徽商研究》(合肥工业大学出版社2009年版)、王裕明的专著《明清徽州典商研究》(人民出版社2012年版)、陈瑞的专著《明清徽州宗族与乡村社会控制》(安徽大学出版社2013年版)、陶明选的专著《明清以来徽州信仰与民众日常生活研究》(光明日报出版社2014年版)、吴媛媛的专著《明清徽州灾害与社会应对》(安徽大学出版社2014年版)等分别在其绪论或导言中对徽州文书、徽商、徽州宗族、徽州民间信仰、徽州灾害等相关专题的海内外研究成果进行了比较全面的整理，可供参阅，此处不再赘述。王振忠在《徽学研究入门》(复旦大学出版社2011年版)一书中详细阐述了徽学的产生以及它的发展历程，并从新史料的发掘、整理与研究、田野调查方法的运用、新领域的开拓与深入等方面提出了徽学研究有待深入的方向。

建性商帮，由于上述原因在清光绪中叶以后已经彻底衰落，但有一部分徽商却跟上了时代步伐而发展了商业资本。[①] 此观点提出后，得到了学界的热烈回应。张朝胜在考察民国时期旅沪徽州茶商经营状况的基础上，对徽商衰落提出个人看法，认为民国徽州人依然沿袭了重商传统，从经商人数、经营行业、活动范围等方面来看，完全有理由说徽商在民国时期并未衰落。[②] 冯剑辉的专著《近代徽商研究》集中辨析了近代徽商"解体"论，认为近代徽州出贾经商的风气不但没有下降，反而更加浓厚，经商人口所占比例很高，形成了庞大的商业网络。无论是徽州本土、徽商经营地、徽商本身还是建国后的人民政府都认为徽州商帮依然存在，并在社会经济生活中发挥着重要作用。因此，近代徽商"解体""退出商业舞台"的结论是值得商榷的。[③] 李琳琦认为，对于近代徽商研究，认为必须在全面、准确地了解明清徽商研究的基础上进行，才能科学、系统地去认识整个徽商的发展史，才能为徽商研究的深入发展做出积极的贡献。[④]

相对徽州盐商的衰落，近代徽州茶商保持着一定的发展势头，由此得到学界的关注。1967 年，日本学者重田德利用民国《婺源县志》中的茶商传记资料，分析了徽州茶商经营中乡族结合的特点，认为清末徽州茶商一度兴盛，在很大程度上是外销市场的变化所导致的。[⑤] 歙县芳坑江氏茶商的后人江怡秱利用账册、信札、契约、札记等文书资料，对茶商江有科、江耀华的经营状况进行了概略性的考述，内容涉及茶号的收购、加工、运销三个环节，并将洋商压价收茶视为江氏茶商衰落的主要

---

① 张海鹏、王廷元主编：《徽商研究》，安徽人民出版社 1995 年版。

② 张朝胜：《民国时期的旅沪徽州茶商——兼谈徽商衰落问题》，《安徽史学》1996 年第 2 期。

③ 冯剑辉：《近代徽商研究》，合肥工业大学出版社 2009 年版。

④ 李琳琦：《论徽商研究中的几个问题》，《安徽史学》2014 年第 2 期。

⑤ （日）重田德著，刘淼译：《清代徽州商人之一面》，刘淼辑译：《徽州社会经济史研究译文集》，黄山书社 1988 年版，第 417—456 页。

因素。[1] 周晓光、周语玲考察了近代外国资本主义势力入侵对徽州茶商兴衰的影响，认为徽州茶商之盛缘于外国资本主义势力入侵后所出现的新的经济环境，而其败则在于入侵的外国资本主义势力的打击。[2] 周晓光另撰文探讨了清代徽州茶商的经营状况，将近代徽州茶商的衰落原因总结为三点：一是外国资本主义的入侵，二是外国茶叶对华茶市场的争夺，三是茶商将大量利润耗散于商业之外。[3] 周筱华对民国时期徽商与茶叶对外贸易做出考察，认为民国徽商以实业救国为己任，由商业资本转向生产产业，拓展了徽州茶叶出口贸易的规模并创历史新高。[4] 刘芳正考察了上海徽州茶商的发展脉络，分析了徽州茶商持续发展的原因。[5] 彭景涛、刘芳正等对近代转型期上海徽州茶商作了专题研究，指出徽州茶商容身于急速发展变迁中的上海社会，开始逐渐从传统延续的经营模式向近代经营模式转变，在转变的同时，传统因素依法发挥着重要作用，传统与近代因素交互为用，成就了徽州茶商。[6]

2002 年，王振忠意外发现了婺源木商詹鸣铎的章回体自传《我之小史》，他和朱红进行整理校注，并对该书的创作、抄录过程以及资料来源等作了较为细致的考证，指出《我之小史》是目前所知徽州历史上唯一的一部由徽商撰写、自叙家世的小说，因其内容的纪实性，对于明清以来社会文化史的研究具有多方面的学术价值。[7] 王振忠还利用《我之小史》的记载，对晚清民国时期江南城镇中徽州木商的经营活动及其社会

---

① 江怡桐：《歙县芳坑江氏茶商考略》，张海鹏、王廷元主编：《徽商研究》，安徽人民出版社 1995 年版。

② 周晓光、周语玲：《近代外国资本主义势力的入侵与徽州茶商之兴衰》，《江海学刊》1998 年第 6 期。

③ 周晓光：《清代徽商与茶叶贸易》，《安徽师范大学学报》(人文社会科学版)2000 年第 3 期。

④ 周筱华、程秉国：《民国时期徽商与茶叶对外贸易》，《黄山学院学报》2009 年第 4 期。

⑤ 刘芳正：《民国时期上海徽州茶商与社会变迁》，上海师范大学人文与传播学院硕士学位论文，2009 年。

⑥ 彭景涛、萧功秦、刘芳正：《承继与变革：民国时期上海徽州茶商近代转型的历史考察》，《江西财经大学学报》2012 年第 4 期。

⑦ 詹鸣铎著，王振忠、朱红整理校注：《我之小史》，安徽教育出版社 2008 年版。

生活进行了研究。[①] 朱万曙专门介绍了《我之小史》的史料和文学价值。[②]

近年来,王振忠撰写多篇文章,对近代徽州墨商进行了系统考察。2008年,王振忠利用光绪环川《(璁公房修)詹氏支谱》,具体描述了徽州墨商一般的经营状况,并重点勾勒出婺源著名墨商詹彦文的相关事迹,指出詹彦文墨庄的商业网络遍及湖南、四川、贵州、广东、广西、江西、湖北和河南数省。[③] 王振忠对新近发现的一份徽州商业合同《有乾公号四轮承做合同新章》作了深入分析,合同的内容涉及晚清至民国初年徽墨名店詹有乾的经营状况,详细规定了墨号的管理、资本构成及筹措、商业利润的分配、职工的聘请以及家族组织与商业经营的相互调适等方面。[④] 他还通过解读婺源詹有乾墨号的《墨业准绳》抄本,考察了徽州文人与《墨业准绳》的编纂及其特点,纠正了此前有关詹有乾墨号始创年代的谬说,并探讨了徽州家族组织与商业发展的关系。[⑤] 刘巍考察了民国时期徽州墨商家族胡氏的经营状况,分析了胡氏为缓解经营困境所采取的措施。[⑥]

马勇虎对近代徽州商业账簿进行了深入解读,发表了数篇有分量的研究成果,他以徽商志成号的76册账簿为依据,从其经营变动过程展现了晚清徽商的经营实态,并以此考察了晚清商业经营环境的变

---

① 王振忠:《晚清民国时期江南城镇中的徽州木商——以徽商章回体自传小说〈我之小史〉为例》,《传统中国研究集刊》第二辑,上海人民出版社2006年版。

② 朱万曙:《近代徽商自传小说〈我之小史〉的价值》,《江淮论坛》2012年第2期。

③ 王振忠:《从谱牒史料谈徽州墨商的几个问题——以光绪戊戌环川〈(璁公房修)詹氏支谱〉为中心》,《安徽史学》2008年第1期。

④ 王振忠:《重商思潮激荡下的传统徽墨经营——关于〈有乾公号四轮承做合同新章〉的解读》,《安徽大学学报》(哲学社会科学版)2014年第4期。

⑤ 王振忠:《晚清徽州墨商的经营文化——婺源商业秘籍〈墨业准绳〉抄本研究》,《复旦学报》2015年第1期。

⑥ 刘巍:《胡氏家族与民国时期的徽墨业》,《哈尔滨工业大学学报》(社会科学版)2008年第4期。

迁。[①] 马勇虎另以培本有限公司账簿为对象，分析了培本有限公司的股东构成、投资回报率、借贷利率，经营地与货源市场、销售网络和销售市场的地理空间，以及培本有限公司的雇佣劳动关系，以此探讨民国初年徽商经营与地方市场的问题。[②] 马勇虎根据咸丰年间徽商志成号经营账簿中的有关货币资料，研究了银钱流通的民间形态、民间用币的类型和种类，以及货币的比价变化。[③] 马勇虎和李琳琦合作，以盘单、合墨等商业文书为基础，考察了晚清徽商的合伙类型、合伙经营的利润与利润分配制度。[④]

此外，王振忠以近代一份重要的史料《经历志略》为中心，探讨了上海著名徽商余之芹的生平，指出《经历志略》涉及太平天国以降的徽州社会实态、晚清民国时期上海的典业经营以及上海与徽州的互动等，有助于我们理解彼时彼境的商业、社会与思想变迁。[⑤] 何建木以民国《庆源詹氏家谱》卷末所附的《福熙自传》为中心，阐述了以詹福熙为代表的民国时期上海徽商的经营及其生活世界。[⑥] 王世华、黄彩霞考察了徽商在浙江兰溪的经营特色和管理创新，作者对民国时期兰溪徽商的经营特色颇为关注，并以布店为例总结了兰溪徽商经营管理上的创新。[⑦] 李甜利用文书资料，对建国初期在赣州经营的徽商汪德溥的日常生活变迁作了勾勒，据此指出，随着近现代以来的社会变迁，传统商人也在缓

---

① 马勇虎：《乱世中的商业经营——咸丰年间徽商志成号商业账簿研究》，《近代史研究》2010 年第 5 期。

② 马勇虎：《民国徽商、乡村工业与地方市场——培本有限公司经营账簿研究》，《中国社会经济史研究》2011 年第 1 期。

③ 马勇虎：《咸丰年间货币流通的民间形态——徽商志成号商业账簿研究》，《安徽史学》2011 年第 2 期。

④ 马勇虎、李琳琦：《晚清徽商合伙经营实态研究——以徽商商业文书为中心的考察》，《安徽师范大学学报》(人文社会科学版)2012 年第 4 期。

⑤ 王振忠：《上海徽商余之芹的生平及其时代——近代徽州重要史料〈经历志略〉研究》，《安徽史学》2013 年第 2 期。

⑥ 何建木：《从〈福熙自述〉透视民国时期徽商的命运》，《寻根》2013 年第 5 期。

⑦ 王世华、黄彩霞：《徽商在浙江兰溪的经营特色和管理创新》，《安徽师范大学学报》(人文社会科学版)2013 年第 5 期。

慢转型，并没有完全退出历史舞台，直到新中国初期开展的一系列改革，才最终瓦解了包括徽商在内的传统商帮。[①] 梁诸英梳理了《申报》对徽商负面形象的报道，主要包括徽商诚信缺失、徽商娶妾、烟赌问题严重等方面，徽商负面现象出现的原因是多方面的，包括文本载体特点、经营艰难、唯利是图的风气、热衷奢侈性消费及徽州本地的陋俗等因素。[②]

学徒是旅外徽州人群体中重要的一员，但由于资料缺乏，学界关注较少。王振忠利用书信材料对学徒的日常生活作了探讨。1999 年，他介绍了反映民国时期上海徽州学徒生活及日常交际的十封书信，并收集民谣、俗谚等乡土史料对之加以阐释，揭示出徽州商业文化的一个侧面。[③] 之后，王振忠、朱红又通过介绍婺源虹关文书中的一批信函原件，透视晚清上海徽帮学徒的社会生活，展示了普通民众的经济活动与日常行为。[④]

近年来，旅外徽州人的同乡组织也进入学者的视野。王振忠利用《徽侨月刊》等史料，考察了民国时期侨寓徽商的同乡会组织——徽州旅浙硖石同乡会，并对徽商创办的这份报纸及其所反映的社会生活作了介绍。[⑤] 郭绪印根据档案资料，对上海的徽商同乡团体作了探讨，分别考察了徽宁会馆、徽宁旅沪同乡会、歙县旅沪同乡会的建立、组织制度、主要事业和活动等方面的内容。[⑥] 唐力行通过杭州吴山汪王庙变迁的个案研究，探讨了抗战前夕汪氏宗族组织建立的前提条件，并透过该

---

① 李甜：《旧商人与新时代：赣州徽商汪德溥的生活变迁(1890—1955)》，《安徽大学学报》(哲学社会科学版)2014 年第 4 期。

② 梁诸英：《〈申报〉中近代徽州商人负面形象及解读》，《东北师大学报》(哲学社会科学版)2015 年第 2 期。

③ 王振忠：《徽州商业文化的一个侧面——反映民国时期上海徽州学徒生活的十封书信》，《复旦学报》(社会科学版)1999 年第 4 期。

④ 王振忠、朱红：《从婺源虹关文书看晚清上海徽帮学徒的社会生活》，《安徽师范大学学报》(人文社会科学版)2013 年第 2 期。

⑤ 王振忠：《徽州旅浙硖石同乡会与〈徽侨月刊〉》，《福建论坛》2001 年第 2 期。

⑥ 郭绪印：《老上海的同乡团体》第五章《徽商同乡团体》，文汇出版社 2003 年版，第 365—431 页。

组织的结构、功能和运作机制，阐明了在当时特定的历史条件下汪氏宗族组织对杭州徽商的意义。① 储德天、徐松如通过对歙县旅沪同乡会的考察，揭示了传统社会组织在近代发生种种变迁的态势。② 沈树永对旅沪徽宁同乡会产生的原因、组织特点、事业与功能，及其与徽宁会馆之间的关系进行了研究。③ 冯剑辉以上海同乡组织为例，考察了近代徽商的地缘网络。④ 刘家富考察了近代旅沪徽宁会馆，认为徽宁会馆以其完备的组织机制和健全的规章制度，充分发挥了自身特有的社会功能，有效地凝聚了寄寓上海的同乡商人的向心力，强化了徽商在异地的团体意识，从而保证了旅沪徽商商业活动的长期进行。⑤ 蒋含平、张芳对民国时期旅沪徽州人团体“徽社”作了个案考察，指出“徽社”是一个由旅沪徽州学子组成的同乡团体。⑥ 徐松如分析了同乡网络在婺源回皖运动中的社会动员能力。⑦

唐力行对徽州旅沪同乡会的一系列研究成果值得关注。2011 年，他考察了徽州旅沪同乡会从 20 世纪 20 年代初建立到 1953 年消亡的发展过程，指出徽州旅沪同乡会经历了从延续到断裂、再延续、最终断裂的过程，解读同乡会延续与断裂的历史，为观察时代的变迁提供了特有视角。⑧ 唐力行还以城乡互动为视角，考察了徽州旅沪同乡会的救乡功能，认为同乡会的救乡除了长时段日常的慈善事业外，更多的是非常

---

① 唐力行：《从杭州的徽商看商人组织向血缘化的回归——以抗战前夕杭州汪王庙为例论国家、民间社团、商人的互动与社会变迁》，《学术月刊》2004 年第 5 期。

② 储德天、徐松如：《从歙县旅沪同乡会组织来看社会变迁》，《黄山学院学报》2004 年第 1 期。

③ 沈树永：《徽宁同乡会研究》，上海师范大学人文与传播学院硕士学位论文，2008 年。

④ 冯剑辉：《近代徽商地缘网络研究——以上海同乡组织为例》，《淮北煤炭师范学院学报》（哲学社会科学版）2010 年第 1 期。

⑤ 刘家富：《近代旅沪徽商的“乡土之链”——徽宁会馆述论》，《江苏社会科学》2010 年第 3 期。

⑥ 蒋含平、张芳：《民国时期旅沪徽州人团体“徽社”研究》，《安徽大学学报》（哲学社会科学版）2014 年第 3 期。

⑦ 徐松如：《试析同乡网络在婺源回皖运动中的社会动员能力》，《江西师范大学学报》（哲学社会科学版）2014 年第 1 期。

⑧ 唐力行：《徽州旅沪同乡会与社会变迁（1923—1953）》，《历史研究》2011 年第 3 期。

之举，他们的所作所为即使不能出同乡于水火之间，毕竟缓解了同乡的苦难。[①] 唐力行又运用文献资料与田野调查，复原了参与 1947 年歙县旅沪同乡会扑灭家乡疟疾时疫运动会的大多数绅董的职业与简历，以及在 1947 年所呈现的绅董城乡联动的网络。[②] 上述成果集中体现在唐力行出版的专著《延续与断裂：徽州乡村的超稳定结构与社会变迁》中。该书考察了 16—20 世纪徽州乡村社会的权力关系，作者将徽州乡村自治的动力分为内外两个循环，内循环是徽商、士绅、宗族三个要素通过文化整合形成良性互动，外循环即同乡组织，内、外循环的任何一端遭到破坏，在另一循环的带动下，都能迅速得到恢复，并导致内外循环进行良性运行，乡村自治得以延续，这也是徽州乡村社会超稳定结构的特有属性。但是新中国成立后，内外循环都断裂了，国家权力下新的社会结构形成，乡村自治的空间不复存在。[③]

（二）近代徽州地域社会的研究成果

唐力行以徽州宗族为考察对象，探讨了族谱、族田在 20 世纪上半叶的态势，认为中国宗族组织的消亡是革命的结果，不是自然变迁的结果。[④] 唐力行还运用近现代资料和田野考察所得资料，重构了抗战前后绩溪宅坦胡氏宗族的结构以及胡氏祠堂的修建、宗族祭祀活动、抗日活动、社会救济等社会生活实态。[⑤] 陈琪、胡筱艳对祁门竹源陈氏宗谱文书进行解析，指出该批文书的价值在于可以从中管窥清末徽州民间纂

---

① 唐力行：《城乡之间：徽州旅沪同乡会的救乡功能》，《安徽史学》2013 年第 1 期。

② 唐力行：《城乡之间：1947 年歙县旅沪同乡会扑灭家乡疟疾运动会》，《史林》2013 年第 1 期。

③ 唐力行：《延续与断裂：徽州乡村的超稳定结构与社会变迁》，商务印书馆 2015 年版。

④ 唐力行：《20 世纪上半叶中国宗族组织的态势——以徽州宗族为对象的历史考察》，《上海师范大学学报》（哲学社会科学版）2005 年第 1 期。

⑤ 唐力行：《徽州宗族社会》第三章《徽州宗族社会生活实态——重构抗战前后（1933—1947 年）一个徽州古村落的宗族生活》，安徽人民出版社 2005 年版，第 63—147 页。

修宗谱的整个过程。[①] 刘伯山考察了徽州传统社会的近代化问题，从近代徽州对先进文化意识的接受、徽州近代教育的发展及职业技术教育的开展两大方面论述了徽州近代化的举措，并分析了徽州近代化进程受阻的因素。[②]

学界利用民间文献对徽州民众的日常生活展开了深入讨论。王振忠以《新旧碎锦杂录》抄本两种为中心，通过整理、分析，对抄本所见晚清徽州民间的社会生活作了初步勾勒。[③] 黄志繁、邵鸿借助 5 本婺源县排日账探讨了晚清至民国徽州小农的生产与生活，指出徽州小农一年之中有大约 30%以上闲暇时间，在生产劳作期间，约有一半或以上时间从事粮食之外的副业生产，小农外出活动频率也比较高。[④] 刘永华对新近发现的 13 册徽州排日账进行了详细解读，他的一篇成果分析了晚清徽州婺源农户程家的活动空间，从粮食种植、茶叶生产、亲戚往来、集市贸易、食盐贩卖与进香等几个方面探讨了程家活动空间的基本结构，认为商业参与方式、乡民活动空间及乡民与村外世界的联系三者之间，存在着较为复杂的关系。[⑤] 刘永华的另一项研究成果通过考察程家 60 年间的生计活动，对近代农户与国际贸易之间的复杂关系进行了探讨。文章指出，国际贸易未必会引起晚清小农经济的危机，反而可能为其发展提供一定契机，而晚清小农经济的发展，不仅受到国际市场、赋役制度的影响，还与家庭发展周期、土地开发等因素密切相关。[⑥]

太平天国战争对近代徽州乡村社会产生了深远影响，引起学者的

---

① 陈琪、胡筱艳：《清末徽州民间宗谱纂修活动研究——以光绪二十三年祁门竹源陈氏宗谱文书为例》，《安徽史学》2006 年第 6 期。

② 刘伯山：《论徽州传统社会的近代化》，《学术界》2006 年第 6 期。

③ 王振忠、陶明选：《晚清徽州民间社会生活管窥——〈新旧碎锦杂录〉抄本两种整理札记》，《安徽史学》2006 年第 5 期。

④ 黄志繁、邵鸿：《晚清至民国徽州小农的生产与生活——对 5 本婺源县排日账的分析》，《近代史研究》2008 年第 2 期。

⑤ 刘永华：《从“排日账”看晚清徽州乡民的活动空间》，《历史研究》2014 年第 5 期。

⑥ 刘永华：《小农家庭、土地开发与国际茶市(1838—1901)——晚清徽州婺源程家的个案分析》，《近代史研究》2015 年第 4 期。

关注。郑小春考察了咸同兵燹对徽州社会的破坏，指出长达十余年的激烈战火，给徽州人口、经济等造成严重破坏和深远影响，徽州社会从此进入了一个由盛转衰的时期。[①] 郑小春对太平天国时期的徽州团练进行了研究，还以祁门县沙堤叶氏宗族为例，考察了太平军与徽州宗族之间的关系。[②] 梅立乔从文化传承的主体、载体及社会氛围变化三个方面分析了徽州文化历经兵祸之后逐步式微的原因。[③]

钱会是清至民国时期徽州十分常见的民间借贷集资组织，学者对其进行了一定程度的研究。胡中生根据会书资料探讨了近代徽州钱会的类型与基础、生存状况及对徽州社会的影响。[④] 黄志繁利用他所掌握的婺源县契约文书，考察了会权的出卖、转让、继承、抵押甚至出借的情况。[⑤] 此外，黄志繁还对清至民国时期婺源钱会的存在实态、运作机制及其规制演变作了探讨。[⑥]

近代徽州教育也是学者关注的重要问题。马勇虎、李琳琦利用民国初年的一批教育档案，考察了徽州师范学校与师范学区制、小学教育的县域和城乡不均衡发展、民间教育组织与地方教育发展等问题，揭示了民国教育制度在基层社会的实施和变迁。[⑦] 王振忠介绍了清末徽州学生的《庚戌袖珍日记》，并根据日记书写的内容考察了清末徽州学生的行旅生活。[⑧] 方光禄、许向峰、章慧敏等撰写的《徽州近代师范教育史

---

① 郑小春：《从繁盛走向衰落：咸同兵燹破坏下的徽州社会》，《中国农史》2010年第4期。

② 郑小春：《太平天国时期的徽州团练》，《安徽史学》2010年第3期；郑小春：《太平天国时期的徽州宗族：以沙堤叶氏为例》，《扬州大学学报》（人文社会科学版）2012年第4期。

③ 梅立乔：《兵祸与文化传承——以晚清徽州为例》，《山西大学学报》（哲学社会科学版）2014年第2期。

④ 胡中生：《钱会与近代徽州社会》，《史学月刊》2006年第9期。

⑤ 黄志繁：《"会"与近代小农资产运作——以徽州文书为中心》，《江西社会科学院》2013年第5期。

⑥ 黄志繁：《清至民国徽州钱会性质及规制之演化——基于婺源县钱会文书的分析》，《中国农史》2013年第2期。

⑦ 马勇虎、李琳琦：《民国初年社会转型中的地方教育发展——以徽州教育档案为中心的考察》，《华东师范大学学报》（教育科学版）2011年第4期。

⑧ 王振忠：《清末徽州学生的〈庚戌袖珍日记〉》，《安徽史学》2009年第1期。

(1905—1949)》,以时间为序,梳理了清末至1949年徽州中等师范教育的发展历程,主要探讨了省立二师、省立徽师、徽州女子师范教育的办学情况,多角度呈现了近代徽州中师发展状况。[①] 邹怡利用徽州六邑旅省同学会会刊《徽光》所刊登的文章,对1935年保学在婺源县的推行进行了研究。[②] 徐松如以旅沪徽州人为例,探讨了都市中的移民群体在促进家乡文教事业发展方面所做的贡献。[③] 陈杰借助写于1930年和1931年的3册徽州师生日记,考察了民国时期徽州乡村的日常生活与大众心态。[④]

近代徽州村落史研究也引起了学者的重视。数年前,由王秋桂、丁荷生主持的"历史视野中的中国地方社会比较研究:中国村落中的宗族、仪式、经济和物质文化"研究计划,旨在勾勒中国历史上不同时期普通村民的日常生活经验,以评估中国村落的文化生活有没有相对的自治性,并力图建构合适的方法,来比较中国各地不同的村落,以彰显乡土中国不同区域的独特之处。受其计划资助,劳格文、王振忠、卞利、卜永坚等学者在徽州开展了"徽州的宗教、社会与经济"项目,先后出版了数部以具体村落为考察对象的深度调查成果。[⑤] 另外,王振忠的专著《明清以来徽州村落社会史研究——以新发现的民间珍稀文献为中心》利用内容丰富、类型多样的村落文书,分别探讨了徽州村落文书的形成、村落文书所见的民众日常生活、大小姓纷争与区域社会结构、礼生与仪式及其所反映出的区域文化背景、迎神赛会与民间基层组织的变

---

① 方光禄、许向峰、章慧敏等著:《徽州近代师范教育史(1905—1949)》,安徽师范大学出版社2013年版。

② 邹怡:《1935年保学在婺源的推行及其折射的社会变迁——以〈徽光〉杂志的记述为中心》,《安徽大学学报》(哲学社会科学版)2014年第4期。

③ 徐松如:《旅沪徽州人与近代徽州文教事业》,《安徽史学》2014年第5期。

④ 陈杰:《校园内外——师生日记所见民国时期徽州乡村的日常生活》,《徽学》第九卷,合肥工业大学出版社2015年版。

⑤ 主要有吴正芳:《徽州传统村落社会——白杨源》,复旦大学出版社2011年版;许骥:《徽州传统村落社会——许村》,复旦大学出版社2013年版;柯林权:《歙县里东乡传统农村社会》,复旦大学出版社2014年版;卜永坚、毕新丁编:《婺源的宗族、经济与民俗》(上、下册),复旦大学出版社2013年版;王振忠编:《歙县的宗族、经济与民俗》,复旦大学出版社2016年版。

迁、村落宗族与地方社会以及村落中的小农生活等问题，反映了作者利用徽州珍稀文献从事明清以来村落社会史研究方面的主要成果。① 劳格文则以歙县许村为例，使用田野调查所获得的口碑和地方文献，从历史性素描、宗族建构、经济、民俗等诸多侧面对许村进行细致剖析，揭示出传统徽州村落社会的日常生活实态。② 王振忠还立足于民间历史文献，结合实地考察及相关的口述史料，对徽州歙县白杨源小区域社会的一些侧面作出探讨，揭示出传统徽州社会的水利、民间信仰及社会秩序的基本面貌与特征。③ 王振忠深入解读了从歙县岔口村走出的社会学家吴景超在 1919 年撰写的《皖歙岔口村风土志略》，该文献基于实地调查的民族志类型材料，细致描述了徽州的一个传统村落，对于了解晚清民国时期的徽州乡土社会具有重要史料价值。④

此外，邹怡对明清以来徽州茶业与地方社会的相关问题作了多侧面的研究，回顾了自唐代中期至清代中叶徽州名茶的发展历程，考察了徽州六县的茶叶栽培与茶业分布，探讨了徽州茶叶加工技术，生产场景及相关问题。⑤ 徐松如以歙县为例，选择国民政府实施的物价管制措施为切入口，对国民党政权合法性丧失作出历史性的考察。⑥ 卞利主编的《徽州文化史》(近代卷)，从时间序列将近代徽州分文化为鸦片战争与咸同兵燹时期、咸同兵燹后至光宣时期、民国初年、抗战前后几个阶段，分别考察了各阶段的宗族文化、文学、艺术、医学、学术、民俗、技艺、教

---

① 王振忠：《明清以来徽州村落社会史研究——以新发现的民间珍稀文献为中心》，上海人民出版社 2011 年版。

② (法) 劳格文撰，王振忠译：《传统徽州村落社会的日常生活》，《民间文化论坛》2013 年第 3 期。

③ 王振忠：《徽州歙县白杨源：一个盆地小区域社会的初步调查与研究》，《上海师范大学学报》(哲学社会科学版)2012 年第 3 期。

④ 王振忠：《20 世纪初以来的村落调查及其学术价值——以社会学家吴景超的〈皖歙岔口村风土志略〉为例》，《安徽大学学报》(哲学社会科学版)2015 年第 3 期。

⑤ 邹怡：《明清以来的徽州茶业与地方社会(1368—1949)》，复旦大学出版社 2012 年版。

⑥ 徐松如：《抗战时期徽州基层社会权力关系探析——以歙县为例》，《上海师范大学学报》(哲学社会科学版)2012 年第 3 期。

育等文化要素的发展概况，认为一部近代徽州文化史实际上是一部徽州传统社会文化的艰难转型史，也是一部徽州人在社会经济文化衰退之中寻求重振昔日辉煌的抗争与发展史。[①]

上述研究成果为我们全面系统地考察旅外徽州人与近代徽州社会变迁打下了扎实的基础。从成果发表的时间可以看出，新世纪以来是近代徽学研究的爆发期，主题不断拓展，史料不断更新，近代徽学研究日益走向深入。当然，这些成果也对本文构成极大的挑战，时刻提醒笔者如何在充分吸收现有成果的基础上开展研究。因而，在做学术史回顾时，笔者以研究成果发表的时间先后为序，力图尽可能清晰地呈现其主要观点，以便把握学术发展的脉络。

需要指出的是，本文也受到学界对城市移民群体研究的启发。李瑊以宁波旅沪移民在上海社会的发展历程为经，以其在各个领域的重要活动为纬，运用多学科理论，从金融、工业、商业、教育、社会组织等几个层面入手，考察宁波移民和上海都会的互动关系，既分析了宁波移民对上海社会的作用，又探讨了上海社会对宁波移民的影响。[②] 美国学者顾德曼以上海为中心，探讨了清末至南京国民政府时期，与维系同乡人情感相关的社会活动和仪式，分别考察了同乡情感和同乡会、同乡观念和社会组织对城市生活、社会秩序，对城市乃至国家认同的影响。[③] 美国学者韩起澜运用族群认同理论，考察了近代苏北人在上海的文化认同过程，认为上海的苏北人是一种社会建构群体，在上海与其他群体的互动沟通中得到认同，此种认同的意识形态不仅是国家、政党的塑造，社会群体也可能是参与形塑者。[④] 宋钻友以社会网络理论为分析框架，比较全面地梳理了一百年间广东人移居上海的历程、规模，考察了旅沪

① 卞利主编：《徽州文化史》（近代卷），安徽人民出版社 2015 年版，第 20 页。

② 李瑊：《上海的宁波人》，上海人民出版社 2000 年版。

③ （美）顾德曼著，宋钻友译，周育民校：《家乡、城市和国家——上海的地缘网络与认同，1853—1937》，上海古籍出版社 2004 年版。

④ （美）韩起澜著，卢明华译：《苏北人在上海，1850—1980》，上海古籍出版社 2004 年版。

广东人的人口来源、在上海的空间分布、同乡组织、社会生活，对广东人在上海的工业、商业、金融、社会、政治、文化等领域的活动进行了深入探讨。[①] 宋钻友的另一部专著以江苏、浙江、广东三省旅沪同乡组织为个案，通过对三省旅沪同乡组织所建丙舍、义冢、施诊所、医院和学校等社会事业机构的详细介绍，对同乡组织开展的调解纠纷，平抑冤屈，收容、遣返难民等慈善公益事业做了梳理，探讨了同乡组织在帮助同乡适应都市生活中所起的作用。[②] 高红霞的专著围绕1843年至1953年上海福建人生活、组织和活动状况，纵向考察了他们与上海城市的融合与疏离过程，横向探讨和比较上海福建人在城市各方面的角色、身份。对上海福建同乡团体的乡缘特点作了具体而细致的探讨，肯定了福建人在上海商业化都市化过程中所起的作用。[③] 孙向群对晚清民国时期不同社会阶层的旅京山东人群体进行了考察，探讨了山东人进京概况、旅京山东人的同乡组织、北京的山东商帮、北京与山东的互动、同乡网络的整合、旅京山东人在五四运动中的活动等问题。[④] 徐松如对旅沪徽州人的研究成果集中体现在其专著《都市文化视野下的旅沪徽州人（1843—1953年）》中，该书提出了“文化中介人”的概念，在系统梳理数百年间徽州人移居上海的历程、规模、空间分布、组织形态、经营活动、社会交往、身份认同的基础上，考察了旅沪徽州人与徽州地域社会文化发展之间的关系，认为旅沪徽州人作为“文化中介人”，在上海与徽州两个区域间的文化交流和互动中架起了一座宽广顺畅的桥梁。[⑤]

城市移民群体的研究主要着眼于移民在城市中的生活适应，较多地关注移民的职业结构、群体组织和社会活动，进而考察移民和城市的互动关系，而对他们与家乡的互动着墨甚少，这为本文预留了一定的探

---

① 宋钻友：《广东人在上海（1843—1949年）》，上海人民出版社2007年版。

② 宋钻友：《同乡组织与上海都市生活的适应》，上海辞书出版社2009年版。

③ 高红霞：《上海福建人研究（1843—1953）》，上海人民出版社2008年版。

④ 孙向群：《身在京华，心系齐鲁——近代旅京山东人群体研究》，山东大学博士学位论文，2009年。

⑤ 徐松如：《都市文化视野下的旅沪徽州人（1843—1953年）》。

索空间。

四、章节安排

本书针对学界研究现状，不追求浅尝辄止的面面俱到，而是以专题形式，在分类考察近代旅外徽州人群体组织的基础上，深入探讨旅外徽州人对近代徽州社会变迁的影响。

第一章主要讨论旅外徽州人以地缘关系为结合点的同乡组织——会馆的运作实态。针对学界将明清以来不同种类的会馆放置在一起进行讨论的研究现状，本章将各地徽州会馆分为科举会馆和商人会馆两大类，从时间序列上梳理明清以来分布在北京和南京的科举会馆的发展概况，考察科举会馆的管理人员及其职责、使用人员及其应尽义务以及科举会馆的社会功能，并重点探讨清末废除科举，兴办新式教育，会馆失去重要服务对象后的转型过程。因徽商"足迹几遍宇内"，会馆在徽商聚集较多的地方也相应地设立起来，以联络乡谊，交流感情，为同乡服务。但现存徽州商人会馆征信录之类的材料较少，本章利用地方志等资料，最大限度地复原徽州商人会馆的地理分布，并对南京新安会馆、杭州安徽会馆、上海徽宁会馆的运作进行个案考察，以期丰富对徽州商人会馆的认识。

第二章主要考察近代旅外徽州人的同乡组织——同乡会的运作实态。从时间维度而言，同乡会的出现要晚于会馆，但同乡会的出现不是对会馆的简单代替，两者的关系比较复杂。本章将结合现存资料，探讨旅沪徽州各县同乡会的设立及发展过程，梳理上海之外其他地方徽州同乡会的空间分布，考察同乡会的治理架构和社会功能。需要交代的是，上海档案馆藏有比较系统的旅沪徽州各县同乡会的档案资料，而其他城市徽州同乡会的材料则比较零散，这就使得本章在行文结构上不得不倚重旅沪徽州各县同乡会。

第三章考察的是旅外徽州青年学子的群体组织——同学会的运作

实态，在梳理旅外徽州同学会发展概况的基础上，分析同学会的组织结构和日常管理，探讨同学会联络感情的对内功能和服务桑梓的对外功能。本章的立论点是将同学会和同乡会进行对比分析，青年学生是一个具有鲜明性格特征的群体，他们的组织如何运作，和同乡会等其他同乡组织相比，又有何种特点，这都值得进一步探讨。

第四章探讨旅外徽州人以业缘关系为核心而组织的同业公所。主要以杭州木商公所和上海星江敦梓堂茶叶公所为分析样本，考察徽商同业公所的组织机构及其功能。学界已有研究偏重徽商，而相对忽略伙计、雇员这一范畴的劳方人员，徽商及其雇员大多来自徽州，有着或深或浅的乡情关系，20 世纪 20 年代以后，劳资关系日趋紧张，蒙上乡情之谊的徽州劳资双方又将如何相处，这引起了笔者的兴趣。本章的重点是探讨近代旅外徽州人的劳资关系，通过《申报》《民国日报》等报刊中的相关报道，分别考察徽州菜馆业、墨业、茶业工人为提高工资待遇而发起的抗争，探讨同乡组织如何居中调处，劳资双方如何看待桑梓之情，以及事件结束后，徽州工人组织的设立及其所发挥的作用。

第五章讨论的是近代旅外徽州人社会保障体系的构建及其运作问题。主要分为专门“事死”的善堂和专门“救生”的医院进行论述。因善堂分布广泛，且和徽商会馆相重合，学界多把善堂视为会馆，实际上，善堂隶属于会馆，是会馆为解决同乡的后顾之忧而设立的慈善组织，虽然在某种程度上可以将善堂等同于会馆，但是两者在具体的运作方面还是有一定的差异。故而本章将善堂析分出来，考察徽州善堂的设置和空间分布，善堂的管理及殓棺、寄放、掩埋功能，重点勾勒出各地徽州善堂运棺网络的形成和徽州境内善堂的设立情况，以此分析徽州内外联动的运棺图景。随着近代中国社会形势的深刻变化，旅外徽州同乡组织的慈善理念也有所转变，开始重视救助同乡。为满足旅外徽州人的医疗诊治需求，旅沪徽宁会馆和同乡会先后设立了徽宁医疗寄宿救治所和徽宁医院，因此本章将辟出一节探讨旅外徽州人医疗救助机构的设立及发展过程。

第六章将关注的目光投向徽州社会，考察近代徽州社会变迁的起步，这也是承上启下的一章。清末新政期间，废除科举，兴办新式教育为徽州社会培养了一批接受新知识的青年学生。徽州知府刘汝骥积极推行宪政调查和改革，对徽州民事习惯进行调查，开展地方自治，举办物产会，这都是传统徽州社会中所没有的新生事物，对徽州社会未来的走向产生了深远影响，昭示着近代徽州社会迈出了变革的步伐。

第七章关注旅外徽州人与近代徽州社会的赈济事业。以徽商为主体的旅外徽州人无论身处何地，从事何种职业，他们始终高度关注家乡社会，每当徽州发生水旱灾害和遭受兵乱袭扰时，旅外徽州人都会立刻行动起来，帮助家乡共度时艰。本章以光绪三十四年(1908)徽州发生特大水灾后旅外徽州人的赈捐为例，深入分析旅沪徽商为纾解故土家园的灾难，如何利用同乡网络组织居中协调，借助现代公共媒体，更新募捐手法，广发募捐公告，号召流寓各大城市的徽籍人士慨输资财及其背后所隐含的行动意义。同时考察 1934 年歙县等地发生旱灾后，徽州各级官员对旅外同乡的依赖情况，这说明旅外徽州人已成为家乡社会不可或缺的一笔宝贵财富。

第八章从舆论传媒角度考察报刊对近代徽州社会变迁的影响。本章将分别考察徽州本土发行的报纸和旅外徽州人所办的报刊，关注两者的异同，重点探讨旅外徽州人所办报刊与改造徽州乡土社会的舆论动员，分析旅外徽州人为改造家乡社会所作的种种努力及其所取得的成效，并讨论在徽州发行量最大，影响面最广的《徽州日报》对保存传播徽州乡土文化所发挥的积极作用。

第一章

会馆：明清以来旅外徽州人的同乡组织及其近代转型

会馆一词可以拆分开来理解，根据《现代汉语词典》，“会”有聚合、一定目的的集会等含义，“馆”是招待宾客居住的房屋。① 所以从最基本的字义上来考察，会馆具有两种含义，狭义的会馆是指流寓异地的同乡为聚合团结而在寄籍地共同出资建造的楼堂馆舍。经不断的扩建重修，会馆形成了一定规模的建筑群，可供同乡议事、聚会、祀神、演戏和寄宿之用，具有多种功能。广义的会馆是指以地缘关系为纽带联结而成的同乡组织。②

---

① 中国社会科学院语言研究所词典编辑室编：《现代汉语词典》，商务印书馆 1983 年版，第 505、410 页。

② 会馆研究始终是学术界常议常新的主题。20 世纪 20 年代，会馆研究开始起步。1925 年 5 月，郑鸿笙在《国闻周报》发表了《中国工商业公会及会馆、公所制度概论》一文，简要介绍了会馆、公所与公会的定义、性质与功能。时隔不久，日本学者根岸佶、仁井田陞、今堀誠二等人先后发表了会馆研究成果，他们试图利用会馆来透视行会，将欧洲中世纪城市行会与市政的模式应用于中国研究。（根岸佶，《支那ギルドの研究》，東京：斯文書院，1938 年 6 月。仁井田陞，《中国の社会とギルド》，東京：岩波書店，1951 年 11 月。根岸佶，《中国のギルド》，東京：日本評論新社，1953 年 4 月。今堀誠二，《中国封建社会の構成》，東京：勁草書房，1991 年 2 月）美国华裔史学家何炳棣于 1960 年代出版了《中国会馆史论》（台湾学生书局 1966 年版），考察了北京会馆的起源与演变，复原了会馆的地理分布，开创了系统研究中国会馆史的先河。自 20 世纪 50 年代至 80 年代，学界对会馆的研究主要是以资本主义萌芽讨论为出发点，把会馆在明清时期的发展看作是中国由传统社会向资本主义过渡的重要前提。90 年代以来，会馆史研究不再局限于讨论其性质与功能的制度史框架，开始引入社会史与文化史的分析路径，涌现出一批高质量的成果，如邱澎生的《商人团体与社会变迁：清代苏州的会馆公所与商会》（台湾大学博士学位论文，1995 年）、王日根的《乡土之链：明清会馆与社会变迁》（天津人民出版社 1996 年版）等。对于会馆研究的学术史回顾，可参见王日根：《国内外中国会馆史研究述评》，《文史哲》1994 年第 3 期；冯筱才：《中国大陆最近之会馆史研究》，《近代中国史研究通讯》第 30 期，2000 年 9 月。学术界在会馆资料整理方面投入较多精力，先后整理出版了十数部资料集，为会馆研究的深入奠定了扎实的史料基础，主要有：江苏省博物馆编：《江苏省明清以来碑刻资料选集》，生活·读书·新知三联书店 1959 年版；《仁井田陞博士輯北京工商ギルド資料集》（一）—（六），東京大学東洋文化研究所《東洋学文献センター叢刊》第 23、25、30、33、39 辑，1975—1983 年；苏州历史博物馆等编：《明清苏州工商业碑刻集》，江苏人民出版社 1981 年版；李华编：《明清以来北京工商业会馆碑刻选编》，文物出版社 1980 年版；上海博物馆图书资料室编：《上海碑刻资料选辑》，上海人民出版社 1980 年版；广东省社会科学院历史研究所中国古代史研究室等编：《明清佛山碑刻文献经济资料》，广东人民出版社 1987 年版；彭泽益主编：《中国工商行会史料集》，中华书局 1995 年版；彭泽益选编：《清代 （转下页）

随着明清商品经济的迅速发展，人口流动日益频繁，同省、同府或同县之人往往在客居地联合起来，以联络乡谊、交流感情、维护同乡利益为宗旨，建立馆舍，岁时集会，祭祀神祇，力行善举。会馆具有地域差异性和时代发展性的显著特点。在明清官僚政治体制下，科举制度渐趋完善，京师和各省乡试之地成为官员和士子聚集的地方，为满足士宦需求而设的会馆占主导地位。截至清末，北京共有大小会馆 392 处，其中 80%左右是为了解决各地士人进京应试的食宿问题而设立的，部分

（接上页）工商行业碑文集粹》，中州古籍出版社 1997 年版；北京市档案馆编：《北京会馆档案史料》，北京出版社 1997 年版；王国平、唐力行主编：《明清以来苏州社会史碑刻集》，苏州大学出版社 1998 年版；李金龙、孙兴亚主编：《北京会馆资料集成》，学苑出版社 2007 年版；王日根、薛鹏志主编：《中国会馆志资料集成》第一辑，厦门大学出版社 2013 年版；许檀主编：《清代河南、山东等省商人会馆碑刻资料选辑》，天津古籍出版社 2013 年版；唐凌、熊昌锟主编：《广西商业会馆系统碑刻资料集》，广西师范大学出版社 2014 年版。

对本章内容具有参考价值的主要成果有：范金民在其专著《明清江南商业的发展》（南京大学出版社 1998 年版）一书中对江南地域商人商帮的组织——会馆公所的数量进行了重新估计，修正了前人的数据，显示出扎实的学术态度和深厚的学术积累。范金民《清代江南会馆公所的功能性质》（《清史研究》1999 年第 2 期）一文分别考察了江南地域性会馆公所和行业性会馆公所的功能和作用。陈联的《商人会馆新论——以徽州商人会馆为例》（《徽学》2000 年卷）一文分析了徽州商人会馆的产生原因、发展过程及功能作用。王日根在《晚清至民国时期会馆演进的多维趋向》[《厦门大学学报》（哲学社会科学版）2004 年第 2 期]一文中指出，官绅士子会馆与全国整体的政治形势以及本籍官员的政治沉浮密切相关，科举变革以后，会馆政治化色彩趋浓，会馆管理日益被纳入晚清和民国政府的视野。工商会馆在完成了内部整合的基础上，进一步在规范市场秩序、开展城市公共建设中显示出积极的作用。移民会馆则继续向待开发地区拓展。刘凤云的《清代北京会馆的政治属性与士商交融》（《中国人民大学学报》2005 年第 2 期）一文指出，北京士人会馆的出现与发展与官僚政治体制保持着密切关系，表现出鲜明的政治属性。无论是士人会馆还是工商会馆，在修睦、敦谊、敬神庥的过程中，为士商两个阶层、两种文化提供了一个相互交融的空间环境。日本学者田仲一成考察了清代会馆戏剧的组织、功能及其变迁，指出清代以后工商业行会会馆在中国各地兴起，它们主要在祈神祭祀和缔约祭祀的基础上营运各自的家乡戏剧，使对方戏剧得以在全国的城市中传播；它们向本行或外行出借戏台以作唱戏之用，初步建立了商业剧场的规范，在中国戏曲史上起到了不容忽视的作用。（田仲一成：《清代会馆戏剧考——其组织・功能・变迁》，《文化艺术研究》第 5 卷第 3 期，2012 年 7 月）日本学者寺田隆信在《关于北京歙县会馆》（《中国社会经济史研究》1991 年第 1 期）一文中，利用道光《重续歙县会馆录》考察了北京歙县会馆的创办及发展过程，重点解读了会馆条规，藉以考察会馆管理运营的实况。因寺田隆信的出发点是回应徽商研究，他最后探讨了明清北京的徽商活动。邹怡同样借助《重续歙县会馆录》，力图还原会馆运营的真实历史，展示当时流动人口在落脚城市自我联结、维护自身利益的行事策略，并在此基础上，与西方经验进行比较，探讨中西方民众在应对时代问题时的行动倾向差异，进而对传统中国的官民关系进行思考。（邹怡：《善欲何为：明清时期北京歙县会馆研究（1560—1834）》，《史林》2015 年第 5 期）

可直接称为试馆。[①] 在商品经济比较发达的江南地区和其他通都大邑，会馆主要由商人牵头组织设立，具有明显的工商业性质。“查商贾捐资，建设会馆，所以便往还而通贸易。或货存于斯，或客栖于斯，诚为集商经营交易时不可缺之所。”[②]清末以降，中国社会结构急剧变迁，会馆沿着不同的演进方式发生转型。有的会馆虽然仍以会馆称呼，但实际上已转变为同乡会，如民国北京的徽州各县会馆在组织结构、功能方面与同乡会并无二致。有的会馆在组织结构上发生变化，但仍然坚守原有的功能，如上海徽宁会馆以董事全体会议为最高权力机关，举办的事业主要为施医药、寄柩、运柩、赊棺、助殓、埋葬，和清代徽宁思恭堂的功能基本相同。近代工商业会馆的功能主要表现在参与地方公共事务方面，社会活动半径进一步扩大。[③] 如美国学者施坚雅指出，宁波的新安会馆“主动在当地建立全城范围的消防站体系，既是炫耀财力的行动，同时又是关心地方公益的表示；既是使整个商界感恩戴德的手段，又是维持自己在城内各商会中的优越地位的办法。仅为行户开办义学、养济堂、惠民药局的会馆，很易罹吝啬的恶名，当别的会馆都在遵行更为开放的方针、能摆出儒家美德典范的姿态时，那就更其如此了。这是各会馆在此类事务上进行合作，或者至少在彼此之间实行分工的一小步”。[④]

随着徽州人的足迹延伸到京师和各都市墟镇，会馆也相应地设立起来。“据黄记，则隆庆中歙人聚都下者，已以千万计。……吾徽人笃于乡谊，又重经商，商人足迹所至，会馆义庄，遍各行省。”[⑤]北京是明清两朝的国都所在，徽州士子要到北京参加会试和殿试，在北京做官的徽州人也为数甚多，这些读书人和官员产生了聚合的需要，“吾歙俗素敦

① 李华主编：《北京工商业会馆碑刻资料选编·序》，文物出版社 1980 年版。

② 《吴县永禁官占钱江会馆碑(乾隆四十一年)》，苏州市博物馆等编：《明清苏州工商业碑刻集》，第 22 页。

③ 王日根：《明清民间社会的秩序》，岳麓书社 2003 年版，第 326 页。

④ 施坚雅主编，叶光庭等译，陈桥驿校：《中华帝国晚期的城市》第三编《作为社会体系的城市·导言：清代中国的城市社会结构》，中华书局 2000 年版，第 652 页。

⑤ 许承尧撰，李明回、彭超、张爱琴点校：《歙事闲谭》卷十一《北京歙县义庄》，第357 页。

乡谊，惟以事来京，涣治各私，惧其涣也，故萃之以会。既会矣，惧其易暌也，故联之以馆”。[①] 从明嘉靖开始，徽州各县会馆渐次设立。明中叶以后，以盐商为主体的徽商在中国商业舞台上崭露头角，形成了引领中国商业发展潮流三百余年的徽州商帮，徽商人数与日俱增，经商地也不断拓展。“窃我新安一府六邑，十室九商，经营四出，俗有‘无徽不成市’之语。”[②]客居异地的徽商为维护群体利益，增强自身的适应能力，往往联合起来，建立会馆公所，如汉口徽州六县仕商于康熙三十四年(1695)合组徽州会馆，又称新安书院，意在“联络乡情，提倡商业，维持本籍及旅居一切公益”。[③]

第一节　明清徽州科举会馆的发展及其近代转型

就笔者目前所掌握的资料进行统计，歙县、绩溪县、黟县、婺源县、休宁县以及徽州府先后在北京设立了同乡试馆性质的会馆，其中徽州会馆于嘉庆年间创立，坐落在鹞儿胡同，光绪年间又在三里河大街新建一所。婺源县也在北京设立新、旧会馆两处，如此，清代北京的徽州科举会馆共有 8 所。南京是安徽士子参加乡试的地方，但长期以来，徽州没有为士人单独建立试馆，同治末光绪初，婺源县在南京先后创建新、旧试馆两所。光绪二年(1876)，歙县试馆也随之在南京设立。综合上述统计，徽州试馆性质的会馆共有 11 所。

① 道光《重续歙县会馆录》上册《续修会馆录节存原编记序》，国家图书馆藏。
② 《典业须知・敦品》，浙江新安惟善堂抄本。
③ 民国《夏口县志》卷五《建置志・各会馆公所》。

一、明清徽州科举会馆的发展概况

明朝嘉靖三十九年(1560),旅京歙县人杨忠和许标出面在菜市中街创建了歙县会馆。当时二人在京城参加完会试,“见邑人涣而不萃,邈若秦越,慨吾歙文献邦,顾不他郡邑若也,乃各出己资若干,置馆菜市之中街,而立之会,交接以道,庆吊以礼,联疏为亲,情义蔼然。吾邑士大夫仕于朝,宦于外者,议是举而作兴之,书联揭匾,捐助俸金”。[①] 主持会馆事务的执事见馆内资金充裕,于嘉靖四十一年(1562)十二月在正阳门西则世庙建造新馆,历时一年完工,共建堂室三间,重室九间。“颇称宏敞,来者始有依归,无论崇卑,咸得解装于斯,而从容别定馆舍,此徽歙建置会馆之由也。”[②]嘉靖四十四年(1565),王金与张汝学出资修理会馆一次。万历十年(1582),许重光、程彬、程惟美看到会馆历经二十年的风雨侵蚀,破败不堪,“慨然以修理之责自任,奋臂首义,会众亦响风乐助,量力捐资,有差于是,鸠工集材,备加整顿。先是门房低狭,与中堂不称,爰撤而新之,筑土甃石,增高三尺有奇,称壮丽焉,余或修或葺,由三君指画。蚤暮孳孳,虽胼胝弗惜”。[③] 万历三十一年(1603),姚洌、赵应联等 36 人又捐资修建会馆,“埏埴材晶若干,前后拓堂庑若干,视先执事之递举递循者而益崇大之美哉,轮奂吉祥止止矣”。[④]

明清鼎革,兵戈扰攘,北京长时间经历战火蹂躏,歙县会馆的房舍荡然无存。清朝立国不久,歙县人张习孔就捐出北京牛穴胡同的私人住宅,重建会馆,定名为新安会馆,供徽州府属六县旅京士宦使用,受到六邑人士的称颂。但因会馆“基址稍偏,地狭人众,不足以容”。乾隆五年(1740),侍御史歙县南溪人吴炜倡议新建歙县会馆,以“复前明之旧”,他致信扬州同乡易融斋、黄一亭,商议修建事宜,刑部江西司郎中

① 道光《重续歙县会馆录》上册《续录前集·经始》。
② 道光《重续歙县会馆录》上册《续录前集·经始》。
③ 道光《重续歙县会馆录》上册《续录前集·重修》。
④ 道光《重续歙县会馆录》上册《续录前集·万历三十一年重修会馆纪实》。

黄履昊听闻消息后，将自己在京城的一处房产捐出，“计屋凡六十三楹，计值一十六万缗，高闬华榱，前厅后舍，不劳荒度经营而会馆已具”。数位同乡捐资进行修理，将房屋的门堂廊庑黝垩丹漆整饬一番，并置备了日常器具。① 因歙县到京同乡日渐增多，以致会馆不能容纳，执事准备在会馆南侧空地建造房屋，苦于缺乏资金，便向扬州盐商募捐，但是“事踰年，资尚未集”。乾隆二十三年(1758)，内阁中书吴宽致书扬州盐商徐士业劝募资金，徐士业毫不犹豫地允诺独力承担先前盐商们所认下的二千金捐资数额，并很快如数寄交京师。次年二月，扩建工程开始，两个月内新增房屋四十余楹，徐士业的善举得到歙县同乡的高度评价，刻碑记之。② 时隔不久，会馆内的兰心轩逐渐颓败，后楹湫隘黑暗，非改造不可以居住，但因会馆没有公费而迟迟无法动工。乾隆二十七年(1762)，许荫采与其侄子许日辉、许日舒入京谒选，听闻此事后慨然捐资八百金有奇，用以雇匠修缮。次年三月九日工程开始，五月十日工程结束，兰心轩“东西焕若初构，爽垲有加，而通馆门庭舍宇亦赫然鼎新，器用咸备”。③ 许荫采非常热心于会馆事务，他看到会馆南区还有空地，就准备再建房屋，无奈因疾病归里，临行之际深以为憾，允诺捐白金 2 000 缗。乾隆三十六年(1771)许荫采病故后，其子遵从父亲的遗愿，将 2 000 缗白金寄到京师。在朝的歙县籍官员认为到京参加科考的歙县同乡将近百人，现有会馆地方局促，不如另觅他处，分置处所，以便既能在科考时为士子提供充足的住房，又能在空闲时租赁出去收取租金。最终，会馆董事吴雨亭拿出九百缗在草场胡同置屋一区作为分会馆，建屋三十余楹，另用 1 100 缗在王官府斜街和盆儿胡同典屋两所出租，收取租金以备公用。④

乾隆年间，歙县会馆经过数次修整后，规模逐渐完备，进入一段稳

① 道光《重续歙县会馆录》上册《续录后集·新建歙县会馆》。
② 道光《重续歙县会馆录》上册《续录后集·会馆增南院书斋记》。
③ 道光《重续歙县会馆录》上册《续录后集·重建兰心轩记》。
④ 道光《重续歙县会馆录》上册《续录后集·乾隆三十六年增置会馆房产记》。

定的运营时期,但是随着时间的流逝,会馆又显颓败倾塌之势。嘉庆九年(1804),大学士曹振镛率先捐资两百金,并宴请在京歙籍诸茶商进行募捐,在京官员也踊跃捐输,当年秋天,先修葺会馆内外大厅及东西厢房,次年京外歙籍官员捐款陆续到达,又续修兰心轩前后宇舍。其后鲍漱芳独力捐资 2 100 缗白金修葺了南院,此次会馆大修才告结束。[①]

歙县会馆的每次修建都离不开官商的捐资,这一方面表现了歙县同乡对会馆的重视与慷慨,同时也反映了会馆缺乏稳定的日常经费的尴尬。嘉庆十六年(1811),在两淮盐商的努力下,盐运使最终同意将对歙县会馆的资助纳入盐务部门每年例行的杂项开支下,"准于辛工项下岁支三千金助歙馆经费如扬例"。每年三千金的固定经费有效地保证了歙县会馆的正常运作,岁修年例等一切费用都非常宽裕,不再受经费不足的困扰,甚至京官与参加乡会试的贫困士子也能享受到部分补助。[②]

明万历四十一年(1595),绩溪县葛应秋、余任卿、曹华宇等人出面组织,在北京琉璃厂桥东创立梁安会馆。[③] 由于资料无存,明代梁安会馆的具体运行情况不得而知。明清易代之际,会馆毁于兵燹。乾隆年间,绩溪人欲重建会馆时,旧馆基址已泯没不可考。乾隆十九年(1754),绩溪叶、王、胡、汪四姓谋划规复同乡会馆,绩溪人闻之喜出望外,踊跃捐输,多者达六百余两,少者或数钱、数两不等,共捐资二千余金,在宣武门外椿树头条胡同置屋数十间,"工作既备,堂宇焕然"。[④] 嘉庆年间,呈现在士子面前的绩溪会馆,已拥有颇为可观的建筑规模。会馆正房前后共三重,第一重四间,中间为大门,东间开置耳门,西间并套房 1 间,供守馆者居住,中间一重为三间大厅,大厅前面有戏台一座。第三重有正房三间,中间供神,左间供乡里贤达之有功于会馆者,其上

---

① 道光《重续歙县会馆录》上册《新集 · 重修歙县会馆记》。
② 道光《重续歙县会馆录》上册《新集 · 会馆岁输经费记》。
③ 道光《绩溪馆录》卷四《会馆建修缘起 · 建绩溪会馆序》。
④ 道光《绩溪馆录》卷四《会馆建修缘起 · 绩溪会馆碑记》。

为暗楼，收藏祭器、什物、锣鼓、灯箱，右间有土炕，上亦有楼藏器物。第三重正房的西边有大房一所，分为前、中、后三重，院内皆有厢房。会馆西首有书房二层及马棚、车房，共二十三间，专门向外出赁。会馆后边有东西小房二所，每所正房三间，左右厢房各二间，亦为出赁之房。时人称，绩溪会馆虽然只有十余间房屋，但出租之房却有五十余间，每年收取的房屋租金成为会馆的重要日常经费。[①] 乾隆初年，绩溪人在北京承办工程者甚多，在扬州承办烟盒贡的绩溪同乡每年到京一次，秋来春去。每年元宵灯节时，承办工程与烟盒贡获利颇丰的绩溪同乡出资在会馆演剧一次，张灯设宴，在京绩溪缙绅士族辐辏偕来，叙乡谊，联乡情，其乐融融。灯有珠灯、纱灯、角灯，大小皆有，又有壁纱灯一副，画"三国演义"全本，远近士庶竞相驰观，绩溪会馆之灯扬名于京城。[②]

其后，由于风气渐趋奢侈，元宵灯节的酒食灯烛之费日增，承办之人财力不支，便勒令同乡捐助，中间还发生了一起因勒捐而同乡交恶的事件。绩溪县三都的陈庭学因父亲在北京经商，加入顺天府籍，中乾隆三十年(1765)会试进士，其长子汪预中乾隆五十五年(1790)进士，分刑部，官至巡抚；次子汪云，中乾隆五十八年一甲二名进士，授编修，官至太守。陈庭学虽然家势显赫，但因捐献的灯烛费较少，承办者便将陈家父子在会馆内的官衔门封闭撤出，称其冒籍顺天，不许入馆，陈庭学一家愤懑不已，决定改认苏州府吴江县祖籍，不再与绩溪会馆往来。[③] 绩溪会馆从此沦为匠作商工的饮食醉饱之场，官宦绅士不愿涉足，进京任职的绩溪同乡也不肯经理会馆，会馆事务日渐败坏。先是有汪某长期经理会馆，假馆事之名四处借钱中饱私囊，会馆负债累累。嘉庆十二年(1807)，绩溪人高润如等同乡向官府呈诉，要求整顿，即令高润如承管，而汪某经手的亏空却未能追缴。数年后，高润如死于馆中，先前亏空尚

① 道光《绩溪馆录》卷四《会馆建修缘起》。
② 道光《绩溪馆录》卷四《会馆建修缘起》。
③ 道光《绩溪馆录》卷四《会馆建修缘起》。

有五百余串没有弥补。嘉庆十六年为会试之年，汪宬、胡炳邀集同乡筹募资金，并请留京官员经管会馆事务。自嘉庆十六年至嘉庆十九年(1814)的三年间，五百余串的债款终于还清，馆中房屋也进行了整修。后层正房东西二间重新装饰，檐下安置窗棂。馆后东边的一所小房内添盖厢房一间，修理义园南屋及厨室四间，并补筑义园倾塌的围墙。会馆大厅的"就日堂"匾额因年久颜色剥落，字迹辨认不清，绩溪同乡另制作了新匾，并将"就日堂"改为"观光堂"。鉴于"吾馆之兴，未有规条，何以示后，其不可阙"。还制定规约十数条刻于匾上悬于堂内，以使众人遵守。[①] 为监管经费收支，会馆内专门安放一个铁柜，每月房租收存柜内，数月清算一次。在内外诸人的努力下，会馆事务渐有起色，赢得了绩溪同乡的信任。但是好景不长，会馆董事先后离京做官，人事变动频繁，其后由王照、舒国安相继接掌会馆。但是二人实系宵小之徒，他们不但贪墨馆中余银 60 两，还勾结房客余玉川，以会馆经费不足，向余玉川借款修建房舍为由，默许余玉川不交房租，两人私下分肥。会馆后东边的小房屋也不再出租，由吴瑞源、唐堃等人的家眷居住，致使馆务一片混乱，"贪染余润，从而党附助其凶焰"，会馆与义园的岁时祭祀俱废而不行。道光六年(1826)正月，举人张邦舜、胡炳南、汪添等赴北城察院控告王照等人朋比为奸，盘踞会馆，侵蚀租钱。经察院裁断，令余玉川、吴瑞源等交还房屋，王照搬出，永远不许再入会馆，并交出经管账目以供稽核。因王照畏罪潜逃，饬令查拿归案，押回原籍交地方官严加管束。北城察院要求绩溪会馆遵照章程，由京官进行管理，除乡试、会试及谒选人员外，一切闲杂人等不准在馆居住。[②]

道光六年六月诉讼结案后，根据会馆规条，户部主事胡培翚接办馆务。会馆房屋因连年不修，坍塌渗漏者比比皆是。胡培翚接手后，首要任务就是四处筹钱进行重修。当年就重盖会馆西侧倒塌大房二间，用

① 道光《绩溪馆录》卷四《会馆建修缘起·重新堂额记》。
② 道光《绩溪馆录》卷四《会馆建修缘起·丙戌清理会馆案卷》。

去京钱63串100文。修理会馆房屋及馆西大房共用京钱66串783文，由石炳文、胡培翚二人先行垫付，其后收房租归还。道光七年(1827)，经理馆事诸人考虑到大门数间朽坏将倒，供奉神灵的大堂低矮狭窄，决定重新整修。胡培翚带头捐出个人薪俸，并致书外放任职的绩溪同乡请求捐助。由于工程浩大，耗资甚多，捐款无法及时兑现，众人讨论先行借贷开工。将馆后东所小房八间移建于西院的空地，在原址扩建神堂三大间，西所小房亦拆移二间，在西院添盖二间，共有十二间，四周建起围墙，自成一个院落。会馆大门四间及戏台一座全部拆去，挑出可以继续使用的砖木，在旧址重建四间，门庑则加高加大，与原先湫隘破旧的规模迥然不同。原先的神堂后壁改装出檐，安置隔扇，重砌东山墙倒塌的地方，修理坍塌的旧房及临街围墙。全部工程于当年二月开始，十月结束，共用去京钱2 070余串。除馆内原有余款、已募集到的捐款及贷款外，仍有京钱260余串的资金缺口，由胡培翚个人垫付，不收息钱，取房租还款。为及时归还欠款并规范房租支出，会馆执事订立了合议：①

> 立合议，绩溪会馆人等，前岁因会馆大门数间朽旧坍坏，并旧神堂房间狭隘。众议于后院建造正房三大间供神，将大门地脚升高，一连四间重拆重造，并将旧神堂后墙改装隔扇，添制飞檐，坍塌墙壁一切重砌整新，又于西院改造住房十二间。于道光七年十月工程俱已完竣，共用京钱二千余串，除六年、七年馆内存钱及众同乡已出捐项抵补外，仍有借垫项未经归还，应将馆内逐年租息弥补，其挪借缘由已立有合议。但恐司事者或有账目不清等弊，为此再行立议。嗣后馆内积有存钱即行还借，每年集众算账一次，俟借项还清之后，或将存钱置买坟地或添建房产，总不得侵移私用。倘司事者账目不清，

① 道光《京都绩溪馆录》卷三《契据·杂字据》。

侵蚀入己，许众同乡持此合议呈官究追，此据。

道光八年正月十五日立 合议人名单列后

张四维　胡培翚　胡文柏　葛　英　程正泰　胡兆智　程廷起

许　炳　曹鸿章　曹鸿尚　吴联芳　张邦舜　周懋炽　张瑞庆

曹德明　叶文林　吴世吉　程绍福　姜汉忠　程正茂　胡明高

胡洪培　胡兆沅　张尧文　周承棋　胡培祺　许元顺　汪步瀛

王大明　汪　銮

此后，绩溪会馆凡遇建房等事而必须借贷者，都按照规条预先知会大众，立合议为据，不准值年私借，以防趁机渔利。从道光六年到道光十年(1830)，绩溪会馆先后建造修理馆内房屋15间，馆西前层一所房25间，后层二所，东所10间，西所12间，通共房屋62间，共用京钱3 100余串。

在胡培翚等人的悉心经营下，绩溪会馆迎来了发展良机，馆内外房舍焕然一新，收取的房租及同乡捐款不但很快还清了借款，还有很多盈余，至道光十七年(1837)，除去在大厅后面添盖两间厢房的花费，馆内还结存京钱300千。会馆董事户部郎中胡文柏、吏部主事胡肇智、内阁中书葛良治等考虑到会馆已步入正常发展轨道，经费每年都会有所结余，就开始谋划如何使用这笔款项。道光四年(1824)，胡培翚利用休假归里的时机，联合绩溪城乡绅士捐资举办宾兴局，资助绩溪士子赴南京参加乡试，赴北京参加乡、会两试的川资费用，远在北京的举人张四维、胡文柏、葛营、拔贡生石炳文等也纷纷解囊，宾兴局共募集资金5 000余两，存于城乡54家典铺生息取利，并制订规条保证运行。道光六年，胡培翚等呈准礼部备案。[①] 因绩溪宾兴局以资助士子赴南京参加乡试为主，对举人到北京参加会试与贡监生应顺天乡试的资助只占支出的十分之一，优拔贡、朝考者不予资助，而从绩溪到北京的路途较南京遥远

① 道光《绩溪捐助宾兴盘费记·案卷·礼部行查呈县转详报部文》，绩溪县图书馆古籍部藏。

得多，所需费用也不可以道里计。道光十八年(1838)四月，胡文柏与在京的绩溪官员商量后，便致信胡培翚，提出将会馆每年余钱换成银元寄给绩溪宾兴局，由宾兴局董事按照局内规章存典生息，连本带息积累到1 000两后，才开始取息资助绩溪举人赴北京参加会试的路费。这个提议得到胡培翚的盛赞。胡文柏另致书与绩溪宾兴局接洽，宾兴局值年司事接到信函后非常重视，于六月十五日召集阖邑绅耆在县学宫文昌殿商量办法。同日，值年司事又邀请城内五家典铺商议存典事宜，决定此项银两存至曹平足色纹银1 000两即行截止，照宾兴局存典成例每月7厘起息，待订立好相关规条后方准开支，各典开一暂存折据交入宾兴局公匣。从道光二十年(1840)至道光二十五年(1845)，绩溪会馆寄交绩溪宾兴局的曹平足色纹银共计889.47两，其中绩溪同乡捐款272两，馆内余存617.47两。每年息银作本合计110.53两。两项共计1 000两。道光二十四年(1844)十二月，胡文柏、胡肇智、葛良治议定四则规条呈明礼部立案，规定每科计息银若干两，以其十分之八拨给会试，优拔贡到京、朝考之年与会试举人一并均匀给发，剩下的十分之二拨给北闱乡试，其于宾兴项内应得之数仍照旧给发。此项经费既然归绩溪宾兴局经管，应补贴杂费，息银百两支取四两作为补贴，如不足百两则酌情减少。其他事项按照宾兴局规条办理。[①]

乾隆五十九年(1794)，久居京城的黟县宏村人汪日章，见黟县无会馆，而应试北闱的同乡士子又日渐增多，便带头倡捐，在宣武门外南半截胡同建造黟县会馆，汪日章任经理八年，直至外放任职才交付黟县同乡。嘉庆《黟县志》记载了汪日章建造会馆的事迹："汪日章，字首禾，宏村人。性最聪敏，自幼有文名，浙江仁和商籍，乾隆乙酉举人。由内阁中书荐陟乡阶，敦乡谊。久居京城，以黟无会馆，值邑人应试北闱者众，日章述其父志，与众筹之，置会馆于宣武门外南半截胡同，时乾隆甲寅

① 道光《京都绩溪馆录》卷五《筹添来京试费缘起·部案规条》。

也。亲为经理者八年，莅外台，始以付之邑人宦京师者。日章官安徽布政使。”[①]嘉庆四年(1799)，黟县会馆建成，会馆在半截胡同路西，门向东的房屋有4楹，西为大院，北屋5楹，为议事大厅，东厢房3楹，西厢房7楹。西大院北屋5楹，西厢房7楹，门西向，为烂面胡同。会馆除马棚、厨房外，共有正屋34楹，房屋印契存放公匣。会馆事宜由黟县在京有职业者管理，馆中器皿皆由会馆置备，“以待需次公车及应乡试者”。[②]同治十二年(1873)，黟县人舒之翰捐资，在会馆朱子殿南面的空院建造试舍5间，并将旧舍坍塌之处重加修葺。[③]

婺源县在北京先后设立两所会馆，老会馆在正阳门外西河沿石侯儿胡同，乾隆二十五年(1760)，由婺源同乡汪汇川倡建，作为“公车下榻之所”。由于房屋只有十数间，科考之年，有半数同乡士子不得不寄寓他所。会馆司事虽欲扩建，但苦于地基狭小而无奈作罢。乾隆五十八年，王莳亭提议重建，婺源县士绅踊跃响应，多愿捐资以助其成。其后几经周折，嘉庆十九年，在旧馆附近的大耳胡同购房三十余间，次年春拆除旧房，进行重建，数月后完工，又用余资修治旧馆，续收的捐款则用来添盖房屋。同治十年(1871)重建，地基升高三尺，改开中门出入。[④]婺源新老会馆共计房屋店铺七十六间半，每年收取房屋租金以供馆内公事之用。[⑤] 道光年间，俞诵芬、王凤笙及合邑绅士程纫兰等人集银3 200两存典生息，作为乡会宾兴，后用该笔钱款尽数置买店铺两处、民房两处。[⑥] 店铺在宣武门外大街桥头，道光二十一年(1841)二月又购买王姓产业，两处店铺相连，坐北朝南，两处店铺房租每月大钱33千500文。会馆另有一处民房，在宣武门外大街中间路西，道光二十一年八月

① 嘉庆《黟县志》卷七《人物·尚义》。
② 汪日章:《黟县会馆记》，嘉庆《黟县志》卷十五《艺文》。
③ 民国《黟县四志》卷一《纪事表》。
④ 董桂敷:《京师婺源新建会馆记》，民国《婺源县志》卷六十七《艺文四·序记四》。
⑤ 光绪《婺源乡土志》第十五课《京师会馆》。
⑥ 光绪《婺源乡土志》第十六课《文明会(京师公产)》。

买自缪姓产业，全堂四进，每月房租大钱 12 千 500 文。另一所民房在沙土园路，计房屋十间，道光二十四年二月从文明会公项内支银 125.85 两拆除重建，房租每月大钱 5 千文。此业拨归文明会，实为以公济公之举。①

表 1　清代北京婺源会馆房屋表

地　　方	间　　数	
本馆房屋	三十八间	合计房屋铺共七十六间半
西河沿石侯儿街中间路西老馆房屋	十四间	
老馆前路东房屋	三间半	
西河沿五斗斋路北铺房	前后共九间	
中城东坊瓜子街北头路楼房	上下共十二间	

资料来源：光绪《婺源乡土志》第十五课《京师会馆》。

同治末光绪初，婺源县在南京建立了新、旧二所试馆，“专为乡试旅居之所”。旧馆共有房屋十三间，分别位于江宁县镟子巷此字铺、百花巷大字铺。新馆在江宁县顾楼河字铺，房屋亦有十三间，另有前后店屋两间，后面还有空地可供建造房屋。婺源试馆由五乡轮流推举一人管理，每届三年。每年收取房租约千缗，除支付管理薪俸及修理房屋、杂支之外，常年可结余墨银 500 元左右，除添造房屋，逢乡试之年支给应试士子川资费用。光绪八年(1882)，禀请两江总督左宗棠批准，每年于茶税正供项下每引拨银 4 分，用此款在试馆余地建造房屋。② 光绪三十一年(1905)科举停废后，婺源同乡议决将常年余款拨入紫阳学校，充作师范传习所经费，并将试馆之名改为会馆。③

同治八年(1869)，歙县人宋端甫用银 457.4 两在江宁县石坝街忠字铺陆续购买李姓、兰姓基地合成一片，作为建立歙县试馆之所，并经保

① 民国《婺源县志》卷六《建置三・学校》。
② 民国《婺源县志》卷六《建置三・学校》。
③ 光绪《婺源乡土志》第十七、十八课《南京试馆》。

甲总局验明，颁发《禁止游民偷挖砖石告示》，同时遵例投县税契。[①] 光绪二年，汪士珍倡议建馆，得到程国熙、宋琪、程桓生等人的赞成，收到同乡捐银值钱 7 760 余缗，先后建成正屋、东厅各 3 层，每层 5 间；河厅 3 层，每层 3 间，临河建石埠驳岸。为防止闲游无业者借桑梓之名到馆窥探、希图住宿，歙县试馆禀请江宁知府发布告示，严禁游间窥探住宿滋事，以便赁居而资经费。[②] 光绪十五年(1889)，正厅后又加盖楼房 5 间。整体工程先后用去钱 12 300 余缗。[③] 为加强管理，歙县试馆于光绪三年(1877)制定了 10 条章程，规定试馆为本县乡试士子而设，除科场年份作考生寓所外，平时出租收息，充作兴修费用，并仿照上江考棚定章，不租赁给本县人居住。馆内棹、椅、床铺、板凳等物品不得借与外人使用。试馆常年用司事 1 人，处理收租、修理房屋等事，每月支钱 6 000 文作为薪水。每逢考试之年七、八两个月，另加雇夫役 5 名，每名给工食钱 4 000 文，以便照料、支更、守门等事。凡寓居试馆之人有考中者，每人出喜资 5 两，以助修理之用。每年正月试馆团拜一次，每人出资 200 文以备香烛之用，支公款置办酒面，8 人 1 席，随带仆人各给面钱 40 文，轿夫不给。秋祭一律照办。如遇大比之年，考生到者亦按人照加。中元节放焰口一次，香楮等费用以 8 000 文为标准，不得滥支。试馆出租之时，按照月租钱数酌提十分之一作中介费用，押租无论多少不准移挪。如遇公款要用者，须同众人商量后方可动用。[④] 光绪二十一年(1895)，歙县试馆又新立规条 11 条，对原有定章进行补充，并公禀江宁府存案。从中可知，歙县试馆正宅备房一间，归送考教官居住，后一间归书斗居住。试馆厅堂桌、几、椅不得擅自挪移，各房均有器具，两人共用一桌，每人一个坐凳、一个床铺。每逢考期八月初五日，考生要整肃

---

① 光绪《歙县馆录・公牍录・禀保甲总局》。
② 光绪《歙县馆录・公牍录・禀江宁府》。
③ 光绪《歙县馆录・碑记录・创建江南歙县试馆记》。
④ 光绪《歙县馆录・馆规录・原议章程》。

衣冠恭祀先贤。因试馆寓考寒士居多,每逢乡试,宜养精蓄锐以求高中,不得借赌消闲,违者逐出。倘有挟妓入馆者,一经察出,罚洋 100 元充公,并逐出。试馆房间有限,送考者俱宿于厅廊,倘有徇私宿房,察出驱逐馆外。试馆只供歙县考生使用,不得留外人寓考。试馆要保持洁净,丁役洒扫须勤谨。试馆经费除岁支、修理外,一半作为试子宾兴,一半留作起造,如遇恩科,不给宾兴,正月团拜时,公同查阅收支清册。试馆出租向有定章,不得徇私短租,每处只在签写租约时,提出一成作为中用,不得过多。试馆司事每月饭食、薪火英洋 6 元,以专责成。逢考七、八两月,丁役 5 名,每名饭食钱 4 000 文,有考生给赏,5 人均分,不得争较。每逢大比之年,设一处公共厨房,以便士子附搭伙食,如欲自行备办,即在两侧廊庑内置放炊具。①

二、明清以来北京徽州各县会馆的运作

会馆依靠经费的保障,以会馆的使用人员和管理人员为核心,开展祭祀、团拜、善举等一系列常规性的活动,将旅外同乡聚合在一起,藉以联络乡谊,交流感情。

(一) 会馆的管理人员及其职责

会馆的平稳运行离不开强有力的管理者。会馆公举董事管理内外一切事务,董事又称司事,分为司年、司月两种,管理收支款项及器具。上文述及,北京绩溪会馆因王照贪墨致使馆务废弛,同乡裹足,为防止再出现类似状况,特别指出:“从前馆事之坏,固坏于败类者之嗜利侵蚀,而尤坏于取巧者之唯阿退缩,以致正气孤而事益不振。嗣后倘再有败类之徒出,必须同心协力共摈,若或依违观望,意存推诿,即非吾绩之人。明神在上,实鉴斯言。”②其言凿凿,可见对于侵蚀会馆公款行为的

① 光绪《歙县馆录・馆规录・光绪二十一年新立规条(公禀江宁府存案)》。
② 道光《京都绩溪馆录》卷一《规条》。

防范程度。绩溪会馆对值年的人选及其职责范围做出明确规定。馆事以京官一人经理，乡会试考中留京者二人协理，中武举会试留京者亦要轮流协理，拈阄轮值，一年一换。每年正月十三为新旧班交代日，新班将旧班经手的收支账目算清，不得含混，若有亏欠短少即集众理论。如果新班隐瞒不报，接收的亏欠款项即由新班赔偿。账目于新旧班交代当天开具一张清单张贴于会馆墙壁，供众人查核。管理会馆，须在用度开支上撙节省用，不可浮支滥用。会馆公款不足以支应岁修及各项日常开支，只可由同乡捐垫，不得藉端借贷。如坚持借贷，即责令尽快偿还借款，出借之人亦不得向馆内恣意索取，违者呈究。如果会馆添买产业，新建房屋，公款一时不敷，准召集众人商议，公同出名暂借，但利息不得过重，以防馆内吃亏。馆内每年租息所入除支付岁修、祭祀等费用外，尚多余资，积累至百两以上即须增置产业或添盖房屋，不许绩溪本县同乡借用。值年每月朔望到会馆神前拈香并查看一切，先期由会馆长班邀请，香烛之费随时酌用。修理房屋时，值年随时察看监工，不得因循故事，导致倾圮，亦不得藉端滥縻公项，违者查出罚赔。会馆、义园契据及一切合议条约由值年收贮妥当，于交代时点验清交，如有遗失，值年经手者公同议罚，并将遗失之件呈交官府存案。馆内所置祭器、灯箱、锣鼓及常用家伙等物件，另立一簿册进行登记，值年交代时须点验清楚，嘱咐长班妥为照看收贮，不得借出。如有遗失损坏，典守者赔补。会馆还设有看馆人役——长班，需要奉侍香火、洒扫庭院、传单奔走，规定须择用年壮勤谨之人，每月工食给京钱 2 吊 500 文。①

休宁会馆于乾隆十八年(1753)正月制定了值年条规 15 条，要求“永远遵行，倘漫不经心或转委家人，紊乱滋误，咎有所归，愿共勉之”。②规定每年议定京官二人值年，管理会馆内外一切事宜，如奉差回籍，另议交代。会馆内有一只皮箱，装有“原乐输簿一本、买得会馆收支簿一

① 道光《京都绩溪馆录》卷一《规条》。

② 民国《京师休宁会馆公立规约·值年条规》，安徽省图书馆古籍部藏。

本、休宁会馆产业家伙簿一本、休宁内外官甲乙科题簿一本、寓馆登名簿一本、新任新中捐银簿一本、每年收银簿一本、每年支银簿一本、各书稿一束、小布包袱二个、图书三方。又公启板一副、馆寓条规板一副、值年条规板一副”,俱交值年之家收掌。[①] 其后续置产业契文及续备物件,照例归值年收管。到馆者必须由值年查明确实,方准留寓,不得徇情。馆内严禁容留匪徒或私藏铁具,值年查实即行辞出,不得隐匿。馆内房屋的钥匙交值年收管,有住馆者前来,将其应住房间及家伙等照单查点,门锁及钥匙交住馆者收执,出馆时查明收回封存,倘有损坏遗失,即令赔偿,不得隐纵。会馆南首共有房屋十七间,已登录产业簿,每年出租收息,嗣后续置房屋亦照例开载产业簿以便后来稽查。馆内物件也开载家伙簿上,倘年久朽坏有应续置添补及他人捐入者照例开载家伙簿,仍将朽坏之件注明以供核查。会馆房屋宽大,值年者每月要亲自到馆查勘,有应修之处,即行估计修理,不得因循虚应,所有开支账目逐一登记,不得浮冒。每年腊月中旬,值年出单交长班传知京官及候选、候补、进士、举人、殿试者,于次年正月的某一日齐集会馆团拜,公议新值年 2 人,旧值年将收支账目、剩余银钱及馆内物件公同查明,交付新值年收管。如有遗失短少,移交之前由旧值年赔偿。新、旧值年交接已毕,进行聚餐,以爵齿及尊者居首,其余各人按年龄大小依次围坐。会馆内若有余银,只许购屋收租,不许借贷,以免贪利遗误。会馆设长班 1 名,遇有传单及应通知同乡事情,值年即可差遣,每月给工食银 5 钱,无需另外赏钱。会馆另设看门人 2 名,每日扫除厅院,照应门户,检查家伙,拦阻闲人不许入门。每夜起更后,到各厨房查看火烛。遇有暴风、疾雨、大雪,逐一细看,倘有墙倾瓦漏,立即报明值年修理。每月各给饭银 1 两、工银 5 钱,供给大门左首一间住宿。以上 3 人若有惰玩、酗酒等事,值年查出,即行斥逐另换,所给银两按月开载于每年的支银簿上。[②]

---

① 民国《京师休宁会馆公立规约·值年条规》。

② 民国《京师休宁会馆公立规约·值年条规》。

歙县会馆在“乾隆六年会馆公议条规”中规定，会馆选择在京殷实老成有店业者每年 2 人，轮流分班公管，对会馆公匣、契纸、银两及收支会簿，上下手算清交代。也就是由歙县商人进行管理，但商人并没有独立的行事权，凡有应行事件，要与在京任职的歙县官员议定而行，每年推举京官 2 人掌管，若出差告假，交留京者接办。此时的管理架构，是由官、商两部分组成，商人负责具体运营，重大事项的决定权在官员手中。[①] 乾隆二十八年(1763)的“增议规条”则改为从当年开始，拈阄确定京官 2 人轮流掌管，凡有应商事件，召集众人公议而行，其公匣、簿籍、契纸、银两及馆内物件，公同查明交收。每年于五月公会后，择日邀众齐集馆内算清，上下手交代，如遗失短少，咎有所归。[②] 可见商人已不再参与会馆的管理。嘉庆十九年的“续增条规”对会馆司年的身份提出新的要求，“司年除科甲出身外，惟拔贡特用之小京官，暨由贡监援例六品以上，家业殷实者得焉”。司年每月须到馆查勘房屋，有应修之处，即通知修理，不得因循，以致迟修多费。会馆房间钥匙存司年京官处，凡欲到馆居住者，由本人向司年领取钥匙，房内器物查清粘贴墙上，照数点交，不得损坏，搬离会馆时将钥匙交还给司年，并当面查点各件，如有损失，务令赔补，司年不得徇情。对于不符合住馆条件之人，司年按馆规辞却，如有将馆内房屋私借给外人居住及霸占不还等事件发生，公议重罚，严斥本人永远不许入馆。每月朔望神前香灯及祀典，由司年动用公项酌办。[③] 会馆另立收支总簿，每年一结，并立“逐时收支银钱流水账簿”，每月一结，俱存公匣，上下手交代。

歙县会馆一直规定馆内余银不得放债生息，只能置房收租，司事者如擅行出入，查出公罚。但是会馆自嘉庆九年使用扬州盐商鲍漱芳的捐款进行重修后，余款无多，又受限于严禁放款生息的规定，面临支款

① 道光《重续歙县会馆录》上册《续录后集・乾隆六年会馆公议条规》。
② 道光《重续歙县会馆录》上册《续录后集・乾隆二十八年增议条规》。
③ 道光《重续歙县会馆录》上册《新集・嘉庆十九年续增条规》。

日绌的窘境。为此，嘉庆十九年公议，责成司年按月出放，以一分取息，年终本利算清，移交下手，不得拖欠。截至嘉庆十五年(1810)，除岁例支用，馆内已存银约有 1 600 两，加上每年余钱置买市房收租及出借他处按月取息外，每年春秋演剧及一切公用“俱于所入息银内照例开支，足敷经费”，不必再另外捐输，会馆偶有用公款宴请等事，也从会馆息银内支取，每年向歙县籍官员募捐的“年例传单”也宣告停止。歙县会馆还雇佣看管人役，提供住房 3 间，每月支付工食钱 1 000 文，供司年役使及看守门户，查点什物，打扫卫生，拦阻闲杂人员，倘有懒惰倦怠，不愿清扫，收留匪徒及盗卖私借馆中桌椅等情事发生，即扭送北城察院究治，另行雇用他人。[①]

(二) 会馆的使用人员及其义务

北京徽州各县会馆的中心任务是为同乡士人到京参加乡会试、朝考及地方官员进京朝觐提供各种方便，为了满足大多数人的利益，发挥会馆的最大作用，会馆在规条中对住馆人员的身份、注意事项及应尽义务做了详细说明。如休宁会馆鉴于“下榻者众，必定章程，方为可久”，在乾隆十八年正月制定“值年规条”的同时也制定了“馆寓规条”11 条，并将其刊刻印刷，凡住馆之人即送一份以便遵守。绩溪会馆强调：“凡应乡会试、朝考来京及外任入觐者，俱准住居馆内。”如果人多房少，乡试之年先尽乡试者居住，会试之年则先尽会试者居住，不得随意占据。待房屋空闲时，才允许没有家眷的候补、候选官员居住。除了应试举子及官员，其他人等一概不准住居会馆。住馆者须德业相劝，过失相规，不为戏亵之词，更不得赌博滥饮，招引倡优出入，并时时嘱咐下人小心火烛，不得毁坏房屋，偷卖物件，若有赌博等事发生，长班要立即禀明值年，当众逐出并公同议罚，如果长班隐情不报，即送官惩治。[②] 休宁会馆

① 道光《重续歙县会馆录》上册《新集·嘉庆十九年续增条规》。
② 道光《京都绩溪馆录》卷一《规条》。

规定，会馆为“应试及需次者而设，此外概不得与”。馆内不得贮放货物，不得粘贴医卜星相招牌，不得容留优人、小唱妇女，不得蓄藏丝竹樗蒲等类器具，违者立即赶出馆外。任京官者限三个月内找屋搬出，不可久住，有家眷及差役人等一概不准留住。[①] 乾隆六年(1741)，歙县会馆规定，会馆创立之意，“专为公车以及应试京兆而设，其贸易客商自有行寓，不得于会馆居住以及停顿货物，有失义举之意”。商人被排除在外。平时非乡试、会试年份，“谒选官及外任来京陛见者，皆听会馆作寓”，每间交银三两，并缴纳对会馆的赞助银三十两以上。但是有眷属的京官、外官及应试举子则不得于会馆居住，因为人多口杂，一旦住下不仅多占房屋，也很难一时搬走。其他无事闲游者以及因公差役、各衙门供事书吏则概不准住以防作践。从居住会馆人员的籍贯来看，来自该县的本籍举子、官员是当然的服务对象，由于徽州商人寄籍外地者甚多，会馆在制定规条时也考虑到了这一点。乾隆六年，歙县会馆指出，“本籍外籍虽皆同乡，但吾乡寄籍者甚多，恐房间不足，转令本籍向隅，殊失立会馆本意”，为此公议，凡乡试、会试之年，先尽本籍举子居住，如房间有剩余，再让外籍举子居住，而外籍者“须乡贯氏族实有可征者方准入馆，如无可查考，不得概入”。[②] 乾隆二十八年，歙县会馆将外籍进一步细分为祖籍歙县，但寄籍外地与已寄籍外地但现在歙县居住两种情形，规定乡会试年份，会馆房屋先尽“本籍及外籍而现在本邑住家者”居住，寄籍外地者“须房间实在有余，询明乡村族属，确有可凭，并京官作保者方准作寓”。休宁会馆也要求寄籍久远者须同县京官担保，若无保人，则一概拒绝。[③]

休宁会馆将馆内的二十四间房屋编写号码，在门首钉牌，以到京先后依次居住，每人住房一间，如果二十四间已住满，其后再有来者，两人

① 民国《京师休宁会馆公立规约・馆寓规条》。
② 道光《重续歙县会馆录》上册《续录后集・乾隆六年会馆公议条规》。
③ 道光《重续歙县会馆录》上册《续录后集・乾隆二十八年增议条规》。

共住一间大房，不得多占房间，任意选择，愿意同灶烧饭者可以酌量通融。厨房每间置炉二座，供二人使用，按住房编号在厨房墙壁上钉牌，依次起灶，不可混乱越号，也不能在居住的房间内另起炉灶，以免起火延烧房屋。房内的门、窗、桌、椅、板凳、床等物品开列清单粘贴墙壁并大书锁匙牌上。到馆居住者先到值年处说明姓名、乡村、官阶、科分，情况属实，值年一同到会馆将依次应住之房照清单及钥匙牌查点清楚，交收门锁。搬出会馆时，再次查点物品送交值年锁上房门，若有遗失损坏，即令修补赔偿。[①] 乾隆二十八年歙县会馆在"增议规条"中规定，如果房内物品不敷所用，可自行添置，但不得搬到其他房间，离京时所置物件捐给馆内公用。住馆之人所带仆从如在旧宅即住厨房，在新宅就住小房，均不得占住正屋，小心照应门扇家伙，如违公罚。[②]

居住会馆的应试考生与官员除了按月缴纳房租，还要按中式名次及官阶向会馆捐资。绩溪会馆认为，"会馆之设备，应试待铨者居住，此都中通例也。惟发科受职之后，亦应输资以充公用"。因而按官阶酌定银数：[③]

> 京官：正一品二十四两、从一品十六两、二品十两、三四品六两、五六品四两、七品二两（庶常留馆后再输四两）、八九品未入流一两。（自二品以下由从转正不再输）
>
> 外官：督抚、总漕、总河、盐政一百两（每换一阶即照数再输，下同），藩司、运司八十两、臬司六十两、道府运同四十两、直隶州运副提举三十二两、知州知县盐库各大使二十四两、同知十六两、六品佐杂十二两、七品佐杂教职十两、八品佐杂教职八两、九品未入流六两。（自道府以下拣发、分发者先交一半，补阶后全交，卓荐来京者从厚留资）

---

① 民国《京师休宁会馆公立规约·馆寓规条》。
② 道光《重续歙县会馆录》上册《续录后集·乾隆二十八年增议条规》。
③ 道光《京都绩溪馆录》卷一《规条》。

武官：一品三十两、二品二十两、三品八两、四品六两、五品四两、六品二两、七品一两。（以上拣发、分发者先交一半，补缺后全交）

出差：学差五十两、会试总裁四十两、试差十六两、会房八两、乡房四两、坐粮厅三十两、钱局监督十两。

科甲：状元二十四两、榜探十六两、进士四两（会元、传胪加倍）、举人二两（解元加倍，以上文武同）、恩拔副岁优贡一两。（廪增附贡监来京应试愿照此捐资者听）

并规定以上各项捐输自道光十一年(1831)为始，有应输者即行交出，毋得拖延。值年将收到的捐输银两登记在册，书名于大厅匾额，待捐输人数积累到一定规模，再刊行征信录并刻诸石碑以垂永久。

休宁会馆不但对捐输额度做出规定，还要求休宁同乡在乡会试中式升授京官及由京官外放，于任命下达三日之后，在会馆值年送达的题名簿上亲自书写个人应捐输的银两，随即交付登记。由外官升任京官者，值年寄信通知，如约交送个人捐输，并登录于题名、收银二簿上，存贮在值年处。如不愿书名或书名而不捐资，亦在簿内注明以揭其不义之举。[①] 歙县会馆备捐输簿置于公匣内，登载捐输者的姓氏及所捐银数，但数年下来，有已付款而未登簿者，有书名而未付款者，乱象丛生。会馆决定由司年彻底查核，将已付银的人名按年登载并补充勒石刻碑，已书名而未付银者寄信催取，久不答复者于本人名下注明，并规定以后务必书名即当场付款，以方便登记，并在新旧司年交代时算清。[②] 会馆使用人员的捐输已成为会馆日常经费的一大来源，源源不断的经费扩充了会馆费用的规模，可用来购置房产收取租息，充裕的经费为修理房屋、馆中公用和资助参加乡会试贫困士子的盘费、处理旅外同乡意外身

① 民国《京师休宁会馆公立规约·馆寓规条》。
② 道光《重续歙县会馆录》上册《续录后集·乾隆二十八年增议条规》。

故等事件提供了物质基础。

（三）会馆的社会功能

如果对会馆的整体运行作一个比喻，那么会馆的房舍建筑是舞台，会馆的管理人员和使用人员是演员，演员在舞台上演出的内容就是会馆的社会功能。虽然各地各类会馆在具体功能上会有所不同，但其基本功能却大略相同，时人将会馆的基本功能总结为"祀神、合乐、义举、公约"四项内容。[①] 乾隆朝军机大臣、吏部尚书、文学家汪由敦在为休宁会馆撰写的碑记中就简明扼要地总结了会馆的功能："会馆之设，俾得适馆垣，弛负担。于以联其情，萃其涣。是以厚乡俗，广敦睦之一端。"[②]

祀神是指岁时祭祀馆中供奉的各类神灵，这是维系同乡团结的精神纽带与向外展示同乡面貌的集体象征。北京徽州各县会馆普遍祭祀汪公、朱子等徽州乡土神以及文昌帝君、关帝全国性的神灵。如绩溪会馆规定，每年正月十三日上灯，祭祀众神，正月十八日祭祀汪越国公，二月初三日祭祀文昌帝君，五月十三日祭祀关圣帝君，九月十七日祭祀福德财神。每次祭祀结束后均进行聚饮散福，每桌酒席用京钱二吊二百文。在京绩溪同乡年满十五岁者均要正衣冠齐集会馆拜祭，未满十五岁及衣冠不整者不许入席散福，优隶贱役之流亦不许入席。自正月十三日起至十五日止为元宵灯节，每夜的油烛等费由值年酌量动用，不得滥支，如有自愿捐资，多多张灯结彩敬神者听其自便。每年十二月二十六日腊祭能干祠，也就是祭祀乡先达建立会馆有所贡献的乡人贤达，除夕上年供以及元旦的香烛费从馆内随时支用。[③]

合乐是指流寓异地的同乡在会馆内团拜聚餐，谈文论艺，借以密切

---

① 《创建沪南果桔三山会馆碑》，上海博物馆图书资料室编：《上海碑刻资料选辑》，第 359 页。

② 汪由敦：《休宁会馆碑记》，道光《休宁县志》卷二十二《艺文·纪述》。

③ 道光《京都绩溪馆录》卷一《规条》。

同乡之间的交流与联系。如前述休宁会馆每年于正月择吉日举行同乡团拜会，并进行新旧值年的手续交接，共同见证会馆账目的清算，交接结束后众人聚餐。休宁士子在参加乡会试后十日内，由会馆出面备办酒席，为考生接场，京官及候选、候补官员每人出八钱交给值年，在会馆内宴请应试考生，但不演戏。[①] 歙县会馆每年“同乡公会”一次，爵齿并尊者为上。乡会试后，由司年传知同乡京官捐资办席接场，如捐资不敷，于会馆公匣内开支。[②] 绩溪会馆规定，每岁新春，京官及乡会试留京并候补、候选人员择日在馆团拜一次，各出分资。同乡宴会时，如有酗酒争闹、发泄私愤、出言恶骂者，公同斥出，永远不许入席。科考之年，乡会出场后，由值年酌量人数备酒席接场，但不必过于铺张。同乡宴会及乡会试接场，待会馆资产充裕，即从公项内拨付，而不必再由个人捐资。[③]

义举指的是会馆为有需要的同乡提供援助，从资助回乡、贫病医治到身故浮厝、扶柩归里等，建立了一个独立于官方救助体系之外的民间社会保障机制。休宁会馆规定，对于参加乡会试因贫困而难以归里者，支取馆内余资进行资助，并在开支簿上记载清楚。绩溪会馆规定，同乡有贫病无依而愿意归里者，如系平日安分守己之人，由值年通知同乡酌量资助盘缠，并要有人担保，倘不出京，所领盘缠由保人赔偿归公。同乡在京病故无力殓埋者，由会馆施给棺木安葬。[④] 歙县会馆自嘉庆十六年始，每年得到扬州盐商三千金“邗项”的捐注，经费颇为充裕，对歙县同乡的资助力度较以前扩大很多。嘉庆十九年的“续增条规”规定，从该年起，歙县本籍乡试考生每人送元卷银 6 两，会试除接场宴请外，本籍举子每人送元卷银 2 两，帮费 30 两，寄籍举子送帮费 10 两。应试考

---

① 民国《京师休宁会馆公立规约·馆寓规条》。
② 道光《重续歙县会馆录》上册《续录后集·乾隆六年会馆公议条规》。
③ 道光《京都绩溪馆录》卷一《规条》。
④ 道光《京都绩溪馆录》卷一《规条》。

生抵达北京当天,会馆支付每位考生饭食银五钱,以表接风洗尘之意。[①]乡会试后,本籍考生实在无力归里者,查核确实,酌送川资。每年岁暮,会馆出资 2 500 两为歙县本籍同乡四品以下科甲出身暨拔贡特用的京官分送炭资,在“邘项”寄到的次日,照当时在京歙县本籍官员人数,按股均分。告假者、三品以上暨外任官员不送。歙县本籍试差回京,当年不送炭资,次年减半致送,下年照例全送。歙县本籍学差回京,二年后照例致送炭资,再次出差则不送。歙县本籍同乡在京病故而无力殡殓回里者,酌送赙仪若干,京官另行酌给。因歙县在京官员人数众多,寄籍外地的歙县京官不再致送炭资,寄籍他省而实居歙县者则仍照本籍之例致送。但是如此优厚的资助持续时间并不长,道光十年规定,因“邘项”每年减至 2 400 两,乡会试留京人数日增,各项开支有增无减,决定自当年起,歙县本籍会试元卷帮费以 160 两为准,乡试元卷以 80 两为准,乡会试留京炭资以 320 两为准,无论人数多寡,照数摊分,剩余款项作为同乡京官的帮贴。参加会试的寄籍外地者由每位送帮费 10 两改为送元卷 2 两。本籍乡会试无力归里以及留京无馆者,也不再致送帮费,如日后经费充裕,再议实行。[②]

由于北京距离徽州遥远,交通不便,在北京身亡的徽州同乡无法及时归葬故土,各县会馆便设立义庄、义园,为同乡提供一处身后安息之地。“适他乡,处异地,而有义园之设,所以奠安旅榇,矜慰游魂也。”[③]歙县义庄在北京永定门外石榴庄,创始于明嘉靖四十年(1561),主其事者江龙、仇自宁、杨忠、许标、汪昙等,他们也是歙县会馆的创始人。经数载添建,歙县义庄“规制甚宏,厅事高敞,周垣缭之,丛冢殆六七千,累累相次”。[④] 入清之后,歙县义庄屡次重修,并得到北京经营茶业、银楼业

① 道光《重续歙县会馆录》上册《新集 · 嘉庆十九年续增条规》。

② 道光《重续歙县会馆录》上册《新集 · 道光十年续议条规》。

③ 道光《京都绩溪馆录》卷四《会馆建修缘起 · 续修绩溪义园记》。

④ 许承尧撰,李明回、彭超、张爱琴校点:《歙事闲谭》卷十一《北京歙县义庄》,第357 页。

的歙县商人的大力捐输。相应的，义庄司事由两业各推举一人担任，每年清明、中元前往祭祀，查看有无盗葬侵界、窃树移碑、破害坟冢等事件发生，并考察庄丁勤惰与否，如有不安本分，从中舞弊者，司事立即通知茶行及同乡京官以便驱逐。道光十年，歙县会馆“续议条规”规定，每年馆内给义庄贴费二十四金，清明、中元两节，由首事传知司年，每节于公匣内出贴费一两，同乡绅士每人出京钱一百五十文，以供纸烛之费。[①] 绩溪义园于乾隆二年(1737)动议创建，一年后在北京东城崇南坊霍家桥建成墓舍七间，此后数十年间不断醵金庀工，规模日益宏阔。为了有效地管理义园，以告慰同乡亡灵，绩溪会馆规定，义园契据及一切合议字约由值年收贮妥当，于交代时点验清交，如有遗失，值年经手者公同议罚，并将遗失之件呈官存案。义园须择诚实小心者看守，遇祭奠日，备齐桌凳等件，不得有误，清明、七月十五每次赏给京钱二吊，以为堆冢添土之费。如果坟土低沓，罚去赏钱，仍令添培。义园内的树木亦责令护守，毋得损伤，倘有不小心看守者，逐出另招。义园按号埋葬，馆内设立号簿一本，同乡有病故者，先到值年处取具编号印票一张，看园长班凭印票收埋。待清明、七月十五值年到园时，将新添冢数报明查验，倘有无印票而收埋者，查出即将长班送官究治，以防私盗寄埋等弊端。[②]

公约是会馆制定的为异地同乡所共同遵守的规章制度，有助于维护社会秩序。会馆的创设固然艰难，但欲为长久更属不易，“必立定章程，方可垂诸久远”。[③] 时人指出：“京师会馆不可数计，或久而逾新，或成而寖坏，其能久之故，惟视乎规条之整饬，出入之公明，经费之充裕而已矣。”[④]为规范会馆的运作，会馆管理者通常会制定周密的规条。北京休宁会馆就“公同集议，定为条规，值年之家秉公办理，庶善后有方，可

① 道光《重续歙县会馆录》上册《新集・道光十年续议条规》。
② 道光《京都绩溪馆录》卷一《规条》。
③ 道光《重续歙县会馆录》上册《续录后集・乾隆二十八年增议规条》。
④ 董桂敷：《京师婺源新建会馆记》，民国《婺源县志》卷六十七《艺文四・序记四》。

传久远，不负艰难”。[①] 同时会馆在发展过程中会时常出现新的问题，需要不断地对规条进行增补修订以应付新局面。如北京歙县会馆明确指出：“建立之初原有条例，今复因时制宜，就原例公同商酌，增损详悉，共计二十条，刊刻刷印。凡寓会馆者各送一册，务期遵守，毋致紊乱，庶全公所亦洽乡情。”[②]歙县会馆先后数次增续条规，如乾隆六年公议条规十五条，乾隆二十八年增议条规二十条，嘉庆十年（1805）公议条规十条，嘉庆十九年续增条规二十条，道光十年续议条规二十三条。经过前后五次更易，歙县会馆的规制渐趋完备，这也反映了会馆管理的逐步强化及其对新形势的适应。从另一方面来说，也正是这些看似扁平枯燥的规条，为我们立体地考察徽州会馆的运作及其发展提供了难得的资料。

三、近代北京徽州各县会馆的转型

20 世纪初，清政府面临严重的内忧外患，为挽救统治危机，被迫实行新政。兴办新式教育是推行新政的重要内容，光绪三十一年九月二日，袁世凯、张之洞等封疆大吏联名会奏，请立停科举以推广学校教育。清廷最终于当日宣布，从 1906 年起停废科举考试。数百年来为参加乡会试的同乡考生提供便利的会馆失去了重要的服务对象，但是会馆并没有随着科举制的废除而退出历史舞台，而是积极适应时代条件的变化，改组为同乡会，谋求转型，虽历经时局动乱，条件艰窘困顿，最终还是顽强地坚守下来。正如时人所言：“京师之有会馆，肇自有明，其始专为便于公车而设，为士子会试之用，故称会馆。自清季科举停罢，遂专为乡人旅京者杂居之地，其制已稍异于前矣。”[③]

---

① 民国《京师休宁会馆公立规约 · 值年条规》。

② 道光《重续歙县会馆录》上册《续录后集 · 乾隆二十八年增议规条》。

③ 《闽中会馆志 · 陈宗蕃序》，转引自王日根：《明清时代会馆的演进》，《历史研究》1994 年第 4 期。

表 2 清末北京徽州各县会馆情况一览表

地址	门牌号数	名称	管理人	职业	住所	门牌号数	旅店人数	看馆人	看馆人		学童	信教
									男丁	女口		
椿树上头条	1	绩溪会馆	汪　炯	医院医官	本馆		3	阎　福	9	6		
宣武门大街	47	歙县会馆	方　榘	陆军部主事	花市头条		1	梁	1			
丞相胡同	14	休宁会馆	汪树祖	吏部主政	丞相胡同	18	4	李凤玉	3	1		
南半截胡同	9	黟县会馆	汪　馨	学部主政	本馆		4	李　星	1	3		
大耳胡同	25	婺源会馆	俞　度	度支部主事	赶驴市	21		甘　瑞	5	7	1	

资料来源:《清末北京外城巡警右厅会馆调查表》(1906 年),转引自李金龙、孙兴亚主编:《北京会馆资料集成》(上册),第 26、62、86、98 页。

歙县会馆在 1927 年编订同乡录以利联络感情时,曾交代该馆自清末以来的发展情况:"清之末季,科举废,学校兴,商务日绌,馆中情事亦渐不如前。民国改元,同乡人士有鉴于时事之转移,深知非革其旧而新是图,将不足以顺应潮流之趋向,于是有更定馆章,组织同乡会之举。"① 为了顺应时代潮流,歙县会馆于 1914 年改组,重订馆章,设会长 1 人、副会长 2 人,以"联络乡情,增进公益"为宗旨。绩溪会馆自"科举停止后,由旅京同乡士商继续维持至今"。由同乡推举董事 1 人,负管理之责,由董事推举同乡 2 人,襄助管理馆务。抗日战争期间,北京沦陷日军之手,但绩溪会馆的馆产契据由职员妥为保管,没有遭到损失。1917 年春,休宁南潭人朱兆麟被选为休宁会馆董事,会馆购买的 20 张新华

① 《旅京歙县同乡录·旅京歙县同乡录弁言》,1927 年。

储蓄票有 5 张中奖，遂由潘竞凭经手，添购香炉营房屋一所。1920 年春，朱兆麟再次当选董事，其“念先贤创置之艰难，恐后进守成之匪易，夙夜审慎，罔敢懈怠管理”，在其经营下，会馆常年收入有 2 700 余元，除岁修用款外，共积累现金 7 000 余元存储银行生息。为推进会馆事务，朱兆麟主持修订了会馆规约，并将 11 处房产绘图存馆。[①] 七七事变后，休宁会馆由旅北平同乡会公推举 3 人继续维持运营，所办事务为收取房租，修理房屋、义园。1947 年，北京对各省会馆进行了登记，下表是徽州各县会馆的登记情况。

表 3　1947 年北京徽州各县会馆登记表

	徽州会馆	歙县会馆	绩溪会馆	休宁会馆	黟县会馆
地址	宣外大街五十三号	宣外大街五十一号	外二椿树上头条一号	丞相胡同十三号	南半截胡同十号
负责人	曹孔修、朱士智	胡仲楷	胡适	胡宗瀛	汪士钰
会馆章程		八章三十条	无会馆章程		
职员任期	一年	二年			
历史沿革	兴建于光绪年间，为同乡试馆	乾隆初年创始，嘉庆甲戌重修	创始于乾隆年间，原为本县会试及顺天乡试士人及同乡商人寄旅之所。科举停止后，由旅京同乡士商继续维持至今	创自乾隆十八年	由任姓房主首买此馆址，时在乾隆五十八年六月，屡经本县同乡负责推举保管，后因经济缺乏并无修饰

① 民国《京师休宁会馆公立规约 · 朱兆麟记》。

续　表

	徽州会馆	歙县会馆	绩溪会馆	休宁会馆	黟县会馆
组织情形	由旅平六县同乡轮流值年经管	1914 年改组，重订馆章，会长一人，副会长二人，评议员八人，庶务一人	因同乡人数不多，故组织甚简单，向由同乡推举董事一人，负管理之责，由董事推举同乡二人，襄助管理馆务	七七事变后经旅平同乡会公推三人继续维持保管，并未正式选举	旅平同乡正在发起修理事务，奈因物价日腾，难以奏效。现馆内住户均系文贫，缩手无束，将赴各大都市同乡会募捐修理中
馆务推进情形		联络乡情，增进公益	在北平沦陷时期，馆产契据由职员妥为保管，至今未有损失。胜利后，办理馆产登记手续，除坟园尚在登记外，均已办毕	七七事变后经旅平同乡会公推三人继续维持保管并未正式选举	
经济来源及用途		馆外房产租金共 92.6 万。修缮房屋，庶务员、长班每月薪津及一切杂项开支	经济来源全靠房租收入，其数甚微，稍助房屋修理之用	以每月所收之房租为经济来源，并以此款修理房屋及长班工食与一切开支	由不动产月租维持一切开支，长班月薪、零碎修理及零星开支等，每月平均40万元

续　表

	徽州会馆	歙县会馆	绩溪会馆	休宁会馆	黟县会馆
会产	本馆房屋一所,计十五间	不动产:义庄葬埋尸骨地二百余亩,在永定门外石榴庄,有庙一座。馆外大小房产十处:潘家河沿、棉花九条、校场头条二处、老墙根、宣外大街五十二号、椿树三条、北新桥二处	外二椿树上头条一号至五号,北椿树胡同十四号共六所,计房屋九十八间及地基。外三绩溪义园门牌二号地三段内房屋六间	动产:现存法币50余万,不动产:房屋九所,义园两处	不动产:烂缦胡同七十号有房十八间
现有职员	正董事曹孔修,副董事朱士	会长胡仲楷,副会长吴际亨、汪贵淇,庶务胡敬斋,长班梁栋材,评议员黄宾虹、汪云洲、胡槐三、汪慎生、张召夫、曹见微、曹家麟、曹家麒	董事胡适,副董事曹孔修、胡成之	保管人胡宗瀛、朱应中、朱士智	理事长胡幼春,副理事长孙麟玉,常务理事汪士钰
现有同乡数	有各该县馆办理,故未统计	54名	56名	27名	有25个单位

续 表

	徽州会馆	歙县会馆	绩溪会馆	休宁会馆	黟县会馆
登记日期		1947 年 12 月 22 日	1947 年 11 月 12 日登记，胡适签名	1947 年 11 月 17 日	1947 年 11 月 13 日

资料来源：《1947 年各省会馆总登记表》，转引自李金龙、孙兴亚主编：《北京会馆资料集成》(上册)，第 24—25、27、62—63、87、99 页。

1922 年春，汪爔芝起草了休宁会馆规约，经众人表决通过后，呈报警署备案。此份规约分为总纲、治约、禁约、恤章、罚章及附则等 6 章，共 34 条。从规约可知，休宁会馆以“敦笃乡谊，增进公益”为宗旨，为财团法人。[①] 该馆会员分为正会员、副会员两种，“世居休宁或迁居休宁逾三十年以上而能操休宁语者；寄居他处，其祖、父曾为或现为本馆正会员，或能开明三代履历、城乡住址，经在京正会员三人以上证明者”为副会员，满足副会员任何一项资格并年满二十岁以上，在北京有正当职业者为正会员。休宁会馆设正、副董事各一人，由正会员用“记名单记投票法”互选产生，以二年为任期，连选得连任。正、副董事可指定本馆正会员或年满二十岁以上的副会员一人为庶务员，其行为向正、副董事负责。董事的职权范围共分为 11 条：[②]

一、遵照警察厅章程，征取选举人，连署文呈报警署备案。

一、管理本馆财产及义园，经理收支出入会计。

一、每年作财产目，录分动产、不动产、现款三部，详记其位置、名称、件数及有无毁损。

一、每年置流水簿、收入支出簿，并作收支对照表。

① 郑鸿笙在《中国工商业公会及会馆、公所制度概论》(《国闻周报》1925 年第 19 期)一文中为会馆的财团法人作出界定：“会馆以捐助行为置备基金，成立财产团体，供一定目的之用，非如社团法人为自然人所组织，故其本质属于财团法人之一种。”

② 民国《京都休宁会馆公立规约》。

一、保存本馆不动产契据及现款，并各项证券、字据。

一、本馆现款经议事会稽核后作为基金，非经议事会或常会议决，不得动用。

一、本馆基金及每年收入现款逾百元者均应存储于妥实银行。

一、每年开议事会时应报告前一年度会计，并提出簿据及现款存折、支票存根备核。

一、每年决算报告会计时，其存储现款累积逾一千元者，应提出增置不动产方法议决行之。

一、每年调查会员人数，刻印会员录。

一、监督馆役园丁。

董事不支薪水，庶务员每月支取车费10元，没有庶务员，10元车费由处理庶务的董事支用。董事丧失被选资格，召集临时会另行选举，其任期以补足前任之期为准。

休宁会馆每年举行团拜会、追祭会、议事会和常会。团拜会分春、秋二季，每年的四月和十月，召集正、副会员及临时来京的休宁同乡，以共叙乡谊。追祭会于每年清明、中元举行，节前的星期日召集正、副会员亲诣义园祭拜。议事会于每年春季四月举行，由正、副会员筹议会馆应兴应革事宜，并选举董事稽核会馆账目。常会于每月第二个星期日的午后二时至四时举行，由正会员自行集会，听取董事的报告并监查会计，议决应行事件，若有重大或紧急事项，可由董事临时召集。其中，议事会和常会需在京正式会员二分之一以上到者方能召开，团拜会、追祭会和议事会由会馆备餐，常会由会馆备茶点，追祭会还由会馆另备车资。

会馆空闲房屋先尽本馆会员租住，然后再租给外人，有会员二人以上欲租者，以声明租住的时间先后为序，但是会员不能转租外人。馆内除正厅及南院客厅三间系集会办事之处不能居住外，其余各屋以会员中只身旅京者为限,均可寄宿。已携带眷属居住者,遵章纳租可继续居住,但搬出后不能再行迁入。房屋出租的金额由董事视房屋状况依时价议定,不得徇私减价或故意抬价,但非商人会员租住房屋可减免二成租金。会员离开北京,将个人器具存放馆内者,须查点清楚交给董事,寄存以一年为期,逾期由董事寄信催促取回,三个月不复信者由董事报告常会,议决出售,所得款保存馆内。逾期十年无人领取者,充馆内财产。无论何人不得私自抵押盗卖会馆财产,董事不得将会馆现款私借与人,在清交馆内财产时,不得延宕短少。馆内器具及会员寄存器具,不得借出馆外。

会员在京病故,身无分文及无人料理者,由董事代募恤金,为其处理后事。恤金不足,从会馆现款中公同议定数目进行补助,须出具收据并有正会员四人以上证明。会员病故,其在京孤寡因贫困无法归里者,董事代募恤金设法送其归里,其不足额照前条办理。世居休宁,人在京贫而无依者,会馆给其代买沪汉铁路三等火车票,须出具收据并经正会员二人以上证明。会馆附设义园,值年每年检查修理。其余应行救恤、资助事件由议事会或临时会议决实行。①

科举停废后,南京婺源试馆成为旅外婺源同乡往来的驿所,试馆常年租金及附属其他市房租金共千余元,可抵日常开支。1930 年后,试馆常年收入归婺源教育局代管收支,剩余经费则补助地方教育。但为时不久,因修建婺源至江西德化县的公路缺乏经费,婺源临时清乡善后委员会、财务委员会、商会、茶商公会四团体,提议变卖婺源试馆,以补充筑路费用。旅外各地婺源同乡闻讯后群起反对,旅居常州的婺源同乡会在《申报》上登文,明确反对婺源四团体的做法。②

1946 年 9 月,黟县会馆制定通过了 12 条新章程。章程规定,由理事会管理会馆,会内设理事五人,并互推理事长一人对外代表本馆,常

① 以上三段引自《京都休宁会馆公立规约》。
② 《婺源旅外同乡反对变卖南京试馆》,《申报》1935 年 1 月 30 日。

务理事三人处理日常事务。会馆理事由登记同乡投票选举，任期一年。理事会每年开会一次，届时改选理事，并呈报警察局、社会局派员监视进行。每年 1 月、7 月，将会务报告分呈警察局、社会局备查。旅居北京的同乡请求居住会馆时，应事先征得理事会的同意。居住会馆者有人事变动时，应先报告理事会，由理事会依照户口调查规则，随时报告警察局。①

1949 年 7 月 8 日，歙县会馆通过了 27 条新章程。从中可知，歙县会馆以“联络感情、敦睦乡谊暨管理所有公产”为宗旨。歙县旅居北京者经同乡二人以上介绍登记，可为会馆同乡。会馆同乡享有“选举理事及被选举理事权(以法定年龄为限)；罢免理事及提议修改会馆章程；与闻本馆公产公物管理情形及接受本馆给予之福利”等各项权利，但是“吸食鸦片及毒品者；心神丧失者及剥夺公权尚未复权者”不能享有会馆权利。歙县会馆以同乡大会为最高权力机构，议决本馆章程，选举或罢免理事及复决理事的决议。每年召开全体同乡大会两次，经同乡半数以上请求或理事会建议可召集临时同乡大会。歙县会馆设理事会，有理事七人、候补理事二人，由同乡大会用“记名连记法”选举产生，以得票多者当选，次多者为候补理事，票数相同者抽签决定。从理事中互选常务理事三人，并就常务理事中选举理事长一人，对外代表本馆。理事会主持本馆一切馆务，每月开会一次。但日常普通事件由常务理事处理。馆内所有公产契约、租折交理事长负责保管。理事任期为一年，连选得连任，但不得超过三次以上。理事违背会章或措施失当，经同乡大会半数以上之决议罢免。理事长及常务理事因故辞职或被罢免时，从理事中另行推补，以满足任期为限。理事因故离职或被罢免，从候补理事中递补，以满足原任期为限。歙县会馆设经理员一人、总务员一人，由理事长提名，交理事会通过任用，但以同乡为限，并有殷实商铺担

① 《黟县会馆章程(1946 年 9 月)》，转引自李金龙、孙兴亚主编：《北京会馆资料集成》(上册)，第 99—100 页。

保。总务员、经理员对理事会负责，理事会对大会负责，总务员、经理员如有拐逃或亏欠公款者，应由理事会追查铺保赔偿。每届选举，理事会应备具收支账簿对照表及财产目录，交由大会转交小组审查以昭信实。理事长及各理事均为义务职，如因公出勤可支给车马费，总务员、经理员可支取生活费，由理事会决定。

馆内房舍以备同乡意外或困难时暂住，不得私借外县人或非同乡居住。同乡借助馆内房舍，须有已登记同乡二人以上介绍，经理事会许可后方能居住。住馆内同乡迁出时，应将房舍交还会馆，不得转让其亲属或他人。歙县同乡中有生活困难者或子女无力求学者，由会馆予以资助。[①]

第二节　明清以来徽州商人会馆的发展概况

明中叶以来，徽州商人在中国商业舞台上逐渐崭露头角，他们“足迹几遍天下”，或沿运河北上，入燕赵之地；或经赣江，越大庾岭，南下两广；或在长江一线经营于川楚吴越间，甚至扬帆海上，负贩域外。[②] 无论是通都大邑还是荒野僻陬，到处都有徽州人的身影。特别是在商品经济比较发达的江南地区，徽商的活动更为活跃，民间素有“无徽不成镇”的俗谚。随着徽商在某一地聚集的人数不断增加，会馆之类的同乡组织也相应地设立起来。会馆为在异地商海搏击的徽州人提供了“聚乡人、联乡情”的场所，只要是同乡，无论亲疏远近，是否同业，岁时节日，

① 《歙县会馆组织章程(1949 年 7 月 8 日)》，转引自李金龙、孙兴亚主编：《北京会馆资料集成》(上册)，第 63—64 页。

② 张海鹏、王廷元主编：《徽商研究》，第 9 页。

众人相聚团拜，酬神演戏，聊解乡愁。会馆还为同乡提供各种方便，代表商人处理商业纠纷，与官府交涉商业事务，为意外身故的同乡料理后事，施棺暂厝，集中扶柩归里，解决了乡人的后顾之忧。会馆正如一个小社会，在陌生的社会环境中划出一片孤岛，将异地同乡聚拢在一起，使同乡时常体验到来自家乡的感觉，增强了他们适应异乡生活的能力。范金民先生曾对清代商人会馆的功能做出全面而精到的总结："会馆是祀神祇的公共建筑，联乡谊的聚会场所，办善举的社会组织，谋商务的地域团体，甚至还是地方政府加强治安的辅助力量，也是商人群体用以应付各种滋扰的有力外在形式。"①

一、明清以来徽州商人会馆的设置及地理分布

明清徽州商人会馆一般由徽州六县同乡出资创办，命名为新安会馆或徽州会馆，如在广州、九江、安庆、苏州、南京、镇江、泰州、江阴、淮安、嘉兴、德清、富阳、海宁州硖石镇、湖州乌青镇、湖州菱湖镇、长兴四安镇、南汇新场镇、赣州、桂林等地被称为新安会馆。在南京、湖州、乌程、六安、怀宁、景德镇、南昌、吴城、玉山、上饶、长沙、吴江同里镇、嘉定南翔镇等地被称为徽州会馆。部分地方的会馆由徽州商人联合宁国商人设立，被称为徽宁会馆，如在上海、吴江县盛泽镇等地即有徽宁会馆。由于程朱理学的集大成者朱熹祖籍之地在婺源，朱熹在徽州社会具有广泛的影响力，各地的徽州会馆也多奉祀朱熹神位。"我徽士侨寄远方，所在建祠，以祀朱子，而唯汉镇最钜。"②这类会馆也被称为徽国文公祠或朱文公祠，一般在地方志中被列入"祠祀"或"祀典"条。也有以县为单位设立的会馆，如婺源商人在江西景德镇、广州等地建立了婺源会馆。下面即综合使用地方志、碑刻资料集和会馆征信录等材料，对明清以来徽州商人会馆的地理分布情况作一初步考察。

---

① 范金民：《身在他乡不是客——清代商人会馆的功能》，《寻根》2007年第6期。

② 董桂敷：《紫阳书院志》卷七《新安通衢记》。

（一）安徽

就空间距离而言，安徽境内是徽商出行较近的地方，徽商会馆在皖江流域设立较为普遍。芜湖徽州会馆的前身是新安文会馆，康熙十九年(1680)，徽州文人孙继禹、洪一维、汪洪仁等创建，岁时祭祀文昌帝君、朱文公及新安诸先贤。嘉庆年间，孙元镗、许仁、谢崧等嫌新安文会馆空间狭小，不足以壮观瞻，便出面筹募资金准备进行扩建。在徽州同乡的大力支持下，斥资购买城西状元坊下首的百家铺基地，建造厅堂斋舍，供奉朱子神位，额曰“徽国文公祠”。因资金充裕，又购买祠后二街北首荒地十数亩，建围墙，筑亭舍，种竹栽花，题为“新安大好园”，含山人倪夔撰写对联。太平天国战争期间，会馆毁于战火。战后，徽州同乡清理遗址，进行重建，先后设立新安同善堂、徽州旅芜公学，1914年又在东边大院增建大殿及新式围墙。[①] 芜湖徽州会馆得到了商人的财力支持，如歙县商人程立达，“字以仁，客芜湖，倡复徽国文公祠，并督修渔梁坝”。[②] 婺源商人李士葆，“字养辉，理田人。家故贫，弱冠佣工芜湖，备尽辛劳。中年贷本经商，家道隆起。……性慷慨赴义，芜湖建会馆，倡输千余金，秉公任事，交游咸器重之”。[③] 黟县际村人戴吉先，“在芜湖捐资助建新安会馆及创同善堂，为同乡养疾及停柩之所”。[④]

安庆府怀宁县的徽州会馆在大墨子巷，由徽州人公立。[⑤]

在亳州经营的徽商也建立会馆以团结乡人，如婺源凤山人查世祈，“家故贫，服贾江北，境渐裕。亳之会馆、义冢，皆赖以经营。晚年家居，遇祠亭桥路，均不惜赀以襄义举”。[⑥] 嘉庆十四年(1809)，六安直隶州的徽商欲在州治东北儒林岗下六安儒学之左创建会馆，但当地士绅以该处为风水来龙入首之地，历来不得挖掘建造为由，向六安知州禀告，双

① 民国《芜湖县志》卷十三《建置志·会馆》。
② 民国《歙县志》卷九《人物志·义行》。
③ 光绪《婺源县志》卷三十四《人物十·义行七》。
④ 民国《黟县四志》卷七《人物志·尚义》。
⑤ 民国《怀宁县志》卷四《会馆》。
⑥ 民国《婺源县志》卷四十六《人物十二·质行七》。

方掀起一场为期八个月的诉讼。[①] 对于六安徽州会馆的设立，地方志中也有所反映，如黟县商人汪承嘉，“客蓼六，值岁旱，赤地千里，嘉为粥于路，以食饥者。徽人商于六者众，岁时伏腊，聚集无所，嘉与众谋仿汉皋金阊例，为会馆，以祀朱子”。[②]

（二）浙江

新安江是徽州人外出的主要通道之一，向东经严州府抵达杭州府，再散布浙江各地，徽州商人设立的会馆也为数可观。如杭州有徽州木商设立的徽商木业公所，专为木商提供服务。[③] 婺源凰腾人程彬不辞辛劳，参与建设徽商公所。“髫年失怙，弟妹俱幼，母多病，樵薪奉养。旋佣木行，经营畅，遂为弟妹婚嫁。堂兄年迈无子，彬生养死殡。倡建浙江会馆徽商公所，庀材督工，不辞劳瘁，同乡感其谊，殁以神主祔祀。”[④]徽商还联合安徽其他地方的官员在杭州共同设立了安徽会馆。“浙与皖土壤相接，皖人之官商于浙者簪履骈阗，顾向未设会馆。同治九年（1870），休宁余古香观察始建议醵金，合肥李小荃中丞建节来浙，亦思规画。而事未举，时浙中被旨，为前抚臣罗壮节前权藩王贞介公建办专祠，二公皆皖籍，皖人遂择地中城，领公帑兴工，事竣，即其地创建会馆，其时，观察管纲盐局事，有惠浙商，商多新安人，斯馆之成，商资居十之八九。前楹恭祀皖地前代名贤，其后为公集游燕之所。”[⑤]

严州府建德县的徽国文公庙，奉祀朱文公朱熹，在福运门，俗称徽州会馆。清初为詹惟宁旧宅，乾隆五十年（1785）被售于新安公所。嘉

---

① 范金民：《清代徽商与经营地民众的纠纷——六安徽州会馆案》，《安徽大学学报》（哲学社会科学版）2005 年第 3 期。

② 嘉庆《黟县志》卷七《人物志 · 尚义》。

③ 宣统元年《徽商公所征信录》。此份材料复印件承安徽大学徽学研究中心陈联老师提供，谨致谢忱。

④ 民国《婺源县志》卷四十八《人物十二 · 质行九》。

⑤ 光绪《浙省新建安徽会馆征信录 · 序》，浙江省图书馆古籍部藏。

庆二年(1797)戴恩荣等增建大厅并附建魁星阁。道光七年(1823)大修,光绪间重修。民国七年(1918)东厢房改建楼房三间,纪业广负责工程事宜。[1] 婺源花桥人吴宗淦在严州府遂安县经商,修建会馆,“重信义,笃孝友,经理祖业,栉沐任劳。尝客遂安四十余载,通运盐之河,定急公之局,修会馆,造渡船,掩骼施茶,济饥平粜,遂安父老至今尤称其事”。[2] 富阳县新安会馆在城内上水门大街,又称新安文会,创建于乾嘉之际,首事姓名不可考。太平天国战争期间,屋宇遭毁。战后,徽商胡兆泰、胡启咸等集资复建。光绪三十一年吴芝田、胡槐三、汪惠卿等又募资修葺倒塌的房屋,前殿祀关帝,后殿祀朱文公,凡徽州人议事皆聚集于此。又在富阳城外琐石山麓建厝宇一所,以安妥同乡孤魂,在小鹤山、西山、东山、祥风村各处买山十数亩,为乡人丛葬之处。[3] 寿昌县新安会馆在城南,创于何时无从稽考,光绪十五年冬遭遇火灾,成为瓦砾。光绪二十年(1894)由旅居寿昌同乡募捐重建,宣统三年落成。[4]

衢州府城的徽州会馆又被称为徽国文公祠,后改名为文公书院。在县学西,乾隆二十一年由徽商建造,乾隆六十年(1795)重修。光绪初年进行大修,新起花厅三间。光绪三十二年(1906),借用会馆房舍筹办新式小学堂一所。清代,每年九月十五朱子诞辰日,徽州会馆都要张灯结彩,演戏酬神。“各都会皆有徽州会馆,供奉朱夫子。衢之西街,徽会馆在焉,每岁九月十五日为夫子诞期,张灯结彩,礼拜演戏,以故会馆值年之人,即狮子会值年之人。所供献夫子者,先贡献周王,演戏于会馆者,先演戏于庙,取其便也。独是会馆中堂供奉夫子,而左奉周王,右奉财神,宜乎会期以夫子为之主,而财神则从简焉。”[5]衢州城内另有两处

① 民国《建德县志》卷七《典礼・庙》。
② 光绪《婺源县志》卷三十四《人物・义行》。
③ 光绪《富阳县志》卷十一《建置志・善举》。
④ 民国《寿昌县志》卷四《建置志・馆》。
⑤ 转引自王振忠:《徽州与衢州:江南城乡的片断记忆——稿本〈静寄轩见闻随笔、静寄轩杂录〉初探》,《社会科学》2011 年第 3 期。

徽州会馆，一处在航埠河西，清末新政期间曾借作警察分所。另一处在大州，民国时期仅存遗址，在横街江西会馆隔壁。[①] 衢州府西安县(今浙江省衢州市境内)的徽国文公祠在县学西，乾隆二十一年(1756)由徽商公同出资兴建，乾隆六十年重修。[②] 衢州府兰溪县由徽商程士章等人创建的新安阁则祭祀关帝，阁在城南塔山之侧。[③] 衢州府常山县附郭定阳镇为浙东通衢，北距婺源三百余里，西连江西，南界福建浦城。朱熹返回婺源扫墓祭祖，到建阳县考亭书院、铅山县鹅湖书院讲学，往来必经定阳。明代中叶以后，在定阳经商的徽州人与日俱增。万历年间，歙县郑氏盐商携家卜居定阳，在县城小东门朝京坊择地建房，凡新安人流寓此地者，皆聚而居之。“既洽其邻，又念里族邱垄皆在新安，因于其地创辟一里，颜曰‘新安里’，示不忘本也。”时任内阁首辅的叶向高为此撰写了《新安里记》[④]，足见在定阳居住的徽州人势力之众。天启七年(1627)，徽商捐资置地，在新安里建朱文公祠，“同事者十三姓，合业者二十九人”。康熙九年(1670)，祠毁，其时各家人户聚散无常，对修祠意见不一，以致迁延日久，百余年间无法再建。直至嘉庆三年(1798)夏，新安里遭遇火灾，各姓子孙才动议在文公祠故址重建，清除瓦砾，鸠工庀材，逾月而落成。修建后的文公祠焕然一新，墙垣高大坚固，柱桁朴实。文公祠前后两进，后进三楹两厢，敬奉神位，颜曰“统接尼山”；前进三楹。每年收取房租办祭，并订立条规，岁时荐享。此次重建文公祠，不仅徽州商人踊跃捐资，常山县士绅也莫不欢欣瞻仰。[⑤]

湖州府乌程县的朱文公祠在眺谷铺，乾隆二十年(1755)徽州人汪堂、巴钟灏、黄永标等人创建，名为新安乡祠，其余房屋作为徽州会馆。

---

① 民国《衢县志》卷四《建置志下・会馆》。
② 嘉庆《西安县志》卷四十三《祠祀》。
③ 光绪《兰溪县志》卷三《庙祀》。
④ 叶向高：《新安里记》，光绪《常山县志》卷六十七《艺文志・文集上》。
⑤ 郑瀛：《文公祠记》，光绪《常山县志》卷六十七《艺文志・文集上》。

咸丰二年(1852),赵树椿、景贤主持重修。[①] 乌程县南浔镇新安会馆坐落在南栅寓园前,又名遵义堂,道光十一年建,十六年(1836)又另置公所于醋坊桥东竹园头。[②] 德清县新安会馆在县城东门外的蒋湾圩,道光四年(1824)由金瑞集资创建。[③] 归安县菱湖镇新安会馆在北栅。[④] 乌青镇建有新安会馆和新安公所。[⑤] 长兴县四安镇有新安公所修建于同治年间。[⑥]

嘉兴府秀水县濮院镇设有徽州会馆,在镇的西部。[⑦] 嘉兴县鸳鸯湖设有新安会馆。[⑧] 婺源商人詹荫梧等在平湖县创设婺源会馆,后又购置土地二十亩作为义冢。"詹荫梧,字士高,察关人。国学生。性慷慨。贸易平湖,尝欲立会馆,以敦梓谊,徽商皆有难色。适王廉访竹屿来宰平湖,梧具陈其意,王为集徽商议,嘱梧首捐钱五百缗为倡,又购地二十亩作义辨,同乡咸称美举,乐助焉。"[⑨]海宁县硖石镇上有徽州会馆,据民国时期曾长期在该镇经营漆业、茶业的歙县人鲍伦法回忆:"一般只是在清明、七月半、冬至等重要的节气,才会到会馆里拜一下关公,顺带捐钱 1—2 元,并签下自己的名字。在祭拜的重要节日里,会馆也常会安排演戏,请的是硖石本地的戏班,如上东街的一个戏班。平时会馆里没有人,只是雇了一个徽州人看守会馆,通常为体弱无劳动能力者,比如说抽鸦片者。其中,会馆最重要的业务是'寄材',客死外乡的徽州人,棺材就临时寄存在会馆的'寄材间'里,等待运回家乡安葬,寄材的死者

---

① 同治《湖州府志》卷四十《经政略·祀典》。

② 同治《南浔镇志》卷十《祠墓》。

③ 民国《德清县志》卷五《建置》。

④ 民国《菱湖镇志》卷二《公廨》。

⑤ 陈学文:《湖州府城镇经济史料类纂》,浙江社会科学院出版社 1989 年版,第 28、32 页。

⑥ 光绪《长兴志拾遗》卷上《公建》。

⑦ 民国《濮院志》卷二《衢巷》。

⑧ 民国《鸳鸯湖小志》不分卷。

⑨ 光绪《婺源县志》卷三十五《人物十·义行八》。

家人需酌量支付一点运输棺材的费用。”①

(三) 江苏

苏州的徽郡会馆草创于乾隆三十五年(1770),徽州同乡以潘维长等为人正直,秉公无私,委托他们协办公事。因公项匮乏,无可筹措,在苏州经营涝油、蜜枣、皮纸的三帮徽商发起募捐,徽州同乡踊跃乐从,不但慷慨解囊,还捐出人工,涝油帮众商捐 1540 工,捐钱 200 两;蜜枣帮众商捐 320 工,捐钱 41.6 两;皮纸帮众商捐 180 工,捐钱 23.5 两。另有来自黟县、绩溪、歙县等地的 73 位徽州同乡捐资乐助。会馆建造数年,大殿迟迟无法完工,因为后殿左右缺凹两间,原是朱天嘉的产业,会馆首事欲出重金购买以使地基方正完整,遭到朱天嘉的拒绝。其后詹元升号买进,并将该块地皮捐给会馆。为了在风水上不妨碍詹姓的阳宅,会馆首事还和詹元升号还签订了合同议墨,体现了互帮互助的桑梓情谊:②

立合同议墨六邑首事、詹元升号,缘我等公同创立徽郡会馆,敬奉先贤朱夫子,在吴邑阊五图地方。数年以来,大殿犹未建造,乃因后殿左右缺凹两间,系朱天嘉之业,曾欲重□婉向奏全,奈不见允。今幸此屋全业概系詹元升契买,志图急公好义尊贤之愿,是素所欲得之产,欣然以会馆缺凹之处,踊跃捐助,成全殿基之方正。第会馆乃詹氏之右首,则白虎也,最宜低平为佳。詹氏既以尊贤为重,除乐捐之外,今又将己产两间捐凑,以全方正。我等亦当体其诚心,公同酬酌,自前至后及门楼下岸,并日后修造,照当相度地脊、会馆墙垣,彼此相

---

① 《附录 1：鲍伦法先生采访记录整理稿》,邹怡:《明清以来的徽州茶业与地方社会(1368—1949)》,第 298—299 页。

② 《修建徽郡会馆捐款人姓名及建馆公议合同碑》,江苏省博物馆编:《江苏省明清以来碑刻资料选集》,第 377—380 页。

仿，永无干碍詹姓阳宅，此乃桑梓同志，两相齐美之见耳。为此面议合同，一样两张，各执一张存照。众商公议，会馆正殿与詹处厅屋脊，以新定地基至脊计木尺三丈九尺正，惟大殿乃并脊，如此尚不致碍，其余前后屋角，概无高过詹墙矣。在詹处捐助地基，俟朱氏交业拆卸后，量见丈尺计，则税亩归入会馆，完纳粮白。

乾隆三十八年十月　日立

首事：汪乾一　汪绍五

捐首：詹元升

董事：朱益安　张耀文　潘维长　孙御标　汪旦模
姚宸章　汪国相　汪于天　俞锡贤　程列三
汪则亭　黄肇曦　孙修馨　金应之　黄殿平
汪启华　程潭远　汪御农　汪士隽　詹济石

立合同议墨据两纸各执一纸存照　　　　永远大吉

婺源斋村人汪育民，“幼承父业，服贾苏州，创建思义堂会馆，首输五百金，婺人失业者助赀归里，客殁者给费盘榇”。① 吴县新安会馆在阊五图义慈巷东。② 吴江县盛泽镇的徽宁会馆由徽州府属六县及宁国府旌德县的商人合建而成。嘉庆十四年，徽州六县商人在盛泽镇西场圩璇葭浜买地创建积功堂殡舍，旋即讨论增建殿宇，构筑会馆。适逢宁国府旌德县商人在盛泽镇先建有会馆，因坐落西荡，“地隘水冲”，正打算卜地迁建。镇上的陈桂坡、黄竺丹二人听闻消息后，认为徽宁两郡本属同省，又同县经营，合建徽宁会馆正当其时。于是公同书立议墨，在西场圩璇葭浜建成徽宁会馆，带水萦抱，宽闲静敞。会馆有正殿三间，正中供奉关帝神座，东西分别供奉忠烈王汪华神座、东平王张巡神座，“朔

① 民国《婺源县志》卷四十二《人物十一・义行八》。
② 民国《吴县志》卷三十《公署三》。

望香火，岁时报赛惟虔”。正殿东首建造行馆“启别院”，供奉紫阳徽国朱文公。会馆东为积功堂。在盛泽镇周边的新塍、平望、王江泾、黄家溪、谢天港、坛丘、周家溪等镇上经商的徽宁同乡也不分畛域，乐善捐输。会馆建造及运行资金由两府公同酌办，议定徽州六县出十分之七，旌德出十分之三。[①]

表 4　道光十二年十二月盛泽徽宁会馆捐银总数表

县　别	捐资时间及金额	比例(%)
徽郡歙邑	嘉庆十三年至道光十年共捐足钱 5 328 千 137 文	30.51
徽郡休邑	嘉庆十三年至道光十年共捐足钱 5 853 千 636 文	33.52
徽郡婺邑	嘉庆十三年至道光十年共捐足钱 713 千 964 文	4.09
徽郡祁邑	嘉庆十三年至道光十年，洪九龄捐足钱 1 911 文、谢庭瑚捐足钱 4 760 文、方胜堂捐足钱 410 文、谢佩琳捐足钱 4 260文，四人共捐足钱 11 千 341 文	0.06
徽郡黟邑	嘉庆十三年至道光十年共捐足钱 319 千 331 文	1.83
徽郡绩邑	嘉庆十三年至道光十年共捐足钱 712 千 144 文	4.08
宁郡旌邑	嘉庆十四年原议捐钱 2 400 千，后加捐至道光十年，总共捐足钱 4 525 千 245 文	25.91
以上两郡七邑，共捐足钱 17 463 千 298 文		100

资料来源：吴江市档案馆《江苏吴江市盛泽镇碑拓档案中会馆史料选刊・徽宁会馆捐银总数并公产粮税碑(道光十二年十二月)》，《历史档案》1996 年第 2 期。

松江府宝山县大场镇在明末清初之际设有徽州会馆，地址在镇西文昌阁门前，土地堂东。因年久失修，清末馆屋坍塌。[②] 崇明县亦有徽商设立的徽州会馆。婺源城东人董韫瑜，字玉辉，号璞庵，“早岁蜚声庠

① 《徽宁会馆碑记》《合建徽宁会馆缘始》，江苏省博物馆编：《江苏省明清以来碑刻资料选集》，第 447、449—450 页。

② 民国《大场里志》卷一《会馆》。

序，由附贡生捐盐大使加州同衔，分发浙江。以婺源同善堂毁于兵，亟劝募重建，以安旅榇，历署三江、双穗、松江、崇明等场，皆弊绝风清。崇明有徽州会馆，栋宇将圮，瑜倡捐修葺”。[①] 常州府江阴县徽州会馆所在地为城北内五保庙巷律字四十四号，计税粮一亩三分三厘，光绪二十一年旅居江阴的徽州人购买此处基屋作为会集之所。徽州商人先于光绪十七年(1891)购入南门外四保克字二十一号基地一方，建造新安公所，为徽州人病者调养、殁者寄殡之所。光绪三十一年又购买绮山田二亩作为身故徽州人暂厝之地。江阴县典业公所亦附设于徽州会馆内。[②] 淮安府清河县的徽商于同治九年重建了新安会馆，在城内西北隅运河北岸，并在馆内附设义学一所。[③] 婺源中云人王质诚幼习儒，工书法，弱冠后经商于扬州仙女镇，遂家焉。王质诚“重义疏财，仁慈公正，凡恤嫠育婴、施药散粥诸善举，悉捐资倡率，并建新安会馆”。[④] 淮安河下有新安会馆，为徽州典商借灵王庙厅事同善堂所设。[⑤] 泰州新安会馆在康熙年间设立，至嘉庆年间，休宁商人程湄亭对会馆扩而大之，建有朱子殿、关帝殿，有正厅、养病室、妥幽室、歌台，旅居泰州的徽州同乡咸称便焉。光绪初，歙县人洪筱兰又增建客厅七间，规模更为扩大。至 1933 年，会馆建筑日渐倾塌，旅居泰州的歙县人洪揖朴、方实章等，休宁人曹德良、戴巨川等，婺源人汪汉臣等公同募款，将会馆修葺一新。[⑥]

黟县欧村人欧阳萱在镇江府溧阳县营商，见当地新安会馆义冢被地方豪强侵占，出面向镇江知府和两江总督控禀，要求归还被占之地。最终胜诉，遂被同乡推为新安会馆首事，重建徽国文公祠，经理会馆十余年，在徽州同乡中享有盛誉。民国《黟县四志》记载道：“欧阳萱，字瑞庭，欧村人，国学生。怙恃早失，商于苏之溧阳，既冠集资创业。每至夜

---

① 民国《婺源县志》卷四十二《人物十一 · 义行八》。
② 民国《江阴县续志》卷三《建置 · 附录》。
③ 光绪《清河县志》卷三《建置》。
④ 民国《婺源县志》卷四十二《人物十一 · 义行八》。
⑤ 王觐宸：《淮安河下志》卷十六《杂缀》。
⑥ 《旅泰徽侨重修会馆》，《新安月刊》第 1 卷第 6 期，1933 年 8 月 25 日。

分，究心文字及音韵诸书，遇能诗儒士拈题分咏唱和不休，溧阳知县李超琼、吴恒及教谕洪承煦均引为知己。新安会馆义冢地年久业失，被溧势豪侵占，诉讼无效。萱出面维持，申其事于镇江郡守及总督沈文肃公，乃获业归原主。同乡德之，推为首事，重建徽国文公祠宇，凡属重要，力任其难，理会馆十有余年，一介不取，人服其廉明精干。殁之日，乡人士晋其主位于六邑之彰义祠焉。”①

南京钞库街有新歙会馆，婺源会馆在水西门外。② 婺源西冲人俞星灿，少业儒，因父早故，随兄业木，曾资助常德书院膏火，“又助金陵赈饥及修大王庙、三元宫、新安会馆，并乐输助”。③ 婺源水路人吴山南，“父侨居江宁，随侍左右，孝养备至。江宁上新河旧有徽商会馆，年久就圮，南谋新之，捐赀倡首，不辞劳瘁。遇公事辄以身先，期于有济”。④ 婺源桂岩人戴文炘，顺治年间在金陵管理木业，输金襄造上新河婺源会馆，朝夕视事，不辞劳瘁。⑤

通州如皋县的朱文公祠，又被称为石庄敦义堂，咸丰二年由徽商洪国桥等人捐建，公置老霸头田 30.6 亩，每年收租粮 27.45 石、租钱 1 600 文。⑥《婺源县志》对洪国桥有所记载：“洪国桥，张溪人，少习举业，试列前茅，未售。嗣受延川聘，总理如皋质库，其间平讼累、厘清宿弊，建会馆、立义阡，置腴田拜扫，皆赖桥筹划襄成。咸丰癸丑，发贼窜金陵，从各宪台襄办团防，地方藉以安靖。是时，大江以南难民麇至，饥莩相望，桥与绅董劝捐筹款，设立粥厂，灾黎获全。至若居乡，修祠寝、立文社，凿月池，建亭庙，善行累累，难以缕述。”⑦婺源诗春人施天缉在如皋经商 30 余年，“凡公益事皆输金提倡，如星江会馆、育婴堂、雨香庵，缉皆与，

① 民国《黟县四志》卷七《人物志 · 尚义》。
② 吕作燮：《南京会馆小志》，《南京史志》1984 年第 5 期。
③ 民国《婺源县志》卷四十七《人物十二 · 质行八》。
④ 民国《婺源县志》卷三十九《人物十一 · 义行四》。
⑤ 民国《婺源县志》卷四十二《人物十一 · 义行八》。
⑥ 光绪《如皋县续志》卷一《建置》。
⑦ 民国《婺源县志》卷四十一《人物十一 · 义行七》。

有大力焉”。[①] 盐城新兴盐场的上冈是徽州盐商聚集之地，在该镇经商侨居者不下数百家，有安业堂、吉丰恒、春和裕、仁和裕、恒义隆、永兴寿等垣商办理北七灶盐务，镇上建有新安会馆一所，“规模悉具，凡关于同乡喜庆，春秋祭祀等事，莫不团聚于此”。另有范家墩义冢地一处，厝所数间，为同乡故后无力搬运回籍者营葬，可谓公益、善举两者兼全。[②]

婺源梓溪人宋宗芳，继承父业在海门经商，“其地街道晴则尘飞，雨则泥滑，与弟改造石路，商民称便。集建星江会馆，逾年告成，旅海门者咸德之，岁时祭文公，以宗芳兄弟祔祀”。[③]

(四) 江西

广信府玉山县设有新安会馆，如黟县屏山人舒怀勋，“贾于江西玉山，倡议购造新安会馆，迭次兴修，输资千余金，光绪间遗嘱捐造徽州旅榇所”。[④] 同治《玉山县志》记载道：“徽州公所在西门外三里街，新增。”[⑤]

在广信府府治上饶县经营的徽商设立了徽国文公祠，如黟县江村塍人江杰，“客广信，助资育婴堂，又与徽之留于信者，仿汉皋金阊例，捐建会馆，祀朱文公”。[⑥] 黟县双溪人余光瑛独自捐巨资建立徽国文公祠前楹，并购店屋以收取租息供祭祀之需。“余光瑛，字西谷，双溪人，职监。勇于为义，不厚自封殖，作贾广信，独捐巨资，建徽国文公祠前楹，并购店屋，以租息为春秋祭祀之需。凡同乡之无业者代为谋事，或给资令归，不少吝惜。”[⑦]

---

① 民国《婺源县志》卷四十八《人物十二·质行九》。

② 《民国六年垣商安业堂等为保全善援案价领以维祭祀而卫侨居具呈书》，安徽汉源文化传播公司郁建明所藏。

③ 民国《婺源县志》卷四十二《人物十一·义行八》。

④ 民国《黟县四志》卷七《人物志·尚义》。

⑤ 同治《玉山县志》卷二《建置志》。

⑥ 同治《黟县三志》卷七《人物志·尚义》。

⑦ 民国《黟县四志》卷七《人物志·尚义》。

明清时期的景德镇与汉口、佛山、朱仙镇被称为国内“四大名镇”，是徽州商人聚集之地，徽商设立了涵盖徽州一府六县范围的徽州会馆。婺源秋溪人詹永樟，“随父客景镇，适建徽州会馆，众推樟廉正，领袖督工，又举专司馆务。道光戊子蛟水横流，浮棺无算，樟雇人往援，认识者助赀畀归，不识者，代为掩埋。又于荒洲乱石中遍搜暴骴遗骸，给槥瘗之。嗣建中元会，展墓赈孤，在镇四十余年，力行不怠”。[①] 婺源庐源人詹士淳，“善辞说，片言解纷。景镇创造徽州会馆，公推经理，旋举为三帮会首，市廛无争”。[②] 婺源庆源人詹必亮，“幼业儒，屡试不遇，乃营趁昌江，业瓷兼擅所长，众工慑服。后总理新安会馆，春秋祀事及诸公务调剂咸宜，合郡推重”。[③] 婺源清华人戴炽昌，“负才应试，未售，遂托业窑器于景镇。有徽州会馆施棺木常缺费，昌理其事，首输金，徽各行皆踊跃，得不废弛”。[④] 婺源商人还于光绪三年单独捐资建立了婺源会馆，会馆位于景德镇小黄家巷，土名里仁都二图九保。会馆有二间正屋，左边为喻义堂及厨房四间，右边为义祭祠，外置戴家巷店屋一所、苏家巷店屋一所，并在浮梁县南乡长源、辛合两都等处置早晚田四十亩，经理人员为詹同昌、程茂林、戴心田、齐铨芝、汪羽丰、詹立言、俞允敷等数人。[⑤] 婺源晓起人汪国仪，在景德镇经营陶瓷业，“积赀设肆，运贩粤东……旋捐巨款建婺源会馆，手订章程，遇事开会决议，乡人德之，立长生位于厅事旁”。[⑥] 婺源清华人胡文耀，好读书，因贫改商浮梁。太平天国战争结束后，在景德镇立掩埋会，修徽州会馆，倡捐设置义冢坟山，兴会课筹办宾兴，并出费建立婺源会馆。[⑦]

在饶州府乐平县，徽商设有徽州会馆，如婺源凤山人查礼，“贾乐

① 民国《婺源县志》卷四十一《人物十一・义行七》。
② 民国《婺源县志》卷四十二《人物十一・义行八》。
③ 民国《婺源县志》卷四十一《人物十一・义行七》。
④ 民国《婺源县志》卷四十六《人物十二・质行七》。
⑤ 民国《婺源县志》卷七《建置五・宫室》。
⑥ 民国《婺源县志》卷四十二《人物十一・义行八》。
⑦ 民国《婺源县志》卷四十二《人物十一・义行八》。

邑，拾遗金数十两，俟客至，还之不受谢。乐令邓、李二公举为保甲局、保婴局董事，管理新安会馆，施棺木、立义冢，咸推公正”。[①] 婺源庆源人詹光溥，年十二罢学就商，在乐平县做学徒，以忠信渐受器重，升为经理。“旅乐岁久，尤为商场推重，凡经理会馆、襄办保甲、组织商会、维持地方等事，皆卓卓有声。又并六邑同仁会以备停棺。”[②]婺源洪村人洪作梅，“少失怙，服贾乐邑，公平正直，同乡推理徽州会馆”。[③]

婺源商人在多地单独建造了婺源会馆，亦名星江会馆。婺源人叶兹壆，“在贾饶时，领袖建婺会馆，首输银一千余两，度基狭隘，极力商于店主，买地一半廓之”。[④] 婺源城北人王一泗，“父殁，乃就商江右。饶邻婺界，商贾云集，素无会馆，泗捐重赀倡建，以便婺商”。[⑤] 婺源人曹德谦，自少在鄱阳县石门镇经商，生业充裕，独力建造星江会馆，又买山创置义冢，施棺瘗暴，“凡徽婺之旅于斯土者，均赖焉”。[⑥] 婺源诗春人施有济，“饶郡建新安会馆，捐重赀买埠头以便婺商”。[⑦]

徽州茶商在江西宁州建有文公祠，因日久被当地人霸占。婺源古坦人洪志逵查找文公祠房产契据，向当地官府呈控，追回被占房产，又独立捐资并向徽州同乡募捐，对文公祠进行重新修造，仍供奉文公牌位，改为会馆，为经营茶业的徽州同乡提供下榻之处。如《婺源县志》所载：“洪志逵，字润甫，清通奉大夫，古坦人。性聪敏，鲜兄弟，弃儒就商，事孀母能得欢心。尤敦信义，商界重之。江西宁州徽帮建文公祠，日久被土人霸占，逵查获契据，呈官追回，独捐巨赀并劝同人襄助修造，原祠仍奉文公神牌，改为会馆，业茶徽人乃有下

---

① 民国《婺源县志》卷四十二《人物十一・义行八》。
② 民国《婺源县志》卷四十二《人物十一・义行八》。
③ 民国《婺源县志》卷四十八《人物十二・义行九》。
④ 民国《婺源县志》卷四十《人物十一・义行六》。
⑤ 民国《婺源县志》卷三十九《人物十一・义行四》。
⑥ 民国《婺源县志》卷四十《人物十一・义行六》。
⑦ 民国《婺源县志》卷四十七《人物十二・质行八》。

榻处。”[①]

婺源理田人李有诚，起初在上海经商，远渡日本多次，因风土异宜，“返归鸠江，谋业铜绿”，又偕友在九江经营红、绿茶，并在婺源开设茶号。“九江徽州会馆财政紊乱，挪蚀侵吞，诚偕六邑绅商兴利除弊，输金建造以益房租。”[②]

婺源城东人董大鲲，“西江吴镇会馆经费、章程一皆赖其部署。郡侯朱公、邑侯郭公、陈公及陈太史大喻，叠有额赠之”。[③]

(五) 两湖地区

黟县十都塔川人吴兴裕，随兄在湖南长沙经商，“勤俭立业，备极友爱，在星沙倡造徽州会馆，又捐建兼善堂。先是商旅商殡楚地，夫役需索百端，及是堂立碑示定章，贫商乃不受困。道光二十年，湖南水荒，济饥数月”。[④] 婺源商人查有堂，“初客星沙，与交皆贤达士，经理会馆、文公祠，倡修整饬。后游川东，兴同义会，资给同乡旅榇及旅游难归者”。[⑤]

徽州人在湖南常德建有徽州会馆，如婺源思口人程世莹，“少业儒，课徒里中。及壮，游幕湖南，充常德府文案，疏财仗义，居停倚重，旋被绅商公举任徽州会馆董事，克称厥职”。[⑥] 婺源凤山人查秉钧，“经商湖南，比董理同乡会馆，公款公产，毫无苟取。遇有义举，勉力赞助”。[⑦]

在汉口的徽州六县仕商于康熙七年(1668)建成新安公所，即新安准提庵，在循礼坊四总处。其性质为“集合同乡，联络感情，力谋桑梓商

---

① 民国《婺源县志》卷四十二《人物十一・义行八》。
② 民国《婺源县志》卷四十二《人物十一・义行八》。
③ 民国《婺源县志》卷二十三《人物四・学林》。
④ 同治《黟县三志》卷七《人物志・尚义》。
⑤ 光绪《婺源县志》卷三十四《人物十・义行七》。
⑥ 民国《婺源县志》卷四十八《人物十二・质行九》。
⑦ 民国《婺源县志》卷四十八《人物十二・质行九》。

业公益之所”，光绪十七年八月被毁，民国年间重建。康熙三十四年(1695)，徽州六县仕商又在循礼坊新安街北建造新安书院，即徽州会馆。雍正十三年开辟新安码头，建造魁星阁紫阳坊，北接新安街，其地基南至河心，北至义冢，即新安公所后晒台庵。咸丰二年、宣统三年两度遭遇兵燹，民国年间仅存偏厅一间。① 乾隆《重修古歙东门许氏宗谱》详细记载了许蘧园在汉口徽州人聚居社区新安街形成过程中所起的作用，其中就有新安会馆的相关描述："湖北汉口市镇旧有新安会馆，专祀徽国文公，栋宇宏敞。昔时同乡人士欲扩充径路，额曰'新安巷'，开辟马头，以便坐贾行商之出入，土人阻之，兴讼六载，破赀巨万，不能成事，以致力竭资耗而祭典缺然。岁仅朱子生辰一祭，盖已四十余年矣。癸丑岁，公倡首捐输，得一万五千金，置买店房，扩充径路，石镌'新安街'额，开辟新安马头，兼建奎星楼一座，为汉镇巨观。"②清末，婺源庐源人詹士澄，"嗣经商汉口，家渐裕，遇同乡无力回家者，必赠川资。充汉口徽州会馆董事及商会会董，受知于张文襄，市廛之政，多以畀之"。③

(六) 其他地区

广州是徽州茶商聚集较多的城市之一。咸丰年间，婺源长径人程泰仁因家食维艰，弃砚就商，随本县乔川人朱日轩贩茶至广州，"众举经理徽州会馆，六县商旅均服其才"。④ 婺源商人还单独设立婺源会馆，置归原堂，办理身故同乡寄厝事宜。1924 年，婺源会馆发生产业被盗卖风波，4 月初上海徽宁会馆、徽宁同乡会接到广州婺源会馆来电，称会馆产业被同乡汪笑颜、程肖芝倒卖，所得款项亦被二人吞没，为夺回被盗产业，请沪上同乡群起协助。徽宁会馆、徽宁同乡会先后召集大会，讨论

---

① 民国《夏口县志》卷五《建置志·各会馆公所》。
② 乾隆《重修古歙东门许氏宗谱》卷十四《公撰事实·许氏阖族公撰观察蘧园公事实》。
③ 民国《婺源县志》卷四十八《人物十二·质行九》。
④ 民国《婺源县志》卷四十《人物十二·义行六》。

力争办法，并向上海安徽同乡会报告，安徽同乡会亦迅速召开评议会，议决一致力争，分别致电孙中山和广州公安局，请其追回发还婺源会馆，另请在广州的本会评议长柏烈武就近调查实情，并准备会同徽宁会馆、徽宁同乡会推派代表赴粤起诉。① 经柏烈武调查，被盗卖的并非婺源会馆公产，而是会馆中人捐款附设的归原堂产业，于 1915 年被值理俞鹤琴等六家私占，其后会馆值理方日林等人因控告失败而未追回，但因公产私占，愤懑难平，遂于会馆开会，推举汪啸涯等为代表，呈请孙中山批交广东财政厅变卖以供北伐第二军第二师师长杨虎招兵购械之用，意图从中分肥的非婺源同乡便制造谣言，希图破坏，使得不明真相者误以为是徽州六县会馆公产甚至是安徽全省会馆公产。② 同样在 1924 年，广州新安会馆购置的马棚岗坟地被粤财政局指为官荒，勒令迁棺移葬，原地标卖与美侨公司。经旅粤徽州同乡函请徽宁旅沪同乡会协同力争，去函委托旅粤同乡徐谦等就近调查。据徐谦向同乡会报告，该项坟地共有十三亩，会馆还保存着清代地产契据，旅粤徽州同乡也声称，该坟地确系买自民产，并非官荒。徐谦向各方探询，并拜见广州市长孙科。孙科随即邀财政局长及美侨公司代表等晤谈，徐谦将情形陈述后，经众人研究，认为既系会馆私产，自应如数发还，另拨他处与美侨公司。只因有三亩多坟地已为铁路公司所用，盖好建筑物，不能发还，其余一概发还。③

福建也有徽商设立的会馆，婺源环川人詹鸿，“年十六赴闽理先人店业……经理安徽会馆，任劳任怨，义冢山僻迫，捐百金于东门外另置山以廓之。同乡吕渭英任福州郡守，赠额‘品重圭璋’”。④

① 《广东婺源会馆事件又一来电》，《申报》1924 年 4 月 2 日；《皖人力争粤省公产电》，《申报》1924 年 4 月 17 日。

② 《粤婺源会馆投变之真相》，《民国日报》1924 年 4 月 19 日。

③ 《粤新安会馆坟地被卖案解决》，《申报》1924 年 7 月 6 日。

④ 民国《婺源县志》卷四十二《人物十一 · 义行八》。

二、徽州商人会馆的个案考察

(一) 南京新安会馆

南京新安会馆坐落在上元县治东北二段马府街,前后共四进,有四方天井、后院,前至官街,后至马府塘,东、西分别与李姓、杨姓屋宇相接。太平天国战争期间,洪秀全定都金陵,新安会馆被焚毁一空,仅留地基,所有房屋契据均下落不明。战争结束后,新安会馆迟迟未能复建,光绪三十一年夏,曾任陕西河州知州、陕西水利总局提调的歙县人汪廷栋因公事到南京,看到荒废的新安会馆,认为殊为可惜,就邀集居住在南京的徽州商人、官员商量重建事宜。当年十月开工兴建,共建成正屋三层,每层五间,共计十五间。次年春,杨俊卿提出垫款在西院外建造房屋,汪廷栋遂搬入会馆内,对工程预算精覈会计,配合丈量地基,并与木工、瓦工签订了协议。其后杨俊卿中途退出,汪廷栋被迫独力支撑,赶至上海与同乡洪伟臣、黄雪香商量应对办法,决定仿照招股集资之法筹款,每股 50 两,洪伟臣当即允诺出资百两。汪廷栋返回南京后,与徽州同乡讨论集股事宜,宝善源钱庄允借 500 两作 10 股,歙县试馆存租银 200 两作 4 股,并存洋 700 元作 10 股,其他由个人认股 16 股,共计 40 股。工程于闰四月动工,七月完工,建成房屋三楹,用去白银 2 250 两。前后两次工程共花费白银 4 163.1 两,因集股之款不足以应付开支,南京的徽商又势单力薄,新安会馆便向外的地徽州同乡募捐。此举得到同乡的大力支持,在上海经营茶业的徽商出资最多,捐洋2 050 元,南通州、扬州、芜湖、安庆、东台的徽州也莫不慷慨解囊。汉口的徽商因捐簿散佚,积极性不高,新安会馆两次派人前去劝募,仅筹到洋 170 余元,而来回盘费就耗其大半。江西的徽商更为冷淡,甚至将捐簿退还,不愿认捐。新安会馆最终筹得捐银 3 658 两,极大地缓解了经费不足的压力,缺额部分则通过借款的办法予以解决。

表5　光绪年间南京新安会馆重建收款录

<table>
<tr><th colspan="3">收　　款　　项</th></tr>
<tr><th>捐　款　项</th><th>房 租 项</th><th>借款并集股项</th></tr>
<tr><td>收歙县19名,共捐洋540元
收休宁40名,共捐洋443元
收婺源1名,捐银100两
收祁门5名,捐银100两,洋170元
收黟县4名,捐洋283.2元
收绩溪16名,捐洋126元
(以上合计金陵省城共捐洋1 562.2元,银200两)
收上海69名、号,捐洋2 050元
收南通州12名、号,捐洋610元
收扬州23名,捐银109.24两,洋152元
收东台27名、号,捐洋82元
收芜湖33名、号,捐洋600元
收汉口17名、号,捐洋173元
收九江21名、号,捐洋125元
收安庆28名、号,捐洋160元</td><td rowspan="2">收胡佐岐租房8间,每月16元,计七个半月,共洋120元,合银84两</td><td>收宝善源庄借银500两
收歙县试馆借银200两,洋700元合银490两
收思源堂借洋500元合银350两
收汪芸浦股银200两
收洪会卿股银50两
收汪汝言股银50两
收江陶圃股银50两
收洪伟臣股银100两</td></tr>
<tr><td>共收捐银309.024两;洋5 514.2元,合银3 777.227两</td><td>共计银1 990两</td></tr>
<tr><td colspan="3">统计收银6 160.251两</td></tr>
</table>

资料来源:汪廷栋等编:《重建新安会馆征信录·碑记录》,安徽图书馆古籍部藏。

此次重建仅建成正馆三进,尚不及原规模的三分之一,正屋左右空地还可建屋出租,作为岁修之费。汪廷栋同众位董事制定了十余项馆规,希望后来者能光大其事。馆规指出,会馆重建是从徽州六县大局出发,非为个人私利计,以后凡往来同乡暂住者应以一榻为准,至多一月,不得久居或多占房间。各人自备伙食,不收租金,如愿搭伙食者,仿照汉口新安会馆之例,每人每日交钱120文,由常住会馆照看之人经收代办。房内铺板桌椅不得损坏,违者赔偿。各处徽州同乡凡到南京办货者均准予将货物存放馆屋西边披厦内,如系细软贵重之货才准堆放在轿厅，然须自行看守。货物售出时，每件出钱一二百文作为会馆修理之费。凡在南京的徽州同乡，不论官商，每名按年认捐一文作岁修经费，游幕及寄居者听从其便。待会馆房屋全部建成后，六县各派董事二人轮流管年，另各派二人平日常住会馆以备照应，每月各给钱六千作为酬金，如有行为不当者斥退另换。因会馆空闲处甚多，其后应借款建造正馆四、五两进及左右厢房，建成后，空闲时准借与他人作为宴客之所。倘遇会馆创办首事得差得缺交卸回省时，准其暂居馆内以免另投客栈，待找到合适住处再行迁出，但以三个月为限。非从前会馆首事，不得援例入住。城内鼓楼西侧徽州嘉会堂义冢，太平天国战争后，一直由汪近圣墨店经管祭祀。馆规要求，会馆既已重建，义冢应归会馆经理，所有账目均须清算明白，不得置诸不理。会馆董事定时公同前往查看坟冢，如有暴露者即为培土，若无安葬之处，应添买地块，以备掩埋。又规定，凡徽州六县之人有流落南京者，查明属实，每人资助返籍路费一千文。如系假冒，概不给发。已领钱却仍逗留者，即行追回。由此可以看出会馆对徽州同乡照应甚多，成为旅外徽州人的落脚处与避难所。①

（二）杭州安徽会馆的运作

杭州的安徽会馆具有显著的官商合办特征。会馆章程规定，官商轮流值年，“务须一秉至公，相助为理”。因官员升调委差，不能始终住在杭州，商人也是贸迁奔徙，居住无常，为保证会馆稳定运行，公议“杭绍嘉松四所甲商为正办，另公举引商四位副之”，正办、副办两年一轮，周而复始。每年收支各款逐一登记明白，于团拜时会同各官商交账，公同阅看，两年后递交与接办正、副值年经收，短少照赔，以免后累。

会馆每年团拜一次，借以联梓谊而叙乡情。公议正月二十六、七两日春祭即为官商团拜之期，“如在现署，本任届期不到者，亦须按照后开

① 汪廷栋等编：《重建新安会馆征信录・馆规录》。

分资，预寄本馆值年备用”。会馆秋祭定于每年八月二十六日举行，由值年正、副办置备鼓乐、祭品，先期发出书面通知，邀请各值年官商到馆与祭，行礼毕，供应茶点两席。每年除春、秋两祭外，会馆另于二月初三日祭祀文帝，五月十三日祭祀武帝，七月初七日祭祀奎星。以上礼节与秋祭相同。

凡同乡遇有祝寿、开吊等事，准其借会馆举办，但事主应给看馆家人每日洋 10 元，寻常宴会每席给洋 1 元，以资酬劳，需用灯彩等物件皆由事主自备。外省之人如要举办祝寿、开吊、演戏等事项，一概不准借用，如果是寻常宴会，可酌情通融借用，每日赏给看馆家人洋 8 元。

会馆房屋间数虽多，但住屋甚少，除大厅后面的从心堂正屋两进留给住馆司友居住外，其余皆是堂屋、散轩，未便同乡下榻。为此公议无论在浙官商以及往来同乡，一概不予借住会馆，以后即便是公所公局，也不准租赁馆内什物，其他零星物件同样不得借出馆外。会馆之所以如此严格规定不准借助，是因为该馆系由官商集资合办，皖浙又属邻省，来往商贾百倍于官，一旦准许留住租赁，此风一开，商人便会蜂拥而来，届时虽有房屋千万间，也无法容留那么多人。但会馆同时准打算嗣后由官商捐资扩充馆舍，供初次到杭州的候补官员借助，住馆章程待捐资购得房屋后再行订立。

会馆房屋的岁时修葺之费，由同乡官商捐资而来，会馆为此制定了捐款规则，公议自督抚、提学、镇司、道协、参游、府厅州县盐所以及本省外府局差，按缺计差分等定捐。

因杭州惟善堂专为徽州身故同乡提供棺柩回籍服务，安徽其他府县身故同乡的棺柩如何归里就成为会馆考虑的首要问题。为此会馆另在武林门外西湖坝购买基地建造宝善堂一所，以便由大关登舟护送棺柩回籍，暂不回乡的各府县灵柩在堂内停厝。

安徽会馆肇始于为在杭安徽官员罗壮节、王贞介二公建造专祠，安徽同乡奉旨领公帑在杭州城中择地兴工建祠，工程结束后，便在其地创办会馆。由此,安徽会馆的首笔收入是从牙厘局领取的奉敕建造罗、王二公祠费用,为制钱3 000千文,合本洋2 495.84元。会馆的常年经费来自官商捐资,其中商人捐资占据主导地位,而商人又以徽商为绝对主体,徽商分为盐商、典商、茶商、木商、杂货商五大类,茶商又可细分为上海茶商和江干茶商。在各类徽商捐资中,以盐商捐资额为最大,第一次便捐银7 884.8两,第二次捐银更高达10 329.6两,第三次则捐英洋3 000元,出手不可谓不多。其次为典商,阜康钱庄留余堂捐银6 000两、香雪堂捐银2 000两,亦非微不足道的小额捐款。木商、茶商、杂货商捐资基本上都是量力而行,从千两、数百两、几十两、几两乃至几角,数额不等。虽然捐资额抵不上财大气粗的盐商和典商,但聚沙成塔,16家木行与木业沙粮共捐银5 051.857两,9位杂货商共捐银2 516.346两,两家上海茶商捐本洋397.677元、英洋5 895元,14家江干茶商捐银1 060.543两。会馆的另一日常收入来源于存款生息银和房屋出租银,数额也非常可观。会馆的支出以购置基地建造房屋及岁时维修为大宗,祭祀、置办物件及各项杂用等零星支款也占了支出的一部分,最终收支相抵,会馆还实存英洋373.987元。下面这幅表格是安徽会馆收入、支出明细,比较详细地反映了会馆的收支状况,有助于我们了解会馆的运行实态。

表6　杭州安徽会馆收支一览表①

收入			
领款	领牙厘局发给奉敕建造罗、王二公祠经费制钱3 000千文,合本洋2 495.84元		
官捐	两湖制军	李瀚章	捐司库银200两
	前盐运使司盐运使	高卿培	捐司库银50两
	杭州府知府	陈鲁	捐司库银100两

① 作者注:本表数据从光绪《浙省新建安徽会馆征信录》中的《收款项》《商捐收款项》《子息房租收款项》《开除项》等部分采集而来,但原始数据的每项记载与最终统计的数据不相符合,因其中牵涉银、洋的折算问题,为保持数据原貌,本表以原文为据,不再另行处理。

收	入		
官捐	前金华府知府	余本愚	捐司库银 50 两
	补用知府	胡元洁	捐库平银 20 两
	中防同知	吴世荣	捐库平银 100 两
	署西防同知	余庭训	捐库平银 100 两
	补用同知	胡金霞	捐库平银 20 两
	补用同知	杜冠英	捐库平银 20 两
	补用同知	王杰	捐库平银 20 两
	前海盐县知县	沈起鹗	捐库平银 50 两
	乌程县知县	程国钧	捐库平银 120 两
	署诸暨县知县	朱朴	捐库平银 100 两
	署上虞县知县	李世基	捐英洋 100 元
	武义县知县	周贻绶	捐本洋 100 元
	兰溪县知县	吴绍正	捐库平银 100 两
	汤溪县知县	金馩远	捐库平银 100 两
	开化县知县	沈际树	捐库平银 48.63 两
	候补知县	孙明翰	捐库平银 20 两
	提督	刘省三	捐库平银 97.8 两
	台州协镇	王天焱	捐英洋 80 元
	题补严州府知府	吴世荣	捐英洋 100 元
	塘工委员	胡元洁	捐英洋 30 元
	发审委员	陈宝善	捐英洋 20 元
	江苏五属督销局委员	杨葆铭	捐英洋 50 元
	塘栖厘局委员	程国钧	捐英洋 20 元
官捐合计	官捐本洋 100 元、英洋 400 元,捐银合本洋 1 827.205 元,以上收各正款领款钱合本洋 2 495.84 元		
商捐	盐商	首次捐银 7 884.8 两	二件扯合折算本洋 8 415.126 元;英洋 18 428.293 元
	盐商	二次捐银 10 329.6 两	

续表

收入			
商捐	盐商	捐英洋 3 000 元	
	上海茶商	捐银 280.76 两，合本洋 397.677 元	二件自同治九年八月初七日起至同治十年三月初二日止
	上海茶商	捐英洋 5 895 元	
	留余堂	捐银 6 000 两	二件扯合折算本洋 4 400 元、英洋 6 949.658 元
	香雪堂	捐银 2 000 两	
	所前盐引商	捐英洋 326 元	自光绪五年七月起至十一月止
	同利兴木商	捐洋 876.994 元	
	怡同懋木商	捐洋 274.687 元	
	同茂兴木商	捐洋 1 244.101 元	
	钮德大木商	捐洋 546.873 元	
	德大源木商	捐洋 50.61 元	
	同裕隆木商	捐洋 279.828 元	
	同颐兴木商	捐洋 125.644 元	
	吴继源木商	捐洋 7.771 元	
	孟恒源木商	捐洋 6.754 元	
	万福兴木商	捐洋 3.957 元	
	洪大兴木商	捐洋 300.39 元	
	同仁和木商	捐洋 145.817 元	
	江复兴木商	捐洋 208.55 元	
	同日升木商	捐洋 706.381 元	
	乾益顺木商	捐洋 31.906 元	
	何三房木商	捐洋 21.594 元	
	木业沙粮	捐洋 220 元	
	洪巨成杂货商	捐洋 792.741 元	

收　　入			
商捐	王云生杂货商	捐洋 741.246 元	
	曹泰来杂货商	捐洋 882.3 元	
	余锦洲杂货商	捐洋 17.18 元	
	姚君纶杂货商	捐洋 67.264 元	
	何枢臣杂货商	捐洋 0.9 元	
	许维兴杂货商	捐洋 7.175 元	
	何松洲杂货商	捐洋 0.53 元	
	何三房杂货商	捐洋 7.01 元	
	洪巨成江干茶商	捐洋 31.4 元	
	王云生江干茶商	捐洋 0.8 元	
	曹泰来江干茶商	捐洋 21.55 元	
	余锦洲江干茶商	捐洋 35.34 元	
	姚君纶江干茶商	捐洋 163.501 元	
	豫隆行江干茶商	捐洋 375.811 元	
	阎鹏九江干茶商	捐洋 92.72 元	
	何枢臣江干茶商	捐洋 0.5 元	
	褚大昌江干茶商	捐洋 6 元	
	姚炳记江干茶商	捐洋 41.47 元	
	源润江干茶商	捐洋 155.291 元	
	陈殿扬江干茶商	捐洋 0.4 元	
	戴企宾江干茶商	捐洋 5 元	
	嘉湖店江干茶商	捐洋 130.76 元	
商捐合计	商捐银合本洋 13 212.83 元，商捐银合英洋 25 377.951 元，商捐英洋 17 848.654 元		
收款合计	共收本洋 17 635.848 元，又英洋 43 626.65 元		

续　表

<table>
<tr><td colspan="3">子息房租收款</td></tr>
<tr><td rowspan="10"></td><td>收阜康庄留余子息英洋 2 664.966 元</td><td rowspan="2">二件均自同治十一年十二月起至光绪五年六月本清日止</td></tr>
<tr><td>收阜康庄香雪子息英洋 1 894.009 元</td></tr>
<tr><td>收衡源庄香余子息英洋 1 430.907 元</td><td>自同治十二年十二月起至光绪五年十二月本清日止</td></tr>
<tr><td>收衡源庄英洋 45.268 元</td><td>系折上划来汪焕芸押盐引息本清日止</td></tr>
<tr><td>收衡源庄皖馆子息库平银 1 395.199 两，合本洋 1 986.763 元</td><td rowspan="3">三件均自同治十年二月起至光绪五年十二月本清日止</td></tr>
<tr><td>收衡源庄皖馆子息英洋 2 014.638 元</td></tr>
<tr><td>收衡源庄皖馆子息本洋 475.263 元</td></tr>
<tr><td>收纲盐局房租英洋 4 224 元</td><td>自同治十一年十二月起至光绪五年十二月止</td></tr>
<tr><td>收甃碧、乐成房租英洋 635.496 元(内有胡存押租洋 100 元)</td><td></td></tr>
<tr><td>收盐引租库平银 312 两，合英洋 474.86 元</td><td></td></tr>
<tr><td>子息房租</td><td colspan="2">以上收各杂款共计本洋 2 462.026 元、英洋 13 384.144 元</td></tr>
<tr><td>收入总计</td><td colspan="2">收款与子息房租收款两项，共计收本洋 20 097.874 元、英洋 57 010.749 元</td></tr>
<tr><td colspan="3">支　　　出</td></tr>
<tr><td rowspan="8"></td><td colspan="2">支许宅保产中资、正屋契价、贴灶等项，本洋 18 300 元、英洋 5 215.7 元</td></tr>
<tr><td colspan="2">支许宅后门外基地本洋 900 元</td></tr>
<tr><td colspan="2">支贴还胡雪岩原办屋价本洋 500 元</td></tr>
<tr><td colspan="2">支许贯之手办二公祠对门基地英洋 320 元</td></tr>
<tr><td colspan="2">支前面西边旧毛坑基地英洋 30 元</td></tr>
<tr><td colspan="2">支祠前孙姓基地英洋 150 元</td></tr>
<tr><td colspan="2">支祠前叶姓基地本洋 70 元</td></tr>
<tr><td colspan="2">支祠前觉苑寺僧基地英洋 214 元</td></tr>
</table>

<table>
<tr><th colspan="3">支　　出</th></tr>
<tr><td rowspan="25"></td><td colspan="2">支后门钱姓基地本洋 264 元</td></tr>
<tr><td colspan="2">支后门刘姓基地英洋 30 元</td></tr>
<tr><td colspan="2">支前面赵姓屋价英洋 3 005 元</td></tr>
<tr><td colspan="2">支许贯之手送书契润笔英洋 12 元</td></tr>
<tr><td colspan="2">支印契十三张，英洋 624.33 元</td></tr>
<tr><td colspan="2">支置办黟地盐引英洋 12 093.13 元</td></tr>
<tr><td colspan="2">支置办西安田账英洋 1 700 元</td></tr>
<tr><td colspan="2">支建造罗、王二公祠英洋 3 043 元</td></tr>
<tr><td colspan="2">支兴皖江别墅英洋 614 元</td></tr>
<tr><td colspan="2">支拆造临街腰墙英洋 298 元</td></tr>
<tr><td colspan="2">支拆造原二厅西墙英洋 200 元</td></tr>
<tr><td colspan="2">支修前后假山鱼池英洋 495 元</td></tr>
<tr><td colspan="2">支兴造甃碧堂英洋 1 521 元</td></tr>
<tr><td colspan="2">支兴造仰哲堂并甬道照墙英洋 10 271 元</td></tr>
<tr><td colspan="2">支修造双桂亭并装修志园房英洋 249 元</td></tr>
<tr><td>支兴造奎光楼并拆造三乐堂等
支兴西边临街大墙
支兴厅西平屋四进
支各处地砖装折油漆等</td><td>共英洋 4 532 元</td></tr>
<tr><td colspan="2">支垫修造乐成堂英洋 600 元</td></tr>
<tr><td colspan="2">支造神龛、塑奎星神像、刻神主牌位英洋 472.44 元</td></tr>
<tr><td colspan="2">支岁修散处英洋 749.4 元</td></tr>
<tr><td colspan="2">支置办物件英洋 3 491.985 元</td></tr>
<tr><td colspan="2">支杂款经费本洋 56.48 元</td></tr>
<tr><td colspan="2">支杂款经费英洋 584.24 元</td></tr>
<tr><td colspan="2">支春秋祭祀英洋 240.289 元</td></tr>
<tr><td colspan="2">支钱簿开销辛工零项本洋 7.394 元</td></tr>
<tr><td colspan="2">支钱簿开销辛工零项英洋 3 077.734 元</td></tr>
</table>

续　表

支　　　　出	
	支商办督工开销辛工等款英洋 722 元
	支兴造宝善堂英洋 1 981.514 元
支出总计	以上总支本洋 20 097.874 元、英洋 56 536.762 元
收支相抵，实存英洋 473.987 元(内有胡存押租洋 100 元)	

资料来源：光绪《浙省新建安徽会馆・序》。

(三) 上海徽宁会馆的运作及近代转型

上海的徽宁会馆是在徽宁思恭堂的基础上设立的，所以两者时常通称。乾隆十九年，在上海经营茶业的徽州、宁国两府商人见客死异地的同乡无处寄放棺木，便联合集资在大南门外购置土地三十余亩，建屋数间，命名为思恭堂，以备身故同乡寄棺埋葬之用。嘉庆年间，思恭堂司事再次捐资，又四处募捐进行扩建，建成厅堂、丙舍以便办公，增置冢地以广埋葬。道光三十年，松江知府休宁人汪方川对徽宁同乡的善举很是激赏，免征地税，带头捐建西堂，诸茶商亦捐助衣衾，又捐茶厘置产以增加善堂经费。至此思恭堂初成规模，施棺、掩埋、归榇诸善举迭兴。1842 年中英《南京条约》签订后，上海被辟为通商口岸，徽州茶业开始转道上海出口，每年的出口量不断攀升，茶商获利颇丰，对思恭堂的捐助也不断增加。咸丰三年(1853)和咸丰十年(1860)，思恭堂两度遭受战火破坏，堂屋被焚毁一空。徽宁会馆董事余邦朝经历了这一事件。余邦朝，字国华，黟县五都余村人，监生，选用盐大使，商于沪，遂家焉。余邦朝乐善敦义，被公推为徽宁会馆董事。咸丰三年轮到黟县值年，余邦朝奋不顾家，驻馆董事。会馆之旁的丙舍内寄厝同乡的旅榇数以千计，乱中有人纵火，意图掠夺财物。余邦朝急率堂丁奋力将火扑灭，最终仅堂屋被毁，棺柩得以保全。嗣后集合徽宁两郡董事择地瘗之，立石标识，同乡感颂。[①]

在此后上海社会重建过程中，思恭堂进行了重修，“焕然如故”。光绪十四年(1888)，徽宁思恭堂被扩建为徽宁会馆，改建了西厅，前一进奉朱文公朱子神位，后一进为先董祠，岁时祭祀有功于思恭堂的徽宁先贤。旁边建房作为会馆办事处，并翻造正殿为武圣大殿，上海地产大王歙县人程霖生的父亲程谨轩捐助大鼎一座，立于墀下，高耸如塔，气象巍然。殿前建戏台一座，金碧辉煌，照耀人目，设有游廊，配以看楼十二间。殿外余地圈成天墀，环以照墙，两旁设东、西辕门，正中建有蓄水池，其上亦立一宝鼎。台阶前石狮对立，购自浙江茶园，颇为壮观，宝鼎与石狮均由在上海的绩溪徽馆业同人捐助。光绪三十三年(1907)春，会馆司事提议在武圣大将殿东侧的空地上建造东厅，前后两进，作为朱文公专祠，由徽宁殷实商家垫资建造。次年房屋落成，与西厅屹然对峙。前为思恭堂正厅，为驻堂办公处所。朱文公祠建成后，徽州各县士商纷纷赠献匾额对联，朱子神座的龙龛与全堂灯盏则由婺源商人捐助，烛光辉映，焕然一新。于是会馆司事奉朱子神位于新祠，腾出西厅为徽宁两府商团拜处。时人称：“沪上为各帮会馆荟萃之地，大都注重华美，若论工料之坚实，布置之周妥，实为诸会馆冠。”[②]

清末民初，政体变革，近代同乡团体纷纷成立，虽然旅沪徽州、宁国两府同乡成立了徽宁同乡会，但徽宁思恭堂仍然发挥作用。会馆总堂设在上海市沪南区制造局路300号，1929年又在闵行杨家台设立了分堂。1930年10月23日，国民党上海特别市执行委员会民众训练委员会常务委员陈君毅颁布训令，声称“为证明组织健全事案，查该馆业经本会派员指导正式成立，并经考查，该馆组织已臻健全，应着向主管政府机关呈请登记，毋自延误为要”。要求向主管机关申请登记。同年12

---

① 民国《黟县四志》卷七《人物志·尚义》。

② 《徽宁思恭堂征信录·徽宁会馆全图记》，不分卷，民国六年第三十七刻，上海图书馆古籍文献部藏。

月25日，徽宁会馆遵照上海市慈善团体登记规则，呈准上海市社会局核备在案，由社会局颁发证书。当时徽宁会馆共有会员132人，土地306亩，市房158间，医院房屋1所，丙舍房屋1所，家具35件。①

徽宁会馆章程共6章19条，除总则及附则外，分为董事及值年董事、组织与职权、会议、经费及会计四章。从章程可以看到，徽宁会馆的宗旨为“办理善举，敦睦乡谊”，举办的事业分为施医药、寄柩、运柩、赊棺、助殓、埋葬六类。

会馆董事无定额，具备下列任何一种条件者才有资格担任，一为会馆创立者的继承人以及历来由徽宁各县各业公推并已呈报上海市社会局备案者，二是徽宁旅沪同乡由董事六人以上联名函举，经董事会审查，符合下列任何一项条件，提请大会通过者：(一) 乡望素孚者；(二) 办理慈善事业卓有成效；(三) 热心公益慷慨捐输；(四) 对于办理慈善事业有特殊之学识或经验。会馆董事均有选举权及被选举权，如有违犯慈善团体法第五条任何一条规定者，经董事会审查属实，报告全会取消其董事资格。董事资格的取得与丧失须随时呈报上海市社会局。

徽宁会馆由歙县、休宁、婺源、黟县、绩溪、宁国府六处董事各推举一人，共计六人，为会馆值年董事，已在董事会者为当然董事，以二人为一组，共分为三组，依次轮流值年，如果其中一人因故不能担任时，由董事会就该县董事中再公推一人补充，但须报告全会通过。值年董事为义务职衔，不支薪水或公费，任期一年，不得连任。每年轮值的二人负责该年会馆的财产保管及会计、出纳等事项，并办理本会馆内部的一切事务，任期满后，将其经管的银钱及一切契据、租折检齐汇总，移交给下届值年董事接管。

会馆以董事全会为最高权力机关，以全体董事出席过半数者为法定人数，对下列事项做出决议：(一) 变更章程事项(依民法总则第五十

---

① 《公益慈善团体登记表》，Q6－9－110，上海市档案馆藏。

三条办理)；(二) 业务兴革变更事项；(三) 会馆预算、决算事项；(四) 任免董事，通过值年董事事项；(五) 订立重要契约事项；(六) 变更财产事项；(七) 其他重要事项。董事全会开会时，公推临时主席一人为全会主席，报告收支账目，说明馆务经过情形，讨论业务兴革，决议会馆章程的规定事项，如换届改选日期，依法改选职员等。徽宁会馆由董事全会选举董事 17 人，会同值年董事 6 人，共计 23 人，组成董事会，以当年值年董事为正副主席，董事对外为本会代表，对内为会议主席，在全会休会期间，董事会为权力机关，依照章程规定行使职权。会馆董事会董事均为义务职衔，任期 3 年，选举得连任，但不得超过 3 次。会馆设办事主任一人，办事员四至五人，支取薪水，由董事会聘任。董事会职权为下列数项：(一) 执行全会决议案事项；(二) 办理主管官署交办事项；(三) 议订各项规则、办事细则事项；(四) 筹划经费事项；(五) 决定业务整理、维持及改善事项；(六) 审查董事资格的取得、丧失报告于全会事项；(七) 编制预算、决算事项；(八) 聘任雇员事项；(九) 建筑修缮及收租事项；(十) 其他重要事项。

会馆事务分为重要、次要、通常三种，通常事务由办事主任协同办事员随时办理，次要事务由值年董事主办，重要事务由值年董事提出，经董事会议决后办理。如遇紧急事故，来不及召集董事会，由值年董事办理，但须提交董事会追认。

会馆会议日期及召集程序，决议如下：(一) 董事全会于每年一月、七月各举行一次，必要时得召集临事会议，由董事会确定开会时间，于十日前书面通告召集。(二) 董事会每月开常会一次，由值年董事定期召集。如有重要事项，可召集临时会议。有董事五人以上之提议，亦可召集临时会议。(三) 上述会议除另有规定者外，须过半数出席者，方可议决提案，再经出席过半数人员表决，始能成立。支持、反对票相同时，由主席决定。决议案事由须载入议事录，由主席签字以昭慎重。开会时如不足法定人数，得延长半小时，如仍不足法定人数，改开谈话会，如有复杂议案，再付审查。(四) 董事如因事不能出席董事会时，得书面委托其他出席董事代表之，但每位董事以代表一人为限。

徽宁会馆以财产收益及同乡捐款作为会馆常年经费，统一按照上海市公益慈善团体会计通则办理，在年终时将收支款项编制决算表刊布。另外规定，会馆章程如有未尽事宜，由董事全会决议修正之，并呈报主管官署备案。①

1936 年 11 月 22 日，会馆董事会 23 人宣誓就职。1937 年 11 月 13 日上海沦陷，敌伪断绝交通，会馆被迫停办运柩及施医药两项事务，同乡新柩除寄放殡仪馆外，其余均委托普善山庄及同仁堂、辅元堂代为埋葬。1940 年会馆丙舍恢复寄柩事务，照章程派堂丁监督收殓，施棺、助殓、埋葬等其余事务亦由值年董事设法照常举办，但不设事务所，不向敌伪组织申请登记，不完纳地价税。1945 年 9 月抗战胜利，徽宁会馆逐渐恢复会务，步入正轨。从《1946 年事业计划书》可知，该年徽宁会馆计划办理的事务主要分为寄柩、施棺、助殓和埋葬四种。从 1940 年会馆恢复寄柩事务至 1946 年，6 年间寄放的棺柩非常拥挤，会馆决定将多余房屋悉数改丙舍，所需棺木由董事垫资委托胡裕昌木行制作，对无力成殓的贫苦同乡，会馆随棺施放衣衾，由董事垫款委托福泰衣庄制作。同乡寄柩满期无人盘运回籍者，一向由会馆于十月初运往闵行义冢之地埋葬，1946 年准备埋葬的棺柩，连同 1944 年、1945 年在内，共计 300 余具，会馆筹募运费、埋葬人工及灰、砖等费用办理掩埋事宜。

1946 年 6 月，徽宁会馆遵照上海市社会局“福”字第 878 号布告饬限期重行登记令，填具会员名册及财产目录、团体登记表、重要职员登记表等各项表册，连同会馆章程、印鉴单、证明文件等备文呈报上海市社会局，申请重新立案。上海市社会局审核后准予登记，并颁发了立案证书及木质篆文图记。

---

① 《上海市徽宁会馆章程》，Q6－9－110，上海市档案馆藏。

表7　上海市徽宁会馆1946年度经费收支预算表

收入			支出		
科目		金额	科目		金额
捐款	常年捐	4 000 000元	事业费	施棺	2 400 000元
	特别捐	4 000 000元		助殓	1 700 000元
租金	房租	3 400 000元		埋葬	3 000 000元
	地租	250 000元	事务费	薪给	540 000元
	田租	400 000元		膳食	660 000元
				文具	50 000元
				印刷	200 000元
				邮电	50 000元
				广告	100 000元
				车力	400 000元
				修理	350 000元
				交际	300 000元
				捐税	1 500 000元
				杂费	800 000元

资料来源:《上海市徽宁会馆1946年度经费收支预算表》,Q6－9－110,上海市档案馆藏。

1947年11月,徽宁会馆编制全体董事名册,向上海市社会局呈报在案。1948年,因会馆董事23人任期届满,拟筹备改选。6月初,徽宁会馆呈报上海市社会局,申明第三届董事会董事的名额分配及提名办法,决定按照抗战前董事全会的议决办法,歙县、休宁、婺源、黟县、绩溪各分配3人,宁国5人,祁门1人,茶业1人,梓木业1人,因梓木业衰败,董事已不存在,其名额议定划归宁国。在上届选举时,被选举人均由各县各业先行提名,决定第三届仍照上一届办理方法,歙县、休宁、婺源、黟县、绩溪各提名6人,宁国提名12人,祁门提名2人,茶业提名2人。徽宁会馆将选举办法、日期等选举事宜及各县各业提名候选人名单呈请社会局鉴核，并请派员监督指导。① 1948 年 6 月 15 日下午二时，徽宁会馆在大东门城内复兴东路 431 号歙县旅沪同乡会大厅召开董事全会，选举第三届董事会办事董事，曹叔琴、王杏滋等 23 人被选为办事董事，方炜平、曹志功等 9 人为候补办事董事。6 月 21 日下午在歙县旅沪同乡会举行宣誓就职典礼，徽宁会馆填写办事董事及候补办事董事履历表呈报上海市社会局鉴核备案。经审核，徽宁会馆董事会办事董事、候补董事及全体董事名册向外公布，第三届董事会开始着手处理会馆各项事宜。

本 章 小 结

很长一段时间内，学界对会馆的研究多借助地方志和碑刻资料，这些材料对会馆的描述不够细致，致使很多成果仅把会馆作为一个论证的点，而无法深入剖析会馆的具体运作过程。近年来，诸如会馆志、会馆征信录之类的材料不断被发掘出来，这是会馆运作最直接的记录，为我们开展会馆个案研究提供了第一手资料。本章即利用《重续歙县会馆录》《京都绩溪馆录》《重建新安会馆征信录》《浙省新建安徽会馆征信录》等资料，对徽州会馆进行个案剖析，以深化会馆研究。

根据会馆的服务对象，可以把明清以来各地徽州会馆分为科举会馆和商人会馆两大类。科举会馆集中在北京和南京，主要为应试士人和官员设立，具有明显的封闭性和排他性特点。商人会馆分布广泛，在徽州商人聚集较多的地方一般都设有会馆，商业繁盛的江南市镇中也能看到徽商会馆的设立。本章之所以没有列表统计商人会馆的数量及

---

① 《董事会董事名额分配名单》，Q6－9－110，上海市档案馆藏。

分布，是因为笔者虽然已竭尽可能地从各地方志中收集会馆资料，但限于志书体例，还有很多会馆无法反映出来，只好就现有的材料用文字呈现出来，希望有关徽州会馆的资料能不断涌现以便完善现有成果。

如此繁多的会馆，为在外奔波的徽州人提供了一个聚集的场所，实行自我服务、自我管理。美国学者罗威廉认为，在清代，标志着一个同业或同乡组织已具备正式组织的特征需要三个因素：(1) 拥有或长期租用一个会所，把它作为该组织单独使用的集会场所和商业办事处；(2) 拟定并公布控制该组织成员的规章制度；(3) 在一定程度上取得地方官府对该组织存在的权利给予法律上的承认。[①] 以此观察各地徽州会馆，可以说大部分都是正式的同乡组织。

徽州科举会馆和商人会馆都有规模庞大的固定建筑，并不断购置房产。会馆的经费主要来自官商捐助和房屋租金。唯一不同的是，科举会馆要求应试中举的士子和上任的官员按照中式名次及官阶向会馆捐助资金，虽然商人被排除在会馆之外，但是他们的捐输也实为会馆的重要收入来源，在会馆需要修缮或添盖房屋时，更是依赖商人的大笔资金。

为加强管理，保证会馆正常运行，徽州各县会馆制定了严格的章程，并根据形势的变化不断予以修订，这也反映了会馆管理的强化。章程对会馆管理人员的职责范围，使用人员的资格及其应尽义务都作了详细规定，虽然在其实际运作过程中会时常背离章程的规定，但对绝大多数人还是具有一定的约束力。

徽州各县会馆的近代转型则显示出会馆具有强大的适应社会变迁的能力，会馆虽然仍沿用原有名称，但是其组织形式已发生根本性的改变，采用了科层化、民主化的管理模式。需要指出的是，北京徽州各县会馆因科举废除，使用范围大为拓展，改成为全体旅京同乡提供服务，

---

① (美) 罗威廉著，江溶、鲁西奇译：《汉口：一个中国城市的商业和社会(1796—1889)》，中国人民大学出版社 2005 年版，第 314 页。

而不再局限于官员，会馆实际上已成为近代普遍设置的同乡会。

徽州科举会馆和商人会馆之间的区别主要体现在对会馆的使用方面，两者的社会功能、运行模式却大体相同，每年定期团拜聚会，联乡谊，祭神祇，以密切同乡联系，强化同乡意识。各地徽州会馆还力行善举，致力于构建独立于官府的社会保障体系，对贫无所依的同乡进行救助，并设立义冢、善堂，为不幸身故的同乡提供浮厝、扶棺回乡服务，这些善举增强了同乡对会馆的凝聚力、向心力。当然，商人会馆在善举之外，还注重保护同乡的商业利益，代表商人同各方进行交涉，同其他商帮展开竞争。

由此可见，徽州科举会馆和商人会馆既有明显的不同性，又有显著的相同性，归根结底，作为旅外徽州人的同乡组织，都致力于为徽州同乡提供服务，增强了徽州同乡的社会适应能力。

第二章

同乡会：近代旅外徽州人同乡组织的构建与运作

同乡会是清末民国时期中国各地普遍设置的一种同乡组织。[①] 近代徽州人依然保持着强劲的向外播迁的态势，与旅外徽州人的地理分布相对应，通都大邑、县城市镇皆可见到徽州同乡会的设立，在旅外徽州人聚集较多的上海，同乡会更是多达 7 所。近代徽州同乡会的出现，不是对传统同乡组织——会馆的简单替代，同乡会与会馆之间呈现出相互交织的复杂关系。[②] 在多数地方，同乡会借助会馆场所开办，主持

---

① 同乡会是学术界研究的重要问题，业已取得比较丰硕的成果。早在 1945 年，窦季良即以四川为例，从乡土观念、组织演化、集体象征、功能分析等方面对包括会馆在内的同乡组织进行了考察。(窦季良：《同乡组织之研究》，正中书局 1945 年初版)今人成果中对本章有一定参考价值者如下：宋钻友对清末民初上海的同乡会与同乡会馆、公所这两种不同形式的同乡组织进行了考察。(宋钻友：《民国时期上海同乡组织与移民社会关系初探》，《上海社会科学院学术季刊》1996 年第 3 期)虞和平认为，城市同乡组织模式从公所会馆到同乡会的转变，并不是名称上的改变，而是由传统性组织向现代性组织的转变。(虞和平：《清末以后城市同乡组织形态的现代化——以宁波旅沪同乡组织为中心》，《中国经济史研究》1998 年第 3 期)冯筱才探讨了宁波同乡组织的性质、功能，并从商事纠纷的调解、企业创办、员工招募、资金支持四个方面考察了宁波同乡组织与商人事业的关系。(冯筱才：《乡亲、利润与网络：宁波商人与其同乡组织，1911—1949》，《中国经济史研究》2003 年第 2 期)美国学者顾德曼撰文考察了民国时期同乡组织在公益活动方面日益增强的作用，探讨了其社会效能，包括关系网络，具有多重公共认同与组织关系的公众人物，以及民国时期广泛存在的呼声，并通过个案考察，对不同时期组织型网络及其主持社会公益能力的不同情形作出思考，认为这些变化的情形反映了当时国民政府代理人物日渐把握和加强行使权力，以及青帮崛起与壮大的社会现实。[(美)顾德曼：《民国时期的同乡组织与社会关系网络——从政府和社会福利概念的转变中对地方、个人与公众的忠诚谈起》，《史林》2004 年第 4 期]邱国盛考察了同乡组织在近代上海外来人口管理中所发挥的社会控制、冲突协调、利益维护等作用。[邱国盛：《从国家让渡到民间介入——民间同乡组织与近代上海外来人口管理》，《华东师范大学学报》(哲学社会科学版)2005 年第 3 期]王静对山东旅津同乡会的各项规章制度以及社会活动作出分析。[王静：《试论近代天津的山东旅津同乡会》，《历史教学》(高校版)2007 年第 7 期]武强考察了河南旅沪同乡会所办的事业，(武强：《团结亲爱 · 嘉惠灾黎 · 告慰同乡：河南旅沪同乡会的事业(1930—1950)》，《兰州学刊》2011 年第 12 期)尤育号以温州旅沪同乡会为例，考察了民国时期旅外同乡组织与家乡社会的双向互动。(尤育号：《民国时期旅外同乡组织与家乡社会的双向互动——以温州旅沪同乡会为例》，《中国社会经济史研究》2015 年第 2 期)

② 郭绪印认为，会馆(公所)与同乡会有同也有异，两者都属于工商移民团体，但他们之间的区别也很明显，首先在出现时间上，唐宋时期会馆就在中国部分古都出现，而同乡会在清末民初才出现。其次是两者成员不同，会馆(公所)的成员一律是同乡或同业的工商业者，而同乡会的成员虽然也以工商业者占多数，却包括各种职业者。再次，会馆(公所)是 (转下页)

其事者多是会馆的管理人员，所办事务主要在救助同乡、管理义冢、运送棺柩等方面，与传统会馆并无二致，但在运作机制上却有了很大的改变，从这个意义来说，可以将同乡会视为会馆的近代转型。如镇江的新安旅镇同乡会刚刚设立时，事务所就使用新安会馆的房舍，同乡会主事者黄乐民、黄白民、杨荫庭等人也都是新安会馆的董事。①但有的徽州同乡会与该地的会馆泾渭分明，如在江苏溧阳县，旅溧新安同乡会的章程明确规定，“本会与新安会馆界限分别，有新安会馆产业及祭祀等事仍由新安会馆原定之章程处理之”。② 有的地方则直接从徽州会馆转变而为同乡会，如北京歙县会馆在 1914 年变更会馆章程，组织同乡会。③ 1928 年前后，旅居湖北蕲春的徽州同乡认为，过去的会馆由少数巨商把持，乾纲独断，致使会馆中颇少建设。但是作为徽州同人集会的场所，徽州会馆应当由会众参与处理，而不能由一二人独裁掌控。在征得全体徽州人的同意下，将徽州会馆改名为徽州旅蕲同乡会，其宗旨为联络乡谊，研究学识，筹谋福利，凡事可自由提议，言论公开。④ 在上海等少数几个徽州同乡比较集中的城市，同乡会和会馆并行其道，各分其工。上海徽宁会馆举办的事业分为施医药、寄柩、运柩、赊棺、助殓、埋葬六大类。徽宁同乡会的任务分为五类：“关于徽宁旅沪各界之利弊得失，

（接上页）以“馆”或“所”的建筑形式作为集合和活动场所的，这种建筑形式往往是庙宇式、宫殿式的。而同乡会则不讲究会所的建筑，许多同乡会是租借房舍，或借同籍会馆的一隅为办公处。此外，会馆（公所）的神缘文化色彩很重，而同乡会则淡薄了神缘文化。[郭绪印：《评近代上海的会馆（公所）、同乡会》，《上海师范大学学报》（哲学社会科学版）2015 年第 1 期]实际上，这种区分仅是着眼于表面，多少有些勉强，作为同乡组织，要从个案入手，从管理者的身份、宗旨、组织、业务等方面考察两者运作机制的异同。

① 从现存《新安月刊》各期所开设的专栏《镇江播音》等材料中可以看到此点。

② 《旅溧新安同乡会简章》，黄山学院图书馆藏。此份材料复印件承黄山学院马克思主义学院刘芳正博士惠赐，谨致谢忱。

③ 《旅京歙县同乡录 · 旅京歙县同乡录弁言》，1927 年。

④ 蕲春的徽州会馆又名新安书院，建于乾隆二十五年，光绪二十七年（1901），余、王等人将凤凰山之老会馆及基地作价八百金卖与同德堂公司作天主堂。1913 年，汪业庭、余肇周、吴继祖、刘维寿等鉴于会馆腐败，出面改正条规，从严整理，添买徽州公山，将朱子神像迁于石牌楼作为会馆，把临街房屋改造出租，徽州会馆内外焕然一新。参见王振忠：《徽州社会文化史探微——新发现的 16—20 世纪民间档案文书研究》第四章《“徽侨”与长江中下游区域社会》，上海社会科学院出版社 2002 年版，第 484—486 页。

本会有调护指导之任务；关于徽宁旅沪同乡生计之盛衰，本会有研究扶助之任务；关于徽宁旅沪同乡公益慈善诸事业，本会有提携筹维之任务；关于旅沪同乡生命财产、横来之损害，本会有共同援助之任务；关于徽宁两属实业、教育暨其他民政事项，本会有调查促进之任务。”[①]简而言之，徽宁会馆的事务可归结为“事死”，徽宁同乡会的事务则集中于“事生”。此外，在部分地方，徽州同乡会是近代以后才开始设立的，此前可能并没有会馆、善堂等传统同乡组织及慈善设施。凡此种种提醒我们，对于同乡会与会馆之间的纠合关系，不能一概而论，应当落实到具体的个案进行考察。

第一节　近代旅外徽州同乡会的分布与发展概况

近代旅外徽州同乡会的设立与聚居该地的徽州人数量成正相关关系，如果人数较多，则以县为单位设立同乡会，如杭州、芜湖历来是徽州人比较集中的地方，绩溪人先后设立了绩溪旅杭同乡会和绩溪旅芜同乡会。[②] 黟县人也成立了黟县旅杭同乡会。[③] 如果人数较少，则以徽州六县为单位，名为新安同乡会或徽州同乡会。如安庆的徽州人成立了

① 《徽宁旅沪同乡会第一届报告书·本会简章》，上海图书馆藏。

② 如绩溪旅芜同乡会于 1936 年 10 月 6 日举行全体执监委员宣誓就职典礼，芜湖县党部代表、县政府代表、公安局代表出席并讲话。旋即召开了第一次执监会议，投票选举吴兴周、高棣华、周协恭、胡仰之、高柱之为常务委员，并推举吴兴周为主席。参见《各埠徽音》，《新安月刊》复刊第 1 期，1936 年 11 月 1 日。

③ 1937 年 1 月 13 日，黟县旅杭同乡会在杭州下城锦云祥绸庄召开团拜会，同乡汤锦祥提议，旧有组织徒具其名，欲赶上时代潮流，非依照人民团体组织法不可，与会同乡均赞成其议，开始着手改组同乡会。参见《各埠徽音》，《新安月刊》第 5 卷第 3、4 期合刊，1937 年 5 月 1 日。

"徽州六邑旅省同乡会",[①]衢州的徽州同乡成立了徽州旅衢同乡会,[②]江西南昌的徽州人成立了新安同乡会。[③] 部分地方为徽州、宁国两地联合设立的徽宁同乡会,如上海有徽宁旅沪同乡会、镇江有徽宁旅镇同乡会。

与1902年盛宣怀创立的常州旅沪同乡会相比,徽州同乡会的出现并不算早,不过在徽州同乡会独立组织之前,徽州旅外人士选择加入了地域性的同乡会。如1912年1月,皖南旅沪同乡会成立,该会以上海浙江路四马路口品商菜馆南首泰安里748号为事务所,徽州各县因地处皖南,旅居上海的徽州同乡参与组织了该同乡会。[④]同年3月19日,全皖旅沪同乡会在辰虹园举行成立大会,到者数百人。大会用记名投票法选举杨杏城为正会长,汪允中、陈劭吾为副会长。经反复讨论,决定每府选举议员3名,每州选举议员2名,徽州选出谢筠亭、金慰侬、余之芹3名议员。[⑤] 下面即依据报刊和档案资料,按照设立时间的先后,对各地徽州同乡会的设立与发展情况进行梳理,需要交代的是,因资料所限,此处无法对每个同乡会的来龙去脉都作出详细介绍,只能就已经收集到的材料展开行文,不足之处,尚祈指正。

---

① 《各埠徽音》,《新安月刊》复刊第1期,1936年11月1日。

② 1937年初,徽州旅衢同乡会以第六届执监委员任期届满,依法改选,投票选举孙质彬、江文祥等10人为执行委员,程日高、汪溶福、胡景福3人为候补执行委员,程格修、叶恪章、孙润之3人为监察委员,项槐为候补监察委员。在第七届第一次执监联席会上,推举孙质彬、江文祥、江至川为常务委员,互推孙质彬为主席常务委员。参见《各部徽音》,《新安月刊》第5卷第1、2期合刊,1937年3月1日出版。

③ 南昌的新安同乡会推举筹备员13人,于1936年10月29日朱子诞辰之日举行祀朱典礼,颇极一时之盛。《徽州日报》进行了详细报道。参见《各埠徽音》,《新安月刊》复刊第2期,1936年12月1日。

④ 《皖南旅沪同乡会简章》,《申报》1912年1月25日。

⑤ 《全皖旅沪同乡会成立》,《申报》1912年3月20日。

一、徽州各县旅沪同乡会的设立与发展①

（一）祁门旅沪同乡会的设立与发展

祁门旅沪同乡会是徽州旅沪各县同乡会中成立最早的。1920年

① 关于徽州各县旅沪同乡会的数量及成立时间，郭绪印在《老上海的同乡团体》一书第103页制作了《旅沪同乡会一览表》，如下所示。

名　称	成立时间	会　址	会员人数	主要负责人	其　他
歙县旅沪同乡会	1922年	泗泾路16号3楼	791人	曹铭传	抗战胜利后1945年11月12日重新登记，1946年7月重新成立，有章程8章28条。1931年7章26条
黟县旅沪同乡会	1946年10月13日	北无锡路28弄5号	302人	胡夔侯、汪励吾	发起人26人全部是工商界人士
休宁旅沪同乡会	1948年1月4日	牯岭路132号	604人	曹立功	有章程8章29条，发起人25人中工商金融界21人
婺源旅沪同乡会	1946年12月18日	邑庙前管驿路安宁里2号	1 003人	眉仲、俞观明	有章程8章29条。发起人13人中12人为工商业者，1人为教师

需要指出的是，郭绪印的此份统计不是很全面，因为根据目前收集到的资料，除了上述4所同乡会，另有徽宁旅沪同乡会，祁门旅沪同乡会、绩溪旅沪同乡会。此外，表中统计的黟县旅沪同乡会、休宁旅沪同乡会、婺源旅沪同乡会的成立时间并不是它们实际的成立时间，而是抗战胜利后重新恢复会务的时间。对于此点，唐力行先生在其专著《延续与断裂：徽州乡村的超稳定结构与社会变迁》第150—151页做出纠正，并列出7所同乡会成立的时间，徽宁旅沪同乡会成立于1923年，祁门旅沪同乡会成立于1922年，婺源旅沪同乡会成立于1927年，绩溪旅沪同乡会成立于1930年，休宁旅沪同乡会成立于1928年，黟县旅沪同乡会在1929年之前成立。徐松如在其专著《都市文化视野下的旅沪徽州人（1843—1953年）》第74—76页也作出了统计，其结论和唐力行大致相同，稍有不同的是徽宁旅沪同乡会的成立时间为1925年。笔者根据《申报》资料，确定了部分同乡会成立的具体时间，祁门旅沪同乡会成立时间最早，为1920年12月1日，歙县旅沪同乡会正式成立时间为1923年4月1日，徽宁旅沪同乡会正式成立时间为1923年4月8日，休宁旅沪同乡会正式成立时间为1927年5月20日，婺源旅沪同乡会正式时间为1928年2月10日，黟县旅沪同乡会成立时间为1932年6月13日。（徐松如根据1929年3月20日《申报》所载《黟县旅沪同乡会征求会员》，将其成立时间定为1929年之前，其实征求会员是同乡会正式成立之前的一项准备工作，由于种种原因而推迟成立时间的同乡会比比皆是）限于资料，目前还无法确定绩溪旅沪同乡会的正式成立时间。

11月19日，祁门旅沪同乡会在五马路馥兴园后厅召开筹备大会，到会者六十余人。公推张叙庭为主席，讨论办理同乡会及会员量力输助特别、常年两捐方法，定于12月1日下午在三马路一江春菜馆举行成立大会。同乡会成立之日，除旅居上海的祁门同乡外，来自广东、松江、湖州、南浔等地的祁门同乡也出席了成立大会，颇极一时之盛。黄韵轩为大会主席，报告了同乡会成立经过及将来会务扩充情形。继则投票选举产生正、副会长和各机构组成人员，洪希甫当选为正会长，因其年老多病，坚辞不就，被公推为名誉会长，以得票次之的张叙庭为会长，许筱甫为副会长，洪剑萍为总干事兼机要书记，倪继元为会计干事，方沧海、汪仁之为交际干事，方沧海又兼机要书记，张蔚云为评议长，李惠和、叶紫峰为庶务干事，叶美之、李鸿宾、谢准卿诸人为评议。黄韵轩、张亦璋二人为特别交际干事，张彦臣、周子英等为调查员。谢明初、李子厚为书记。会址暂设法租界永安街长源泰报关行。[①] 其后同乡会事务所设于大通路新康里新闸路商界联合会会内。[②]

1922年6月6日下午，祁门旅沪同乡会在三马路一江春番菜馆楼上召开第二届常务会议，并欢迎祁门全体茶商，到会者百余人。本次常会名义上打着欢迎茶商的旗号，其实是借机向茶商募捐。正会长张叙庭、副会长许筱甫相继发言，表达的中心意思就是同乡会已成立两年，但建造会所不容再缓，此前洪希甫已提议一边借款开工，一边筹款补助经费，许筱甫也照原价让出私人购置的闸北中兴路地皮，作为建筑会所的地基。祁门旅沪同乡虽然极力赞成此举，也积极筹备开工建造事宜，怎奈实力微薄，力不从心，因而请茶商酌筹补助，以观厥成，同时也恳请茶商推举董事，襄理会务。嗣经茶帮磋商，公推陈楚村、汪维英诸人先后发言，指出茶帮同人将同乡会建筑会所视为刻不容缓之举，虽不常川驻沪，但对筹款应尽绵薄之力，经同人商量，决定每箱茶抽银2分，由茶

① 《祁门同乡会组织成立纪》，《民国日报》1920年12月18日。
② 《祁门士商组织同乡会》，《民国日报》1921年1月27日。

帮委托茶栈代为征收，作为建筑费用，将来会所建成后，再议酌减，俾持久远。只是本年茶帮经过江西景德镇时，当地税局任意加征，丝毫不体恤商人，应请同乡会出面抗争，以维护商人利益。经方晓沧、洪剑萍、李思和诸人反复讨论，议决一致力争，并希望来年常会能在新会所举行，请大家努力进行，一时觥筹交错，尽欢而散。散会时已是晚上十点钟。①

1922 年 11 月 12 日下午二时，祁门旅沪同乡会假座闸北中兴路全皖会馆，召开当选职员大会，并举行就职典礼，到会者数十人，公推洪希甫为大会主席、谢明初记录。洪希甫致欢迎辞后，许筱甫报告当选职员名单，名誉会长洪希甫，正会长张叙庭，副会长许筱甫，总干事洪剑萍，交际方晓沧、谢准卿、李惠和、程永言，特别交际黄韵轩、胡芾之，评议长张蔚云，评议为李鸿宾、叶美之等人，调查周子英、叶燦和等人，会计倪继元，书记谢明初、李子厚。许筱甫报告完毕，提议祁门茶商对于同乡会事务颇为热心，公决推举干事 6 人，作为将来办事之助手，当场推定陈楚材、汪维英、郑嗣邦、郑子炎、王凤如、汪立余为同乡会茶帮干事。其后又表决了各项应办事宜，五点钟会议结束。②

1923 年 3 月 5 日下午，祁门旅沪同乡会在闸北中兴路举行会所落成典礼兼开新年团拜大会，到会者百余人。王佐卿当场慷慨捐助，程永言、李子厚等介绍多名新会员入会。公推副会长许筱甫为大会主席，许筱甫致词后又报告了会所建筑经过及收支账目，胡莱峰、洪敬斋等人筹商了会所善后事务，最后摄影散会。③

1923 年 6 月 21 日上午十时，祁门旅沪同乡会在新建会所内召开第三次常年会，并欢迎茶帮诸人，公推洪希甫为大会主席。洪希甫将昔年皖路争回捐款附入芜湖裕中纱厂股本洋 1 400 元充作同乡会常年经费，当众交给会计倪继元收执。副会长许筱甫以职务纷繁坚请辞职，后经

① 《旅沪祁门同乡会常会纪》，《申报》1922 年 6 月 7 日。
② 《旅沪祁门同乡会新职员就职》，《申报》1922 年 11 月 14 日。
③ 《旅沪祁门同乡会落成纪》，《申报》1923 年 3 月 6 日。

全体挽留，复由茶帮敦劝，许筱甫才答应暂时维持现状，待正会长到上海后，再定办法。其后又讨论议决同乡会其他事宜，四点钟始散会。①

1924年3月11日，旅沪祁门同乡会第三届改选职员在永安街长源泰举行，投票选出正会长许筱甫，副会长谢准卿，总务董事洪剑萍，财务董事倪继元，交际董事黄韵轩、程永言、李惠和、胡芾之，公断董事李鸿宾、汪筠轩、张蔚云、叶美之，检查董事胡莱峰，调查董事叶润之、李子厚等人。新职员定在会所举行就职典礼。②

1926年6月25日正午，祁门旅沪同乡会假座四马路大西洋欧菜社开全体职员会议，会长许筱甫任大会主席，提出本届职员已经期满，亟应筹备改选，以利会务进行，当即推举筹备员办理改选事宜。次由张叙庭说明该会去年征收茶捐时，茶商意见不一，难以为继，提议先推代表接洽，再商量长久解决办法，随即推定汪惟英、郑嗣邦、倪育和、许筱甫、叶美之、倪继元向与茶商接洽，议毕散会。③

1928年8月12日，祁门旅沪同乡会在文义路民生储蓄会召开第四届改选会议，到者六十余人。公推黄韵轩为主席，行礼如仪后即当众开票，胡莱峰、许筱甫、胡芾之、谢准卿、洪剑萍当选为执行委员，李子厚、汪润斋、李鸿宾为监察委员，并定于阴历七月初五日假座大西洋欢迎各位委员就职。其次又讨论了同乡会章程及援助桑梓各公团设法严禁红丸，以免流毒等案。六时散会。④

在祁门旅沪同乡会的发展过程中，茶商的经济支援极为重要，前文已提及茶商捐款建造会所，而同乡会的日常经费亦需要茶商接济。1930年6月9日，祁门旅沪同乡会在四马路大雅楼设宴欢迎祁门茶商，八十余名茶商到场。席间有茶商提议，近年来祁门境内兵祸匪灾严重，多由同乡会出手援助，最近的米荒更是仰赖同乡会的平粜，鉴于会中经

---

① 《旅沪祁门同乡会常年会纪》，《申报》1923年6月22日。
② 《旅沪祁门同乡会选举揭晓》，《申报》1924年3月11日。
③ 《祁门同乡会开会纪》，《申报》1926年6月26日。
④ 《祁门旅沪同乡会改选纪》，《申报》1928年8月15日。

费竭蹶，过去曾议定从每年到沪红茶中，按箱捐银1分作为永久会费，但此项捐款久经搁置，应给予恢复，此项建议得到诸位茶商的积极回应，皆同意由同乡会委托茶栈代为经收茶捐，以助会务发展。[①]

1933年6月12日，祁门旅沪同乡会在成立十余年后，召开了执监委员改选大会，到会者百余人，当众开票，许楷贤、谢淮卿、张亦璋、洪剑萍、胡莱峰5人以得票数最多，当选为执行委员，张蔚云、谢杼章、叶浩滋3人当选为监察委员，谢浴蘅、谢沂川2人当选为候补执行委员，许敬、周为当选为候补监察委员，并定于当月15日举行新一届执监委员就职典礼并宴请旅沪祁门全体茶商。[②]

（二）歙县旅沪同乡会的设立与发展

1922年春，歙县暴发山洪，灾黎遍野，旅沪歙县同乡方晓之、曹味蘅、程霖生、吴庚甫、吴青筠、吴荫槐等为救济家乡灾荒，成立了水灾赈济会，募款施赈，颇获佳誉，被称为"急公好义"。赈灾结束后，水灾赈济会拟就地解散，歙县同乡曹惟明、许伯龙、程霖生、汪景山等人看到各处旅沪人士皆设有同乡会，而该县却付诸阙如，便倡议将水灾赈济会改组为歙县旅沪同乡会，以资联络乡谊，造福乡邦。1923年1月3日，歙县旅沪同乡会发起会召开，到会者有一百数十人，公推许伯龙为临时主席，与会人员讨论了会章，逐条进行公决，并定于1月14日开筹备会，共同集议征求会员办法，筹备处暂时设于法租界永安街怡大纸号。[③]

1923年4月1日，歙县旅沪同乡会在城内纸业公所举行成立大会，到会同乡约100人，公推许伯龙为临时主席。会上对章程草案略作修改，公决通过。随后选举职员，徐季龙、曹味蘅、叶礼文3人为会董，程霖生当选正会长，许伯龙、曹惟明当选副会长，选举评议员20人、干事

① 《祁门同乡会欢迎各茶商》，《申报》1930年7月10日。
② 《祁门同乡会改选执监委员》，《申报》1933年6月13日。
③ 《歙县旅沪同乡会筹备消息》，《申报》1923年1月4日。

员18人。[①] 4月9日下午二时，第一次职员会召开，会长程霖生、副会长许伯龙、会董徐季龙以及评议员、干事员等人到会。宣布了4月1日成立会上选举产生的评议员20人、干事员18人的名单。其次议决办事处由庶务干事负责另寻地点，以交通便利为主。因同乡会基金无着，当场由人认缴特别捐，为数颇多。[②]

1923年6月3日，歙县旅沪同乡会召开评议会。徐云松提议，从会中公推驻歙名誉会员以通音讯，议决公推中区叶峙亭、方晴初，南区王允时、汪觐微、吴澈云，西区汪谦甫、汪筱溪、许恒仁、郑赞卿、方在明为名誉会员。东区、北区待下次开会时再选。[③]

1924年4月21日，歙县旅沪同乡会召开评议会，议决多项会内事务，因正、副会长俱已离沪公干，众人公推方晓之、罗纯夫、吴荫槐3人担任临时委员，执行会长职权。徐云松提议，葛罗路59号西式洋房楼下全部出租，每月租金及电灯费共18元，租价低廉，交通便利，可租赁该处作为会所，经众人议决，月内迁往。[④] 5月11日，歙县旅沪同乡会开评议会，推举方与严、吴甲三等6人为驻歙通讯员。此前因正、副会长均往他处，由评议会公举方晓之、罗纯夫、吴荫槐3人代执会长职权一月，现将期满，由主席宣告另行推举，众人公推程律谐、罗纯夫、汪景山3人代为处理会长一切事务。[⑤]

歙县旅沪同乡会正式成立后，对桑梓幸福、同乡福利甚为关心，家乡遇到灾难则济困扶危，在公开反对曹锟专政，协助禁止播种烟苗，联合上海各省同乡会营救津浦道上被掳掠的歙县同乡，阻止安武军开驻徽州等事件上积极作为。嗣后虽经数次改选，但仍以桑梓公益、慈善事业为中心，对于创办首安善堂，使旅榇得以归乡；劝募歙昱路公债，使筑

① 《歙县旅沪同乡会开成立会》，《申报》1923年4月2日。
② 《歙县同乡会职员会纪》，《申报》1923年4月10日。
③ 《歙县旅沪同乡昨开评议会》，《申报》1923年6月4日。
④ 《歙县旅沪同乡会开会纪》，《申报》1924年4月22日。
⑤ 《歙县旅沪同乡会开会纪》，《申报》1924年5月14日。

路经费有着落而便利交通；协助歙县修志局，集资承印县志等事项，无不悉心规划。至1936年，会员已有近千人，向上海市社会局申请改组登记。1937年抗日战争全面爆发后，上海沦陷，成为孤岛，歙县旅沪同乡会诸位同人不愿依附在敌伪政权之下有所作为，便宣布中止同乡会工作。1945年抗战胜利后，歙县旅沪同乡皆认为有恢复会务的必要，便推举江笑山、王杏滋、洪镇康、徐大公、王志大、曹叔琴、孙述雍等7人筹备复会工作。历时八月始告完成，于1946年七七纪念日召开复员暨改选大会，仍设会所于泗泾路，选举方炜平为理事长，王杏滋、洪镇康等14人为理事，曹叔琴、章南园等5人为监事。

表8　1946年歙县旅沪同乡会理监事名单及履历表

姓　名	年龄	职　务	学　历	经　历	住　址
方炜平	46	常务理事兼理事长	安徽省立第三中学毕业	履泰昶棉布号经理	金陵路277号
江笑山	41	常务理事	上海中法学院毕业	公益袜厂经理	盛泽街110号
洪镇康	41	常务理事	安徽省立中学	统益袜厂经理	拉都路393弄8号
王杏滋	42	常务理事	安徽省立第三中学	上海市漆商业公会经理	金陵路66号
许作人	46	常务理事	国立东南大学商学士	大通煤矿总公司稽核	南京路480号
徐大公	48	理　事	圣约翰大学	本会总干事	泗泾路16号
王志大	45	理　事	安徽省立第二师范	大纶阳伞长经理	河南南路懿德里2号
吴润生	53	理　事	歙县第十国民小学	丰泰棉布号经理	福建路
曹述雍	27	理　事	上海育才中学	曹素功尧记墨庄经理	河南中路167号

续　表

姓　名	年龄	职　务	学　历	经　历	住　址
姚子惠	55	理　事	安徽新安中学肄业	源泰茶漆号经理	西藏南路 295 号
巴凌云	48	理　事	新安中学肄业	永丰昌洋杂货号经理	金陵路 130 号
张和顺	45	理　事	歙县第八国民小学	怡源洋杂货号经理	金陵路 245 号
程仁灏	22	理　事	上海法政学院肄业	江苏高等法院书记官张耀广律师书记	中正东路 9 号
汪德熙	46	理　事	歙县第十五国民小学	振大昌洋杂货号经理	金陵路 269 号
曹铭传	35	理　事	上海特志大学法学士	律师	泗泾路 16 号
王几道	36	候补理事	中山大学医学士	江南建业公司总经理	金陵中路 236 弄 9 号
章慎先	30	候补理事	安徽女子中学毕业	中国化学干馏厂会计	劳勃生路 120 号
许汉明	48	候补理事	安徽六邑中学肄业	富昌参号经理	金陵路 595 号
王景山	64	候补理事	安徽新安中学肄业		长寿路裕丰里 33 号
汪尧钦	51	候补理事	歙县第十一国民小学	祥云寿电机织造厂经理	江西南路 108 号
汪俊臣	65	候补理事	歙县第九国民小学	永昌茶行	西藏南路永昌茶行
胡子佩	55	候补理事	安徽省立职业学校肄业	永丰余金号经理	南京路 360 号
曹叔琴	67	常务监事	前清国学生	曹素功尧记墨庄总经理	河南中路 167 号

续　表

姓　名	年龄	职　务	学　历	经　历	住　址
陶行知	51	监　事	金陵大学学士依利大学硕士	晓庄学校校长、重庆社会大学校长、北碚育才学校校长	吕班路胜利饭店
吴星斋	52	监　事	安徽新安中学毕业	万源漆号经理	浙江路偷鸡桥
曹霆声	46	监　事	安徽法政学院	国民大会安徽省代表	金陵路245号
方志成	67	监　事	前清国学生	义泰漆号经理	金陵路66号
章南园	62	候补监事		汇源漆号经理	北京路708号
程贻泽	42	候补监事	上海复旦大学文学士		北京西路724号
过旭初	45	候补监事	安徽省立第三中学毕业	前线日报馆编辑	浙江路神州旅馆

资料来源:《上海市社会局关于歙县旅沪同乡会申请登记的文件·人民团体理监事履历表》,Q6-5-1034,上海市档案局藏。

1947年,歙县旅沪同乡会鉴于会所狭隘,有碍会务推行,经会员大会讨论,决议自行建造会所,当场由热心会员认捐国币2.7亿元,同时选出推进委员12人组成建筑会所委员会,负责建筑事宜。几经周折,租到徽宁会馆位于复兴东路341号的一处产业,历时半年建成会所。租地、建造及装修、水电、搬运等全部工程费用共计国币15.64亿元,除去出顶旧会所收入国币4.3亿元外,其余经费悉由热心同乡慷慨捐助。[①]

(三)徽宁旅沪同乡会的成立过程及发展

1923年4月8日,徽宁旅沪同乡会正式成立。但在同乡会成立之

① 洪镇康:《筹建会所经过情形及经费报告》,《歙县旅沪同乡会新厦落成纪念特刊》,1948年6月6日出版,Y4-1-305,上海市档案馆藏。

前的很长一段时间内，徽州各县旅沪人士一直在积极筹备徽州旅沪同乡会，并没有联合宁国旅沪人士成立徽宁旅沪同乡会的意图。1922年9月，曹志功、章鹏等人动议组建一个徽属团体以联络日渐增多的旅沪徽州同乡，并在俭德储蓄会召开会议讨论筹备事宜，到会者有俞去尘、许瘦鹤等40余人，大会主席曹志功报告了经过情形，在讨论同乡会简章与命名时，与会人员意见不一，有主张从小规模着手，定名为徽属旅沪学商公会者，亦有主张以普遍为目的，定名为新安旅沪同乡会者。会议还当场推定俞去尘、胡良存、章鹏、余时、王琴甫、曹志功6人为筹备员，由到会诸人先缴纳入会费以作为筹备经费，并暂设筹备处于宝山路曹志功寓所。次日在《新闻报》登载通告，广征会员，因申请加入者不断增加，遂将筹备处迁到西门冬青园街28号，此处房屋是从同乡胡廷元手中租赁而来，胡廷元不但以低价出赁，还借用器具。为广招同乡，曹志功等决定扩充筹备员名额，胡佩如介绍了汪醒斋、吴鼎九、毕立信、邵亦群、邵在亨等13人担任筹备员。筹备员名额扩充后，所有筹备经费由筹备员平均负担，每人以5元为基本单位。在迭次召开的筹备员会议上，对同乡会命名逐渐取得一致意见，认为新安二字过雅，决定改称徽州，对于会章亦多加修改，同时划分了筹备员任务，曹志功、吴鼎九任文书科干事，胡廷元、章鹏任会计科干事，余时、龚兆鸿任庶务科干事，其他诸人则担任交际、调查等职务，分头开展工作。[①] 1922年12月15日，筹备中的徽州旅沪同乡会致函徽宁会馆，提出鉴于徽州同乡旅居上海者日众，为联络乡情，互谋幸福起见，拟创设徽州六邑同乡会，并已开展数月，请徽宁会馆予以积极赞助。[②] 12月24日，徽州旅沪同乡会为组织征求队，在四马路第一春召集临时大会，到者60余人，拟先组织征求队，分队征求会员，以期普及。胡佩如提议先推定各队干事，再由干事员组织一队，汪信民主张凡当天到会者均为队员，限定时间，自由征

---

① 《徽宁旅沪同乡会第一届报告书·本会筹备经过概略》。

② 《徽州同乡会联络乡谊》，《民国日报》1922年12月15日。

求，以得分最多者为队长，得到全体赞成。决议以两个星期为征求期限，每人至少征求 50 名会员，结束后再开大会，重组正式征求队。[①]

1923 年 1 月 23 日，徽州旅沪同乡会在西门筹备处召开筹备会，余一辰报告了徽宁会馆的徽属董事开会情况，称此次董事会议由余之芹召集，余之芹对成立徽州旅沪同乡会深表赞同，唯恐个人能力薄弱，特邀全体董事集会，以期一致加入，由于当天到会者人数不多，未能正式讨论，但与会董事均表明赞成徽州旅沪同乡会的态度。筹备会主席曹志功发言指出，本会筹备已有数月时间，得到大多数徽州同乡的赞成，先后加入进来，呈现蒸蒸日上之势，并得到许伯龙的热心赞助，特代表本会欢迎许伯龙出席会议。许伯龙致词指出，他虽与歙县同人发起歙县旅沪同乡会，但与徽州旅沪同乡会毫无抵触之处，此后应当互通声气。与会人员最后公议，从农历新年起，登报征求会员。[②] 1 月 28 日，徽州旅沪同乡会筹备会在该会筹备处召开。与会人员审查了由文书科拟定的同乡会章程草案，公决由会中印发。其次讨论了筹备会截止日期，一致认为农历年关在即，正值商界同乡忙碌之际，筹备会自本次会议起暂行停止，至新年正月中旬再继续召集。随后讨论大会成立的具体日期，与会人员意见不一，讨论良久，才决定待正月间召开发起人、赞成人联席会，议决后再定时间。会上还商讨了新春同乐会事宜，公决自正月初一起至初七止，每天由筹备会摆设茶点，准备各种游艺节目，欢迎会员及来宾。[③] 新春同乐会在新年正月初一如期举行，备有徽式茶点款待同乡，并组织丝竹、戏剧、清唱等节目，每天到会者颇为踊跃。[④] 徽州旅沪同乡会引起了同乡的注意，2 月 24 日下午，徽州旅沪同乡会筹备会在西门筹备处再次召开，路文彬为大会主席。曹志功报告已征求到同乡耆宿余之芹、汪兰庭、路文彬、许伯龙、胡复华等数十人为赞成人。

① 《徽州同乡会开会纪》，《民国日报》1922 年 12 月 25 日。
② 《徽州同乡会开会纪》，《申报》1923 年 1 月 24 日。
③ 《徽州旅沪同乡会开会纪》，《申报》1923 年 1 月 30 日。
④ 《徽州同乡会新春同乐会》，《民国日报》1923 年 2 月 20 日。

程铁桥提议，征求会员，先从基本会员及永久会员入手，得到全体人员的同意。胡佩如提议，应早日举行成立大会，组织促进成立委员会办理，全体通过，当场推定路文彬、胡佩如、曹志功、黄怜生、毕立信、程铁桥、唐石卿 7 人，并互推路文彬为委员长，其余分为文书、交际、财政、庶务四股，专司其事。① 在 3 月 4 日的筹备会上，曹志功报告了筹备员征求赞成人情况。鉴于同乡会成立日期将近，与会人员一致认为，应请筹备员尽力征求赞成人，以一星期为限，即登报通告，七位委员也要从速筹备成立大会的诸项事务。胡佩如、吴鼎九还报告了全皖会馆团拜及改组同乡会的情况，指出徽州旅沪同乡会实有成立之必要。② 3 月 6 日，徽州旅沪同乡会促进成立会委员会召开第一次会议，委员长路文彬任大会主席。会上讨论了成立大会的具体日期，议决在农历二月初二日举行，地点拟借宁波同乡会，并准备各种游艺以助余兴。大会经费除由筹备会承担外，不敷部分由委员会垫付。胡佩如、曹志功临时提议增加委员，最后增添许伯龙、汪醒斋 2 人，由委员会备函邀请。③

就在徽州旅沪同乡会将要举办成立大会的时候，宁国旅沪同乡会发起人谭惟洋、李振亚等致函徽州同人，希望彼此合作。3 月 19 日，徽州旅沪同乡会筹备会召开，会议重点讨论了宁国同乡会来函请求合并事项。与会人员认为，徽宁二属旅沪人士在历史上如同手足，思恭堂、会馆即二属共有，既有先例可援，则不宜分道扬镳，惟因兹事体大，非筹备员会所能解决，便一面推迟成立时间，一面登报召集会员大会。商定农历二月初六日在北城商业联合会召开临时大会，并推汪醒斋前去接洽。④ 3 月 23 日，临时大会召开，到会者甚众，余谷民主席报告会议缘起，经众人讨论，皆主张合并，并推举余谷民、路文彬、胡佩如、汪醒斋、

---

① 《徽州同乡会筹备会纪》，《民国日报》1923 年 2 月 25 日。
② 《徽州同乡会筹备会纪》，《民国日报》1923 年 3 月 5 日。
③ 《徽州同乡会委员会纪》，《民国日报》1923 年 3 月 7 日。
④ 《徽州同乡会将开大会》，《民国日报》1923 年 3 月 20 日。

曹志功、程泽民、程铁桥等7人为全权代表，与宁国方面接洽合并手续。[①] 3月26日，徽州、宁国二同乡会为合并事宜在《神州日报》馆召开联席会议，余谷民为主席。议决名称改为徽宁旅沪同乡会，筹备处仍设西门冬青园街28号，另设通讯处于望平街《神州日报》馆及西门唐家湾安徽旅沪公学，成立大会至迟两星期后举行，除原有筹备会外，同时组织“促进成立委员会”，并公推路文彬、许伯龙、余谷民、曹志功、汪醒斋、谭佛心、李振亚、胡佩如、程铁桥、汪维英、邵亦群、毕立信等14人为促进成立委员。同乡会章程暂时依照徽州同乡会所拟订者，在成立大会上再作讨论修改。[②] 合并手续完成后，4月2日下午，徽宁旅沪同乡会召开筹备会，胡佩如主席报告两同乡会合并后的情况，吴鼎九、李定亚、汪醒斋、许伯龙等人相继提议成立会应从速办理，结果决定旧历二月二十三日在宁波同乡会举行成立大会，当场推举曹志功、汪醒斋前往接洽，曹志功、李振亚、胡佩如还负责准备游艺、跳舞、双簧、新剧等节目。成立大会经费由促进成立委员会垫付。筹备会结束后，又援照上次议案，在神州日报馆召集委员会，路文彬任主席，与会人员一致同意成立大会的日期，并推定路文彬、毕立信为会计，汪醒斋等6人为庶务干事，余谷民、许伯龙等10人为交际干事，郑鹤鸪、曹志功等为游艺干事，李振亚、吴鼎九等4人为文书干事，由上述人员筹备成立大会事务，并决定印发入场券，在上海各报刊登广告四日，凡属徽宁同乡一律欢迎参加成立大会。[③]

1923年4月8日下午，徽宁旅沪同乡会在西藏路宁波旅沪同乡会举行正式成立大会，会员及来宾到者2 000余人，徐季龙为大会主席。李振亚宣读开会词，曹志功报告同乡会筹办经过，李振亚宣布同乡会暂行简章，郑介诚报告临时职员名录并加以说明，大会推举曹志功、路文

---

① 《徽宁旅沪同乡会第一届报告书·本会筹备经过概略》。
② 《徽宁同乡会合并告成》，《民国日报》1923年3月27日。
③ 《徽宁同乡会筹备记》，《民国日报》1923年4月3日。

彬、余谷民、许伯龙、李振亚、汪醒斋、毕立信等30人为执行委员，组成执行委员会，安徽同乡李仲轩、柏文蔚、郑介诚相继发表演说，会上还表演了精彩节目，有救国十人团的叠罗汉、明星影片公司的滑稽影戏、启贤女子部的武术、汪禹丞及其子弟的拳术、劝业女师的跳舞、少年宣讲团的新剧《卖友求荣》、承天学生会的双簧、少年宣讲团的丝竹等。[①] 4月10日，徽宁旅沪同乡会召集第一次委员会，出席会议的委员有18人，郑介诚任主席，说明委员会设立原因。李振亚提议增请吴新九为委员，全体通过。曹志功代表筹备会报告筹备经过。吴鼎九提议，委员会须分科办事，得到全体赞成，当场推举徐季龙、郑介诚、曹志功为总务，胡横安、吕篙渔、许士骐、李振亚为文书，汪维英、程铁桥、黄怜生、吴鼎九为庶务，路文彬、毕立信为会计，汪醒斋等12人为交际，余谷民等6人为调查。[②] 是日，广肇公所、中国济生会、歙县同乡会、安徽旅沪实业协进会等团体及南洋烟草公司等商号馈赠了镜架、联幛等礼物。[③]

徽宁旅沪同乡会正式成立后，以“集中同乡力量为旅沪乡人谋福利”为行动指南，在普及教育、谋求同乡利益、救济失业会员、援助乡人免除不正当损害、调解劳资纠纷等方面发挥了积极作用，会务进展顺利，会员不断增加。抗日战争爆发后，徽宁旅沪同乡纷纷返乡避难，随着八一三抗战打响，徽宁同乡会设立救济委员会，集中全力办理乡人疏散回籍工作。继之太平洋战争爆发，敌伪势力侵入租界，威逼徽宁同乡会向伪机关登记，由其指派书记常川驻会监视活动。徽宁同乡因不愿附逆顺敌，在迫不得已的情况下，于1941年2月10日，经留沪常务委员召集紧急会议，议决自行宣布会务停顿。1945年日本无条件投降后，徽宁同乡会也开始在同孚路102弄6号会所原址恢复工作，并呈请上海市社会局备案，1946年4月28日，在西藏路宁波同乡会四楼举行了

---

① 《徽宁同乡会开成立会》，《民国日报》1923年4月8日；《徽宁旅沪同乡会成立》，《民国日报》1923年4月9日；《徽宁同乡会成立大会纪》，《申报》1923年4月9日。

② 《徽宁同乡会委员会纪》，《民国日报》1923年4月11日。

③ 《徽宁旅沪同乡会第一届报告书・本会成立大会记》。

改选大会,改选新一届理事、监事,曹志功等21人当选为理事,杨啸天等7人当选为监事。①

表9　1946年徽宁旅沪同乡会理监事名单及履历表

姓名	年龄	籍贯	职务	学　历	经　历	住　址	是否②党员
曹志功	47	休宁	理事	浙江医药专科学校毕业	上海市卫生局药品供应处处长	北四川路安慎坊4号	是
黄禹鼎	61	休宁	理事	中学	黄禹记申庄	方浜中路45弄18号	
方炜平	46	歙县	理事	中学	上海万丰染织厂经理	金陵东路183弄1号	
张益斋	51	休宁	理事	中学毕业	中国人事保险专员	福熙路419号	是
程一帆	47	休宁	理事	中学毕业	上海民孚银行襄理	天津路40号	
刘紫垣	58	休宁	理事	中学毕业	国民政府赈务委员会委员	黄山路金谷邨31号	
胡元堂	44	绩溪	理事	中学毕业	老大中华酒馆经理	闸北宝山路13号	
吴介眉	52	休宁	理事	私塾	万丰酱园经理	北山西路132号	
邵亦群	46	绩溪	理事	中学	中医师	成都北路149号	
黄　翰	57	休宁	理事	神州法政专门学校	律师	中正东路39号	是
吴鼎九	59	歙县	理事	南洋第九镇工程弁员学校	鼎和申庄经理	林森中路18号	是

① 《徽宁十二县旅沪同乡会档案》,Q6-5-964,上海市档案馆藏。

② 表格中“是否党员”一栏指是否为中国国民党党员。

续　表

姓名	年龄	籍贯	职务	学　历	经　历	住　址	是否党员
胡洪钊	41	绩溪	理事	美国康乃尔大学硕士		河南路471号	
詹福熙	60	婺源	理事	私塾	华昌照相材料行经理	南京路471号	
吴进之	48	歙县	理事	师范	吴宝泰茶号经理	白克路69号	
汪述祖	44	休宁	理事	中学	久丰绸庄	天津路170弄14号	
孙子莼	57	婺源	理事	私塾	慎源茶业公司经理	北河南路景兴里56	
汪棣章	54	太平	理事	私塾	瑞昌成申庄经理	四川南路25弄1号	
江玉屏	49	太平	理事	私塾	江宝记申庄	天津路212弄9号	
胡焕文	37	黟县	理事	中学	大华绸庄	北无锡路28弄5号	
谢淮卿	56	祁门	理事	师范	长源泰报关行经理	民国路163号	
李　铭	41	南陵	理事	法政大学毕业	律师	蒲柏路231号	
吴苍民	45	休宁	候补理事	中学毕业	源源长银行总务主任	北四川路中州路29弄8号	
汪静波	54	休宁	候补理事	私塾	顺兴当监理	慈溪路70弄5号	
张友帆	52	歙县	候补理事	徽州师范毕业	益昌提庄经理	林森中路18号	
程海峰	43	休宁	候补理事	清华大学毕业	国际劳工局中国分局局长	静安寺路四明银行大楼劳工局中国分局	是

续 表

姓名	年龄	籍贯	职务	学 历	经 历	住 址	是否党员
胡洪开	43	绩溪	候补理事	中学毕业	广户氏老胡开文总经理	河南路471号	
郑浩如	47	休宁	候补理事	安徽师范毕业	大有赉染织厂协理	天津路212弄9号	
吴启民	30	歙县	候补理事	高中毕业	上海市药品供应处人事室主任	五马路广福里4号	是
汪平波	52	休宁	候补理事	私塾	大达轮船公司	西藏路340弄13号	
洪子敬	48	婺源	候补理事	私塾	永和提庄	广西南路余庆里1弄420号	
杨啸天	59	宁国	监事		中央监察委员	环龙路199号	是
戴孝悃	52	旌德	监事	保定军官学校	皖南行署主任	善钟路69号	是
胡复华	59	休宁	监事	江北高等学校毕业	甘肃皋兰地方法院书记长	南京路353号内4-10室	
胡朴安	68	泾县	监事	自修	江苏省民政厅厅长	康脑脱路945号	
曹叔琴	67	歙县	监事	私塾	曹素功笔墨庄经理	卡德路41弄62号	
李达孚	56	休宁	监事	法政专门学校毕业	黄山建设委员会委员、湘鄂赣区财政经济特派员办事处委员	金陵路418号	
汪孟邹	70	绩溪	监事	私塾	亚东图书馆经理	西藏路475弄6号	
郑鉴源	57	婺源	候补监事	安徽中学毕业	上海市茶商业同业公会主席中国茶叶贸易公司总理	天潼路怡如里11号	

续 表

姓名	年龄	籍贯	职务	学　历	经　历	住　址	是否党员
洪经五	48	祁门	候补监事	上海青年会中学毕业	洪源润茶叶公司总经理	七浦路 232 弄 3 号	
孙劲甫	57	黟县	候补监事	私塾	经营商业	愚园路 66 弄 29 号	

资料来源：《上海市社会局关于徽宁十二县旅沪同乡会申请登记文件·人民团体理监事履历表》，Q6－5－964，上海市档案馆藏。

1947 年 5 月 24 日，徽宁旅沪同乡会改选出新一届理监事，理事长为曹志功，常务理事为张益斋、李铭、谢淮卿、邵亦群，全体理监事人员名单及具体情况如下表所示。

表 10　1947 年徽宁旅沪同乡会改选理监事名单及履历表

职务	姓　名	略　历	职务	姓名	略　历
理事	曹志功	中国人事保险公司总务处长	理事	方炜平	履泰昶布庄经理
理事	张益斋	金谷饭店经理	理事	谢仁钊	市党部书记长
理事	胡焕文	大华绸庄经理	理事	邵萍友	大富贵菜馆经理
理事	胡元堂	大中华菜馆经理	理事	李　铭	律师
理事	刘紫垣	国大代表	理事	黄禹鼎	黄禹记申庄经理
理事	吴鼎九	鼎和申庄经理	理事	朱　梅	律师
理事	程一帆	民孚银行襄理	理事	郑鉴源	中国茶叶贸易公司经理
理事	张东林	海员党部委员	理事	邵亦群	医生
理事	吴进之	吴宝泰茶号经理	理事	孙子苐	慎源茶叶公司经理
理事	汪述祖	久丰绸庄协理	理事	程贻泽	程贻记经理
理事	江玉屏	江宝记申庄经理	监事	杨啸天	中央委员

续　表

职务	姓　名	略　　历	职务	姓名	略　　历
监事	戴孝悃	江南建筑公司董事长	监事	程海峰	国际劳工局长
监事	曹叔琴	曹素功墨庄经理	监事	胡　适	国立北大校长
监事	朱如山	裕通面粉厂经理	监事	江眉仲	婺源同乡会理事长

资料来源：《上海市社会局关于徽宁十二县旅沪同乡会申请登记文件·本届当选之负责人姓名及履历》，Q6－5－964，上海市档案馆藏。

(四) 休宁旅沪同乡会的设立与发展

休宁旅沪同乡会虽然发起组织的时间很早，但是距离正式成立间隔了数年。1923 年，休宁旅沪人士余谷民、程泽明、董兰孙等数十人发起组织休宁旅沪同乡会，通讯处暂设望平街神州日报馆。[①] 不知何故，筹备工作长时间陷入停顿，没有再继续开展下去。1927 年 1 月 5 日，休宁旅沪同乡会筹备会终于再次召开，吴蝶卿、宋希白、吴曜庭等十余人到会，公推朱典生为主席。会议首先审定章程，由主席提付讨论，黄禹鼎、黄温如、汪席儒、程友文等相继发言后，全部表决通过。其后议决征求会员期限定为 15 日，待章程及各种印刷品印好后即行分发。最后宣读各处来函，议毕散会。[②] 5 月 5 日，休宁旅沪同乡会召开执监联席会议，曹士彬为大会主席，议决举办本届征求大会，并推定吴蝶卿、黄禹鼎、曹志功等 30 余人担任征求队长，同时决议其他要案条件。[③]

1927 年 5 月 20 日，休宁旅沪同乡会在西藏路宁波同乡会举行成立大会，吴蝶卿、朱希白、黄禹鼎、曹志功、汪楚生 5 人组成主席团，曹志功报告经过，朱希白报告当选评议员名单，黄禹鼎宣读会章，全部通过。其次由吴蝶卿报告征求队优胜队名单，共有黄禹鼎、汪席儒等 5 队，主

① 《休宁同乡会之发起》，《民国日报》1923 年 4 月 6 日。
② 《休宁同乡会筹备会》，《申报》1927 年 1 月 6 日。
③ 《休宁同乡会筹备征求委员会》，《申报》1927 年 5 月 6 日。

席团成员当场发奖，分为银盾、匾额、褒奖状等。随后全皖公会代表洪振九等致辞，会员吴介眉、张益斋等发表演说，会上还表演了双簧、昆剧、滑稽、魔术、叠罗汉等节目，场面颇为热烈。[①]

1928 年 2 月 18 日，休宁旅沪同乡会召开第二届征求委员会，议决黄禹鼎的提案酌予采纳，征求队长暂定 50 人，由委员会推选，每队至少征求 40 人，总数至少 2 000 人。征求会定于 3 月 1 日开幕，三月底闭幕，推定吴苍民、张益斋、曹志功为委员会常务负责人员，征求章程交给三位常务负责办理。[②] 7 月 26 日，休宁旅沪同乡会召开常务委员会，吴苍民提议，本会会务日繁，现在办公处不敷使用，应另迁他处。议决待民生储蓄会房屋修理完工后，再行迁入，并推吴苍民前去与民生储蓄会接洽，然后再定迁移日期。曹志功提议本会第二届职员选举案，议决 8 月 11 号改选。吴介眉提议推举筹备选举职员，议决预选推定吴蝶卿、汪审言、黄禹鼎、吴曜庭为监察，程滋生、江子翔为检票，胡复华、朱其光等为录票，吴介眉、吴苍民、戴邦杰、程静山为唱票。[③] 8 月 11 日上午，休宁旅沪同乡会如期进行第二届选举，汪审言、黄禹鼎开票，江敬庭为主席，汪少厂记录，程滋生检票，戴邦杰等唱票，汪平波等录票。选举结果，吴蝶卿等 11 人当选监察委员，曹志功等 21 人当选为执行委员。[④] 8 月 27 日，休宁旅沪同乡会第二届执监委员就职典礼在爱文义路丹凤里新会址举行，新当选的执监委员 30 余人到会，由黄禹鼎主席报告开会宗旨及上届会务经过，各委员就职礼后，互选黄禹鼎、曹志功、吴苍民等人为常务，公推胡复华、朱其光二人为总务，曹志功、张益斋二人为交际，黄禹鼎、吴介眉二人为调查，吴苍民、汪席儒二人为庶务，汪审言为会计。[⑤]

---

① 《休宁同乡会成立大会》，《申报》1927 年 5 月 21 日。
② 《休宁同乡会征求进行讯》，《申报》1928 年 2 月 19 日。
③ 《休宁同乡会开会纪》，《申报》1928 年 7 月 27 日。
④ 《休宁同乡会第二届选举纪》，《申报》1928 年 8 月 12 日。
⑤ 《休宁同乡会昨行就职礼》，《申报》1928 年 8 月 28 日。

休宁旅沪同乡会成立两年后，为发展会务，沟通家乡消息起见，决定发行月报，定名为《休宁月刊》，分别寄赠各位会员及同乡各团体，由汪恨琴统稿，取材精美，除刊发皖省消息及会务报告外，另开设文艺栏目，以资点缀。第1期定在1929年元旦出版。[①]

1948年1月4日，休宁旅沪同乡会在西藏路宁波同乡会四楼举行成立大会，出席人员355人，选举曹志功等21人为理事，刘紫垣等7人为监事。1月17日，新当选的理监事在牯岭路132号同乡会临时办事处举行宣誓就职典礼，选出曹志功、吴介眉、张益斋、黄翰、黄禹鼎等5人为常务理事，互选曹志功为理事长，刘紫垣为常务监事。会后，同乡会备文连同理监事履历表、章程呈请上海市社会局备案。

表11　1948年休宁旅沪同乡会理监事名单及履历表

姓名	年龄	籍贯	职务	学　历	经　历	住址或通讯处	是否党员
曹志功	48	休宁	理事长	浙江公立医药专门学校毕业	中国人事报险公司总务处处长	四川北路	是
吴介眉	53	休宁	常务理事	皖中毕业	禹丰酱园经理	山西北路32号	否
张益斋	52	休宁	常务理事	安徽第二中学毕业	曾任赈济委员会专员干事	福州路281号	是
黄　翰	61	休宁	常务理事	神州法政专门学校毕业	律师	中正东路39号	是
黄禹鼎	62	休宁	常务理事	私塾	黄禹记申庄经理	小东门福昌里18号	否
程一帆	48	休宁	理事	中学毕业	民孚银行经理	天津路40号	否
汪席儒	57	休宁	理事	私塾	新源申庄经理	中正东路309号	否

① 《休宁同乡会发行月刊》，《申报》1928年12月27日。

续 表

姓名	年龄	籍贯	职务	学　历	经　历	住址或通讯处	是否党员
李子范	37	休宁	理事	英华书院	麦加利银行职员	中央路华杨大楼209号	否
吴苍民	46	休宁	理事	安徽中学毕业	源源长银行襄理	中州路29弄28号	否
胡复华	60	休宁	理事	前清江北高等学校毕业	第二区合作社经理	中正东路716号	否
江平波	53	休宁	理事	安徽中学毕业	大达轮船公司	西藏路340弄13号	否
王康永	48	休宁	理事	私塾	丁信记印刷制盒厂营业主任	白克路人和里201号	否
李子华	34	休宁	理事	英华书院			否
金郁周	50	休宁	理事	安徽中学毕业	胡开文墨庄经理	河南中路屯镇胡开文	否
鲍佐明	54	休宁	理事	安徽中学毕业	泰山衣庄经理	新闸桥路8号	否
汪述祖	45	休宁	理事	私塾	久丰绸庄协理	天津路170弄14号	否
汪雨辰	37	休宁	理事	私塾	裕昌当经理	福佑路72号	是
俞钧衡	42	休宁	理事	私塾	中华化学工业厂经理	北京西路联珠里42号	否
郑浩如	48	休宁	理事	安徽师范毕业	大有赉染织厂协理	天津路212弄9号	否
邓敦礼	44	休宁	理事	安徽二中	曾任世贸业公会主席	新桥路51弄176号	否
张筱郇	43	休宁	理事	安徽省立第二中学	久丰绸庄协理	南京路39号	否
刘紫垣	59	休宁	常务监事	安徽省立中学毕业	国大代表	黄山路金谷村211号	否

续　表

姓名	年龄	籍贯	职务	学　历	经　历	住址或通讯处	是否党员
李建孚	57	休宁	监事	民国法律学堂毕业	福泰衣庄经理	金陵路418号	否
汪静波	55	休宁	监事	私塾	鸿兴当经理	慈溪路70弄5号	否
汪育斋	45	休宁	监事	杭州之江大学毕业	上海市参议员	忆光盘路14号	否
程海峰	41	休宁	监事	北京清华大学毕业	国际劳工局中国分局长	静安寺路754号3楼	否
金明道	53	休宁	监事	私塾	利达织造厂经理	湖北路迎春坊19号	否

资料来源:《上海市社会局关于休宁旅沪同乡会申请登记的文件·人民团体理监事履历表》,Q6-5-1039,上海市档案局藏。

(五) 婺源旅沪同乡会的设立与发展

1927年底,婺源旅沪茶商俞瑾明联合同乡50余人发起组织同乡会,12月4日下午二时,召开首次筹备大会,到者数十人,公推江家瑁为主席。发起人俞瑾明报告发起经过,当场推举并一致通过程能锐、俞瑾明、俞朗溪、汪维英4人为起草员,李之芳、詹铭珊、俞瑾明、胡靖畇、詹松能、汪禹丞、俞朗溪、郑鉴源、汪维英9人为筹备员,议决被推举诸人即日起开始工作,暂借迎春坊俞永泰楼上为筹备处。① 1928年1月30日,婺源旅沪同乡会筹备处在城内王医马弄召开团拜会,到会者40余人。公决2月11日在宁波同乡会开成立大会。俞谨明将收到的发起人捐款1 000余元转交俞明溪保管。发起人还认定永久会员数十人。② 2月2日起,婺源旅沪同乡会在报纸上发布通告,声明2月10日在宁波

① 《婺源同乡会之发起》,《申报》1927年12月6日。

② 《婺源同乡会筹备会纪》,《申报》1928年1月31日。

同乡会召开成立大会，当日俞朗溪还请新新公司大京班表演京剧，自午后一点演至六点，并有双簧、丝竹等节目以助余兴。该通告最后指出："因筹备期内，特函请诸位发起人齐至大新街迎春坊俞永泰集思广益，然事关全邑体面，凡吾婺人均有关系，务乞多多指教，使外帮惊奇，不敢藐视。"[①]特意说明事关全县体面，要使外帮惊奇，不敢藐视，可见同乡会作为一地旅居者的团体，体现了他们的实力。

1928 年 2 月 10 日上午九时，婺源旅沪同乡会在西藏路宁波同乡会如期举行成立大会，胡适、陈酉春、袁子金、陈际承、李振亚、洪振九、汪维英等各界名流及婺源旅沪各位同乡共千余人出席大会，江眉仲任主席。会上报告了同乡会的意义及筹备经过情形，许世英代表王穆轩、柏文蔚代表王竹如先后宣读颂词，胡适、李振亚相继发表演说，语多勉励。演说结束，即由俞明溪等人引导至新新酒楼欢宴，会场中则上演三脚戏、双簧、京剧等节目以娱来宾。[②] 3 月 6 日，婺源旅沪同乡会召开选举大会，到者百余人，俞鉴湖任主席，汪维英报告办理选举经过详情，随即开始检票、唱票、录票，程振钧、詹炳三、潘晋良等 9 人当选为监察委员，江贡先、查锦州、余峙运等 3 人当选为候补监察委员，俞朗溪、江眉仲、汪维英等 27 人当选为执行委员，查子元、查益生等 7 人为候补执行委员。[③] 3 月 10 日，婺源旅沪同乡会举行执、监委员就职典礼，复选江眉仲为执委会主席，俞朗溪为副主席，詹炳三为监委会主席，詹辅仁为副主席，同时选出交际科主任江友白，文书科主任朱凤池，庶务科主任汪维英，会计科主任詹达夫，教育科主任王觉米，调查科主任俞瑾明，六科主任为常务委员，并议决下星期六召开第二次执监委员会议。[④] 5 月 13 日，在第 20 次常会上，议决聘任朱凤池、俞祖芬二大律师为同乡会常年

① 《婺源同乡会定期成立》，《申报》1928 年 2 月 2 日。
② 《婺源同乡会成立大会纪》，《申报》1928 年 2 月 11 日。
③ 《婺源同乡会选举揭晓》，《申报》1928 年 3 月 8 日。
④ 《婺源同乡会执监就职》，《申报》1928 年 3 月 11 日。

义务法律顾问。①

婺源旅沪同乡会成立数年后，开始筹资建造会所。1936 年 12 月 10 日，同乡会为筹募建筑会所基金，假座新新酒楼，邀请该县同乡餐叙，到者有百余人。同乡会主席郑鉴源报告筹建会所经过，希望同乡竭力赞助，王觉迷、余素樵、朱兰甫、俞静波等先后发表意见，当场有俞静波、郑鉴源、胡志新、詹福熙各认捐 1 000 元，星江敦梓堂捐助闸北土地一块，汪可三、胡松圃、李鉴贤、余喜亭、王海澄、叶常烈、俞鉴湖等亦各认捐数百元。同乡会还推派王觉迷、汪子文、俞子镇、俞养涵、江鲁南等人继续向殷实同乡募捐。②

1937 年八一三沪战爆发后，婺源旅沪同乡会的会务工作宣告停顿。抗战胜利后，1946 年詹克峻、郑鉴源等人为谋同乡福利起见，发起重组婺源旅沪同乡会，依照人民团体组织程序，备文连同发起人履历呈请上海市社会局鉴核，并请派员调查，准予设立。上海市社会局同意筹备重组婺源旅沪同乡会，要求推定筹备员 5 至 9 人，填写略历表一式四份呈报社会局备案。6 月 30 日，发起人会议召开，推举詹克峻、俞观明等 9 人为筹备员，组成筹备会，并推定詹克峻为筹备主任，筹备处设在城内管驿路安宁里 2 号，并刊刻木质图记“婺源旅沪同乡会筹备会”一方。筹备会成立后，广泛征求会员，共计 1 003 人，均系工商业者、公务人员及教师，因散处上海各市区，很难达到出席大会的法定人数，筹备会决定遵照人民团体组织法的规定，按行政区域分区召开预备会，推选出席代表 251 人，由各区会员委托出席代表投票，选举理事、监事人员。经数月筹备，1946 年 12 月 18 日下午二时，婺源旅沪同乡会举行成立大会，出席人员 251 人，选出新一届理监事，12 月 27 日下午，婺源旅沪同乡会新一届理事、监事在广西路梁园饭店举行宣誓就职典礼，上海市社

---

① 《婺源同乡会开会记》，《申报》1928 年 5 月 15 日。

② 《婺源同乡会筹募建筑基金》，《申报》1936 年 12 月 11 日。

会局派代表方专员莅临监督宣誓并致训词，旋即召开理监事第一次联席会议，全体理事选举江眉仲、俞观明、詹克峻、詹从吾、汪匡时等 5 人为常务理事，全体监事选举俞子镇、胡升甫、夏达泉等 3 人为常务监事，并由常务理事互举江眉仲为理事长，设会所于天潼路 352 号。1947 年 4 月 10 日，婺源旅沪同乡会具文连同章程、理监事履历表呈请上海市社会局立案，颁给证书图记，婺源旅沪同乡会各项工作重新步入正轨。

表 12　1946 年婺源旅沪同乡会理监事名单及履历表

姓　名	年龄	籍贯	职务	学　历	经　历	住址或通讯处
江眉仲	51	婺源	理事长	江西测绘学校毕业	历任江苏宝山、上海县县长	亨利路水利部 90 号
俞观明	41	婺源	常务理事	中学毕业	涌生泰纸号经理	广西路 333 号
詹克峻	49	婺源	常务理事	上海民立中学毕业	历任震旦女中教员，现任上海鱼市场监察	黄陂南路 710 弄 54 号
詹从吾	37	婺源	常务理事	旧学	万昌照相材料行经理	山东路 345 号
汪匡时	27	婺源	常务理事	上海法学院毕业	华隆行总经理	天潼路 352 号
詹福熙	60	婺源	理事	旧学	华昌照相材料号经理	南京路 471 号
郑鉴源	57	婺源	理事	旧学	鸿怡泰茶号经理	天潼路怡如里 2 号
李鉴贤	59	婺源	理事	旧学	义盛钟表行经理	金陵路 167 号
詹励吾	45	婺源	理事	婺源县立中学毕业	华昌贸易行经理	山东路 345 号
俞灿如	56	婺源	理事	旧学	俞顺兴制墨厂经理	管驿路安宁里 2 号

续 表

姓　名	年龄	籍贯	职务	学　历	经　历	住址或通讯处
俞养涵	53	婺源	理事	旧学	上海市漆业同业公会秘书	北王医马宁马弄熙泰里1号
孙子茀	57	婺源	理事	旧学	祥记制茶厂经理	七浦路17弄56号
詹沛霖	45	婺源	理事	旧学	上海市纸商业同业公会理事长	华龙路53号
王海澄	56	婺源	理事	旧学	益源当经理	复兴中路297号
詹以和	58	婺源	理事	旧学	曹素功敦记笔墨庄经理	河南路212号
汪伯奇	50	婺源	理事	旧学	前任上海新闻报馆经理	江西路花旗大楼209号
汪可三	47	婺源	理事	旧学	三兴棉布厂经理	天津路179弄10号
王觉迷	50	婺源	理事	安徽第二师范学校毕业	濬浦局干事	江海关三楼
洪佛青	59	婺源	理事	安徽法政专门学校毕业	历任江苏句容县县长	金陵东路289号
汪子文	67	婺源	理事	旧学	玉华堂制墨厂经理	薛家浜路同吉里6号
胡义儒	64	婺源	理事	旧学	胡裕昌木号经理	合肥路369弄2号
程门雪	45	婺源	理事	上海中医专校毕业	中医师	西门路保安坊1号
胡松圃	56	婺源	理事	旧学	永兴隆制茶厂经理	河南北路塘沽路泰华里26号
曹凤声	48	婺源	理事	旧学	大昌祥绸布庄经理	南京路391号

续 表

姓　名	年龄	籍贯	职务	学　历	经　历	住址或通讯处
金里仁	62	婺源	理事	旧学	前任上海土地局局长	白克路62号
俞子镇	66	婺源	常务监事	旧学	上海市制茶产业工会书记	山西北路吉庆里2号
胡升甫	62	婺源	常务监事	旧学	胡裕昌木行	合肥路343号
夏达泉	36	婺源	常务监事	旧学	大中华茶厂、永达当经理	海宁路福寿里41号
余彦民	36	婺源	监事	中学毕业	兴记花纱厂经理	宁波路40号2楼37号
查礼庭	60	婺源	监事	旧学	德裕夏布庄经理	江西中路19号
詹子翰	55	婺源	监事	旧学	骏丰腿号经理	河南路380号
胡灶春	57	婺源	监事	旧学	荣发当经理	华兴路华兴坊64号
朱秀卿	38	婺源	候补理事	小学毕业	惠丰毛巾厂经理	寿宁路43号
查冠卿	44	婺源	候补理事	军官学校毕业		河南路380号
汪英宾	50	婺源	候补理事	新闻学硕士	前任申报关广告部主任	中正西路两宜里1号
汪维英	65	婺源	候补理事	旧学		中正东路716号
叶长烈	40	婺源	候补理事	旧学	上海中央日报社人事部主任	山西南路画锦里大华坊5号
余慕韩	35	婺源	候补理事	旧学	余有元制墨厂经理	小南门外兴园街48号
汪致春	54	婺源	候补理事	旧学	吉祥毯号经理	河南路179号

续　表

姓　名	年龄	籍贯	职务	学　历	经　历	住址或通讯处
汪鹤年	48	婺源	候补理事	旧学	大昌绸缎局	会稽街慎余里21号
汪逸修	51	婺源	候补理事	南通师范学校毕业	新闻报馆编辑	汉口路274号
詹少庭	62	婺源	候补理事	旧学	万丰祥象牙号经理	江西中路19号
汪松亮	35	婺源	候补理事	旧学	大丰棉织厂经理	太仓路广余里17号
王金荣	40	婺源	候补监事	旧学	美华制盒厂经理	河南北路360弄17号
刘格言	59	婺源	候补监事	旧学	协和祥行制茶厂厂长	安庆路成德里9号
查超然	28	婺源	候补监事	民立中学	查二妙唐笔墨庄经理	丹凤路200弄3号

资料来源：《上海市社会局关于婺源旅沪同乡会申请登记的文件·人民团体理监事履历表》，Q6-5-1037，上海市档案局藏。

（六）黟县旅沪同乡会的设立

黟县旅沪同乡会为扩充规模起见，于1929年3月17日召开征求会员大会，正式开始征求会员，推定汪蟾祥等为征求队长，并指定南区大码头万泰号、中区宁波路中盱弄恒大号、东区三牌楼余源茂号等三家为报名处，备有入会表及征求缘由说明，黟县同乡欲入会者函索即可邮寄。[①] 1932年6月13日下午，黟县旅沪同乡会举行正式成立大会，并投票选举执监委员，到会会员100余人，公推舒振庭、余一辰、汪励吾为主席，与会人员首先讨论通过了同乡会章程，接着进行选举，江辅庭、汪逊夫、胡德馨当选为监察委员，胡兴仁、俞岑荪为候补监察委员，余一

① 《黟县同乡会征求会员》，《申报》1929年3月18日。

辰、汪励吾、汪茂生等为执行委员。胡立夫、余阶升等为候补执行委员。由主席宣告当选人姓氏完毕，全场摄影，至晚上八时方散会。①

1946年10月13日，黟县旅沪同乡会在西藏中路宁波同乡会四楼召开复员后的成立大会，当时同乡会征求到会员302人，出席人数174人，选举胡焕文为理事长，汪励吾为常务理事，卢象三等7人为理事，孙劲甫为常务监事，孙晖全等4人为监事。11月3日，举行理监事宣誓就职典礼并选举胡焕文、汪励吾、卢象三、范治农、余节庵等5人为常务理事，孙劲甫为常务监事，公推胡焕文为理事长。1947年4月25日，黟县旅沪同乡会备文向上海市社会局申请立案，并请发给许可证及图章。

表13　1946年黟县旅沪同乡会理监事名单及履历表

姓　名	年龄	籍贯	职务	学　历	经　历	住　址
胡焕文	37	黟县	理事长	正风文学院	同春钱庄董事长、民丰银行经理	北无锡路28弄5号
汪励吾	42	黟县	常务理事	持志大学毕业	律师	牛庄路691号334室
卢象三	54	黟县	常务理事	中学	天利棉织厂董事	北苏州路520弄10号
余节庵	43	黟县	常务理事	天津北洋工专毕业	安徽茶叶公司经理	新民路来安里224号
范治农	48	黟县	常务理事	安徽法政专门学校毕业	东南建业公司经理	新民路来安里224号
胡燮侯	45	黟县	理事	中学	前十五军司令部咨议	永安街13弄18号
程沛时	57	黟县	理事	北洋大学肄业	旅京皖学堂暨中华大学教员	江西路181号三楼

① 《黟县同乡会成立》，《申报》1932年6月15日。

续 表

姓　名	年龄	籍贯	职务	学　历	经　历	住　址
吴寿庆	52	黟县	理事	碧阳学院毕业	安庆信记绸庄总经理	北苏州路 520 弄 10 号
余卓人	44	黟县	理事	育才中学毕业	英商驻华邓禄普橡皮公司	山海关路 153 弄 33 号
孙劲甫	57	黟县	常务监事	江南高等商业学校毕业	中国银行新华银行会计主任	愚园路 66 弄 29 号
孙晖全	55	黟县	监事	私塾	大生申庄经理	汉口路 341 弄 9 号
吴寿康	48	黟县	监事	碧阳学院毕业	嘉美印刷厂总经理	新闸路 565 弄 56 号
查卓卿	58	黟县	监事	私塾	查卓记申庄经理	汉口路 341 弄 9 号
胡禹侯	47	黟县	监事	中学	大中华染料厂经理	山海关路 53 弄 33 号

资料来源：《上海市社会局关于黟县旅沪同乡会申请登记的文件·人民团体理监事履历表》，Q6－5－1036，上海市档案局藏。

（七）绩溪旅沪同乡会的设立

在黟县旅沪同乡会发起筹备的 1929 年，绩溪旅沪同乡程克藩、程如麟等 6 人也发起组织绩溪旅沪同乡会，以谋同乡幸福，尽桑梓义务。临时事务所设于公共租界芝罘劳合路 231 号东楼，筹备会于 1929 年 5 月 12 日发布通告征求会员，呼吁绩溪旅沪同乡在当月内前来报名登记，补具志愿书，以便定期召开会员大会，选举委员。其实，早在 1926 年，绩溪旅沪同乡会就已召开筹备会，但是此后数年间，屡因时局变迁而长期停顿，未能正式成立。1929 年，朱老五率部横扫休宁、黟县、婺源等县，并火烧屯溪，致使屯溪东镇、西镇、河街三大商业中心悉遭焚毁，成为瓦砾。绩溪旅沪同乡以“事关桑梓之利害，巩固团体之精神，联络乡谊，补救于万一”，看到绩溪旅沪同乡会迟迟未能成立，便再次发起筹备。[1] 6 月 15 日，第二次筹备会召开，程克藩报告了筹备情况，与会人员讨论了征求会员办法案，议决推举征求队，分头接洽，当场推举邵叔伟，邵锦卿等 30 余人为筹备员，领取报名册，负责接洽征求。由绩溪同乡各商号负责筹备经费，分为两种，甲种 2 元，乙种 1 元，并推举邵锦卿为经济保管委员，负责临时财政。[2] 因资料缺乏，绩溪旅沪同乡会正式成立的确切时间无从得知，但从《申报》《民国日报》等报刊的报道中，可知绩溪旅沪同乡会先后召开了数次执监会议，讨论救济桑梓，购办米谷运回绩溪平粜，援助乡人，协助办理绩溪、荆昌划界等诸项事宜。[3]

二、上海之外各地徽州同乡会的设立

在徽州人聚居的其他地方也设立了数量众多的同乡会。1934 年蒋介石为了剿灭红军，将婺源划归江西省第五行政区，婺源与徽州府属其他各县旅外同乡会奔走呼号，掀起了长达十数年的婺源回皖运动。根据来往电文的不完全统计，除了婺源旅沪同乡会、徽宁旅沪同乡会、徽宁会馆之外，还有徽州六邑旅省同乡会、婺源旅省同乡会、婺源旅休同乡会、婺源旅京同乡会、婺源旅锡同乡会、婺源旅常同乡会、婺源旅苏同乡会、婺源旅芜同乡会、新安六邑旅汉同乡会、新安六邑旅镇同乡会、芜湖徽州会馆、婺源旅芜同乡会、徽州旅平同乡会、婺源旅乐同乡会、旅湘新安同乡会、婺源旅邕同乡会、旅鄱新安书院、绩溪旅汉同乡会、婺源旅

---

① 《本埠新闻·皖籍三同乡会消息》，《申报》1929 年 5 月 13 日。

② 《绩溪同乡会第二届筹备会》，《申报》1929 年 6 月 16 日。

③ 《绩溪同乡会执监联会》，《申报》1930 年 8 月 8 日；《绩溪同乡会执监联会》，《申报》1930 年 9 月 5 日；《绩溪同乡会开会记》，《申报》1930 年 10 月 21 日；《绩溪同乡会开会记》，《申报》1931 年 4 月 3 日；《绩溪同乡会执监会记》，《申报》1931 年 6 月 15 日；《绩溪同乡会开会记》，《申报》1931 年 7 月 27 日；《绩溪同乡会开会救济桑梓》，《申报》1935 年 4 月 3 日；《绩溪同乡会昨开执监会》，《申报》1937 年 3 月 22 日。

湘常德同乡会、婺源旅浔同乡会、南通新安会馆、婺源旅桂同乡会等。[①]这些同乡会分布在安庆、芜湖、汉口、九江、南京、无锡、常州、镇江、苏州、平湖、乐平、常德、桂林等地，从这起运动所见到的徽州旅外同乡会可以推测，徽州旅外同乡会的数量非常庞大，其分布与传统徽州会馆、善堂、义冢的分布成正相关比例，只是资料不足征，我们目前无法精确统计出旅外徽州同乡会的数目。

1921 年，华义银行经理，休宁人金慰侬鉴于旅居天津的休宁同乡日渐增多，却没有同乡团体以联情谊，出面组织了利休社。3 月 27 日，假座江南第一楼召开成立大会，到会者 30 余人，会上推举周聿修为社长，金慰侬、程璘彬两人为理事员，戴笙甫、朱笑予为评议员，余裴山为文牍员，汪瑾章为会计员，全体与会人员一致赞成通过。[②] 利休社设成立后，高度关注桑梓利益，编印月刊寄发各处同乡以互通消息。因听闻休宁人吴君有联合浙江创办徽杭长途汽车的计划，旅津徽州人急切盼望该路能早日通车，便于 8 月 25 日在安徽会馆召开临时议会。徽州六县到会者 20 余人，公推张公衡为主席，余裴山为记录。主席宣布此次会议以促进徽杭交通发展为讨论目标，并筹备组织旅津徽州同乡会。随后金慰侬发言，指出徽杭长途汽车计划事关旅外徽州同乡的切身利益，与会人员应讨论是否有协助吴君推进该种计划的必要。张剑潭认为可先发函询问吴君进行办法以及是否有协助之必要。程璘彬发言认为，可将建筑道路及创办汽车公司预算表寄给吴君，供其参考，并发函询问是否与浙江省共同承担该项经费。会议当场议定发函详细询问，待接到复函后，再召集会议，继而推举徽州同乡会筹备员 10 人，分别为歙县的程袭辉、吴宗汉，祁门的张公衡、张剑潭，婺源的吴学周、詹念庵，休宁的程璘彬、金慰侬，绩溪的胡协仲、程伯辉，黟县的余仲和、范汉生。人员

---

① 婺源旅沪同乡会编印：《力争婺源管辖案牍汇编》，上海图书馆藏；《特载 · 各旅外同乡为婺邑改隶江西之陈请意见》，《新安月刊》第 2 卷第 7、8 期合刊，1934 年 9 月 25 日出版。

② 《旅津休宁人之桑梓热》，《益世报》1921 年 3 月 30 日。

选定后，议决筹备员负责调查徽州六县旅津同乡，各位筹备员商定日期召开成立大会。成立大会举行前的一星期，筹备员负责通知调查所得各位徽州同乡。[①]

吴江县盛泽镇一直是徽宁商人聚集的地方，当该镇宁绍同乡会成立以后，徽宁同乡也开始谋划成立同乡会，1925 年底，徽宁同乡在会馆内召开谈话会，拟就简章，准备召开大会宣告成立。[②] 但不知由于何种原因，直至 1936 年，徽宁旅盛同乡会才正式成立。7 月 25 日，徽宁旅盛同乡金灿云、方勉仁等人成立筹备会，推定职务，分别开展工作。第一次筹备会会议在盛泽东镇公所召开，出席者有洪和铃、汪福元、胡鸣珂等 33 人，临时主席洪俊铃报告了同乡会组织的必要性及其意义、筹备经过、拟订会章及筹备委员的工作开展情况。汪福元、洪光宸等 15 人当选为筹备委员。此次筹备会讨论了如何起草会章案，议决由起草委员会拟订会章草案，提交筹备会修改。筹备委员会推选方勉仁为主任，以便召集会议，开展本会事宜。同时油印会章草案，分发各位会员，由洪兆钺负责办理。筹备委员会会址暂设吴隆泰茶号内。由已入会会员负责征求会员，分发通告。7 月 28 日下午四时，第二次筹备会在盛泽镇北大街吴隆茶号内召开，讨论筹备期内工作如何分配案，议决设三股，总务股 3 人、文书股 6 人、调查股 6 人，推定方勉仁、汪渭生、胡鸣珂为总务股，方勉仁为主任。吴道生、金灿云等为文书股，吴道生为主任。张介南、吴志达等为调查股，张介南为主任。限征求会员期为半个月，届期由文书股开始编订会员名册。8 月 10 日举行了第三次筹备会议。[③]

1928 年旅居浙江省龙游县的徽州同乡叶笑山、郑小亭、胡文耀等人发起组织旅龙新安同乡会。农历闰二月十八日，筹备会召开，推举筹备

---

① 《旅津徽州同乡会开会》，《益世报》1921 年 9 月 30 日。

② 《各区通讯 · 盛泽 · 徽州同乡会行将成立》，《新黎里》1926 年 1 月 1 日。

③ 《徽宁旅盛同乡组织同乡会》，《皖事汇报》1936 年第 21 期。

委员30人。五月初十日，在新安会馆召开正式成立大会，会员千余人到会。同年，金华徽商发起徽州旅浙金华同乡会，旅居严州的徽州同乡程维新等发起组织严州徽州同乡会。1929年，嘉兴的徽州同乡发起组织徽州同乡会，于1月14日在新安会馆召开筹备会，定同乡会定名为新安旅浙嘉兴同乡会，采取硖石徽州同乡会章程，印刷调查表，派人在附近乡镇调查徽州同乡人数，发表宣言，在各报刊登载启事，征求同乡入会。①

1929年4月7日，歙县旅苏同乡会在苏州南显子巷安徽会馆召开成立大会，并选举执监委员汪已文、叶青、汪文焕等20余人，下午举行委员就职典礼。②

明清时期，聚集在汉口的徽商人多势众，但进入民国以后，因时局与国家社会经济等方面的牵制，徽州人在汉口的地位一落千丈。1933年春，孙静山、方少岩、余德馨等人为恢复徽州人过去的荣光，共谋桑梓福利起见，发起组织旅汉新安六邑同乡会，得到了多数徽州同乡的赞助，设立筹备处积极筹备，发表宣言，公布组织同乡会的宗旨及将来的工作，并设登记处于六水分源内，8月1日，举行成立大会，采用分县选举的方式，以各县得票多者为当选执监委员，同时通电各地同乡团体，发表告同乡书，宣布同乡会拟办事务，主要为以下数项：兴办学校培植旅汉同乡的子弟，设立职业介绍所救济失业同乡，设立公寓便利行旅，设立疗病院救济贫病的同乡，筹办新安银行作为徽州同乡经商的经济枢纽，协助其商业上的发展，办理徽州六县应兴应革的事务。同乡会声称："凡是与我们桑梓有利的事，我们大家尽力去干，才能继续先辈同乡的遗志，使它创造的事业才不至中断，我们来将它的事业发扬光大，才

---

① 王振忠：《徽州社会文化史探微——新发现的16—20世纪民间档案文书研究》第四章《"徽侨"与长江中下游区域社会》，第480—481页。

② 《苏州·歙县同乡会成立》，《申报》1929年4月9日。

尽了我们各个分子的责任。”[①]

1932年，旅居镇江的徽州同乡不但成立了新安旅镇同乡会，还联合宁国同乡设立了徽宁旅镇同乡会。两同乡会平素联络极多，“故办事上多收指臂相助之效”。[②] 在杨荫庭、黄白民、黄乐民、朱季恒诸人的经营下，新安旅镇同乡会先后创设幼稚园、合作社、图书馆，建设新住宅，兴办豆食品公司。“凡此种种，靡不成绩斐然，洵为东南新安同乡会之冠。”[③]1936年，新安旅镇同乡会在该会王家巷会舍大楼举行第四届委员大会，改选执监委员，出席会员83人，公推新会员方渭滨为主席。上届委员黄白民报告了第三届工作，在经济方面整理债权及租户、修理市房出租、编制预算案，一年可余1 200元用以还债。在事业方面设立新安图书室，已得藏书3 000余册；新安幼稚园不断改进；《新安月刊》已出版至第四卷；新安保护信用合作社迁出及改易江苏省会信用合作社；其他如赞助新安旅行团、赞助同乡举办工商业事项。在家乡事务方面，主要是争议婺源改隶事件，援助家乡水旱天灾事件，援助乡人请求剿匪清乡事件。经济委员总务股朱季恒报告了第三届收支账略。会上还讨论数项提案：一、查旅镇同乡日有增加，为充实本会实力，开发同乡事业计，应请举行大规模征求会员案。决议通过，交执委会办理。二、现有多数工商业同乡，限于入会费之规定，无力加入，拟请规定月俸在10元以内之乡人，得优待免费入会，以充实实力案。决议通过，年费亦加设丁种，每年缴纳2角。三、请设法集中本会力量，尽力扩充已成各项事业，务期尽善，树立徽人办事精神，永奠本会服务社会之基础案。决议通过。四、请调查统计在镇同乡之人力物力，设法工商事业之增进，救济同乡失业案。决议通过。五、休宁西南乡匪徒，出没无常，民不聊生，

① 《各地徽侨消息·汉口同乡会之成立经过》，《新安月刊》第1卷第8期，1933年10月25日。

② 《两同乡会之最近会务报告》，《新安月刊》第2卷第1期，1934年1月25日出版。

③ 《对本刊复兴之希望》，《新安月刊》复刊第1期，1936年11月1日出版。

亟应从速肃清，以安民命，而靖地方，请大会电石专员，刻日派队围剿零匪案。决议分电安徽省政府及第十区石专员暨当地驻军鲍旅，刻期肃清。及至下午五时，选举出执监委员，杨荫庭、朱季恒、黄白民、黄乐民等 9 人当选执行委员。胡樵碧、俞雁秋、吴志青、洪舜卿、俞金甫 5 人当选候补执行委员。王文田、陈在邦、詹厚甫、俞献庭、洪一鸣 5 人当选监察委员，戴显谟、程吉堂、李伯寅 3 人当选候补监察委员。方见三、金干庭 2 人当选经济委员。①

1936 年 4 月 17 日，徽宁旅镇同乡会召集执监委员联席会议，到会委员有苏公安、陈在邦等 13 人，各位委员对会务提出诸多建议，其中以指定存储款用作建筑会所及扩充征信录内容，改变为徽宁旅镇同乡会四周纪念专刊两项为最重要。徽宁旅镇同乡会已准备存款项和向荣大泾太借款共计 4 300 元，遇有合适地基，即可预先收买。至于刊行徽宁四周纪念专刊，当场推定黄白民为主编，章机、苏公安、黄乐民等为编辑，内容大致分为论著、大事记、产据目录、收支报告、历届委员表、会员名录及整理泾太工作经过等十余栏，会后开始着手搜集同乡会成立四年来的各种材料，但因第一届记录及重要簿籍多已散失，整理颇感困难。②

1936 年 10 月 15 日，徽州旅宜(兴)同乡会张渚分会召开成立大会，除请假者外，出席会员 76 人。各机关参加者有宜兴县党部代表钱中清、张渚商团代表史又新、区公所代表何蓉、张渚竹业公会代表余木顺、桃溪小学校代表何浩林、华阳公所代表程孟敖、国山小学校代表陆宜之、均益公会代表章荣甲、徽州旅宜同乡会代表程宝衡、新闻记者黄余庆，共计 100 余人。主席团成员章道初、汪思笑、程宗振，记录程寄华。主席报告指出，同乡会自 1935 年底发起组织，至当年七月筹备结束。组织同乡会的目的在于:“人民团体中的公益团体，含有救国的观念，现

① 《新安旅镇同乡会第四届大会纪录》，《皖事汇报》1936 年第 4 期。

② 《徽宁四周纪念特刊》，《皖事汇报》1936 年第 4 期。

时我们的国际地位被列强看为无组织的国家，讥笑我四万万同胞如同一盘散沙，所以我们要组织人民团体，团结起来，负起实际责任，为国家努力。希望各会员的脑海里，要有民族的思想和国家的观念，团体强，国家自然就强了。”大会选举出江芝田、章道初、汪思笑等 11 人为执行委员，程君奇、汪德本、汪叙定为监察委员，方福钟、程干元、章安大、汪永梅、程炳年 5 人为候补执行委员，程庆安为候补监察委员。选举结束后，互选王松柏为主席，程宗振、江芝田为常务，至晚上九时，宣告散会。九时二十分，继续召开第一次执监联席会议，由县党部代表钱中清监视选举出的新任执监员宣誓就职。①

1936 年，黟县旅安同乡会向安吉县党部呈准登记备案，领取组织许可证。5 月 31 日，黟县旅安同乡会在梅溪镇商会内召集同乡扩大会议，当场推举汪云峰、黄志钟、汪隆锐、李耀如、汪炳棠、汪醴泉、李资良 7 人为同乡会筹备委员，以晓墅镇上街古黟会馆为同乡会永久会址。因会馆年久失修，破旧不堪，该处同乡慷慨捐输进行重新修建，会馆内外焕然一新。11 月 23 日，举行落成开幕典礼，同时选举执监理事，同乡会正式成立。②

第二节　旅外徽州同乡会的治理架构

旅外徽州同乡会的正常发展除了依靠经费的持续投入，还需要健全的组织制度。与明清时期会馆、公所往往掌握在一二实权人物手中有所不同，同乡会大多采用了现代党团选举法、任期法的组织形式，内部分工明确，权责清晰，突出集体领导，民主决策，并能根据社会形式的

① 《徽州旅宜同乡会张渚分会开成立大会》，《徽州日报》1936 年 10 月 22 日。
② 《黟县旅安同乡会馆新屋落成》，《徽州日报》1936 年 10 月 28 日。

不断变化逐渐完善自身的治理结构，以增强适应能力。

同乡会成立之初，一般会在全体会员大会上制定章程，并呈请地方当局备案，以此约束全体会员的行为，指导会务发展。章程大致分为总纲、会员、会费、组织、附则几章，各章下又分为若干条，对同乡会的名称、性质、宗旨、会员资格、会员的权利和义务、会费缴纳类别、组织结构及部门职责、会议种类及会期等做出详细规定，这为我们考察同乡会的具体运作过程提供了详细的资料。

一、旅外徽州同乡会的组织结构

1912 年皖南旅沪同乡会简章规定，该会设总务、书记、会计、庶务、调查、评议各部，其中总务设总干事员、副干事员各 1 人，主管该会一切事务。书记设干事员 4 人，分别处理文牍、函电及编制记录、报告等事项。会计设干事员 2 人，负责收支、核算等事项。庶务设干事员 1 人，处理会内一切杂务。调查员无定额，分为常驻、临时二种。评议员名额分配到皖南各府州县。同乡会要处理的事务，经干事员会议及评议员会议同意后，责成相应部门执行。干事员由会员大会公同选举任用，评议员由各府州参加会员大会者分区选举任用，常驻调查员由该会从各地方选任，临时调查员由该会临时选任。干事员及评议员均以一年为一任，连举者得连任，调查员任期由同乡会决定。干事员或评议员如有缺额时，以选举时得票之次多数者补充，票数相同时以年龄排序，年齿相同时则抽签决定。同乡会简章如有未尽事宜，经评议员五分之一之提议，由评议员会公决修改。①

1923 年 4 月 1 日，歙县旅沪同乡会全体会员大会通过了同乡会章程，从中可知，歙县旅沪同乡会设会长 1 人，总理本会一切事务，并担任各类会议主席。设副会长 2 人，协同会长办理本会一切事务，在会长缺

---

① 《皖南旅沪同乡会简章》，《申报》1912 年 1 月 25 日。

席时，担任各类会议主席。设评议员20人，议决会员提议事件。设干事员18人，办理本会对内、对外事宜，并执行大会评议会议决事项。为方便办事起见，干事员又分为交际干事6人、文牍干事2人、庶务干事2人、会计干事2人、调查干事6人。同乡会另设会董3人，名誉会董没有定额，协同正、副会长主持本会重要事件，并雇用书记1人常川驻会，处理缮写、收发文档及各项杂务。同乡会职员除名誉会董外，全部由大会选举产生，任期1年，连选可得连任，职员均为义务职，只有书记员由同乡会酌量给予津贴。

表14　歙县旅沪同乡会第一届职员表

职　务	人　　　员
会　长	程龄荪
副会长	许伯龙、曹惟明
会　董	徐季龙、曹味蘅、叶礼文
名誉会董	程龄荪、董吉文、曹惟明、曹味蘅、许伯龙、孙星三、洪明度、胡采生、方晓之、吴庚甫、吴鹤琴、吴青筠、方志臣、章缉于
评议员	吴咏霓、徐丹甫、方晓之、孙星三、吴荫槐、曹涵青、汪景山、徐云松、吴润生、汪用宾、程心之、洪明度、黄吉文、胡采生、吴习斋、黄朴存、许甄夏、程昜康、吴鹤琴、洪会卿
文牍干事	吴咏霓、许士骐
会计干事	汪景山、程律谐
庶务干事	徐云松、吴荫槐
交际干事	程心之、许声甫、吴仲谋、汪醒斋、曹见秋、郑勉予
调查干事	吴雨畴、曹保臣、姚铁鸣、曹舜钦、唐绍尧、汪介仁
本会干事办事时间，经第一次评议会及1923年4月29日临时评议会议决，每日下午一时至六时，各干事分班轮流到会办事，会计、文牍、庶务各干事，每星期到会三次，交际、调查各干事，每星期到会一次	

资料来源：《歙县旅沪同乡会第一届报告书·本会职员录》，Q117-27-3，上海市档案馆藏。此份材料复印件承蒙歙县党史地志办公室邵宝振主任惠赐，谨致谢忱。

歙县旅沪同乡会的会议分为会员大会、临时大会、评议会三类，每年一月一日召开全体会员大会一次，报告会务，宣布收支，选举职员，修改会章等，并议决重要事件。临时大会议决临时发生的重要事件，由会长召集，或由会员20人以上提议召集。评议会由本会会长、副会长、评议员组成，每月的第一个星期日开会一次，议决会员提议的事件，会董、名誉会董、干事员亦要列席会议，但没有表决权。本会各项会议，非全体会员四分之一以上出席，不得开会，非出席会员过半数以上之同意，不得议决。议事过程中，赞成、反对人数相同时，由会长定夺。本会会员提议的事件，须经3人以上之提议，五人以上之附议，并缮写书面议案，方可送交会长，由其提交评议会核议，职员提议事件的程序与此相同。对本会会员提议的重要事件，认为有经全体会员大会议决的必要，经20人以上提议，20人以上附议，并缮写议案，送交会长，由会长提交大会议决，大会闭会期间，也可临时召集之。评议会审议事件时，认为关系重要，有移交大会议决的必要，要和会长协商，移交大会议决，或由会长召集临时大会议决。①

1931年1月1日，歙县旅沪同乡会全体会员大会修订了同乡会章程，对同乡会的组织结构作了适当调整，同乡会会务由会员大会议决之，会员大会闭幕期间设执行委员会、监察委员会，分别处理。执行委员会额定执行委员15人，执行会员大会议决案，并办理本会一切事务。监察委员会额定监察委员9人，监察会务，稽核款项用途。执行委员会设候补执行委员9人，监察委员会设候补监察委员5人，当执监委员缺额时各自依名次之先后递补之。

执监委员经选举产生，开全体会员大会时，由会员用记名连记通讯投票法选举，执行委员每票连记6人，监察委员每票连记4人，各以得票数最多者当选，票数次多者当选候补。执监委员会各设主席1人，由

---

① 《歙县旅沪同乡会第一届报告书·本会会章》。

执监委员分别互选产生，担任各类会议的主席及对外代表本会。执行委员会设常务委员 5 人，由执行委员互选产生，分别处理总务、调解、交际、文书、会计各科事务。凡本会会员认缴特别捐 100 元以上者，或者声望卓著，能热心赞助本会者可以被推举为会董。同乡会设办事员若干人，常川驻会，承接常务委员的命令，办理缮写、收发文件及各项杂务。同乡会职员为名誉职衔，只有办事员由同乡会酌给薪资。候补执监委员及会董均可列席各项会议，但不得参与表决。

修正后的歙县旅沪同乡会会议分为以下几类，每年一月一日举行全体会员大会，遇有特别事故或有会员 20 人以上之提议，经执监会议通过时，可随时召集之。常务委员会议每星期开会一次，执行委员会议每月开会一次，但均可随时召集临时会议，监察委员会议无定期，由监察委员主席随时召集之，执监联席会议无定期，由常务委员会随时召集之。各项会议没有四分之一以上之人数出席，不得议决事件，没有出席者过半数以上之同意，不得形成决议，赞成、反对人数相同时，取决于主席。①

《旅溧新安同乡会》简章规定，同乡会设评议部、理事部二部，"以冀分工合作，殊途同归"。评议部设评议委员 15 人，由会员用记名投票法选举产生，以得票最多数者为当选，并设候补委员 7 人，以得票次多数者为当选，在评议委员缺额时依次递补之。评议部设评议委员长 1 人，副委员长 2 人，由评议委员互选产生，评议委员长总理同乡会全部事务，评议副委员长襄助处理全部事务，当评议委员长有事不得出席会议时可代理之。评议部常务会议每月开会两次，如遇有特别事故发生时，由评议委员 5 人以上提议，可召集临时会议，理事部认为必要时亦得函请召集之。评议部议事，非得评议委员过半数以上之同意不得议决。评议委员均系名誉职务，不支薪水，亦不得兼任理事部职务，任期一年，连选得连任之。评议部议事细则由评议委员自行拟定。评议部行使下

---

① 《歙县旅沪同乡会第八届报告书·本会会章》，Q117－27－3，上海市档案馆藏。

列职权：一、议决理事部的提案。二、理事部处理事务失当时，要进行质问，如理事部给出的理由不充分，可以撤销其措施。三、答复理事部的咨询并提出建议案。四、议决本会预算、决算及本会基金或不动产的使用。五、受理会员请愿。六、议决其他依本章程属于评议部的事务。

旅溧新安同乡会理事部暂设执行委员 21 人，由会员用记名投票法选举之，以得票最多数者为当选，并设候补委员 9 人，以得票次多数者为当选，当执行委员缺额时依次递补之。理事部设执行委员长 1 人、副委员长 2 人，由执行委员互选产生。执行委员长总理全部事务，理事部集会时任会议主席，副委员长襄理全部事务。当执行委员长有事无法出席时，代理主席一职。理事部设庶务、财政、文书、交际、调查五股，每股设正、副主任各一人，由理事部议决分配，分科办事，执行会务。理事部常务会议每月召开二次，于评议部常务会议后一日举行。如遇有特别事故发生时，由理事部执行委员 5 人以上提议，得以召集临时会议。理事部会议没有执行委员过半数以上之同意不得议决。理事部执行委员均系义务职，不支薪水，但常川驻会执行委员一人，要酌给津贴，其数额由理事部决定。理事部各股办事细则由理事部提交评议部议决施行。理事部各股管理的事务如下：

庶务股：一、关于评议部、理事部之选举及开会布置事项。二、关于养病院、学校之筹备及扩充义冢厝所事项。三、关于常川驻会用人事项。四、关于流落同乡资遣事项。

财政股：一、关于会费之征收及保管事项。二、关于本会财政整理事项。三、关于会费出纳事项。四、关于编制预算、决算事项。

文书股：一、关于议案之编制整理事项。二、关于文件起草及保存收发事项。三、关于记录事项。四、关于通告会期事项。

交际股：一、关于对外交际事项。二、关于本埠各机关代表出席事项。三、关于各埠征求会员及会员之入会、出会接洽事项。四、关于开大会时招待来宾事项。

调查股：一、关于本外埠同乡户口事业之情况报告事项。二、关于会员之情况报告事项。三、关于新安六县治安、政治之调查建议事项。四、关于新安六县农工交通水利之调查促进事项。

旅溧新安同乡会每年春季召开选举委员大会一次，会前十天发布通告，凡同乡会会员届期均应到会，不得放弃应有职权。大会期间，审查全年出纳会费，会员如有建议，有十人以上署名可以提出议案，由评议部议决施行。若遇紧急事故，有会员十人以上请求，会员三分之一出席，可召集紧急会议。①

1923 年，徽宁旅沪同乡会成立时，在组织架构上设立评议部和理事部，各司其职，互相制衡。评议部设评议员 37 人，由会员选出，以得票最多数者为当选，并设候补评议员 37 人，以得票次多数者为当选，在评议员缺额时递补之。评议部设议长 1 人、副议长 2 人，由评议员互选产生，书记 1 人，书记员 4 人，由议长从评议员中选任。评议员由会员用连记通信投票法选举产生，每票连记 10 人。通信投票期间为 5 日，结束后即召集会员大会开票宣布结果。选举前一星期，由理事部、评议部各自推定管理人员 2 名、监察人员 2 名进行收票、投票及监视投票，并推定检票员、录票员若干人，名额视发出票数多寡决定。开票之日，由到会会员当场推举监察四人协同监视，选举细则由评议部另行制定。评议部行使以下职权：

（一）议决理事部之提案。

（二）理事部处理事务失当时，得提出质问，如理事部答复理由不充分，得撤销其处分。

---

① 以上引自《旅溧新安同乡会简章》。

（三）答复理事部之咨询并提出建议案。

（四）议决本会预算、决算及本会基金或不动产之处分。

（五）受理会员请愿。

（六）议决其他依本章程属于评议部之事务。

评议员于每月第一个星期日、第三个星期日各开会一次，但遇到特别事故发生时，由评议员 5 人以上提议，由议长召集临时评议会，理事部认为有必要时，亦可函请议长召集。评议部没有评议员三分之一以上出席，不得议事，列席评议员没有过半数以上同意，不得决议，赞成、反对人数相同时，取决于议长。评议部议事规则由评议部制定。评议员不得兼任理事或干事。评议员系名誉职，不支薪水。评议员任期一年，如被选举，仍可连任。

理事部设理事 15 人，由评议员从会员中选出，以得票多者为当选。理事部设理事长 1 人，由理事互选产生，担任理事部各类会议主席，为同乡会对外代表，干事无定额，由理事选任，襄助理事处理各科事务。理事部综合处理同乡会事务，执行评议部议的决案。理事部设总务科、财务科、教育科、救助科、公断科、稽核科、交际科等七科，各科正、副主任均由理事兼任，由理事部议决分配，处理会务。

总务科处理的事务如下：（一）关于会员之入会及出会事项；（二）关于办理征求会员事项；（三）关于评议员理事之选举事项；（四）关于徽宁两属民政调查建议事项；（五）关于徽宁两属实业交通之调查促进事项；（六）关于文书之制作保存收发事项；（七）关于议案之编制整理事项；（八）关于庶务事项；（九）关于其他不属于他科之事项。

财务科处理的事务如下：（一）关于会费之征收及保管事项；（二）关于本会财产之保管收益事项；（三）关于会费出纳事项；（四）关于编制预算、决算事项。

教育科处理的事务如下：（一）关于旅沪同乡学龄儿童之调查报告事项。（二）关于公共学校之建设管理事项。（三）关于会员补习教育事项。（四）关于会员公共娱乐及交换智识、增进文化事项。（五）关于同乡子弟来沪就学之指引照料事项。（六）接待来沪考察教育同乡人士并应付关于教育之咨询委托事项。

救助科处理的事务如下：（一）贫苦会员之疾病灾厄救恤事项。（二）同乡流落之资遣安插事项。（三）会员受人侵害时之保护事项。（四）筹设工厂医院事项。

公断科处理的事务如下：（一）会员间互相争议之公断事项。（二）会员间已成诉讼之调解事项。（三）会员对外发生争论时之调解事项。

稽核科处理的事务如下：（一）稽核经费出纳事项。（二）稽核财务科预算决算事项。（三）关于编制经费出入概略事项。

交际科处理的事务如下：（一）关于对外交际事项。（二）关于本埠各机关会议之出席代表事项。（三）关于同乡来沪之指引照料事项。（四）关于开大会时之招待来宾事项。（五）关于接洽会董事项。

表 15　徽宁旅沪同乡会会董及第一届理事部、评议部职员名单

职　务	姓　　名
会　董	徐季龙、徐积余、朱智仁、汪瑞闿、胡祥钧、汪礼斋、谢淮卿、胡子皋、洪敬斋、洪仲谋、汪莲石、胡义儒、金慰侬、金邦平、洪瑞侯、汪兰庭、汪孟邹、陈少丹、朱幼鸿、汪昱庭、程伯勋、俞朗溪、许伯龙、余谷民、汪幼农、朱研涛、吴树人、汪蟾清
	会董并无定额，由理事部、评议部先后推举，经评议部通过备函敦请

续 表

<table>
<tr><th colspan="3">职 务</th><th>姓 名</th></tr>
<tr><td rowspan="20">理事部</td><td colspan="2">理事长</td><td>余鲁卿</td></tr>
<tr><td rowspan="2">总务科</td><td>理事</td><td>吕篙渔、曹志功</td></tr>
<tr><td>干事</td><td>龚兆鸿、吕朴山、胡廷元、章鹏、曹纯君、汪启卿、胡良存、俞澜</td></tr>
<tr><td rowspan="2">财务科</td><td>理事</td><td>朱研涛、许筱甫</td></tr>
<tr><td>干事</td><td>曹石甫、曹鼎铭、汪藜青、汪昱庭、曹次瑾、方韵甫、李子厚、姚毅全、黄兰荪、程兴铭、汪立兰、洪星垣</td></tr>
<tr><td rowspan="2">公断科</td><td>理事</td><td>汪幼农、汪汉溪</td></tr>
<tr><td>干事</td><td>李星五、李曙邨、汪献庭、舒桂华</td></tr>
<tr><td rowspan="2">教育科</td><td>理事</td><td>李振亚、谭维洋</td></tr>
<tr><td>干事</td><td>吴太玄、许瘦鹤、许士骐、罗纯夫</td></tr>
<tr><td rowspan="2">救助科</td><td>理事</td><td>路文彬、汪醒斋</td></tr>
<tr><td>干事</td><td>邓源和、查震园、江周海、邵运赏、唐石卿、张文耀、罗元生、胡锡之、胡鸿钧、章傅高、江敬庭、邵运家</td></tr>
<tr><td rowspan="2">交际科</td><td>理事</td><td>郑介诚、吴志青</td></tr>
<tr><td>干事</td><td>程镜清、萧谷芬、王天怀、汪熙昌、吴仲谋、路云光、赵焕芝、余卓人、余筱甫、胡椿海、毕让贤、徐云松、张耀堂、冯志远、郑勉予、郑培根</td></tr>
<tr><td rowspan="2">稽核科</td><td>理事</td><td>汪禹丞、詹铭珊</td></tr>
<tr><td>干事</td><td>章震通、汪湘棠、吴沛人、程炳松、张益斋、方汉川、叶国华、王柏苑</td></tr>
<tr><td colspan="2">驻会干事</td><td>毕秀峰</td></tr>
<tr><td colspan="3">第一届理事于 1923 年 9 月由评议部复选，至 1924 年 9 月任满，各科干事由理事部先后选任，任期与理事同</td></tr>
<tr><td rowspan="4">评议部</td><td colspan="2">评议长</td><td>许伯龙</td></tr>
<tr><td colspan="2">副议长</td><td>胡佩如、余谷民</td></tr>
<tr><td colspan="2">书记长</td><td>胡佩如</td></tr>
<tr><td colspan="2">书 记</td><td>黄温如、程永言、黄怜生、胡芾之</td></tr>
</table>

续表

<table>
<tr><th colspan="2">职务</th><th>姓名</th></tr>
<tr><td rowspan="2">评议部</td><td>评议员</td><td>黄禹鼎、邵亦群、黄怜生、吴鼎九、邵华瑞、程霖生、程铁桥、邵在雄、毕立信、孙镜湖、王琴甫、洪锡麒、程丹五、黄温如、程如麒、李省三、汪维英、李达夫、张仲芳、俞去尘、金培庆、程永言、胡复华、胡芾之、王文藻、邵在亨、汪孟邹、汪鉴堂、洪鉴庭、张友帆、胡玉华、姚荫荪、周清吉</td></tr>
<tr><td colspan="2">第一届评议员于 1923 年 9 月大会投票选举，评议长由评议员复选，书记长及书记由评议长指定，任期至 1924 年 9 月</td></tr>
</table>

资料来源：《徽宁旅沪同乡会第一届报告书·本会职员录》。

理事部常务会议在评议会后一日举行，但遇有特别事故发生时，可由理事二人以上之提议，由理事长召集临时会议。理事部及各科办事规则由理事部提案，交评议部议决。有下列事件必须经理事部开会议决：（一）对评议部之提案。（二）用本会名义对外发表之文书。（三）预算内预备费之支出。（四）会款保存及支付方法之变更。（五）干事之任免。

理事部开会，没有理事三分之一以上出席不得开议，没有列席理事过半数之同意，不得决议。理事、干事均系名誉职衔，不支薪津，但驻会干事一人，可酌给津贴，其数额由理事部决定。理事部对于评议部的决议案，认为不能执行时，要在接受决议案后的一星期内提交复议。评议部仍坚持原议时，理事部应立即执行。但是当理事部认执行该决议案对本会有重大损害时，可由理事长会同评议长召集董事、理事、评议员联席会议讨论决定。为方便会务进行起见，也可召集理事部、评议部联席会议，联席会由理事长任主席，理事长缺席时，由评议长任主席，评议长亦缺席时，临时公推主席。[①]

① 有关 1923 年徽宁旅沪同乡会组织结构的材料均出自《徽宁旅沪同乡会第一届报告书·本会会章》。

1946年，徽宁旅沪同乡会恢复会务工作时，为适应时局变化，同乡会章程作了适当调整，组织结构也有所改变。章程规定，会员大会为同乡会最高权力机关，每年召开一次，必要时可召集临时会员大会，其职权范围为“通过会章；选举理事、监事；决定经费预算及工作计划；审议理事会、监事会会务报告；其他重要事项决定”。在会员大会开幕期间，理事会代行其职权。由会员大会选举理事21人、候补理事9人组织理事会，理事会的职权范围为“对外代表本会；对内处理一切事务；召集会议；执行会员大会决议；通过会员入会；办理理监事会移付执行案件；会款保存及支付方法之变更”。另从理事中互选常务理事5人组织常务理事会，并互推1人为理事长，常务理事会的职权范围为“执行理事会决议；办理日常事务；召集理事会议”。

会员大会选举监事7人、候补监事3人组织监事会。监事会的职权为“监察会员履行义务事项；经济之稽核事项；办理其他有关监察事项”。另从监事中互选常务监事1人处理日常会务。常务监事的职权为“执行监事会决议；召集监事会议；办理日常事项”。

理事会、监事会每月开会一次，常务理事会、常务监事会每半个月开会一次，必要时可举行临时会议。理事会设秘书1人，并分设总务、财务、教育、工艺、仲裁、交际、调查7科，设正、副主任干事各一人，干事若干人，由理事会从理事或会员中聘任，秉承理事会的指令办理各主管事务。理事、监事均为义务职，任期一年，连选得连任，从1947年起改为2年。同乡会聘任驻会干事若干人，受理事长及常务理事会的指挥办理会务，酌给薪金，其数额由常务理事会决定。同乡会的理事、监事如有下列各款之一者应予以解聘：“(一) 不得已事故，经会员大会决议准其辞职者。(二) 旷废职务，经会员大会决议令其退职者。(三) 职务上危及法令或有重大不正当行为，经会员大会议决令其退职者，或由主管机关令其退职者。”理监事的选举经呈准主管机关同意，采用通信投票法。凡徽宁旅沪同乡负有声望并能实力赞助本会者，由理事会议决聘任为名誉理事。理事会认为有必要时,可设立各种委员会,委员人数视事务繁简酌定之。①

二、旅外徽州同乡会的会员及会费

作为同乡会最基本的构成,会员是衡量同乡会规模的主要指标,同乡会的功能也基本上围绕会员展开,如嘉兴的新安旅禾同乡会就将该会任务总结为"会员之职业介绍及合作事业;举办会员间公共利益及慈善救济事项;关于会员之咨询请求事项"。②

为了最大限度地扩充同乡会规模,旅外徽州同乡会在筹备期内就广泛宣传,征求会员,正式成立后,也一直将征求会员列为重要会务工作。徽宁旅沪同乡会于1923年4月召开成立大会时,入会会员共计306人,4月19日,经临时职员会议决,组织征求会员队,征求会员,共组织征求会员队18队,各队推定队长,分别为方晓之、朱志卿、汪用宾等人。8月5日,召开第五次评议会,请各队长列席,讨论结束征求事宜,并核计各队征求分数,以第七队、第十七队、第四队、第一队、第十五队为最多。此次征求束后,徽宁旅沪同乡会共有会员887人,颇见征求成效。经评议会议决,赠给吴润生、汪荫庭、汪俊臣、方晓之、曹味蘅银质纪念章及褒谢状,其余队长赠给褒谢状,并题名装配镜框,永远悬于会所。会员发给会员证及徽章,同乡会职员除会员证外,另发给证书。③1927年10月19日,徽宁同乡会举行第四届征求会员大会,欢迎各队长就职,公推总队长江家瑂为主席,决定即日起开始征求,揭晓日期分别定为第一次11月10日,第二次11月20日,第三次11月30日,总队长为江家瑂先生,各队长为黄禹鼎、胡祥钧、汪蟾清、曹志功等人。④

---

① 1946年徽宁旅沪同乡会组织的材料均引自《上海市社会局关于徽宁十二县旅沪同乡会申请登记的文件·徽宁旅沪同乡会章程》,Q6-5-964,上海市档案馆藏。

② 《新安旅禾同乡会章程》,L035-001-0212,浙江省档案馆藏。

③ 《徽宁旅沪同乡会第一届报告书·本会会员名录》。

④ 《徽宁同乡会征求会员会开幕》,《申报》1927年10月20日。

旅溧新安同乡会规定，“凡旅溧同乡年龄在十六岁以上依照本会章程，遵守本会纪律，皆得为本会会员”，但有下列条款之一者不准加入，“一、因人格堕落而失职业者；二、宣告破产或剥夺公权者；三、有精神病者”。加入同乡会的会员享有选举权、被选举权，请同乡会代个人主持公道，其子女享受免费教育等权利，具体言之：“一、会员有受屈情事，有请求本会力争申雪之权利；二、会员与会员间发生争执时，有请求本会代为排解之权利；三、本会将来设立旅溧公学，会员子弟或本身有享受免费之权利；四、本会开会时，会员有发言权、建议权、表决权；五、会员有选举及被选举本会职员之权。”但旅溧新安同乡会对会员身份也作了一定区分，一种是未入会者，每年由同乡会详细调查登记，载入同乡录以备稽考而资保护，但不缴纳会费，也不享有正式会员的权利。第二种是原籍为徽州，旅居于外的时间久远，但始终没有脱离原籍，而又志愿入会者，经本会会员三人以上介绍，可以入会为会员。第三种是旅居溧阳邻县宜兴、金坛、高淳、郎溪等境内的同乡，有志愿入会者，经本会会员三人以上之介绍，亦可入会为会员。加入同乡会的会员，先由会中发给志愿书，填写交会，列入会员名册，发给会章，缴入会费及常年费，会中出具收据。会员如有品行不端，触犯同乡会对会员资格的限制条件，或者长期不缴会费者，将由评议部议决取消其会员资格，会员因离开溧阳或其他事由自请出会者，则由理事部提交评议部议决。

会员入会时，须缴纳入会费 5 角，经常费每年分为 5 角、1 元、2 元三种，视个人经济实力而自行认定，每年在召开会员大会时一次性缴足。同乡会遇有特殊情况，可募集特别捐，能捐助特别费 50 元以上者，由同乡会发荣誉奖章，以资鼓励。[①]

新安旅禾同乡会规定，凡旅居嘉兴县区域内的徽州府属六县同乡经二人以上介绍得以加入该会为会员。但有“背叛国民政府经判决确

---

① 《旅溧新安同乡会简章》。

定或在通缉中者；曾服公务而有贪污行为，经判决确定或在通缉中者；剥夺公权者；无行为能力者；吸食鸦片或其他代用品者，"等情节者不得为会员。会员享有表决权、选举权、被选举权以及享有该会所举办各项事务的权利。会员也应履行应尽的义务，要遵守该会章程，服从该会的决议案，按时缴纳会费，应尽该会所举办各项事务的义务。会员因事不能出席会员大会时，要书面委托其他会员代理之。①

1923 年，歙县旅沪同乡会的章程规定，该会由歙县旅沪人士组织而成，凡歙县旅沪同乡经该会会员介绍，皆可为会员。会员如有违反同乡会章程，不服从会员大会或评议会的议决事项，阻挠其执行，以及借同乡会名义招摇撞骗，被判处有期徒刑，或者从事不正当营业者，经评议会议决，应立即被驱逐出会。会员每年要缴纳常年会费 1 元，在开会员大会时一次缴清，新会员应在入会时缴清会费。同乡会的特别捐由各位会员量力认缴，但认定后应即刻缴清，不可肆意拖延，会员认缴特别捐 100 元以上者，被推为名誉会董。同乡会收取的会费及特别捐，每年除必要支出外，如果尚有余存，即作为基金储存生息，此项基金没有紧要用途，并经大会通过，不得动用。②

1931 年，修正后的歙县旅沪同乡会章程规定，凡旅沪同乡不分性别，经会员一人以上之介绍，均得为该会会员。会员享有同乡会所办各项事务的权利及提案、选举与被选举权，但欠缴会费的会员不得享有被选举权。会员有缴纳会费的义务，会费分为以下几类：(一) 永久年费，一次缴洋 10 元；(二) 永久季费，一次缴洋 40 元；(三) 永久月费，一次缴洋 120 元；(四) 普通费，每年缴小洋 4 角，(五) 年费，每年缴洋 1 元；(六) 季费，每季缴洋 1 元，每年共 4 元；(七) 月费，每月缴洋 1 元，每年共 12 元。以上 7 项会费由会员自行认定其中一项，在每年 1 月 1 日举行的会员大会前缴清，会员除缴会费外，还量力认捐特别捐，数额无限

① 《新安旅禾同乡会章程》。

② 《歙县旅沪同乡会第一届报告书·本会会章》。

制。同乡会收取的年费、季费、月费作为经常用费，所收特别捐及永久年费、永久季费、永久月费，均作基金，一并储存生息，此项基金非有紧要用途并经执监会议通过，不得动用。收支账目由会计科于每年年终造具清册，交由监察委员稽核后，向会员大会报告。[①]

1923年，徽宁旅沪同乡会章程规定，凡旅沪徽宁同乡年满十六岁，“未经宣告破产或剥夺公权并无精神病者”，经会员一人介绍，得为本会会员。会员享有同乡会所办各项事务的权利以及享有提案权、选举职员权及被选举权。会员有下列事项之一者，由评议部议决，将被取消其会员资格，一是宣告破产，被剥夺公民权，患有精神疾病；二是不缴会费，迭经催交，截至改选职员一个月前仍不缴纳者。会员因离开上海或其他事由自请退会者，由理事部提交评议部议决。会员应缴纳常年会费，分为5角、1元、5元三种。每年缴会费5元者为甲种会员，缴会费1元者为乙种会员，缴会费5角者为丙种会员，由会员入会时自行认定。会员如能一次性缴纳会费50元以上者即为永久会员。当同乡会有特别需要时，由会员量力缴纳特别捐。除了会员缴纳的会费外，徽宁旅沪同乡会还筹集巨款作为基金，遇有紧要事项，并经评议部通过，才可动用。每年年终，会计科将全年收支各款详刊经费出入概略表，于次年三月以前印刷。[②]

1946年，重新恢复的徽宁旅沪同乡会章程规定，凡徽宁两属旅沪同乡年满二十岁，有正当职业、未被剥夺公民权、无精神病者，经会员一人介绍，不分性别，均可加入同乡会。会员享有同乡会举办各项事务的权利及享有发言权、选举权及被选举权。会员应尽遵守本会章程议决案及缴纳会费的义务。会员如果不遵守同乡会章程，没有正当职业，被剥夺公民权，或者患有精神疾病，应予以警告或除名。会员入会费国币1 000元在入会时缴纳，1947年改为1万元，会员常年费分为500元、

① 《歙县旅沪同乡会第八届报告书·本会会章》。
② 《徽宁旅沪同乡会第一届报告书·本会会章》。

1 000 元两种，由会员入会时自行认定，每年缴会费 500 元者为乙种会员，缴会费 1 000 元者为甲种会员，1947 年改为荣誉会员 5 万元，基本会员 1 万元，由会员入会时认定，一次缴纳会费 1 万元者为永久会员。特别捐由会员自由捐助，作为同乡会基金以存储生息，用以支付重要事项。①

通过对旅溧新安同乡会、歙县旅沪同乡会以及徽宁旅沪同乡会的分析，可以看出会费与特别捐已成为同乡会最主要的收入来源。1923 年，歙县旅沪同乡会共收到特别捐款 3 329 元，会员常年会费 833 元，加上存款利息洋 125.49 元，会计垫款 300 元，当年收入共计 4 587.49 元，而支出只有 1 108.1 元，收支相抵，共存洋 3 478.79 元。② 第二年收支相抵存洋 3 867.79 元，第三年共收入 4 879.39 元，支出 1 000.815 元，收支相抵存洋 3 878.575 元，可见歙县旅沪同乡会的资产规模在不断增加。③而徽宁旅沪同乡会第一届理事部从 1923 年 10 月至 1924 年 9 月的收支报告中，会员费共计洋 3 187.884 元，特别捐款洋 797 元，而当年支出共计洋 2 272.707 元，收支相抵，存洋 1 884.388 元。④

表 16　徽宁旅沪同乡会临时职员收支报告(1923 年 4 月至 1923 年 9 月)

收　　入		支　　出	
收筹备处移交	洋 15.862 元	付会所租金电费	洋 221 元
收成立会移交	洋 1 元	付家具(租用及置办)	洋 151.748 元
收会员会费	洋 1 340.779 元(包括第一次征求会在内)	付印刷文具	洋 106.988 元
收路文记垫款	洋 50 元	付邮电	洋 26.514 元

① 《上海市社会局关于徽宁十二县旅沪同乡会申请登记的文件·徽宁旅沪同乡会章程》，Q6-5-964，上海市档案馆藏。

② 《歙县旅沪同乡会第一届报告书·收支报告》。

③ 《歙县旅沪同乡会第一届报告书·收付款清单》。

④ 《徽宁旅沪同乡会第一届报告书·收支报告》。

续 表

收　　入		支　　出	
收毕立记垫款	洋 20 元	付交际	洋 90.572 元
收拨存华商	洋 250 元	付薪食干事 1 人、茶役 1 人	洋 146 元
收取会发起人照片	洋 4 元	付杂支	洋 69.842 元
		付银质徽章(百枚)	洋 26 元
		付磁质徽章(百枚)	洋 80 元
		付电表押租	洋 21 元
		付广告费	洋 20.286 元
		付许伯龙成立大会垫款	洋 20 元
		付汪醒斋成立大会垫款	洋 20 元
		付曹志公成立大会垫款	洋 20 元
		付胡佩如成立大会垫款	洋 5 元
		付李振亚成立大会垫款	洋 10 元
		付谭维洋成立大会垫款	洋 10 元
		付程铁桥成立大会垫款	洋 10 元
		付毕立信成立大会垫款	洋 20 元
		付路文记垫款	洋 50 元
		付毕立信垫款	洋 20 元
		付第一届选举用费	洋 88.817 元
		付发起人照相	洋 20 元
		付救助同乡川资	洋 5.663 元
		付存华商银行	洋 400 元
共收洋 1 681.641 元		共付洋 1 659.43 元	
收支相抵,应存洋 22.211 元(移交第一届理事部保管)			

表 17　徽宁旅沪同乡会理事部第一届收支报告
（自 1923 年 10 月至 1924 年 9 月）

收　　入		支　　出	
旧管项下		付会所租金（巡捕捐在内）	洋 271.128 元
收（临时职员）移交	洋 22.211 元	付顶会所费	洋 230 元
新收项下		付置具	洋 41.127 元
收会员会费	洋 3 187.884 元	付印刷文件	洋 127.396 元
收洪瑞候、洪仲煌捐洋	100 元	付邮电费	洋 52.11 元
收徐积余捐洋	100 元	付交际费	洋 114.952 元
收汪兰庭捐洋	50 元	付薪食	洋 390 元
收汪礼斋捐洋	200 元	付客饭洋	洋 100.819 元
收汪瑞兰捐洋	50 元	付救助同乡川资	洋 27.68 元
收洪敬斋捐洋	200 元	付电灯费	洋 41.682 元
收陈少舟捐洋	20 元	付杂支	洋 130.969 元
收陈子俊捐洋	10 元	付徽章	洋 94 元
收周年纪念会捐洋	67 元	付电话费	洋 23.27 元
收拨存华商	洋 150 元	付新春同乐会费	洋 115.27 元
		付周年纪念会用费	洋 83.507 元
		付第二届征求会费	洋 284.566 元
		付第二届选举用费	洋 47.165 元
		付还成立大会垫款	洋 60 元（黄怜生、路文彬、汪维英三人）
		付装修费	洋 37.046 元
新旧 12 项，共计收洋 4 157.095 元		共计 19 项，付洋 2 272.687 元	
收支相抵，实存洋 1 884.408 元			

资料来源：《徽宁旅沪同乡会第一届报告书·收支报告》。

而与徽宁旅沪同乡会、歙县旅沪同乡会的收支相比，新安旅镇同乡会无论在收入来源上还是支出项目上都要复杂很多。

表 18　1936 年度新安旅镇同乡会收支报告

项　目	金　额	项　目	金　额
旧管项下	存现金国币 158.804 元		
新收项下			
收信昌房租	国币 715 元	收源泰祥房租	国币 360 元
收南洋房租	国币 456 元	收祥和房租	国币 280 元
收蒋顺源房租	国币 66 元	收邮务局房租	国币 360 元
收陈水炉房租	国币 40 元	收藻文房租	国币 60 元
收徽宁同乡会房租	国币 80 元	收义隆祥房租	国币 960 元
收义隆祥栈房租	国币 660 元	收久余房租	国币 330 元
收熊剑珊房租	国币 324 元	收焦鼎忱房租	国币 324 元
收凌幼曾房租	国币 324 元	收高星五房租	国币 162 元
收晋康承房租	国币 38 元	收孙锡寿田租	国币 30 元
收南洋押租	国币 380 元	收祥和押租	国币 220 元
收高星五押租	国币 200 元	收水利公债息	国币 9.6 元
收合作社股息	国币 30.58 元	收合作社公益金拨充幼稚园基金	国币 43.66 元
收保管委员会	国币 55.16 元	收合作社往来国币	1 042.62 元
收幼稚园 1935 年第二学期学费	国币 162 元	收幼稚园存合作社息	国币 2.66 元
收寄柩费	国币 4 元	收售旧报纸	国币 3.02 元
收合作社押借国币	200 元	收詹秉之归还预借薪资	国币 90 元
新收共 32 项，共收国币 8 012.3 元			
支出项下			
支退还晋康承押租	国币 380 元	支退还高星五押租	国币 200 元

续　表

项　目	金　额	项　目	金　额
支拨还汪南珍存款	国币 500 元	支拨还汪莲记存款	国币 500 元
支拨还詹厚记存款	国币 150 元	支汪莲记存款息	国币 51 元
支詹厚记存款息	国币 11.82 元	支义记存款息	国币 72 元
支程炳记存款息	国币 144 元	支汪南记存款息	国币 72 元
支庵记存款息	国币 57.6 元	支英记存款息	国币 72 元
支还合作社押借	国币 200 元	支合作社押借息	国币 10.62 元
支合作社股本	国币 100 元	支幼稚园基金划存合作社	国币 43.66 元
支付保管委员会	国币 69.6 元	支付合作社往来国币	763.66 元
支本会干事薪资	国币 264 元	支司账笔资	国币 60 元
支本会茶役工食	国币 96 元	支詹秉之薪资	国币 136 元
支丙舍后五个月看管薪资	国币 75 元	支丙舍门丁工食	64 元
支詹秉之年例、节例	国币 20 元	支丙舍门丁节例	国币 4.5 元
支戴子安年例养老金	国币 42 元	支电话费	国币 75.96 元
支电灯费	国币 75.96 元	支自来水费	国币 134.4 元
支保险费	国币 214.2 元	支地租完粮	国币 16 元
支祭祀费	国币 69.486 元	支会员大会用费	国币 22.31 元
支常会出席车资香烟	国币 46.93 元	支印刷邮电费	国币 20.84 元
支阅报费	国币 21 元	支购皖志列传 1 部	国币 4.2 元
支幼稚园经常费	国币 912 元	支幼稚园 1935 年第二学期特别费	国币 105.31 元
支追认幼稚园溢出预算费	国币 18.55 元	支《新安月刊》印刷费	国币 86 元

续 表

项　目	金　额	项　目	金　额
支本会大厅装地板费	国币 100 元	支王家巷房屋修理围墙费	国币 200 元
支修理柴炭巷房屋	国币 400 元	支幼稚园电灯材料费	国币 10.718 元
支电话移动装置费	国币 4 元	支本会天井扎竹架及芦席棚费	国币 16 元
支添配电料玻璃	国币 4 元	支各处房屋零修检漏通沟	国币 276.85 元
支各房屋油漆粉刷	国币 78.2 元	支同乡会置买另行物件	国币 8.806 元
支丙舍建厕所及修理费年例杂支等项	国币 163.765 元	支詹秉之棺殓费	国币 101 元
支洪岳生棺殓费	国币 20 元	支黄家祺棺殓费	国币 20 元
支詹秉之抚恤金	国币 100 元	支戴子安抚恤金	国币 60 元
支同乡过镇资助川资	国币 30.1 元	支资助詹仰贤返徽川资	国币 20 元
支施赈钱票	国币 30 元	支施送痧药水 1 箱	国币 16 元
支助王家巷盂兰会	国币 2 元	支赈济歙县水旱灾捐款	国币 100 元
支捐助休宁商山小学经费	国币 10 元	支捐助徽城西干重修千佛庵	国币 20 元
支捐助歙南磻溪掩埋露骨	国币 20 元	支众善救火会特别捐款	国币 50 元
支房洁捐	国币 198.47 元	支应酬费	国币 95.187 元
支杂项开支	国币 40.89 元		
支出 71 项,共支国币 8 178.592 元			
收入国币 8 171.104 元,支出国币 8 178.592 元,收支相抵,存款国币 8.472 元			

资料来源:《专载·新安旅镇各同乡会二十五年读收支报告》,《新安月刊》第 5 卷第 3、4 期合刊,1937 年 5 月 1 日。

从此份表格可以清晰地看出，新安旅镇同乡会最主要的收入是房租，另有部分息银、学费等，共计32项，而支出项目则是收入项目的两倍多，为72项，主要为同乡会自身的支出，包括同乡会房屋修理费、干事茶役的薪资工食、水电费、祭祀费、会议费等，丙舍的修理费、门丁工食等，幼稚园的经常费、特别费等，《新安月刊》出版费。另有同乡会对家乡社会的赈济灾害、掩埋露骨等慈善事业支出，以及支付新安信用合作社的各项息银等。新安旅镇同乡会似乎是一个无所不包的综合体，满足了旅镇徽州同乡的多项需求。

第三节　近代旅外徽州同乡会的社会功能

对于常年在外奔波劳碌的旅外徽州人来说，远离家乡，时常面临各种不虞，承受着巨大的生活压力与精神压力，同乡会就成为他们聚集落脚的场所和归宿。与传统会馆主要举办寄柩、运棺、祭祀等“事死”业务有所不同，旅外徽州同乡会着力解决的是同乡的现世需求。同乡会以“联络乡谊，交换感情，发挥互助精神、增进旅居幸福”为旨归，在团结同乡、服务同乡、为同乡谋福利方面做了大量的工作。同乡会既力图满足旅外同乡寄托乡情的精神需求，帮助他们缓解初至异地的紧张压力，消除身在异乡为异客的陌生感，尽快完成在他乡的适应过程。同时也通过发挥团体的力量，帮助同乡疏解困难，维护同乡的合法利益。

因旅外徽州人以徽商居多，时人提出整理同乡会，振兴徽商事业的看法。这具有一定的代表性：“同乡会的组织，虽说是联络乡谊，交换感情的结合，但是关于国家及地方政治的设施，教育的改善和农工商业的发展，都有在旁边推动促进的可能，故今日在社会上尚为很重要的一种团体，这是任何人都要承认的。吾徽习惯，多数以经商为职业，足迹所及，几遍全国，且在各都市乡镇里，徽帮总是占重要的地位，而且各处都有同乡会之组织。溯其发达的原由，不外乎刻苦耐劳，精诚团结，才能得到这种良好的结果，同时徽人因商业上的进展，多把基础建筑在乡谊上，因为徽州会馆的创设，又可以助商业的成功，凡是徽商到达的区域，都可见到徽州会馆或同乡会，徽州人也把发展商业和同乡会进展视作有同样的重要。同乡会之关系于徽人商业的盛衰如此！……总括的一句话，欲求六邑的繁荣，须先振兴商业，如要振兴商业，尤宜大家团结，若谋大家团结，应先整理同乡会，这才是我们根本工作。"①

旅外徽州同乡会在做好服务同乡工作的基础上，发挥联结家乡社会的纽带作用，致力于促进家乡建设，推动家乡社会发展。由此言之，旅外徽州同乡会的社会功能可分为对内服务同乡、对外服务桑梓两个方面，会务活动也大体上围绕这两个方面展开。旅溧新安同乡会在章程中明确了该会任务，总共有四条，一是对于新安旅溧同乡各项事业的盛衰和生计的发展有指导扶持的任务。二是对新安旅溧同乡公益、慈善诸事业有提倡筹备的任务。三是当新安旅溧同乡的生命财产遇到外界的压迫、侵略、损害，该会有共同援助的任务。四是对徽州各县的治安、农工、教育、交通、水利等事业，该会有调查督促的任务。② 可见旅溧新安同乡会把服务同乡放在了会务工作的首位，但是对家乡事业的关注也始终没有改变。

徽宁旅沪同乡会在 1923 年会章中所规定的五项任务皆集中于服务同乡方面，分别是："(一) 关于徽宁旅沪各界之利病得失，本会有调护

---

① 《整理徽州同乡会和振兴徽人商业》，《新安月刊》第 2 卷第 7、8 期合刊，1934 年 9 月 25 日。

② 《旅溧新安同乡会简章》。

指导之任务;(二)关于徽宁旅沪同乡生计之盛衰,本会有研究扶持之任务;(三)关于徽宁旅沪同乡公益慈善诸事业,本会有提挈筹维之任务;(四)关于徽宁旅沪同乡生命财产横来之损害,本会有公同援助之任务;(五)关于徽宁之实业、教育暨其他民政事项,本会有调查促进之任务。"[①]1946 年婺源旅沪同乡会规定的六项任务中有五项是保护在上海的婺源人的利益,一项是关于桑梓建设事业的。具体而言,(一)关于同乡利病得失之调护指导事项;(二)关于同乡争议之调解事项;(三)关于同乡生命财产无故被人侵害时之援救事项;(四)关于同乡公益之兴办维持事项;(五)关于同乡实业教育之提倡事项;(六)关于桑梓政治经济暨治安上之建设事项。[②]

《徽宁旅沪同乡会第一届报告书》收录了该会自 1923 年 5 月至 1924 年 9 月间所办理的 37 项事件,其中关于同乡会自身会务的只有"办理第一届职员选举事件""欢迎会董事件""举行新春同乐会事件""一周纪念大会事件"4 件,而有关旅外徽宁同乡的事件共有 18 件,有关家乡社会的事件共有 15 件,具体办理情况如下表所示。

表 19　1923 年 5 月至 1924 年 9 月徽宁旅沪同乡会所办事件一览

序号	办理事件	办　理　情　况
1	援助同乡程兰芬损失名誉事件	1923 年 5 月 11 日,程兰芬来会声称,伊向在南京路大中华电器公司,习业已满三年,日前该店执事因细故加以刑责,故愤而辞职,讵该店执事陈某登报谓其奸刁舞弊,并警告各同业勿予收用,事关个人名誉,请求援助等情到会。嗣经职员会议决,出为调解,即推郑介诚、胡佩如前往该公司调查,并表示意见。该店经理陈月夫自认一时气愤,次日来函道歉。本会即根据原函,登报露布,以释群疑,借可恢复程兰芬已失之名誉也

① 《徽宁旅沪同乡会第一届报告书 · 本会简章》。

② 《婺源旅沪同乡会 · 婺源旅沪同乡会章程》,Q6－5－1037,上海市档案馆藏。

续 表

序号	办理事件	办 理 情 况
2	查究婺源隐匿红丸事件	1923年5月20日,报载红丸之毒已流入徽属婺源,前经沪上同乡电省请禁,地方官厅尚能认真办理。4月26日,婺源北乡保卫团团丁俞合尚,拿获红丸75罐、私贩6名,讵团董胡兴科意存隐匿,经地方诘问,始于14日遣人报案,仅将私贩1人、红丸10罐交警解县。事为该县清华镇绅商学界所知,以团董违法徇私,亟宜彻究,联名电请陈省长暨高检厅彻底查办。嗣由本会会员程铁桥向本会提议,婺源县红丸盛行,乡梓受害匪浅,本会应发电省长,从严彻究。经众表决,致函省长
3	营救临城被掳乡人事件	自临城盗匪劫车掳人之巨案发生后,中外人士被掳者甚多,徽属婺源同乡洪锡麒、宁属旌德同乡王安宓不幸亦陷匪穴。本会闻此警耗,正思所以营救之方,适旅沪广肇公所、宁波同乡会等团体发起组织各省区同乡会联合会,协筹营救方法,函征本会加入,经职员常会议决通过,推派汪醒斋、胡佩如为出席代表。会同协商后,由联合会推派代表冯少山等赴临营救。本会因洪、王二人消息沈沈,除面托冯少山代为调查外,嗣复致电冯少山代查二人情状。冯少山复电谓王安宓姓名上恐有错误,复经推请吕朴山调查实在,续电枣庄郑帮办、陈镇守使,请为设法营救。洪锡麒幸先出险来沪,当即开会欢迎,未几王安宓亦出险。至联会方面,后因国会南迁一案,有一部分代表,出而反对,违反众意,擅阻湖北会馆租赁房舍,且据本会代表报告,议决案与发表时不同,经职员议决,认为不能合作,因即退出联合会
4	关于休婺发生匪患主张组织民团事件	1923年6月间,徽属婺源、休宁二县境内发现赣省流匪,抢劫行旅情事,本会深恐贻害乡里,特致电皖省长及两县知事商会等,主张组织民团,以御后患
5	聘请常年法律顾问事件	本会章程第三条"本会任务"第四项规定:"关于徽宁旅沪同乡生命财产横来之损害,本会有公同援救之义务。"此类事件,多有牵涉法律问题者,自应延聘律师,以资顾问,倘会员中遇有事件发生,得为保障。此案由郑介诚提出,经由六月十日职员常年会通过,即经聘请美国法学博士何世桢、何世枚二人为本会法律顾问,蒙二人慨允尽完全义务,即日就职

续 表

序号	办理事件	办 理 情 况
6	援助同乡王仲甫因所荐学徒走失与布厂纠葛事件	1923年6月24日,会员汪醒斋来会提议,有歙县同乡王仲甫君前曾荐同乡陈吉林至明德布厂充学徒,五月间该学徒忽然失踪,布厂转与王君为难,除向歙县同乡会乞援外,并乞本会予以相当援助。经本会职员会议决,推派程铁桥君会同歙县同乡会代表负责办理
7	关于黟县盐荒风潮主张查办事件	1923年7月间,黟县因盐荒风潮,激成罢市,驻沪黟山青年励志会特推代表余时、胡良存来会报告详情。节经开会公决,佥以食盐关系生命,全县淡食,影响甚大,新任许知事措置不力,一任劣绅破坏盐法,应电请省长,迅将该知事撤任查办,又因黟邑行销浙盐,并电请两浙盐运使速为维持
8	援助宁国同乡周敦卿被诬逮捕事件	1923年7月2日,接据新安旅宁同乡会代电,谓徽州同乡周敦卿在宁国经商有年,忽被当地董事诬以勾通土匪,向督署控告,致被拘押,请求援助。当即致电马督理、孙知事秉公办理,后得马督复电,未数日周即释出
9	援助绩溪同乡邵应被诬事件	1923年7月15日,本会开会,由路文彬君提议,绩溪商人邵应被该邑劣绅章泉如勾通知事诬窃被冤,横加非刑,现已派人在省起诉,特恳本会加以声援。公决一致援助,先致电皖省长、高检厅长秉公办理,以申冤抑
10	挽留皖省江教育厅长事件	本省教育厅长江彤侯氏,七月间因受刺激,愤而辞职,皖省各公团纷电挽留。本会7月24日常会,由职员曹志功提议,教厅出资,教育中枢无人主持,势必至全省教育陷于混乱状态,本会似应电请皖当局派员挽留。经众公决,除电各公团外,并电江教厅长,责以大义
11	招待侨日被灾同乡及反对米粮弛禁事件	1923年9月间,日本发生大地震,沪上各团体群谋协助。本会除派代表至各轮船码头招待两属同乡外,并因有人提议驰禁食米,认为与国内民食有关,经由本会职员曹志功提议,常会通过,分函各团体,表示反对

序号	办理事件	办　理　情　况
12	办理第一届职员选举事件	第一次征求结束后,即进行第一届职员选举,先期由会中制印会员名单、选举票等分寄各会员,至9月15日上午十时假座三马路慕尔堂,举行第一届选举会。到者二百余人,余鲁卿主席,报告开会宗旨后,由郑介诚代表临时职员部报告经过概略,后由监匭余鲁卿、孙镜湖及会员代表江敬庭、程兴铭等,亲自启封,由唱票员郑介诚、李振亚、曹志功等,检票员黄兰荪四人,录票员汪醒斋、黄怜生等十二人,挨次检唱,至晚间九时始行告竣。9月20日下午二时举行第一届评议员就职典礼
13	反对违法纳贿选举并召集两属国会议员南下事件	1923年6月13日北京政变,本会于15日召集紧急会议,除发布通电表示意见外,并推派代表曹志功、郑介诚、吕篙渔出席救国联合会,推派代表李振亚、汪禹丞、胡佩如、曹志功出席安徽旅沪各公团联席会。并以两属国会议员汪建刚等尚多逗留北京,未即南下,经郑介诚提议,电召南下,经常会通过拍发
14	查究泾县许氏筑坝妨害田亩水利事件	1923年9月19日,接会员朱智仁来函,谓据泾邑同乡吴子坚君报告,伊祠租与许宝珍水碓一所,近许另筑新坝,妨害沿河田亩,曾经县知事封禁,近复贿通黟县承审员许某等藐法启封,请求援助。经本会议决,致函皖省长,饬该知事从严究办,以维水利
15	援助歙县冤妇汪胡氏事件	1923年12月8日,接歙县同乡会来函,并附诉状一纸,大致谓歙县琶村民妇汪胡氏于三月间失窃,次日途遇安庆人方月明腰缠该妇人所失面袋,当即追究失赃,方月明自称藏在董小洪家,遂一同至董小洪家查找。讵料董小洪恼羞成怒,当场殴打方月明,并将方月明拽走。二日后,张得才等人告诉汪胡氏,方月明已被打死,可以私下出钱解决,否则就告官,遭到汪胡氏拒绝。张得才等人到县署控告,将汪胡氏逮捕到案,严刑求供,并掌脸颊八百下。因县承审员吴国桢、科员桂庭芳与控诉人张得才有乡谊关系,故不惜违法刑讯,并用办公厅戮条拘人。经歙县旅沪同乡会调查确实,除屡次表示援助外特函歙县知事,请起秉公审断,一面并函复该会知照
16	援助会员张乐宜因荐学徒发生纠葛事件	会员张乐宜曾荐一学徒,在武昌路祥昌押店内习业,后学徒因病辍业,该押不还保单,乞予援助,经职员会议决调处,即推胡佩如代表调查,并负责办理

续 表

序号	办理事件	办 理 情 况
17	援助会员胡安生被人殴伤事件	会员胡安生在北四川路横浜桥申江楼为伙,因与同事某甲口角致被殴伤,来会请求援助。当经提出职员会,经众详询,以胡安生与其同事,均系同乡,不可因小事致伤情感,除面为劝解外,并推路文彬调查事实,酌为排解。嗣经路文彬会同申江楼经理及股东等善为调处,将会员胡安生延医诊治外,某甲即日解职,其事遂寝
18	欢迎会董事件	本会同人根据会章提出吴蝶卿、汪孟邹、汪礼斋、胡祥钧、洪敬斋、谢淮卿等为会董案,交际部议决通过,即择于12月27日午后六时,假座四马路倚虹楼,宴请全体会董。到者十余人,由路文彬、胡佩如等,分任招待,酒至数巡,由理事长余鲁卿起立致欢迎词……会董方面,由谢淮卿起立答词如仪,答词毕,并由到会会董当场担任捐款,十时许尽欢而散
19	举行新春同乐会事件	本会为谋会员正当娱乐及发展会务起见,乃定于2月16日午后二时假座西藏路宁波旅沪同乡会举行新春同乐会及第二次征求开幕典礼,除分送会员入场券外,并登新、申两报通知同乡。当日到者极为踊跃,达千余人,由招待员妥为招待,当场分送同乐会特刊一张,公推理事长余鲁卿主席,其秩序如下:(一)奏乐开会;(二)主席致词;(三)胡佩如报告同乐会之意义;(四)吴鼎九报告筹备第四次征求之情况;(五)曹志功之滑稽演讲;(六)少年宣讲团之新剧;(七)中华武术会之国技;(八)明星影片公司之影戏。直至七时许始告闭幕。嗣有多数同乡具函来称,本会举行之同乐会不仅有益身心,实含有社会教育之意义,明年仍请举行
20	反对旅粤公产被卖事件	婺邑旅粤会馆有被同乡汪某盗卖情事,借口报效军费,欲图肥已。本埠同乡汪维英等来会报告,乃召集紧急会议,到者咸谓乡前辈,间关亲历,旅粤经商且当时海道未通,悉由旱道往返,动经数月,颇感不便,乃捐资建造会馆,联络乡谊,暨谋商业之发展,为婺邑旅粤同乡之慈善机关,岂容少数私人任意盗卖,当拍电反对,议决电致旅外各同乡团体,同起反对。电文发出后,尚有多数同乡纷纷来会报告,要求援助。本会为郑重起见,又致函旅粤徽州同乡会,与婺源会馆探询一

续 表

序号	办理事件	办 理 情 况
		切,又由本会理事汪禹丞函托旅粤柏烈武代询真相,并设法阻止盗卖。各电分别拍发后,适本会会董徐季龙在粤闻悉上项情形,乃会同柏烈武多方设法阻止。然已卖之归原堂一部分产业因原因复杂,实已无法挽回,其新安会馆及安徽会馆之产业,经徐、柏二人之维持,可保不致再被人盗卖
21	一周纪念大会事件	今年春,同乡热心份子为谋会务之发展,组织征求会,其结果颇佳,本会执事诸公认为应有奖励酬庸之举,须举行大会,当场给奖,以资鼓励。嗣经理评两部共同议决,为节省经费计,定于3月7日举行一周年纪念会,征求给奖事附焉
22	排解全皖厚生会反对徽宁会馆迁冢事件	全皖厚生会代表孙镜湖来会陈述徽宁会馆董事主张迁移女冢之不当,要求本会致函质问。本会乃召集会议,互相讨论,咸知此种争执,乃观念不同之误会,本会同人未明双方所持理由及事实之若何,不妨先致函会馆,请会馆董事详细答复后,再行着手排解,总以不伤感情,抱定宁人息事为宗旨,议决后,即致函徽宁会馆详询一切
23	反对皖当局发行铜元纸币事件	皖省中国银行发行全省铜元纸币,马联甲通令各县局一律照现钱使用。本会闻讯之下,以发行铜元纸币流弊滋多,且是以扰乱币制,妨碍商业,特于昨日开会,议决反对,乃于5月4日通电各县商会一致进行
24	筹设施诊所事件	本会为救同乡疾病起见,由理事部提出组织徽宁医院。惟因兹事体大,又复召集理、评两部联席会,讨论一切,结果决定先行设立徽宁医院筹备处,在筹备期内,先设施诊所,以惠贫病,并推定余鲁卿为筹备主任,路文彬、吕篙渔为副主任,汪醒斋、黄温如、许筱甫、李振亚等为筹备员,曹志功为常驻筹备员,从事筹备一切进行手续,并议决聘请邵亦群、黄仰遽二人担任中医部施诊事项,邓源和、江周梅二人担任西医部施诊事项,曹志功兼任药剂部事项,当场经詹铭珊、洪鉴庭二人慨助开办费百元,黄兰荪代募到随安堂助洋50元,其经常费另行捐募,嗣经筹备处赶速进行,未几,手续略备,即登《新》《申》两报通告同乡

序号	办理事件	办 理 情 况
25	援助会员杨少舫被害事件	会员杨少舫向在山海关路经营大来押当，讵于本年5月14夜被盗谋毙，并拐去十四岁学徒汪观映，当晚虽由捕房获有嫌疑女犯一人，然正凶未获，真相不明。本会谊切乡梓，见报载此案后，正拟着手调查，设法援助，复据会员胡咏青、程步青等来会报告前情，请求援助，遂于16日开会讨论，佥主援助，即据情函请公廨转饬捕房从速缉凶以申冤抑，一面复循胡、程二君之请，登报悬赏，如能捕获正凶及截留被拐学徒者，酬洋100元。惟因本会经费支绌，所有此项赏洋及登报费概由胡、程二君担任募集，不足由二君负责，热心毅力，殊可敬也。登报未数日，旋接扬州瓜洲镇警察分所长吴啸园来函，谓案内失踪之学徒已在瓜洲破获并捕获凶犯叶明年，嘱沪往提。本会即持函报告捕房，越日派捕往扬迎提来沪，叠经公廨研审，叶犯承认行凶不讳，而女犯汪高氏亦经叶指证为行凶重犯，后经公廨判决，将叶、高二犯解送护军使署惩治，学徒汪观映则交本会代表詹铭珊领回安置，讵料叶犯在解押前夜晚在狱中自尽，未得克正国法。未几杨少舫妻金氏来沪清理店事，复由本会评议胡芾之代延礼明律师会同胡咏清、程步青二君代为办理一切，故善后各事毫无纠葛，汪徒亦交胡、程二君领去为之安插别典
26	调解徽属墨业罢工风潮事件	1924年6月间，徽属婺帮墨工因要求增加工资、组织工会二事，未得店东允许，迫不得已相率罢工，未数日，绩、歙两帮墨工亦有同样表示。本会据绩、歙两帮店主胡祥钧、姚子蕙等及墨工代表胡洪炳、许焕炎、汪巨铎、朱良臣等，婺帮墨工代表朱润斌、程炜庭、王利丰、俞金桂、俞宝杰等先后函报前来，即召集会议讨论办法，佥主出为调解，免伤乡谊，当经拟定路文彬、汪禹丞、郑介诚、曹志功四君为本会代表，出向双方调解，旋由路、曹二君向店主方面作一度接洽，无甚结果。而工人方面又因向警厅请愿，与警察误会，致起冲突。自是风潮愈扩愈大，劳资两方之恶感亦愈演愈烈，虽经各调人奔走呼号，唇敝舌焦，殊未能得双方谅解，迨后形势紧迫，工人复进一步而全体退工，栖食无所，歧路徘徊。本会谊关乡梓，不得不谋救济之途，而墨工以栖身无处，乃要求会馆暂容，斯时颇有对于本会态度加以怀疑者，至会馆集议此案时，本会代表汪

续 表

序号	办理事件	办 理 情 况
		禹丞、曹志功特往申述本会调解意旨，不外息事宁人，反复剖解，群疑始释。比有本会会董汪莲石先生不忍劳资双方决裂，慨然出任调解，以 80 高年奔走劝喻，均归无效，他可知矣。迨会馆不允住宿，工人乃请安徽全省会馆栖身，幸得允许，不致露宿，亦云幸矣，而同乡中之热心人士复纷助米粮以资生活。迁延至 7 月中旬，警厅始颁发布告，定旧历中秋加工资，工人以所得不偿失，仍主即加，叠经各调人往返磋商，始得通融余地，全部工人遂安然上工，一场风波至斯始结，总计相持 50 余日，其间经过之困难与复杂为他业所无，本会调解不力，亦殊以自愧也
27	阻止皖军移驻徽宁事件	1924 年 6 月间，闽军臧致平部逼近皖边，并有入徽之说，皖省军事长官借口防堵，加派重兵分驻徽属之祁、婺、休，宁国之宣泾等邑，本会诚恐重兵入境，引起纠纷，即分电臧、马吁请
28	请撤驻徽省军事件	1924 年 6 月，省军借臧军入皖之名，派遣重军入徽，分驻婺、休等邑，而驻休省军忽又移转防地，以致人心愈恐，经理评两部议决，电请撤回，后率如愿
29	援助同乡汪进云被骗投浦事件	歙县同乡汪莲云向在兰溪贸易，七月间来申办货，银洋被骗，愤而投浦自尽，为法捕房捞获，解送公廨，经公廨讯问属实，除资助洋 40 元外，并备函送其来会，嘱为资遣。次日适开职员会，遂提出讨论，结果由会董俞朗溪、评议姚荫荪等慨助洋 35 元，由本会凑足 40 元送其回籍
30	请免浙岸盐斤加价事件	1924 年 7 月间，浙省筹办西湖博览会，浙岸盐斤每斤加价 3 厘，徽属休、黟、歙等邑向销浙盐，忽添一重负担，本会接休宁县商会来电，即行分电浙省军民长官及盐运使，请求收回成议，奈事关浙江全省通案，仅属一隅呼吁，终觉人微言轻，无济于事耳
31	反对皖省盐斤加价事件	1924 年 7 月间，皖马联甲扩充军旅，借口筹饷，欲恢复倪氏在任内盐斤加价一事。案关桑梓人民负担，本会焉能漠视，节经开会议决，通电反对

续 表

序号	办理事件	办 理 情 况
32	援助同乡吴载寿被警殴毙事件	歙县同乡吴载寿向在本埠西门张垣兴茶叶号为伙,8月8日晚,行经民国路九亩地口,不知如何,被落差巡警王学德殴毙,幸由居住附近同乡吴方氏闻声往救,得以指证凶手,拘送检厅。事后本会得有报告,即推理事詹铭珊前往调查,越日并开会讨论援助办法,决定代为声援,并会同歙县同乡会一致办理
33	阻止皖省军事行动事件	1924年8月间,江浙军兴,皖省有卷入漩涡之说且叠派重兵分驻徽宁二属,本会诚恐引起战祸,糜烂地方,特电请本省军事长官严守中立
34	主张组织徽宁自卫团事件	江浙军兴后,皖省形势险恶,徽宁二属因与浙赣毗连,谣诼尤甚,而重兵驻境,人心愈惶,且有划作战区之议,本会同人鉴于江浙两省人士纷谋自卫,爰特电请梓乡父老组织自卫团,以资捍卫
35	援助同乡胡灶定被警枪伤事件	同乡胡灶定向在闸北公益里口万家春菜馆为徒,9月19日九时,送菜至开封路附近,突被巡警王芝亭开枪击伤腿部,由该馆经理邵华瑞等报告本会,请求援助,当经本会理事曹志功亲往出事地点调查,并开会讨论,决定致函四区一分所,请按例惩治。嗣将孟署员复函,允为惩治,并表示歉忱,担任医费
36	发给同乡职业证事件	江浙战兴后,本埠拉夫之声不绝于耳,徽宁两属工、商两界工作于南北两市者颇不乏人,每遇军警检查之时,苦无证明之具,纷来本会,请求给券证明。经众议决,印制职业证一种,分发同乡,并函请淞沪护军使、淞沪警察厅、上海县知事各公署会印记,领证者须由其执业店铺盖章领取,方行发给,以昭郑重也
37	发起徽浙长途汽车事件	徽属僻处山隅,交通殊感不便,旅沪乡人,屡有行驰徽浙长途汽车之议,格于经济与人才,所谋未成就,本会成立以后,多数会员主张由本会发起。休宁同乡朱其光对于屯余长途汽车,实地调查,研究有素,经黄禹鼎介绍,致书徽宁同乡会,并附预算概略,经同乡会会议后,认为此事急应促进

资料来源:《徽宁旅沪同乡会第一届报告书·会务撮要》。

此处之所以不惮其烦地抄录37项事件的办理情况，是因为这些事件有一定的共性，比较全面地反映了旅外徽州同乡会的社会功能。如对内功能表现为救助同乡，使其免除不正当损害，为受害同乡排忧解难，平抑冤屈，争取权益，调解诸如劳资矛盾之类的同乡纠纷，设立施诊所为同乡提供医疗服务等；对外功能则致力于服务桑梓，监督家乡基层官员的作为，发表政见，援助受害乡人，积极救乡，为家乡争取和平环境，关注家乡经济建设等。而这些事件的办理经过也在某种程度上反映了同乡会的运行逻辑，通过召开理评联席会议或执监联席会议，形成决议，指派专人代表同乡会出面处理，体现了团体的力量。我们从现存歙县旅沪同乡会的历届报告书中也能看到大量的类似事件及其处理过程，此后的几章行文中也将详细展开，因而此处不再赘述，拟就旅外徽州同乡会比较关注的移民教育问题再略作铺陈。

徽州人一向重视教育，享有"东南邹鲁"的美誉，不但在徽州本土大力兴办教育，在侨寓地也组织力量设立学校，满足移民子弟对教育的需求。

1922年春，江振华在上海法租界八仙桥首安里创立新安小学，次年因学生人数骤增，校舍不够使用，便在格洛克路(后改名为柳林路)创办新安公学。1929年又在贝勒路(后改名为黄陂南路)添设徽宁小学，当年新安小学停办。1930年10月，上海教育局以组织尚欠完备，办理腐败为由，拟取缔徽宁小学和新安公学。余空我、黄宾虹、王仲奇、朱曼华等人接到同乡的报告后，召开会议进行讨论，认为学校组织尚欠完备实出于经济原因，而且平时无论是否为同乡子弟，凡属家境贫寒者皆减免学费，两校学生已有三四百人之多，一旦关闭，则因尚在学期中间，面临无处转学的局面。为维持数百儿童的学业起见，黄宾虹等人决定成立新安、徽宁学校校董会筹备委员会，一面督率改良，整顿校务，一面呈请上海市教育局收回成命。教育局派员复查后，认为该校既能诚意改进，可以暂免取缔。其后筹备委员会将两校合而为一，改名为私立徽宁小学,定柳林路为一校,黄陂南路为二校。1931 年 7 月,私立徽宁小学遵照国民政府新颁布的私立学校校董会规程,正式设立校董会,推定许世英等 8 人为校董,分别为上海法租界警备处侦探部秘书严志超,画家黄宾虹、许士骐,中医王仲奇,《上海新闻报》编辑余空我,在洋行工作的朱曼华,法总巡捕房政事部翻译程海涛,国民政府赈务委员会委员长许世英等,他们或为文化名流,或为政府官员,皆有一定社会地位,能够为学校争取更多的资源。徽宁小学将校董姓名、年龄、籍贯、经历详细填表呈请上海市教育局备案,并声明学校经费除收取学费外,不敷部分由校董会负担。1932 年秋季开学之际,为使社会人士明了学校状况,徽宁学校于 8 月 14、15 两日宴请社会名人,有淞沪警备司令戴戟、教育家陶行知、商会会长虞洽卿,新闻界余空我、汪英宝、毕卓君、朱曼华,书画家黄宾虹、俞剑华及校董许世英代表贺啸寰等数十人,席间由贺啸寰报告了学校的历史现状及将来计划等。[①]

1923 年徽宁旅沪同乡会成立之初,即有会员提议创办徽宁夜校,以提高同乡的识字水平,增强他们的就业能力。此条建议获得赞同,很快就举办了一期。当同乡会事务所搬迁至新闸路后,交通更加便利,便由常务理事曹志功主持夜校事宜,将会议室辟为教室,并在《申报》等报刊上登等招生广告,告知徽宁同乡会将举办商业义务夜校,利用晚间补习应用性知识,课程中西并重,讲求实用,无论同乡与否,一律免收学费。[②]因教室狭小,只能容纳 40 人,额满即行开课,聘请黄佩章教授英文、笔算,张国樑教授国语,蔡晓和教授国文、尺牍、珠算,除黄佩章酌量贴补车马费外,张国樑、蔡晓和二人均是义务从教,学生除少数能缴纳学费外,其余皆为贫寒子弟,由同乡会津贴书籍,借以奖励好学之士。下表即是 1926 年徽宁夜校的收支报告,从中可见徽宁同乡会的补助在夜校收入结构中居于主导地位,即便如此,夜校还是处于入不敷出的状态,

① 《徽宁学校宴请名人》,《申报》1932 年 8 月 16 日。

② 《徽宁同乡会夜校将开学》,《申报》1926 年 9 月 8 日。

反映出夜校不以营利为目的的慈善性质。

表 20　1926 年徽宁旅沪同乡会夜校收支表

收　入		支　出	
收卢自元学费	洋 1 元	付津贴黄教员车马	洋 27 元
收吴光清学费	洋 1 元	付教科书	洋 4.775 元
收吴荣根学费	洋 3 元	付粉笔洋	洋 0.1 元
收高成钰学费	洋 3 元	付练习簿	洋 1.33 元
收李焕炎学费	洋 1 元	付教鞭	洋 0.16 元
收徽宁同乡会补助	洋 29.045 元	付国文报到簿	洋 1.08 元
		付粉板布笔书	洋 3.6 元
		付招生广告费	洋 9.18 元
共计收洋 38.045 元		共付洋 47.225 元	
收支相抵,透支洋 9.18 元			

资料来源《徽宁旅沪同乡会第三届报告书·附录·徽宁夜校报告》,Y4－1－304,上海档案馆藏。

歙县旅沪同乡会成立之初,不但筹备设立义务夜校,还建立图书馆,供同乡借阅以提高自身综合素质。根据歙县旅沪同乡会会章第三条规定应行举办事项之第三项“增进公众幸福之事项”,评议员徐云松提议,举办图书馆,以启迪会员新知,陶冶情性,先由同乡会拨洋百元购置图书,并欢迎会员捐助书籍。此项提议由主席提交 1923 年 10 月 7 日第 7 次评议会议决通过,由副会长许伯龙草拟章程,提交 11 月 11 日第 8 次评议会议决通过。章程规定,由同乡会支出会费购备图书供会员阅览,会员或非会员捐助图书于本会者,除禁书外,概行接受,所捐图书价格在十元以上者,由同乡会登报致谢,在百元以上者,由本会赠给银盾,以表谢忱。图书由驻会书记员保管,若因保管不周而致遗失毁损者,该员应负责任。图书按哲学、文学、史地、小说、政法、工商、农林、理数、医药、艺术、类书、杂俎等十二目编制目录,著作人姓氏、版本、出版年月、册数、定价、实价、购置年月各项也一概详细登记。每日上午九点至十二点，下午一点至四点，本会会员凭会员证可至同乡会会所阅览书籍，继续到会读书者，虽没有携带会证，亦可阅览。本会会员凭会员证向本会借出藏书阅览，但须缴纳保证金。保证金的数额按借出图书的实价讲定，不得少于所借书的实价，如果书价在一元以外，尚有零头或不及一元，概以一元计算。保证金在交还所借图书时退还。图书的借阅期间限按照该图书的卷数多少制定，于图书目录中标明，并在书中附加签记，以提醒借书人注意，倘逾期不还，送还时不是原书，或将书毁损，即将保证金没收以另购新书抵补。[①] 1924 年 4 月 21 日，歙县旅沪同乡会召开评议会，许伯龙、罗纯夫、徐云松等人提议，照章程第二条“旅沪儿童教育事业之规定”，应设立义务夜校，名为“歙县旅沪同乡会义务夜校”，会上公推罗纯夫、许士骐、徐云松、张杰夫、汪景山、汪季文等办理，罗纯夫被推举为校长。[②]

1928 年农历正月初六，婺源旅沪同乡会筹备处在开团拜会时，汪维英便提议，同乡会应办职业学校，栽培同乡子弟，等学生毕业时，由同乡会分别保荐生意，得到俞明溪附和，全体赞成。[③] 7 月 5 日，婺源旅沪同乡会召开筹办职业学校会议，议决筹办学校器具，费用由会计科临时支出，学生额定 40 名，先招免费生 10 名，自费生 20 名，待经费充足，再增加免费生 10 名。开学典礼定于 8 月 5 日举行，招生广告于 7 月 22 日登载。[④] 7 月 23 日，婺源同乡会议决，职业学校于 8 月 5 日举行开学典礼，并请同乡名人演说，备有影戏多种以助余兴，学生额定 30 名，分为免费生 10 名，自费生 20 名。会上还通过征求简章，设总队长一人，分队长百人，以 30 天为征求期限，分 4 次，在常务会议上揭晓征求，按成绩颁

---

① 《歙县旅沪同乡会第一届报告书·经办事件报告·筹设图书馆事件》。
② 《歙县旅沪同乡会开会纪》，《申报》1924 年 4 月 22 日。
③ 《婺源同乡会筹备会纪》，《申报》1928 年 1 月 31 日。
④ 《婺源同乡会筹开职校》，《申报》1928 年 7 月 6 日。

发银盾、银鼎等奖品。①

新安旅镇同乡会也在会所内设立图书部，为会员提供图书借阅服务。1930 年，新安同乡会会所建成，崇楼大厦，颇为壮观，便在楼内辟出一间作为图书部，藏有二十四史全部 3 214 卷，计 392 册。当时因建筑经费及全部油漆等已用去一万六七千元，无力多办用具，只得向各位同乡借用桌椅，然多破旧不堪。为了提高图书部的硬件，同乡会出资 53 元购买当地一户人家低价卖出的全新杂木桌椅。② 图书部成立后，藏书量不断扩充，除陆续添购书籍外，还得到各埠同乡的热心捐助，同乡会常务委员黄白民更是亲自向上海一位大藏书家征得一批善本旧书，共计 200 余本，有力地充实了图书部。③ 与此同时，新安旅镇同乡会还筹备创办新安小学，邀请热心小学教育，教学经验丰富的旅沪徽州同乡方与岩及旅苏徽州同乡汪已文到镇江商讨进行办法，方与岩和汪已文作了详细指导，并介绍赴南京著名小学参观。同乡会推定新安小学校董杨荫庭、黄白民、黄乐民、章机、杨文霞 5 人前往南京，参观了南京特别市东区实验小学、江苏省立南中实验小学、晓庄农村小学。④ 虽然学校经费已由新安旅镇同乡会议定拨发，但校舍、主持人的问题一直没有解决，最后同乡会决定先创办幼稚园。

1935 年 1 月，新安旅镇同乡会执监联席会议召开，议定在该会王家巷新会舍的第三幢房屋及后面花园创办新安幼稚园，由同乡会拨付基金 3 000 元，开办费 500 元，每月经常费 100 元，并请幼稚教育专家孙铭勋、戴自俺到镇江视察园址及商定筹备规程，由同乡会派杨文霞、戴映秋两位女士赴上海参加孙铭勋主持的劳工幼儿团实习一年，期满学成返回镇江，并由孙铭勋携同参观上海、南京一带的幼稚园，以资参考。

---

① 《婺源同乡会开会记》，《申报》1928 年 7 月 24 日。

② 《镇江播音 · 新安图书部扩充》，《新安月刊》第 1 卷第 7 期，1933 年 9 月 25 日。

③ 《各地同乡会消息 · 镇江 · 新安图书部征得大批藏书》，《新安月刊》第 2 卷第 7、8 期合刊，1934 年 9 月 25 日。

④ 《镇江播音 · 新安小学筹备讯》，《新安月刊》第 1 卷第 10 期，1933 年 12 月 25 日。

新安幼稚园装修一新，儿童生活教材用具、玩具等购办齐全，并向镇江县教育局立案，决定即日起招生，2 月 22 日开幕，每周在江苏省报出版的《幼稚教育》刊登广告，幼稚园开幕时，另由同乡会主办的《新安月刊》出版一期专刊。[①] 新安幼稚园随后在《幼稚教育》和《新安月刊》上登载了招生简章，声称幼稚园课程是根据生活教育的原理，用教学做合一的方法，将各种活动联成一体，其主要目的在于培养儿童健康的身体，快活的情绪，主要分为卫生习惯、疾病治疗、音乐节奏、听音乐名曲、作画、剪贴、欣赏名画、游戏、故事、歌谣、戏剧、搭积木、玩科学戏把戏、照料小花木、制造玩具、洒扫拂拭、识字、写字等。凡两岁以上、六岁以下幼儿皆可入园，每学期交纳费用 5 元，作为笔墨纸张、药品茶水、点心之用，报名时缴清。学额暂定 30 名，亦可寄宿，膳宿费另定。报名后，儿童即可到园任意玩耍，教师也可至家中与儿童谈话。[②]《新安月刊》第 3 卷第 2 期即作为《新安幼稚园专号》发行，该期刊登的文章为开场、前奏三十五曲、初步计划说明书、招生简章、招收寄宿生简章、招收艺友答客问、怎样踏上幼稚教育之路、从上海劳工幼儿团回来、乡闻撷要、编后等，提高了广大同乡对幼稚园的了解程度。

1935 年，新安旅镇同乡会执监会议决定，新安幼稚园经常费照镇江县教育局规定每月支 70 元，如有特别必需费用，经会议通过另行开支，因孙铭勋离开镇江，另聘主任教员一人负责主持，原有教员杨文霞、戴映秋两位女士仍任助教，得到与会人员的一致赞同。嗣后由黄乐民分别函知两位女士，概允继续担任助教，另行聘得李冠姝为主任教员。李冠姝在镇江崇实女中毕业后，入中央大学区立幼稚师范毕业，历任江苏省立镇江中学附小幼稚园主任，上海中西女塾附小幼稚园主任，经验丰富，长于音乐舞蹈，对于幼稚教育颇具热忱，到园以后，与杨、戴两女士

① 《新安幼稚园筹备完成定期开幕》，《新安月刊》第 3 卷第 1 期，1935 年 1 月 25 日。

② 《新安幼稚园招生简章》，《新安月刊》第 3 卷第 1 期，1935 年 1 月 25 日。

颇契洽,新学期开学后,成绩更佳,学生增至 40 名。[①] 1935 年 11 月 1 日,新安旅镇同乡会会议室召开新安幼稚园园董会议,通过了 1935 年度决算及 1936 年度上学期预算各案,并将该园组织规程及园董会会议规程逐条修改通过。"新安幼稚园组织规程"规定,以园董会为最高权力机关,园董会设园董 11 人至 14 人,由新安同乡会执行委员会聘任,任期 2 年。园董会全体园董互选董事长 1 人,主持园董会休会期间一切园务进行事宜。设园主任 1 人,提请园董会议聘任,秉承董事长的指导,主持全园教务及行政事务。设助教及职员若干人,由园主任提请董事长联名聘任,秉承董事长及园主任的指导,帮助处理全园教务及行政事务。全园设行政部、教务部、研究部及特种委员会,行政部办理全园行政,拟定推进园务计划,教务部办理全园教务,拟定推进教务计划,研究部研究行政及教务之改进,特种委员会处理特种事项。各部设主任 1 人,由园主任聘任。规程如有未尽完善之处,提请园董会议修改。规程经园董会议通过并函请新安同乡会备案后施行。[②] "新安幼稚园园董会议规程"规定,园董会议每学期开始及结束期间各举行一次,遇必要时得由董事长或园董三人以上之提议召集临时会议。园董会议主席由董事长充任,遇董事长缺席时,有出席园董互推临时主席。园董会议除董事出席外,园主任列席,各教职员经通知后亦列席。园董会议出席人未过半数时得开谈话会。园董会议讨论的范围为:关于编审各种规程计划方案事项;关于园务实施工作的重要事项;关于园主任的任免事项;关于经费的支配及审核事项;关于临时发生的必要事项。前项讨论范围所应提议事项必须于每次会议前一日书面提交董事长,一体编入议程,但必要时亦得提临时动议。规程经董事会议通过并函请新安同乡

① 《新安幼稚园聘定新主任》,《新安月刊》第 3 卷第 7、8 期合刊,1935 年 9 月 25 日。
② 《本埠徽音·新安幼稚园组织规程》,《新安月刊》复刊第 2 期,1936 年 12 月 1 日。

会备案后施行。[①]

本章小结

随着中国近代城市化的发展,流动人口日益涌入城市,名目繁多的同乡、同业组织成为城市移民最主要的依靠。同乡会是近代同乡组织网络的重要编织点,具有明显的时代性特征,其结构和功能随着时代的变迁和同乡需求的变化而不断做出相应的调整。

近代旅外徽州人向外迁徙的力度依然强大,通都大邑、僻远乡村到处可见徽州人的身影,为满足旅居者适应都市生存的需要而广泛设立同乡会。旅外徽州同乡会的设立形态不一而足,有的是从会馆转变而来,有的与会馆并行而立,部分地方以原徽州府为单位设立,有的地方以县为单位,有的地方则与宁国联合设立,主要视当地徽州人的规模而定。同一地方各类层次的同乡会既独立运行,又相互交叉,如在上海,徽州各县同乡会的会长、理事长、常务理事、常务监事之类的中坚人物一般都在徽宁会馆和徽宁旅沪同乡会中担任职务,由此构建了一张庞大的同乡网络,遇有重大事情,各同乡会能够迅速联合起来,共同应对,形成群体性的力量。与此同时,借用近代电报、电话等通讯技术和新闻媒体,分散在各地的旅外徽州同乡会也能及时联络,形成超越地域的同乡网络,每当近代徽州屡屡遭受溃兵骚扰或军队进驻时,各地同乡会互相联合,共同发出声音,对当局产生了重要影响,使得徽州社会避免了一次又一次的动乱,保障了家乡人民生命财产的安全。

---

① 《本埠徽音·新安幼稚园园董会议规程》,《新安月刊》复刊第 2 期,1936 年 12 月 1 日。

同传统时期的会馆公所相比，近代旅外徽州同乡会的组织结构更为合理，强调民主和公开，并根据形势的变化而不断完善。同乡会的领导由选举产生，并有任期限制，以全体会员大会为最高权力机关，下设层级分明的办事机关，由专人负责，各司其职，理顺了事务办理流程和规则，提高了办事效率。仅以同乡会的经费管理为例，近代徽州同乡会的经费以会员交纳的会费为主，遇有特别事故，由财力殷实的会员认缴特别捐。会费除维持同乡会日常运行外，结余资金和特别捐作为基金存储生息，每年的收支账目由财政科或会计科负责管理，年终经监察委员会或评议部审核后，再向全体会员大会报告。如要动用基金，须提交理评联席会议或执监联席会议议决。这就有效地避免了会馆资金因掌握在少数人手中并缺乏监督而导致的贪墨侵蚀弊端。同乡会的治理架构强调制衡监督，评议部或执行委员会是决策、监督机构，议决理事部或执行委员会的提案，本会预算、决算案，监督理事部处理的事务，有失当之处进行问责，理事部或执行委员会是办事机构，综合处理同乡会事务，下设各部门分别处理相应事宜，庞杂无序的事务变得条分缕析。这就使得同乡会行政事务有专人负责办理，并形成监督机制，规范了权力的使用范围，既能提高办事效率，又能保证民主公正，从而保证了同乡会的良性运行。

近代旅外徽州同乡会致力于服务同乡。密切同乡交流，是同乡组织赢得同乡支持，提高社会声望的重要途径，各旅外徽州同乡会无一例外地将保障同乡权益放在首位，举办慈善公益设施，开夜校，办小学，建医院，为同乡提供医疗、教育服务，提升他们的就业能力。同乡会还积极救助同乡，为失业同乡介绍工作，资助无力者回乡，为不幸身故同乡办理后事。1926 年，徽宁旅沪同乡会共救助同乡 31 人。徽宁同乡因“寻友不遇”“投亲不遇”“失业流落”“来沪谋事失业”“贫老流落”等而流离失所者，经人介绍或直接前来，向同乡会请求援助，同乡会根据求助目的，做出相应的处理，尽量满足同乡的请求，对要求回里者，给予路费资遣回乡；对乞求棉衣者，转慈善团体代；对要求介绍工作者，介绍进入相应的工厂做工。[①] 同乡会还为同乡排忧解难，调解纠纷，平抑冤屈。当旅外同乡遭受侵凌，生命财产不保时，同乡会出面处理。同乡遇到劳资纠纷时，同乡会居中斡旋调解。同乡身陷官司时，同乡会聘请律师代为处理。诸如此类，不一而足，同乡会已成为旅外徽州同乡的避风港和救助所。

近代旅外徽州同乡会还注重与家乡社会的联系，在做好旅外同乡工作的基础上，关心桑梓社会的发展，成为推动家乡社会发展的一支重要力量。当徽州发生水旱灾害，亟待救援时，旅外徽州同乡会积极行动，捐钱捐物，帮助家乡共度时艰。当徽州大兵过境，民众出粮出钱，疲于奔命时，旅外徽州同乡会四处奔走，向当局疾呼。如 1923 年，因皖系军阀马联甲欲参与直、皖军阀争夺战，为避免战火延烧到家乡，徽宁旅沪同乡会组织弭兵委员会，向北京、天津、南京、杭州、汉口各埠徽宁同乡诸公暨各公团、各报馆致电，互相联合，向各方请命。[②] 近代徽州社会的发展已离不开旅外徽州同乡会的支援，地方官员也形成了动辄就向旅外徽州同乡会求助的习惯。民国《歙县志》在编纂过程中，歙县县长石国柱同歙县旅沪同乡会就首安堂是否入志、同乡会捐款等事项频繁地书信往还。《歙县志》编成后，旅沪歙县同乡捐资在上海进行印刷，体现了旅外徽州人对桑梓社会的深切关注。[③] 可以说，内外互动，已成为近代徽州社会发展的一条重要路径，旅外徽州同乡的桑梓之情，一定程度上推动了徽州社会的发展变化。

---

① 《徽宁旅沪同乡会第三届报告书·十五年份救助报告表》，Y4－1－304，上海市档案馆藏。

② 《歙县同乡会职员会纪》，《民国日报》1923 年 7 月 25 日；《徽宁同乡诘问马联甲》，《民国日报》1923 年 7 月 26 日；《徽宁同乡弭兵大会记》，《民国日报》1923 年 8 月 20 日；《徽宁弭兵会委员会记》，《民国日报》1923 年 8 月 21 日；《徽宁弭兵会委员会纪》，《民国日报》1923 年 8 月 23 日；《马联甲覆徽宁会馆电》，《民国日报》1923 年 8 月 24 日；《徽宁弭兵委员会纪》，《民国日报》1923 年 8 月 27 日；《柏烈武等发起弭兵会》，《民国日报》1923 年 8 月 27 日；《钱业复徽宁弭兵会函》，《民国日报》1923 年 8 月 28 日；《徽宁弭兵会委员会纪》，《民国日报》1923 年 8 月 31 日；《和平会赞同皖人主张》，《民国日报》1923 年 8 月 31 日；《徽宁弭兵会委员会记》，《民国日报》1923 年 9 月 7 日。

③ 《歙县旅沪同乡会第十三届报告书·文件》。

第三章

同学会：近代旅外徽州青年学子的群体组织及其运作

1900 年 2 月,梁启超在《清议报》上发表了激荡人心的《少年中国说》,热切希望出现“少年中国”。青年学生是一个具有鲜明性格特征的群体,他们思想活跃,充满激情,处于人生的上升期,敢于言说,勇于任事,常常一呼而百应,容易形成团体性的力量,特别是在近代中国急剧变迁的时代格局中,常常可见青年学生振臂高呼的身影。从五四运动,到抗日救亡,再到解放战争期间,青年学生热血沸腾,掀起了一场场学生运动,有力地推动了中国民主化进程。正如桑兵所言,近代中国的青年学生,是除旧布新的重要社会力量,在民主革命的各个阶段,在社会变迁的各个方面,常常起着先锋和桥梁的作用。①

青年学生在近代徽州社会变迁的过程中也同样发挥了重要作用,接受了新式教育的青年学生通过组织同学会,创办学会刊物,建立了自己的组织阵地与舆论阵地,他们纷纷撰文就徽州社会问题提出个人看法,以对地方政府施加影响,虽然见解不无幼稚或不具可行性,但他们毕竟在众声喧哗中发出了自己的声音,借助于刊物在家乡的发行,形成了一定的舆论氛围,从而在近代徽州社会的版图上划下了或浓或淡的一笔。

第一节　近代旅外徽州同学会的发展概况

近代旅外徽州同学会主要由在外地读书的徽州青年学生组织成

① 桑兵:《晚清学堂学生与社会变迁》,广西师范大学出版社 2007 年版,第 1 页。

立，是一种与同乡会具有相同性质的民间团体。旅外徽州同学会又是一个具有多重面向的群体组织，一种是由在校学生发起，会员以在校学生为主的纯粹学生组织。如1933年在安徽省城安庆成立的徽州六邑旅省同学会就强调“本会纯粹是学生的集团”，“凡徽州六邑旅省同学，经本会会员二人以上之介绍，皆得为本会会员”。[①] 另一种是由青年学生发起，但会员不局限于在校学生，而是吸收了记者、编辑等具有一定文化素养的徽州籍知识分子参加的青年学人组织。如1923年，在上海各大学求学的绩溪青年学生程本海、邵雪奴、周德之、周家暐、唐子宗、程中一等发起组织了绩溪学社，该社会员余时为上海中华书局编辑所编辑，余哲文为上海《新闻报》记者，汪原放、汪乃刚在上海亚东图书馆供职。胡适、陶行知等有名望的徽州籍知识分子被聘为学社顾问，多次受邀向会员发表演讲。第三种是主要面向青年人设立，不刻意强调受教育程度的青年人组织。1922年，黟县人汪励吾等在上海成立黟山青年励志会，该会宗旨是“联络乡情，促进青年自立的精神”，加入该会的办法为“凡黟县不分性别，但虽品行端方，有自立能力并有革命精神与笃信三民主义者皆可入会”。因为不设置任何门槛，该会发展很快，到1926年，会员已达600余人。[②]

如果从空间分布来看，旅外徽州同学会大致可以分成两个层次：一是在徽州本土设立的同学会；二是走出徽州，在省城安庆、上海、北京等外地城市读书的学生成立的同学会。1928年，位于休宁县万安镇的安徽省立第二师范学校和位于休宁县隆阜的安徽省立第四女子师范学校，改为普通中学，分别易名为安徽省立第二中学和安徽省立第四女子中学，开办中学教育，吸引了婺源、绩溪、祁门、黟县等地的学生前来求学。中学阶段的学生年龄较小，外地求学难免遇到诸多困难，为联络感情，声气相求，来自同一个县的学生就自发地组织起来，以县为单位成

① 《徽州六邑旅省同学会会章》，《徽光》第2期，1936年，安徽省图书馆缩微胶卷室藏。

② 《黟山青年励志会征求同志》，《黟山青年》春夏两季合刊，第18期，1929年8月出版。

立了同学会，如绩溪旅休同学会、祁门旅休同学会、皖二中黟县同学会等先后出现。

随着近代高等教育的发展，地处北京、上海等城市的大学开始面向全国招生，在徽州本地读完中学教育的少数学生凭着出色的成绩考入大学。远离故土，身处繁华都市的学生更有团结起来的现实需要，1920年在北京大学、北京政法大学等大学读书的黟县籍学生，组织了“黟麓学社”，并创办月刊《古黟新语》。但是部分同学会的组织网络并不仅仅局限于所在的城市，而是把触角延伸到多个城市，将在外求学的徽州学子吸纳进来。如总部设在上海的“黟山青年励志会”就不断扩大地域范围，先后在九江、黟县、景德镇、济南四处设立分办事机关，1925年又在安庆、武汉、汉口、当涂四处筹备办事机关。上海“徽社”也先后在杭州、汉口、北京等徽州人聚集较多的城市设立了分部，在徽州学生群体中产生了广泛影响。①

相对于其他城市，在上海求学的徽州学子颇为活跃，较早地成立了青年学生组织。1921年9月22日，徽州旅沪学界同乡会之发起谈话会在上海大东旅社举行，吴志青、邵布文、许义、孙深甫、王致中等人与会。首先由吴志青说明谈话会宗旨，主要是讨论组织徽州旅沪学界同乡会，认为徽州旅沪学界同志日渐增多，但分散在各学校中，平素联络稀少，对家乡社会的各项事业关注不足，为此需要成立学界同乡的组织。经讨论，决定推举吴志青为临时主席，组织定名为徽州旅沪学界同乡会，并推许士骐、孙深甫、余元濬为起草员，吴志青、邵布文、王致中为干事员，议定下礼拜日上午在徽宁会馆召开第一次正式大会。② 9月28日，徽州旅沪学会同乡会在徽宁会馆召开正式成立会，复旦大学、中华职业学校、中国公学等徽州籍学生到会，吴志青被推为临时主席，将同乡会简章提出讨论，由起草员余元濬宣读，略有删改，全体通过。后由吴志

① 《社务报告》，《微音》月刊第27期，1926年。
② 《徽州旅沪学界同乡会之发起》，《民国日报》1921年9月23日。

青发言，报告当年夏季淮河流域发生特大水灾，安徽受灾严重，哀鸿遍野，同人谊属乡梓，不忍坐视，提议组织筹备救灾游艺会，由各发起人共同负责，将所筹之款悉数交给安徽急赈会。[①] 10月6日，徽州旅沪学界同乡会在上海南市中华武术会召开第一届职员选举会。许士骐、余元濬、吴金堂、邵天锡、陈德钦、舒培香、张昌龄、方业韶、金绶章、唐维城、曹颂增、吴志青、邵布文等人到会，会议选举吴志青为徽州旅沪学界同乡会会长，邵布文为副会长，干事为许士骐，文牍员为余元濬，书记为舒培香、吴金堂。大会提议近期举办游艺大会，为安徽水灾筹款放赈，众人还议决了游艺节目。[②] 10月23日，徽州旅沪学界同乡会在西藏路宁波同乡会举行安徽急赈游艺大会，各团体表演的游艺节目均为一时之选，并临时增加了中国公学的英文双簧。[③] 当日虽然下着大雨，但到会者极为踊跃，吴志青主席报告了灾情及发起此会的缘起。继之表演了各游艺节目，有专科师范陈励、何笑明二人表演的铜琴合奏，刘明智的火棍表演，约翰大学国乐团的国乐演奏。柏烈武发表演讲，介绍旅沪安徽水灾急赈会的设立宗旨。接着，中华武术会表演了拳术、徒手抢棍、单人对手等节目。中国公学的新剧“灵光”描写灾民，惟妙惟肖，另有林发公司的滑稽侦探影片，非常有趣。当场有来宾捐助，共计38元，黄宾虹将所作画作拍卖助赈，九龄童吴八骏还对客挥毫，鬻书助赈。游艺会收到的各笔款项由徽州旅沪学界同乡会正副会长吴志青、邵布文当面交给旅沪安徽水灾急赈会理事长宁隽元、发起人柏烈武，以便早日送至灾区。[④] 12月26日，徽州旅沪学界同乡会召开职员会议，决定结束游艺会，并报告办理经过。邵布文逐项报告账目收支情况，经职员审查通过。[⑤]

---

① 《徽州旅沪学界同乡会成立记》，《民国日报》1921年9月29日。

② 《徽州旅沪学界同乡开会记》，《申报》1921年10月7日。

③ 《今日之会·本埠徽州旅沪学界同乡会》，《申报》1921年10月23日。

④ 《安徽水灾急赈游艺会记》，《申报》1921年10月25日。

⑤ 《徽州旅沪学界同乡会职员会记》，《申报》1921年12月27日。

根据史料记载，徽州旅沪学界同乡会存续时间并不长，或许该会就是为了赈济淮河流域水灾而专门针对上海学界同乡而发起的，赈灾结束即告星落流散。1923 年，有关“徽州旅沪学会”的报道集中出现。当年 5 月 8 日的《申报》以《徽州旅沪学会之新组织》为题，介绍了徽州旅沪学会的筹备情况。徽州属旅沪学界同人鉴于来沪者同乡日众，却苦无团体组织，声气隔阂，少数人开始发起组织徽州旅沪学会。5 月 6 日，徽州旅沪学会第一次筹备会在平济利路停云里音乐专门学校内召开，到会者 20 余人。临时主席吴玉相宣布宗旨毕，讨论进行事项，推定张昌麟、陈默若、张国良、吴玉相 4 人为起草员，担任草拟会章事宜。[①] 经短暂筹备，徽州旅沪学会于 6 月 3 日下午在复旦中学召开成立大会，到会者 40 余人。筹备主任吴玉相首先报告了学会筹备经过，大会主席张昌麟宣布开会，与会人员修订公布了学会章程，选举产生各部执行会务的委员，并宣布将于 6 月 10 日召集执行委员会议，六时摄影散会。[②] 9 月 30 日，徽州旅沪学会坐在歙县同乡会召开该学期第一次委员会，讨论召集第二届大会事宜。[③] 10 月 16 日，徽州旅沪学会假座复旦中学召开第二届选举大会，到会者 50 余人，会员方念谐、金振淦提议改组，得到多数人的赞同，讨论决定学会分为评议、理事 2 部，评议部设部员 6 人，理事部分文书、庶务、出版、交际、教育 5 科，每科设科员 2 人。[④]

与徽州旅沪学会的成立差相同时，绩溪学社也于 1923 年 5 月宣告成立。不过，绩溪学社仅持续到 1927 年就无形中停顿了，存续时间并不长。但无论是从其规模还是从其所办事务来看，该社所产生的社会影响力都远在其他同学会之上。1923 年 9 月 24 日，绩溪学社第二届大

---

① 《徽州旅沪学会之新组织》，《申报》1923 年 5 月 8 日；《徽州旅沪学会之筹备会》，《民国日报》1923 年 5 月 8 日。

② 《徽州旅沪学会筹备竣事》，《民国日报》1923 年 5 月 31 日；《徽州旅沪学会定期成立》，《申报》1923 年 5 月 31 日；《徽州旅沪学会成立会纪》，《民国日报》1923 年 6 月 5 日；《徽州旅沪学会新成立》，《申报》1923 年 6 月 5 日。

③ 《徽州旅沪学会开委员会》，《民国日报》1923 年 10 月 2 日。

④ 《徽州旅沪学会议决改组》，《民国日报》1923 年 10 月 16 日。

会在上海一品香召开，到会者9人，经讨论，决定社名暂不更改，但徽州另外几县的青年有愿意加入者，则持欢迎态度，并特别指出："本社对于有志青年，很愿联络合作，并不因县域而固步自封。"①可见该社虽然是由绩溪青年学子组织成立的，但是并没有固守县域观念，只要是从徽州走出的六县学子都有成为会员的可能，这在某种程度上扩大了学社的知名度，不仅旅居上海的徽州学子踊跃加入，南京、杭州的会员也为数可观。1924年元旦，绩溪学社在南京开会，上海、杭州两地社员因无法到会，便公推程绩咸和曹志功作为代表参加。大会形成的议决中有一条即涉及学社名称问题，认为原定"绩溪学社"的范围太狭，气量太小，而且容易使人误会，故决定将"绩溪学社"改为"徽社"，其理由是，"在狭义方面言之，共谋徽州六县的幸福；广义言之，共谋安徽全省的福利，进而共谋国家的福利"。徽社的另一位发起人邵雪奴也表达了类似的观点："在以前的宣言上，我们团体的最高目标是改造乡土。现在，我们'绩溪学社'改为'徽社'，那么我们所悬目标的范围，当然要由绩溪推广而至于其他六县。但我们最终的目的，实在并不限于此区区六县。"②此外，为使纯正的团体免受名誉上的损失，议决要求征求社员时采取严格主义，有限制地加入。③

绩溪学社改为徽社后，社务发展更为顺畅，以致有人提议将徽社与徽州旅沪学会予以合并，共谋发展，但是这条建议没有被采纳。1924年5月12日，徽社在上海召开社务会议，到会社员有许家振、程绩咸、程宗锜、程本海等16人，议决多项重要提案，对"徽社与徽州旅沪学会合并事"认为不可能，但提出可以采取合作精神，共谋家乡福利。④ 因社务日渐发展，最初设立在吴淞中国公学的社址已不敷应用，曹志功、黄叔鸾

---

① 《绩溪学社昨日开会》，《民国日报》1923年9月25日；《本社第二届大会纪》，《微音》旬刊第5期，1923年10月出版。

② 雪奴：《今后的〈微音〉》，《微音》月刊第14期，1924年7月出版。

③ 程本海：《一年来本社之回顾与前瞻》，《微音》月刊第14期，1924年7月出版。

④ 《社务报告》，《微音》月刊第14期，1924年7月出版。

等人向徽宁同乡会接洽，商借同乡会多余房屋办公，经该会讨论通过，1926 年 9 月 1 日，徽社社址迁入英租界北泥城桥新闻路鸿祥里第 2136 号新屋，交通便利，大门首悬挂“徽社上海总办事处”招牌，有驻会干事随时接待。迁入新址后，徽社在《申报》《新闻报》刊登广告通知各地同志及外界。[①] 随着各地徽社成员的不断增加，设立分部的提议浮出水面。杭州的徽社社员率先要求成立分部，1925 年 10 月 10 日，徽社上海总部的陶行知、程本海、罗纯夫、曹志功、黄叔鸾等人抵达杭州，参加屯昌汽车路公司开发起人大会。会议期间，程本海同意由唐少澜牵头组织杭州分部成立事宜。唐少澜和邵东侯随之被旅杭同乡推选起草分部简章，并寄交上海总部通过付印。杭州分部的社址附设安徽会馆内，1926 年春节过后，便召开社员大会讨论进行办法，并选举职员。[②] 1926 年，汉口、北京相继成立徽社分部。在汉口的徽社社员许瘦鹤、邵振之等人“为桑梓谋福利”，在汉口着手设立分部，许瘦鹤担任汉口分部筹备主任。在北京的徽社社员章铁民、章洪熙、程永言、程万孚诸人热心社务，因徽社的社务日渐发达，在北京筹备设立分部，章铁民、章洪熙为北京分部筹备主任。[③] 各地分部的成立，突破了地域范围的限制，加强了分部与总部的联系，推动了徽社的发展，“论精神则已巩固团结，由数人而至数百人，惨淡经营，得有今日者，实群策群力之效耳”。[④]

1929 年，徽州旅沪同学会成立。在各位委员的努力下，会务发展迅速，至 1930 年 6 月会员已达 80 余人。该同学会的宗旨分为内外两部分，对外督促家乡教育行政等事业的改良，对内研究学术及联络乡谊。[⑤] 但同学会设立未久，即因经费枯竭致使会务停顿，1933 年徽州旅沪同学金纯夫、余大猷、吕博涵等 20 余人，鉴于来沪求学的徽州同乡日渐增

---

① 《社务报告・社址迁移》，《微音》月刊第 29、30 期合刊，1926 年。
② 《徽社杭州分部简章》，《微音》月刊第 27 期，1926 年。
③ 《社务报告・干事会》，《微音》月刊第 28 期，1926 年。
④ 《征求社员缘起》，《微音》月刊第 31、32 期合刊，1927 年 1 月出版。
⑤ 《徽州旅沪同学会讯》，《申报》1930 年 6 月 8 日。

多，为联络乡谊造福桑梓，于10月8日在歙县旅沪同乡会召集发起人会议，大夏大学、大同大学、暨南大学等九校的20余名发起人到会，决议组织徽州旅沪同乡会筹备委员会，推选余大猷、吕博涵、姚士端、汪士珍、吴政达5人为筹备委员，另推举潘腾为会章起草员，决定即日起开始筹备，征求会员，并向上海市党部备案，并定于10月22日举行成立大会。①

第二节　近代旅外徽州同学会的内部制度

同学会的创办与正常运行，离不开人事安排和经费保障这两个最基本的条件。同学会成立之初，为了保证其功能和任务的落实，维护日常运转，各同学会都制定了一系列的章程。这些章程由发起人或推举的人员起草，然后提交全体会员大会，经讨论通过后正式颁布施行。章程一般包括名称、宗旨、会员、事业、会费、会员的权利和义务、集会、社址、附则等几方面的内容，多强调该会章如有未尽完善之处，可随时提出修正，由全体大会通过。1933年10月1日，皖二中黟县同学会第八届全体大会就对本会章程及执行委员会办事细则作了修订，如章程第二章第七条“执行委员由五人增为八人”；第六章第十七条“编辑由二人增为三人”；第七章第十九条改为“凡违背A项之规定者取消会员资格，违背C、D二三项之规定者各处以大洋二角之罚金，违背事项至用期满者即停止其应享之权利”；第九章第二十一条改为“本简章始有未尽事宜，得由会员三分之一以上之提议或执委会提议，得开全体大会修改之”。②

① 《各地徽侨消息·徽州旅沪同学会复活》，《新安月刊》第1卷第8期，1933年10月25日出版。

② 《黟县同学会第八届全体大会会议录（十月一日）》，《黟县同学会期刊》第8期，1934年3月12日出版。

同学会能够正常运行，首先需要一个具有办事能力与办事效率的领导机构。旅外徽州同学会在借鉴同乡会、同业公所等其他团体组织结构的基础上，结合自身特点，制定了行之有效的组织制度。如祁门旅休同学会设总理事一人，由全体会员推选产生。执行委员会由全体大会公选九人组成，执行委员会下设内务部、外务部、事务部三部，三部之下分别设立两个职能部门，处理相应会务。执行委员会的内部组织系统如下图所示：

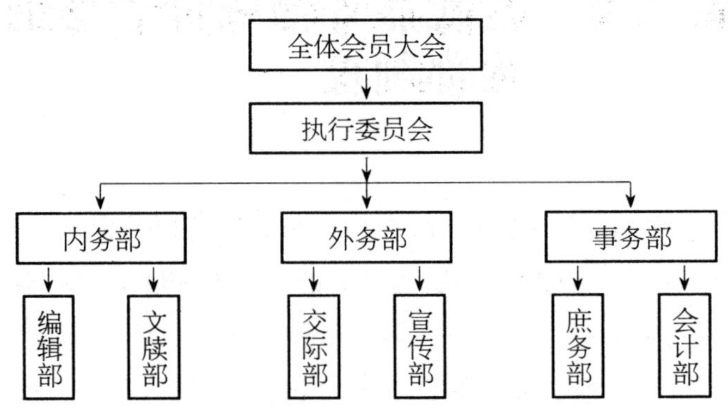

该会另设常务委员会，由执行委员会互选三人组成。而特种委员会是遇有特殊情况，经执行委员会议决后设立的，组织办法根据事情实际再另行规定。在各部的职权分配上，全体大会为最高机关，闭会期间以执行委员会为最高机关，但执行委员会闭会时，以常务委员会执行本会一切常务事宜。同学会每年开全体大会一次，于暑期后一星期或两星期以内举行，由内务部召集。执行委员会认为有必要，或经全体会员三分之二提议，可以开临时全体大会一次，由总理事召集。执行委员会与常务委员会每隔四周召开一次会议。该会各职员任职时间以一学期为限，连选者得连任。①

徽州旅沪同学会采用委员制，由大会选出执行委员 11 人组成执行

① 《祁门旅休同学会会刊·简章》，安徽省图书馆缩微胶卷室藏。

委员会，监察委员5人组织监察委员会。执委会分为六股：常务股2人，总理本会日常事务，并为大会正副主席；学术股2人，办理本会研究及出版事宜；文书股2人，保管本会文件及办理文书事宜；交际股2人，办理本会外交事宜；会计股1人，办理本会财政事宜；庶务股2人，办理本会杂务事宜。每股设主任1名，如事务复杂，聘请干事协助办理。徽州旅沪同学会以全体大会为最高机关，大会闭会期间，由执行委员会行使职权，负有执行大会议决案及处理一切会务的权力，但监察委员会如果认为执行委员会有违背本会宗旨时，可以提出弹劾案，由大会处理。执行委员和监委员于每学期开第一次大会时，由全体会员用记名投票法选出。任期以一学期为限，连选得连任。旅沪徽州同学会的全体大会分为常务会议和临时会议两种：常务会议，每学期举行2次，以出席人数超过全体会员二分之一为法定人数，由执委会召集；临时会议，倘有重大事故，执委会不能解决时，或有全体会员三分之一书面请求时，由执委会召集大会。该会执行委员会每两个星期开会一次，由常务股召之，遇有必要时召开临时会。监察委员会的开会时间不定，如若开会，由监委二人署名召集。

黟山青年励志会实行会长制，设正、副会长各1人，下设编辑部、评议部、干事部，干事部下设会计员、庶务员、文牍员、交际员、调查员，负责处理全会的日常行政事务。1923年农历正月初十日，黟山青年励志会在徽宁思恭堂召开常年大会，选出正、副会长及各部负责人，余时为正会长，汪侃为副会长，编辑部主任为王蓉荪，评议部部长为李赤少，干事部长为胡笃初。①

徽州六邑旅省同学会则实行集体领导制，设干事会，总理本会一切事宜，由干事7人、候补干事3人组成。其组织结构每届都有所不同，现将该会第一届与第二届干事会组成结构及其职员名单制成下面两幅

① 《会务报告》，《黟山青年》1923年春季季刊，1923年3月出版。

图，以示明晰。[①]

第一届：

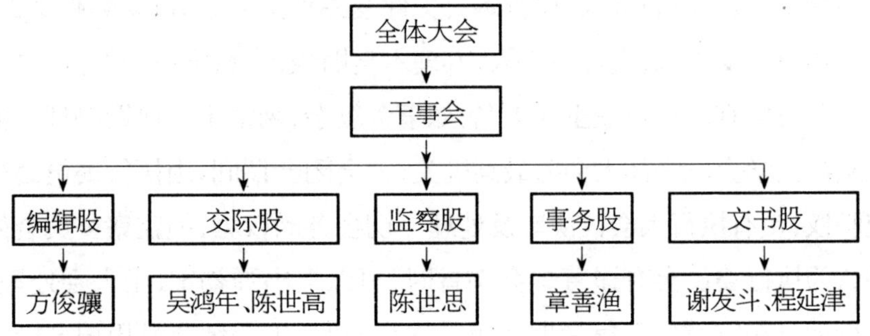

第二届：

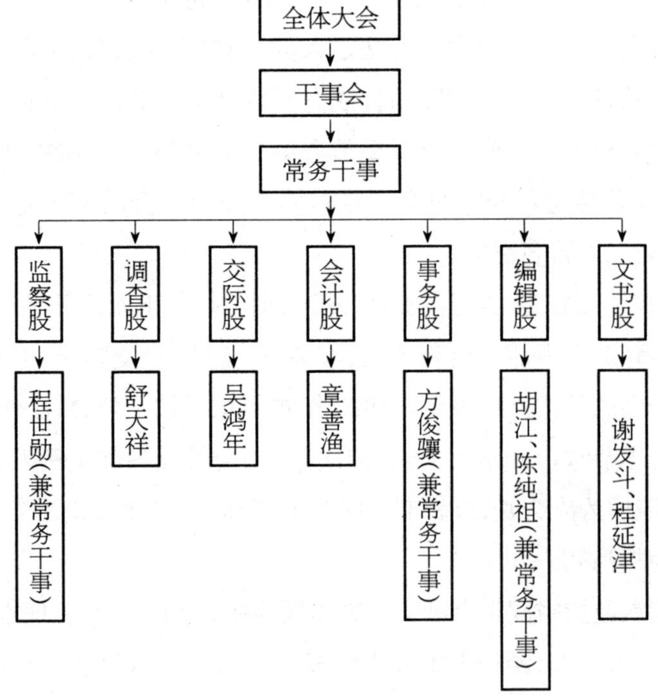

① 《本会的过去、现在与将来》，《徽光》第 2 期，1936 年，安徽省图书馆缩微胶卷室藏。

需要另外交代的是，第三届干事会与第二届相同，第四届又改回第一届的架构层级，去掉了“常务干事”这一层，下设监察股、调查股、事务股、文书股、会计股、总务股，这为第五届、第六届所承袭，但又有所变化。第五届在干事会下设监察股、编辑股、调查股、事务股、会计股、文书股、总务股。第六届在干事会下设编辑股、事务股、会计股、文书股、总务股。第七届又在干事会下增加了“常务干事”，常务干事下设调查股、事务股、编辑股、会计股、文书股。各股干事及常务干事均由干事互相推选产生。各股必要时得聘请本会会员组织特殊委员会。干事员的任期为一学期，连选得连任，但毕业期间的同学愿意放弃被选举权者，则听其自便。1935 年 8 月，徽州六邑旅省同学会因会务紧急，经干事会通过，在会员内聘请余裕康、金平亚、张漱霞、江载菁、章人和、江师农、余心明、查伯玉、章志昌、许桂罄、汪思治、金振广等特任理事 12 人协助处理会务事项。1935 年 11 月，经干事会通过，由编辑股聘请该会会员 18 人，连同出版股干事 2 人，共 20 人，成立该会会刊编辑委员会，由编辑股干事担任正、副委员长和编辑委员会主席，负责编辑出版会刊。1936 年 2 月，第二届干事会聘请余裕康、汪登鳌、金平亚、余心明、汪思治、江师农、许籐等 7 人担任特任理事处理学会事务。①

徽州六邑旅省同学会规定，每学期开学之初召开全体大会一次，遇有特别事故发生，或由三分之一以上会员提议，由干事会召集临时大会。干事会每三个星期召开一次，但是有必要时得召集临时会议。② 从 1933 年到 1935 年，该会先后召开大会的情况如下，1933 年 6 月开成立大会，同月开欢送毕业同学聚餐大会。10 月开改选大会，当年共开大会 3 次，干事会 5 次。1934 年 2 月开第三届改选大会，6 月开欢送毕业同学聚餐大会，8 月开第四届改选大会，当年共开大会 3 次，干事会 5 次。1935 年 2 月开第五届改选大会，5 月开欢送毕业同学聚餐大会，8 月开

---

① 《本会的过去、现在与将来》，《徽光》第 2 期，1936 年，安徽省图书馆缩微胶卷室藏。

② 《徽州六邑旅省同学会会章》，《徽光》第 2 期，1936 年，安徽省图书馆缩微胶卷室藏。

第六届改选大会，11 月成立本会刊编辑委员会，是年共开大会 3 次，干事会 5 次，会刊编辑委员会 1 次。[①]

上海绩溪学社则规定，每月开常务会议一次，讨论会务，时间及地点于一星期前通知；每年的 3 月和 8 月，各召开大会一次，这是《微音》报道中经常出现的春季大会和秋季大会；临时大会须有社员二人以上之提议，经干事会议决，由书记通告全体社员召集[②]。

在同学会的日常管理中，另外一个重要的事项就是同学会资金的收取与使用。同学会的资金分为经常费和特别费两种，经常费来自会员缴纳的会费，这也是部分同学会不断扩大会员最直接的原因，其目的就是为了收取会费以解决经费的困扰。特别费也称临时费，是遇有特殊情况向会员募捐的资金。祁门旅休同学会规定会员每学期缴纳会费 5 角，由会计收取，开具收条；遇到特别事故，由会员三分之二提议，开全体大会筹募临时费。每年收支账目在开全体大会时由会计报告。[③] 绩溪学社规定，会员入社要交入社费 1 元，经常费每人半年 1 元，于每年第一次常会时缴纳。特别费由会员按月或按季自主捐助。[④] 徽州六邑旅省同学会在 1933 年 6 月召开成立大会时，规定每学期每人缴纳会费洋 5 角。1935 年 8 月第七次大会上，因徽州数年来灾害频仍，农村经济濒临破产，为减轻同学负担，该会决定紧缩开支，将会费由每学期每人 5 角减为 3 角，在大会上通过后实行。遇到特别用项时，由干事会会员及旅居省城的同乡募集。该会会刊的印刷费除同乡会每期给以 10 元补贴外，其余的都是向省城的同乡及该会会员募捐而来。[⑤] 不过，会员拖欠会费的情况也时有发生，1924 年 9 月，徽社召开秋季大会，选举新职员，讨论社务进行办法，其中有一项重要议程就是讨论催缴社员应纳社

---

① 《本会的过去、现在与将来》，《徽光》第 2 期，1936 年，安徽省图书馆缩微胶卷室藏。
② 《绩溪学社简章》，《民国日报》1923 年 5 月 24 日。
③ 《祁门旅休同学会会刊 · 简章》，安徽省图书馆缩微胶卷室藏。
④ 《绩溪学社简章》，《民国日报》1923 年 5 月 24 日。
⑤ 《本会的过去、现在与将来》，《徽光》第 2 期，1936 年，安徽省图书馆缩微胶卷室藏。

费的问题，决定由会计署名，铅印正式函件发寄本埠及外地社员，其格式如下。

××社员鉴：本社于日前开秋季大会，修改社章，选举新职员（详情在微音月刊报告，兹不多具），承公举弟为会计，固辞不获，只得勉任其难。兹查××先生应缴上（本）届社费××元，迄今尚未交到，不得不请求即日付邮寄来为盼！（上海三马路吴菊舫医室交邵亦群君收）社中经费，向无的款，颇感困难！如蒙捐助或代募捐若干，尤为企盼！捐款收到，除给正式收条外，并刊入微音月刊，以志谢忱。就此敬祝健康！

会计邵亦群启（十月十八日）

皖二中黟县同学会为筹募经费，发起"黟县同学会基金筹募运动"，并制定了"筹募基金宣传大纲"，向外界进行宣传，同学会执行委员兼编辑干事叶贵达任基金筹募专员。原定筹募金额为 400 元，时过半年募集到 105 元，由叶见垣负责存放，以收取利息。① 1926 年，上海徽社在成立三周年之际，为巩固学社基础，发展社务，保证《微音》正常出版，专门发起基金筹募运动，也就是由社员分别向外界进行募捐。筹募方式是分成 10 个小组，各组人数不定，由社员自愿结合，任务是筹募基本金 1 000 元以上。社员依据所募捐的资金分为维持、赞助、特别三种级别，20 元以上者为维持社员，10 元以上者为赞助社员，5 元以上者为特别社员。三种社员均享有阅读徽社出版的《微音》月刊及丛书的权利，维持社员和赞助社员的照片刊登于《微音》月刊，维持社员的照片还另外悬挂于社中永留纪念。筹募期限为 30 天，每两个星期揭晓成绩一次，征求结束后，对各队及个人成绩优秀者，分别予以酬谢。获得第一名的小组全体成员予以拍照刊登在《微音》月刊上。表现优秀的个人分别给赠

① 《黟县同学会第八届全体大会会议录（十月一日）》，《黟县同学会期刊》第 8 期，1934 年 3 月 12 日出版。

以褒谢状、匾额、银盾的奖励,并将照片刊登于《微音》月刊及悬挂于社中。[①] 此次基金筹募运动得到了同乡的大力支持,据“征求社员第一次之揭晓”披露,陶行知、胡适、许承尧、吴兴周每人赞助社费 20 元,为维持社员,另有赞助社员 14 位,特别社员 6 位。[②] 镇江的徽社社员杨荫庭、黄白民、朱季恒等人自徽社开始筹募基金以来,便准备向本地新安会馆请求捐助。1926 年 8 月份,程本海由南京返回上海时,途经镇江,与杨荫庭等人晤谈,极为融洽。等程本海回到上海,即接到杨荫庭的来信,报告镇江新安会馆董事会已经开会讨论通过拨助徽社基金洋 200 元,镇江新安会馆的义举受到了高度评价,并在《微音》月刊中予以报道。[③]

第三节　近代旅外徽州同学会的功能

作为青年学子的团体组织,同学会既具有近代同乡组织的普遍运行特征,也打上了自身特有的烙印,这在其功能与职责上体现得非常明显。1929 年 7 月 1 日出版的《徽州旅沪同学会会刊》创刊号详细解释了创办同学会的原因:

> 谊属同乡,不可谓不亲矣;离乡千里,不可谓不远矣。以亲爱之同乡得聚于千里之外,诚宜亲同手足,爱如兄弟也。然考诸事实则不尽然,面不相识者有之,虽素有相识而一年半载未见面者亦有之。考其原因,固由上海地方广大,访友匪易,虽素相识者亦叹晤面之艰难,素不相识者更觉联络之无方。

① 《徽社三周纪念征求大会简章》,《微音》月刊第 26 期,1926 年出版。

② 《征求社员第一次之揭晓》,《微音》月刊第 27 期,1926 年出版。

③ 《社务报告·镇江社员之热忱》,《微音》月刊第 29、30 期合刊,1926 年。

其主因则以平日无一相当组织藉资联络，有以致之。苟平时有联络之团体，定期约聚以资绍介，则此弊可免。尤有进者，吾乡来沪求学者为数非少，苟吾辈有相当之组织，以同乡之谊进而切磋学问，交换智识，亦未始非计也。不宁惟是，青年为国家未来主人翁，学所以致用。吾辈现在求学时代，固无改进桑梓之能力，然桑梓与吾辈实有直接利害关系，亦宜加以精神上之辅助，言论上之监督，如是则又非有相当团结不可也。

离开生于斯长于斯的故乡，来到陌生的大都市求学，听不到乡音，见不到乡人，有着种种不如意之处。如有居中联络的组织，定期聚会沟通，就可以满足在异乡求学的同乡学子的精神需求及其他利益诉求。在乡土观念的支配下，从徽州走出的年龄相仿、经历相似的学子团结起来，他们互相扶持、鼓励，切磋学问，交流经验，在大都市里追逐着个人的梦想，“联络感情”成为同学会首先强调的功能。青年人富有激情，敢于担当，他们从大都市的繁华喧嚣看到了徽州乡土社会的闭塞落后，想用自己所学推动家乡的改变。“谁都信得现在徽社的份子，大都是求学的青年，抱着正义；服从真理；无党派色彩；有改造的眼光！”[①]服务桑梓，改造家乡社会就成了旅外徽州同学会的另一个重要功能。徽州六邑旅省同学会发表在《徽光》上的一段话对此作出很好的诠释：“最近几年，故乡社会的急剧崩溃，整个中国的社会也是如此，老幼孱弱流离失所，我们还可以‘埋首窗下’而忍心不问吗？学而优则仕的幻梦在今日的青年是应该彻底觉悟了。本会的宗旨是发展桑梓文化，这是事实上我们青年应该如此的缘故。但是，在努力的路线上，我们分为两方面：一、联络感情，切磋学问。二、服务桑梓。”[②]这段话很明确地交代了同学会要做的事务，对内要“联络感情，切磋学问”，加强同学会的会务和

---

① 鲍剑奴：《绩溪教育的危险》，《微音》月刊第17、18期合刊，1924年11月出版。此份期刊复印件由歙县党史地志办公室邵宝振主任提供，谨致谢忱。

② 《本会的过去、现在与将来》，《徽光》第2期，1936年，安徽省图书馆缩微胶卷室藏。

组织建设，使组织严密，会务进行便利，以促进同学之间的交流。对外要“服务桑梓”，唤起普通民众，共同关注徽州的建设和改良，推动家乡社会的发展。

一、旅外徽州同学会的对内功能

同学会在内部组织工作中采取了诸多措施，以联络感情，增强凝聚力。1924 年 4 月 27 日，徽州旅沪学会在西门上海美专召开评议、理事联席会议，公推沈民望为大会主席，方念谐、张国良、黄寿彭、罗恩来等相继发言，经众人讨论形成 6 项决议，其中有 4 项属于对内事务：(一) 本学期内举行交谊会一次，当场推举方念谐、沈民望、张国良、汪济书四人为筹备委员；(二) 学会出版物定名为《新安潮》月刊，经费向会内外同乡募捐；(三) 介绍上海中等以上学校情形于桑梓学生界，以便有志新学者得以选择，并刊行会员录；(四) 组织讲演会，随时公请各界名人莅会演讲。[①] 这 4 项决议是旅外徽州同学会联络感情，增强凝聚力的通常做法，具有一定的代表性。

旅外徽州同学会经常开展友谊会、聚餐会、游艺会、同乐会等各类集体活动，徽州学子相聚一起，互通有无，品味美食，观赏节目，聆听演讲，无形中拉近了彼此的距离，有助于旅居异地的同乡学子加强沟通，增进彼此间的情谊和认同度。徽州六邑旅省同学会在每年五六月份毕业生离校之际举行聚餐大会，为当年毕业的同乡学生送行。[②] 徽社多在元旦举行新年聚餐会，并在餐后表演节目，场面非常热闹。据《微音》的报道，1925 年元旦，徽社社员在第一春徽馆举行聚餐同乐会，“一以庆祝元旦，一以联络情谊”，七时入席，觥筹交错，欢饮大嚼，笑聚一堂。餐后还有精彩的表演，严个凡的新奇魔术，顾月贞、顾荣贞姐妹的双簧，严个凡、严与今兄弟的丝竹等节目令与会人员过目难忘，“其言辞以讽刺口

① 《徽州旅沪学会开会纪》，《申报》1924 年 4 月 29 日。

② 《本会的过去、现在与将来》，《徽光》第 2 期，1936 年，安徽省图书馆缩微胶卷室藏。

吻,而表情又活泼,颇感动人,掌声不绝于耳。……抑扬顿挫,满室生春,尤以能陶养人性情,如入清凉境界,消除一切烦恼为可贵也”。[①] 1926 年 1 月 16 日,徽社在第一春徽馆举行聚餐同乐会,并由社友表演游艺多种,有严个凡、严与今、黄叔鸾三人的国乐,胡蔼卿、严个凡、黄叔鸾、胡洪炳四人的京曲,张国良的魔术等,直至晚十时方尽欢而散,颇极一时之盛。[②] 1927 年 1 月 3 日,徽社在中国青年会西餐厅举行新年聚餐同乐会,到会者有程本海、蔡晓和、徐云松、余瑞芬等十七人。程本海主席在欢迎词中指出,此次聚会一方面为庆祝新年,大家借此联络感情;一方面欢迎本社顾问陶行知先生演讲。陶行知以《中国乡村教育之根本改造及建设新徽州之使命》为题向与会同乡做了报告,约一个半小时,态度诚恳,讲解透彻,听众无不感动。演讲结束,余时、曹志功、徐云松诸人纷纷发表意见。用餐完毕,众人登楼参加全国国语教育促进会举办的游艺大会,节目有二十四种之多,既有新意而又趣味浓厚,受到观众的热烈欢迎。[③]

邀请名人发表演讲,不但扩大了同学会的影响力,也为会员提供了学习知识,增长见闻的机会。胡适、陶行知这两位徽州籍名人对徽社的发展颇为关注,担任了徽社的顾问,指导徽社刊物《微音》的编辑工作,并在刊物上发表文章,介绍新思想,为改造家乡提供建议,还先后在徽社发表过数次演讲。胡适演讲过两次,据《民国日报》报道,1923 年 11 月 12 日下午,绩溪学社在上海一品香召开第一次名人讲演会,到者二十余人,主讲者为胡适,演讲题目为《哲学与人生》。胡适在演讲中指出:“离开人生谈哲学,则不免流于荒谬,最有价值之哲学,当以人生为立足点,在寻常的事物中找出教普遍的意义,而加以推广应用,乃哲学家之唯一目的。”[④]此次演讲由周德、程本海作了记录,送胡适修改后,刊

① 《社务报告》,《微音》月刊第 20 期,1925 年 2 月出版。
② 《社务报告》,《微音》月刊第 27 期,1926 年。
③ 《新年聚餐会》,《微音》月刊第 31、32 期合刊,1927 年 1 月出版。
④ 《绩溪学社之讲演会》,《民国日报》1923 年 11 月 13 日。

登在 1923 年 11 月 21 日出版的第 10 期《微音》旬刊上。1925 年 10 月 18 日上午十时，徽社在上海三马路中西女塾大礼堂欢迎胡适发表演讲。胡适此次是由武汉到上海休养，本来谢绝一切演讲，因其与徽社“有特殊感情，得蒙惠允，不胜荣幸”。胡适以《我也来谈谈东西文化》为题发表了演讲，他指出，之所以谈文化，是因与徽州有密切的关系。西方近代文明是精神的，表面上无时不是在物质上做功夫，其实只是对于现象不满足的态度，实是人类进化的要素，似物质的，实是精神的，而东方文明则是物质的。徽州向来有不知足的发展性，所以数千年来足迹遍天下，在文化上、商业上均有很大的贡献，希望各位同乡应该保持而发扬这种固有的精神。演讲结束后，胡适与参会的全体徽社成员合影留念并在第一春徽菜馆聚餐，席间同大家谈笑风生，无丝毫知名学者的架子。有社员感慨道：“先生虽为有名学者，然毫无时下闻人习气，来去皆拟步行，徽社社员以如此殊失推崇学者之意，而先生又力戒奢费……则先生之俭德，又不可及矣。”[①]与胡适纯粹的学术演讲不同，陶行知先后发表的三次演讲谈得都是非常具体的现实问题，1925 年 5 月 10 日在永乐天菜馆发表的演讲《徽州教育问题：徽州少年回乡运动》，主要就发动旅外徽州教员和学生利用假期回乡开展教育状况调查提出指导意见。[②] 1925 年 7 月 25 日在第一春徽菜馆发表的题为《我对于屯昌汽车路办理的意见》的演讲，针对的是徽社成员程本海、曹志功等人邀请他到上海就屯昌汽车路公司发表意见，认为屯昌公路工程浩大，所需资本在百万元之上，事前必须慎重考虑，拿出妥善办法，然后积极进行，以促成工程顺利完工。[③] 第三次则是上文提及的 1927 年 1 月 3 日在徽社新年聚餐会发表的《中国乡村教育之根本改造及建设新徽州之使命》演讲，陶行知重点谈了他对中国乡村教育的认识，指出以往的教育是教人离开农

---

① 空我：《欢迎胡适之先生琐记》，《微音》月刊第 26 期，1926 年 1 月出版。

② 《社务报告 · 欢迎陶行知先生》，《微音》第 23、24 期合刊，1925 年 7 月出版。

③ 《社务报告》，《微音》月刊第 25 期，1925 年 8 月出版。

村走进城市，鄙视务农，完全走错了路，其出路应当是建设适合乡村实际生活的教育。徽州的教育尤其令人痛心，为了改变现状，就要把乡村教师培养出来，陶行知希望已经办了30期的《微音》继续坚持下去，以引起各地同乡的重视。

徽州旅外同学会组织升学指导委员会，为徽州学子介绍外地学校的情况，对不熟悉外界社会的徽州中学生来说，有利于他们做出合适的选择，是一项极为实用的措施。徽州学子离开乡村踏入城市，茫然不知所措，有了同乡的引导帮助，可以免去很多后顾之忧，较快地适应学校生活，这也无形中提升了同学会在同乡学子中的声誉度，吸引他们加入同学会，从而壮大同学会的声势。1930年6月初，徽州旅沪同学会在复旦大学召开执行委员会会议，鉴于会员已达80余人，会务进行有一日千里之势，决定为了方便同乡到上海求学起见，准备组织升学指导委员会予以接洽。① 6月8日，再次于复旦大学召开大会，到会者40余人，对于组织升学指导委员会一事，讨论甚久，结果公推章锡骐负责组织，下学期到上海求学的徽州同乡即可直接到大同大学章锡骐处联系。②1932年秋，徽州六邑旅省同学会在安庆设立“徽州同学来省升学招待处”，凡是徽州各地有意到省城求学的同学，无论是需要省城各学校招考的消息或简章，还是到省城后需要办理各种投考手续，招待处都提供详细的答复和指导。③

为了给同乡学子提供交流的便利，同学会还制作会员录在会刊上发布。会员录对会员的登记详略不一，1932年10月，祁门旅休同学会共登记22名会员的信息，包括姓名、履历、住址和通讯地址，如张师昭，住址为祁东石坑，安徽第四女子初中卒业，肄业于本校高中，通讯地址

① 《徽州旅沪同学会讯》，《申报》1930年6月8日。
② 《徽州旅沪同学会茶话会》，《申报》1930年6月15日。
③ 《本会的过去、现在与将来》，《徽光》第2期，1936年，安徽省图书馆缩微胶卷室藏。

是祁城外三星岗生记号转。[①] 徽州六邑旅省同学会将会员的姓名、性别、县别、学校和长期通讯处登录在案，如张漱霞，女，绩溪人，安徽大学，长期通讯地址是绩溪城内清河门。[②] 徽社的会员录比较简单，仅登记会员在上海的通信处，如王恒纪，上海吴淞中国公学。因会员不断加入，每过一段时间，《微音》就会在封底或末页刊登"新社员通讯录"或者"社员通讯处一览"，如《微音》第14、15、26期以及第31、32期合刊上都有这样的信息发布。为方便会员浏览起见，第28期还刊登了一份完整的"全体会员通讯录"。因徽社成员散布多个城市，为帮助社员互通消息，《微音》请各地社员随时将本人或友人(社员)近况见告，以便在刊物上汇总发布。在《微音》编辑的鼓励下，徽社成员不时地将个人情况反馈回来，诸如"周德之君今夏毕业于中国公学商科，下学期被北京平民教育促进会聘任编辑员。胡家健君下学期应河南开封第一师范之聘任担任教职……"[③]以及"本社社员胡海朝、程本魁二君，皆是好学有作为青年，竟于月前病殁里中，同人闻悉，痛惜良深！"[④]之类的社员消息屡屡见诸《微音》，徽社社员借此相互获知近况及联络方式，加强了内部往来，增加了徽社的向心力和凝聚力。

二、旅外徽州同学会的对外功能

作为"都市异乡人"，旅外徽州学生与家乡之间始终保持着密切的情感联系，他们渴望用所掌握的知识，为改造桑梓社会落后的面貌做出贡献。绩溪学社在成立时，向外界发表了成立宣言，显示了青年人激情澎湃，立志改造家乡的积极向上的精神状态，读罢令人热血沸腾。[⑤]

---

① 《祁门旅休同学会会员一览表》，《祁门旅休同学会会刊》，安徽省图书馆缩微胶卷室藏。

② 《本届会员一览》，《徽光》第2期，1936年，安徽省图书馆缩微胶卷室藏。

③ 《社员消息》，《微音》月刊第25期，1925年8月出版。

④ 《悼胡程二君》，《微音》月刊第20期，1925年2月出版。

⑤ 《绩溪学社宣言》，《民国日报》1923年5月24日。

总起来说，我们事业，第一步就是改造。改造是要有层次的，有工具的，绝非说改造就能改造成功了，世界上哪有这样便宜的事？我们要想改造社会，定非从一部分一部分地改造不可。

我们都是在外面求学的绩溪青年，很觉得我们绩溪处在万山之中，是闭塞地方，要靠乡土的人去改革，非特没有成效，反而弄得一塌糊涂，就是改革的思想，他们也未见得有呢。此刻，能有一线可望的曙光，除非这少数学子互相团结起来不可！倘这少数学子还不互相团结，做改造社会的先驱，恐怕难免愈趋退化，日返原人时代了。因此，我们深觉有创立这个学社的必要，彼的目的从狭义一方面说起来，实不过着手改造区区一个乡土；但从广义一方面看起来，确实联合各处同志共同改造全社会的张本呢！

我们都在求学时代，很相信学术与奋斗是我们做事改造的工具！亲爱的同乡们，来呀！和我们一块儿负担这重责任吧！和我们一块儿准备这锐利的工具吧！不要怕前程的艰难阻碍，定都被我们的勇毅的精神冲破哪！定都被我们的勇毅的精神冲破哪！！

旅外徽州同学会一再强调“对外则督促家乡教育、行政等事业之改良”，[①]并将之写进学会宗旨向外公布。徽州六邑旅省同学会成立之初的宗旨是“联络感情，切磋学问，改进桑梓教育”。1936 年秋，召开第六届大会时，同学们认为本会宗旨仅突出教育立场，不足以满足当时社会的实际需要，便将宗旨修正为“联络感情，砥砺学问，发展桑梓文化”。[②]文化具有丰富的内涵，文化的意义包括社会、政治、经济、文物等全部的

---

① 《徽州旅沪同学会讯》，《申报》1930 年 6 月 8 日。

② 《本会的过去、现在与将来》，《徽光》第 2 期，1936 年，安徽省图书馆缩微胶卷室藏。

社会生活。徽州六邑旅省同学会将学会宗旨归结为“发展桑梓文化”，目的在于通过强调“发展桑梓文化”，对家乡社会生活进行全面而深入的研究，从而为改造家乡社会提供合理的建议。

围绕“服务桑梓”这个关键词，旅外徽州同学会主要沿着两条路径展开行动：一是团结同人创办刊物，把笔当武器，撰文揭露家乡社会在教育、实业、风俗等领域的诸种负面问题，对地方行政机构的不作为提出严厉批评，号召同乡积极改造家乡社会，改变家乡闭塞落后的面貌。正如《徽光》在解释学会宗旨时所指出的：“第一就想把故乡实际状况，如教育、政治、经济、农村、商业，忠实地描写出来。使旅外同乡都知道一个大概。第二就想把现代思潮、新的学说以及各种新的学术传达给故乡父老。第三就想把我们的意见，我们研究所得的结果，一一报告给全徽州的民众。”①

二是积极付诸行动，与其他同乡团体联合起来，推动家乡社会一点一滴的改变。故乡徽州或者安徽发生灾荒，旅外徽州学子四处奔走，筹募资金进行赈济。1921 年 10 月 6 日，在徽州旅沪学界同乡会正式成立大会上，因当年夏季淮河流域发生特大水灾，大会提议举办游艺大会筹款放赈。经众人讨论，决定游艺会会场借用静安寺路夏令配光影戏院，日期定在当月 16 日，由各位会员负责游艺节目。② 经紧张筹备，徽州旅沪学界同乡会在《申报》上刊登广告，告知各界民众安徽急赈游艺会将于 10 月 23 日在宁波同乡会举行，节目有军乐、铜琴合奏、火爆、演说、国乐、滑稽侦探影片、“鎏光”新剧、三弦拉戏、武术等。该会同乡九龄童吴八骏还将当场卖书助赈。游艺会入场券在宁波同乡会、孤儿院发行所、青年会、中华武术会出售。③ 1921 年 12 月 26 日，徽州旅沪学界同

① 《徽光》第 2 期，1936 年，安徽省图书馆缩微胶卷室藏。另外，对于旅外徽州同学会所办刊物，已有专文探讨，此处不再详述，可参见《民国时期旅外徽州人所办刊物与改造徽州社会的舆论动员》，《安徽大学学报》(哲学社会科学版)2011 年第 4 期。

② 《徽州旅沪学界同乡开会记》，《申报》1921 年 10 月 7 日。

③ 《徽州学界同乡会急振游艺会预志》，《申报》1921 年 10 月 21 日。

乡会召开职员会，报告此次赈捐经过，公布游艺会账目，吴志青、邵布文、余元濬、吴金堂、许士骐等人出席会议。副会长邵布文逐项报告了收支账目，经职员审查通过。① 徽州六邑旅省同学会看到家乡近年来天灾匪祸层出不穷，社会上一般劳苦民众流离失所，转填沟壑，就认为扶助贫苦是同学会应尽的责任和义务，只是苦于没有经济能力，便退而替他们筹募维持生活的资料。从 1932 年开始，会内增设赈济工作，向旅居省城的同乡募捐助赈。②

旅外徽州同学会为了深入了解徽州社会，高度重视社会调查，号召青年学子利用假期回乡进行实践调查。正如时人所言："我们把改造乡土的重担，自动的放在肩背上，那么，第一我们须知道徒托空言，是无补于事。我们欲达到预定的计划和目的，必须先到家乡下一番实在的调查功夫不可。改造乡土，必须知道乡土的详细情形。"③举凡徽州六县的教育、经济、民生、治安、行政及旅外同乡状况等都在调查之列，徽州六邑旅省同学会成立了徽州社会状况调查处，动员各位同学假期返乡时先就某一问题着手进行调查，并函请各地同乡及同学开展徽州社会实际问题的研究，准备在《徽光》上推出实际问题调查专刊。④ 《微音》月刊在第 20 期刊登"本刊特别启事"，指出本刊一向以具体的事实作研究的对象，所以很注重调查的稿件，"现欲调查国内外有关于徽属六邑教育、实业、金融等状况及旅外同乡青年学子求学之近况并各地同乡事业之统计"，请各位徽社成员行动起来开展调查。1925 年暑期到来之际，徽社号召社员回乡全面调查徽州教育状况，这也是根据陶行知先生的提议而发起的。当年 5 月 10 日，陶行知应邀到徽社发表徽州教育问题的演讲。他建议暑假各地同学返乡后就地调查教育实情，要先从表格上

---

① 《徽州学界同乡开会》，《民国日报》1921 年 12 月 27 日；《徽州旅沪学界同乡会职员会记》，《申报》1921 年 12 月 27 日。

② 《本会的过去、现在与将来》，《徽光》第 2 期，1936 年，安徽省图书馆缩微胶卷室藏。

③ 雪奴：《暑期中所望于回里的同志》，《微音》月刊第 14 期，1924 年 7 月出版。

④ 《本会的过去、现在与将来》，《徽光》第 2 期，1936 年，安徽省图书馆缩微胶卷室藏。

着手,以使调查翔实而准确。徽社拟定了调查大纲,并制作“徽社调查表”分发给各调查员,供调查时使用。① 其后,调查成果陆续在《微音》月刊上登出,如第 26 期刊登抱真的《绩溪八都教育概况》、遯叟的《绩溪县立女学十周纪念会之一瞥》,第 27 期有章铁民、周稺如的《绩溪十三都教育调查》,第 29、30 期合刊还辟出“教育专号”,刊登了过凉的《徽州教育漫评》、先思的《绩溪教育状况》、新吾的《休宁教育状况》等。

旅外徽州同学会还利用假期开展回乡运动,从事平民教育。1922 年,黟县青年励志会在黟县宏村开展了试验性的启蒙活动,先后成立了宏村励志社、女子缝纫传习所、培本女校以及青年教育促进社、平民义务学校、家庭工读等社会组织,尝试在封闭的黟县乡村社会开展平民教育,以撕开黑夜的一角。虽然这种种尝试最终只是昙花一现,但如同在平静的湖面上投下一颗石子而荡起层层涟漪一样,宏村还是发生了一定的变化。“有些人说:‘这等儿戏式的组织,不但于地方上没有理由,并且还要蛊惑了许多人的心理。’……对于其中的缺点,主要因为工具不完全,因为我们青年的同志,缺少一种服务的实力,并不是缺少一种服务的见识,简直是心余力匮罢了。……试看我们做梦式的宏村,有许多的青年和有见识的通者,因为受了我们这种蛊惑式的潮流,居然觉悟起来了,什么修理道路,疏浚湖河,种种差强人意的事,都一宗一件的办理成功了。”②1923 年暑假期间,绩溪学社社员借绩溪城内胡氏小学校创办暑期补习学校,免费招收小学毕业程度青少年。③ 徽州旅沪学会于 1924 年 4 月 27 日召开的理事、评议联席会上通过决议,当年在徽州各县开办暑期讲习会,分为成人部、儿童部及各种专修科,并与各团体联络,从事平民教育运动。当即公推数人组织筹备委员会,制订进行计

---

① 《徽社调查表》,《微音》月刊第 23、24 期,1925 年 7 月出版。

② 汪励吾:《宏村青年励志社的声浪》,《黟山青年》春季季刊,1923 年 3 月出版。

③ 台北市绩溪同乡会编:《绩溪县志》第三编《复编 · 绩溪县的教育 · 绩溪学社》。此份材料复印件由黄山学院马克思主义学院刘芳正博士惠赐,谨致谢忱。

划。[①] 1925 年 6 月底，徽社社员程万孚从北京绕道上海返回徽州，受徽社委托到屯溪发表演讲，因时间仓促，来不及举行大规模的演讲会，只得和程建磐、章炤杰等人在隆阜上下村演讲“平民教育之重要”及五卅惨案情形，每次都是听者云集，轰动一时。[②]

黟山青年励志会对黟县的社会治安问题保持高度关注。1924 年，九江分会为黟县十都流娼复炽，十二都烟馆林立，赌风大盛事致函上海总办事处，请总办事处吁请黟县知事许复，一面再行出示严禁，一面追究法办，并请该知事回函答复，以明真相。[③] 1925 年，济南分会就本年春季及七八月间黟县境内盗案迭出，盗风日炽事致函黟县吕知事，请饬令法警分期下乡昼夜巡查，对于烟馆、赌窟、流娼及地痞、流氓，随时严加取缔重惩，以清乱源。对境内无正当职业的客民勿容逗留，限令出境，各处岭口派队驻防，对于出入闲杂游人严加盘查，如有形迹可疑者，即行带案讯办。黟县公署很快复函，告知正值冬防吃紧，已饬警队昼夜下乡巡哨，烟馆、赌窟、地痞、流娼亦屡经拿办，稍稍敛迹，境内客民已完成调查，并责成六邑同乡会担保，以期弭患于无形。[④] 黟县吸食红丸者众多，黟山青年励志会于 1923 年 3 月 5 日召开临时会议，商讨办法，会长余时主张采用劝告的方法，制作劝告的印刷品，分贴各村，众人一致赞成，胡笃初、胡汉三主动承担张贴布告的任务。两人不辞辛劳，奔走数月，8 月份，胡汉三抵达上海，向励志会报告了张贴红丸警告的情况，除了十都、西递二处，黟县境内的大村、小亭都已经贴过，西递是因该处青年反对无法张贴，十都是计划经过该地时再贴，后因事而耽误。[⑤] 黟山青年励志会还就黟县米荒、匪患、食盐问题等问题与县公署文书往返，商讨对策，互动频繁，体现了黟山青年励志会浓厚的桑梓情怀。

---

① 《徽州旅沪学会开会纪》，《申报》1924 年 4 月 29 日。
② 《社务报告》，《微音》月刊第 25 期，1925 年 8 月出版。
③ 《来往公函》，《黟山青年》秋季季刊，1924 年 10 月出版。
④ 《来往公函》，《黟山青年》冬季季刊，1926 年 1 月出版。
⑤ 《本会报告》，《黟山青年》夏、秋二季合刊，1923 年 9 月出版。

本章小结

作为近代旅外徽州人同乡组织的一种，旅外徽州同学会既遵循同乡组织运行的一般逻辑，也具有自身独特的路径。同学会从发起、筹备到成立、运作，其间的一系列环节都与同乡会大同小异。在一地读书的徽州青年学子为了联络感情，服务桑梓，产生成立组织的念头，愿意做事的几个志同道合者出面筹备，先后召开数次筹备会，讨论同学会的名称、章程、机构、经费等各项事务。然后再刊发广告广泛征求会员，以便吸引到更多的同乡学子。待筹备工作告一段落，即召开正式成立大会，讨论通过同学会章程，选举产生各机构的组成人员。成立大会也是同学会向外界推出自身的正式场合，一般都很隆重，多会邀请有声望的各界同乡致词，发表演讲，以提高同学会的影响力。

由于同学会是在校青年学子的组织，学生读书有一定的期限，完成中等学业者会继续升学深造，完成高等学业者会参加工作，这意味着很多学生将陆续离开同学会，特别是当同学会各机构的组成人员也因学业而离开时，同学会的事务很难不受到很大影响，有的甚至会面临无人接管的境地。因而，与存在时间长达数十年的同乡会相比，同学会兴废无常，长则数年，短则数月，有的可能在筹备期间就无疾而终，有的可能在召开成立大会后就昙花一现。人事的频繁变动对同学会有很大的影响，而经费的不固定也是重要的负面因素。同学会最主要的收入是会费，众所周知，在校学生没有经济来源，家庭经济也贫富不一，即便会费很少，对部分同学来说也可能无力缴纳，拖欠会费的情况非常普遍，这对经费微薄的同学会来说无疑是雪上加霜。为了筹措经费，同学会只有四处化缘，不时地发起基金筹募运动，向所在城市的徽州同乡求助，多数情况下也能得到同乡的赞助，如此就可以暂时化解同学会的经费难题，使得同学会继续维持下去。正因为同学会饱受人事和经费的困扰，才无法长期存在，也就没有经济能力去刊刻报告书、征信录，所以，我们目前所能利用的资料除了报刊上的零星报道，就只有同学会会刊之类的材料。然而会刊与同学会的关系一如毛与皮的关系，同学会兴废无常，会刊更是存续不定。现在接触到的同学会会刊绝大多数是断断续续、东鳞西爪的，有的仅是创刊号，有的只是中间几期。就某一种会刊而言，其如何创刊，中间如何发展，最后因何停刊等，都无法得知，这就使得我们无法完整地掌握同学会会刊的发展及同学会的运作情况，不能不说是件憾事。

如前所述，青年学子是一个热血澎湃的群体，他们在外求学，开阔了眼界，见识了世面，再反观家乡，会发现很多不足，他们不愿坐视家乡社会的闭塞落后，纷纷以笔为刀，撰文声讨家乡社会的种种弊端，提出各项建议，同学会会刊就成为他们的舆论阵地，与此同时，他们也利用假期返乡的机会，进行社会调查，撰写调查报告在会刊上发表，并开展宣讲、教育活动，以推动家乡社会的点滴改变。与在商业、政府机关、文化教育部门等领域的成年徽州人相比，旅外徽州青年学子没有固定的经济收入，没有广泛的社会影响力，或许无法取得实质性的成绩，甚至见解浅薄幼稚，所提建议也无法实施，但是他们对家乡社会的深厚感情是值得赞赏的，他们付诸的行动是值得肯定的。他们没有坐守书斋，对窗外世界漠然无视，他们的可贵探索也许在某一方面推动了徽州社会的发展变化。

第四章

近代徽商的同业组织及劳资纠纷处理

同业组织是清代以降在同一区域经营的工商同业者的团体，被称为公所，亦有被称为会馆者。① 明清时期的徽商以经营人数之众、经营行业之广而闻名于世，位列国内十大商帮之首。为密切联系，加强交流，徽商在徽州人聚集较多的地方牵头成立了以地缘关系为结合点的同乡组织会馆。与数量可观的会馆相比，以业缘关系为纽带的徽商同业组织公所则为数甚少，之所以数量不多，是因为徽商公所兼具同乡与同业的色彩，同一地区经营同一行业的徽商人数足够多，他们才会考虑成立针对同乡的同业公所。在绝大多数地方，徽商往往与来自其他地

① 学界对同业组织给予了一定关注。早在 20 世纪 20 年代，郑鸿笙就撰文考察了公所的性质、组织机构以及公会的性质、设立、事务和特别法等问题，提出虽然依法组织公会，而旧有的公所、会馆仍巍然独存，不因废弃。参见郑鸿笙：《中国工商业公会及会馆公所制度概论》，《国闻周报》第 2 卷第 19 期，1925 年 5 月 18 日。李森堡则对同业公会的渊源、组织制度、同业公会与政府的关系等问题进行了深入探讨。参见李森堡：《同业公会研究》，青年书店 1947 年版。吴慧梳理了清代商人组织的演变轨迹，指出清前期商人会馆有较快的发展，清后期则有公所继起，会馆是行业性与地域性的“二重性”的统一。公所是在经营地按行业重新组合的商人及手工业者的组织，突出了其行业性，而且是某地的某行业的全行业组织。参见吴慧：《会馆、公所、行会：清代商人组织演变述要》，《中国经济史研究》1999 年第 3 期。宋钻友探讨了从会馆、公所到同业公会的制度变迁，认为，20 世纪初，同乡类会馆、公所被同乡会代替，同业及同乡兼同业的复合型团体为同业公会取代。同乡会与同业公会不仅与传统会馆、公所的职能不同，从制度层面比较，也有根本差别，这种差别蕴含丰富的时代信息，是 20 世纪初中国正在经历的巨大而深刻的变革的折射和反映。参见宋钻友：《从会馆、公所到同业行会的制度变迁——兼论政府与同业组织现代化的关系》，《档案与史学》2001 年第 3 期。朱英在《近代中国同业公会的传统特色》[《华中师范大学学报》(人文社会科学版)2004 年第 3 期]一文中指出，同业公会虽属近代新型工商同业组织，但也保留着某些旧式行会的特色，突出表现在继续采取与行会类似的维护同业垄断利益的非常举措，对官府也同样存在着较强的依赖性，常常借助官府的权威达到保护本业和限制他业发展的目的。彭南生考察了近代中国行会到同业公会的制度变迁历程及其方式，认为近代中国行会到同业公会的制度变迁是内力与外力相结合的产物，是自上而下的强制性变迁与自下而上的内在性变迁两种方式交织的结果。参见彭南生：《近代中国行会到同业公会的制度变迁历程及其方式》，《华中师范大学学报》(人文社会科学版)2004 年第 3 期。此外，巍文亨对近代工商同业公会的研究成果进行了详细的回顾，并对未来研究取向作出展望，参见巍文亨：《近代工商同业公会研究之现状与展望》，《近代史研究》2003 年第 2 期；《回归行业与市场：近代工商同业公会研究的新进展》，《中国经济史研究》2013 年第 4 期。

区的同业者共同设立公所，而当地的徽州会馆也在一定程度上起到了联合徽商同人的作用。

工商同业者设立公所的目的是为了谋求工商发展，开展同业救助，维护同行商业利益，增强市场竞争力，镇压工匠反抗等。由于现存史料的制约，我们对商业史的研究往往是从商人语境出发，而忽略了为商人所雇佣使用的人员。其实无论是行商，还是坐贾，抑或手工业作坊主，都离不开学徒、店员、工匠之类的伙计，特别是随着近代手工业、工业、商业的发展，工人/雇员与资方/雇主已成为中国社会网络中最为基本的人际关系和生产关系。由于双方地位的不对等，劳资之间的关系充满了张力，工人始终以一种弱者的面目示人，他们在工资、工时、劳动条件等方面无法获得和资本家平等对话的资格，更多的是被动接受既定事实的安排，被资本家攫取自身最大剩余价值。从这个层面而言，"人生而平等"对提出这句口号的资产阶级革命者构成了极大的反讽。当然，面对无法自主的人生之时，工人也不是完全无条件地接受。正如弹簧被压到极限会发生反弹，他们往往联合起来，向资本家提出个人的利益诉求，甚至不惜流血牺牲。特别是"五四"前后，各种社会主义思潮传入中国，1920 年代初各地的民众运动风起云涌，劳资纠纷问题愈演愈烈。全国各地的工人为反对劳动条件恶化、工时延长、工资被克扣所发动的罢工运动此起彼伏。

对于从大山深处走出的徽州人来说，劳资关系更显复杂。因为徽州人长到十三四岁，如果不读书，就会考虑外出寻找生计，有家人或亲戚在外地经商者会径直带入店铺中，或者托熟悉的人介绍到同乡商号，从学徒做起，一路曲折上升或自谋发展。徽商与伙计来自同一个地方，往往掺杂着亲情或乡情关系，出现店铺经营人员乡土化的现象。胡适先生在其口述自传中曾专门提及家乡人外出务工的情形："我们徽州人通常在十一二三岁时便到城市里去学做生意。最初多半是在自家长辈或亲戚的店铺里当学徒。在历时三年的学徒期间，他们是没有薪金的；

其后则稍有报酬。直至学徒(和实习)期满,至二十一、二岁时,他们可以享有带薪婚假三个月,还乡结婚。婚假期满,他们又只身返回原来店铺,继续经商。”①近代开埠之后,上海成为对外贸易中心,因地利之便,越来越多的徽州人聚集到上海,经商、做工、求学等,其中墨作业、菜馆业、茶栈业等行业为徽州人所经营,雇佣的工人也多来自徽州,有数万之众。这些行业劳动条件恶劣,工人待遇低,所获薪金不足以维持生计。为争取最基本的权益,徽州工人先后发动数次抗争,虽然这只是近代劳资纠纷浪潮中一层层不起眼的涟漪,但也折射出徽州民众自身意识的觉醒,对笼罩着亲情或乡情面纱的徽州劳资双方而言,如何解决纠纷就颇费思量,值得我们后来者探讨。

第一节　近代徽商同业组织的设立及运作

徽商同业组织设立的前提是同业徽商在经营地占据主导地位或人多势众虽然因资料所限,暂时还无法对徽商同业组织的数量及其分布做出精确统计,不过可以肯定的是,即便徽商没有单独设立属于同乡的同业组织,但在徽商聚集较多的地方,他们一般都会在参与发起或建立同业组织,并担任相应的职务,掌握一定的发言权。如近代上海著名典商黟县人余之芹就长期担任上海典业公所董事,因典业伙友收入低微,余之芹出面成立了上海典质业保育会,专为上海典业伙友身故后的孤儿寡母及年迈父祖提供生活救济,受到了典业伙友的赞许。② 上海的菜

① 胡适英文口述稿,唐德刚译注:《胡适口述自传》第一章《故乡和家庭·徽州人》,欧阳哲生编:《胡适文集 1》,北京大学出版社 1998 年版,第 178 页。

② 余之芹:《经历志略·慈善公益八》。

馆业非常兴盛，因向无公所，无法制定同行规则，致使各馆“在营业上只图竞争，不顾存本，前途颇为危险。补救之计，惟组织公所，划一规例，藉资遵守”，1922年10月14日晚，绩溪人路文彬作为上海菜馆业发起者，召集上海各帮菜馆经理，在宝善街大庆园召开筹备会，到会者以徽馆经理为最多。会上讨论了馆业公所组建办法，决定先广泛征求会员，再筹募特别捐，当场认捐者所在不少。[①] 1904年，清政府商部上奏折劝办商会，至1912年，全国的商务总会、分会多达900余所，加上商务分所，则有商会2 000所左右。徽商在经营地的商会中也担任了一定职务，如黟县屏山人舒法甲在江西九江经商，该地为通商巨埠，舒法甲先营钱土业，稍有余资便行创业，日夕勤劳，信用渐著，被推为九江商会协理，居间排解，事无不谐，嗣后被举为商会会长，连任数次。[②] 又如汉口徽商人数众多，经营行业广泛，“徽州帮包括太平帮，为安徽全省之代表，以典商及棉纱商为最盛，次之则茶业、钱业、油业及笔墨商等，年贸易额约六七百万两”。[③] 徽商在汉口商会中担任历届议董、会董者有12位，其中黟县人吴干廷为春源油行经理，曾担任汉口商会总会第六届总理，徽商任商会议董、会董的具体情况如下表所示。

表21　近代徽商担任汉口历届商会职务一览表

姓　名	届别及职务	籍　贯	经营行业
江志庵	二、三届议董	歙　县	义通祥庄经理
孙襄其	二至六届议董，七届会董	黟　县	怡生钱庄经理
吴干廷	二至五届议董，七、八届会董	黟　县	春源油行经理
朱保三	二、三、四、六届议董	休　宁	汉口典当帮首士
汪益征	二、三、四届议董	休　宁	汪世昌杂货行经理

① 《菜馆业谋组公所》，《民国日报》1922年10月15日。

② 民国《黟县四志》卷七《人物志·尚义》。

③ 民国《夏口县志》卷十二《商务志·商团组织》。

续 表

姓　名	届别及职务	籍　贯	经营行业
孙理和	三至六届议董，七、八届会董	黟　县	荣康钱庄庄东
孙志堂	六届议董，七、八届会董	黟　县	葆和祥布号经理
程丽南	六届议董	婺　源	隆泰茶号经理
余月樵	七届会董	休　宁	复泰杂货行行东
汪美堂	八届会董	休　宁	汪和太杂货行行东
汪春荣	八届会董	婺　源	同元茶行行东
余德馨	八届会董	休　宁	恒和钱庄经理

资料来源：民国《夏口县志》卷十二《商务志·商会》。

下面即结合史料，对杭州木商公所和上海星江敦梓堂茶业公所进行个案考察，以期了解徽商同业组织运作的具体过程。

一、杭州徽商木业公所[①]

徽州境内山林资源丰富，所产林木质优量多，是徽州人负贩经营的重要物资。如婺源县出产的杉木质量上乘，“杉，干直，叶细，易长。江浙向最盛，徽州婺源者质最坚，自栋梁以至器用小物，无不需之”。[②] 新安江发达的水路成为徽州木材放排外运的重要通道，杭州与徽州之间因新安江而相连，成为徽州木材的集散中心与转运地，集中在杭州的木

① 徽州木商问题的研究成果主要有：张雪慧：《徽州历史上的林木经营初探》，《中国史研究》1987 年第 1 期；陈柯云：《明清徽州地区山林经营中的“力分”问题》，《中国史研究》1987 年第 1 期；陈柯云：《从〈李氏山林置产簿〉看明清山林经营》，《江淮论坛》1992 年第 1 期；李琳琦：《徽商与明清时期的木材贸易》，《清史研究》1996 年第 2 期；唐力行：《明清以来徽州区域社会经济研究》第二编第六章《徽州木商的经营方式与木业公所》，安徽大学出版社 1999 年版；王振忠：《晚清民国时期江南城镇中的徽州木商——以徽商章回体自传小说〈我之小史〉为例》，《传统中国研究集刊》第二辑，上海人民出版社 2006 年版；何建木：《商人、商业与区域社会变迁——以清民国的婺源县为中心》第二章第一节《木商与木业》，复旦大学历史系博士学位论文，2006 年；王日根、徐萍：《清后期杭州徽商木业公所的剖析》，《浙江学刊》2014 年第 5 期。具体的学术史梳理可参见罗莉：《近年来徽州木材业研究综述》，《农业考古》2014 年第 3 期。

② 《增补陶朱公致富奇书》卷一，转引自傅衣凌：《明清时代徽州婺商资料类辑》，载氏著：《明清社会经济史论文集》，人民出版社 1982 年版，第 207 页。

材再通过密集的水路网络分销至江南各地或借助京杭大运河销售至华北各地。聚集在杭州的徽州木业商人形成了一个庞大的群体，如徽商自传体小说《我之小史》的作者詹鸣铎出身于木业世家，其高曾祖、曾祖都以经营木业为生，其父詹蕃桢在杭州开设木行，与江峰青先后在石门镇合开德昌隆木号，在杭州江干合开隆记木行，后自立门户另开生记木行，在连市镇开设阜生木行。詹鸣铎的三弟詹礼先在杭州江干木行经商，直到光绪三十四年自杀为止，四弟詹绍先曾入杭州木业学堂学习。詹鸣铎本人则在光绪三十四年奉父命前往阜生木行司理账目，他在木行期间，"闲居无事，谙练木业行当，凡龙泉码子、木业市语以及推游水图，并清排本等之装排式，抄得一本，不时披阅，故司内账缺，而于卖木、卖板之事，兼营并务"。詹鸣铎的长子詹志善亦于 1918 年到连市镇阜生木行为徒学业，后又进湖州朱吉记木行学习木业。[①] 徽州木商在杭州渐集渐多，产生了联合的需要。乾隆年间，婺源木商江扬言在杭州候潮门外建立徽国文公祠，又名徽商木业公所。其子江来喜后来又在江干上至闸口，下至秋涛宫处购置沙地，共计 3 690 余亩，作为徽州木商停靠木排、堆贮木材之用。咸同兵燹后，杭州木业逐渐恢复元气，徽商木业公所得到了重建，江扬言后代在战乱时携带回籍的公所收据、契约、账目等重要文件也交还存所。宣统元年(1909)，公所董事婺源木商江有孚主持刊印了《徽商公所征信录》，将重要契据及每年收支逐笔刊明，以昭信守。

徽商木业公所章程以凡例形式收在征信录中，共计 22 条，对董事人选及其任期、职责、薪酬、公所收支及岁时祭祀等事宜作出详细规定。董事人选须人品端方，以书面选举的形式产生，先具知单通知各木行，以书写"可"字为准。董事三年一换，以防日久懈怠生变，三年期满，董事先行邀集各位木商交清账目字据，洁身而退。如果董事品行高洁，账

---

① 詹鸣铎著，王振忠、朱红整理校注：《我之小史》，《〈我之小史〉的发现及其学术意义》，第 40—41 页。

目清晰，众人力求连任者听从其便。公所收支归董事经理，每年六月初一日为公所算账之期，届时“众商咸集，各宜于神前焚香礼拜，然后查核众账，评论是非，公所备席款待”。董事的每年薪水不得透支，如非必要应酬，不得从公所款项中开支。董事乘轿，如果不是进府县衙门办理公所正事，不得由公所支付轿资。木帮遇有纷争事件，董事要秉公排解，不得怀私袒护，需要托人排解时，由公所派轿子前去相请。每年九月十五日为徽州先贤朱子的生辰，公所置办香烛，虔诚贡献，躬身礼拜致祭。每年十月初一日，公所举行盂兰会，以赈孤魂。①

公所在账目收支方面非常审慎，规定每年正月初六日，各木行将上年代收山客的沙粮、木捕捐清单交入公所以便核对，公所设宴款待。山客的沙粮捐②，按照树价每百洋捐三钱七分五厘；木捕捐，则每百洋捐一钱，由各木行扣除。因公所开销日增，要求嗣后每年必须如数交进公所以备公用，不得拖欠塞责。山客捐助的施榇厝所费用，照树价每百洋捐一钱五分，由各木行代收，交进惟善堂收用，毋得短少。公所聘用木捕负责查看沙地，确保堆放江干的木材安全，其薪金来自山客的木捕捐。木捕要日夜巡查，倘若有懒惰嬉游，有名无实的情节，由董事辞退，木捕如私下收钱卖放木材，公议罚款。沙粮查数之人由董事另请，必须逐日查明，不得遗漏。公所每年收款，除开销外，倘有剩余款项，要存典生息。修理公所，凡需洋十元以上者，匠人工价要邀集众商公同商议，毋得一人揽权，开支过多。公所添置物件，也要与众商酌议，能省即省，不得已再置备，所置各物件必须注册存所。③

每年五月下旬，威坪、严州两处的董事先将各自经手的账目结清交给公所，公所请木商中善于书算者数人共同查明账目，誊清后刊行征信

---

① 宣统元年《徽商公所征信录·凡例》。

② 据王日根、徐萍的研究，沙粮捐源于乾隆年间徽商公所与地方民众就江干三千余亩的沙地所有权进行诉讼，后公所获胜，但地方政府为安抚民众，要求公所每年代为缴纳百余两的沙地地税钱粮。参见王日根、徐萍：《清后期杭州徽商木业公所的剖析》，《浙江学刊》2014 年第 5 期。

③ 宣统元年《徽商公所征信录·凡例》。

录。征信录以上年六月朔后至本年六月朔前，公所收入的各木行沙粮、木捕捐及房屋、地租洋以及各项开销，不分巨细，逐笔刊明，印刷装订分送各木行、木商，以“俾众咸知”，使各位木商清楚地了解公所收支，借以增强公所的公信力和凝聚力。下表反映了从光绪三十四年至宣统元年一年的收支状况，可以看出，木业公所的主要收入来自代收各木行沙粮、木捕捐，另有房屋、地租收入及存款利息，当年的水灾捐洋是1908年徽州发生特大水灾，在杭徽商捐款的剩余款项，不是经常性收入。开支的项目比较多，但种类比较集中，与沙粮、木捕捐相关的支出有992元，包括严州公所的支出，木捕工资和房租，沙粮、漕粮等，共计922元，约占总支出的48%，向商会、警察局、救生局、水利分府、庆丰关等地方政府或公共机构缴纳费用以维护关系的支出为472元，约占总支出的47%，其他少量部分为公所宴饮、车资等零星开支。虽然当年有些入不敷出，但资金缺口不是很大，公所还能维持正常运作。

表22　光绪三十四年九月至宣统元年六月杭州徽商公所收支账目

收入总账	支出总账
各行沙粮、木捕捐1 282.54元 元利店租洋285元 源兴鼎裕庄洋256.05元(仍存洋300元) 谦手交来水灾捐洋31.32元 新地淤租洋10元	严州公所洋360元(汝宾手20元在外) 木捕工资洋341元(戊八月至巳五月并油火在内) 木捕房租洋60元 庆丰关洋100元，又席敬洋24元，派认凉棚洋2元 警察局洋20元 商务总会洋50元 保商总会120元 水利分府戊腊、巳蒲月节敬洋56元 救生局洋80元 戊申沙漕粮洋101元 乙酉漕粮洋10元 谦记薪水并杂支洋195元 有记薪水洋200元

续 表

收 入 总 账	支 出 总 账
	沙粮查数工资洋 50 元 谦手经办六月朔酒费洋 96.993 元 征信录刻字店洋 30 元 理书洋 4 元、取回新地淤户管一本 理书并地保弓地两次洋 2.25 元 咏手众用洋 7.3 元 账箱、账簿并锁洋 1.95 元 谦记议载车洋 1 元 商会茶房 4 角 有记车洋 4.94 元
总计 1 864.91 元	总计 1 917.833 元
收支相抵，共垫付洋 52.923 元	

资料来源：宣统元年《徽商公所征信录・自戊申年九月至乙酉年六月有手收账总目》。

《徽商公所征信录》收入了公所代表徽州木商同地方官府交涉的重要文件，反映了公所在解决木商面临的各种难题，处理木商与地方社会的复杂关系，维护其商业利益等方面所作的努力。

乾隆四十九年（1784），徽州木商江春初、张庆余、江开仲等人向浙江布政使司兼管南新关部堂呈控，称徽州木行为了方便木材停靠起运，一向在钱塘江闸口至秋涛宫一带的 3 690 余亩沙地上“堆贮、拆卸、挖塘、抵关抽验、供课，以免飘失”。但此处沙地不断淤涨，当地民户祝惟善等人筑垦种田并起佃升科，阻碍了木材堆放起运，因此木商要求当道处理，由此掀起商民互整一案。官司前后持续了两年，其间经两浙盐道会同浙江藩司，督率杭州知府、钱塘知县实地查勘，并传原被两告人等讯问，提出处理意见，认为该处沙地堆放的木材每年能抽收关税数万金，而民户缴纳的钱粮不过百余两，不能“以百余两之地粮竟误数万金之关税，核计课额，增减悬殊”。为此判令沙地统归木商全行管理，所有新升课银由木商永远承纳，照额推收过户，并将从前已纳之银及开垦工本一并补偿给民户。此处沙地虽归木商所有，但不得复行垦种取租及建造房舍，以方便拢簰堆木起运为要，以后有新淤沙地亦不许人开垦，如有牙脚人等搭造柴场牛舍，许木商指名具控以凭严拿按究，并勒石遵行。木商补缴了祝惟善已纳两年钱粮银 221.536 两及垦种工本赔偿钱 843 千 600 文。最终由户部尊旨定议，转咨闽浙总督、浙江巡抚及藩司、盐道，檄行在案。乾隆五十一年（1786），该案以徽州木商胜诉告终，木商的利益得以保全。①

出产的木材由新安江运往杭州江干，沿途要依次经过严州府淳安县的威坪坝和东关、闻堰三卡。依照向章，徽州木商在威坪坝厘捐局交纳过起捐，到东关交纳验捐及花色补起捐。光绪二十二年（1896）改定章程，过起捐及验捐均在威坪坝交纳，东关、闻堰两卡免于查验，而花色补起捐仍由东关收取。但徽商认为既然已在威坪坝缴足捐钱，为何东关又令交纳补起捐。实际上，威平坝厘捐局在收取过起捐及验捐时，已将花色补起捐按前三年收数匀三提一的标准一并收取，计钱 6 700 余千文，东关卡再征补起捐，显系重复收取。这是徽州木商群情激愤的焦点所在，叠控不已，为此木商公所司事向浙江省厘捐总局交涉。东关之所以强调征收补起捐，是因为从威坪坝至东关的这一段路程中，淳安、遂安两县也有木材运出，从这两县运送到杭州的木材要到东关交纳过起捐及验捐，如果徽商沿途带送了淳安、遂安两县的木材，到东关却不交纳任何捐税，就会存在夹带偷捐漏税的情况。其实，东关收取的 6 700 余千文补起捐就是地方官府为增加收入，专门向徽州木商额外征收的捐税，因为衢州府所产木材运送到杭州，沿途也有要经过多数关卡，但一向没有补起捐的名目。在徽商木所的交涉下，候补同知庄淦抵达威坪坝，会同地方官及卡员共同查办，并传集木商公所司事剀切劝导，要求徽商“既蒙宪恩免其东关、闻堰照票，体恤商情，至优且厚，虽不能加认补起，自应仰承宪意，共济时艰”。双方达成以下意见，在威坪局将正

① 宣统元年《徽商公所征信录》。

木大小中四花及杂木、柏木、乌皮、板片按起验捐数酌加二成，尖木一项酌加一成以图报效，由威坪填给捐票外加一免验单，知照东关、闻堰两卡免其照票，徽商到卡后，即将免验单呈验放行，东关、闻堰写清某月某日过卡，无论货色是否相符，概归江干卡查验。如无免验单，即系淳安、遂安及衢州等处所产之木，应由东关照章收取过起捐及验捐，但不得有花色补起名目。同时要求木商公所要另议行规，严禁木商所用簰夫、水手滋生事端。木商到杭州检齐捐票和免验单，有木商公所投过塘行家共同呈送江干厘捐局，由局切实查验。如有花色件数不符以及夹带别项货物，即定为偷漏包揽，除缴正捐外，罚款三倍。江干局亦不得征收花色补起捐，免验单由江干局汇存，按月申报到浙江省厘捐总局，以杜绝一票两用之弊。对以上协议，木商公所表示赞同，并具甘结。但东关守员不愿就此失去六千余串捐款，提出“公家捐款岂能因商人渎禀遂成无着”，责令徽商在威坪坝的补捐为定额。公所董事提出东关所收木材的起补捐内已含有淳安、遂安一带的起捐与金华、衢州一带的验捐，且东关征收愈来愈多，又令徽商认定补捐，未能持平，遂“断难认定”。候补同知庄淦认为，徽商既然已同意在威坪坝分别加成报完起、验捐，则所加成数即为定数，虽然目前或许不能达到六千余串的规模，但木材销售畅旺之年，所加成数即能超过六千余串。为此裁定徽州运出的木材准予在东关和闻堰两卡免照票，各木商在报捐处加完成数，不得夹带偷漏。①

《徽商公所征信录》还分别收录了光绪二十二年与光绪二十八年(1902)督理浙江杭州盐粮水利总巡分府制定的内河章程十条和八条，这两份章程是针对包括徽商木业公所在内的杭州三家木所公所制定的，主要防止河道阻塞，以利木排起运。江干木排售出后，由钱塘江运入内河，有一定规制，向例是船靠东边、木排靠西边行驶，并立柱定界。

---

① 宣统元年《徽商公所征信录·威坪改捐东关免验告示》。

太平天国战争期间，界柱被毁。战后杭州添造货船八百余艘，且船身放大很多，每逢三、六、九开载之日，木排时常无法通过。为保证内河方便木排运行，木业公所禀请水利分府发布告示，凡运木之日，不准货船拦截，排夫随装随放，不得搁延。光绪二十八年的章程虽然只有八条，但规定更为详细，有助于我们了解清末内河木材运输的情况，颇具史料价值，兹抄录如下。①

一、查旧章：凡木植售定，当持成票同行户至公所挂号，然后掣签，挨次运行，不能越次争先，永无拥挤之弊。访查近来各行户每不先挂号，或藉口以木数无多，或藉口于路远琐屑，以致开载不能按次运行，相率效尤，成何事体。嗣后无论货之多少，路之远近，必先挂号，方准拕塘。倘仍抗违，照紊乱议罚，或有不服议罚等情，立即禀候提究。

一、查旧章：开载之日，责成行户查明字号，挨次公同掣签，当日起运，不准排夫停泊阻滞。立法可称尽善，岂料狡谲多端，近来竟有借签之弊。嗣后严查行户，倘有私弊，将签子借与他人拕运，以及借者、受者各罚洋五拾元，此项罚款由公所另设一柜存储封锁，以备挑河善举公用。倘有抗不遵罚等情，指名禀候提究。

一、查旧章：逢三、六、九分期开载，每期木植必须本口拕清以杜影射、搬运别仓等弊。不得藉口只有数十余根，迟至次日补拕，违者议罚，拕夫严责。

一、查旧章：船东木西，各分各界，不准船排交错，倘船只向西，咎在船户，木排向东，咎在排夫。嗣后水道东西，倘或混淆，严查提究。

一、查旧章：望江门外永昌壩每日出排壹百贰拾甲，无水

① 宣统元年《徽商公所征信录·内河章程》。

之时，必须雇人夫帮同拽出，总以不能少于此数为度。访查近来永昌壩每日出排不过数十甲，无水之时，非特不肯添雇人手，而且壩夫远近旁观，一甲不出。由于该壩夫头把持勒索，惯成积习，其目无法纪，实堪痛恨。嗣后该壩夫头倘不知改悔，仍有前项情弊，立即扭送或禀候锁提，候讯明属实，即送县管押，将该壩夫头另行更换，以昭惩儆。

一、查旧章：外江之木拕入内河，催令排夫随装随撑，必不至阻碍水道。无如排夫刁悍性成，习于懒惰。访查近来排夫狡狯，竟与壩夫联为一气，喜于壩底前排停积，后排停止，不能先行，任意嬉游，遂成锢习。嗣后排夫倘与壩夫头通同设计，木排搁滞，查出一并提讯，或排夫于半途逗留，任催罔应，立即扭送，候讯明属实重惩治，一并送县管押，准许卖客另雇排夫撑运，庶几挽回把持积弊。

一、省河狭隘，小贩木排往往停滞不撑，一经诘责，便推委于行家因木价未清，扣留候价，不准放行为词。嗣后小贩木排如果木价未清，不准拕下塘河，既以下河即当驱逐，迅速撑行，不得借端停滞。倘仍故违，先提排夫讯责，并查该行户商人等一并提究。

一、查旧章：木排极多之年，漂泊江心，忽然风潮大作，虑其冲散，不能待三、六、九开载。同治年间，前抚宪杨曾饬前分府潘发筹壹百支，名曰“救灾筹”，若风狂潮涌，即发此筹以救之，限三日缴筹，过期议罚。现查公所尚有旧筹存储，自宜随时察看情形，循旧办理，一面发筹，一面禀报本分府署备案，不得藉口于忽忙，迟至次日补禀。如木植过多，内河不能尽容，必须租地暂行起岸堆积，随行陆续扎排分运，庶于水道无碍。查旧筹宜加盖火烙印以示区别而杜伪造。此筹为救灾而设，不得轻率发筹，宜绝影射诸弊。

木材贸易大致可分为采伐、运输、销售三个环节。由于木材体积庞大，异常沉重，无论采伐还是运输都比较艰苦，木材从产地运往杭州，需要投入极大的人力、物力，而在运输过程中，经常会遭遇各种意外，在漂流过程中木簰被冲散者有之，被沿途居民抢去木材者有之，在沿途厘局被刻意盘剥者亦有之。诚如亲身经历过放排的徽州木商所言："徽木一货，在山办做，山险难搬，由河开行，河险难放。千山万水，经年累月，逢卡捐厘。运到浙江，山河之水易涨易退，长则洪水骤至，退则石壁干滩，每多搁在河中，不在开放，一被水冲即分漂去，木本折耗，虚苦难言事常有之。"①木簰在河中漂流耗力费时，捆扎木材的绳索经常损坏，一旦遭受风雨袭击或水流湍急，木材被冲散的情况就经常出现，近河村民便捞取漂木等待木商前来取赎。为防止村民随意勒索，浙江巡抚曾做出批饬定下标准，正木每根认酬捞力洋 3 分，尖木每根认酬捞力洋 1 分，不得趁机措赎勒索，截木藏匿。但是借捞取漂木向木商肆意勒索的事情时有所闻，光绪二十八年与二十九年，公所为保护木商利益，先后呈请歙县、休宁县知县，相继发布告示，沿河居民凡遇有木材被水冲至河边，应随时代为捞取收存，听候木商按正木每根 3 分、尖木每根 1 分的标准备价取赎，不得居奇勒索，亦不得将木材裁截隐藏。②

由此可见木业公所的设立既是徽州木商在杭州发展实力的象征，也是维护徽商群体利益，提高徽商市场竞争力的重要工具。木业公所对内协调同行利益，规范同行市场行为，以扩大木业市场，对外代表木商就木材运输过程中出现的漂木被抢、勒索厘捐、坝夫、排夫抬价等问题与地方民众与官府交涉，并取得了一定的胜利。虽然有时被迫让步，但也换取了木商更大的利益空间。很多问题是个体徽商无法解决的，只有群体性的力量才能引起各方的重视，这也是木业公所在与地方社会力量博弈过程中屡屡取胜的关键所在。此外，木材经营毕竟不是小

① 宣统元年《徽商公所征信录·徽河取树告示》。

② 宣统元年《徽商公所征信录·徽河取树告示》。

本生意，非有一定的财力不可，对地方官府来说，收到的税金也是相当可观的，他们自然愿意与这样的商人合作取得共赢。

二、星江敦梓堂茶业公所

徽州山多田少，地隘人稠，每年所产米麦等粮食不足为境内人民食用，徽州人多种茶以换取生活物资。民国时主持调查皖浙新安江流域茶业发展概况的傅宏镇对此曾有精辟的论述："各地以所在山脉盘亘，峰峦丛峙，山多田少，谷产不丰，当地民生十九惟茶是赖。前当华茶出口鼎盛之时，以优异之产品供海内之需求，输出极畅，岁入极巨，虽然岩邑山城，大有物阜民殷之概。"[①]徽州所产之茶除祁门红茶外，皆为绿茶，祁门、婺源茶享有"祁红婺绿"盛名，婺源茶区面积之大，产量之多，推为第一，茶叶的品质亦最佳，熙春、抽蕊眉珍等茶叶名品誉满中外。婺源茶绝大部分用来加工洋庄出口，在国内销售极少。其产地以县城附近为中心，东乡和北乡产额最多，西乡和南乡次之，四乡各有一处茶叶集中贩运市场，东为江湾汪口，北为清华，南为太白，西为许村。[②] 徽州茶出口的历史较早，在 18 世纪以后广州一口通商时代，就跋山涉水，南下广州外销。1843 年五口通商后，上海逐渐取代广州的茶叶出口重镇地位，成为茶叶贸易中心。徽州茶因地利之便悉数转道上海，进入外贸的黄金期。清末民初的十余年内，设在屯溪的茶号有百余家，制茶数额最多时达 21 万余箱。按照当时通行的装箱重量，每箱以 50 斤计，则有 10 万余担。徽州茶大部分销往西欧各国，以英国、法国、意大利销路最大。

因徽州绿茶多为出口洋庄茶，需要与洋商打交道，但是洋商为压低价格多方刁难，或借口货样不合，或借口茶叶受潮。为减轻洋商的盘

---

① 安徽省立茶业改良场编：《皖浙新安江流域之茶业》，上海大文印刷所 1934 年印行，第 1 页。

② 朱美予编著：《中国茶叶》，上海中华书局 1937 年版，第 60 页；安徽省立茶业改良场编：《皖浙新安江流域之茶业》，第 3 页。

剥，满足国外消费者的口味，徽州茶商决定在上海设立茶栈，进行茶叶改制。民国时期的一份上海茶栈事业调查报告指出，上海虽非产茶之地，但为国内主要出口中心，故渐成烘制茶叶的重要区域。“当最初时期，茶叶出口，多先在产茶当地经烘制之手续，后出口茶商渐觉有在上海设厂制茶之必要，盖如此则制成之茶，比较的合于外人心理，利于推销也。此种尝试，不久即著成效，于是效尤者接踵而起，一时制茶者不下三四十家，谓之土庄茶栈。”[①]茶栈工人以徽州籍为最多，从事绿茶烘制工作。而在徽州籍制茶工人中，又以婺源茶工的身影为突出，人数众多。1927 年《申报》的一份报道就反映了这方面的信息：[②]

> 婺邑素以产茶、制茶著称，故凡有制茶号均须婺茶司指导。沪上土庄茶栈出店，婺人尤夥，俨然自成专业。前岁土庄最盛之时，婺茶工在沪人数不下四五千人。今岁低庄茶叶滞销，土庄多未动办，今日东、北两乡由杭赴沪做茶工者，约有四五百人，较往年只十分之一，大半多俟土庄起色，再定行止云。

为联乡情而资研究，咸丰元年(1851)，婺源旅沪制茶工头筹募资金设立了星江敦梓堂茶业公所。但是星江敦梓堂公所的发展进程颇不顺畅。公所设立之初，只有二间平房，供奉朱子神主，合五乡人士而祀之。公所设立未满一年，就被同乡中的宵小之徒私行盗卖。朱世八痛恨朱子得不到祭祀，便背着朱子神主投诉于同乡面前，遂得到婺源同乡的援助，再行集资，又在上海大南门外购买二间平房，重立公所，整立规条，复现旧观，并向各茶栈征收火锅捐，每日每对收钱十文，作为堂内经费。时间仅过了三年，茶栈作头洪开荣因营业失败，又将公所房屋私自卖去，以致久经风雨的敦梓堂再一次回到空中楼阁的状态。光绪八年，新盛恒栈主董万林和许攸等人认为婺源旅沪茶商日渐众多，欲联络同乡

---

① 《上海茶栈事业之调查》，《商业月报》第 14 卷第 2 号。
② 《制茶工人大批赴沪》，《申报》1927 年 6 月 27 日。

感情，非恢复敦梓堂不可，于是邀集在沪茶商捐资购地，在城内花草浜重立敦梓堂，命名为星江公所，公举董事办理堂务，并将余屋出赁以收取租金，同时继续向茶栈征收炒茶锅捐，以补经费之不足，该项捐款由各茶栈作头经手代收。在众人的努力下，星江公所有了经费保障，置有数处房产，规模初具。公所董事为了避免重蹈以往屡兴屡败的命运，于光绪十一年(1885)禀请上海县署及公廨立案，并请示禁盗卖，勒石公布以垂久远。此后，星江公所每年的房租可收一二百元，稍有盈余便购置房产。经过二十余年的努力，公所增置的房产每年可收租金七八百元。其时在上海的婺源茶栈已有二十余家，各栈新老作头不下百人，因代收锅捐的作头均有资格担任星江敦梓堂董事，致使堂内董事日渐增多，人数既多，则不无庞杂，于是公同集议，提出堂务日繁，非请殷实商人、资格较高者总董其事，不足以保存。一致议决公请胡靖畇担任该堂总董，保管财产，全权办理堂务。胡靖畇愿意义务从事，不肯接受酬劳。胡靖畇接理之初，星江公所虽有数处房屋，但是大都陈旧不堪，便垫资拆造，使堂内外焕然一新。胡靖畇颇具投资眼光，只要遇有价格、地段合适的地皮房产，无不垫款购买。1916 年，因公所原地基开辟马路，便将花草浜的旧房让路改建，把公所南迁至同吉里，未久遭到大火焚烧，于是再垫巨款，在小南门外糖坊弄建造公所，仍名曰星江茶业公所，供奉朱子神主，规模蔚为大观。[①] 1929 年，因经费余裕，又创办了敦梓义务小学，凡同乡子女一律免费入学。在胡靖畇的经营下，星江茶业公所安然运行到 1930 年代，每年的租金多达四千余元，购置房产的垫款也悉数还清。

1929 年 6 月 11 日，星江茶业公所在上海市社会局申请备案，立案证书为上海特别市党部许可证公字第十号、上海市社会局注册执照公字第六十九号。1937 年 8 月 13 日，淞沪会战爆发，激战数月后，上海沦

---

① 《星江敦梓堂征信录·星江茶业公所敦梓堂略历》，民国十五年刊，转引自彭泽益主编：《中国工商行会史料集》(下册)，第 850—851 页。

陷，星江茶业公所平静的发展进程被打破，因公所各负责人与婺源同乡先后返回故土避难，堂务陷入停顿。1945年抗战胜利后，婺源同乡及公所负责人陆续回到上海，婺源茶商朱占鳌等人数度整理堂务，事务初具端倪，便会同公所原来的负责人发起恢复星江敦梓堂组织，以资续办各种善举，使同乡无失屏障。1947年5月15日，遵照上海市社会局要求各团体重行登记的通告，敦梓堂董事“检具各项表册连同证明文件，备文呈请，仰祈鉴核，准予重行登记立案，并祈颁给证书图记”。从程子云董事填写的公益慈善团体登记表能够看出，敦梓堂共有会员112人，以敦睦桑梓，举办各项公益慈善事业，救济同乡为宗旨，常年收入可分为房租、地租、会员费三大项，支出约略分为薪津、事业费、水电、文具、杂支等几类。参与战后重建公所的婺源茶商信息如下表所示。

表23　1947年参与重建星江茶业公所婺源茶商履历表

姓　名	年龄	职业	职　　务	住　　址
朱占鳌	35	茶业	曾任占升昌茶厂经理	开封路北长康里26号
伊春发	40	茶业	任合利祥茶厂经理	北河南路鹏程里16号
叶养和	39	茶业	现任义泰丰茶厂领班	北河南路鹏程里16号
戴福报	49	茶业	曾任三元茶厂领班十年	安庆路志铨里14号
刘广炎	46	茶业	现任振裕茶厂领班	七浦路彩和里129号

资料来源：《星江敦梓堂》，Q6-9-85，上海市档案馆藏。

星江茶业公所敦梓堂在向上海市社会局申请备案的呈文中，还附上了拟办事业计划：一、每年春末夏初期间，同乡制茶工人中有诸多失业者，故在次年三月初一日设立粥厂，救济失业工人，直至新茶登场，茶工获得工作后再停止。一、每年夏季施给暑药并送至各茶厂分给工人。一、资助工人死后殓费。一、工人死后无力购棺者，由敦梓堂施给。一、每年由敦梓堂会同徽宁会馆义务办理盘棺归籍一次。一、每年除夕，敦梓堂向穷苦工人发放度岁资金。如果经费充裕，将续办敦梓义务小学,专供同乡子女免费读书。[1] 这些拟办事业可视为星江茶业公所“敦睦桑梓,举办各项公益慈善事业,救济同乡”宗旨的具体实施计划。经全体会员大会表决后,办事计划写进了星江敦梓堂章程,章程明确指出敦梓堂由婺源旅沪制茶领班(即工头)组织而成,以敦睦桑梓,举办公益为目的,应办事业有五项:[2]

(一)调解茶业栈主、工头、工友间一切纠纷事项。

(二)每年春季起至夏季止,设立施粥局,救济各茶栈之穷苦工人。

(三)每年夏季购办暑药散给各茶栈工人以防痧病。

(四)资助制茶工人死后殓费兼办施棺暨盘柩回籍等事项。

(五)每年终散给各茶栈穷苦工人度岁资。

两者相比,敦梓堂在章程中增加了“调解茶业栈主工头工友间一切纠纷事项”。其他各项只是语言表述不同,应办事项可总结为施药、施粥、救济以及制茶工人死后运送棺柩回籍等。如果再将1947年敦梓堂章程规定的应办事项与1926年的条规相比,可以看出该堂宗旨的连贯性与应办事业的一致性,1926年的条规用简练的语言总结出施粥、施药、救济三件应办事项,具体为:[3]

(一)本堂每年于二月初一起至四月初一止,设立粥局,凡茶栈工人每日均可入局食粥。

(二)本堂每年夏季购办痧药,散给各栈工人,以防疾病。

(三)本堂每年除夕日,散给茶栈工人度岁费每人钱五百文。

我们从中可以看出敦梓堂是一个面向茶商与制茶工人的机构,把

---

① 《星江敦梓堂·拟办事业计划》,Q6-9-85,上海市档案馆藏。

② 《星江敦梓堂·星江敦梓堂章程》,Q6-9-85,上海市档案馆藏。

③ 《星江敦梓堂征信录·星江敦梓堂条规》,民国十五年刊,转引自彭泽益主编:《中国工商行会史料集》(下册),第853页。

原本应由茶商承担的责任包揽过来，对制茶工人的生老病死予以照顾，不仅解除了工人的后顾之忧，也减轻了茶商的经济负担。

在治理架构上，星江茶业公所敦梓堂初期实行董事会制，后改为执监委员会制，1935 年改组为理监事委员会制。1926 年，敦梓堂议决，由全体作头公举总董一人、议董六人，并规定总董由全体作头大会公举殷实商家公正商人担任，议董则由全体作头互相推举。结果选出总董胡靖畇，议董叶际康、程润庭、李福田、叶奎泰、臧祥亨等。总董有保管财产、处理堂务之权，负责办理公所的兴革事宜，未经全体作头大会通过，不得自由交卸职权。议董襄助总董处理堂内一切事务。敦梓堂遇有事故，由总董办理，特别事故由司事报告总董，召集全体大会公决。每年二月初十日起至十四日止，由议董派人入堂，总结全年账目，并于十五日召开全体大会，恭读朱文公圣诞文，公开核算全年账目，当晚设筵庆贺，不是作头以及未代收火锅捐者不得入席。①

1947 年，星江敦梓堂章程规定，由全体会员组织会员大会作为敦梓堂的最高权力机关，开会时以会员十分之六以上出席者为法定人数，会员大会议决预算、决算及其他重要事项。会员资格有一定要求，“凡婺源旅沪制茶领班人员品行端正，表同情于本堂者，经会员二人介绍，缴纳常年会费，皆得为本堂会员（会费以会员之工作栈内制茶机器多寡计算，每部每年征收法币二万元，如无任职者，得免缴费）”。凡会员有不轨行为或违反敦梓堂规则者，经监事委员会审查属实，提交会员大会取消其会员资格。会员的权利一律平等，有选举权、被选举权。会员的义务则是赞助敦梓堂事业的进行，并遵守章程，缴纳会费。敦梓堂由会员大会选举理事七人、候补理事二人组成理事委员会，并互推理事长一人综揽一切事宜，在大会休会期间，理事会为最高权力机关，处理堂内外事务。会员大会选举监事三人、候补监事一人，组织监事委员会，互推

① 《星江敦梓堂征信录·星江敦梓堂条规》，民国十五年刊，转引自彭泽益主编：《中国工商行会史料集》（下册），第 853 页。

常务监事一人，主持会务并监督账册收支是否清晰，会员是否良莠不齐，理事委员会办事有无弊端等。选举理事、监事时，用记名投票法，以得票数最多者当选，其次为候补。理事委员会设有总务股、公益股、仲裁股、调查股、经济股等五股，各股干事从理事委员中推出，属于义务性质，不支薪水。监事委员会的职权主要有："（一）督促本堂事务之进行。（二）稽核本堂财产及出纳款项。（三）审核本堂预算及决算事项。（四）提交议案及审查理事委员会提交复决事项。（五）发现理事委员会办理事务有欠，当时得具书面纠正之，如有弊端时，得提出弹劾之。"①1948年在呈报给上海市社会局的上海市公益慈善团体登记表中列出了敦梓堂的理事长、理事、常务监事、监事信息，具体情况见下表。

表24　1948年星江茶业公所理监事一览表

姓　名	职　别	年龄	籍贯	住　　址
朱占鳌	理事长 （公所代表人）	36	安徽婺源	长乐路西三五四巷一号
叶养和	理　事	40	同上	河南北路鹏程里十六号
刘格言	理　事	61	同上	安庆路成德里九号
吴伯超	理　事	57	同上	七浦路彩和里一二九号
刘广炎	理　事	47	同上	七浦路彩和里一二九号
戴福报	理　事	50	同上	安庆路志铨里十九号
金祥海	理　事	53	同上	七浦路六零二号
伊春发	常务监事	41	同上	河南北路鹏程里十六号
俞钦奉	监　事	57	同上	安庆路成德里九号
朱仲廉	监　事	60	同上	苏州河五二巷五号
程子云	事务员	59	同上	逃源路秉安里二三号

资料来源：《星江敦梓堂》，Q6-9-85，上海市档案馆藏。

---

① 《星江敦梓堂·星江敦梓堂章程》，Q6-9-85，上海市档案馆藏。

我们从敦梓公堂呈报的公益慈善团体重要职员登记表中更能看出公堂重要职员的身份信息。

表 25　1948 年星江茶业公所重要职员名单及履历表

姓　名	年龄	籍贯	职业	略　历	现任团体职务	住　址
朱占鳌	36	安徽婺源	茶商	占升昌茶厂经理、裕升永茶厂厂长、公升制茶厂襄理	星江敦梓堂理事长	长乐路西三五四巷一号
伊春发	41	同上	茶商	义泰丰制茶厂经理	常务监事	河南北路鹏程里十六号
叶养和	40	同上	茶业	义泰丰制茶厂领班	理事	河南北路鹏程里十六号
戴福报	50	同上	茶业	同孚制茶厂领班	理事	安庆路志铨里十九号
刘广炎	47	同上	茶业	振裕制茶厂领班	理事	七浦路彩和里一二九号
金祥海	53	同上	茶业	德昌祥制茶厂领班	理事	七浦路六零二号
刘格言	61	同上	茶业	中信局制茶厂领班	理事	海宁路福寿里四一号
程福生	41	同上	茶业	源利制茶厂领班	候补理事	北浙江路七七号
汪培楠	41	同上	茶业	汪裕泰制茶厂领班	候补理事	金陵路西一九七号
汪培铨	47	同上	茶业	三元制茶厂领班	候补理事	河南北路图南里十八号
程子云	59	同上	茶商	办理本堂业务22年之久	事务员	桃源路秉安里二十三号

资料来源：《星江敦梓堂》，Q6－9－85，上海市档案馆藏。

从上表能看到星江敦梓堂的重要职员为茶商和茶厂领班，也就是作头，敦梓堂可视为茶商与从业伙计的一个联合体，茶厂领班即为伙计的代言人。在 1926 年的章程中已明确交代了栈主、作头与茶工之间的关系,“各栈作头与栈主本为唇齿之相依,设有困难问题,得报告本堂予以公正处理,而各栈人工均归作头雇用,任免等事,作头自有相当权衡”。①

星江敦梓堂的会议种类及其召集程序可分为以下五类:(一)会员大会。每年三月十五日为会期,由理事会于十日前发出通知召集,大会以理事长为当然主席,开会时主席报告上届业务办理概况及收支账目等。(二)理事会。每月召开一次,由事务员定期通知召集,如有理事二人以上之提议,可临时召集开会。(三)监事委员会。每三个月开会一次,由常务监事召集,开会时担任主席。(四)理监事联席会议。如遇有较重要事项,由理事长通知召集,理监事联席会议议决。(五)临时大会。如遇特殊事务并有会员十五人以上提出,联合署名,提出书面材料,经理事委员会通过,可随时召集。上述五类会议除公所章程特别规定者外,另须有过半数出席者方能开会,议案须出席者超过半数以上之同意,方能作为是否通过的依据,赞成与反对人数相同时提交主席定夺,出席人数及其姓名与决议案事由均记载在议案簿中,最后由主席签字以示郑重,如届时出席者不足法定人数,则改期召集。理事、监事任期均为二年,连选得连任。理事或监事在开会时因有事不能出席,由候补理事或监事依次递补。②

第二节　近代旅外徽州人的劳资纠纷处理及工人组织的设立

1920 年代是中国劳资纠纷最为严重的时期,发生的次数之多,涉及

① 《星江敦梓堂征信录·星江敦梓堂条规》,民国十五年刊,转引自彭泽益主编:《中国工商行会史料集》(下册),第 853 页。

② 《星江敦梓堂·星江敦梓堂章程》,Q6-9-85,上海市档案馆藏。

的行业之广，参与的人数之众，都远远超过其他时期。① 1922 年、1924 年、1926 年，上海的徽州菜馆业伙友、制墨工人以及制茶为提高自身工资、待遇、减少工作时间、降低劳动强度等分别与店东发生纠纷，甚至诉诸罢工，其中墨工的斗争前后持续了两个多月的时间。与其他类型的劳资纠纷稍有区别的是，这三起纠纷涉及的劳资双方都来自徽州，雇主与伙友之间多有同乡之谊，这不可避免地影响了纠纷处理的程序及结果，发生纠纷时，劳资双方都倾向于同乡会或同业公所的调解，最终在政府、同乡组织的协调下，劳资双方共同妥协，坐在一起进行讨论，达成令双方都能接受的意见。工人为维护自身群体的利益，在劳资纠纷解决之后，成立了职业工会，如徽馆伙友在纠纷过程中试图中成立伙友联合会，最终没有通过，而徽帮墨工则成立了上海制墨工会第一分会，徽帮茶工成立了上海制茶工会第二分会。这些工会为调解劳资纠纷，维护工人权益做了大量工作，反映了工人群体意识的觉醒。

一、徽馆伙友要求增加工资

徽馆员工、伙计大多来自徽州，与馆店老板尽属同乡，主雇双方桑

① 学界对民国劳资纠纷问题给予了足够的重视，如徐思彦在《20 世纪 20 年代劳资纠纷问题初探》(《历史研究》1992 年第 5 期)一文中考察了 20 世纪 20 年代劳资纠纷的基本状况，着重探讨了资本家阶级和国民党对劳资关系和劳资纠纷的态度、主张以及国民党政权的有关政策演变的情况。王奇生通过对 20 世纪 30 年代初期上海名为“三友实业社”的民族资本企业发生的一起劳资纠纷案件的详细梳理，将工人作为行动主体的另一方引入分析视野，分析了工人、资本家与国民党三方博弈互动的复杂面相。(王奇生：《工人、资本家与国民党——20 世纪 30 年代一例劳资纠纷的个案分析》，《历史研究》2001 年第 5 期)裴宜理的专著《上海罢工——中国工人政治研究》(江苏人民出版社 2001 年版)，从地缘政治、党派政治、产业政治三个方面，考察了工人罢工、工会与政党关系、工人文化、生活状况等问题。魏文亨从同业公会之兴起及其在劳资关系处理过程中的作为，分析了作为雇主团体的同业公会与阶级政治的复杂关系，将同业公会、职业工会及政府同步纳入研究视野，以三方互动的格局演示了同业公会在劳资冲突及劳资协调机制中的复合角色。(魏文亨：《雇主团体与劳资关系——近代工商同业公会与劳资纠纷的处理》，《安徽史学》2005 年第 5 期)田彤撰写长文回顾了海内外学界对民国时期劳资关系史研究所取得的成果，提出了以后有待努力与深入的方向，认为要界定“劳”“资”内涵，将“劳资关系”进行分层研究；建立整个民国时期劳资关系的知识谱系；区分“他者”的劳资关系与“自认”的劳资关系；思考工人群体的政治化与中国工人阶级的形成。(田彤：《民国时期劳资关系史研究的回顾与思考》，《历史研究》2011 年第1 期)

梓谊切，相处甚为融洽。实际上，徽馆伙友的待遇较其他行业低得多，每月的报酬不足十元，每日的菜钱也只有四文钱。20世纪20年代以后，上海的物价一路攀升，伙友收入愈发微薄，在各业要求增加工资的呼声日益高涨的背景下，伙友也开始四处奔走，向店主提出增加薪金的请求。1922年夏，徽州爆发了山洪，各地受灾严重，米珠薪桂，亟待赈济，但徽馆伙友低廉的收入并不足以赡养家室，迫切需要提高工资收入。适逢上海徽馆业店主集资设立了旅沪华阳馆业公所，将伙友排除在外。[①] 上海徽馆伙友为此成立了旅沪华阳馆业伙友联合会，于当年10月18日在方板桥的华园饭店召开全体大会，各店伙友代表到场者200余人，公推胡裕桂为主席。参会代表对众伙友历年受到的种种刻薄待遇异常愤懑，当场提出五项条件，公议即日通函各店主要求承认，并限5日内给予答复，如逾期得不到圆满解决，众伙友将到筹备处领取川资洋3元，各自回乡。会议推举出代表3人，与各店主进行接洽。因此事关乎伙友切身利害以及合家老幼生计，故当场有不达目的不罢休的气势，与会人员一致宣誓抗争到底。会议提出的五项条件如下：[②]

一、工资一律增加四成。查本业各伙友工资，堂倌每日得三角者约占十之六七，得四角者只十之二，亦有得二角数分者。厨房自二元半起至十元为止，柜台二元起至八元为止。今要求一律加增四成，以资赡养。

二、饭菜改为一荤一素。查各伙友每日饭菜，一向每人只给钱四文。现下各物昂贵，淡食堪怜，要求一律改为一荤一素，六人一桌，每月四大荤日，务求仍照旧章，每次每人照给鲜肉四两，折资概照市价。

三、学徒歇业，资遣回籍。各店学徒如因违犯店规而至停

① 《徽馆业伙友之新觉悟》，《民国日报》1922年10月19日。
② 《徽帮菜馆伙友要求加资》，《申报》1922年10月19日。

业，倘店主不允该学徒转入他店学习，须由店主给资派人伴送回籍，交其父母收领，以免流落异乡。

四、伙友进出，仍照旧规。各店东伙间，有因意见不洽发生分手问题，彼此须照向来旧规办理，以便各伙友从容谋业，店主亦可另免替人。

五、承认代表参订新章。将来同业公所成立后，选举董事，参订章程，须由伙友联合会公推代表数人，参预议订。至整饬伙友一节，迨本联合会宣告成立后，严订会章，各伙友（会员为限）在店中如有不法举动，如盗窃银货等事，本会当令出会，取消其会员资格，各店永不录用。惟此后各店伙友出进，概由联合会主持举荐，以免散漫无稽。此节俟联合会成立，会章订定，会长举出后，再行通知双方签字实行，现只要求各店主俯允日后照此办理而已。

当日五时散会后，致各店主的公函陆续发出，伙友联合会另在小东门民国路泰新旅馆设立了筹备处。10月19日午后一时，筹备员会议举行，推举胡汪祥为筹备主任，胡锡年、章渭仪为副主任，邵增炎为会计主任，并请业外人士邹君为文牍主任，邵增顺、胡裕桂、张瑞汉等16人为筹备员。并向各店主发出公函，要求厨房、柜台伙友工资一律增加四成。[①] 各徽馆店主接到公函后，便聚集起来商议应付办法，而英、法巡捕房捕头也非常关注此次加资事件，公共总巡捕房捕头派出警探到各徽馆查抄门牌店号，详细调查工人实数以及工资等级，并派员至伙友联合会筹备处查询该会宗旨。伙友联合会则在20日上午十二时，推举代表4人与各店主磋商解决办法。[②] 10月20日，绩溪旅沪馆业公所为避免徽馆伙友对公所的误会，特在《申报》上发表声明，强调该公所是面向馆

① 《徽帮菜馆伙友要求加资续志》，《申报》1922年10月20日；《徽馆伙友团结续志》，《民国日报》1922年10月20日。

② 《徽帮菜馆伙友要求加资三志》，《申报》1922年10月21日。

业同人的，并无店东、伙友之区别。该声明可视为徽馆店主针对将要设立的伙友联合会而做出的回应。“华阳旅沪馆业自昔日称盛，近益发达，惟无群力团体，恐不足以持久远。今由路文彬等发起创立公所，建设医院，以维持馆业同人幸福为宗旨，并无股东、伙友阶级之分别。深恐人众或有不知其中详细者发生误会，特此登报声明。”①

10月21日上午十二时，上海徽馆店主代表路文彬、程家福及曹雨君等人邀请伙友联合会筹备处主任胡汪祥、筹备员胡裕桂二人在法租界大马路新中华楼菜馆宴叙，磋商解决办法。经再三商量，店主方面对联合会提出的条件做出反馈：第一条“工资加增至四成”，只允许加一成；第二条“加增伙友菜资”，只允许每日每人加给菜钱二十文，四大荤日，每次每人折给肉资五分；第三条“资遣歇业学徒”，承认照办；第四条“伙友生意进出”，只允许彼此于半月前告知；第五条“承认联合会代表”，完全拒绝。伙友代表胡汪祥、胡裕桂提出，征求全体伙友意见后再予答复。胡汪祥二人回至筹备处，于午后三时召集全体筹备员及各伙友开临时会议，周子春任主席，胡汪祥报告了在新中华楼席间与店主代表路文彬等进行磋商的情形，后请各人对于店主的答复发表意见，谈论回复办法。经列席各伙友讨论，认为第一条“加资四成”可以稍微让步，第四条“伙友进出半月前知照”亦可照办，但是第二条菜资及大荤日肉资均须加倍照给，第五条联合会必须承认，因为该会系全体伙友组织，意在联络感情，固结团体，与店主无关，故此事务必做成，万难取消，如满五日期限无圆满答复，再另商对付办法。②

10月22日午后一时，伙友联合会派代表周子春、章渭仪、邵增炎、胡准熙、邵在元5人与店主代表路文彬等人再次商讨解决办法，至三时许仍未解决，遂决定于次日上午在四马路升平楼，由双方各派代表作最后磋商，以期圆满解决。各伙友认为二十四日将五天期满，如果店主仍

---

① 《旅沪绩溪馆业公鉴》，《申报》1922年10月20日。

② 《徽帮面馆伙要求加资四志》，《申报》1922年10月22日。

然没有解决的意向，定将赴筹备处领取川资洋 3 元，各自回乡。[①]

可见伙友与店主在是否准许设立伙友联合会的问题上僵持不下，双方关系日趋紧张。安徽同乡会劳工总会开始出面斡旋，派职员王亚樵、胡佩如向双方调停，劝他们毋伤多年主雇感情。10 月 23 日上午十二时，两方在四马路升平茶楼商议解决办法，上海南北市面的 60 家徽馆店主均派代表列席，参加会议的伙友代表为胡汪祥、胡锡年等 8 人，公共总巡捕房及安徽同乡会劳工总会均派员旁听，公举路文彬为主席。首先对双方进行劝导，其后伙友代表允许将工资减让，共加二成，菜资依照前议每人加钱 20 文，折荤肉资为 5 分，伙友进出店提前半个月前告知，但须伙友联合会承认。继则由主席将各条件交众人表决，各店主对于伙友工资问题，有 40 余家代表允许加二成，只有新老中华楼代表程家福、三星楼张庆涛、海华楼邵增铭等五六家只允加许一成半，经各店主劝说才同意照办。至于设立伙友联合会，各店主均不愿承认，故未达成一致意见而散。[②] 会后，安徽驻沪劳工总会代表王吉人召集双方在聚乐园继续谈判，经调解，伙友代表同意暂时不设立联合会，双方一起加入安徽同乡会劳工总会为馆业、伙友两部，公决于 25 日上午到爱多压路恰乐里安徽驻沪劳工总会，由该会委员王吉人、胡佩如请安徽同乡柏武烈莅会见证并演讲开导，双方签字，照章遵行，不再发生枝节。[③] 随后伙友代表发表声明称，伙友联合会系团结同人，联合感情及整饬各伙友在外嫖赌违犯店规等事，与店主有益无害，且集会结社系法律赋予之特权，现章程未订，职员未举，本无立即承认的意义，等联合会各项手续齐备，届时再请店主查明会章，如果确系有益之事则承认，否则听其自便，故第五条后段有“载明此节，俟会章订后再议”之语，意味着现在不

---

① 《徽帮菜馆伙友要求加资五志》，《申报》1922 年 10 月 23 日。
② 《徽帮菜馆伙友要求加资六纪》，《申报》1922 年 10 月 24 日。
③ 《安徽驻沪劳工总会启事》，《民国日报》1922 年 10 月 28 日。

要求立即承认，可以将此条搁置。[①] 但是10月24日午间，徽店伙友因有店主代表到小东门等处的徽面馆与各店主交相耳语，颇显神秘之意，以致有关店主悔议的谣言四起，各伙友纷纷赶至筹备处报告，而各位代表也分别到各店进行调查，并赴巡捕房呼吁，一时间人心惶惶。

10月25日午后一时，双方代表终于坐下签字，伙友代表为胡玉祥、章渭仪、周志春、张瑞汉、章傅高等5人，店主代表为路文彬、程家福、邵在亨、邵运家、章观根等5人。双方最终达成的条件为："一、伙友工资各照原薪饷均加二成；二、点心，每晨吃面，不吃，折钱五十文；三、午饭菜每人折钱二十文；四、每夜吃粥，加咸菜或黄豆听便；五、每月四荤期，不食者每人每期给大洋五分；六、各店工作日期，均以三十日结算。"在双方争执不已的"承认伙友联合会"这个焦点问题上也达成最终协议，决定伙友联合会加入安徽驻沪劳工总会为伙友部，店主方的旅沪华阳馆业公所加入该会为馆业部。双方代表路文彬、章渭义分别在条约上互相签字，伙友方面准备将所订条约呈请中外官厅备案，并从事组织伙友部联合会，以固结团体。[②] 为广为周知，店主以华阳旅沪馆业公会的名义在报纸上发布启事，将双方议定的六项条件公之于众。[③] 同时徽馆伙友也在报纸上刊登启事感谢安徽同乡会劳工总会的调停之功。[④]

1922年11月1日，加入安徽驻沪劳工总会的伙友部在中华全国工界协进会召开成立大会，选举职员，到会者100余人，王吉人被推为主席。首先由筹备主任胡汪祥宣布经过情形，然后会计主任邵增炎报告收支账目。各伙友投票选举胡汪祥为正会长，周志春、章渭仪为副会长，会计主任为邵在亨，文牍主任为邹鲁，并选出各店干事1人，会费按

① 《徽帮菜馆伙友要求加资七志》，《申报》1922年10月25日。

② 《徽帮菜馆伙友加资已解决》，《申报》1922年10月26日；《徽馆伙友加资解决》，《民国日报》1922年10月26日。

③ 《徽州华阳旅沪馆业公会紧要启事》，《民国日报》1922年10月28日。

④ 《敬谢柏烈武先生暨安徽驻沪劳工总会王吉人胡佩如二君调停之功》，《民国日报》1922年10月28日。

每人薪资每月缴 2 分。[1] 11 月 11 日，店方方面的馆业部举行成立大会，徽馆店主全体代表 50 余人在四马路上海商界总联合会开会，投票选举路文彬为馆业部正部长，张仲芳为副部长，邵华瑞为文牍主任。[2] 11 月 20 日，伙友部召开全体大会，讨论撤销此前设立的临时事务所问题，并请馆业部长路文彬列席，会商两部合并问题。[3] 12 月 4 日，伙友部召开成立后的第一次职员常务会议，讨论了聚乐园伙友不入总会案和浙江省昌化县知事放纵警员拘罚本会会员章渭富等 13 人案。[4] 12 月 19 日，伙友部再次召开职员常务会，各店干事到会者 130 余人，讨论了会员入会截止期限及领取会员证时间案，公决会员入会以阴历年终为截止日期，逾期者须有会员 2 人以上介绍方准入会。下届常务会议领取会员证。[5] 伙友部成立后，比较重视维护伙友的权益。据报道，虹口民华园徽馆经理邵在雄将新开张的 5 天中堂倌所收小账强行扣去一半，致使一部分堂倌停工，并赴伙友部请求援助。该部即开紧急会议，公推章渭仪、周志春持函前往劝说邵在雄，请照向章将小账归堂倌均分，以免店东、伙友关系破裂。[6]

1923 年 4 月 1 日伙友部召开职员常务会，到者 53 人，章渭仪为主席，再次讨论会费问题，决定分两季征收，每次收洋 5 角，定期出版周刊公布。[7]

1927 年，邵华瑞、邵叔伟等发起将徽馆伙友部改组为徽州旅沪菜馆职员联合会，以便团结同人，从事改良及提高待遇。4 月 1 日召开第四次筹备会，通过联合会章程，起草了志愿书。[8] 同年，上海的徽馆店主将

---

① 《徽馆伙友团体成立》,《民国日报》1922 年 11 月 3 日。
② 《徽馆馆业部今日成立》,《民国日报》1922 年 11 月 11 日。
③ 《徽馆两团体集议合并》,《民国日报》1922 年 11 月 20 日。
④ 《徽馆伙友部职员常会》,《民国日报》1922 年 12 月 5 日。
⑤ 《徽馆伙友部职员常会》,《民国日报》1922 年 12 月 20 日。
⑥ 《徽馆伙友联合部援助同业》,《民国日报》1923 年 1 月 20 日。
⑦ 《徽馆伙友部常会记》,《民国日报》1923 年 4 月 2 日。
⑧ 《徽馆业职工会》,《申报》1927 年 4 月 2 日。

馆业部改组为徽馆业商民协会，会址在孟纳拉路资寓里 71 号，由邵亦群负责办理会务，张仲芳、邵华瑞等人在解决纠纷方面均有代表全体店主之权。① 为避免再次发生劳资纠纷，徽馆店主从 1927 年 3 月 1 日起，自动进行第二次普遍的升工加薪，以改良伙友待遇。徽馆伙友除了食宿免费及薪俸外，还有一些额外的小费，如堂倌有小账，面司有面用油小伙，其他如虾脑卷菜、鸡鸭血、鸭掌凤爪等，一概留一半归楼下同事分派，厨司则更有小伙油热菜钱，收入高者每月约有 20 余元，比经理还多，次者亦有十余元、八九元不等，即以学徒论，进店即有小伙，每月有三四元的收入。②

徽馆职工会的工作重心始终放在为伙友争取提高工资待遇方面。1929 年 6 月，徽馆职工会代表劳方提出“改良待遇条件十六条”呈请上海市社会局召集资方协订。该局以资方拖延时日拒不出席，依《劳资争议处理法》第五条的规定，作调解无结果处理，并呈准特别市政府仲裁委员会仲裁。仲裁委员会训令徽馆业资方张仲芳、程如麒、邵运家、邵在雄、胡顺光等负责召集全体资方，推派全权代表二人到会陈述意见。旋由徽馆业推举程如麒、邵亦群二人出席。6 月 11 日，经仲裁委员会详细审核劳资双方情形，做出如下仲裁：徽馆职工会所提条件的原文第一条改为“店方应承认识职工会有代表全体会员之权”，原文第二条删除，原文第三条移作第二条，改为“店方雇用工人，须尽先录用职工会会员，其已用非会员，应一律加入职工会”。原文第四条移作第三条，改为“各职工工资，如管账最低十元，十元以上者照原额发给。堂簿最低六元，六元以上者加一元。正炒最低十元，十元以上者加一元。副炒最低九元，九元以上者加一元。冲锅及副刀最低七元，七元以上者加一元。交头最低四元五角，四元五角以上者加一元。烧炒饭、三刀及二炉最低三元五角，三元五角以上者加五角。交头带二炉最低六元，六元以上者加

---

① 《特别市党部消息・商人部》，《申报》1927 年 11 月 17 日。

② 《上海徽馆业商民协会为自动改良待遇事通告》，《申报》1927 年 5 月 24 日。

一元。下手及烫酒最低三元，三元以上者加五角。打面最低七元(并得提取洋面袋每只大洋四分)，七元以上者加五角。正堂最低十二元，十二元以上者加一元(分堂彩之堂官不在此例)。副堂最低十元，十元以上者加一元。帮堂最低六元，六元以上者加一元”。原文第五条移作第四条，改为“酒资每人每月小洋四角”。原文第六条移作第五条，改为“红利提十分之二归全体职工，照工资大小匀派”。原文第七条删除，原文第八条移作第六条，改为“新进之学徒工作一月以后者每月一元，一年以后者每月二元，二年以后者每月三元，三年以后者照帮堂月薪计算”。原文第九条删除，原文第十条移作第七条，改为“职工兼任山行办货者，每月再加二元，作裙及皮鞋均归店置办”。原文第十一、十二、十三等三条删除，原文第十四条移作第八条，改为“早餐不食，照光面价给钱，中饭菜每日铜元六枚，晚餐四枚，兰菜每月四次，每次四两，不吃，照市价计算给钱”。原文第十五条移作第九条，改为“遇有上级机关召集会议，各店应派职工代表参加时，工资照给”。原文第十六条删除。[①] 6月12日，徽馆职工会接到特别市政府仲裁委员会第23号裁判书，要求该职工会将仲裁条件印刷转发劳资双方，根据合法手续呈报市民训会及二区党部，并通告各执行委员会及全体职工于6月24日在仲裁委员会召开代表大会。[②]

徽馆职工会不定期召开执行委员会会议，讨论该会各项事宜。如1929年11月28日，召开第50次执行委员会，耿洪甫提议各执委须轮流到会办公，议决每周内，自星期一起至星期六止，每天三人到会办理会务。汪修德提议，在阴历年关，要提防资方无故开除工友，议决如果有此等事情发生，当呈请上级办理。[③] 1930年1月24日，徽馆职工会召开第53次执行委员会，讨论劳资条约已由法院批令资方遵照履行，

---

① 《徽馆职工会要求资方签订待遇条件案》，《申报》1929年6月12日。
② 《各工会消息·徽馆职工会》，《申报》1929年6月17日。
③ 《各工会消息·徽馆职工会》，《申报》1929年11月29日。

但资方拖延数月不办案，议决备文呈请法院依法强制执行。① 8月17日，徽馆职工会召开第65次执行委员会，鉴于8月13日法院已传集劳资双方到庭，资方答应以两星期为限，双方在庭外尽量调解，职工会也函请资方程如麒、邵亦群体恤工人艰辛，劝导资方履行市政府裁决的条件。会上讨论如果资方再不办理，将如何处理案，决定依照市政府裁决及法院批示继续交涉，不达目的绝不罢休。② 1930年11月23日，徽馆职工会召开第三次改选大会，投票选举耿洪甫、黄耀荣、邵增政、汪国彬、邵之敬、邵开挑、章本信7人为理事，方社寿、章灶金、黄灶高3人为候补理事，程正安、唐昭奎、耿树政3人为监事，胡汪祥、邵志定2人为候补监事，并定于当月28日举行新一届理事、监事就职典礼。③

二、徽州墨业工人为加资而罢工④

1924年5月6日，《申报》刊登《旅沪婺源墨业工人之呼吁》一文，反映墨业工人的悲苦生活。根据报道，墨业工人每月工资只有八九元，早上六点钟就要起床，晚上一点左右才能歇工，每人每月包括油盐在内只有20文菜金。但凡生病不能做工就被送入徽宁医院救治，如不幸身故，即向徽宁思恭堂领取棺材。所以墨业工人感慨“上海手业工人，算墨作最苦”。为此，他们呼吁，安徽同乡会开会时能够与徽墨店主交涉，公正处置，改善工人待遇。

5月31日，旅沪婺帮制墨工人推举代表32人，向查二妙堂等十余家墨业作坊主提出增加工资，减少工作时间的请求。当时工人工资为

---

① 《各工会消息·徽馆职工会》，《申报》1930年1月25日。

② 《各工会消息·徽馆职工会》，《申报》1930年8月18日。

③ 《各工会消息·徽馆职工会》，《申报》1930年11月25日。

④ 台湾学者刘石吉在20世纪80年代曾撰文探讨上海徽帮墨匠罢工风潮。他主要是从《时报》爬梳整理墨工罢工的零星报道，事件的细节呈现略显不足，而且文章是以徽帮墨匠罢工为切入点，重点分析近代中国城市手艺工人集体行动的逻辑、形态特征及其历史意义。参见刘石吉：《一九二四年上海徽帮墨匠罢工风潮——近代中国城市手艺工人集体行动之分析》，《江淮论坛》1989年第1、2期。

每工 5.5 分，以制墨担数为准，每担自 3 工至 5 工不等，每月工作约 100 工至 150 工，劳动强度非常大，但每月工资只有 5.5 元至 8.25 元。工人为此要求春庄每月工作不超过 100 工，端午节后每月工作不超过 70 工，中秋过后以春庄为准，工资每工改为纹银 1 钱 2 分，菜钱改为大洋 5 分，月规酒资每月 3 分，大约增加一倍。当工人生病时，要给予部分补助，以使工人安心调养。但詹大有店主非但不予认可，还利用端午日停工之机，将出面组织“制墨工会上海婺源部”的 40 余名工人开除歇业。因要求增加工资未遂，牵头组织工会的工人又被店主辞退，一下子点燃了墨工的愤怒情形，6 月 8 日清晨，300 余名工人相率罢工，要求店主增加工资，并照旧雇用被辞工人后，才开始复工。[①] 当日下午三时，安徽同乡会召开第 23 次理事会会议，商量婺源制墨工人发动工潮一事的解决办法，众人认为工人与店主同属皖籍，谊切同乡，劳资间应达成谅解，以免双方损失，决定由同乡会派人向店主商量解决办法。[②]

虽然店主极力反对，但墨工组织“制墨工会上海婺源部”“制墨工会上海绩溪部”先后成立，并分别向外界表达墨工的意愿，制墨工会上海婺源部代表朱润斌、程炜庭、王利丰、俞金桂、余宝杰 5 人致函徽宁旅沪同乡会请求调解。徽宁旅沪同乡会于 6 月 11 日召开紧急会议，讨论徽属墨工罢工案，宣读了婺帮墨工来函，继由工人代表程炜庭报告该案经过，胡开文立记店主报告该店伙友罢工情形，认为该店是歙帮墨店，待遇工人与婺帮有很大不同，但伙友也一起罢工，请同乡会予以援助，众人讨论后，决定推举代表路文彬、汪禹丞、郑介诚、曹志功 4 人向双方调解，以期早日解决。[③] 制墨工会上海绩溪部也致函店主，声称阴历二月间已由上海县知事批准增加三成工资，各家店主也允诺实行，但老胡开文、胡开文成记、胡开文立记等三家却声明从端午节起一律减至一成

① 《婺源帮制墨工人罢工》，《申报》1924 年 6 月 9 日。

② 《皖同乡会理事会纪・调解婺帮墨业工人工潮》，《申报》1924 年 6 月 9 日；《皖同乡会调解墨业罢工》，《申报》1924 年 6 月 10 日。

③ 《徽宁同乡会紧急会议纪》，《申报》1924 年 6 月 12 日。

半，并开除工人代表十余人，为此绩溪墨工要求店主照旧增加工资三成，并恢复被开除工人的职务。[①] 6 月 13 日，徽宁同乡会代表曹志功和安徽同乡会代表路文彬二人同婺帮店主接洽，店主声称墨工去年要求加资，已照原定工价增加 1 分，现又要求加资，理由实在牵强。曹志功和路文彬指出，同乡会出为调解，完全是顾念乡谊，为了息事宁人，工人屡次到会请求，愿意接受调解，而绩溪、歙县两帮店主亦有同样请求，所以推举代表前来接洽，不知婺帮店主对于此案持何种态度。店主詹松林等人提出，墨工俱系同乡，希望和平解决，只是此次受外人愚弄，贸然罢工，致成僵局，现奉警察厅面谕，须工人先行开工，再议条件。曹志功、路文彬见所谈无甚结果，便告辞退出，将调解情况报告给同乡会，表示下一步如何调解，听候公决。[②] 在墨工与店主相持不下时，淞沪警察厅开始介入，店主詹沛民具名呈请警察厅查办工人代表朱润斌等五人煽惑罢工，五人被传到警察厅，司法科刘春圃科长劝令他们传谕工人即日开工。朱润斌劝说工人无效，复被警察厅传唤，着于 6 月 14 日令工人一律上工，工人提出的条件由警察厅调解。然工人不但不愿上工，得知河南路胡开文墨店仍有工人在工作时，曹灶祥、鲍善芝、胡普贤等人便拥入该店内，迫令工人参与罢工，店主胡洪开报告给巡捕房，警探将曹灶祥等三人拘押，解至公共公廨第一刑庭，被判拘押一个月。[③]

警察厅虽然用高压手段逼令即日开工，但婺帮工人认为此次提出的条件，店主完全没有采纳，决不能贸然开工，除推举代表向护军使署进行请愿外，另恳请警察厅持平办理，并再次向安徽、徽宁两同乡会报告，务求给以相当援助。与婺帮墨工风潮涌动稍有不同，绩溪帮工人表示，如果店主能答应恢复三成工资，即可开工，但是因胡开文墨店将工友胡普贤、鲍善芝、曹灶祥等三人送捕判押，如果不将三人保释，则决不

---

① 《皖制墨工人罢工之昨讯》，《申报》1924 年 6 月 11 日。

② 《墨工罢工之昨讯》，《申报》1924 年 6 月 14 日。

③ 《墨工罢工之昨讯》，《申报》1924 年 6 月 14 日。

开工。[①]

6月17日，工人又致函徽宁旅沪同乡会，请求再为援助。朱润斌等五位代表呈禀护军使署，声明将辞去代表职务。[②] 但店主只依靠警察厅出面调停，对安徽同乡会和徽宁同乡会的调解极不配合，工人代表四处奔走十余日也未有成效。工人看毫无办法，群起向店主结算工资，詹大有成记、查二妙堂友记、文方斋数家店主严辞拒绝，令他们到警察厅算账，未允所请。6月19日上午，工人聚集二百余人各手持棒香，随店主向警察厅进发请愿。赶至警察厅大门时，司法科刘春圃科长出来传代表谈话，工人答以代表已辞去。刘春圃认为工人既无代表，未便谈话，遂令警士将工人驱散，致使双方发生冲突，秩序纷乱。十余名工人受伤，其中文方斋有名工人腹部受伤，伤势严重，被抬回店内。事后工人代表朱润斌、王利丰二人向安徽、徽宁两同乡会求援。[③] 6月21日下午一时，婺帮制墨工人代表朱润斌等五人与婺帮店主十余人被传唤到警察厅。司法科长刘春圃提出，店主每日加工资铜元1枚，限当日全部上工，不许改业，否则按律惩办。工人代表回去后报告了情况，全体工人均表示不满，决定召集全体工人茶话大会，公决应付办法。随后四五十名工人在虹桥一处茶楼商量，认为现在事已决裂，应静候官厅解决，切勿操之过急。淞沪警察厅长看到墨业工人仍成群结队，分头求援，便写了六言劝说诗，四处分发劝告工人上工，同时劝令店主增加工资。[④]

墨工鉴于店主倾向官厅维持，知道他们绝无诚意调解，决定全体退工。6月22日，工人在茶楼聚集，议定凡愿意退工者，一律在所发通告上签字，因工人退工后需要住处，准备向徽宁会馆商量，暂住会馆内，膳食由工人自备。[⑤] 6月24日，工人代表至徽宁会馆接洽借宿事宜，会馆

---

① 《墨工罢工风潮昨日之趋势》，《申报》1924年6月16日。
② 《墨工罢工昨闻并录》，《申报》1924年6月18日。
③ 《墨业工潮仍在相持中》，《申报》1924年6月20日。
④ 《墨业工潮昨日情形》，《申报》1924年6月22日。
⑤ 《墨工罢工之昨讯》，《申报》1924年6月23日。

司事以事出例外,未便擅专,发出知单,邀请会馆董事开会讨论办法。[①]6月25日,徽宁会馆董事会召开,多数董事认为会馆系徽州、宁国两府所有,不便专供徽州人住宿,且空间有限,也容纳不了多少人,决定拒绝工人的请求。在会馆是否出面调解问题上,董事意见不一,汪莲石提出工人、店主均系同乡,会馆不能置之不理,可出面调解。施维垣认为,工人又没有请求会馆,何必多此一举。胡靖畇指出,工人罢工属于完全自杀政策,时至今日系咎由自取,出面调解固属同乡分内之事,只有工人先上工,才好着手处理。汪莲石认为,应出于乡谊劝告双方,以免决裂,两蒙其害。最后决定推举汪莲石、汪允辉向双方接洽。董事会上,徽宁同乡会代表曹志功报告了该会调解此案的经过,并表示,同乡会方面始终希望能和平解决。当天,文芳斋、詹大有、查二妙等号60余名墨工结账出店,携带铺盖向徽宁会馆求宿,会馆司事以董事会决议不能借宿予以拒绝。[②]

6月26日下午,徽宁会馆代表汪莲石、汪允辉二人先同店主接洽,店主声称,工人此次发生风潮,完全是受人鼓动,每工工资虽然仅有5.5分,但积少成多,亦属可观,平均勤者每月可做二百工,每年连酒菜资计算,可得三百元左右。生活成本日高自是实情,但墨业销路亦有所削减,长江各埠广设墨作厂,市场份额日渐降低,店主对内要加增工人工资,对外却不能提高销售价格,实觉为难。所以多数店主的意思是,既然墨工已经罢工,店主只有歇业,目前警察厅要求酌加菜钱每日十文,也已勉力应允,但工人仍不开工,且多数退工,可见已无主雇之情。见店主态度强硬,汪莲石旁征博引,力劝店主顾念乡谊,作些许让步。结果店主只允许从酒、菜二费中酌加一二文,始终不同意增加工资。汪莲石二人随即折返城内得意楼,向工人代表宣布接洽情形,并劝让步。工

① 《墨工罢工之昨讯》,《申报》1924年6月25日。
② 《墨工工潮之昨讯》,《申报》1924年6月26日。

人方面却坚持增加工资，至于酒、菜资则可以牺牲。二人见双方各趋极端，知道事情已难以转圜，表示将不再负调解责任。当天又有余有元、查二妙绍记、詹大有悦记等号 100 余名工人退工。[①]

店主之所以不担心工人退工，是因为时值盛夏，本系墨作业的淡季，背后又得到了警察厅的支持。6 月底，婺帮 22 家工人已全体出厂，因徽宁会馆不愿借宿，26 日晚，100 余名工人乘火车到杭州再换船返回婺源，留居上海者分别投奔各亲友处，等待调解，实在无去处者只有露宿街头。为了谋生，工人开始贩卖水果、化妆品、药品，做各种小本营生，资本不足者，向工人联合会借款，按期还款。有媒体指出，徽宁会馆不愿借宿，是因为会馆董事中有多位是墨业店主。查二妙友记工人把程庆达、胡百银等粘贴印花的工折交给调解代表，证明其工资每年只有一百二三十元，而且还都是年富力强的少数工人才能有如此收入，大多数工人还达不到这个水平。[②]

安徽同乡会评议员俞朗溪不忍看到墨工忍饥露宿，于 6 月 29 日冒雨到墨店调解，声明以个人名义而来，然而店主以此前有八旬长者汪莲石及安徽、徽宁两同乡会调解都一概不睬，对俞朗溪更是不屑一顾。俞朗溪在给安徽同乡会的信函中指出，资本雄厚的墨作店主故意乘此罢工风潮，使小店亏累倒闭，所以无论其他人如何调解，他们都始终拒绝不纳。因墨工苦不堪言，俞朗溪提议暂借安徽会馆以供栖身，他愿意按月送洋 50 元，维持工人基本生活，以徐图营生。俞朗溪也希望同乡会能再劝墨店，改照歙县、绩溪等县对待墨工的先例，以昭平允而息风潮。[③] 俞朗溪关于大墨作店主试图挤垮小本墨店的看法从当时的报道中得到了验证。据《时报》报道，墨业工潮发生后，一部分小本墨作主鉴

---

① 《墨业工潮之昨讯·同乡会与会馆调解均无眉目》，《申报》1924 年 6 月 27 日。

② 《墨业罢工之昨讯》，《申报》1924 年 6 月 28 日；《墨业工人全体改业讯》，《申报》1924 年 7 月 1 日。

③ 《墨业工潮之昨讯》，《申报》1924 年 7 月 4 日；《墨工潮调和绝望》，《民国日报》1924 年 7 月 4 日。

于出货短少，营业攸关，多数愿意即日加资，劝令工人即日开工，但因一二大店主把持，致使工人上工一时难以实现。[①] 类似的情况出现多次，当调解进入最后阶段，在从八月十五开始加资这个问题上，多数店主认为区区两个月不难通融，几家小店还派人劝告工人上工，恢复感情，工人也颇有上工之意，但“惟尚有两大店主，未肯通融许予一律办理”，加资、上工两事因而中止。“现闻各小店因双方如再久持，受损势必更巨，将诉诸同乡从事解决。”[②]另据《时报》报道：“昨有城内某某小墨作主，特往全皖会馆相劝工人即日上工，工资即日实加，工人答以须经公决。其原因为某记墨作主以资雄厚，故即利用坚持政策，以压倒一切小墨作，并扬言助小墨作主款，补其营业损失，以达压工人目的。”[③]

滞留上海的墨工除少部分借款经营小本生意，多数人只有借宿小客栈或亲友处，所存工资已剩余无几。为了寻得栖身之处，朱润斌出面向安徽会馆恳请借宿，虽然董事已口头同意，但尚未开会表决通过。詹大有成记、查二妙友记等店工人约 30 名先推举代表向安徽、徽宁二同乡会报告，不待回复，就在 7 月 4 日下午携带行李铺盖到中兴路安徽会馆请求住宿。[④] 据驻安徽会馆保管员毕立信致函该会的报告，毕立信见工人拥入馆内借住栖身，当即出为劝阻，但人数众多，无法制止，墨工在大殿后面的厨房内席地而卧，次日又有 24 名衣衫褴褛，形同囚丐的工人进入会馆，仍聚集于厨房内。有多位安徽同乡以个人名义伸出援助之手，如南市大昌米行汪葵石捐助洋 10 元，俞朗溪捐助食米洋 50 元，无名氏助洋 3 元。因无法饮水，祁门同乡会提供自来水为墨工使用。[⑤] 此后又有南市大昌米行经理上海人张升如捐洋 10 元，茂昌祥麻油作经理如皋人吴凤魁、店东宁波人刘镇泰捐洋 10 元，法租界镇和糖行执事

① 《墨业工潮之调解》，《时报》1924 年 7 月 6 日。

② 《罢业墨工上工无期》，《时报》1924 年 7 月 20 日。

③ 《墨工潮变化之后昨讯》，《时报》1924 年 7 月 21 日。

④ 《墨业工人昨迁会馆》，《时报》1924 年 7 月 5 日。

⑤ 《墨业工人出店后之救济：工人借宿全皖会馆，同乡纷纷捐款救助》，《申报》1924 年 7 月 7 日。

镇江人何湘谷捐洋 10 元，均由俞朗溪出面筹募，明星影片公司郑介诚捐洋 5 元。[①] 徽宁同乡会虽然之前数度调解无效，但仍然没有放弃，7 月 8 日，徽宁同乡会召开紧急会议，讨论救济婺帮墨工失业案，汪禹丞主席报告调解经过，工人代表朱润斌报告未经董事同意已强行迁入安徽会馆，请设法救济，会议决定函致徽宁会馆，仍恳求容留工人住宿，免致流离。[②] 为解决住宿安徽会馆的工人的生计问题，上海一陈姓水泥作主偕同伙友绩溪人汪伯嵩、汪希嵩到安徽会馆，以乡谊关系劝慰工人早日让步解决，并称如果对方仍坚持不加工资，则栖身会馆并非长久之计，他们愿意尽力介绍工友到各厂工作，以期有所收入。[③] 7 月 12 日早晨，在绩溪同乡汪伯嵩兄弟的介绍下，27 名工人分别到闸北及静安寺两工程处做泥水工，每日食宿有了着落。其余工人也开始准备另寻生计，同时仍致函徽宁会馆董事胡靖畇，请其答复代为商借徽宁会馆暂住，并给予救济。如不同意，工人将索回对思恭堂的历年捐款。[④]

7 月 13 日，江苏淞沪警察厅陆荣篯厅长发出布告，令墨店店主、工人酌定办法，一体遵照，恢复工作。布告中给出了警察厅的调解意见，从当年中秋节起，每工增加工资五厘，合计原有工资共为每工六分，每日菜钱原有铜元二枚，现增加一枚，共为铜元三枚，酒资每月 240 文，现增加为小洋 3 角。鉴于 1913 年墨工增加工资之后，十年间没有变化，历时过久，应折中改为三年加一次工资。[⑤] 由此可见，墨工要求增加 1.5 分，上海县县署主张增加 1 分，警察厅劝告店主增加 5 厘，各自的预期皆有不同。[⑥] 布告发出后，墨工人认为此次罢工虽牺牲甚巨，店主既然已应允增加工资，又为何吝惜两月的费用而延缓实行，工人因之再次观望，不敢即日上工。工人代表徐季龙亦曾向上海县署探询指导意见，县

---

① 《墨业工潮有缓和形势》，《申报》1924 年 7 月 9 日。
② 《徽宁同乡会紧急会议》，《申报》1924 年 7 月 9 日。
③ 《救济墨工之昨讯》，《申报》1924 年 7 月 11 日。
④ 《墨工风潮转机》，《民国日报》1924 年 7 月 13 日。
⑤ 《警厅调解墨工潮之布告》，《申报》1924 年 7 月 14 日。
⑥ 《墨工罢业问题尚难解决》，《申报》1924 年 7 月 15 日。

署亦有加资不能超过1分的谈话。工人听闻此条消息,更为疑惧。7月15日,安徽同乡会代表汪禹丞持警察厅所发布告49份前往安徽会馆劝告工人上工,工人怀疑店主的此种加资办法是否出于诚意,不愿立即上工。汪禹丞见工人态度忽然发生变化,上工已不能实现,随即返回寓所,具书回复警察厅,并将布告缴还,复致函安徽同乡会,辞去调解代表一职。该会另一调解代表路文彬已因事回乡,至此同乡方面已无人担任调处之责。①

7月16日,墨业工人公推代表洪日登、詹鉴卿、余观华、胡喜林、汪永叔5人前往南市裕昌木行徽宁董事胡靖畇处请愿,恳求代向徽宁会馆商借住宿,以待店主加资之日即行上工。代表到达裕昌木行后,因胡靖畇有事外出,由木行账房接见。代表将来意述明,但账房认为徽宁会馆非婺源一县所有,当然不能允借,捐款一事,亦非胡靖畇经手,请工人向詹大有交涉。代表见不得要领返回住所,商量如果得不到回复,将请律师致函相问。② 工人正打算委托律师致函询问,7月18日,徽宁同乡会转来胡靖畇的复函。③ 胡靖畇仍令墨工归店就范,措辞严厉,充满质问的口气。"前信索还思恭堂捐款,尔诸位曾否捐过银钱?虽经收人明白,当持证据向经手人饶舌。昨日洪某竟率多人向靖畇索还信函,试问一再要索,当日何必输捐,具函致多手续?若因罢工后食宿无所,抛业自困,而欲嫁祸与人,一怨两府之会馆不借宿以便私图,一怨不能自主之胡姓,俾工人各遂所欲,此何居心?查尔等自行罢工迁居,不食店主一日三餐,而甘食他人施粥施饭,不卧店主陈设床榻,而苟安于席地蜷伏。上年不罢工而得加工资,今年罢工而要挟不遂。不远千里来沪,本皆安业营生,忽易方向,至于有出无入,寝食无所,伊谁之咎,是否店主及会馆驱逐之故欤?饶日托俞朗溪劝尔等急速归店,以图生计,早由胡

① 《墨业工潮又生变化》,《申报》1924年7月16日。
② 《墨业工人住宿问题之请愿》,《申报》1924年7月17日。
③ 《墨工住宿问题之昨讯》,《申报》1924年7月19日。

姓请求店主择善收留开工，厥后工人之优良者酌酬，烦俞君苦口婆心，不料流离者依然狼奔豕突，寻间生风，势不至扰乱安宁不止，倘尔等不自悔悟，及早归店就范，恐尔等亦少安全之策也。”[①]墨业工人代表朱润斌因工潮决裂，调停乏术，无颜见人，愿以死谢各工人，遂投黄浦江。幸被船户设法救起，经徐锡麟前往劝慰，往斜桥某处住宿。[②]

与店主相持五十余日后，在诸同乡的劝导下，多数婺帮墨业工人接受了店主提出的8月15日开始加资的条件。7月25日早晨七时，工人商议全体迁出会馆，当日上工者七十三人，其余十一人因其他原因暂缓上工，并移住他处，日用仍由同乡筹给。工人分别致信安徽同乡会及住馆保管员毕立信、祁门同乡会、上海工团联合会表示感谢。迁出会馆时，将屋宇地板打扫干净，请毕立信查看是否损坏。毕立信检查后向会馆董事作了报告，自7月4日工人住进安徽会馆，至25日迁出，共住二十二天，人数八十四名，均住会议厅后面仓屋楼上下，出入均由偏门，没有损失什物器具等。[③] 店主经调解人竭力劝解，改变了开始加资的具体日期，答应从工人上工之日起算，但时值炎热夏季，墨作出货本甚稀少，故工人除在清晨工作三四小时，下午多停工歇息。前投黄浦江被救的墨工代表朱润斌得知工潮已告解决，特至安徽同乡会，向各位调处人表示谢意，唯因自身深受痛苦，不愿再行上工。安徽同乡看到朱润斌食不果腹的苦况，准备设法进行救济。警察厅听闻墨工上工的消息后，派员调查上工情形，并呈报江苏省省长查照。[④] 至此，持续将近两个月的徽帮墨业工人罢工事件得以平息，工人与店主各自作了让步，终于使得事件有所转机。

当墨业工潮还在持续期间，时人就发表文章进行反省，一是在机器工业时代，手工业工人所受的压迫常被忽略，致使劳工问题日益突显。

---

① 《墨工潮发生变化后更难解决》，《民国日报》1924年7月19日。
② 《墨工潮发生变化后更难解决》，《民国日报》1924年7月19日。
③ 《墨工业工人昨已上工》，《申报》1924年7月26日。
④ 《墨业工潮完全解决》，《申报》1924年7月27日。

二是乡谊或者说乡情对劳资关系的维系是否还起作用。[①]

> 在今日以前,“乡谊”是社会里很有力量的东西了,所以各种组织中,旧的以所谓会馆者为最有能力,新的就要算“同乡会”了。但看了这次墨业罢工风潮,知道所谓“乡谊”者,已被现代都会里的黄金势力冲洗得干干净净了。徽帮墨业店主与工人本全属同乡,与其他工业大不相同,今以工资问题发生争执,店主方面完全撇开乡谊,而一惟警厅的官力是赖;不但不肯与工人们讲乡谊,即同乡会中的“耆望”,他们也全然不理。我现在节录安徽同乡会致警察厅信中的一段话于下:
>
> “……工人遭此不幸,来会求援,敝会以双方均谊切同乡,不可持之过激,致伤情感,爰即开会,公推代表出为调处,所持调解要义,即一面劝告工人安心上工,条件让步,一面劝告店主改良旧章,酌加工资,期以和平了结,消弭无形。又恐转达情愫,致有不周,特推徽属耆望熟悉劳资情形者为代表,冀祛隔阂。敝会之于乡谊,可告无罪矣。乃店主方面不予谅解,竟婉言拒却。……”
>
> 读者看了,总可以明白资本家方面是再不讲什么“我们同乡”,更再不需要什么同乡会了。自然,住在上海的有钱的人,本可以睁起眼睛,不认什么同乡、亲戚、故耆,他们所要认得的,只是警察、官吏、大律师,他们有的是钱,认得的是可以保护他们钱袋的人,也是他们可用钱来役使的人。他们竟不想祖宗坟墓还在故乡,他们也不想将来或有回到故乡的日子,他们利令智昏,只是想在上海怎样可以发财,他们的蠢笨固然可怜,但其实也是时代使然。在现代的经济制度之下,爱情且不免为金钱的奴隶,何况“乡谊”?

---

① 力子:《对于墨业工潮的两种感想》,《觉悟》1924 年 6 月 25 日。

综合上面两条感想，可以得到一个结论，就是今后阶级斗争的情势必日益形成，无论手工业或机械工业，工人与资本家将永立于双方对峙的地位，而乡谊既不足感人，同乡会等等也无从救济，将使工人对于阶级斗争的觉悟自然而然地日益深刻。

墨业风潮结束后的次年即1925年夏，上海制墨工会成立，但在官方的压力下，工会无法开展工作，陷入停顿状态。上海墨工对制墨工会的现状极为不满，认为工会已不能代表该会全部工友的利益，需要重新改组。1927年3月20日墨工自行选出代表八人着手准备改组工作。[①] 3月30日，上海制墨工会召开会员大会，各墨作工友200余人到会，公推吴月中为主席，经众人讨论，决定先组织临时执行委员会办理会务，并扩大组织征求会员，同时按照总工会规定，向所属总工会接洽，请求给予指导，当即投票选举吴月中、胡汉生、施华生、查春养、詹喜林等15人为临时执行委员，并互推吴月中、胡汉生、施华生、查春养、詹初生等5人为常务委员，由常务委员向总工会及所属手工业总工会接洽加入，待各种手续完备，再开全体大会，选举正式执行委员。众人高呼“服从工会命令”“一致拥护工会”等口号而散。[②] 5月19日，婺源、歙绩两帮制墨工会因加薪问题，请上海工会统一委员会援助，调解部邀同制墨工会及笔墨业商民协会各派代表到工会协商解决问题，调解部派李庶咸参加，上海市党部派吴家泽列席，磋商良久，婺源帮共订立条件12条，歙绩帮共订立条件15条，双方认为满意，由代表签字盖章，以昭信守。[③]

婺源帮制墨工会及笔墨业商民协会订立条件的主要内容为：[④]

一、各店东承认制墨工会有代表墨业工人之权。

---

① 《各工会消息·制墨工会改组》，《申报》1927年3月21日。
② 《各工会消息·制墨工会》，《申报》1927年3月31日。
③ 《工会统一委员会会务汇志·调解部》，《申报》1927年5月20日。
④ 《工会统一委员会消息汇志·调解部》，《申报》1927年5月22日。

二、各店东裁添工友，以正月初五及七月十五为店东经理权限，平常无故不得开除工友及工会热心工作人员，如非本会会员，不得录用。

三、做填工友学生，每人每月由店东结与菜钱二元，月福在内。

四、做填工友，每月由店东给与月规大洋五角，学生减半。

五、各店东津贴工会开办费二十元，以一次为限。

六、各工友如患疾病，中医送广益医院普通病室，西医送红十字会，一月以内，医药费由店东担任，但花柳、肺痨及殴斗致疾者不在此例，犯者当即辞退。倘因公死亡者，由店东量力抚恤。

七、做填工友满二年以上，因家事返籍者，店东津贴川资大洋十元，但限两年之中不得有两次之告假。倘非回家而另就别处者，不给川资。

八、做填工友工资，每工照原价加银二分，学生月规，照月价加三成，学生外工，照师减半。

九、工友学生逢参加大会停工时，各店应表示认可，每人每日包工两工（以有上海工会组织统一委员会命令为限）。

十、内外执作者薪资，由店东酌加。

十一、领带学徒，五师以下，可带两徒；五师以上，可带三徒；七师以上，可带四徒；十师以上，以平均五师二徒类推，惟学徒满师三个月前，可预先补进，无论内外学徒，均须三年满师。

十二、本条约自阴历五月端节后一日起发生效力。

歙绩帮制墨工会及笔墨业商民协会订立条件的主要内容为：[①]

① 《工会统一委员会消息汇志·调解部》，《申报》1927年5月22日。

一、店东须承认墨业工会有代表墨业工人之权。

二、各店东添减工友，以正月初五及七月十五为店东经理权限，平常无故不得开除工友及工会热心工作人员，如非本会会员，不得录用。

三、工友工资，按照原价，本工增加五成，外工增加三成半，但从前最低工价，以四元五角计算。

四、管作工资，由店东自动酌加。

五、月规由店方津贴工友每人大洋五角，学徒每人大洋四角。

六、每人每月，由店东给与菜洋二元（月福在内）。

七、余月仍照旧章。

八、工友学生逢参加大会停工时，不扣工资（以有上海工会组织统一委员会命令为限）。

九、工友工资每月两次发给。

十、各店东津贴工会开办费洋二十元（以一次为限）。

十一、学徒津贴照旧加五成，外工与客师同价。三年期满，薪资照客师发给。

十二、领带学徒，五师以下带两徒，五师以上带三徒，七师以上可带四徒，十师以上以平均五师两徒类推。学徒满师三个月前可预先补进，无论内外学徒，均须三年满师。

十三、带领学徒之客师之津贴，照旧加五成。

十四、各工友如有疾病，中医送相当医院普通病室，西医送红十字会，一月以内，医药费由店东担负，但花柳病、肺痨及殴斗致病者不在此例，犯此者当即辞退。倘有因公死亡，由店东量力抚恤。

十五、本条件自阴历九月一日起发生效力。

根据此后数年的新闻报道可知，婺源、歙绩两帮制墨工会在1927

年订立的劳资条件一直被遵行,虽然资方时常试图违约,无故开除工友或降薪,都被制墨工会据理力争而改正。

1927 年 5 月 28 日,上海制墨工会召开改组成立会,婺源、歙绩两帮被列为第一分会,在调解劳资纠纷方面做了大量工作。下面仅以 1927 年 8 月至 10 月间上海制墨工会第一分会所做工作制成一份简表以供参考。

表 26　1927 年 8 月至 10 月上海制墨工会第一分会调解劳资纠纷案

调解缘由	处理过程及结果	资料来源
制墨工会第一分会为文方斋店误解条件,减发学徒工资案	派林剑雄、谭宗祺前往交涉。店主承认遵照条件发给,双方同意了案	《工统会会务昨讯·调解委员会》,《申报》1927 年 8 月 21 日
制墨工会第一分会为胡开文增加工作请求调解案	由调查员曹光贤前往接洽	《劳资调节会昨日之会务》,《申报》1927 年 9 月 3 日
制墨工会第一分会为函请取消增加工作案	函约老胡开文及劳方于 9 月 8 日上午到工会磋商	《劳资调节会昨日之工作》,《申报》1927 年 9 月 8 日
制墨工会第一分会为郎桂山墨店开除工友及一向被厂主信任的程桂子破坏行规案	派廖楚良前往交涉。结果,工友汪银海由店主发给川资大洋 6 元遣送回籍,学徒朱长登已经到店复工,程桂子破坏行规,亦经出具悔过书存案。此案完全解决	《工统会会务昨讯》,《申报》1927 年 9 月 9 日
制墨工会第一分会为老胡开文墨厂增加工作开除工人案	据调查并无订立私约之事,工友系自动辞职,而按照条件,正月与七月,厂方有变动工友的权利,自不成问题	《劳资调节会消息》,《申报》1927 年 9 月 15 日
制墨工会第一分会为万有墨厂新添学徒,破坏条约案	派万干事前往调解。结果,劳资双方议定办法解决	《工统会会务昨讯》,《申报》1927 年 9 月 20 日

续　表

调解缘由	处理过程及结果	资料来源
制墨工会与老胡开文制墨厂纠纷案	条件大体业已解决，惟劳方坚执将辞退工友复工，资方不允。昨函双方决定由资方津贴被辞退工友一个月薪水，限九月底发清具报	《劳资调节会消息》，《申报》1927 年 9 月 29 日
制墨工会催领开除工友津贴费	函老胡开文店主将允工友津贴即日送会转给	《劳资调节会昨讯》，《申报》1927 年 10 月 14 日
制墨工会第一分会为曹素功尧记墨厂，因洋厘涨落，克扣工资，请援助案	经救济科派张法一向该号经理胡铭生交涉。结果，该号已允下列三项办法：1. 准于二、三日内即商店主仍照旧规钱二分计算工资；2. 对于前以洋厘计算换折之数，准即补发；3. 通知本会工友	《工统会会务昨讯》，《申报》1927 年 10 月 14 日

1928 年 2 月 7 日，上海制墨工会歙绩部在南区区联工会召开全体会员大会，到会者 80 余人，上海工会统一委员会汤总指导及南区区联工会胡谷淳出席，胡培基主席报告上年账目，继之讨论会务工作。因上海本埠失业会员比较多，决定暂时拒绝从外地前来上海的墨工工友，待本埠失业会员均找到合适去处后，再添收新会员，同时要补交该会自成立之日起至新会员入会时止的全部月捐，由该会发给会员证书者，始为正式会员，否则资方不得录用，并即刻函致笔墨协会，请转咨各店东特别注意。最后商量征收月捐事宜，议定由各墨厂推定代表一人负责征收，汇缴到会。①

1928 年 2 月 9 日，上海制墨工会婺源部在制墨工会开代表大会，吴月中为主席。因该会经济困难，请各作厂负责代表切实讨论解决办法，

① 《制墨工会开会纪》，《申报》1928 年 2 月 9 日。

经各作厂代表议决，每年 3 月底及 9 月底分为两次募捐，每次每人捐助大洋 1 元汇交该会储蓄，以备不时之需，但年龄在六旬以上者及作厂内的学徒不在此例。由于失业会员不在少数，经众人议决，先举行临时特别捐，每人捐大洋 1 元以备暂时救济，其次制定失业救济办法，由各作厂代表拟定章程，将款汇交该会常务委员吴月中照章办理，失业会员准予月内到会报名，申请领取捐款。① 会后，玉华堂、詹大有、悦记三店的失业工友及被查二妙堂友记、詹成圭开除的工友，均向制墨工会申请救济，该会救济科特派张耀明分头交涉。玉华堂声称难以再行招入厂内，张耀明提议补助津贴，玉华堂答应每位工友补贴川资 7 元，愿意领者签字领取。詹大有悦记允诺只有缩减人数才可勉强复工，詹成圭、查二妙友记两家则情愿补贴失业工友每人 7 元。②

1928 年 5 月 18 日，上海制墨工会开代表大会，讨论反日进行事宜，到会代表 50 余人，公推胡培基为主席，吴月中记录，议决组织宣传队，实行对日绝交，由热心会员自愿担任队员。③ 1928 年 12 月 9 日，上海制墨工会举行第四届选举大会，选出吴月中、施华生等 9 人为执行委员，查春养、汪荣昌、柯国昌等 3 人为候补执行委员。12 月 10 日召开第一次执行委员会议，推定吴月中、胡培基、施华生 3 人为常务委员，余保杰为组织主任，余祝三为宣传主任，胡培基兼训练主任，程庆达、汪天有为会计主任，聘冯芝友为文书主任。会上还讨论了征收新会员及停止期间案，议决婺源部自登报之日起以两星期截止，逾期停收。对非工会会员，资方不得录用案，议决凡在上海市制墨工会范围内的管外作者非工会会员，资方不得徇私利用并不能阻挠管作工人加入工会。会上还议决颁发会员证，由制墨工会制作铜质会员证 600 枚，婺源、歙绩两部负责颁发。④

---

① 《制墨工会代表大会纪》，《申报》1928 年 2 月 11 日。

② 《各区联工会消息》，《申报》1928 年 2 月 11 日。

③ 《工界消息 · 制墨工会之会议》，《申报》1928 年 5 月 19 日。

④ 《上海制墨工会(第一号)》，《申报》1928 年 12 月 14 日。

1929年1月16日，上海制墨工会歙绩部召开第二次代表大会，胡培基为主席，报告会务情况及组织小组事宜，提议整理月捐及追缴旧欠，议决先发通知，限于阳历2月9日以前，一律将积欠的月捐缴清，如逾期不缴，停止该会会员工作，同时依照章程开除会籍。并请各小组组长协同征收，议决定期开会，一同征收，如有会员拒绝缴费，呈报上级照章惩罚。此外提议缴费领取会员证章，议决通知各会员先缴小洋4角，将证章交各小组长分发。最后讨论汪荣良欠费未缴案，汪荣良在胡开文成记工作，五个月前因返回家乡而欠三个月的月费未缴，因近期已回上海并重新上工，应当补纳此前欠款方许复工。议决即刻通知令其补缴欠费。最后提议阳历元旦，应根据上年办法，仍请资方发放双倍工资事宜，议决备函通知。①

1929年6月16日下午六时，上海制墨工会召开第五届第一次执行委员会，主席胡培基，推举余兆龙、吴月中、胡培基3人为常务委员，余宝杰为组织股主任，王昭华为宣传股主任，胡汉生为训练股主任，张德美为总务股主任，汪天有、程庆达为会计员，冯芝友为秘书，并议决征求会员无限期入会费1元，上海本埠如有新入者，征收补助费1元，外省新来加入者征收补助费10元。② 1930年5月4日，制墨工会召开第六届首次执行委员会，推举吴月中、胡培基、胡汉生3人为常务委员，汪天有、胡昭树、程庆达、胡正泰4人负责各科职务，仍聘请冯芝友为文书主任，并接收上一届移交各案，以继续办理。③ 1930年10月29日，制墨工会第七届改选大会召开，到会委员150余人，大会主席为胡培基，选举胡培基、吴月中、詹成大、汪世鉴、施华生为理事，柯国昌、余兆龙、章富生为候补理事，胡昭树、汪天有、程庆达为监察理事，胡洪炳、程裕荣为候补监察。因资方要求修改条件，因吴月中系在厂职工，平时负责调

---

① 《各工会消息·制墨工会》，《申报》1929年1月17日。
② 《各工会消息·制墨工会》，《申报》1929年6月17日。
③ 《各工会消息》，《申报》1930年5月5日。

解劳资纠纷，恐被资方所忌，提请大会讨论如何保障个人权利案，全体会员一致同意保护，如有意外，将呈请上级处理。[①] 可见上海制墨工会运作还比较正常，在劳资之间起到了桥梁作用，有效地维护了墨工权利，减少了劳资纠纷。

三、婺源制茶工人修正公所章程及要求加资

1926 年刊布的《星江敦梓堂征信录》对总董胡靖畇的贡献给予高度评价，认为其辛苦经营，岁无虚事。但制茶工人对星江公所并不作如是看待。1926 年 5 月 14 日，在上海的婺源籍制茶工人以公所设立历年已久，规章已不适用为由，在星江公所召集大会，讨论解决办法。工人代表洪万财、俞乃庚、吴伯超、朱润斌、江长寿、程灶海等一百余人与会，认为公所管理方法日久弊生，公所每年收入颇丰，却一向为公所董事胡靖畇、司事汪子文经管，数千工人并无权过问，从而失去了敬慎桑梓的本意，有人提议将公所改组为委员制，以吸收大多数同人研究茶叶改良，谋全体茶工之幸福。众人一致赞同改组，并议决凡到会人员皆为会员，筹备改组事宜。本次会议形成以下意见：（一）工人每人自愿捐洋 1 分作为改组公用。（二）推举公正人员负责。（三）推举人员起草改组章程。（四）工人须一致服从规则。（五）发给工人工业证，以免分歧。本次会议结果由吴伯超向茶栈作头臧祥亨汇报，臧祥亨表示同意，并希望工人能够切实办理以达到改良目的。[②]

5 月 22 日，敦梓堂星江公所召开第三次改组委员会，郑鉴源、洪光春、汪禹丞、臧祥亨、俞炽光、洪信臣等三十余人到会，郑鉴源被公推为会议主席。洪光春在发言中提出公所旧章确实与现时潮流不合，多窒碍难行，应公推起草员修改公所章程，并举公正人员组织董事会，协助

① 《各工会消息 · 制墨工会》，《申报》1930 年 10 月 30 日。
② 《婺源茶业工人公所改组》，《申报》1926 年 5 月 15 日。

办理会务。[1] 郑鉴源在1920年前后来到上海，经数年努力，创办了源丰润茶栈，专代各地茶商向上海洋行推销茶叶，赚钱佣金，后开办源利茶厂，进行毛茶精制。臧祥亨等人是茶栈作头。可见在星江敦梓堂改组问题上，茶工与部分栈主站在了一起，他们针对的是已掌握敦梓堂大权多年的胡靖畇、汪子文等人，汪子文等针锋相对地开始反击。5月24日，汪子文以星江茶业公所敦梓堂的名义在《申报》上发布通告，不承认所谓的"小南门敦梓堂星江公所开第三次改组委员会"，提出"查敝公所自本月初四日被少数工人开会演说，当场被警驱散后，至今并无开会情事。贵报所登，想系传闻失实，用特函请更正，以免讹传。星江茶业公所敦梓堂启"。[2]

5月25日，联合通信社以《茶业公所昨开代表会议》为题报道了工人代表开会的情况，指明"星江敦梓堂茶业公所原系茶业工人捐资建设，日前同业工人改组，设立改组委员会，触怒该公所司事汪子文，刊登报章谓星江公所系茶商设立，与工人无干，各栈工人大动公忿"。5月24日，敦梓堂公所董事洪先春、臧祥亨、叶奎泰、李福田及旅沪婺源绅商郑鉴源、汪禹丞、俞希稷等多人，借贵州路旅沪安徽自治协会聚议办法，议决三条意见：（一）撤销司事汪子文职务，由董事暂行直接接管，所有交涉事宜委托李时蕊律师代表办理。（二）改组办法，由各工人推选评议员30人，议决公所事务，评议员推选理事11人执行公所事务，再由理、评两会推选董事9人，督率一切。（三）委托会计司俞希稷彻查汪子文经手账目。三项议案由与会董事及各代表亲笔签名以示郑重。[3] 会后，臧祥亨、洪先春等人即将议决事项委托李时蕊律师依法交涉，李时蕊遂发函通告汪子文，但汪子文拒不遵行。

数日后茶工又在《申报》上发出呼吁，指出星江敦梓堂茶业公所管

---

① 《婺帮茶业公所改组委员会纪》，《申报》1926年5月23日。

② 《星江茶业公所来函》，《申报》1926年5月24日。

③ 《茶业公所昨开代表会议》，《申报》1926年5月25日。

理方法过于腐旧，收入支出一向不公开，由数千工友血汗构成的公所变为一二位司董的个人产业，工人建议改组，但执管公所的胡靖畇、汪子文等唯恐改组成功于己不利，竟私用星江茶业公所名义刊登广告，宣称公所系茶商捐建，与工人无关，“此项广告直将我公所性质完全改变，我公所地位完全迁移”。见汪子文态度强硬，茶工提出四条意见：（一）星江茶业公所系茶业工人捐资建设之公共产业，非茶商及管事司董之慈善机关，应请官厅及公众予以明确之认定。（二）现管茶业公所之司董胡靖畇、汪子文损害公所利益，侵夺工人权利，应令停止职务，听候官厅裁判。（三）公所组织及管理方，应由工人代表开会议决，呈请官厅核准实行，在官厅核准办法尚未确定以前，请求官厅选派委员暂行接管。（四）公所整理完成后，应切实整顿同业行规，由公所发给同业工人执照，规定工作时间、工资数目及其他工作应守之规则、工人应享之权利、应尽之义务。[①]

6月15日，婺源茶业工人代表在小南门外糖坊弄星江茶业公所内，召集全体代表大会，讨论剔除公所积弊，修正公所章程及行规等事项。本次会议开得并不顺利，会议的前一日，工人代表律师李时蕊就向淞沪警察厅备函，将工人代表拟在星江茶业公所开大会的情况作了汇报，呈请淞沪警察厅长严春阳核准在案，严春阳令一区三分署就近派警员防范，该区署员金玉书接到命令后，派出警员数名到会场维持秩序。但是工人正在开会期间，公所司事汪子文却向水仙宫警察一区三分署报告工人代表要策划暴动，金玉书署员当即令巡官带领警员前去调查真相，当场将工人代表吴伯超带回警署讯问，一时间群情激奋，纷纷同汪子文理论。工人代表朱润斌、俞乃庚等决定一面派人到警署交涉，一面继续开会。朱润斌报告了四月初二以来交涉的经过，并表决形成会议议案：（一）改正新章程。（二）改正新行规。（三）增加工资，缩短工作时间。

① 《婺籍茶业工人之呼吁》，《申报》1926年6月9日。

（四）过去每日工资三角零八厘，现改为每日四角五分八厘。（五）过去每日从早到晚没有休息时间，现改为每日上午七时上工，下午五时停工。李时蕊律师逐条解释后，全体表决通过，并公推程灶海、俞乃庚、吴伯超、朱润斌等8人为代表，携带通过的改组星江公所章程及修正行规两项议案，于次日赴公所与董事李福田、叶开泰、臧祥亭、洪先春、程润庭等5人会商，征求他们的同意，限于初八之前给予圆满答复，议毕散会。会后，李时蕊律师和工人代表朱润斌驱车赴水仙宫警署，向金玉书署员解释清楚后，答应将人放回。①

6月17日午后二时，8位代表前往星江公所与董事接洽。适逢公所董事及各作头正在商议应付方法，代表述明来意后，董事约定当晚八时给予答复。届时公所派出代表臧祥亨、程庆荣、俞有大等与工人代表吴伯超、程灶海、朱润斌、洪万财、俞乃庚等至闸北凤凰楼茶叙，双方切实交换了意见，吴伯超等表示立即彻查汪子文经收的敦梓堂账目，实行工人议决的改组条件：（一）公所改组应照新议决章程办理。（二）工人工资每工四角零八厘，经开会议决让步五分。（三）工人工作时间每日11小时，夜工5小时，夜工按双工计算工资，为10小时。（四）工人每工抽取大洋1分捐助公所作为公益之用。（五）工人未领证书，各栈不得收留雇用，证书由徐作头出保，向公所照领，非婺源的外籍人不得给发。对以上各项条件，臧祥亨等人均口头表示同意，指出待次日午后一时正式答复后，再分别实行，但彻查汪子文一事，请暂缓一礼拜再公同举办，以免纷歧。②

6月19日午后三时，公所司事程润庭、栈主郑鉴泉、汪礼斋等人，召集各董事、各栈主、各作头与工人代表等在小南门敦梓堂开联席会议，并邀请旅沪婺源绅商赵懋和、汪禹丞到场劝解。开会后，三方逐条讨论了工人代表所提出的改组公所章程，较原方案略有增损，然后完全通

① 《婺源茶业工人代表大会纪》，《申报》1926年6月16日。
② 《茶工代表与董事接洽情形》，《申报》1926年6月18日。

过。其次讨论修正行规,因工资问题关系重大,各栈主到场人数不多,未便当场决定,乃议定仍由公所董事程润庭分发通知,请各栈主于二十一日午后到公所继续讨论,再作答复。三方共同议定的星江公所章程为以下几条:一、公所由婺源茶业及职工所组织,专以维持婺源茶业工人公共利益,敦睦桑梓,启发职能为宗旨。二、使用茶工十五名以上的茶栈,由栈主会同作头、茶工推举代表一名,作为公所评议员。各栈推举评议员应得该栈茶工过半数之同意。三、评议员组织评议会,选举议长一名、副议长一名,主持评议会事务,评议会有评议员过半数到会即可开会,到会评议员过半数同意即可决议。四、评议会职权如下:(一)选举公所董事。(二)议决公所章程。(三)议决公所预算及决赛。(四)议决公所财产之处分。五、评议会每年旧历五月开定期常会一次,遇有事故时,由评议长或评议员十人以上之联合署名,可召集临时会议。六、公所设董事十五名,管理公所财产,执行公所事务。凡现在各栈充当作头之茶司均有当选资格。七、各董事因现实需要,分科办事,并互相推举总董及常务董事常川到公所执事。八、董事因事务之需要,得酌用雇员,但所用人员须过半数董事之同意,处理其他重要事务时亦同。九、公所设名誉董事十名以上,由评议会从栈主及婺源有名望的绅商中推选产生。十、评议员、董事均任期一年,连举得连任。十一、章程自栈主、作头及工人代表联席会议决后,呈请官厅核准施行。①

至此,在公所董事及茶栈栈主、作头的配合下,茶业工人提出的改组公所章程的要求得到比较圆满的解决,但工人提出的增加工资的要求却迟迟没有得到栈主的答复,双方为此掀起了为时更久的拉锯战。

婺源茶工以生活成本增高为由,向栈主、作头提出增加工资的要求,6 月 21 日,栈主、作头、工人三方在城内星江茶叶公所开会商量解决办法,一部分栈主另在租界集会,决定仅加大洋 3 分,工人群情激愤,遂

---

① 《婺源茶业劳资联席会议》,《申报》1926 年 6 月 21 日。

委托李时蕊律师函请淞沪警察厅厅长严春阳及上海县知事危道丰，要求设法维持，并传谕栈主、作头和业董三方面代表到场，商量工人加资方案。[①] 工人提出每工增加 1 角，每日工资为 4.08 角，并附上理由书，解释茶工增加工资的理由：(一) 茶业工人十分之七八只有半年工作，仅十分之二三有常年工作，每年春季由婺源赶到上海，秋冬停工，仍返回原籍，往返程途，有从九江经饶州、乐平者，有从杭州经余杭、昌化者，行程至少须 10 天，甚至有多至 20 天者，平均往返要耗时 1 个月，1 月中既无工资，又需旅费，与其他能常年工作或居住上海本地者有很大的不同。(二) 在上海工作中，栈主提供食宿，但未开工前和已完工后，或中途停工，则需工人自备伙食或自寻宿舍，耗费甚多，一日三餐都难保证。(三) 因上述二种原因，平均每人每年工作 6 个月，照原定工价计算，每月 9.24 元，6 个月共计 55.24 元，仅能支付往返川资及空闲时食宿之用，甚至尚不足以抵付，若每工仅加 3 分，则 1 个月仅能增加 9 角，于工人丝毫无补。(四) 每工加洋 1 角，虽不能使工人满意，但工作 6 个月，可多得洋十七八元，能够应付往返川资，每人工资可节余下来以便回家过年。[②]

茶工提出加资 1 角，栈主却仅同意加资 3 分，双方互不相让，经工人代表一再劝解，提出 3 分暂时作为酒钱，不算工资，因茶市不畅，茶叶销售困难，骤然增加 1 角，栈主难以支撑，待茶市有所转机再加 1 角 2 角，应该不成问题。[③] 7 月 14 日，上海县知事危道丰传谕茶工代表进行调解，吴伯超、俞乃庚、程灶海、洪万财与栈主全权代表和记茶栈张发宝、福裕栈俞瑾明、蔚大栈钱予良、三宜栈卢家茂等到县署候示，县署实业孙科长传知各代表进科长室询问，栈主俞瑾明陈述此次茶工加资情形，并报告敦梓堂纯粹为婺源工人兴建，改组当无问题，但加资一层，负

---

① 《茶工代表呈请官厅办理》，《申报》1926 年 6 月 26 日。
② 《婺帮茶业工人要求加薪》，《申报》1926 年 6 月 27 日。
③ 《茶业工人要求加薪之近讯》，《申报》1926 年 7 月 4 日。

担太重。工人代表吴伯超等声称，工人方面实为米珠薪桂，生活困难，加资1角为最低限度，希望栈主谅解，虽相持至多日，但始终没有停工。孙科长代表危知事提出折中办法，在3分的基础上再加2到3分，请星江茶业公所程润庭等五位董事及全体栈主考虑清楚，如果同意再到县署签订解决。茶工代表向工人报告经过，全体工人表示，必须加资1角，等再到县署时，向县长陈述困难。①

虽然茶工提出必须加资1角，但在官方的压力下，他们最后同意了危道丰知事提出的加资方案，孰料永泰和代表汪鼎臣、福裕茶栈兼全权代表俞谨明二人坚决不同意再加3分，并迫使工人签字承认已加资的3分。工人代表程灶海、朱润斌、吴伯超、洪万财、俞乃庚以此次相持将近两个月，工人方面已难以维持，决定向县署及警察厅辞去代表之职，听凭官厅主持解决。② 工人闻讯后，认为栈主不谅解工人难处，于7月17日上午，先由福裕、永泰和两栈工人发动，分途向闸北五区及五区二分署两警署所辖地，约集各茶栈工人罢工抗议。③ 茶工罢工后，大茶栈推举工人代表2人，小茶栈推举工人1人，共200余名，由洪荫溪、王培林等人负责，向官厅请愿，提出最低要求：(一) 每工增加工资大洋1角。(二) 工作时间为日工10小时，夜工5小时。(三) 停工期内，工资伙食一律给发。(四) 所有停工损失，责令汪鼎臣、俞谨明照数赔偿。(五) 将来开业后，各栈不得无故开除工人。上海县知事危道丰作出批示，表示一面向茶栈栈主磋商加资事宜，同时要求工人代表应请敦梓堂董事到县呈请，要安分工作，静候调停，不得有越轨行动。④ 数天后，淞沪警察厅与上海县署发布通告，劝谕工人开工，并调解每工加资5分，劳资双方均表示遵行，各栈恢复正常，开始工作。但26日中午，忽有数十名工人分头劝说各茶栈工人罢工，并推代表程灶海、洪汝臣到制茶茶

① 《危知事调解茶工加资问题》，《申报》1926年7月15日。
② 《茶工代表向县厅辞职》，《申报》1926年7月17日。
③ 《茶业工人昨日罢工》，《申报》1926年7月18日。
④ 《关于工潮之汇纪·茶业罢工后之县批及呈文》，《申报》1926年7月23日。

商同业公会，提出三项条件，要求各栈主答允，才开始工作，其条件为：（一）制茶茶商同业公会曾禀警厅，释放被拘留的工人代表俞乃庚及工友3人，须即日担保释出。（二）由星江公所敦梓堂总董通告每工所加之5分工资，须于五月十三日起实行，嗣后不得中途反悔。（三）制茶同业公会致函各报，证明工人并未掳夺小孩及抢金镯银洋等事。茶商同业公会接到此项条件后，随即召集紧急会议，决定只答应工人所提下列条件：（一）被警厅所拘留的4名工人，由与该工人有关系的仁记、义同兴、宝兴恒、保昌四茶栈呈请警厅保释，茶商公会不负责任。（二）此前所加之3分工资于五月十三日起，现今所加之2分工资自工人上工日实行。（三）致函各报证明，由各栈自行办理。当时工人代表表示不满，各栈主亦表示再不能让步，磋商一个多小时仍无结果，最后茶商公会推代表丁家英、钱子良、张发宝到警察厅禀诉工人不遵劝谕，仍然罢工的经过情形，要求警察厅进行保护。[①] 在茶工发动罢工时，唐家弄馨茂椿茶栈仍照常工作，罢工者得知消息后，于7月25日派詹子齐、洪标祥前往该茶栈阻止茶工工作，要求和他们采取一致行动。栈主洪桂椿当即向巡捕房报告，詹子齐、洪标祥二人被逮捕，解往公共公廨，其后被拘押三个月。[②]

7月26日晚，制茶工人又推举代表前往茶商公会，进一步提出条件，要求工资每工自3分加至1角，栈主偿还工人在罢工期内的损失等。茶栈栈主接到此项条件后，决定置之不理，双方谈判至此决裂。27日上午，制茶茶商同业公会召集紧急董事会，讨论工人提出的条件，磋商良久，认为该年茶业不振，工人不体谅栈主苦衷，议决全部停业，一面推举代表丁家英、钱子良、陈宝发、孙子茀至警察厅、县署，当面禀告工人不遵守劝谕及要挟情形，并申诉此次损失之惨重与营业之艰难，实在无法维持，请求停业，待警察厅与县署核准后，当即通告全埠一百余家

---

① 《茶业工人又有问题》，《申报》1926年7月27日。

② 《茶栈主控究唆使罢工》，《申报》1926年7月27日。

茶栈即日停业，解散各栈工人，停止供给膳宿。[①] 茶商及栈主代表到县署后，行政科长出面接见，婉劝代表转知各栈主不要走极端，至于工人方面，官厅自有处置办法。代表退出县署后，随即返会报告，工人见栈主态度趋于强硬，遂于27日深夜，托人向栈主求情。栈主提出，前面开出的三项条件，栈主只允许被警厅拘捕的工人由茶商公会负责保释，工资仍然每工加5分，如果工人平日不辍工，每百工加1元，至于登报更正则不能承允，以上二条，须工人上工后方可实行。工人代表一一应允，并定于28日全部上工。28日，各栈工人均照常上工，下午茶商公会召集董事会，讨论履行答应工人的二项条件，推举代表至警察厅保释被拘留的四名工人，警察厅随即开释。增加工资一层，亦于28日兑现，工人见各栈主办理诚恳，均表示满意。[②]

持续两个月的工潮终于结束了，茶工与茶栈主都是各让一步，达成一致意见。星江茶业公所总董胡靖畇呈请淞沪警察厅令该管警区随时防范，警察厅于9月26日发布保护星江茶业公所的公告。[③] 9月27日，上海县公署也发出布告，令各茶业工人各安其位，不得私行集会，自公告发布之后，倘再有纠众罢工者，一经访觉，定即拘押，严惩不贷。[④]

1927年3月30日，上海制茶工会第二分会召开筹备大会，到会会员300余人，公推俞乃赓主席报告筹备经过，略谓第二分会为婺帮制茶工人组织，以固结团体、共谋福利为宗旨，按照工会条例，向上海手工业总工会接洽，允许婺源全体茶工一起加入上海制茶工会，列为第二分会。经众人讨论，决定组织临时执行委员会执行会务，一面征求会员，编列名单，呈报总工会核准后，即开成立大会，推选正式职员，众无异议，当即推出洪信臣、俞乃赓、程秋海、吴伯超、吴益顺、胡成林、汪万言、

① 《茶业工潮谈判决裂》，《申报》1928年7月28日。
② 《关于工潮汇记·茶业工潮解决》，《申报》1926年7月29日。
③ 《警厅保护星江茶业公所》，《申报》1926年9月27日。
④ 《县署保护星江茶业公所》，《申报》1926年9月28日。

汪礼斋、俞孔宾、叶正斯、臧祥亭、孙月峰、李福田、洪驭山、孙问樵 15 人为临时执行委员，再由临时执行委员组织常务委员，并划分任务。其次由程秋海提议，聘请李时蕊律师为法律顾问，俞希稷会计师为会计顾问，汪禹丞、曹志功为会务顾问。全体通过，即日发公函聘请。议毕散会。[①] 制茶工会第二分会成立后，有会员 3 000 余人，全部来自婺源，办公地址在闸北交通路四四弄二号，由上海市党部发给执字第六五三号许可证。

1929 年 2 月 24 日下午，上海制茶工会第二分会在闸北香山路福安坊会所召开第二届改选大会，各厂工友代表 130 余人到会，公推朱润斌为主席，报告开会宗旨，常务委员程灶海、俞乃赓报告第一届会务经过，代表江富元发表意见，提出审查第一届详细收支账目，公决通过，推选俞孔宾、胡作生、胡铭盛、陈万生、俞秉章等 5 人为临时审查委员。随后分发选举票，推选执行委员，选出程灶海、俞乃赓等 9 人为正式执行委员，胡铭盛、叶友孚等 5 人为候补执行委员。互选朱润斌、程淦庭、洪信源、俞乃赓、程灶海等 5 人为常务委员。公决朱润斌为主席委员，程淦庭为总务股主任，程灶海为宣传股主任，洪信源为训练股主任，俞乃赓为组织股主任。各委员举行就职典礼后会议结束。[②]

后因“八一三事变”发生，上海沦陷，继而太平洋战争爆发，远洋交通阻隔，外销茶叶中断，各茶栈营业停顿，致使会务无法进展。1945 年 8 月 15 日随着日本宣布无条件投降，抗日战争胜利结束，上海制茶业产业工会也谋求恢复以开展会务工作，便借海宁路七六四弄春来里四号为办公地点，召集留沪会员 100 余人讨论恢复事宜，推举朱理超为常务理事，俞仲渊为常务，洪进才、程玄富、胡鸣盛、方超平为理事，郑志瑞、何荣生、汪庆祥、俞复明、汪天齐为监事，一致通过并备文呈报总工会备案。因该制茶业工会会员全是婺源同乡，浙江、江西等地的该业外帮工

① 《各工会消息 · 制茶工会第二分会》，《申报》1927 年 3 月 31 日。
② 《各工会消息 · 制茶工会》，《申报》1929 年 2 月 27 日。

友也试图加入，但一直未获允准，在工作与待遇方面与婺源工友差距甚大。1947 年 1 月 15 日，制茶工会第 34 次理监事联席会议讨论了吸收外帮工友为会员的意见，决定提请全体会员大会公决。2 月 25 日，制茶工会全体会员大会讨论通过了该意见，扩大了会员队伍。此后数年间，制茶工会在调解劳资纠纷，维护工人利益方面做了大量工作。

本章小结

杭州徽商木业公所与上海星江敦梓堂茶业公所都是由徽商设立的同业组织，但揆诸实际，不难发现两者的区别。徽商木业公所是纯粹的木商同业组织，代表木商对外交涉，处理与地方政府、社会的关系，维护了木商的利益。而星江茶业公所则是茶商、茶栈工头、工人的联合体，主持公所事务的是栈主与工头，从其举办的事务来看，更多的是围绕茶栈工人的公益而展开，春夏季设施粥局，救济穷苦工人，夏季为工人施药防痧病，为身故工人提供殓费并帮助运棺回籍以及调解栈主、工头、工人间的纠纷等事项。

上海徽馆伙友、徽帮墨工与茶工为提高工资、待遇同店东之间发生了纠纷，进行了为期长短不一的抗争，乃至诉诸罢工。从程度上来说，三起纠纷都没有发展到流血抗争的地步，而从资方的反应来看，他们也多少顾及同乡情面，愿意同工人进行平等对话。纠纷处理过程中，同乡组织起到了居中斡旋的作用，其出发点与落脚点都比较强调桑梓之情，提出不要伤害同乡感情，在这个大前提下，劳资双方可以就具体的条件进行协商。而从结果来看，劳资双方共同妥协，而不是一味地坚持原有的条件。研究其他类型劳资纠纷的学者多强调国民党、工人、资本家三方互动博弈的关系，而旅外徽州人的劳资纠纷更多的是劳、资与同乡组织之间的博弈，虽然政府也出面训诫谈话，发布通告，其态度也倾向于雇主方面，但最终促成事件解决的还是在同乡组织的调解下，劳资双方愿意坐下来谈判。

1922年徽馆伙友要求加资事件最终以双方互相的让步而达成妥协，对双方来说都取得了应有的效果。伙友的薪金有所增加，生活有该改善，但店主仅是在待遇方面向伙友倾斜，对于伙友提出的其他三项条件均未同意。伙友要求自主权利的条件对店主来说并不是件好事，他们考虑更多的是如果伙友齐心抗争，那么难以管理是一方面，动辄提出加资的要求更是让他们难以忍受。所以他们坚决不同意伙友组织联合会，成立自己的团体。或许近代以来此起彼伏的工人运动已经给徽馆店主上了生动的一课。1924年徽帮墨工的抗争是三起劳资纠纷中为时最长，过程也最为曲折的一起。这起纠纷清晰地反映了徽州雇主更多地倾向于政府调解，而较少考虑乡谊、乡情之类的因素。雇主的态度也最为强硬，他们始终不愿轻易允诺增加工资，减少工作时间。但最终在政府、同乡组织的调解下，劳资双方还是各让一步，达成了谅解。在整体事件中，似乎矛盾的焦点集中在查二妙堂、詹大有等少数几个大墨作方面，小墨作则比较愿意同墨工进行协商解决，无怪乎时人认为这是大墨作厂试图以此挤垮小墨作厂。1926年婺源制茶工人推动修正星江茶业公所的章程及行规是一件值得重视的案例，透露出丰富的历史信息。首先，茶业公所不仅是茶商及茶栈作头的组织，一线工人也要求参与权。以往对会馆公所的研究似没有关注从业伙计的身影。把持同业公所管理大权的多是商人，他们与伙计之间的关系在某种程度上是对立的，所以仅从公所董事层面入手可能无法全面把握对公所的认识。其次，星江茶业公所工人抛开公所理事，自发开会讨论修正章程行规，一方面可视为工人意识的觉醒，主动谋求自身权益。另一方面，也是由于星江公所产业丰厚，每年的房产租金多在三四千元，这笔财产如何分配，引起各方的兴趣，制茶工人就提出要把部分租金作为工人福利，提高工人工资。但是在现有的公所管理层中，仅有茶商及茶栈作头，没有工人代表，所以他们极力要求修正章程，提出由栈主会同作头、茶工推举代表一名，作为公所评议员。各栈推举的评议员，应得到该栈茶工过半数的同意，同时强化评议员的职权，这是制茶工人为求在公所管理层中谋得一席之地的努力。

劳资纠纷解决之后，墨工、茶工都成立了自己的职业工会。工会与公所有着一定的不同，“工会为近世组织，以工人为主体。公所为旧有同业联合机关，以工头或一种工业之业主为主体，两者之原则上区别，大概如是”。① 工会成立后，为调解劳资纠纷，协调劳资关系，保护工人权益做了一定贡献。其实，在劳资纠纷处理过程中，工人的态度与行动也颇值得思考，三起劳资纠纷都是工人主动发起的，不是因为被解雇或失业而被迫捍卫自身的利益，他们提出的条件也很有步步紧逼的意味，如茶工本来已经与茶栈主谈好条件，同意上工，但又中途变卦，要求将工资自 3 分加至 1 角，栈主偿还工人在罢工期内的损失，致使茶栈主不再退让，见栈主态度强硬，茶工又托人从中说和。而且，墨工、茶工发动罢工都不是事件到了完全恶化的程度，而是工人为迫使雇主同意而采取的手段，有时还胁迫没有参与罢工的工人，使得风潮进一步扩大。特别指出的是，在墨工罢工的过程中，朱润斌代表与同乡会、店东、政府进行联络协调，甚至投身黄浦江。而在茶工为提高工资而发起的抗争中，朱润斌同样是作为工人代表出面斡旋，他的身份与行为值得思索。这也提醒我们，考察徽州工人的抗争风潮，不能仅局限于一时一地，而要将之置于中国近代工人阶级运动的大框架下，有些问题或许会看得更明白一些。

---

① 《湖南广东工会情形》，《中外经济周刊》第 111 号，1925 年 5 月 9 日。

第五章
近代旅外徽州人社会保障体系的构建及运作

随着近代社会发展形势的深刻变化，涌入城市的人口日益增多，多元的社会群体产生了不同的利益诉求。传统会馆、公所只顾亡者而罔恤生者的救助理念显得有些不合时宜，现代同乡组织为解决同乡在都市生活中遇到的社会问题，便发挥自身功能，构筑了官方之外的民间社会保障体系。旅外徽州人在慈善救济事业和社会公益事业方面的表现比较突出，建树颇多。明清以来，旅外徽州人购置义冢，设立善堂，专事施棺、掩埋、运柩，业已成为各地徽州会馆为解决同乡的后顾之忧而以一贯之的举措。近代，旅外徽州同乡会除继续开办善堂外，还设立学校，举办初级教育和成人教育以满足同乡及其子弟的教育需求；开办医院，提供医疗服务以解决同乡中贫苦无依者的医治难题，力图构建官方之外的社会保障体系，为同乡提供慈善救济。无怪乎 1924 年旅沪婺源墨业工人因待遇过低而发动罢工时曾抱怨在上海经营墨业的店东历年所积盈余，皆有数十万家产，但是对工人却极为刻薄。“工人有病，不能做工，即送徽宁医院，死后就领堂材，无丝毫破费。夫思恭堂是救济贫民无投处之人，而墨作东家竟当做惠资己出，且沾沾以每年出少数捐款自矜，此真欺世之谈。”①从这段牢骚之语能够看出，工人生病可以送进徽宁医院救治，不幸身亡者由徽宁会馆施送棺木，墨业店主每年向思恭堂捐资以维持堂务运转，这其实从一个侧面反映了旅外徽州人社会救助体系的完善。近代城市中由同乡组织举办的助丧、济贫、医病、兴学等慈善救助活动使得外来人口免于颠沛流离、冻馁无助之苦，降低了他们遭受无故创伤的经济成本，从而起到了消弭动乱因素、缓解社会冲突

① 《旅沪婺源墨业工人之呼吁》，《申报》1924 年 5 月 6 日。

的作用。因第二章已对徽州同乡会兴办教育的情况作了介绍，本章将主要探讨善堂和医院的设立与运作过程。

第一节　明清以来旅外徽州人善堂的构建与运作

会馆是旅外徽州人汇聚的重要场所，“于是会馆以叙乡情，用敦睦之谊”。[①] 徽州会馆为旅居异地的同乡提供了各种便利，岁时团拜祭祀，资助贫无所依者返乡，更重要的是着力解决不幸客死他乡的徽州人的身后之忧，从施衣、施棺、助殓、寄棺、埋葬到扶柩回里，构建了一个完整的民间社会救助体系。时人指出：“吾郡山多田少，不士则贾商于外者什居六七，或不幸病故他乡，殓无赀，殡无所，有赖诸善堂设厝安寄，助赀回籍，如乏领带者则置地掩埋。”[②]在徽州同乡尤其是徽商的大力资助下，各地会馆先后成立了最基本的慈善设施义庄和丙舍，义庄是掩埋死后无力返里的徽州同乡的坟地，又称义冢、义园、义所等；丙舍是供身故徽州同乡暂厝棺木的屋舍，一般为会馆的附设建筑，在丙舍浮厝的棺木有一定的时间限制，超过期限者，如没有家属领柩归里，便在义冢埋葬。义冢和丙舍由会馆设专人管理，有办事处所，单独收支预算，并制订一套独立运作的规章制度，对外以“××堂”相称，如思恭堂、存仁堂、同德堂等。如果说会馆是为生者提供方便，善堂则专事死者，在解除旅外徽州人的后顾之忧，团结徽州同乡，增强徽州同乡的凝聚力、向心力等方面发挥了重要作用，体现了徽州人抱团发展，以众帮众的群体特征。

---

① 民国《衢县志》卷四《建置制下·会馆》。

② 民国《新安义园征信录·新安六善堂募启(同治辛未年起)》，不分卷。上海图书馆古籍文献部藏。此份材料承黄山学院马克思主义学院刘芳正博士惠赐，谨致谢忱。

就学理层面而言，对旅外徽州人善堂的探讨属于中国善会善堂史研究范畴，以夫马进、梁其姿为代表的学者已在该领域做出了精深的研究，取得了丰硕的成果。[①] 具体到旅外徽州人的善堂问题，也有多位学者进行了考察，范金民以江南为中心，选择苏州徽郡会馆、杭州惟善堂、上海思恭堂三个有代表性的会馆，考察了清代徽州商帮慈善设施的建置与分布、创立意图、资金筹措、管理运作等四个方面的问题，以此说明徽商乃至所有商帮直至清末仍然保留了浓厚的地域观念和商帮特色。[②] 王日根、徐萍对杭州新安惟善堂作了个案考察，探讨了惟善堂的成立、组织管理、经费收支等基本状况，对惟善堂与地方社会的关系也作出思考。[③] 王振忠以休宁万安停榇处为切入点，考察了徽州境内为承接旅榇归乡而建立的登善集等慈善设施。[④]

一、旅外徽州人善堂的设置与地理分布

一代又一代的徽州人在沉重的生存压力下被迫走出大山深处，在

① 日本学者夫马进的专著《中国善会善堂史研究》(伍跃、杨文信、张学锋译，商务印书馆2005年版)考察了曾经广泛存在于中国的善会与善堂的历史，以明末清初为中心，探讨了善会善堂出现的历史背景和善会善堂的开端，论述了清代善会善堂的育婴事业和救助节妇的具体状况，分析了善会善堂与国家、社会、都市行政、行会、中国近代地方自治的关系等重要问题，对善会善堂的结构、内涵、运作实态及其和国家、地方社会的关系都作了细致探讨。夫马进回应了日本明清史学界盛行的“乡绅支配论”和西方史学界关注的“公共领域”观点，认为这两种论说都不符合中国历史的实际。梁其姿的专著《施善与教化——明清的慈善组织》(河北教育出版社2001年版)以时间为序列，考察了明清时期的慈善组织，依次讨论了明代以前慈善观念与慈善组织的历史发展，明末至乾隆之间的善会历史，善堂发展到嘉庆道光以后意识形态的改变，以及这种意识形态与小社区发展的关系，提出此时慈善组织所反映的“儒生化”。该书主要探讨了两个问题，一是透过民间慈善组织发展的历史，考察社会经济改变与价值观改变的关系，二是公共领域的问题。指出从明清慈善组织的历史发展来看，所谓“公共范围”虽然有发展地方社会自主的潜质，但是由于善堂领导阶层在意识形态上或社会身份上的限制，这个潜能并没有太大的发挥。杨正军《近30年来中国善会善堂组织研究述评》(《开放时代》2010年第2期)一文对近30年来国内外学者有关中国善会善堂的研究进行了梳理，可资参考，此处不再赘述。

② 范金民：《清代徽州商帮的慈善设施——以江南为中心》，《中国史研究》1999年第4期。

③ 王日根、徐萍：《晚清杭州徽商所建新安惟善堂研究》，《安徽大学学报》(哲学社会科学版)2013年第6期。

④ 王振忠：《万安停榇处：一处徽州慈善设施的重要遗存》，《寻根》2015年第3期。

异地他乡辛劳奔波，不幸身故者所在多有，对讲求落叶归根的徽州人来说，如何魂归故里就成为人生头等大事，因而各类善堂征信录都不厌其详地描摹了旅外徽州人生活的艰辛以及会馆善堂之于他们的意义。[①]

> 吾徽六邑地狭人稠，山多田少，出产由来微薄，无倚营生，均田素乏膏腴，有难耕种。纵有须些之仰赖，怎容大众之钻营？叠障山重，潆流水溜，维是士农工者十唯二三，商客旅者足有七八，咸求往路之利，谁计横云之遥？为经营于他邦者无远无近，如怀拱璧，宁离舍于故乡者是老是少，犹弃敝履。虽丈夫志在于四方，究人情心悬于八口，试叹征车就道之日，伊谁不念父母之难离，含声一咽，昏乱心神；骊歌甫唱之时，何人不恋妻子之难分，忍泪双流，忧愁眉目。此情此状无人无之，迥想别离之日，惨境可悲，尤识同乡之人攸关与共。前人之设会馆，凡一邑一镇之中莫不创建，所谓彼一邑者有彼一邑之回护，此一镇者有此一镇之周全，虽无生馆之饶富，幸有死殡之处地，实乃情深桑梓，同类相感之义。

这段文字以较为感性的语言描写了徽州人离乡背井的无奈与哀愁，因而会馆的设立为徽州同乡提供了落脚团聚的地方，以此聊慰孤寂之心，聊减思乡之情。会馆创办的善堂则专门为客死他方的徽州同乡的孤魂归里提供服务，“通都巨镇成业寥寥，商而傭者十居八九，小失意辄罢归，归又旋出，客死者一岁中常数百十人，故所在有会馆之设，以董理其事”。[②]

目前所知旅外徽州人最早的慈善设施是明代设立于北京的歙县义庄，嘉靖四十二年(1563)，北京歙县会馆的创始人杨忠、许标等联络歙县籍京官江龙、翟凤翔，在永定门外石榴庄旧名下马社购地 3 亩，创办

① 《塘栖新安怀仁堂征信录·塘栖重建新安会馆序》，光绪戊寅年初刊。
② 《新安思安堂征信录·序》，民国九年第一刻。

义庄。明代，徽商在江南的虞山北麓常熟西庄建设梅园公所，“置地厝棺，以安旅骨，延僧看守，迄今弗替”。后因公所狭窄，遇到有病就医之人即难以收留，乾隆六十年又在原设停棺栈屋的旁边卜建房屋，名为“存仁堂”，以作为“徽人寄栖医病之所”，仍延揽看守梅园的僧人带管住持，并公议规条，捐资共襄善举。为防止不法地棍借端滋扰，嘉庆七年(1802)，徽商范焜耀、王斗昭、程羽为等12人呈请昭文县刘知县示禁勒石以便遵守。①

入清之后，南至广州，北至北京以及长江、运河一线，善堂在徽州人聚集之地渐次设立起来。如广州徽商设立新旧新安会馆两所，“旅榇咸资助送”。② 道光四年，婺源县商人俞冠芳、齐大成、俞德隆等捐输白银1 600两建造归原堂，并置产生息，作为同乡殓棺盘运及岁暮恤贫之资。另有广州府知府汪忠增捐白银100两以扩充善举，同时据情立案，移文知照沿途府州县为棺柩运送回籍提供方便。光绪元年，婺源商人又捐资在南海之高岗广建义冢一所，计税三亩二分二厘八毛一丝八忽。③ 民国《婺源县志》对婺源商人的善举有所记载，如官桥人朱文炽“在粤日久，而同乡族殁者，多不能归葬，爰邀同志捐资集会，立归原堂，限五年舁柩给赀，自是无枯骸弃外者”。④ 官桥人朱文煊“在粤八载，凡徽郡流寓不能归者，概给路费十金，士人倍之，每岁不下二百余金。乡人殁在粤者，众商敛费立归原堂，首输千金，购地停棺，五载给资归葬。同乡建安徽会馆，输银一千二百两，兼董其事”。⑤ 龙腾人俞其澍“尝游粤东，率同志倡建归原堂，施棺运榇”。⑥ 汪口人俞镇连“尝在粤与同志创归原

---

① 《昭文县为梅园公所卜建存仁堂给示勒石碑》，苏州博物馆等编：《明清苏州工商业碑刻集》，第349—350页。

② 《徽宁思恭堂征信录·劝捐思恭堂添建西厅及筹备善后经费序》，不分卷，民国六年第三十七刻。

③ 民国《婺源县志》卷八《建置十·冢墓·归原堂义庄》。

④ 民国《婺源县志》卷四十一《人物十一·义行七·朱文炽》。

⑤ 民国《婺源县志》卷四十《人物十一·义行六·朱文煊》。

⑥ 民国《婺源县志》卷四十《人物十一·义行六·俞其澍》。

堂，购地瘗骸旅殁者，五年一归榇，至今是赖”。[①]

在徽商最为活跃，势力最为强大的江南地区，上至苏州、杭州、南京这样可称为都会之地的大城市，中至松江、无锡、镇江、嘉兴、湖州等中等城市，下至南浔、盛泽、双林等星罗棋布的广大市镇，到处可见徽州善堂。以苏州府为例，康熙初年，徽商在常熟县镇江门外设立了新安义冢，以葬客死无归者，歙县人洪瑞峰等购置达号粮地 9.745 亩，巴恒盛等购置承号粮地 10 亩。新安义冢与兴福寺相对，旁边有普度庵，亦为徽商汪之惠、汪大道等人所建，并延僧守之，“以永义泽”。[②] 光绪年间，普度庵改为新安公所，属普仁禅院。[③] 乾隆五年，在苏州经商的徽州人鉴于“新安六邑多懋迁他省，吴门尤多，境遇不齐，偶遭客殁，旅榇侨寄深可悯”，[④]捐资在虎丘购地 9 亩建积功堂四民义冢，专备徽州同乡寄柩权厝，时间久之，地隘难容，道光八年(1828)，徽商花费白银 1 300 余两在阊门外桐泾浜购地创办了诚善局，[⑤]对身故徽州同乡“量路程远近给以资，俾还故土”，其后对馆屋加以修缮，局董事共 10 人，按年轮值。诚善局经费起初来自徽州茶商的捐款，很快就扩大范围，在福建、浙江、安徽、江西等地经营的徽商“凡属徽郡同业者悉如例”，其影响力可见一斑。[⑥] 现存歙县渔梁街博物馆中的一块同治元年(1862)徽州府告示碑就反映了这一历史信息，因资料珍贵，特全文抄录如下。[⑦]

特授江南徽州府正堂加十级记录十次　何

为晓谕严禁事。案准江南苏州府正堂李移开，据诚善局茶叶董事、国子监典簿衔、吴县附贡生江玉成，同知衔汪枝、叶

① 民国《婺源县志》卷四十《人物十一·义行六·俞镇连》。
② 康熙《常熟县志》卷十四《义冢》。
③ 光绪《常昭合志稿》卷十六《寺观》。
④ 朱琦：《小万卷斋文稿》卷十八《徽郡新立吴中诚善局碑记》。
⑤ 民国《吴县志》卷三十《公署三》。
⑥ 朱琦：《小万卷斋文稿》卷十八《徽郡新立吴中诚善局碑记》。
⑦ 此条碑刻材料承蒙歙县党史地志办公室邵宝振主任抄录惠赐，特致谢忱。

荫青，从九品郑正昌，职员方光谦，同知衔浙江候补知县吴承绪，酱园业董事、运同衔候选府同知潘雷，五品衔分发补用从九品叶得钊，职员程尚敏、汪锡骏等禀称：

诚善局向办资助徽郡六邑，不论何业旅榇盘费，以及浙江、福建、江西茶业无力归乡之柩，一体给费，始于道光十年，附在积功堂举办，继于道光十六年，另立公局，历久循行弗替。自遭庚申之变，局房被毁，经费无着，以致无力之家旅榇难归。今茶叶酱园业倡议，均愿捐资兴复，仍于积功堂中附办，诚善局事棺柩，扛抬下船，仍用积功堂土夫。特恐各处脚夫勒索阻扰，即盘柩到徽，恐该处河埠土夫难免需索，环求备移，一体示晓。并许各柩亲属自行起水，扛抬更为便益。循案联名禀乞，给示晓谕，凡扛抬棺柩悉用积功堂土夫，不许各处阻扰，并移徽州府转饬六邑，循照前章示禁通晓等情，并呈规条到府。

据此，查该董事公议集资，仍于积功堂内附办诚善局事，资助旅榇盘柩归乡，事属义举，深堪嘉尚！除给示晓谕外，合抄规条移会等，因业经前府转饬各县，照章晓谕示禁在案。本府查核规条，该商绅等公议捐资帮助旅榇盘费，俾尸魂得归故乡，实属善举可嘉。特恐各处河埠土夫籍端勒索阻扰，不可不防其渐，合行查案，出示严禁。为此，示仰合属各处河埠土夫人等知悉，尔等如遇前项回徽棺柩，无论下河上岸，悉听该亲属自行雇夫扛抬，给与工资，不得额外勒索分文。倘有不法之徒勒索阻扰，一经访闻或被告发，立即拿案，从严究办，绝不宽宥！各宜凛遵毋违，特示。

右仰知悉

同治元年十二月　　　　　日　　给

嘉庆十四年，吴江县盛泽镇的徽宁商人先在西场圩漩葭浜，买地创建积功堂殡舍，旋议增建殿宇，扩充为徽宁会馆。“又以俦侣众多，或不幸溘逝，设积功堂，置殡舍，权依旅榇，俟其家携带以归。其年久无所归者，徽郡六邑，宁国旌邑，各置地为义冢，分为两所。每岁季冬埋葬，具有程式。于是徽宁之旅居于镇者，无不敦睦桑梓，声应气求，肫肫然忠厚恻坦之意，出于肺腑，诚善之善者也。”[①]嘉庆十六年，婺源人张履谦在元和县溢渎村创建新安同德堂，“收瘗徽州六邑旅榇”，道光二十三年(1843)改建于丽泽门外，咸丰十年被焚毁，同治四年(1865)，徽州人叶正傅组织重建。[②] 嘉庆二十五年(1820)，徽州人在元和县甪直镇公建敬梓堂，“葬其乡人旅榇无归者”，咸丰十年遭毁，同治三年(1864)重建，光绪年间得到进一步的发展，在元和、昆山、新阳三县购置的田地共有700余亩。[③] 歙县商人胡堦带头在浒墅关设立旅亭堂，并捐资设殡房置义冢，“贾于江苏，见旅人暴骨，呈请府县建旅亭堂于浒墅关，捐资设殡房，置义冢，并立碑志以垂久远”。[④] 吴江县同里镇也设立了新安会馆旅善堂，并一直延续到民国时期。1922年，旅善堂司事在《吴江》刊登通告，声称旅善堂殡舍因年深月久，棺木过多，不但妨碍过路行人，而且堆在最底层的棺木也已朽坏不堪，徽州同乡看到如此情景，认为特别不妥，决定重选经理人，编写号数，请各死者亲属换领新票，如无亲属及棺木朽坏者，截至次年清明，再无人过问，则一律迁至义冢代为掩埋。[⑤]

松江府所属七县地广人稠，在此地经商的徽州人为数甚多，而旅榇不能回籍者亦复不少。嘉庆二十二年(1817)，程师义、程良等人不忍坐视同乡棺木暴露野外，捐通足钱140千文绝买府治西东新坊图护龙桥惠静山名下空地2.6亩，建造新安义园崇义堂，收寄散布在松江七县徽州身故同乡的棺木，经呈请娄县知县万台批示在案，准予兴工，建成正

① 《徽宁会馆碑记》，江苏省博物馆编：《江苏省明清以来碑刻资料选集》，第447页。
② 光绪《苏州府志》卷二十四《公署四 · 善堂》。
③ 光绪《苏州府志》卷二十四《公署四 · 善堂》。
④ 民国《歙县志》卷九《人物志 · 义行》。
⑤ 《新安会馆旅善堂的整顿》，《吴江》1922年12月21日。

房及后面小屋数间，为徽州人寄停旅榇之所，贫苦无力归葬者给资送回故乡，无主者代葬义冢，“俾死者有所归”。与此同时，凡是徽州人到松江谋生以及在松江失业无去处者皆可投靠暂住义园以省旅费，“俾生者有所托”。[①] 可见崇义堂实际上承担着会馆的功能。

乾隆十九年，在上海县经营茶业的徽州、宁国两府商人联合集资在大南门外二十五保十三图购置土地三十余亩，建屋数间，设立思恭堂，旁置义冢，以掩埋无力回籍者，后附丙舍，为寄存徽宁同乡旅榇、施棺、助费、盘柩回籍之所。嘉庆年间，思恭堂司事筹募资金设成厅堂、丙舍，并捐置义冢土地。道光二十四年，思恭堂司事向在上海经营茶叶的徽宁商人发起募捐，出洋绿茶每箱提捐十二文、红茶每箱提捐二十文，以增加常年经费。[②] 咸丰三年和咸丰十年，上海先后两次遭受战乱的冲击，思恭堂司事临危不乱，将堂中千余具存棺就地掩埋，丙舍房屋虽然被焚毁殆尽，但棺柩得以保全。战后，思恭堂在徽商的财力支持下得以重建，堂中经费也日渐宽裕，“频年蓄积日稍羡余，故置房产，修堂宇，添厝屋，买田亩，备什物，以及逐年施棺衾、厚掩埋、盘柩回籍、上山葬费皆得一一如愿办理”。司事还发起长生愿捐以图永久。[③] 光绪十七年，思恭堂同人见老屋正厅倾塌，便集议修缮办法，思恭堂东首原置有高田十亩，遂公举胡执卿、赵怀甫协同指挥在该处建造徽宁义园，将旧料择善取用，建造头进大门一大间，东西两边各两间，供堂丁居住管理。二进东西各一间，东为账房，西为堂丁厨房。三进造三间大厅，中间供奉土地神位，两边厢房各三间。东边围墙有狮子亭，亭后三间为大厨房。西边建三间，名为敬慎堂，供官商殡殓之用。正厅两旁十间为先董榇所，专门停放已故思恭堂董事的棺柩。正厅后面分为八进以厝棺木，编号为孝、悌、忠、信、礼、义、廉、洁，头进、二进每排十三间，其后数进每排十

① 民国《新安义园征信录·义园续记》，不分卷。

② 《徽宁思恭堂征信录·劝募茶捐序》，不分卷，民国六年第三十七刻。

③ 《徽宁思恭堂征信录·劝捐长生愿序》，不分卷，民国六年第三十七刻。

五间。[①] 民国年间，徽宁思恭堂仍然发挥作用，继续举办施医药、寄柩、运柩、赊棺、助殓、埋葬等事务，为徽宁同乡提供服务。

在闵行镇经营的徽商也成立了新安慈善堂。慈善堂设立之初，与上海徽宁思恭堂为隶属关系，“该堂从前本归上海经管，后以事繁，彼此划开”。[②] 由于闵行的徽商人少力薄，捐输微末，加之地方又多变故，慈善堂需要办理的寄柩、掩埋事务与日俱增，难以支撑。1923 年 9 月，闵行及各乡镇的徽帮商号集议，决定将慈善堂所有房产契据誊写清册，推举代表前往徽宁会馆交涉，要求附属于思恭堂。徽宁会馆董事经开会讨论，认为两者均属同乡慈善机关，自不必分列畛域，一致同意准予接收，同时指出，以后慈善堂的办事权限应郑重声明，以分清责任，除寻常事务仍由闵行同乡商号轮流办理外，所有对外交涉和财产处置，如未经徽宁会馆同意，无论何种字据均为无效。为避免日后产生无谓纠葛，徽宁会馆还在上海《申报》《新报》两家大报上刊登声明以便周知，并附录慈善堂公立推据。[③]

> 立公推据，慈善堂同乡人等，为上海闵行镇前蒙程秋圃慈善热心，募捐建造公所，以济同乡寄迹无忧。程君故世，由吴君伟卿执事照管，吴君故世，司总乏人，银钱出入暂由乃孙千甫管理，正直无私，同乡钦佩。奈堂内愿捐甚微，减省支持，苦守薄产，希图久计，而同乡可叨安全。近来时事变更，地方多故，屡生枝节，闵行方面同乡人等力薄势衰，诚恐难以固守，特邀同乡公决妥善之法，公愿恳求上海思恭堂同乡大众热心担任，以慈善堂为附，公所所有存款、房屋、田亩及一切公产另立清册，一并

① 《徽宁思恭堂征信录·徽宁义园图记》，不分卷，民国六年第三十七刻。

② 《上海徽宁会馆思恭堂对于闵行新安慈善堂办事权限郑重声明》，《申报》1927 年 1 月 4 日。

③ 《上海徽宁会馆思恭堂对于闵行新安慈善堂办事权限郑重声明》，《申报》1927 年 1 月 4 日。

交呈思恭堂经过，公所之司事仍归闵行同乡商号司月互相代理应尽义务，以图永久而保安宁。恐后众论，立此公推据存照。

一九二三年古历九月　日　立公推据

慈善堂　吴干甫、瑞馨茶栈、汪开吉茶号、程裕丰号、汪得隆义记、谢义泰庄、方万泰庄、汪瑞来号、曹万康号、叶天顺号、程利源号、启裕丰号、方开泰号、张万昌号、何裕茂号、义泰源号、源丰泰号、汪福记号、汪祥茂号、章复泰号、张松顺号、汪复泰、同和泰号、汪裕鑫号

嘉庆十八年(1813)冬，在南汇经营的徽商募捐筹建思义堂，徽州同乡踊跃解囊，襄成善举。先是在三十六图建屋数楹，为停棺之所，继又置田数亩为埋葬之地。停棺定以五年为期，五年之内，亡者亲属可以随时扶柩回乡。如无子嗣，乏人过问，即代为安葬。在诸位司董的经管下，思义堂历年捐款不下万余千文，"增建屋宇，续拓基田，需用浩繁，悉归正务，规模制度亦递进而递臻美备"。[①] 咸丰年间毁于战乱，同治元年徽州同乡集资万缗重建堂宇。从光绪十三年(1887)起，思义堂仿照上海思恭堂成例，由歙县、休宁、婺源、绩溪四县绅商轮流管理，每年二月初二为新旧司董交接之日。不数年即增置五十余亩田，添造丙舍，诸废待举。为昭慎重以示信用，宣统三年，司董金文藻将光绪十三年至宣统二年逐年收支账籍汇列成册，镌印征信录，分送徽州同乡。[②] 在征信录的最后部分，金文藻附刊了"协济会公储"，交代了协济会设置的初衷及发展过程。从中可知，同治十年(1872)，休宁县绅士金瑞棠、王森捐资在堂内设立协济会，专门办理贫困徽商的施棺助葬盘柩回乡等事，无力回籍之柩得以领费返乡安葬者甚多。协济会成立之初，由发起绅士负责经费。光绪十年(1884)，绅士王森等人提议以事属善举，非筹有的款，

① 《思义堂征信录·重建思义堂序》，宣统三年石印本。

② 《思义堂征信录·思义堂刊征信录启》，宣统三年石印本。

不足以久远，因而向休宁同乡募劝。适值清廷海防戒严，商业萎顿，历五载而捐款寥寥，虽然聊胜于无，但终难持久。光绪十九年(1893)，由休宁绅商凑集洋 2 400 元、钱 2 250 千文，存典生息以满足善举之需，从此源源接助，“阖属孤寒咸沐其惠”。[①] 如果仅借助这份材料，不难得出协济会是休宁士商独自创立的结论，但次年《申报》的一份报道提醒我们不可如此草率。

1912 年 6 月 30 日，南汇徽商召开同乡大会，对金文藻经管的思义堂账目进行讨论，并请上海思恭堂代表汪允辉、王云卿、俞鉴湖、叶子和等人莅会，公同查账。与会人员指出，金文藻自光绪三十一年接管思义堂以来，历年收支账目弊端太多，且重要账簿多未交出。思义堂虽已先期分发传单，通知会期，但开会之日，金文藻却拒不到会，明显是心虚规避，只得先行检查所有存在问题的账目，“以便禀官追究，俾重公款而儆效尤”。查账人员将司董谢极香留下的存根簿与金文藻刊印的征信录进行核对，发现自光绪三十一年至宣统三年止，金文藻共亏空洋 1 591.8 元、钱 1 103 千 758 文。此外，思义堂的创建者为歙县刘畯田，继而广大者为绩溪胡湄泉等人，堂内所有款项无不由徽商捐集而来，一旦捐入堂中就是公产，不可分疆划界，而金文藻竟存个人私见，欲将堂中盘柩公费指为休宁协济附设，如果不取消此项名义，那么歙县、绩溪等其他县的同乡也必然会起而争之，理应消除界限，以免争端。金姓并没有捐助思义堂盘柩公费，金文藻却将无名氏的 160 千文捐款指为其父所捐，细查堂中捐款存底簿，并无此项捐款，金文藻还将鼎生典捐款移作鼎丰典捐款，可见弊窦之多不堪设想。与此同时，金文藻在刊印征信录时，并没有与徽州同乡讨论商议，征信录中浮开舞弊之处所在多有，与征信二字的意义实不相符。因此，与会人员不予认可，议决刊印征信录的费用与思义堂无关，不得从堂中经费支付。经上海思恭堂代表以及各处徽

---

① 《思义堂征信录·附刊协济会公储》，宣统三年石印本。

州同乡公查，胡荫仙在光绪二十一年开具的四百千文借票，思义堂账上并未付出此项借款，据此认定是金文藻所开的金怡丰典与胡荫仙所开的鼎泰典彼此往来私款，与思义堂毫无关系。经查，鼎泰典自光绪二十一年至二十五年收支钱总细账确已陆续还清，而该借票当日未曾检还，不得作为凭据。为此公议，由新举思义堂总理、协理诸人将借票暨鼎泰典细账六本另呈民政官长核明销案。[①] 因资料所限，金文藻是否对同乡大会的决定作出回应不得而知，但我们从中可以看出，思义堂的这起事件绝非孤例，在利益的驱动下，善堂经费的管理始终是个难题，而呈现在我们面前的征信录之类的史料不可轻易完全相信，应当进一步挖掘存底簿据之类的其他相关材料比照解读。

同治十三年(1874)，嘉定县南翔镇新安公所建成，当时仅有义园丙舍，规模比较简陋。光绪十三年在徽商的捐助下，建成正厅、北侧厅及平屋两进。及至 1921 年夏，徽州同乡决议在公所南首添建房屋数楹，次年五月，举行落成典礼，城乡官绅商学各界及在南翔的徽州同乡五百余人参加了典礼，总董巴润之阐明开会宗旨，副董吴卿高报告了捐募添建事实，嘉定县刘知事致颂词，同乡戈朋云发表演说。众人观看魔术，参加盛宴之后散去。[②]

扬州徽商成立的恭善堂一直保留到当代社会仍有迹可寻。据今人实地调查，恭善堂为磨砖门楼，外观斑驳，进门有天井，后进为面阔三间的正房，稳重坚实，尚保存古建筑的风韵。前屋室内东侧墙壁上，嵌有“奉宪勒石”碑。该碑立于光绪十一年四月，是扬州府江都县为保护堂址，严禁闲杂人等破坏的告示。[③] 聚居南京的徽商立厝屋九间，置买义山二十二亩，“俾客地游魂或暂羁而归于首邱，或不归则妥安泉壤”。[④]

---

① 《南汇新场徽州思义堂议案》，《申报》1912 年 7 月 26 日。

② 《南翔新安公所落成礼》，《申报》1922 年 6 月 13 日。

③ 沈旸：《扬州会馆录》，《文物建筑》第 2 辑。

④ 《光绪二十一年新安会馆收捐清册》。此份材料复印件承歙县党史地志办公室邵宝振主任惠赐，谨致谢忱。

嘉庆年间，婺源西谷人俞兆灵，“经理金陵广仁堂义冢，恤嫠会公局，精神周至”。[①]

南京徽州六县同乡成立了新安会馆嘉会堂，在鼓楼西首设有义冢，埋葬身故徽州同乡棺柩150余具。1924年，金陵大学校长包文在大学附近毗连新安义冢处建造住宅，竟侵入嘉会堂界内。为此，南京新安同乡会就此事致函上海徽宁会馆，请求援助。徽宁会馆以全体董事的名义致电江苏省交涉员，指出嘉会堂义冢埋葬同乡棺柩多年，嘉会堂拥有不动产所有权，金陵大学侵害嘉会堂地产，有违条约，请该管领事据理力争，以维护主权而慰幽魂。[②]

嘉兴府新安义园坐落于南堰白上十八庄露字圩，土名落纤湾，凡徽州人之客死于嘉兴府城者皆停厝于此。乾隆四十六年(1781)募资购置基地24亩。嘉庆十一年(1806)，徽商吴玉其、程均、陈能华、吴泰等建造停棺栈屋两进。次年，徽商陈能华、程宸元、孙雨宜等捐资重修。道光三年徽商黄韫玉添造厝屋，姚世钥捐足钱一千千文存典生息，以助有籍可归但无力回榇者。另有新安翳荫堂义冢在辰东北天一字圩，购地25.8亩，另在祼四庄五龙坊置义厝地4亩。白五上十八庄露字未分设新安广仁堂，厝屋葬地共计41.8亩，荒字圩下十四庄另有地3.3亩。嘉兴府所属嘉善县设有新安存仁堂义园，在北门外即面城围，嘉庆五年(1800)，徽州人汪晓堂等劝募捐资买屋一区，设公所，旁建棺房，寄停旅榇，并详明立案。咸丰末年遭毁，光绪年间，在嘉善经商的徽州人出资重建。[③]

湖州府归安县双林镇设有新安义园。[④] 乌青镇徽商设立了新安公所。南浔镇新安会馆位于南栅寓园前，道光十一年建，十六年又别置公

---

① 民国《婺源县志》卷三十一《人物七 · 孝友五》。

② 《徽宁会馆致宁交涉员电》，《申报》1924年5月1日。

③ 光绪《嘉兴府志》卷二十四《蠲恤二 · 养育附》。

④ 民国《双林镇志》卷八《公所》。

所于醋坊桥东竹园头。[①] 道光四年，德清县的徽商金瑞等人集资创建新安会馆，葬徽州之无归者。[②]

得新安江水路之便，聚集在杭州城的徽商形成了一个庞大的群体，并成立了专门针对徽州人的善堂。嘉庆初，在杭州江干开设过塘行的歙县人余锦洲看到“同乡客故者自江南苏松常、浙西嘉湖等郡归榇于故里，必由杭州江干雇船回梓，常有延至几日不得船者，柩停沿途，雨霖日晒”。[③] 为此，余锦洲出面在杭州钱塘栅外一图购地建立新安权厝所惟善堂，“专为新安旅榇到塘之际，或遇风潮汛发，沙滩水掩，阻滞难行，暂为安顿之所，并厝徽郡人在杭病故者，藉以权停”。[④] 但因经费有限，厝所空间狭窄，且附近居民也多将棺木停放该处，甚至堆垛如山，无从稽考，致使旅榇到杭无从安置。嘉庆二十四年(1819)，余锦洲又募得江干海月桥里街桃花山麓石井前张立瞻的土地若干丈，建盖房屋数楹，权为置放，经费不足部分由捐资承办。而后余锦洲身故，其孙余鋐顺与侄子余晃续购何姓之地，扩建屋舍。道光十七年，司事胡骏誉、金高德等 50 余人为扩大善堂事业，纷纷捐资劝募，募得徽州同乡阙信甫家毗连基地二亩有余，与张立瞻捐献的土地相毗连，共 5 亩，前建厅堂若干楹，后筑权厝所 20 余间，分为六县，安厝各县的旅榇，并建起围墙，规模大备，一切善后事宜至详且备，[⑤]“故历年吾徽旅榇得所凭依，赤贫者装船送回，无嗣者置地安葬，洵可谓谊敦桑梓者欤”。[⑥] 咸丰十年，太平军攻陷杭州，狼烟四起，惟善堂屋舍市房被焚毁殆尽，所有租金存款皆化为一空。同治年间，汪鉴人、鲍鸣岐、胡祝如等十余人看到徽州旅榇暴露荒郊，意

① 同治《南浔镇志》卷十《祠墓》。

② 民国《德清县志》卷五《建置》。

③ 《新安惟善堂征信全录·外堂基地图》，光绪二十九刻本。

④ 《新安惟善堂征信全录·惟善堂章程》，光绪七年刻本。

⑤ 《新安惟善堂征信全录·新安惟善堂前刊征信录序》，光绪十七年刻本。此外，惟善堂章程指出，婺源县在杭州另有厝所，因惟善堂是徽州六县同乡共同捐输经费，仍照六县建造，“桑梓同情，无分彼此”。

⑥ 《新安惟善堂征信全录·新安惟善堂后刊征信录序》，光绪十七年刻本。

欲重兴义举，暂厝孤魂，爰集同人劝告盐、茶二业商人输助堆金，并广劝各处商人随心乐助。在徽商的财力支持下，惟善堂依旧址兴工，重建文武二帝的大殿及殡房堂宇，构筑新安别墅，将外厝升高翻盖，另建亭施茶。①

杭州府仁和县塘栖镇是“吾徽出杭关各路之咽喉，归途之要隘，往来东道之区，同乡暂迹之所”，②在该镇经商的徽州人不下千人，其中休宁、歙县、黟县、绩溪商人为数最多，婺源、祁门商人次之。道光四年，徽商汪秋水、王祥发、周德新、程君秀、毕君衡、张国桢等开始筹款兴建新安会馆，在塘栖水北大善禅寺之西界德清县管辖地方十六东五庄，开工修造正厅五楹，内外四至厢房，后备厝屋三进，共数十间，可容纳棺木二百余具，名为新安怀仁堂。道光十六年，程钧原、戴尚衡、张柏松、方敬中、程韶华等人再次劝捐，在南山购置义地，瘗葬无力迁归以及无主棺柩。道光二十八年(1848)，方敬中、程韶华、吴思言、蔡子香、洪浩然、胡敦仁、张柏松、王履泰、章文山、吴立成、范士诚、吴次白等又募捐修葺馆中房屋，会馆内外焕然一新，大厅中间供武圣帝君，每年正月十六日集会一次，商议馆内公事。绩溪商人江振芳又捐助义地于武林头，以扩充义冢。当时会馆经费充足，有八百两余白银存典生息。咸丰十年，塘栖屡遭太平军的侵扰，各业荡然，新安会馆不但存款尽失，房屋也变成废墟，百余具棺木暴露于荒野之中。③ 战后，留于塘栖镇上的徽商已十不存一二，休宁人程嘉武不忍看到同乡棺木累累，便布告同乡，四处劝输。同治四年，新安会馆因经费稍微充裕，便把棺木迁葬于南山义冢，其后在会馆旧址筑垣墙治屋宇，共建造厝所十七间、门房七间，会馆规模粗具。同治九年春，徽州茶商江明德运茶至上海出售，途经塘栖时，见新安会馆不及旧时规模的一半，慨然动容，即在茶捐内抽捐以成善举。此

---

① 《新安惟善堂征信全录·新安惟善堂续刊征信录序》，光绪十七年刻本。
② 《塘栖新安怀仁堂征信录·同治六年分募簿启》，光绪戊寅年初刊。
③ 《塘栖新安怀仁堂征信录·募建唐栖新安会馆缘起》，光绪戊寅年初刊。

次栖镇会馆能够顺利重建，皆系茶商江明德一人之力。当时松江的新安崇义堂、闵行慈善堂、嘉兴荫翳堂、余杭同善堂等四处善堂，也都由江明德抽茶捐建成，自同治十年起又增加塘栖新安怀仁堂、南浔遵义堂两处，从出洋茶箱内每箱抽捐十二文，由六处善堂均分，名曰六善堂捐。[①]

新安六善堂募启　同治辛未年起

谨启者，松郡崇义堂、闵行慈善堂、嘉郡翳阴堂、塘栖怀仁堂、余杭同善堂、南浔遵义堂，皆新安公所也。吾郡山多田少，不士则贾商于外者十居六七，或不幸病故他乡，殓无资，殡无所，有赖诸善堂设厝安寄，助资回籍，如乏领带者则置地掩埋，一切举行已久，均从妥善。自咸丰十年发匪滋扰，各堂宇殡房焚毁倾颓，不堪寄榇，方今四海升平，商贾辐辏，司事亟行劝捐，重兴旧址，业经鸠工，次第办理，但经费浩繁，公项支绌。于是谨布吾徽各茶字号诸乡台翁洞鉴，兹集六处善堂合而为一，名曰新安六善堂，编立联单收票，每箱其提捐钱十二文，以资善举，仅就申地司事黄信义号、吴肇泰号同江明德经收分派。伏望我同乡君子桑梓情殷，好施乐助，俾垂永远，功德无量。此启。

上海经劝：汪元治、黄大镛、吴肇泰、汪菊亭、邵春茂、江明德

松江司事：黄大镛、程砚耘、程斐君、章殿安

嘉兴司事：江德城、冯近之、江明德

闵行司事：程秋圃、孙数峰、朱彩章

塘栖司事：吴立成、程云溪、洪民彝

余杭司事：周雨帆、张以镛、汪正和

---

① 《塘栖新安怀仁堂征信录·新安怀仁堂征信录缘起》，光绪戊寅年初刊。

南浔司事：韩辅廷、方正廷、谢心如、韩载扬

由此可见散布在江南的徽州各善堂已初步实现联合，形成了慈善网络。

富阳县新安会馆在城内上水门大街，创建于乾嘉之际。光绪三十一年，徽商吴芝田、胡槐三、汪惠卿等人募资修葺倒塌的房屋，并在富阳城外琐石山麓建厝宇一所，以安妥同乡孤魂，在小鹤山、西山、东山、祥风村各处购买山地十数亩，作为乡人安葬之处。[①] 徽商在严州府遂安县也设置义冢掩埋身故无力回籍的同乡棺柩。如黟县西川人胡崇福，"贾于浙江，直耿有士行，临财不苟，在遂安县数十年，以气义为遂人所重，宰不平解纷争罔不心服。同乡人客游于浙者，崇福馆之，授餐赠费。殁者殡之，捐置义冢，倡修连岭，广施棺木，善行甚广"。[②]

衢州城的徽州旅榇所共有三处，一在七里凉亭，一在花园岗，俱名新福庵。民国初年，徽商项槐又在城北五里赵家坂新建旅榇所。[③] 花园岗又被称为华园冈，在衢州城西门外三里许。道光七年徽商出资在此地设立义冢，左建厝屋，以寄棺柩，右造新福庵，供奉地藏王神像，中元节后延请僧人施放焰口以超度亡灵。因历年既久，厝屋崩塌，庵宇倾斜，道光二十六年(1846)徽商汪乐山带头倡捐，在毗连山径之下购置田亩若干，鸠工庀材，大兴土木，建造客堂厝所，并定立规条，将创建之由、守成之法镌刻于石以供后人遵奉。义冢建成后，徽商婺源人江南春为之撰写了《华园冈义冢序》及对联"永夕永朝故土人情联太末，好山好水异乡风景胜新安"。江南春还于次年应邀查看义冢，只见"墙屋鳞次，石柱齿排，暖日烘窗，烈风隔壁，中安土地神，祠旁立各幽魂木主，左停男棺，右栖女椁，横亘数十步，见之而凄然意索、悄然神伤者，厝所也。

① 光绪《富阳县志》卷十一《建置志·善举》。
② 同治《黟县三志》卷七《人物志·尚义》。
③ 民国《衢县志》卷三《建置志上·善举》。

外则隆然凸然，新土未干，不计其数者，则今年之葬者也”。[①] 衢州府江山县也有徽商设立的善堂，如歙县呈坎人罗亨桐，“贸易江山县，创建同仁堂义冢”。[②]

徽商在兰溪县设置义冢，建立了同善堂。乾隆三十三年(1768)，徽商在兰溪三十五都设立新德庵，并购置山地，埋葬病故徽商的棺木。道光十一年又建造丙舍，供停放无力回乡之棺。寄放丙舍满期之棺，由善堂发给盘费运柩返里，如查实确无后人，在义冢掩埋，以使有主遗骸回归故土，无主旅榇不致暴露荒郊。同善堂还仿照上海徽宁思恭堂办法制定章程，规定从光绪二十九年(1903)起，分成福、禄、寿、财、喜五班，依次各司一年，轮流管理新安阁、新德庵各项银钱收汁，并收掌田房、契据、租息等折，每年底结算总账，检点单契，不得短少分文与悬宕挂欠，公同照数清点，上下手交接，另立底册两本登记善堂所置傢伙什物，一册存放新安阁公匣，一册存放堂中，上下手交接时，必须对簿核对，如有短少、私自借出以及任意损毁者，即照价赔偿。[③]

因与江西接壤，活跃在江西境内的徽商为数非常可观，各类善堂也先后设立起来。南昌府南昌县是徽商丛聚之地，康熙初年即在施家窑黄家垅购置山地，营葬坟茔数十冢。[④] 乾隆二十九年(1764)，徽商又公同出资购买京家山土名烟包山山场一块，作为桑梓同人贫乏无力者厝葬之所，周围立堑为界，竖有红石高碑。[⑤] 道光二十七年(1847)冬，徽商潘俊、余兴派、许琪、胡体仁、金杰等因“徽郡六邑在豫贸易者甚多，往往殁后无力营埋，每苦委诸沟壑，终乏盘费，多悲留滞关山”，[⑥]带头捐输买

---

① 《游华园冈记》，此处有关华园冈义冢的描述皆转引自王振忠：《徽州与衢州：江南城乡的片段记忆——稿本〈静寄轩见闻随笔、静寄轩杂录〉初探》，《社会科学》2011 年第 3 期。

② 民国《歙县志》卷九《人物志 · 义行》。

③ 宣统元年《新安同善堂征信录》，转引自王振忠：《清民国时期徽州征信录及其史料价值》，《“江南与中外交流”国际学术研讨会论文集》，复旦大学历史系主办，2008 年。

④ 咸丰《遗爱堂征信录 · 黄家垅禁示》。

⑤ 咸丰《遗爱堂征信录 · 告示》。

⑥ 咸丰《遗爱堂征信录 · 禀帖》。

进外八字庙地方大街万姓基地，创建遗爱堂，前筑养病之所，后造厝棺之屋，复置买山场阴地数块作为义冢，如有子孙亲属愿葬者挨次掩埋，竖立碑铭，费用出自遗爱堂。时至道光末，徽商设置的义冢已有京家山乌龟石新旧义冢、华家塘义冢、徽州书院义冢、烟包山义冢、丝绸塘义冢、施家窑黄家垅义冢数处，分布在南昌县郊外各处山场。[①] 如地方志所载，歙县下长林人吴辅嗣，“贸易南昌，倡建遗爱堂”。[②] 为增加经费，遗爱堂司事又公集一文愿会，呼吁各业徽商捐资。待经费宽裕，即在遗爱堂中添助盘费，凡无力归乡之棺柩，准许亲属赴遗爱堂投报，司事估计路途远近，凭保人照议酌助沿途盘费及到徽州上山费用，亲属立收领字据，信足出具承揽条约后，将盘徽棺柩交付信足带回。[③]

九江“为华洋辐辏之区，徽人之经营于斯者少长咸集”，[④]光绪二十九年，徽商查选廷购得南门外刘家垅荒山一块，经叶配乾、胡瀚臣悉心规划，打下殡所地基，其后舒先庚、胡逸卿制定劝捐条款，规定凡徽州茶商每箱茶叶抽捐二四曹平纹银五厘；殷实之家及慷慨之士听其酌量输捐，不为限制；收一文愿，徽州同乡随缘输愿，自一文起至数十、百文止，由其自便。[⑤] 有了经费支持，徽商仿照汉口笃谊堂资送旅榇回籍章程，鸠工庀材，建造大厅一间，亦名为笃谊堂，大厅左首建东西两庑，为停柩所，数月而成规模，式廓焕然一新。笃谊堂建成后，司事议定条规，请示勒石，徽州同乡中有愿停棺者可暂厝正屋，有身染疾病者可暂居余屋，医药自筹。凡停寄之棺以三年为期，期满后出帖知照其子孙亲属，有愿带柩回籍而苦于无力者，由笃谊堂照章资助，如期满未带回籍，即照章安葬义冢，立碑标识。[⑥] 九江府德化县也有新安义冢，在流水沟侧，由徽

---

① 咸丰《遗爱堂征信录·各义冢地坐落进外》。
② 民国《歙县志》卷九《人物志·义行》。
③ 咸丰《遗爱堂征信录·移文》。
④ 光绪《九江新安笃谊堂征信录·笃谊堂请示勒碑永禁埠夫勒索词》。
⑤ 光绪《九江新安笃宜堂征信录·新安阖郡劝抽茶箱捐及一文愿启》。
⑥ 光绪《九江新安笃宜堂征信录·新安阖郡劝捐送榇回籍启》。

州会馆设置。[①]

景德镇徽商成立了徽州会馆，购地置义冢，设立同仁局，办理身故同乡寄棺、埋葬等事宜。如婺源县云邱人滕昌檀发起设立同仁局，"经商之景德镇，设同仁局，施棺櫘并置义冢。先是议建新安会馆，部署难，其人众推檀，檀竭力筹划，阅十二载竣事，奉朱子入祠，礼成踰刻，檀竟卒，同郡人无不惋叹"。[②] 婺源县沱口人郎兆林亦参与了同仁局的创设，"尝客景镇，创同仁局，施棺埋胔，又倡修通灵桥以济行旅，施药煮茗，远近称德，今子孙庠序林立，良有以云"。[③] 婺源城西人王章，"尤喜义举。尝客江右景镇，倡立文公庙，建同仁局，恤灾济贫，胥有成劳。嘉庆壬戌浮邑饥，佥议平粜，章独力董其事。邑侯湛有'才品堪师'之奖"。[④] 黟县万村人韩邦，"尝客景德，为徽属会馆董事，首倡同仁局，施棺木"。[⑤] 黟县屏山人舒崇澎，"乐善好施，又在景德镇同仁局施棺木，掩骼埋胔，多有义举"。[⑥]

汉口是徽商在长江中游重点经营的一个城市。"新安土薄田少，计其地产不足以共生齿之繁，不能无仰给他方。故汉镇列肆万家，而新安人居其半，亦其势使然也。"[⑦]为团结同乡，联络感情，徽州各县士商在康熙七年设立了新安公所（又名准提庵），康熙三十四年组建了新安书院，雍正十三年开辟了新安码头。因疾病死亡在所难免，汉口徽商顾念同乡生存之艰，便设义阡以埋葬，建堂屋以停棺。"既无暴露之虞，益安亡者之魄，意至善也。"[⑧]康熙年间，徽商在准提庵后之西添建三元殿，殿后空地建停棺之所，"功佛停棺，守业百余年"。[⑨] 因空间逼仄，停棺无多，

---

① 同治《九江府志》卷十三《建置·附漏泽园》。
② 光绪《婺源县志》卷三十八《人物十一·义行三》。
③ 光绪《婺源县志》卷三十八《人物十一·义行三》。
④ 光绪《婺源县志》卷三十九《人物十一义行五》。
⑤ 同治《黟县三志》卷六下《人物志·质行》。
⑥ 同治《黟县三志》卷七《人物志·尚义传》。
⑦ 董敷桂编：《紫阳书院志略》卷七《尊道堂记》，嘉庆十一年刻本。
⑧ 《新安笃谊堂征信录·序》，光绪十三年刻本。
⑨ 董敷桂编：《紫阳书院志略》卷八《准提庵三元殿府禁示》。

且有风烛起火之虞，汪莼也、石元素、汪佩芬、黄治平等人在汉阳十里铺义阡的金龙岭改建笃谊堂。徽州士商复念“吾乡旅榇，暴露荒郊，久停古寺，虽有子孙，谁能辨其乃父乃祖？盖因客游斯地，患病云亡，或一时不便谋归，或孤身无人代殡。始而草率，继则因循，以至棺枯骨露，诚堪悯恻”。[①] 于乾隆四年(1739)不惜重资购买汉阳十里铺紫霞观前刘姓麦地一块作为义冢，四周定界明白，筑以土堑，前立坊表，名曰“新安义阡”，义阡自西而东，分定层列；由北而南，编号挨葬。并制定安葬规则，要求横五尺，直八尺，深圹四尺。义阡置簿二册，一册存新安书院，一册交给十里铺玉皇庙。举凡扦葬，须从书院处领取印票，将死者乡里姓名，按号登记在簿后，方许执票前往冢地，挨次安葬，不得紊乱。守阡四人收到印票后，在玉皇庙簿册上依号注明，以便死者子孙日后立碑祭扫或迁回故土时，能够按簿查考，知道在几列几冢，不致错认。如果不是书院印票，守阡之人不能滥行收葬。汉阳府知府、汉阳县知县分别于乾隆五年和七年(1742)发布告示，严禁附近居民在义冢界内借端阻挠，侵占耕种，纵放牛羊践踏，暗谋侵盗。倘保甲人等徇私隐匿，一并究治不贷。[②] 其后，汉口徽商又陆续在十里铺玉皇殿、潘家庙、十里铺、许家湾等处购地设义阡。[③] 义阡与笃谊堂建成后，徽商制定了停厝寄顿章程，规定旅榇以三年为限，如无人过问，三年后即代为埋葬。由于寄柩渐积渐多，有无力携带回籍但又不愿葬之异乡者，辗转相待，返柩无期，令人惄然心伤，徽商决定资送旅榇回籍，并发起一文愿捐以筹经费，数年间即募钱五千余缗，计本生息，每年能资送二十余棺回籍，由此“死者得归故乡，生者益无遗憾，则又曲尽乡谊而义举体恤至微者也”。[④] 笃谊堂资送身故徽州同乡棺柩回籍的善举得到了商人的大力支持，如黟县古筑人孙式道，“字聪仁，初业儒，嗣迫于家计，父令赴汉皋改习钱业。太平

① 董敷桂编：《紫阳书院志略》卷八《新安义阡弁言》。
② 董敷桂编：《紫阳书院志略》卷八《新安义阡弁言》。
③ 董敷桂编：《紫阳书院志略》卷三《建置·别建》。
④ 《新安笃谊堂征信录·序》，光绪十三年刻本。

天国战争期间，归家避乱。平，二次至汉，锱铢积累，自创钱号，遂以起家。……至汉皋代送徽州旅榇一事，式道倡议，募巨款以为基本，不辞劳瘁，经营数载，始观厥成，人尤德之”。[①] 黟县双溪南人姚振钟，“经商于湖北之汉口镇，见义勇为，在汉创办笃谊堂以联乡谊”。[②]

另有在湖北武穴经商的歙县人鲍廷玙，率同人于嘉庆十六年设立归梓局，对在武穴亡故的徽州同乡，资送路费与葬费，募人护送棺柩回籍，如系无主之棺则就地掩埋于义冢。鲍廷玙的事迹被记载在《歙县志》中："鲍廷玙，字奂若，贾于湖北之武穴镇。诚信笃实，为人排难解纷，人多敬服。尤乐施予。先是，徽人之客于湖北者，殁不能归丧，日久多暴露。嘉庆十六年，廷玙倡率同人立归榇局，路费葬资皆取给，其死者亲族或无男子，或虽有而幼稚者，则募人归其榇，且以葬资畀其家。无主者买地为义冢瘗之。并广为劝输以垂永久。时婺源朱庆光任武黄同知亟称之，亦捐俸以助，行之不废。乡人皆颂其德。"[③]

徽商在安徽各地也设立义冢或善堂办理善后事宜，如在芜湖，"新安人侨居县境者甚众"，[④]侨寓芜湖的徽商在弋矶山麓购置义地，设立同善堂，如黟县际村人戴吉先，"在芜湖捐资助建新安会馆及创同善堂，为同乡养疾及停柩之所"。[⑤] 徽商还"酌议在芜生理之人以及家于此者，无论老幼，逐日捐取厘头钱文，每位各出一文为始、十文为止，随人自输"。[⑥] 同善堂义冢所在地自光绪初年即有美国传教士建造医院，冢地不断被人为侵害，骸骨暴露。1924 年，医院为添建房屋，永远租用义冢周围的山地，因而破坏了义冢周围的水系，每遇阴水天气，山上的流水便直冲而下，义冢成为泽国。同善堂为此在芜湖县、交涉署及地方法院

---

① 民国《黟县四志》卷七《人物志·尚义》。
② 民国《黟县四志》卷七《人物志·尚义》。
③ 民国《歙县志》卷九《人物志·义行》。
④ 嘉庆《芜湖县志》卷二《地理志·方言》。
⑤ 民国《黟县四志》卷七《人物志·尚义》。
⑥ 转引自王振忠：《同善堂规则章程——介绍徽商与芜湖的一份史料》，《安徽大学学报》（哲学社会科学版）1999 年第 4 期。

诉讼半年而未果，后经交涉署与芜湖县从中调和，同善堂同意将义冢山地租给医院，用租金作为置地迁葬费用。六县董事在《申报》发布通知，请有坟埋葬在义冢的徽州同乡在七月十五日之前自行起迁，如无人过问，即由同善堂备棺迁葬。① 又如黟县紫阳里人朱照开，“弱冠丧父，爱弟推产让财，商于安庆，赈饥施棺，置义冢”。② 黟县余村人余邦桓，“客潜山，捐置新安义冢”。③ 黟县南屏人李高琳，“咸丰间在大通荷叶洲捐赈青阳、石埭、太平三邑难民之避地者。同郡邑人则加赠回籍之资，又置新安义冢，集造救生船于羊山矶”。④

此外，湖南常德的德山县是婺源县木商贩运木材的必经之地，簰夫有数千人，偶有客死者只能草草安葬。婺源县商人朱孝昌在此地经营典当铺，资财雄厚，便带头捐资，购买坟山置义阡，并建屋一堂，名为笃谊堂，为客死德山的同乡立碑标墓，详载姓名以待起扦归葬，另设守冢人家，专事清明祭扫。朱孝昌的善举被记载于光绪《婺源县志》中：“朱昌孝，字永言，带川人。幼读书，以父年迈，弃砚就商，设钱肆于湖南德山。婺邑木商往来，必经其地，簰夫不下数千人，有客死者，赁地藁葬，甚且委诸草莽。孝输资首倡，买山一局为义阡，中构一堂，曰‘笃谊’，立碑标墓，详载姓名以待舁骸归葬，并置守冢一家，清明祭扫。”⑤

二、内外联动：徽州善堂的运作过程

旅外徽州人所办善堂主要是为身故同乡提供寄柩、掩埋服务，但中国南方多为“卑湿之区”，棺柩保存有诸多不便。如时人称：“上海为卑湿之区，各会馆旅榇有不能回籍，必安葬于义冢之内，掘土数尺，湿不见水，日后子孙发达。有启义冢之柩回籍安葬者而满棺皆水矣，惟有凿孔

① 《旅芜徽州会馆紧要通知》，《申报》1924 年 7 月 11 日。
② 同治《黟县三志》卷七《人物志 · 尚义》。
③ 同治《黟县三志》卷七《人物志 · 尚义》。
④ 同治《黟县三志》卷七《人物志 · 尚义》。
⑤ 光绪《婺源县志》卷四十一《人物十一 · 义行七》。

放水，见者不忍。”①而且在传统的“入土为安”观念的支配下，徽州人无论身处何处，总是企盼身故之后能够魂归乡土，因此旅外徽州人善堂非常重视扶柩回里，总是想方设法筹集资金，定期将暂厝善堂的棺木运回徽州。在交通条件落后的时代，旅外徽州人善堂多借助水路运送棺木，这在水网发达的江南地区表现更为明显，杭州新安惟善堂则因独特的地理位置成为江南徽州旅榇归乡的集中地与中转站。② 散布在苏州、松江、常州、嘉兴、湖州等地的徽州人，如果不幸身故，将由同乡装殓入棺送到当地的徽州善堂寄放，确系没有后人或亲属者，善堂代为埋葬在义冢。因棺木越积越多，厝所空间有限，善堂就会每隔一定时间雇船将棺木运送到杭州新安惟善堂。新安惟善堂查验处理后，经由新安江水路转运到徽州。为承接外地运来的棺木，徽州各地在水路交通口岸也设立善堂，负责停放、转送事宜，从而形成了一个完整而严密的运棺网络。从汉口到九江也形成了一个运棺线路，九江新安笃谊堂往往借汉口新安笃谊堂运送棺柩之机托汉口信客护送回乡。

因此，本部分将沿着纵向坐标轴，解析从装殓入棺到运柩回乡安葬这一系列的环节，对善堂运棺网络的纬度进行勾连，以此揭示旅外徽州人善堂的运作过程。本部分依据的主干材料是刊刻在各善堂征信录中

---

① 余之芹：《经历志略·慈善公益三》，复旦大学图书馆古籍部藏。此份材料承复旦大学社会发展与公共政策学院李甜助理研究员惠赐，特致谢忱。

② 徽州人走向外部世界的东、西两条路线，形塑了旅外徽州人独特的运棺网络。徽州人外出，向东走是由新安江到杭州再分散在江南各地。新安江如同人体中的主动脉，把流域内分布于歙县、绩溪、休宁、黟县各地树枝状的河流连接起来，成为徽州通往外界的一条重要水道。新安江上游干道是为浙江，由率水和横江在屯溪汇合而成，浙江向东北流入歙县境内，在浦口与练江合流。练江又称西溪或练溪，以扬之水为其正源，扬之水发源于绩溪县西宠山下，至歙县境依次纳布射、富资、丰乐诸水，在徽城镇附近诸流合为练江。浙江与练江汇流成新安江，东流入浙江省，于严州（今浙江省建德县）与兰溪汇合成钱塘江往杭州。

徽州人向西走的水路是由阊江经饶州渡鄱阳湖至九江，到汉口，再去长江上游或下游的城镇都比较方便。（祁门县地方志编纂委员会办公室编：《祁门县志》卷十《交通运输》，安徽人民出版社 1990 年版，第 275 页）还有一条水上路线是从婺江入江西省经乐平、饶州以至九江。婺源县的东、南两乡一向由婺江入江西乐平之乐安江，至饶州转九江，西乡多取道江西浮梁景德镇，走昌江抵饶州过九江，最后都集中到汉口。（安徽省立茶业改良场丛刊第三种：《皖浙新安江流域之茶业》，上海大文印刷所 1934 年印行，第 32 页）

的规条，规条名称各异，有称章程者，有名条规者，亦有称堂规者。规条是由善堂司事公同讨论制定的，体现了群体的意志力与约束力。严密的规条能够保证善堂顺利运行，上海徽宁思恭堂、汉口新安笃谊堂就以规条完备严整而著称，“其中规制完密，董督周详，自以汉笃谊堂、沪思恭堂两堂为最”。[①] 其他善堂在运作过程中也纷纷予以借鉴，如九江笃谊堂不仅在名称上复制汉口笃谊堂，在制定善堂章程、票证字据等方面也多参考，“兹仿汉口笃谊堂资送旅榇回籍章程，建造停柩义所，集款创办”。[②] 繁简不一的徽州各善堂规条为我们考察善堂运作提供了详细的一手材料。

（一）善堂管理人员的选定及其职责

作为一个牵动各方利益的组织，善堂如若正常运行，需要配备完整而强有力的管理人员，各善堂在制定章程时都把人事安排放在首位。上海徽宁思恭堂的管理人员称为司年，歙县、休宁、婺源、黟县、绩溪以及宁国府等五县一府各司一年，轮流管理“宴待祀享”事宜，每月初一到神前拈香瞻拜，并察看堂中一切，有家伙、什物、底册损坏者即进行补备，并不得私自借出，如有违者，即责令守堂人赔偿。对于善堂屋宇，值守人员要朝夕留心照管，每天清晨打扫干净，到堂焚烧纸钱者须在炉内焚烧，留意火烛。因各司事不住堂内，不能时刻在堂照料，守堂者更须恪守条规，严禁收留闲杂人等宴饮、聚醵、赌博，如违，立即鸣官追究，逐出更换。[③] 道光三十年十月，思恭堂在“公议增定章程”中，明确了司年管理思恭堂财务收支的权限范围，规定五县一府各司一年，轮流公同选择殷实之家为司总，经办堂中各项收支银钱出入，收掌田、房契据、租息等折，每年清明时结清总账，检点单契，公同照数移交下首接管，每季仍

① 《新安思安堂征信录·序》，民国九年第一刻。
② 光绪《九江新安笃宜堂征信录·笃谊堂请示禁碑永禁埠夫勒索词》。
③ 《徽宁思恭堂征信录·公议堂中规条》，不分卷，民国六年第三十七刻。

邀集各县司事核算清查。堂中每年收进银钱,“除支用各项悉遵旧章开销,逐年定于夏季刊刻征信录,通送备查外,如有盈余数至五百千以上者,公同存于庄典生息,以期充裕置产”。因堂中经费皆由徽州同乡捐输而来,应力行节俭,所有修造事项及添办大件物品,宜公同商量,不得一意擅专,如有执意专办者,此项费用责成本人支付,不准动用公款。堂中诸人“各宜秉公办事,毋得始勤终怠。倘逢应议事件,务必集思广益,捐除己见,幸勿徇情颟顸,庶几规模日广,永久弗衰也”。[①] 下表是1917年前后徽宁思恭堂各类管理人员的名单,可以看到思恭堂分工明确,各司其事。

表27　1917年徽宁思恭堂管理人员一览表

<table>
<tr><th>职　务</th><th colspan="2">姓　名</th></tr>
<tr><td>司总</td><td colspan="2">歙县曹裕衡、休宁汪锡米、婺源汪岩昌、黟县余之芹、绩溪程之翰、宁国朱锟</td></tr>
<tr><td>两郡司事总代表</td><td colspan="2">汪龙标</td></tr>
<tr><td>洋庄茶商司事</td><td colspan="2">洪箕昌、金廷尉、许源、胡思蓬、洪维章</td></tr>
<tr><td rowspan="6">两府司事</td><td>歙县</td><td>吴其钊、黄云龙、曹恩堂、吴世忠、程源绶、姚宗烜、方绪辉、章恒熙、张志杲、章恒潮、程源铨、吴亦樑</td></tr>
<tr><td>休宁</td><td>黄镇心、胡晋禄、金恩溥、汪声洪、金焘、吴成勋、施志镛、李智裕、王世晖</td></tr>
<tr><td>婺源</td><td>胡光点、查济镄、詹祺、汪国章、詹堃、詹爵、查济杰、胡光鸣、胡光驿</td></tr>
<tr><td>婺源茶帮司事</td><td>洪桂清、吴镛舫、洪社旺</td></tr>
<tr><td>祁门</td><td>谢上松、张诗恭、洪书文</td></tr>
<tr><td>黟县</td><td>余光麟、汪滢、余肇德、汪松楹、郑忠堡、余光德、郑忠贞、余成岁</td></tr>
</table>

① 《徽宁思恭堂征信录·道光三十年庚戌十月公议增定章程》,不分卷,民国六年第三十七刻。

续表

<table>
<tr><th>职务</th><th colspan="2">姓名</th></tr>
<tr><td rowspan="2">两府司事</td><td>绩溪</td><td>胡祥麟、程作兢、路承裕、章葆庭、胡思佳、王达、胡祥琳、程作犹、胡祥钰</td></tr>
<tr><td>宁国</td><td>朱枬、余诚格、徐乃昌、陈仁梅、方传贵、鲍钦祥、汪彭年、崔德坤、李志元、胡鎏书、喻正荣、崔静臣、朱成福</td></tr>
<tr><td>木业司事</td><td colspan="2">程炳贤、吴焕文、汪泰开、章义文、汪鸿庆、汪贵宾</td></tr>
<tr><td>司进出棺簿票及施棺票</td><td colspan="2">休宁汪祥泰布号</td></tr>
<tr><td>司助盘棺费</td><td colspan="2">轮年司理大总处给发</td></tr>
<tr><td>司施棺木</td><td colspan="2">婺源胡裕昌木号</td></tr>
<tr><td>司给衣衾</td><td colspan="2">休宁福泰衣庄</td></tr>
<tr><td>司给生漆</td><td colspan="2">歙县章聚兴号捐助</td></tr>
<tr><td>司给领衣棺及盘棺费保票</td><td colspan="2">歙县章聚兴漆号,休宁福泰衣庄,婺源查二秒有墨庄、查二秒记墨庄,黟县余芳兰号、祁门张义兴线号、绩溪程裕和茶号,宁国鲍启盛漆号</td></tr>
<tr><td>司簿籍</td><td colspan="2">金祖圻、张永卿、詹子贤、俞鉴湖、程肇卿、吴德兴、章利甫、盛光棠、叶子和、王良卿、朱笑麟、黄秋书、程右泉、李懋生、吕赞安、曹子尌、余阶升、王叔文、詹秉之、方楚书、程振丹、江敬庭、汪允辉、詹润甫、鲍伯湘</td></tr>
</table>

资料来源:《徽宁思恭堂征信录·两府司事》,不分卷,民国六年第三十七刻。

松江新安崇义堂的管理人员分为司年、司月、司局几种,各司其责。司年、司月从各司事中产生,拈阄决定,轮流管理,按月核对堂中全部银钱账目,以便转交下月,如果账目不符,唯经手者是问。轮值司月必须随时亲自到堂察看,不得推诿,如果堂中有应办之事,要召集各司事公同酌办,以昭平允。堂中设司局一人,每月薪金二千文;设收愿一人,专司捐款事宜,每月薪金二千文;设值堂一人,打扫厅堂,听候使唤,每月工钱一千文。每年三节设祭,只需司月数人到堂致祭,不求人众，以节靡费。[①] 劝捐银钱以崇义堂编号捐簿为凭，经收以双连收票为准，无论捐款多少，均由司月给发联单，司局收下钱即交司月收存，并登载连环二簿，一存司月，一存司局，以便核查。堂中日常零用由司局负责，月初从司月处支钱使用，月终报销，以便移交下月。堂中应办事宜，由各司事公同商议，然后施行，司月不得专断，轮值司月更须随时亲自到堂检查。

1911 年冬，休宁云间人黄文元接办新安崇义堂事务。上任之初，他即专注于田亩收租，责成司年负责田租收支，如有盈余即存典生息，对其他收入均不过问。翌年春，黄文元邀集诸司年，商议崇义堂办事规程，以专职守，时值政体变革，清朝所有的府县示禁条文均失去了法律效力，决定呈请县署颁发示禁。与会司年讨论制定了“续订办事规程”12 条，明确了崇义堂的管理架构，并对各级管理人员及其职责作出详细规定。因崇义堂是旅居松江的徽州同乡公有的产业，堂中事务由司年推举司董(即司总)以总揽其责，轮值司年管理一切开支事项，会同司事雇用厨役人员。堂中所有捐款及房屋租金的存典息银，一概由司年收管。堂中每月开支，由司事向司年报领，司年按月酌量给发。堂中收取的田租款交至司总处，由司总纳粮置产，如有盈余，由司总向司年报销，再交司年存放生息。堂中每年开支，由司事向司年报销，只有收租开支账目，由司总抄与司年登记在册。堂中田房屋产单契及其他契据一并盖印，此为新安崇义堂公产，不准抵押变卖，木戳当众缄封后，即由司年寄存恒升当收管。存折也不准抵押，木戳交司年轮流收执，以便每年收取息银时使用。倘若续置田亩，所有契据由司总投税后，新旧司年当众盖印，放置于铁箱内。堂中备置产簿三本，一存司总处，一存司年处，一存铁箱内。堂中备代赊愿簿及长生愿簿各二本，司总与司年处各存一本，但中途总是有所变化，应由司事每年向司总与司年一次。立账簿二

① 民国《新安义园征信录·规条》，不分卷。

本，对堂中存款若干、市房几处、房金若干分别注明以备查考，司总与司年处各存一本。堂中需要修葺房屋及备置器具等事，司事不得擅专，应事先请示司总与司年，经商量后决定是否办理。堂中所有器物应责成司事保存，随时检查，不得徇私出借，以致毁坏失散。堂中司事、值堂等人如无正当公务，不得擅离职守或借端外出游玩，凡有紧要事件，须正副司事共同商酌，不得各执己见以及徇私草率了事，倘若由司总或司年查出，即追究其责任。征信录五年刊刻一次，每届征信录刊发时，堂中所有田房屋产单契应由司总与司年开箱检查一次。从这十二条办事规程中可以看出新安崇义堂建立了类似董事会的管理架构，由司总处理全面事务，司年专司财务，司事处理具体事务，这就有效地避免了管理混乱无序，职权不清的弊端。此届管理机构由黄文元任司总，司年为方苑卿、程伟如、邵友之、范厚卿、程祝庭、章以松、吴鋆斋、吴荫滋、游守经等人。①

江西南昌县新安遗爱堂亦实行司年轮首制，与上海徽宁思恭堂五县一府各司一年有所不同，遗爱堂是由两县共同轮值司年，道光二十九年(1849)为歙县、绩溪两县，道光三十年为休宁、黟县两县，咸丰元年为婺源、祁门两县，周而复始，依次轮流。每年支付司年酬劳钱 24 千文，如不愿要者，以其个人名义捐入遗爱堂。司年换班以正月二十为期，邀集徽州府全体首事到堂查明经手出入账目，交代清楚后，再付下班收管承办，若有差错，责令经手司年赔偿，不得瞻徇情面，假公济私，“如有涉私，神鬼鉴察”。遗爱堂另设专人管理停葬事务，负责登记号簿、稽查棺柩，每年酬劳钱 4 千文，不愿意领取即捐输入堂。每年轮流值年经收一文愿二人，每人酬劳钱 4 千文，不愿领取者，仍以其个人名义捐输堂中。堂中议事，先期由司年令堂丁邀请各位司事，至期风雨无阻，雨天可乘轿，轿资从遗爱堂公账中支付，天气晴好时乘轿到堂议事，即由个人出

① 民国《新安义园征信录·新安崇义堂续订办事规程》，不分卷。

资，不准动用公款，如不到者公同议罚。堂内所置房屋契据，应随买随印，存放公匣，借券亦存于公匣，由司年经管，每年上下首轮值时，必须查对清楚，如有不符，凭众理论追究。[①]

杭州新安惟善堂特别强调司事的财务管理职责，“一切堂务支用事宜权归各司事轮值”，[②]凡收支细账、簿籍、契据集中存放堂内公匣，由司事按年轮流收管，互相稽查，不准徇私，以杜侵蚀挪借之弊端。同时要求司事对善堂经费撙节使用，“凡器具惟求朴实坚固，一切可省之端与无用之物概不准置，并不得倡议挪支旁及他事，开销公款，任意肆行”。[③]因各司事大多经营商业，寓居杭州城中，距离惟善堂有数里或数十里之远，来往存在诸多不便，但是即使如此，一旦轮值善堂司事，就应当恪守章程，尽职办理堂中事务，不可徇情更改。若有关经费及有碍善堂大局者，应公同筹商，不可仅凭一二人之私见妄自揣测，致分畛域。“尤不可临时木讷，事后纷纭，总宜择善从长，咸归实济。或有未尽之端，即宜与同仁商酌妥善可也。”[④]惟善堂的日常经费主要来源于徽州同乡的捐款，司事按月收取各集捐散愿，随收随交值季司总收贮，不得挪借，如已认捐但未付款，司事要交代清楚，以免侵匿。善堂收支要公开，每年共捐款若干，支用若干，另立四柱细账，刊刻分送各徽州同乡，使人人共知善堂经费是有余还是不足。善堂收支账目每十年总核一次，刊刻征信录。如果经费不敷使用，司事要随时公同筹划。徽州同乡捐助的经费，除建造堂所墙垣等项共支用钱二千数百文外，剩余部分用以建造登善集。对于好善乐捐者，司事于年终专门刊布以彰显其善行，捐款100千以上者报县请奖，300千以上者禀府申详，并将散捐细数及捐地税亩专条登载并勒石以垂久远，每年支用账目公同察核之后，用粉牌书明悬挂善堂

---

① 道光《遗爱堂征信录·规条》。
② 《新安惟善堂征信全录》，光绪七年刻本。
③ 《新安惟善堂征信全录》，光绪七年刻本。
④ 《新安惟善堂征信全录》，光绪七年刻本。

中,十年汇集一刊,以昭信守。[①]

(二)徽州善堂的殓棺、寄放、掩埋功能

旅外徽州人在异地奔波劳碌,总会有一部分人遭受不测,面临无人料理后事的窘境。虽然清代各地官府、士绅成立了掩埋会、施棺局之类的助葬组织,但其主要功能是掩埋地方上倒毙路边的乞丐之类的流民及各路浮尸。如道光元年(1821)宝山县罗店镇士绅在禀请成立怡善堂时即言:"(罗店镇)为宝邑之首镇,县治东南濒海,罗店西北居冲,水陆倚交,商民堵聚,抑且南连上海,北接刘河,实诸路往来之孔道,为阖邑出入之通衢。凡商贩、艺事、力役人等由镇经历者不时云集,间或中途病毙,失足溺河,家远无亲族收瘗,并有远年停厝朽腐棺木,皆因有地无力,无地无力,以致暴露未葬者,最为惨坦。"为此他们在东岳庙之旁设立怡善堂公局并建栖流所一处,"专恤沿途垂毙病茕,敛埋水陆无主毙尸及施棺代葬等事"。[②] 对徽商这类有固定居处及正当职业的人群来说,并不符合当地善堂服务的条件,只能从同乡那里寻求帮助,徽州善堂就是为办理同乡身后之事而专门设立的。"议此举专为徽人旅榇而设,如本地棺木概不准寄,倘有恃强硬抛者禀宪究治。"[③]这在某种程度上弥补了地方政府公共服务不足的缺憾。诚如南汇新安思义堂在交代建堂缘起时所言:"盖闻谊敦桑梓,异乡须念同乡,气重芝兰,凶事无殊吉事。我新安各属户口蕃滋,冈峦环峙,瘠土迥殊沃土,计乏谋生,离家差胜居家,业多服贾。慨夫天时莫测,世事无常,风餐露宿,征途每多客感之侵,阴伏阳愆,旅馆岂乏沉疴之染?或中年而盍逝,或晚岁而考终,有财者殡殓虽成,灵柩猝难旋里。无力者迁移莫定,遗骸渐至填沟。嗟乎!鹃啼洒血,他乡终成孤魂;鹤梦迷云,故土未归旅榇。此思义堂公

---

① 《新安惟善堂征信全录》,光绪七年刻本。
② 光绪《罗店镇志》卷三《营建志下·善堂》。
③ 民国《新安义园征信录·规条》,不分卷。

所之由建也。"

徽州善堂最基本的功能是为身故同乡一时无法归葬者寄放棺柩。汉口新安笃谊堂专门建造大划义船两只,招人驾渡,每年支给饭食钱文若干,无论同乡棺柩远近,均由义船载运到十里铺义所寄放,每棺给钱400文,酒钱随意赏给。平日义船载送过往行人以贴补工费,徽州同乡到各处义冢则搭载义船往返,船户不得远离迟误,否则革去另换。同乡棺柩抬至十里铺义所时,由笃谊堂支付抬工装殓帮费钱2 800文,酒钱随意,不作要求。为避免码头埠夫故意刁难,如有自行雇用堂夫扛抬者,仍给该处码头埠头钱800文。棺柩进堂后,要缴票登记排号,每棺交钱100文。[①] 塘栖新安怀仁堂规定:棺木进堂,首先要经手保人到善堂司事处挂号,领取堂票,支付挂号钱400文。然后持票到管堂司事处验明,再扛抬入厝。如果日后查出有外籍棺木或当地人棺木冒寄者,唯保人是问,并处以罚款,将棺柩立即抬出,以免混乱。抬进善堂的棺木分男左女右安放,未成年人的棺木亦准入内,挂号钱只收100文,但仅限期一年,冬至前后一体埋葬在怀仁堂义冢。倘若从其他码头护送病人回籍,路过塘栖时不幸病故,前来投靠会馆,由司事查明来历,确属徽州同乡,准其抬入厝所成殓,司事代为妥善办理,所有费用以及挂号钱一概归护送病人者自付,怀仁堂不予资助。棺柩抬进厝所后,当场在堂簿上登记姓名、籍贯,发给堂票作为以后领棺凭据,不是徽州本籍以及不知因何身故者不准入堂。虽然棺柩进堂编有号码,但如果杯头上未写死者的籍贯、姓名,在堂司事用藤黄代写明白,以免舛错。寄放棺木以三年为期,如期满仍不来领回原籍,即由怀仁堂代为埋葬义冢。期限将满之棺,该亲属虽欲带回安葬但一时难于成行者,应提前两个月到怀仁堂说明情况,可准许暂缓一年,并在号簿注明,若一年后仍未领回,怀仁堂便一体安葬,防止故意因循拖延。[②]

① 《新安笃谊堂征信录·告示》,光绪十三年刻本。
② 《塘栖新安怀仁堂征信录·公议堂规》,光绪戊寅年初刊。

徽州善堂成立之初，因经费不足，只能提供寄放棺木的服务，随着徽州同乡的捐赠不断增加，善堂陆续购置市房、田亩以收取租钱，堂中经费逐渐充裕，开始扩充服务内容，对身故同乡施衣助棺以及资助旅榇回籍。如松江新安崇义堂“每见同乡客殁，贫难收敛者，恻然悯之”，在堂内添备衣衾、棺木，许死者亲族随时到堂报明，经查属实，由崇义堂捐助棺木，发给进堂票据，拨用堂夫抬送至死者家中，承值收敛后，抬回堂内，由死者亲族决定是埋葬义冢还是暂寄殡房等待扶柩归里，堂夫工食由崇义堂给发，“亦推广善举之意”。崇义堂同时规定，棺木进堂，首先报告司月，待司月将票据交给司局，填写号簿，写清住址、籍贯、姓氏、年龄、现住地址、病故日期以及保人，然后收棺，以备后日查考。如无司月所给票据，司局不能滥收，以免无所稽考。棺木进园之后，司局发给双联执照，以俟日后取棺对照使用。①

上海徽宁思恭堂对身故同乡提供施衣助棺的服务，其领棺票据格式如下：②

领　棺　式

立领据，今有因病身故亡××，系××府××县人氏，寄居××，无力收敛，就本邑司事××加保领到思恭堂棺木一具，衣衾石灰等全副内 并无冒领××等事，领据是实。

××年××月××日立领

据××押

保领司

事××押

经

手××押

① 民国《新安义园征信录·具禀》，不分卷。

② 《徽宁思恭堂征信录·规条》，不分卷，民国六年第三十七刻。

从光绪三十一年起，施助棺衾送到死者住处，由思恭堂发给扛力钱240文，堂夫收敛，扛抬进堂，给钱1 200文，一概不准死者亲属自己扛抬，以避免冒领之弊。自光绪三十二年起，领棺者另加给衣衾、鞋袜、帽子、石灰、皮纸、草纸全套。1913年，思恭堂规定了各项收费标准：胡裕昌木行堂材一具并石灰、皮纸、响团等，计洋20.1元；章聚兴漆号生漆半斤，计洋4角；堂夫抬空棺殓进堂等费，计洋1.7元；福泰衣庄寿衣一套，男衣计洋7.6元，女衣计洋5.8元；堂夫将该棺移入统间，照章补给移棺费，计洋8角。共计男性棺衾缴费30.6元、女性棺衾缴费28.8元。死者亲属至大东门内汪祥泰布号缴纳上述费用，由堂夫向各号收回本堂棺衾等票。①

徽宁思恭堂对殓棺进堂寄放也做出详细的规定，凡棺柩到堂，要验明来票，棺上姓名与编号相符，方准进堂，如无来票，即便是注明掩埋之棺也一概不准进堂。如私自将别郡棺木蒙混保人进堂者，查出后除责成保人领出，再公同议罚。棺木抬进堂中，分为男、女及未成丁之棺安放，用白粉笔写明编号数目，嗣后清明、中元、上元三节，上下首司年轮流到堂对簿核查，用漆笔写明原号，以免日久出现差误。大、小木棺进堂后，先是以三年为期，因与徽州、宁国远隔千里，音信难通，后定以六年为期，未成丁之棺限期一年，如有过期不领者，由思恭堂在义冢埋葬，不准徇情拖延亦不得浮厝冢地。如非病故者，不准入堂亦不准领棺，倘有隐情冒混，遇到事端，即与思恭堂无涉，由保人自行处理，然后再议处罚。② 棺木进出善堂的票据，由位于大东门内大街中市祥泰布号给发，需托熟识的保人前来签立进堂保票方能领到，其格式如下：③

---

① 《徽宁思恭堂征信录·公启》，不分卷，民国六年第三十七刻。

② 非病故者是指死因不明者，思恭堂不愿意牵涉官司，为杜绝节外生枝而做出此项规定。1916年4月，鉴于时局动荡不安，徽宁同乡中遭遇意外身故者时有出现，思恭堂同人做出通融，要求由原保人及该县董事出具正式理由书，说明死亡原因并担保确无其他情况出现，如果发生他项事端，由保人负完全责任，如此方可变通旧章予以接收入堂。否则仍难以徇情办理。见《徽宁思恭堂征信录·公启》。

③ 《徽宁思恭堂征信录·保票式》，不分卷，民国六年第三十七刻。

灵柩进堂保票式：

今有某县某乡某村亡人××灵柩，查系因病身故，并无冒籍等情，请即给进堂票以便进堂。此致

祥泰宝号

诸乡台先生台鉴　　　　　　年　月　日　保票

经手

宣统三年，思恭堂为寄存徽宁两府体面绅商的棺柩，专门在义园西侧建造了男、女殡房，并制定了“推广殡房寄棺规条”，规定每间殡房存棺3具，每具缴乐输捐洋100元，以6年为期，期满即葬。寄存殡房的棺柩应先将捐洋如数缴给值年司总，再将司总收条及进保堂票交到祥泰布号处，并在进堂簿票上登记注明，以防紊乱。各间殡房停放的棺柩如果已满，将最先放进的棺柩依次合并，腾出空间以备续寄者安放，以符合每间3具的规定。非徽宁两府的棺柩亦不得寄存殡房。[①] 思恭堂还另在会馆东边的空地上新造了女殡所，较馆内丙舍宽敞许多，每棺议收租金英洋20元，藉资补助建造费用，如有不愿缴费者，仍寄放于丙舍内，不得擅入殡所，且男棺一概不许抬进，以示区别。寄放年限仍以6年为期，期满即葬。寄存女殡所的棺柩也要先如数缴纳租金，再将司总收条连同进堂保票交给祥泰布号，注明进堂簿票。[②]

徽宁思恭堂对掩埋棺柩也作了规定，由司年预备埋棺填灵所需石灰、石签等物品，届期公同细心核计注册，分为男、女、未成丁之棺，各冢依次成列安葬，每具给石灰一担，按号标立亡人石签，按年排定干支年号。有起送回籍者空出的地方挨次补埋注册，以便日后核对，不得就便胡乱掩埋，亦不得迷信风水，紊乱章程。随到随埋之棺，责成守堂人分为男、女与未成丁各坟冢，挨次埋葬，每具给石灰一担。葬毕，至司年处

① 《徽宁思恭堂征信录·推广殡房寄棺规条》，不分卷，民国六年第三十七刻。

② 《徽宁思恭堂征信录·新造女殡所寄棺规条》，不分卷，民国六年第三十七刻。

报明领费，埋大棺者给工钱 330 文，小棺 165 文，不得任意敷衍。司年按月详查，如发现潦草完事者，罚去葬费。每次掩埋所需人夫，由思恭堂选择雇用，不得恃强霸勒。埋葬之后，如有起棺带回者，须至思恭堂报明死者姓名字号，查对牌号。自嘉庆二十三年(1818)以后埋葬者，以棺头朱漆号数为准，不得草率起挖，以免骨殖倒乱。思恭堂一向将男、女之棺分别掩埋，如有夫妇合葬，每穴隔开二尺，挨次埋葬，不准舍前取后，紊乱条规。夫妇亡故有先后，而思恭堂停柩有期限，期满仍照堂规分别安葬，嗣后本家有欲迁合葬者悉听其便，所用工钱自己掏付，思恭堂不再支付堂夫费用。思恭堂还规定，每三年请僧人诵经超度一次，棺木掩埋后专设一坛，诵经三日，并放焰口一台。①

南昌县遗爱堂规定，该堂所置京家山等各处义冢的土工，凡有棺柩抬到山上，必须见到遗爱堂签发的票牌方能埋葬，否则一经察出，即送官究处，革退换人，以杜绝侵葬。埋葬时，自东至西，按壬山丙向挨排进行，不准拣选方向。抬棺上山，不论城内城外，由死者亲友出资并给土工茶钱 50 文，倘死者亲友身无分文，由遗爱堂土工扛抬，棺柩抬到遗爱堂丙舍给钱 800 文，抬到山上给钱 1 000 文，由首事给发。到山安葬，每棺给石灰 100 斤，计钱 200 文，土工钱 400 文，石碑钱四百文，由首事给发，如已故者亲友能够支付，听其自便。每年清明、中元两节，司年邀人到山焚化纸锭，中饭茶钱从遗爱堂公款中开支，每节 1 000 文。司年每年要定期查看义冢坟地，应修者照会该管土工修整，事毕，土工报明冢数，司年邀人查点，给付工资，各处归各处土工修理，不得搀越乱修，遇到此等公事，到山开支茶钱四百文。②

(三) 徽州善堂的扶柩回乡功能

各地徽州善堂建造丙舍，只是供暂时无力归籍的身故同乡浮厝其

---

① 《徽宁思恭堂征信录·规条》，不分卷，民国六年第三十七刻。

② 咸丰《遗爱堂征信录·规条》。

间,最主要的功能还是将无力归乡的棺柩运送回徽州。为此,善堂或立一文愿或四处劝捐,资助同乡棺柩回到故土。如南昌县新安遗爱堂所言:“生有家不能归,死后复羁魂异域夜台,有知良足悲矣。倘有诸子期亲不难扶正邱首,抑或零丁孤寡,谁复远负遗骸。爰再集同人兴立一文愿,岁又可得钱若干缗,酌定归榇助葬之需,其章程一仿苏州之诚善堂而酌而裁之,布置周详,不遗缺憾。呜呼,徽人好义,古已云然。斯举也,可谓仁之至义之尽矣。”[①]松江新安崇义堂看到众多身故同乡的棺柩因路途遥远,缺乏经费而无力归乡,羁留异地,便仿照苏州积功堂帮帖盘柩回里费用的做法,根据路程远近,定费用多寡,在松江加给棺柩下船及到徽州上山安葬的费用,并在道光十八年六月制定规条,以防“愚昧之辈贪利而藉此争多,刁滑之徒领柩而竟不送到”。崇义堂规定,凡无力归乡者必须由其亲属托保人到崇义堂说明情况,运回徽州的棺木按号登记姓名、住址,保人与亲属书立收领字据,信客书立承揽字据,堂中出具连环票据,发给盘费,不准混报,以致漫无稽查。如无保人,一概不准给发,如有领出后中途抛弃及冒领等情节,一经察出,即向所保之人追还领费。凡由保人到崇义堂具保的棺柩,除给盘费外,再给从松江扛抬下船费钱二百八十文,到徽州上山费钱二千文,收到收领、承揽字据后,即当面给付。

连　环　式

今据××府××县××乡××央××给××保××具保××棺一具,交信客××费××带回××埠,例给盘费钱××文存××,扛抬下力钱二百八十文,上山费钱照××二千文录底存照。

道光××年××月××日

第××××号

① 咸丰《遗爱堂征信录·新安义冢遗爱堂记》。

今据××府××县××乡××央××给××保××具保××棺一具，交信客××费××带回××埠，例给盘费钱××文存××，扛抬下力钱二百八十文，上山费钱照××二千文录底存照。

道光××年××月××日　给

钱在××给发

收　领　式

立收领，××府××县××为将寄存已故××棺柩一具交水客××带回××埠，凭保人××领到崇义堂局资助盘费钱××文，上山费钱二千文，松地扛抬下船脚力钱二百八十文，当即如数领楚，其棺实系带回埋葬并无冒领捏饰等情，出具领据是实。

道光××年××月××日立领据××押

保领××押

承　揽　式

立承揽××今为××府××县××带回已故棺柩一具，当收到崇义堂资助盘费钱××文，其柩实系带至××县××交卸，并无扶同冒领捏饰等情，出具承揽是实。

道光××年××月××日立承揽××押

保揽××押

崇义堂还松江为界限，根据运回徽州的路程远近制定了盘费贴补标准：①

一、至街口、米滩、小川、大川埠，贴盘费钱五钱二百文。

一、至镇口埠，贴盘费钱五千四百文。

一、至深渡埠，贴盘费钱五千六百文。

---

① 民国《新安义园征信录·崇义堂公议规条》，不分卷。

一、至绵滩、雪(薛)坑口埠,贴盘费钱五千八百文。

一、至琅园口、梅口及浦口埠,贴盘费足钱六千文。至渔梁加驳钱四百文,渔梁以上再加钱八百文。

一、至休宁县屯溪及临溪埠,贴盘费钱六千六百文,至南渡加钱三百文。

一、至黟县、祁门渔亭埠,贴盘费钱七千二百文。

一、至下溪口、龙湾埠,贴盘费七千文。

一、至上溪口埠,贴盘费钱七千四百文。

一、至婺源龙湾埠,贴盘费钱七千四百文。

一、至绩溪临溪埠,贴盘费钱七千二百文。至雄路埠,加盘费钱二百文。至绩溪县埠,再加贴费钱二百文。

各地徽州善堂的做法与松江新安崇义堂大同小异,基本上都是由善堂劝募一笔经费存典生息,每年资助若干棺柩回籍,具体运送过程交由信客处理。汉口新安笃谊堂于道光二十六年正式建成,次年即制定同乡旅榇回籍章程,规定每年春天冰冻融化之时,运送同乡棺柩回徽州。光绪年间,笃谊堂颁布"悬牌式",提前通知有愿送柩回籍者到新安书院报明具保以便起程:①

悬 牌 式

本堂资送旅榇所有章程历经备述,毋庸再赘。兹本年择定于二月初十日将应送回徽之棺交信客领送启行,特此先期通知存柩之家,如有愿送回籍者,务望速至书院报明具保,以便起程。幸勿自误,谨启。

光绪××年正月十六日新安笃谊堂司事公具

新安书院将汉口下船力钱、沿途水陆盘费钱以及草绳、沿途焚烧的

---

① 《新安笃谊堂征信录·悬牌式》,光绪十三年刻本。

锡箔、钱纸、千香等统一交给信客，由信客向运送船户讲定价钱，另外再给信客酬劳二千文和代交亲属的葬费钱三千文。信客领取费用时，订立承揽字据，并有同乡到堂上关说具保，以备存查。如果信客已立承揽字据领棺领钱，却中途砠损头脚或将棺木带泥拖水久搁溪边岸侧以图省费中饱私囊，即向关说保人理论，该信客立即送官严究重惩。为防止信客及行家埠夫船户沿途任意延误，停滞不前，笃谊堂还制定了"笃谊堂旅榇回籍关照"，书写信客家庭住址，声明笃谊堂已与该信客订立五个月内包抬村口交卸的承揽字据，由保人通过旱信将关照寄给死者家属，让家属接到关照后，能根据时间推算棺柩运送行程，倘若久候不至，除了前往信客家打探催促外，另寄信告知笃谊堂，由笃谊堂出面处理。棺柩运送到家，亲属如实书写情况，形成文字，交给信客带回汉口笃谊堂以便销差。[1] 因笃谊堂已付给信客盘费辛劳钱，棺柩送到后，家属只须清茶相待，将回执交给信客，不必另给钱文，如有索要赏钱情节，家属可在书信中详细写明，由笃谊堂送官惩治，嗣后永不再用。[2] 如果有熟识之人或亲戚愿意带棺回籍亦听其自便，但必须是可以信任者，由该县在汉口襄助理事的公正绅士写信关说具保，方可领钱三千文，但不得将费用移作别处或将棺柩随便抛露。棺木抬出笃谊堂时，须以进堂时三联存票为据，按号查发。[3] 倘有先年已埋于义地，如今愿意起扦搬回者，也要以三联存票对簿查明是否该号无讹或者补空埋于何处义地，经手其事者当细心查究，不得轻举妄动。

装载棺柩的大船自汉口解缆启程时，笃谊堂释放焰口一台，用钱三千六百文。为减少沿途上下船时与各埠夫头的争端，新安书院于光绪年间制定了费用标准，我们从中可以看到自汉口至徽州各地的运棺

① 《新安笃谊堂征信录・联票》，光绪十三年刻本。

② 《新安笃谊堂征信录・勒碑条款》，光绪十三年刻本。

③ 此三联票是在棺柩抬进笃谊堂厝所时由新安书院给发的，一式三纸，一纸送笃谊堂对号核收，一纸交新安书院存根以备稽查，一纸付本家收执，留作日后缴票领棺。见《新安笃谊堂征信录・联票》，光绪十三年刻本。

路线：[1]

一、本堂旧章，每棺出堂销号钱一百文。

一、本堂抬至罗家埠上驳船，每棺抬力钱六百文。（每棺另给酒钱二十四文）

一、罗家埠驳上大船，每棺驳力钱二百文。（今定大船至罗家埠受载，照此价给）

一、汉至饶州大船水脚，每棺钱二千文。（神福酒钱在内）

一、饶至祁门驳船水脚，每棺钱二千文。（外给神福酒钱二百八十文）

一、祁起埠抬进暂厝所，每棺抬力钱三百六十文。

一、祁门行家每棺行用钱三百文。［乙亥年（笔者注：光绪元年），祁邑尊断令贴给夫头］

一、祁抬送渔亭暂厝所内，每棺抬力钱三千二百文。（每棺外给神福酒钱三百二十文）

一、祁抬送黟城，每棺抬力照抬渔亭例。（外加过岭钱四百文）

一、祁自丙子年（笔者注：光绪二年）起，酬劳行家每棺照应钱三百文。（着催十日发清，不得久延）

一、祁自丙子起，每棺给管行人照应钱一百文。

一、祁自丙子起，另给夫头下乡雇夫，每棺钱四百文。

一、祁自丙子年起，蒙邑尊谕令，更夫看管暂厝所门锁，每年给辛劳钱八百文。

一、祁自乙酉年（笔者注：光绪十一年）起，因离祁邑十二里许樟脑地方连渔坝拆卸，水散无装，稍晴水涸，非雇簰不得驶上，今议每棺暂垫信足钱二百文，据在修覆俟告竣后，不得

① 《新安笃谊堂征信录·录牌各款条规》，光绪十三年刻本。

给垫此款。

一、渔亭借寄暂厝所，进、出堂每棺给钱二百文。

一、渔亭暂厝所下河，每棺抬力钱二百四十文。

一、渔亭自丁丑年（笔者注：光绪三年）起，酬劳行家每棺照应钱三百文。

一、渔亭自丁丑年起，每棺给管行人照应钱一百文。

一、渔亭自丙戌年（笔者注：光绪十二年）起，资送休邑西、北两乡山路扛抬维艰，每棺另加抬夫小心钱四百文（水路、平路照章不加）。

一、万安街自丁丑年起，酬劳行家每棺照应钱三百文。

一、万安街子辛巳年（笔者注：光绪七年）起，另加扛夫送休东、歙之西北各乡山路小心钱三百文。

一、万安街自丁亥年（笔者注：光绪十三年）起，每棺给管行人照应用帘遮盖棺柩小心钱一百文（庶免暴露）。

一、六邑各埠头水路划船，每棺每里钱十文照算。

一、六邑各埠头上坡，每棺抬力钱二百四十文。

一、六邑各埠头旱路抬力，每棺每里钱六十四文。（外给每棺每里酒钱六文四毛）

一、祁过渔亭（附近）直抬下行，不落行家。自渔起算，每棺每里钱六十四文。（外给每棺每里酒钱六文四毛）

一、祁不过渔亭直抬下行，自祁起算，每棺每里钱六十四文。（外给每棺每里钱六文四毛）

一、饶州至婺源驳船水脚，照到祁门之价。（旱路上埠，各乡抬力照六邑例给）

一、婺源旅榇或有由休西过武岭者，每棺旱道扛力仍照六邑章程算给。（外加每棺过岭钱四百文，小心平伙钱三百二十文）

一、每棺包捆草索二根。（内吊布票，外吊木牌，注明进堂

原号，出堂挨号，送至××县××乡××村口交卸）

一、本堂由汉领棺领费之日，该亲属愿领葬费者，声明每棺给钱三千文，今公议折曹平足纹一两八钱，着护送信足带交亡人宅上收领。

一、本堂给该信足每棺护送辛劳钱二千文。

一、本堂交该信足每棺千香一袋，锡箔一块，钱纸一捆。（沿途焚化）

一、本堂施放焰口一台，醮饯旅亡启行。

因从汉口乘船返回徽州必须经过九江，每年春天冰融水涨时节，九江笃谊堂先期函告汉口笃谊堂董事，填写资送关照，并按照汉口笃谊堂章程确定水陆船力、夫力的费用标准。待汉口信客抵达九江，即根据汉口资送旅榇回籍关照批定的费用领柩领钱，由值年司事核实发放。虽然九江笃谊堂已经印刷了进堂联票、笃谊堂旅榇回籍关照、收领字式、承揽字式，但是除了进堂联票外，其他几种均搁置不用，而是使用汉口笃谊堂订立的票据，“由本堂函请汉口笃谊堂董事照章办理”。信客领柩出堂时，须将联票对簿查核，倘期满已葬于义山，该家属有愿起扦搬回者，亦凭联票查明是否该号无误，经手其事者应细心查验，以免出错。信客送柩到家，家属将九江笃谊堂联票交信客带回销差即可，不必另给分文，如有需索滋扰情事，准许该家属据实报明九江笃谊堂，由司事具函告知汉口新安书院董事，请其予以整顿。如有死者家属愿意自己带柩回籍，须央请保人到堂领柩，查明情况属实，亦照章给发盘费。①

（四）徽州境内善堂的设立及运作

1. 徽州境内善堂的设立概况

徽州地处低山丘陵间，许多村落偏僻闭塞，交通不便，从杭州、汉口

① 光绪《九江新安笃宜堂征信录·笃谊堂公议规条牌示》。

等地运来的棺柩招认领抬，难免迁延时日，很多时候不得不在各处口岸的河滩上停放数天乃至数十天。为避免同乡棺柩再次经受风吹雨淋之苦，徽州士绅纷纷捐资，在徽州水陆交通要道设立登善集之类的厝所，专门停放外地运回的棺柩，以等待其家人前来搬运回乡安葬。如渔亭镇为黟县往来要冲，“一年之中自下江扶柩归者指不胜屈……即寄之沙滩或十日或半月，俟择吉日始迎葬，十日半月中迎风霜雨雪……一入本乡反置之沙滩，不能保其数日”。以盐商为主体的黟县绅商慷慨解囊，道光二十一年在渔亭镇择地构建厂屋一间，为归柩暂停之所，“庶风霜雨雪可保无虞”。[①] 这在同治《黟县三志》中也有所记载。如黟县际村人余元社，字信堂，“捐千金创修羊栈岭路，直至太平界，集资不敷，独力告竣。又与胡元熙在渔亭创立登善集，买屋为浙来客柩停所，议有条规，无力带回者，即代买地安葬。又合买先家坑地捐为义冢，施灯施茶，修桃园洞，永济亭，助造河西桥”。[②]

由于杭州独特的地理位置，新安惟善堂成为连接江南各地徽州善堂与家乡的中转站，因而惟善堂除了寄放、运送在杭身故徽州同乡的棺柩外，还要为苏州、松江、常州、湖州、嘉兴等地徽州善堂运送回籍的棺柩提供暂厝、转运服务。因“通徽郡只有一河，并无支港，少舟楫之力，多跋履之劳，且由王村仅能至屯溪、渔亭而止，横港亦只浦口、绩溪可通，其余皆属旱道，各村山路崎岖，离义所有数十里者，亦有离百余里者”，[③]惟善堂司事提议在徽州一府六县的水陆口岸各设义所暂停旅榇，以方便领葬。但因缺乏经费，各县一时又找不到合适的司事人选，就暂时先设立一二处，歙县水南王村就是首批设立的一处登善集。道光四年，惟善堂司事胡骏誉、孙巨川等人看到“凡旅榇有后无力者载送回籍，每次约有数十具之多，随时载到者不卸，船户势难久待，且山村僻远，招

---

① 道光《登善集·募建黟邑渔镇登善集启》，安徽省图书馆古籍部藏。

② 同治《黟县三志》卷七《人物志·尚义》。

③ 《新安惟善堂征信全录·新安六县登善集要略》，光绪七年刻本。

认领抬，难免羁延时日，复有暴露之虞”，[①]便集资在歙县水南王村建造平屋数间，作为惟善堂载回旅榇暂停之所，“表里相副，缺一不行，实至要之善举也”。[②] 道光十八年，司事陈光德又在沿江山麓大圣山等处置地设立义冢，凡逾期不领之柩即行埋葬，而查无后人无法回里之棺，也在春秋两季运棺结束之后予以掩埋。同年七月二十二日，惟善堂司事周载宇、李燮堂、程嘉绶等人在禀请杭嘉湖海防兵备道宋国经给办理惟善堂及六县登善集卓有成效的各司事及踊跃捐输同乡题写匾额以示奖励时，列举了办理登善集的五大益处，并从《国语·周语》中摘录“从善如登”四字将六县分设的厝所统一命名为登善集，一视同仁。惟善堂与登善集之间的关系被誉为“相维相系，足增日月之升恒”。[③]

> 徽郡六县各口岸现拟定添设数椽，暂蔽风雨，分别发领，须专择就近诚实之人经理，方能妥协。现在司事中捐地者有人，奉行者又有人，将见事成于踊跃也。且分设处所，实与杭郡惟善义园大有裨益，按季载送，杭郡无拥塞之患，一善也。各岸口就近起卸，俟其后人认领，以免跋涉之劳，二善也。各处有诚实司事周知乡里，实在贫窘者助其抬费、葬费，毋滥毋遗，三善也。积有余资，各县再置公地，代为埋葬，得安故土，四善也。互相劝勉，俗厚风敦，循其程式，五善也。谨摘周语，从善如登四字为六县分设，一视同仁，统名登善集，是否有当，恭候宪裁，实为德便。

王村登善集在其后的发展过程中似乎并不太顺畅，清末徽州知府刘汝骥曾提及，该登善集初办时，还能够“停寄旅榇，限期掩埋，泽及枯骨，惠及游魂，前人好义之诚，可谓无微不至”。但是数传而后，司其事

---

① 《新安惟善堂征信全录·七月二十日禀杭嘉湖道宪宋》，光绪七年刻本。

② 《新安惟善堂征信全录·新安六县登善集要略》，光绪七年刻本。

③ 《新安惟善堂征信全录》，光绪七年刻本。

者不善经营，每年施棺掩埋寥寥无几，善举已形同虚设，清末新政期间，地方办理新式教育，遂有人请提取登善集公产以充学堂经费。刘汝骥细核情况，权衡轻重之后，认为学堂固然不可不兴，但善举亦不能中途废止，况且事关六县停寄旅榇大局，非歙县南乡一隅之事。因此刘汝骥批饬歙县知县遴选公正士绅清厘接管登善集，以妥幽魂而昭核实，要求歙县立即遵照，速筹办理具报。[①]

就目前接触的资料来看，歙县境内设立的登善集最多，光绪七年，歙县北乡富堨建造登善集厝所两间。民国时期，歙县旅沪同乡会出资在深渡建造首安堂，首安堂丙舍有两处，一在深渡的满坦，一在岑山渡的瑶湾，专门办理自上海运柩回歙及寄厝掩埋等事，并就近置“恶字等号田二亩三分八厘，念字号地四亩五厘八毫，诗字号山三分七厘”，以田产租息作为维持首安堂运转的日常经费，捐资者有程霖生、吴青筠、方晓之、曹味蘅等 37 人。[②] 今歙县党史地志办公室邵宝振收集到 1931 年歙县县政府为保护岑山渡丙舍而立的一块禁碑，因资料弥足珍贵，特誊录如下。[③]

歙县县政府布告　　　第　号

为给示严禁事。据歙县旅沪同乡公民程霖生、曹味蘅、许伯龙、曹叔琴、吴青筠、方志成呈称：窃□吾歙旅沪同乡日增，前曾于会馆傍创设殡舍，□遇同乡在外□故，一时无力搬柩回归，暂时停厝。祇以山河阻隔，搬运维难，阅年即久，愈积愈多。虽经同乡集款在沪购地，作为同乡公墓，刻因市政建设，有饬迁之必要，爰是开会集议，佥以同乡植骨与其□于异地，不若运回故里，交亲属领归安葬，得正□垢□□，他乡之儿徒为□□之□。业由公民捐集巨资，推举方君晓之等，于里拟在

① 刘汝骥：《陶甓公牍》卷四《批判 · 礼科 · 歙县附生朱学孔禀批》。
② 民国《歙县志》卷三《恤政志 · 优老》。
③ 此条碑刻材料承歙县党史地志办公室邵宝振主任抄录惠赐，谨致谢忱。

上下水南两处，双置此地建筑殡舍。一在岑山渡地方，置有“念”字一千一百十九、二十、廿三等号地，税四亩零五厘八毫，土名瑶湾；又“诗”字七百零六号，山税三分七厘，土名朴木坞，建造首安堂第二殡舍，并购山地作为公墓，现已告成，并雇工看管，以备将旅沪同乡存棺陆续搬运回籍。有亲属者，交亲属领归；久停不领者，交首安堂经理，代为埋葬，标祀即于访。殡舍及公墓附近蓄养森林，籍资屏障。诚恐附近无知村民、小儿，有放牛践踏残害森林情事，唯有□请环恳鉴准，俯赐给示严禁，以免残害，以维善举等情。前来查该公民等□□巨资建筑殡舍，并置公墓，厝葬棺柩，洵属善举。除批示应如所请外，合行布告严禁，仰该地保长居民人等共同遵照。凡该公民等所建殡舍及公墓，附近蓄养森林，以为保御，不准放牛践踏残害侵扰。倘有故违，即有不顾公益，本政府定必□□以绳，绝不□□。切切，此布。

中华民国贰拾年拾月拾六日

县长缪定保

道光年间，绩溪县在临溪镇设立了义厝，承接杭州新安惟善堂运送回乡的棺柩，但须由渔梁抬柩过坝，绩溪县士绅与渔梁船行及附近埠夫议定了价格，并订立章程，呈请歙县知县勒碑在案。咸同兵燹后，碑石无存。光绪元年(1875)，绩溪士绅程开运、江恒、江学晋等人与渔梁船行及埠夫重新订立价格，从浦口用小船运棺柩到渔梁，每棺给钱二百文，自渔梁过坝并运簰至临溪，每棺给钱三百四十八文。为防止埠夫、抬夫、簰夫节外生枝，借端勒索，程开运等人禀请歙县知县给示严禁。①

① 此条碑刻材料承歙县党史地志办公室邵宝振主任抄录惠赐，谨致谢忱。

奉宪禁碑

钦加同知衔特授江南徽州府歙县正堂加十级记录十次　陈

为给示严禁以垂久远事。据同知衔浙江候补县杨□樾，浙江即补县程开运，候选教谕、举人江恒，举人江学晋，职员胡广、吴葆承、洪立仁、章震南、汪振玉，廪生程典，生员许长熙，监生胡椿、江容等抱呈高升禀称：

缘浙江杭州府钱邑江干，向有新安惟善堂公所，系六邑士商捐资创造，为停寄族榇之柩。兵燹后重照旧章办理，其所停之柩，有子孙愿领者，听其自领回籍；无子孙者□□于义地埋葬；有子孙而无力领回者，堂中备资助送回徽，运至六邑义厝处交卸。惟绩溪义厝向在临溪地方，须由渔梁埠头过坝抬柩及□□船拖簰等费，从前公价，议有章程，曾经恭请前宪给示勒碑在案，因遭兵燹，碑石无存。□在职等与渔梁船行并附近埠夫议定公价，徽柩自浦口至梁发小船运进，每柩给钱贰佰文；自渔梁过坝并运簰至临溪，每柩给钱仨佰肆拾捌文，伊等皆愿肩承□□□说。但恐积久成弃，不无节外生枝，籍端需索等事，致令运柩者多费□□。为此，公叩恩□□赏，给示严禁，俾勒诸石，以垂永久，泽及枯骨，沾仁土禀等情到县，据此批示外，合行给示严禁。为此，示仰附近埠夫、抬夫、簰夫人等知悉，该绅等所禀，洵为善举！尔等亦当各矢天良，自示之后，遵照定规，毋许节外生枝。倘有籍端需索情事，许该绅士指名赴县具禀，以凭提案宪惩，断不姑宽！各宜凛遵毋违，特示。

右仰知悉

光绪元年三月初七日　　示

告示　　　　　　仰渔梁地方勒石永禁

汉口新安笃谊堂运柩回籍，自汉口登舟，中途水陆兼行，由汉口至饶州，由饶州而婺源，由婺源至祁门、黟县，直达休宁、歙县、绩溪各县，而祁门与黟县渔亭为雇夫换舟的水旱孔道，运送回乡的棺柩多在这两处暂厝等待。笃谊堂司事担心农忙时节，船只不能一时找到，便在祁门和渔亭建造厝所两处停放棺柩，以防止河水冲发及市廛火烛，规定信客暂厝以半月为限，不得久厝搁置。祁门建造厝所的司事为汪蕴香、陈侃臣、陈鹤乔、孙道五、汪辅臣、孙瞻仁等人。①

清代休宁境内的阳湖建有登善集，万安设有停榇处。刘汝骥所编的《陶甓公牍》对此有所记载："阳湖登善集、万安停榇处，以暂安旅榇为目的。"②另有黟县桂林人程上进，集资在休宁县的上溪口创办登善集，收旅榇，代为安葬。程上进勉力维持登善集 20 余年，年过七旬还徒步跋涉，四处募款至数千金，而来往盘费均出自个人。程上进于 1918 年过世，弥留之际，他还念念不忘登善集，命其子将该集所收旅榇及一切财产移交溪口本处事务所接收，嘱咐要议订登善集规条，函请县公署立案。事务所董事汪颂荣与会长汪德光、副会长曹维屏函请休宁县知事，奖给"急公好义"四字匾额以旌其劳。③ 1918 年，黟县旅沪绅商余之芹、余锦镕、何兰石等人看到上海思恭堂寄柩数以千计，寄放以三年为期，期满即代为掩埋，但义冢"地滨海斥卤，又当中外街道路，沟渠水泉地风之患必无以免。余亲见其葬事之善而惜其朽之速也，为愀然者久之"。④便提议在屯溪置办义冢坟山，但开会讨论具体事项时，没有得到其他各县同乡的同意，余之芹等人决定由黟县单独募捐办理。⑤ 余之芹因年高望重被推为领袖，先后募得数千元，遂联合黟县旅居屯溪同乡买地购山，在屯溪十六都珠塘铺设立善堂，名为思安堂，建丙舍以起停由沪运屯旅榇以及作为在屯黟县身故同乡的殡所，并置义山掩埋殡所满期棺柩，旅榇到埠起卸扛抬与殓埋旅屯同乡均使用思安堂所雇堂夫、埠头，

---

① 《新安笃谊堂征信录·勒碑条款》，光绪十三年刻本。

② 刘汝骥：《陶甓公牍》卷十二《法制·休宁民情之习惯·从团体上观察民情·集会结社之目的》。

③ 民国《黟县四志》卷七《人物志·尚义》。

④ 《新安思安堂征信录·序》，民国九年第一刻。

⑤ 余之芹：《经历志略·慈善公益三》。

另在思安堂旁边建立了黟县旅屯同乡会，推选何兰石为思安堂及同乡会会长，主持善堂和同乡会事宜。思安堂还制定了规条，按照汉口笃谊堂、上海徽宁思恭堂章程因地制宜地予以增损，以保证善堂有序运转。虽然休宁旅沪同乡没有附和余之芹等人的提议，参与筹办思安堂，但时隔不久，他们也在屯溪珠塘铺建立了专门接收休宁同乡棺柩的思归堂。据1923年休宁旅沪同乡会在《申报》发布的通告可知，上海徽宁思恭堂规定，凡是自备之棺可寄放六年，领取堂内之棺可寄放三年，满期之后，每年的十月初一日即一体埋葬在义冢。有鉴于"外地潮湿"，休宁旅沪同乡惕焉伤之，便聚集筹议运柩办法，决定分头劝募经费以促其成。得到休宁同乡的大力捐助后，在屯溪十六都珠塘铺地方购买民房数间作为殡舍，"以为外地盘柩暂停之所"。思归堂建成后，休宁旅沪同乡会便登报周知同乡，凡是休宁人寄放在思恭堂的棺柩，无论是否到期，如果打算运送回乡但苦于经费短绌，都可以在次年二月底之前持徽宁思恭堂发的进堂票到汪祥泰布号、福泰衣庄或胡森泰绣庄接洽，由同乡代交信客运送到思归堂暂放，以备家属就近领葬。寄放思归堂的时间以一年为限，如到期不认领，则在义地埋葬，日后再来起柩运回，运费自己承担。[①]

2. 内外联动：善堂的运作

杭州惟善堂见徽州同乡"频年作客，家道艰难，谋生既无积蓄，病故安有余资？适当灾厄之时，或知交几辈，殷勤来问候之书，孤枕三更寂寞，洒临终之泪，当此时或棺衾粗备，而魂魄孰招？如此客故他乡者，实堪怜悯"。[②] 便仿照京都慈航善举之式，设立三联票据，并设报所供单。如有棺柩欲暂放善堂者，由举报人到在堂司事处领取三联票据，报明来历、姓名、系何县何乡住址，有无子侄，作何生业等，一一登记清楚，然后持票到堂中核对，堂中查明，照单编号，填写清初，裁去联票一联交给举报人为凭，以供领棺时对照给发。棺柩抬进厝所时，柩上填单编号，再

① 《休宁同乡会公鉴》，《申报》1923年1月28日。
② 《新安惟善堂征信全录·计开条目》，光绪七年刻本。

用漆笔写明原号，以便将来对照领柩无误。如果没有惟善堂的初报票单，一概不准收留，非病故及来历不明、另有事端者亦不准私收入厝。棺柩放进厝所后，举报人即寄信给死者家人以便按期领柩载送回籍，如无回复，即再次去信催促，倘若半年之后仍然没有音信，惟善堂将责成经手司事查问举报人原委，确实因为死者家人赤贫如洗，无力扶柩回乡，可如实告知惟善堂，由惟善堂趁船装送回籍，所有抬夫水脚由善堂支付，原报人缴销初票，如果承办之人亦极为贫困，装载时裁去三联票之中票，知照登善集酌量其路途远近，资助抬工费用。三个月之内能够安葬，再助其葬费三千文，要提前半个月预先报知安葬日期，由司事给钱，距离登善集七十里以外者酌情增加。一年无复信者，随即通知堂内于次年埋葬义冢。①

嘉兴、湖州、苏州、松江等地的徽州各善堂将同乡棺柩运载到杭州，惟善堂中有专人代为照料一切，俱照杭州程式以归一致。倘若信客收受水脚到塘时藉以货多船重，或水脚不敷有意延搁者，不准逗留以杜巧饰。或实为风潮险阻，人货繁多，该信客邀同诚实保人留存大钱二千文为质，到惟善堂写定下次来杭，必定带去，不致延误，如期带者原钱给还，倘逾半年不带，将质钱作为水脚，附便寄至登善集，标明某信客失信以致半途而废，共同摒弃。给单之后必须填单，贴于棺柩上，再用漆笔填明，以免日后讹错。载送之时，查验应送若干具缮册二本，一付船户赍交登善集收核，一存堂内备查。杭州本地及其他府县的棺木概不准入新安厝所，倘蒙混进堂，即责成经手之人领出，如司事故意徇情容隐，察出公罚，抑或有人私取租钱，追出冲公，当即驱除，不准复用。②

每年春秋水旺之时，惟善堂查验棺柩数目，雇船运送，每棺用钱一千文，开明住址，责成船户计日运至各县口岸登善集，交卸收明后，集中司事给付总收照一纸交惟善堂备查，一舱之中以六棺为限，不许多装，

① 《新安惟善堂征信全录》，光绪七年刻本。
② 《新安惟善堂征信全录》，光绪七年刻本。

并分别男女，毋使混杂。登善集于船户载到之时，按照惟善堂知照册分别核对查收，即在各通衢市镇张贴各棺柩姓名、住址，以待其亲属前往领回。或虽有亲属但家境赤贫者，准其到登善集报明情况，司事查验属实，根据路程之远近，资助其抬棺费用，或自有山地祖坟可以附葬者，另给助葬钱二千文。这都是专为极贫困的死者家属而制定的，不得视为常规，倘若有经济能力扛抬营葬，却有意迟延，托词家庭困窘者，六个月之内不领回，即代为埋葬于登善集义地。亡者本支无后人，家族有坟地，但是家族势力小经济贫穷，仅能代为安葬，报人在进堂报明时交待清楚，裁去联票，并知照该家族于一年之内春秋两季装载至各县口岸登善集暂厝，本族即行领回安葬。家族经济稍为宽裕者要支付由杭到徽水脚钱一半，实在贫苦无力者免除水脚。家族亦贫窘者，要预先知照惟善堂，领材时注明，计其路之远近，给付抬工四名，如果棺柩沉重加之山路崎岖，给付抬工六名，另外再贴葬费钱二千文。葬费由登善集值季司事查明确实，临期再付，七十里以外者酌加。该笔葬费，登善集先行垫付，待年终汇总时，知照杭州惟善堂司事，趁便寄完，登善集填付收照以昭核实。亡者之家如无山地可葬，即报明登善集，于春秋二季埋葬公地亦可。亡者本家亲族式微，又无山地祖茔可以附葬，原报人在报时注明堂簿，在杭州另置公地，每逢春秋二季代备灰工，妥善安葬，仍勒石标名，不致湮没，如不愿埋葬他乡，欲归故土，即运回登善集公地掩埋。载送回籍原系桑梓情谊，倘有其家属假冒家境赤贫，希图领取葬费或节外生枝，妄称借贷者，概不准应，以杜觊觎无赖之风习。查实该家属借端滋扰，司事即禀县令解押具结，运载至某县登善集厝所，即在该县具禀饬差押葬，以除后患，如无祖坟可附葬者，即掩埋于登善集义地。①

自杭州运来的棺柩抵达口岸后，登善集司事要亲自到场，照册查点核对进厝，登记号谱以免领材时出现差错。来领材者，惟善堂已议定规

---

① 《新安惟善堂征信全录·新安六县登善集要略》，光绪七年刻本。

矩，每棺雇抬工四名，路远或加二名，抬费按路程远近照例给发，不准额外索要，如有滋扰生事者，送官究治。每年三月、九月选择一位诚实稳健之人，从登善集支给工费，抄录号簿，到六县寄放棺柩之家，催领其抬去以免耽搁。如果亡者有祖坟却无力营葬，其亲属到登善集领柩，补贴葬费钱二千文，远者加倍。如有水路可通，即于水旺之时搭载小船送至口岸。倘若催领之人找到亡者本家，每棺另给酒资二百文以奖励其勤劳，若连催不领，即于次年三月代葬义地。惟善堂的补助费有赤贫、孤寡之别，全在登善集司事实察情形，酌量资助以全善举，不可刻覈亦不可滥行。义地宜地势高而干燥，不可选在低洼之处，必须随时置办以备取用。每逢葬期，司事尤其应当亲自前往监督并检查墓穴之深浅，不得草率掩埋，灰料务需坚固，倘遇亡者本家来扦另葬，不致朽烂难收。埋葬经费宜照旧章，每棺用石灰一百四十斤，土工四名，每人给钱一百三十文，工人听登善集选择呼唤，不准分坊把持，如有恃强阻挠者呈官惩究。墓前碑石长三尺，出土阔一尺、厚四寸，同匠人讲定工价，不得多索迟误，凿字标明字号某县某乡某人某年月，埋葬部分涂墨上油，以便扦葬时容易辨认，不致模糊。登善集择用诚实工友一人看守厝所，每年付给辛资，须查看是否漏雨渗水，如果怠惰误事，传唤不到，即另换人承值。每年清明、中元两节，祭祀福仪纸箔，由登善集照例备办，若本地有乐捐纸箔者另登捐簿照收。惟善堂中置办公匣一具，存放银洋账簿、契据等重要账籍，一人管匣，一人管钥匙，每年至腊月初十，诸司事邀集同人结账，誊清交出，轮流挨管，只有烟村登善集司事四人系自愿协力办公，银钱出入概不与闻。倘若惟善堂有徇私情弊情形，察出公同议罚，辞出不容，庶免侵蚀之虞。①

黟县渔亭镇的登善集经司事数年努力，捐募而来的经费已颇为可观，除了渔亭镇经营盐业的商人每年照引派捐堆金约钱五六十千文，舒

① 《新安惟善堂征信全录·新安六县登善集要略》，光绪七年刻本。

光裕堂祠会每年捐洋钱 8 元外，共收到元银 400 两，洋银 674 元，钱 22 千 900 文，去除买地、建屋两大宗开支，登善集剩余款额全部存入渔亭镇四家典铺生息，定以周年 6 厘行息，四年典铺轮流值年，分两季交纳，春季二月、秋季八月俱交经理银钱的司事收当给收票，不得愆期挂欠，捐钱则付登善集收账支用。①

道光二十九年，登善集制定了 16 条章程，呈准黟县知县备案。登善集置号簿一本，每年以年岁日期编列字号，凡资送回黟之棺到达渔亭埠时，值年司事者即照数目及地方、姓名查点核对，挨号登载号簿。无论晴雨天气，棺柩到埠后要即刻抬移入登善集厝所安放，其事委托渔亭镇船行轮流管理，以专责成。抬棺进集，听凭船行雇请埠夫，每棺公议力钱一百文，但必须另派一名出行人同去监督安放，亦要每棺送酒钱二十文给此人，有棺几具，即照棺数付其酒钱，由船行开明印票，交值年典铺查对给发，以免蒙混。集内所存棺柩，听凭其家亲属随时来领，司事查对号簿照发，注明某年某月某日某人领去，是由簰载还是用夫抬，悉听其便。如果有实在贫困无力者，公议每棺资助簰力钱三百六十文，而从杭州到达渔亭以及抬移棺柩入集，其间的全部费用皆由公款支付，登善集不取领棺之家分文，倘若有埠夫勒索阻挠，即由司事送官究治。凡停厝集内没有领走的棺柩，每年逢二、八两月，司事查照号簿另写布告，将姓名、里居注明，并写清楚定以某年某月为限，如不领送回家，登善集届时将予以埋葬等内容，张贴各乡，催促其亲属领回，以免厝所拥挤，妨碍后来的棺柩存放。集内所停棺柩除张贴布告催领外，对于那些不能领回的无主棺柩，则由登善集代为葬埋。凡惟善堂送到入集的棺柩，停放时间以一年为限，如满一年不领即掩埋于登善集义地，立碑刊明姓氏。如果埋葬后遇有亲属前来起扦领去安葬者，听其自便。登善集掩埋无主棺柩，定以每年清明节前后，每棺用石灰 240 斤、红石石碑一块，

① 道光《登善集·公呈》，安徽省图书馆古籍部藏。

埋葬时司事必须查对号簿，注明某年某月某日，迁葬义地时亦要邀请值年典铺同去监督，不得浮浅草率。登善集原为黟县旅殁他乡无力回籍之柩停设，只准安放惟善堂送来本县的棺柩，附近居民和渔亭镇各商家的棺柩以及经过渔亭的其他县的棺柩一概不准徇情寄顿，以严限制。公议由登善集抬棺至义地掩埋，并做堆安碑、挑灰等项人工，每棺共给大钱500文，规定石碑长三尺、宽一尺、厚三寸，碑上刻某共某字，每块石碑刊字及送到登善集内，共给钱一百文。遇到疾风暴雨的恶劣天气时，必须进登善集厝所查看有无漏雨进水等情况，该事交船行中之出行人承办，每年给酒资钱二千文，发现漏雨隐患即告知值年典铺动工修理，而司事亦须不时亲自查看，以免蒙受欺蔽。每年逢中元大节，即延请渔亭本镇的门图僧众在义地施放焰口一坛以妥孤魂，议定诵经钱一千四百文，锡箔纸衣并供献香烛等项，议定开支银一两换成钱零买，如有捐助纸衣者听其功德。①

第二节　从徽宁医治寄宿所到徽宁医院

一、徽宁医治所的创办及运转

宣统元年，徽宁思恭堂司总休宁人吴韵秋、司年绩溪人程伯壎、施维垣、王云卿等人看到旅居上海的徽宁同乡为数甚巨，虽然其中不乏安富尊荣者，但劳苦食力者亦比比皆是，“其成家立业者，固不乏人，而佣工度日，或小本经营、自食其力者尤复不少，一旦沾染疾病，孰肯容留？囊无余资，谁为医治？其情状至为凄惨”。② 因而动议设立徽宁医治所，

① 道光《登善集·规条》，安徽省图书馆古籍部藏。
② 《上海县知事告示》，《徽宁医治寄宿所征信录》，民国五年第五刻。

以救治乡人中之贫病无依者。适值光绪三十四年徽州发生特大水灾，徽宁二府绅商纷纷捐资救助，灾后赈济款项尚存规元三千余两，主持此次水灾赈济事务的祁门人谢筠亭首先赞同将该笔赈余之款作为基本金，用于创建徽宁医治所。宣统二年(1910)秋天，公推婺源人胡执卿总理工程，就二十五保十三图靡字圩一百六十九号徽宁会馆附近业地，建筑病房，在路左起造平房十五间，建筑物的格局为左边徽宁义园，右边徽宁会馆，病房屹然介于两者间，成鼎足之势，洵为可观。宣统三年，建筑落成，名为“徽宁医治寄宿所”，主要收留同乡贫病者寄宿，代为医治。[①]

辛亥革命后，上海的各处会馆、公所悉为军队占据，徽宁医治所病房亦驻有工程营。军队盘踞一年有余而不肯撤离，几经交涉，江苏都督下令调借驻扎该病所暨会馆的各营兵丁移驻南京，始将房屋交还。于是推举职员进行部署，赶修房屋，于民国二年(1913)六月三日举行开幕典礼。因经费短缺，房屋狭小，决定先从试办入手，酌定名额，徐图扩充。[②] 为防止医治所内外人员良莠不齐，不能恪守所章，遇事滋扰，干扰病所正常运转，医治所管理人员还分别粘附简章，呈送淞沪警察厅厅长统领警备队和上海县知事，请准予立案，饬令警员和铺甲进行保护，以维慈善而杜滋扰。两者先后于民国二年十月二十六日和二十九日发布公告，要求“内外人等一体查照，其各恪守所章，不得遇事滋扰，致碍慈善前途，倘敢故违，送厅究惩”。[③] 这意味着徽宁医治寄宿得到了官方的保护。

《徽宁医治寄宿所征信录》收录该所“试办简章”22 条、“规则”16 条，对医治所的管理做出详细规定，涉及管理人员、医护人员、病人收治的资格及其注意事项等等，保证了医治所的有效运转。

徽宁医治寄宿所由推举产生总理、协理各一位，每县各举任事员数

① 汪洋：《徽宁医治寄宿所序》，《徽宁医治寄宿所征信录》，民国五年第五刻。

② 《附刊医治寄宿所开幕缘起》，《徽宁医治寄宿所征信录》，民国五年第五刻。

③ 《江苏淞沪警察厅长统领警备队穆给示保护事》，《徽宁医治寄宿所征信录》，民国五年第五刻。

位，任期一年，每年四月二十九纪念日开会时公举，被留者仍须连任。这些职务均属义务性质，不支薪水。总理负有统属全所人员，综揽一切事务的责任。如果医治所遇有紧急问题或重要事，首先报告总理。总理有事未到，则由协理代行职务。任事员与总理、协理不能相兼，分任庶务，以专责成。徽宁医治寄宿所办理之初的总理、协理及任事员名单如下表所示。

表 28　徽宁医治寄宿所职员表

职　　务	县　别	姓　　名
总理	黟县	余之芹
协理	祁门	张持恭
各县任事员	歙县	吴省斋、姚鉴明、方嘉德、吴锦波、章鸿翔
	休宁	汪宽也、胡春庭、吴韵秋、施维垣、王旭人
	婺源	詹悦庭、胡靖畇、詹松龄、查益生、俞鉴明、胡子皋、胡芸庭
	黟县	汪蟾清、余锦镕、汪兰庭、余光麟、余文彬、余润生
	祁门	谢筠亭、张子谦
	绩溪	王云卿、路文彬、胡云轩、叶子和、程右泉
	宁国	朱汉舲、陈少舟、鲍子延、崔国昌、朱海如

资料来源：《职员》，《徽宁医治寄宿所征信录》，民国五年第五刻。

总理余之芹字鲁卿，黟县人，为晚清民国时期上海著名典商，他热心社会慈善事业，先后在多个社会团体中担任要职。他在个人自述性质的《经历志略》中曾提及："徽宁会馆亦举我为董事，并举我为养病寄宿所之总理（此寄宿所乃我等办徽州水灾赈余之建造）。"①因余之芹懂得医道，颇为重视病房的有序管理及医疗辅助人员操作的规范化。为

① 余之芹：《经历志略·家世出身三》，民国十年（1921）铅印本。对于余之芹的生平及《经历志略》的史料价值，王振忠作过详细考察，参见王振忠：《上海徽商余之芹的生平及其时代——近代徽州重要史料〈经历志略〉研究》，《安徽史学》2013 年第 2 期。

防止出现医疗事故，要求病房的每个房间标明总字号，房内按照床铺分别号数，书写在床架上，为病人煎药用的药罐亦要标明号头，药罐号头要与床架号数相同才能服药，此事指定由书记员负责。此外，送来的病人如有疑难极重症候，即须报告总理，以便帮同研究，制定合理的医疗方案。任事员主要起监督作用，每月朔日，须由任事员两人以上到所查账，次年附在会馆，刊印征信录，分送会员，供众人浏览。

医治所聘用书记员一名、门丁一名、司炊一名、看护带差遣人二三名，均开支薪水。倘若病人过多，不敷看护，则随时雇佣，事少则自行解聘。其余各事由徽宁会馆司事、堂丁帮同办理，年终时视情况给予酬劳。“规则十六条”对上述职役人员的职责提出要求：“所内各项职务人等，须知本所为慈善事业，各宜谨慎和平，不可懒惰偷安，尤不可声色恶厉。如犯有不规则行为及出言不顺情事，查出即行辞歇。”[①]医治所逢星期日下午二时，开职员常会一次，讨论一切应办事宜，如遇紧要问题，须开临时会或大会公决。

书记员常川驻所，负责病人的服药，其责任重大，不可轻易离所。书记员每日将病人所服药方加盖总理交执的图章，药方汇齐附折差人去购药，购回后在每剂药包上，依次写清病人床架号数，交给看护人，对明药罐字号，煎与病人服用。每日书记员还要将病人药方抄录存底，以备医士查核。

因医治所留养的病人及为病人服务的工役人数众多，自病人送进医治所后，一切应用器具及在所人员的衣服铺盖物件甚多，照应一有疏忽，即难免遗失，而且大门须终日敞开，门丁的责任就显得相当重要。门丁每日须在门内稽查人员进出，寸步不离，晚上十点钟关闭医治所前后大门，钥匙归账房收管，非遇紧急事务，无论何人皆不能擅自开门出入，以防疏忽。看护人员非公事及代病人购买物品，不能擅自离所，每

① 《徽宁医治寄宿所征信录·规则》，民国五年第五刻。

人看护两个房间，要求和气小心，不得使病人受到委屈。如要外出公干，须每人轮值一日，以免因天气晴雨而推诿规避，如不遵守章程即行辞退。司炊人员除煮粥饭外，还须留心照应炉上开水，保证热水时刻不断。如果天气炎热，尤其要多准备病人洗浴用水，茶水亦要开透，否则有碍卫生。

医治所创办伊始，因缺少经费，暂定寄宿医治名额20人，倘若名额已满，确实无所依靠，不得已而来求助者，由医治所任事员查明，得到总理、协理认可，也能收留。医治所由徽宁会馆董事劝募两府善士捐资建成开办，就意味着它是为来自徽州、宁国两府的人服务的，因而“试办简章”第一条就规定：“凡非两府病人未便收养”，确实是两府病人前来寄宿者，亦须由会馆中该县董事等人调查明白，为之介绍，亲具印章保单，注明住址及病人年岁、籍贯、职业，交送书记员查验，照登簿册以便稽查。徽宁两府病人进所总票处为詹大有骏记墨庄，各县病人进所领取保票处分别为歙县吴汇泰漆号，休宁福泰衣庄，婺源查二妙友记墨庄，黟县余芳兰茶号，祁门张义兴线庄，绩溪程裕和茶号，宁国鲍启盛漆号。即便如此，医治所收治的对象还是没有完全放开，主要面向徽宁两府在上海做工的生病的伙计、工人。医治所以房间极少为由，规定只收成年男丁，凡妇女、儿童概不收留，如果因极其贫穷而无力求医者，由该县董事具保到所医治，酌给药料，诊疗结束，该病人即行回去，不能寄宿所中。残痼、废疾、痨伤、气喘、咳等症状，由医生验明可治者留下，倘若病情严重非医药可治，该所概不收留，或酌量资助，由该县董事送回原籍，离开前拍照留所以杜绝其后再来。至于杨梅结毒、跌打损伤外科等症，医治所因无此专科医生，亦概不收留，如有蒙保入所，经医生验出，当即责成原保人领去，倘有诈赖等情况，即行送官惩治。霍乱、鼠疫等时疫传染最烈，死亡率高，医治所不具备治疗条件，徽宁同乡中有感染时疫送到所内者，如果来不及与保人取得联系，则由医治所代为送往时疫医院收治。病人到所，先经医生详细检查，实在有病，方可收留，医治痊愈即行出去，不得托词逗留，如有违背章程之处，唯保人是问。寄宿治疗的病人要遵守所中规则，如有吸食洋烟等事，查出即行逐出，不得停留。病人服药，要注意饮食忌口，如有妨碍卫生及与病情不相宜的食品，不得任意购食。病人来所寄宿，如另带看护人，应由病人出资贴补伙食，如果愿意赏给所中看护人酒资及捐助经费，听其自便，但所中人员不得向病人索取分文。保送到所的病人须带换洗衣裤，如未带来，由保人差人去取或代为置备，病人要勤换洗衣服，夏秋时节尤其要随时保持洁净，病人自备的铺盖也要干净卫生。保送病人进所以夜间十点钟之前为限，过迟则事有诸多不便不得进所。凡同乡介绍请求驻所医士诊治而不寄宿修养的病人，必须先赴各该县司票董事处领取送诊券，方为有效。医治所病房分为特别、普通两种，病人进所，由保人贴费寄养，医药费自备，如需进特别病房，每人每日要另交贴费大洋一角。送到的病人如果症状极其危险，即须移入徽宁会馆的平安室，暂行寄宿。上面的几条规定不断提及保人，可见保人的重要性。一般情况下，保人是伙计、工人所在墨作、典当、菜馆、茶栈的雇主，这些雇主多是徽宁会馆的会员，部分甚至是董事，在医治所开办之初，多捐资襄助。从这方面来说，医治所是为解决雇主的难题而设。所以，医治所一再强调，凡保送病人来所医治，必须由原保人伴送到所，病人不能自持保票。不让病人独自来所，名义上是为了预防病人路上拥挤跌倒，实际上是防止病人冒混顶替事件的发生，同时也是为了所内遇事能与保人接洽，解决不时之需。截至 1916 年 3 月刊印第五刻征信录时，医治所共收治病人 102 名，其中入特别室 8 人，入普通室 49 人，送来时病情危重转入会馆平安室者 45 人。除入特别室者缴还膳食药费外，其余共用去药费洋 506.585 元。

病房建成，3 000 两赈余款项用尽。为筹措开办及经常费，由余之芹、汪莲石、张子谦、朱汉舲诸位董事发起特别、常年、茶丝等捐，并担任劝募之责。休宁人金博如率先慨助特别捐规元 300 两，泾县人朱砚涛兄弟认助常年捐洋 200 元，在徽宁两府善士中作了表率。茶、丝两帮商人不甘落后，茶则每箱捐钱4文，丝则每担捐银5分。此外又将会馆每年秋季公开宴请茶丝商以叙乡情的经费折洋300元，移作病所经常费。[①] 1913年徽宁医治所茶捐、丝捐及个人捐输情况如下表所示。

表29　1913年徽宁医治寄宿所捐输表

茶捐				丝捐			个人捐输		
经收茶栈	捐资户数	捐资数额	捐资总额	经收绢号	捐资数额	捐资总额	县别	姓名	捐输内容
万和隆	105户	九八规元112.95两	九八规元506.735两，英洋86.45元，钱894文。婺源司总胡裕昌经收	泰康祥	九八规元59.325两	九八规元151.872两，婺源司总胡裕昌经收	休宁	陈祥富	洋50元
荣吉祥	143户	九八规元94.47两		洪慎裕	九八规元13.68两		绩溪	邵舜昌	洋50元
谦泰昌	124户	九八规元131.85两		葆太和	九八规元19.565两		休宁	黄静园	洋50元
洪源永	53户	九八规元65.1两		同康泰	九八规元18.602两		婺源	胡子皋	炭10担
永盛昌	41户	九八规元33.75两		瑞生祥	九八规元40.7两		婺源	胡义儒	炭10担
源盛隆	69户	九八规元30.27两					婺源	胡文儒	炭10担
洪昌隆	33户	九八规元24.46两							
谦顺安	20户	九八规元10.835两							
公慎祥	4户	九八规元3.05两							
森盛恒	95户	英洋78.45元							
新隆泰	18户	英洋8元，钱894文							

资料来源：《茶捐》《病院丝绢》《乐输》，《徽宁医治寄宿所征信录》，民国五年第五刻。

① 汪洋：《徽宁医治寄宿所序》，《徽宁医治寄宿所征信录》，民国五年第五刻。

医治所的支出与收入相比，种类相当繁多，有病所的日常开支、维修病房的开支，医生津贴、车费，看护工、门丁、厨师等职役人员的薪水，徽宁会馆堂丁、理事的津贴，乃至刊印征信录、账簿的费用等等。收支相抵，医治所结余甚多，能够维持良性运转。下表是徽宁医治所从 1915 年 3 月至 1916 年 3 月底的收支总表，从中可见该所详细的财务状况。

表 30　1915—1916 年徽宁医治寄宿所收支表

收　入	支　出
收上届存来九八规元 61.33 两、大洋 1 500.912 元 收上届存来小洋 917 角、钱 8 千 543 文 收两郡善士常捐洋 1 000.1 元 收两郡善士常捐小洋 774 角 收两郡善士乐输大洋 150 元 收茶捐规元 506.735 两 收茶捐大洋 86.45 元 收茶捐钱 896 文 收丝捐规元 151.872 两 收茶商筵资移助大洋 250 元 收丝商筵资移助大洋 50 元 收会馆来存息规元 561.062 两 收兑进大洋 772 元 收兑进小洋 1 129 角 收兑进钱 1810 文	支胡裕泰木料等，大洋 26 元、小洋 9 角 支福昌铁料，大洋 3 元、小洋 2 角 支恒泰木料松板，大洋 13 元、小洋 5 角 支松记砂石片，大洋 16 元 支许顺泰库门，大洋 10 元 支乔顺兴打笆竹料，大洋 15 元 支王毛郎砌路瓦筒，大洋 39 元、小洋 6 角 支曹盛昌漆门，大洋 1 元 支有正书局征信录 700 部，大洋 67 元 支万椿白铁，大洋 4 元、小洋 5 角、钱 80 文 支豫兴竹头做笆，大洋 2 元 支三和灰行，大洋 7 元、小洋 3 角 支祥泰印捐联单 49 本，大洋 5 元、小洋 1 角 支竹笆做工，大洋 4 元、小洋 2 角 支叶永记修理工作，大洋 47 元、小洋 4 角 支寿全堂药账，大洋 333 元 支承德堂药账(算至年底止)，大洋 160 元 支纸账簿，小洋 1 角 支发知单，小洋 5 角 支俞戈鸣医生车费(到所诊治)，大洋 142 元(至 3 月底止) 支韩寿年医生津贴车费，大洋 110 元 支孙培元看护薪工，大洋 28 元 支陈天赐看护薪工，大洋 65 元 支吴菊如看护薪工，大洋 35 元、小洋 9 角 支张志交看护薪工，大洋 5 元 支理事薪水，大洋 170 元 支庖工工资，大洋 63 元、小洋 4 角 支门政工资，大洋 50 元 支朱振盛米店账，大洋 223 元 支协盛和煤柴账，大洋 213 元

续 表

收　　入	支　　出
	支大正豆油,大洋46元 支津贴(会馆堂丁、理事、更夫),大洋32元 支酬劳方嘉德,大洋40元 支兑出,规元561.062两 支兑出,大洋100元 支兑出,大洋0.95元 支所内支款(由病所开支细账),大洋251.912元 支所内支款(由病所开支细账),小洋1 617角 支所内支款(由病所开支细账),钱1 997文
共收各款并上存: 规元1 280.999两 大洋3 809.462元 小洋2 820角 钱11千249文	以上共支各款:规元561.062两 大洋2 326.862元 小洋1 673角 钱2 077文
收支两比,净存:规元719.937两、大洋1 482.6元、小洋1 147角、钱9 172文 共总揭存会馆规元7 792.526两	

资料来源:《收数大总》《所内报销》,《徽宁医治寄宿所征信录》,民国五年第五刻。

1918年6月7日,徽宁医治所召开举办五周年纪念会,到者甚众。首先由医院总理余之芹,院董胡靖畇、曹麟伯、朱汉舲、汪汉溪诸人讨论进行方法,并由主任李君报告,略谓该所创办五年期间,赖诸位同乡热心输助,几位医士悉心调治,同乡患病来所治愈者甚众,只有一位病人因已生命垂危始送所,来不及施治即身亡,殊为憾事。徽宁医治寄宿所的成绩得到了同乡的肯定。[①]

二、从临时施诊所到徽宁医院

1924年5月16日,徽宁同乡会召开理事会,提出组织徽宁医院

① 《徽宁医院之五周纪念》,《申报》1918年6月8日。

案。[1] 因兹事体大，又召集理事部、评议部两部联席会讨论，由曹志功代表说明理由。经众人讨论，决定先行设立徽宁医院筹备处，从事进行。在医院未成立之前，为救济贫病起见，先在筹备处内设立临时施诊所，敦请中西名医义务施诊。并推定余之芹为筹备主任，路文彬、吕篙渔为筹备副主任，汪醒斋、黄温如、许筱甫、李振亚等为筹备员，曹志功为常驻筹备员，拟定实施计划。5 月 25 日晚，徽宁医院第一次筹备会召开，郑介诚主席报告本案经过后，首议在筹备期内先设施诊所案，由主席说明理由，经众人讨论，表决通过。次议聘请中西医士案，决定聘请邵亦群、黄仰遽二人担任中医部施诊事项，邓源和、江周梅二人担任西医部施诊事项，曹志功兼任药剂部事项。即日由筹备会备函聘请。再议筹备经费案，决定以筹备处名义，印发捐册，请徽宁两属同乡热心赞助。当场由詹铭珊捐助开办费洋 50 元，代表洪鉴庭捐助洋 50 元。会员黄兰荪代为筹募到随安堂捐助洋 50 元。最后讨论施诊时间及办法，决定待医士聘定后，共同商量。会上，筹备副主任路文彬请求辞职，众人予以挽留。[2] 会后，临时施诊所筹备工作紧张进行，未几，手续大体齐备，即在《新报》《申报》两家报纸上刊登广告，告知同乡每日上午九时至十一时，下午三时至五时，在牯岭路延庆里徽宁施诊所内轮流坐诊。7 月 11 日上午，徽宁临时施诊所开幕，医务主任汪莲石、医生邵亦群等人亲临部属。十点钟举行开幕典礼，首先由常驻筹备员曹志功报告筹备进行状况，并致欢迎医务主任词。继则由汪禹丞、詹铭珊、程友文等相继发言，均希望由施诊所而促成医院。开业当日上、下午均开诊，徽宁同乡前往诊治者甚众。[3]

从其后几年的新闻报道中可以发现，徽宁医院始终没有开办起来，到是每届夏令，都会设立临时施诊所，以应急需，一般持续三个月左右。

---

① 《徽宁同乡会理事会纪》,《申报》1924 年 5 月 17 日。
② 《徽宁医院筹备会纪》,《申报》1924 年 5 月 27 日。
③ 《医讯一束·徽宁院》,《申报》1924 年 7 月 12 日。

1926年7月20日,《申报》报道,徽宁同乡会为救助贫病同乡,在过去两年的时间里,已办理临时施诊所二次。该年又值夏令,仍照向章继续办理,并已聘请中医胡一菴、邵亦群、柯湘帆、黄仰蘧,西医邓源和、叶植生,每日上午九时起至下午六时止,轮流施诊,并备有预防时疫针,免费注射,7月19日开诊,就诊者颇为拥挤。[①] 因当年上海时疫蔓延,日甚一日,施诊所特配备防疫血清,免费注射,无论是否同乡,一律施送,连日内前往注射者每天都有数十人,由西医邓源和、叶植生分别注射。诊所还备有盐水注射药,遇有必要时,亦可注射,概不取资,并施送该会理事、药学士曹志功自制的神效济公水,以防时疫。[②] 根据《徽宁旅沪同乡会第三届报告书》收录的施诊所报告,1926年自农历六月初十日起九月底止,施诊所共接诊486号,计内科185号、外科223号、眼鼻咽喉科47号、皮肤花柳科31号。其中交费挂号者119人、免费挂号者367人。中医施药121剂,西医施药104剂,施送痧药水1 400瓶,又施送霍乱预防针341人。当年的施诊所收支相抵,仍处于入不敷出的状态,资金缺口由徽宁同乡会拨付。施诊所收入以同乡捐资为主,支出以药费和医生津贴为主。因经费紧张,施诊所收支报告书就没有单独刊印,而是附在徽宁同乡会第三届报告书后。

表31　1926年徽宁同乡会临时施诊所收支报告

收　　入	支　　出
收上届存洋50.519元	付招牌一块,洋0.72元
收洪明度先生捐洋30元	付油纸、玻璃纸,洋0.16元
收曹志功先生捐洋30元	付糨糊,洋0.52元
收俞朗溪先生捐洋10元	付麻绳,洋0.16元
收徐积余先生捐洋10元	付墨水,洋0.38元
收汪俊臣先生捐洋10元	付药瓶连塞,洋3.5元
收汪醒斋先生捐洋10元	付笔墨纸张,洋0.82元

① 《医药讯》,《申报》1926年7月20日。

② 《昨日疫势略松·徽宁医院施打防疫针》,《申报》1926年8月2日。

续　表

收　入	支　出
收罗纯夫先生捐洋 10 元 收邓源和先生捐洋 25 元 收叶植生先生捐洋 25 元 收王次乾先生捐洋 2 元 收王启明先生捐洋 2 元 收施珊源先生捐洋 1 元 收汪凤鸣先生捐洋 1 元 受号金总结洋 3.2 元	付车资送力,洋 0.28 元 付贴招纸人工,洋 2 元 付邮票,洋 1 元 付棕刷医生洗手用,洋 0.12 元 付虎疫血清,洋 9 元 付痧药水,洋 35 元 付广告费,洋 19.6 元 付印刷品,洋 10 元 付添配西药,洋 70 元 付中医施药,洋 28 元 付生理挂图,洋 1.2 元 付胡一庵医生津贴,洋 30 元 付邓源和医生津贴,洋 30 元 付叶植生医生津贴,洋 30 元 付医生车夫津贴,洋 5 元 付茶水杂支,洋 4.9 元
共收洋 229.719 元	共付洋 282.36 元
收支两抵,不敷洋 52.641 元,不敷部分由徽宁旅沪同乡会拨付	

资料来源:《徽宁旅沪同乡会第三届报告书》1926 年,旅沪同乡会档案 Y4－1－304,上海市档案馆藏。

1928 年、1929 年、1930 年,徽宁临时施诊所继续举办三个月,聘请了沪上著名医师邓源和、叶植生、张坚忍三人及中医黄仰蘧、邵亦群担任诊务。施诊期间,不论同乡或非同乡,均可前往求诊,施诊施药,不取分文,该所还备霍乱预防针,义务施打。1928 年,徽宁同乡会为筹募施诊给药经费,还假座法租界共舞台演剧一日,普通票价 1 元,舞台花楼由热心同乡认定特捐。当日演出的重要剧目有《跑城》《铁公鸡》《水淹七军》《捉放曹》《国民共愤》《风尘三侠》等。徽宁临时施诊所每届夏令举办三个月的施诊活动业已成为一种常规化的慈善事项,不仅解决了徽宁同乡的医治难题,也对非同乡有所裨益,在上海市民中引起强烈反响，从而提高了徽宁绅商的声誉。[①]

经过数年努力，徽宁医院终于开办了，地址在上海南市斜桥制造局路。1934年10月1日下午一时，徽宁会馆附设徽宁医院举行开幕典礼，到场的徽宁会馆董事70余人，医院院长余阶升、副院长吴荫槐、监院程霖生、朱静安、医药主任金勅辰等悉数到场祝贺。[②] 虽然徽宁医院几经周折才成立，但时隔不久即因内部人事发生流弊，徽宁董事会一度议决停办，将同乡病人移送其他医院医治，医药费仍由会馆负责。《徽州日报》驻上海记者得知消息后，对此进行跟踪采访，报道了事态的发展动向。徽宁会馆自宣布医院停办后，立即遭到各地同乡及一般舆论的反对，多数人认为徽宁医院具有悠久历史，有整理恢复的必要。徽宁会馆少数主张停办的董事，亦自知理由不够充分，也就不再坚持停办。徽宁旅沪同乡会随即派出代表，与徽宁会馆董事举行联席谈话会，双方达成两点意见：（一）医院停办议案提交徽宁会馆下次董事会复议。（二）在董事会复议前，医院仍照旧维持，医院仍照旧收容病人。此前由该馆少数董事与华隆中医院所签订的合同宣告无效。徽宁同乡会有鉴于医院前途未卜，决定由该会牵头筹划开办徽宁医院。此后，徽州旅沪名医汪寄严向《徽州日报》记者发表谈话，表明个人对此次事件的态度。汪寄严认为，徽宁会馆此次停办医院的原因，既由于未能撤换职员，又在于院内管理不完善，以后即便继续开设，也应当从整理内部，充实设备入手。但是欲使设备完善，势必主其事者为医药专家不可。所以汪寄严指出，无论会馆继续维持原来的医院，还是同乡会另办新医院，第一步应聘请徽州旅外的医药家、慈善家、实业家为董事，组织医院董事会，专司经营医院事务，否则以商店伙友充任医院院长，既不熟悉医务，又操纵把持，视医院为安插私人机关，前途堪忧。[③] 汪寄严的这番谈话

① 《徽宁同乡会举行游艺会》，《申报》1928年9月22日；《徽宁医院临时施诊所开幕》，《申报》1929年7月14日；《徽宁医院施诊所开幕》，《申报》1930年7月15日。

② 《医讯·徽宁医院开幕》，《申报》1934年10月3日。

③ 《徽宁医院已缓停办》，《皖事汇报》1936年第1—2期。

一定程度上透露了徽宁医院之所以停办，是因为医院院长不是学医出身，不懂业务，而且在医院内把持人事，安插亲信。

徽宁会馆接受了同乡会多数人的意见，决定继续举办徽宁医院，并为切实改善医院起见，由会馆与各同乡会各推代表组成委员会，主持整理院务。[①] 几经讨论，公决由会馆推举 15 人，徽宁同乡会推举 2 人，徽宁所属各县同乡会各推举 1 人，共同组织徽宁医院整理委员会。徽宁会馆推定许伯龙、王旭人、胡元堂、余阶升、朱静安、叶汲三、吴晖霆、胡祥钧、汪茂生、鲍云卿、吴星斋、程筠荪、邵叔伟、郑廷柱、饶味新。徽宁同乡会推定曹志功、张益斋，黟县同乡会推定胡良存，休宁推定黄禹鼎，婺源为余臣五，祁门为谢溶蘅，歙县为周信三，绩溪为程克藩，泾县为卫授经，太平为方汉臣，旌德为李铭，南陵为吴抱岳。[②] 整理委员会决定改订医院章程，变更内部组织，以谋完善，并推定许伯龙、曹志功等着手起草新章。1936 年 7 月 6 日，整理委员会会议召开，逐条讨论通过新订章程，并推定许伯龙、黄禹鼎、曹志功、朱静安、汪茂生、程雨生、胡志新、王旭人、程克藩 9 人为第一届理事，吴荫槐、郑鉴源、汪云裳 3 人为第一届监事，王仲奇、汪寄岩为正、副院长。上述人选提请董事会通过聘任后，开始接管原有医院。[③] 8 月 1 日，正、副院长王仲奇、汪寄严二人正式上任。汪寄严副院长负责整理医院内部事务，每日除在其自设诊所应诊外，其余时间皆在院内办公。医院所聘医士均为徽宁名医。接办后一个月左右的时间，就治愈病人出院二百数十人。医院病室分普通间、特别间二种，普通间为中式高大平房，救济贫病，供膳给药，不收费用。特别间为西式高大楼房，每日只收膳宿费五角。凡生病同乡，有上海店主作保者，皆得入院治疗。亦允许病人缴费进入特别间修养，并自备诊金另请徽宁旅沪名医诊治。据报道，该院院址之大，沪上中医院无出其

---

① 《徽宁医院继续举办：由各同乡会合组整委会》，《申报》1936 年 4 月 6 日。

② 《徽宁医院恢复后决组整理委员会》，《皖事汇报》1936 年第 10—11 期。

③ 《徽宁医院整委会通过改订医院章程》，《申报》1936 年 7 月 7 日。

右者。[①]

1951年，徽宁医院改组为徽宁产科医院，该医院为私立性质，由徽宁旅沪同乡会组织管理委员会进行监理。徽宁产科医院管理委员会是医院的最高职权机构，无定额，由同乡中热心公益者担任，互推主席一人、副主席一人。委员会委员职权有三项：医院事业计划及改进改革事项；财政预算决算管理事项；食物随时改善事项。委员会每月开会一次，报告本月业务状况，财务收支能否平衡。

徽宁产科医院设院长1人，负责内外行政事宜，由管理委员会推选产生。医务设主任1人、副主任1人，担任医务工作，由管理委员会聘请。医院设会计1人，由管理委员会推荐。院内收支每月报告1次，半年汇总报告1次，一年进行造册，向各位董事进行年终报告。改组后的徽宁产科医院院长为汪维英，医师为张绍渠、朱震华，分别毕业于国立医学院和江苏省立医政学院医专科，邹仲美为助理医师，助产士沈国瑾、瞿素娟毕业于大德助产学校，另有药师、检验师、X光技师、护士数名。医院配有消毒器、手术床、血压机、配方及化验设备。医院开办三个月收治产妇病人140余人。[②]

本 章 小 结

善堂和医院极好地诠释了旅外徽州同乡组织“事死”与“救生”的慈善理念，构建了独立于官方之外的民间社会救助体系，体现了旅外徽州人互相周恤，互相照应，以众帮众的团结协作精神。

---

① 《徽宁医院热心公益》，《皖事汇报》1936年第26—27期。

② 《华东区上海市公(私)立医院诊所调查表》(1951年4月11日)，B242-1-370，上海市档案馆藏。

中国人对死亡充满神秘感与敬畏感，高度重视身后之事。处理亡故同乡的后事是各地徽州会馆的主要事务之一，因而义冢和善堂成为会馆最为重要的慈善设施。揆诸实际，义冢、善堂和会馆之间没有明显的时间先后次序，一般情况下，是由会馆设立义冢和善堂，但在部分地方，是先有义冢、善堂，再建会馆，如聚居盛泽的徽宁商人就先设积功堂，再扩建为徽宁会馆。乾隆三年(1738)，旅居北京的绩溪同乡在东城崇南坊霍家桥购地设置绩溪义冢，并建瓦屋7间，为同乡岁时会集扫奠之所和守园人住所。[①] 义冢建好后，众人提出复建会馆，乾隆七年春展墓之时，再次提议，遂捐输得数百金，立会馆。[②] 因而，有时候，徽州会馆和善堂是可以相互指代的。不过，各地徽州善堂的普遍设置，是在清嘉庆、道光年间，这是值得探讨的一段时期，宾兴局等各类社会组织也大多在这个时候出现。各地徽州善堂虽然是会馆的附属慈善设施，其管理人员也是来自会馆，但大多独立收支，其经费来自同乡捐输，比较固定的是一文愿捐，这是一种具有强制力的捐输，否则很难负担定时运棺庞大的支出。

义冢和善堂具有不同的使用功能，义冢主要是掩埋无法归里的身故同乡，而善堂主要是寄棺、运棺。徽州人非常讲究落叶归根，只要不是贫困至极或无后人，多在死后运送回乡安葬，善堂就是为暂厝棺木以待起运回籍而设立的，有的设在义冢旁边，有的附设在会馆内，有的则单独建造，情况不一而足。因善堂空间有限，棺木也是越积越多，大多数善堂都会规定棺木寄放的时限，超过期限，如果确无后人，就代为安葬在义冢。义冢的日常管理工作是安排有序埋葬，谨防外人盗葬，定时查访坟墓有无坍塌破漏，为岁时祭扫提供方便等。

各地徽州善堂因经济实力不同，而在为身故同乡提供服务方面也有所差异。经费充裕的上海徽宁思恭堂、松江崇义堂、汉口笃谊堂等服

---

① 道光《绩溪京都馆录》卷四《绩溪义园记》《修绩溪义园记》。

② 道光《绩溪京都馆录》卷四《绩溪义冢碑记》。

务的链条就前后延伸很多，同乡故后，善堂负责扛抬进堂，对贫难收敛者，善堂还捐助棺木、衣衾等。棺木扛抬进堂后，有一系列的章程规定如何寄放、掩埋。距离徽州不是特别遥远的善堂还提供运柩回乡的服务，江南、江西、两湖地区等地徽州善堂的工作重心就是运棺，这些地方也多是水运条件优越，能够用船运输棺木。因地理之便，杭州成为江南运棺的集中点和转运站，与其他地方的善堂相比，杭州新安惟善堂不但规模庞大，业务也要繁重的多，该堂要负责接收湖州、嘉兴、苏州、松江、常州等江南各府州县的徽州善堂运送过来的棺木，然后再经由新安江转运回到徽州。但是徽州一府六县散落各地，交通殊为不便，运送回来的棺木也要辗转多次，才能最终到达亡者的家中。从汉口、九江通过水路运送过来的棺木同样要借助徽州境内的善堂转运到各目的地，因而，徽州境内在水利交通便利之处设立了登善集、思安堂等名目繁多的善堂，发挥着和惟善堂同样的功能，接收转运外地来的棺木，这样就形成了一张内外联动的运棺网络。如果对江南和徽州之间的运棺图做一勾勒，杭州惟善堂就如同一个抽水机，把汇聚在河里的溪水抽上来，经过水渠，流到田里。如此繁琐冗长、耗时耗财的运棺过程，是一般家庭无力承受的，徽州善堂的行为确实是值得称道的善举。

因资料所限，目前仅能对上海徽宁医治寄宿所和徽宁医院进行个案考察。医治寄宿所是徽宁会馆所办，经费比较充足，运行比较平稳，取得了一定的成绩。徽宁医院是徽宁同乡会所办，在其正式开办之前，徽宁同乡会每年夏季都举办临时施诊所，以满足徽宁同乡的医治需求。而在徽宁医院正式运行后，也是几经周折，一度停办，经过整顿，再次开办。这也说明，现代医院和传统时期的中医诊所不同，它不仅需要雄厚的经费支持，更需要懂得医学知识的专业管理人员。徽宁医院在理顺权属关系，聘请医学专家后，步入发展正轨，一直持续到建国后，为旅居上海的各界徽宁同乡提供了医疗救助服务，较好地体现了徽州同乡组织“救生”的慈善理念。

第六章
近代徽州社会变迁的起步

徽州因地处万山中，交通不便，一直被视为理想的避乱之地。但是，太平天国战争期间，太平军与清军在徽州境内展开了长达十余年的争夺战，徽州备受荼毒，遭到极大的破坏。战争结束后，徽州府县各级官员、宗族和乡绅开始重建社会秩序，渐次恢复社会经济与文化，与乱前相比，徽州地方社会仍然遵循着原有的逻辑在运行，并没有出现迥然不同的新生事物。徽州稳固的社会结构在清末新政期间发生改变，新政是清末十年统治阶层为缓解自身统治危机而发起的自改革运动，陆续推行教育、军事、法律、宪政等方面的改革。在徽州知府刘汝骥的推动下，徽州各地兴办新式学校，进行宪政调查，成立谘议局、选举事务所和物产研究会，致力于发展经济，培养人才，实行地方自治，在一定程度上揭开了近代徽州社会变迁的序幕，影响了近代徽州社会与文化的走向。

第一节　清末徽州新式教育的兴办

一、清末科举制的废除与徽州新式学堂的兴办

清末新政期间，兴办新式教育成为各界的共识，其主要指导思想是吸收西方教育理论学说，对传统教育资源加以改造利用，构建适应新形势的教育体系，为新政培养各式实用人才。1905 年 9 月 14 日，清廷发布上谕："着各省所有书院，于省城均改设大学堂，各府及直隶州均改设中学堂，各州县均改设小学堂，并多设蒙养学堂。其教法当以四书五经

纲常大义为主，以历代史鉴及中外政治艺学为辅。务使心术纯正，文行交修，博通时务，讲求实学。庶几植基立本，成德达材。"[①]书院改办学堂开始大规模铺开。为指导新式学堂的发展，光绪三十年(1904)《奏定学堂章程》颁行，该章程对各级学堂的年限、学习科目、学生管理通则、考试办法等方面做出了规定。此为首次在全国范围内推行的学制，虽然规定的学习年限过长，但是学制的组织形式比较完备，对后来的学校教育制度影响较大。

对学堂兴办产生巨大推动作用的举措是光绪三十一年科举制的停废。时至清末，科举制度已为千夫所指，尤其被视为推广新式教育的严重阻碍。"是故变法必自设学堂始，设学堂必自废科目始。"[②]"科举一日不废，即学校一日不能大兴，将士子永远无实在之学问，国家永远无救时之人才，中国永远不能进于富强，即永远不能争衡于各国。"[③]经过朝野多方讨论，光绪三十一年九月二日，袁世凯、张之洞等封疆大吏联名会奏，立停科举以推广学校教育。清廷最终于当日宣布，从1906年起停废科举考试。科举的废止，切断了万千士子的仕进之途，但因学堂亦能授予各种旧式功名，许多人退而求其次投身其中。《大公报》光绪三十一年十二月十三日的一则报道提及当时学堂发展的情形，科举废止后，"考试学堂者毂击肩摩，译学馆现已大加扩充，拟于明春出示招考，添设一班，以广学额而资造就"。原先对新学堂持观望态势的士绅也转而支持新式教育的发展，废科举的次年，兴学之风大盛，"各处学堂，以是年创设者，不可屈指计。以今观之，自兴办学堂以来，此年之进步，可谓一跃而至极点矣"。[④]

徽州没有自外于新式学堂普遍开办的时代洪流。早在光绪二十六年(1900)，歙县基督教堂就在城内创办了徽州境内最早的新式学

① 朱寿朋编：《光绪朝东华录》第四册，总第4719页，中华书局1958年版。
② 《粤督陶奏图存四策折》，《皇朝经世文新编续集》卷一《通论》。
③ 朱寿朋编：《光绪朝东华录》第四册，总第4998页。
④ 《论我国学校不发达之原因》，《申报》1909年5月24日。

堂——崇一学堂,但此后数年,新式学堂的发展一直裹步不前,直至新政推行,此种情况才有所转变,新式学堂在徽州府属各县如雨后春笋般渐次设立起来。总体看来,徽州新式教育的发展呈现出如下几个特征。

1. 学堂数量可观,教育层次完备

本文根据光绪《皖政辑要》、现存徽州府属各县方志以及《申报》《安徽白话报》中的记载统计出,截至1912年,作为基础教育层次的徽州高等、两等与初等小学堂的数量约为128所,其中,就学堂性质而论,官立者13所、公立者46所,私立者69所①;以学堂设立的层次来划分,高等小学堂26所,两等小学堂52所,初等小学堂44所,女子小学堂6所;而就学堂的分布地点来统计,城内小学堂为38所,乡间小学堂为90所。②从该组数字不难看出,官立、公立学堂的数量低于私立学堂,乡间小学堂的数量高于城内小学堂,小学堂的分布呈遍布城乡格局。但是,这些小学堂对徽州府属各县的民众来说,显然满足不了广大学龄儿童的入学需求,那么,承担起基层教学任务的重担便压在了散落乡间的私塾上面。徽州知府刘汝骥曾言:"私塾不能改良,教育何由发达?自非造就多数师范,不足收画一整齐之效。据称歙县蒙塾多至千余,平均计之,一塾得学童十人,是千塾已有盈数学童矣。"③私塾所起作用可见一斑。

结合具体的史料记载,对这几类小学堂开办者的身份进行分析,可

---

① 赵利栋在《1905年前后的科举废止、学堂与士绅阶层》一文中把学堂分为官立与公立、私立两类,以此说明士绅积极开办公立、私立学堂。该文探讨的主要问题是科举废止为什么没有在士绅群体内部产生大的社会反响,作者认为是清政府在废止科举时将传统的功名与新式的教育相配合,吸引士绅投身新式教育,并进而通过官方扩展其权力。而本文把官立、公立学堂视为一类,与私立学堂区分开来,主要是从经费筹措这个角度进行划分的,对此文中将有所分析。

② 此处征引徽州府属各县方志主要有民国《歙县志》卷二《建制志·学校》;民国《黟县四志》卷十《政事志·学校二》;《绩溪县志》第二十六章《教育 体育》,黄山书社1998年版;《休宁县志》卷二十四《教育 体育》,安徽教育出版社1990年版;《婺源县志》第十七篇《教育 体育》,档案出版社1993年版。

③ 刘汝骥:《陶甓公牍》卷五《批判·学科·紫阳师范生张舜口等禀批》。

以看到地方士绅在推广新式教育方面权势日重，公立、私立学堂开办者的身份自不待言，而所谓的官立学堂的日常管理、监督工作也多由士绅承担，开办者并不事必躬亲。也正如日本学者市古宙三所指出的，士绅集团因科举废除后，学堂也能授予相应的旧式功名，他们便迅速地转变了态度，不仅送其子弟入学，还积极出资开办学堂；不仅创办了几乎所有的私立学堂，还由他们发起并创办了大部分公立学堂。[①] 其实，学堂官与私的区分不在于举办者的身份差别。因为，对于官、公、私立学堂来说，主其事者总是地方士绅，在这一点上，三者间没有本质的区别。"学堂所以作育人材，朝廷责之疆吏，疆吏责之地方官，举凡筹款项、定章程、建校舍、招生徒，官不能自办，必委之地方董事。"[②]他们之间的区别主要是在经费的筹措动用方面。

学堂每年费用动辄数十金或数百金。清末，在巨额军费、外债的逼迫下，国家财力已困窘至极，根本无力支付兴办新式教育所需的大量经费。传统教育资源也就成为各地官员诉诸的对象，"查兴办学堂者……以去冬开办为最多……大半系旧日书院改装面目而已"。[③] 教育资源是个广义词，既包括书院、官学等教育机构的基础设施，也包括教育经费。地方旧式教育经费主要有官学与各类书院的田房租息、宾兴款产、地方派捐等几类。官立、公立学堂的开办费用多由主事者动用旧式教育经费，或动用地方公有款产筹措。试举数例：休宁高等小学堂"官立。在城南隅，就海阳书院改设，光绪三十三年正月由书院同人开办。以书院宾兴、田租、盐捐为常年经费"。[④] 祁门高等小学堂"公立。在东门外，就东山书院改设，光绪三十一年由知县胡德修开办。以书院田产、茶厘及茶铺捐、园户捐为常年经费"。[⑤] 绩溪两等小学堂计八所，"官立者一，在

① 市古宙三：《1901—1911年政治和制度的改革》，费正清：《剑桥中国晚清史》（下卷），中国社会科学出版社1985版。

② 《学堂董事说》，《申报》1905年3月12日。

③ 《安徽全省学堂调查表》，《申报》1905年3月21日。

④ 光绪《皖政辑要·学科》卷五十二《普通》。

⑤ 光绪《皖政辑要·学科》卷五十二《普通》。

城西，就考棚改设，名曰明伦，光绪三十三年二月由知县刘以信开办，以盐典捐税、书捐及至知县捐廉为常年经费”。[①] 歙县公立务本两等小学堂“在邑北许村，光绪三十三年由里人许家修、许炳文、许煜唐等建立，以本地茶捐为基金，并分等酌收学费，历举许家修、许煜堂、许志芬为堂长”。[②] 可见，上述官立学堂与公立学堂所动用的款产界限是很难做出严格区分的。

私立学堂多由地方士绅召集志同道合者联手开办，或由某一家族开办，推举族内有学识者进行管理。以宗族名义开办的学堂可称之为族学，其费用来自族产，辅以族中热心助学者捐给。由个人开办的学堂，其开办费用自筹，招收学生后酌情收取学费。与官立、公立学堂相比，私立学堂的经费规模稍显细弱。如黟县初等小学堂的经费来源，“计五所，皆私立。一在北门余氏支祠内，名曰环山，光绪三十三年五月由绅士余赓扬合族开办，以本祠津贴及族捐为常年经费，学生 33 名；一在城中正街程氏支祠，名曰连云，光绪三十二年年四月由绅士程希濂开办，以学费为常年经费，学生 41 名；一在西乡三都中街贻善祠内，名曰碧山第一初等，光绪三十三年七月由绅士汪腾浣等开办，以学费为常年经费，学生 30 名；一在西门外汪祠内，亦名碧山，光绪三十四年正月由绅士汪遐龄开办，以学费为常年经费，学生 40 名；一在东乡屏山，名曰启蒙，光绪三十三年二月由绅士舒元珪合族开办，以舒氏宗祠各支祠贴助款及下庙醮费为常年经费，学生 42 名”。[③]

光绪三十年颁发的《奏定中学堂章程》规定：“设普通中学堂，令高等小学毕业者入焉，以施较深之普通教育……中学堂定章，各府必设一所，如能州县皆设一所最善。”[④]徽州府境内只有一所中学堂——新安中

① 光绪《皖政辑要·学科》卷五十二《普通》。

② 民国《歙县志》卷二《营建志·学校》。

③ 光绪《皖政辑要·学科》卷五十二《普通》。

④ 《奏定学堂章程·中学堂章程》，湖北学务处本，转引自舒新城编：《中国近代教育史资料》中册，人民教育出版社 1961 年版，第 506 页。

学堂，在城内就试院改设，由士绅许承尧于光绪三十一年四月开办。开办之初，呈请两江总督张人俊批准，在茶厘二成项下每年拨银 5 000 两作为学堂经常费，当时事属草创，学生多不合格，又学校未经改造，借紫阳书院设立，校屋不够使用，学生只暂定为 60 名，次年校舍告成，添招学生 20 名，嗣后逐年加额，一度达到 104 名，学生不收学费，每名每年收膳费 24 元。新安中学堂初任监督许承尧，光绪三十四年易为洪汝闿，宣统元年改为黄家驹，后又多次易人。[①]

对视为整个教育母体的师范教育的重要性，时人有所论述，“即就教育而论，不论官立学堂、民立学堂，莫不公认师范为当今唯一之急务矣”。[②] 徽州境内的师范教育机构有紫阳师范学堂、婺源师范传习所、绩溪师范传习所。紫阳师范学堂设在紫阳书院内，光绪三十二年由许承尧创办，以年齿稍长、文理清通者入师范科，并设师范传习所，嗣新安中学堂校舍告成，紫阳书院遂专为师范学堂之用，招贡廪、增附各生 60 名，遵照官定初级师范章程分门教授。此外，紫阳书院的学款年息 4 000 余元，前经进士汪宗沂等人请准，一半在芜湖创办师范学堂，一半资助出洋留学，因学生赴芜湖路途遥远颇感不便，出洋留学又少完全资格者，遂收还该款作为基金，补充紫阳师范学堂与新安中学堂常年经费。[③] 婺源县师范传习所设在城内北门保安山，光绪三十二年七月由绅士江藜青开办。以房租、茶税为常年经费，学生 32 名。绩溪县师范传习所为官立，附设于东山高等小学堂，光绪三十四年二月由知县文化舒开办。以劝学所拨款为常年经费，学生 24 名。[④] 由这三所学堂培养的学生为徽州各处的小学堂提供了师资，一定程度上缓解了兴办新式教育师资匮乏的难题。

---

① 参见民国《歙县志》卷二《营建志·学校》；光绪《皖政辑要·学科》卷五十二《普通》；刘汝骥：《陶甓公牍》卷十《禀详·徽州府禀地方情形文》。

② 《本馆论说》，《时报》第 177 号，1904 年 10 月 22 日。

③ 民国《歙县志》卷二《建制志·学校》；光绪《皖政辑要·学科》卷五十二《普通》。

④ 光绪《皖政辑要·学科》卷五十二《普通》。

实业教育在徽州也有发展。清末，为增强国力，振兴实业成为有识之士倡导的目标，实业教育被列入与普通教育同等重要的位置。徽州地处山区，盛产茶叶，行销海内外，与盐业、典当、木业成为徽商主营的四大行业。为改良茶叶，提高产品的竞争力，茶商出资开办茶务小学堂，专事茶叶研究。“惟种植、焙制多沿旧法，不思研究不足以兴大利，刻有茶商筹款组织茶务初等小学堂，并延聘教员，招考学生入堂。”①徽州知府刘汝骥也认为“惟现在实业待兴，孔亟体察徽州情形，农、林、蚕三科目尤为当务之急”，②鼓励兴办实业学堂。光绪三十四年，休宁人戴瑛在隆阜创设休宁县农业初等小学堂，设有蚕桑科，开有实业课。宣统二年茶商吴俊德等人投资在屯溪阳湖创办徽州农业学堂，暂分为甲、乙、丙三班，甲班为农业本科，先授以蚕业实习科，乙班为农业预科，二年毕业后授以农业实习科，丙班为初等小学简易科，四年毕业后授林业实习科。③

从制度层面来说，徽州府构建了一个从小学堂、中学堂到师范学堂等层次的，相互之间能够衔接的教育体系。遍布城乡的小学堂满足了大众的识字要求，而中学堂为继续深造者提供了机会，师范学堂则解决了初等教育迫切需要的师资问题。在徽州这样一个独立的地域范围内，新式教育构成了一个比较合理完善的体系。

2. 教育行政机构渐次完善

光绪三十二年四月，《各厅州县劝学所章程》颁布，废止各府州县儒学之教授、学正、教谕及训导各署，设立劝学所，此为近代中国地方教育行政机关之滥觞。徽州府属各县的劝学所设置情况如下表示。

---

① 《茶商组织茶务小学堂》，《申报》1910年11月12日。

② 刘汝骥：《陶甓公牍》卷十《禀详·徽州府详办初等农业学堂文》。

③ 刘汝骥：《陶甓公牍》卷十《禀详·徽州府详办初等农业学堂文》。

表32　清末徽州府属各县劝学所情况一览表

州　县	地　址	成立年月	学务	总董	学区	经　费
歙县	张文毅公祠	光绪三十年九月		汪国杰	18	钱粮平余及珠兰花捐征信册费
休宁县		光绪三十四年十月		王世勋		
婺源县	附师范传习所	光绪三十三年二月		汪开安	5	
祁门县	借城西民房	光绪三十三年二月		方振均	22	
黟县	城内考棚	光绪三十二年十月	李淦	程朝宜		
绩溪县	附东山学堂	光绪三十三年五月	胡家谟	王昭三		

资料来源：光绪《皖政辑要·学科》卷五十《建置》。

劝学所以本地方长官为监督，另设专职总董一员，由县视学兼充，综核各州县学务和劝导各地兴办学堂。各州县内划分若干学区，各区设劝学员一人，由总董选择本区土著之绅衿，禀请地方官札派，其薪水、公费多寡各就本地情形酌定。劝学员于本管区内调查筹款兴学事项，与总董拟定办法，劝令各村董切实举办。此项学堂经费，皆责成村董就地筹款，官不经手，劝学员只是随时稽查报告于劝学所。另外，劝学员随时登记学龄儿童，挨户劝导，并任介绍送入学堂之责，以使学务日见推广。宣统二年由于《地方学务章程》的颁布，劝学所与地方自治机构在行政职权上发生争执，地方学务由地方自治机构办理，而劝学所为行政机构，仅有赞助、监督教育的职责，成为地方教育机关的辅助机构。

教育会则为教育行政补助机关，根据定章，省治设总会，府厅州县各设分会，以期与学务公所及劝学所联络一气，鼓励教育之进行。皖南教育会由安、徽、宁、池、太、广皖南各属设置于芜湖，皖北各属设教育会设于省垣。徽州各属分会情况如表。

表33 清末徽州府属各县教育会一览表

州县	成立年月	正副会长		会员
		历任	现任	
歙县	光绪三十四年三月		程锦龢、洪汝闿	12
休宁县	光绪三十四年九月		朱梯年、韩熙	
黟县	光绪三十二年十一月	胡元吉、汪绩芳	程定保、何周敏	102
绩溪县	光绪三十三年四月		周懋如、胡晋接	15

资料来源：光绪《皖政辑要·学科》卷五十《建置》。

教育会均由绅、民发起，经提学使批准后，并陈请地方官立案，方为成立。教育会处理日常事宜，如设立教育研究会与师范传习所，调查境内官立、私立各学堂管理教授情况，对境内教育作统计报告，筹设宣讲所、图书馆、教育品陈列所、教育品制造所，并搜集教育标本，刊行有关教育书报等。①

从这个意义来看，教育会可视为地方教育政策制定实施的研究机构。通过召集会员议事，教育会能及时了解到地方教育所出现的问题，通过提案的办法，对某一具体问题进行广泛讨论，然后形成决议，提交地方官员作为教育决策的参考材料。光绪三十四年十月十三日，皖南教育会借芜湖皖江中学堂开成立正式大会，所议事件为各属劝学所应划分学区，议定的划分学区之法即按照都图查明户口，每区有户口若干，即知有学生若干，应设学堂若干。在次日的会议上，会员汪燾臣提出，教育会要研究教育实际，不能徒事裁判，如皖南各处学堂名目不一，学级划分未尽完善，进入小学堂、中学堂的学生程度与其所处阶段究竟是否相符，还应认真研究，以免滥竽充数，粉饰门面。②

对于劝学所、教育会在徽州地域社会运作的情形，《安徽白话报》与

---

① 《学部奏定教育会章程》，参见光绪《皖政辑要·学科》卷五十《建置》。
② 《芜湖通信·皖南教育会开会纪事》，《安徽白话报》第2期，光绪三十四年九月二十一日。

《申报》有所记载，休宁县官立学堂自光绪三十四年暑假后全体解散，无人再来入学，主持校务者茫然无措中与屯溪民立学堂商量，请其送修业生数人入校以壮声势。面对此种窘况，休宁县令函请四乡绅商及学界中人赴县商量对策，要求劝学所公举总董，对休宁学务加以整顿。[①] 实际上，在光绪三十三年，休宁教育会就已经开会两次，只是尚未禀报在案。此前由劝学员韩熙发起，拟推举余正宜为劝学总董，但是学界以余学识不足，难敷众望，遂拟改举郭伯铭为总董，而以韩熙、汪缉之、汪鸿、朱剑为之副。[②] 政策的制定与其实施的效果总是有所间离，胡适曾著文谈到家乡的视学员考察教育的情形："有时候府里、县里派两个视学员，名为考查学堂，其时那视学员脚迹没有到过南京、上海，他那里晓得什么叫做学堂，学堂究竟是个什么样儿。他走下乡，看见外面有学堂的名儿，里面有伊唔伊唔的声音儿，就算他做个学堂里(哩)，回去报告起来某处有几个学堂，某处有几个学堂，某处办的好，某处办的不好，由他说说罢了。"[③]实际上，这种情况在清末中国的学界并非鲜见。新学制主要是参照日本的教育情形制定的，在中国这块庞大的肌体上是否会产生抗体还有待检验，而统治者贪求速度，推行过快，学界中人的素质远远跟不上学制的转变，他们头脑中或许还不知劝学所到底为何，就被选为劝学员、总董，难免会出现疲于应付或敷衍塞责的局面。宣统元年五月，祁门禀请改派劝学总董，因为现任劝学总董方振钧自光绪三十三年上任以后，两年中只条陈数事，并未劝办一所小学堂，虽然新任县令屡屡督促方振钧认真办理学务，但他始终不予合作，最终该县县令会同省视学员禀请撤换。[④]

3. 宗族力量助推新式教育，旧式族学得到继承改造

前已叙及，晚清徽州私立学堂的数量高于官立、公立学堂，这实得

---

① 《休宁通信·整顿学务》，《安徽白话报》第 1 期，光绪三十四年九月初一日。

② 《休宁改举劝学总董》，《申报》1908 年 9 月 26 日。

③ 胡适：《徽州谈》，《安徽白话报》第 5 期，光绪三十四年十月二十一日。

④ 《祁门禀请另委学董》，《申报》1909 年 5 月 25 日。

因于徽州民间兴学力量的推动。徽州传统社会“堪称为正统宗族制度传承的典型”。[①] 明清时期，为追求科举功名，光宗耀祖，徽州宗族高度重视族内子弟的培养，积极兴办义学、义塾、书院等宗族性教育机构，为子弟业儒就学提供条件。虽然清末科举已经废止，但是徽州社会重文兴教的传统依然延续，新型功名仍在诱导读书者为之汲汲，而地方官员也对宗族举办新式小学堂不遗余力地加以提倡。“日前提学司以安省多未设立族学，因特札饬各州县会同学董，各就村乡市镇殷实富户劝其兴办族学，以期教育普及。”[②]徽州知府刘汝骥曾明确指出：“徽州聚族而居，祠堂、文会此自然适用之校舍，一族之中得贤且达者主持其事，就原有祀产而推广之，除岁时祭扫外尽数移作培植子弟之用，族学之兴当翘足可待。”[③]在给祁门知县赵元熙《劝学章程》的批文中，刘汝骥写道：“详及章程均悉，该董所陈各节，甚有见地，第四条尤为当务之及。惟必沿袭义塾名目，其义犹狭而不广。徽州聚族而居，祠堂、文会，此自然适用之校舍，一族之中，得贤且达者主持其事，就原有祀产而推广之。除岁时祭扫外，尽数移作培植子弟之用。族学之兴，当翘足可待。”[④]对宗族的族学，刘汝骥极力予以推崇和提倡，用他自己的话来说，就是“本府于族学一事，极力提倡。我徽聚族而居，就祠堂、文会而扩充之，尤属轻而易举，其以此校为椎轮大路可也”。[⑤] 在刘汝骥的激励和倡导下，一批私塾族学进行了改良，逐渐更名并发展成为近代新式学堂。光绪三十四年，耿介和耿坤积极筹划，共同努力，将绩溪鱼川村内的耿氏宗族塾学更名，成立鱼川私立初等小学堂。此举得到了绩溪县教育会和劝学所的鼎力支持，为徽州山区近代初等教育树立了楷模。与此同时，鱼川初

① 叶显恩：《徽州和珠江三角洲宗法制比较研究》，周绍泉、赵华富主编：《’95 国际徽学学术讨论会论文集》，安徽大学出版社 1997 年版。

② 《劝办族学》，《申报》1907 年 3 月 28 日。

③ 刘汝骥：《陶甓公牍》卷五《批判 · 学科 · 祁门县赵令元熙详劝学章程批》。

④ 刘汝骥：《陶甓公牍》卷五《批判 · 学科 · 祁门县赵令元熙详劝学章程批》。

⑤ 刘汝骥：《陶甓公牍》卷五《批判 · 学科 · 黟县罗令贺瀛详送附生汪烒桥私立小学堂规章批》。

等小学堂也根据清朝颁布的《奏定学堂章程》,聘请了堂长和教员,开设了新式的"修身""中国文字""算术""历史""地理""格知""图画""手工"等课程。对休宁知县刘敬襄到任不及一年,即取得显著的办学实效,刘汝骥感到极为欣慰,云:"该令到任未及一年,劝学所、教育会以次成立,并劝办小学多处,各乡士绅皆闻风而起,联袂而兴。教育普及之希望,不至图托梦想,嘉慰何已。"①而对婺源县令魏正鸿申详的该县简易识字学塾,刘汝骥尤为赞誉有加,云:"此项简易识字学塾,愈多愈好。揆之近日情形,实为对症好药。据禀,该县会同劝学所汪绅开安已劝设十有五所。办事勤奋,良深嘉慰。此外,写远乡僻,仍当逐渐推广,总以莫不饮食、莫不识字为的。十室必有忠信,满街都是圣人,此本府所朝夕企望者也。"②

从族学推行的现实条件来看,徽州聚族而居的传统使得适龄儿童相对集中,宗族并有从事族人教育的专项开支,将族学改造为新式学堂也就成了一种既充分又必要的现实需求。宗族所办学堂大多借用宗族祠堂或就原有书屋改办,所招生源以本族子弟为主,如果校舍等硬件设施允许,邻近村落的适龄学童也可招收入学。小学堂所授课程按照学部颁定标准,袭用不同的教法、教程,如初等小学堂一般分作四级,每级分授修身、国文、算术、格致、史地等科目。学级增加,要求也相应提高。如对国文课的教学安排上,第一年"讲动静虚实字区别,兼授虚字实字联缀法,习字即以所授者告以写法"。第二年"积字成句法、俗语联字法,习字同前"。第三年"积句成章法或指日用字演成白话七八句,习字同前"。③ 但是,由于有不少小学堂的教员是直接从塾师转换过来的,他们的知识储备很难适应新学制的要求,而地方官府限于财力,又迫于上峰的催逼,便在改办族学的过程中,放松了对他们的资格要求,以至于

---

① 刘汝骥:《陶甓公牍》卷五《批判·学科·休宁县刘令敬襄禀批》。
② 刘汝骥:《陶甓公牍》卷五《批判·学科·婺源县魏令正鸿禀批》。
③ 光绪《皖政辑要·学科》卷五十二《普通》。

出现了胡适笔下的情景："如今学堂虽是开了，然而那学堂的先生何尝不是从前教'开宗明'、《三字经》的先生呢？那教授的方法何尝不是从前竹板、界方的方法呢？这种革面不革新的学堂，列位，究竟有什么功用呢？究竟有什么功用呢？"①乡间诸老对入学儿童所学课程也一时难以转变观念，颇有微词。"屯溪两等小学堂今年始开办……教科尚称完备，学生亦有数十人，闻教科内音乐、体操两门颇为注重，每当日斜散课，小学生整队旅行，口吟多哩迷梵之音，不绝于道，彼少见多怪之父老乃喟然曰：'移风易俗莫善于乐，不图于吾身而观见之'。"②族众将学堂出现的此类现象归诸于办学堂之人，希望他们能够以身作则。绩溪金紫胡氏甚至将对教员与管理员的要求明文规定下来："人见今日入学堂子弟多染浮嚣习气，遽以是为学堂诟病，不知此非学堂之咎，乃办理学堂人之咎也。盖校风之美与教员、管理员有密切关系，学校教科修身为重，然修身非可徒以言教也，必其为教员、管理员者遵循教则，实事求是，以一己之修身，示儿童模仿之活标本焉，而感化力乃大。"③

徽州宗族对新式学堂兴办的推动作用主要体现在经费的筹措上，宗祠祭祀余款、各支祠贴助款、族中富足之家的捐助以及资助本族子弟参加科举考试的宾兴费等款项都被移作学堂经费。刘汝骥非常支持此举："近日兴学宗旨以教育普及为要，该县明达士绅皆能组织族学以为之倡。丰川、案川两校其经费统取资于本族祀会赢余，办法甚是，并由四团文会费内每年补助洋一百元，既经公认亦属可行。"④婺源境内八所初等小学堂的经费大多由宗族筹措。如双杉王氏族立小学堂，光绪三十三年由附生王文铨邀集族人商议创设，将双杉书院改作堂址，以本祠经文、纬武两会岁科、宾兴款为常年经费，不足部分由王氏宗族雷、霆、

---

① 胡适：《徽州谈》，《安徽白话报》第 1 期，光绪三十四年十月二十一日。
② 《徽州 · 屯溪最近之调查》，《神州日报》1907 年 5 月 19 日。
③ 光绪《绩溪金紫胡氏宗谱》卷首下《祠记》。
④ 刘汝骥：《陶甓公牍》卷五《批判 · 学科 · 黟县罗令贺瀛详批》。

电、震四大房分摊津贴，全年共计370元，并推族人王文铨为堂长。[①] 其余几所小学堂的经费主要来自宗祠津贴、宾兴款和族人捐助，如"一在东乡江湾义丰仓内，三十二年二月由绅士江谦合族开办，以本族长庚会贴助及学费为常年经费，学生六十一名。一在南乡三十一都曹门，借用汪氏祠，三十二年二月由绅士胡亶时开办，以同人捐助及学费为常年经费，学生三十三名。一在北乡沱川村，借湖山书屋改设，三十三年二月由绅士余显模开办，以本村文会田租及茶捐为常年经费，学生十六名；一在城内董氏祠内，三十二年二月由董氏合族开办，以本祠宾兴款及各支祠捐助为常年经费，学生二十七名"。[②] 不单婺源县族学独盛，现据光绪《皖政辑要》所载，将徽州府属其他县部分族学改办学堂情况列表如下。

表34　清末徽州府属各县族学开办情况

县份	学　堂	开办地点	开办时间	开　办　人	经　费　来　源
歙县	师山两等小学堂	西乡郑村	光绪三十三年正月	郑沛等合族开办	郑氏祠拨款及学费
	启悟两等小学堂	府城大北街孝义坊南首	光绪三十二年正月	唐澍等合族开办	祠族祭款余资及同人捐助
	潨川两等小学堂	北乡呈坎村	光绪三十二年正月	罗会垣	罗氏族捐及潨川文会款
黟县	环山初等小学堂	北门余氏支祠内	光绪三十三年五月	余赓扬等合族开办	本祠津贴及族捐
	启蒙初等小学堂	东乡屏山	光绪三十三年二月	舒元珪等合族开办	舒氏宗祠各支祠贴助款及下庙醮费
绩溪	篑进两等小学堂	三都一图尚田村汪氏宗祠内	光绪三十二年十月	汪殿魁	本都一图田捐

资料来源：光绪《皖政辑要·学科》卷五十二《普通》。

① 民国《(婺源)双杉王氏支谱》卷十七《双杉王氏尊贤育才总例》。

② 光绪《皖政辑要·学科》卷五十二《普通》。

二、清末徽州新式教育场域内外各种势力的角逐

如果仅对清末徽州新式教育作制度层面上的考察，不难得出其一路高歌猛进快速发展的结论。但是，教育从来都不是一种个体行为，而是深嵌在社会肌体中，也就由此牵动多方神经。徽州新式教育场域内外，始终存在各种势力的角逐。换言之，新式教育自身存有问题，师生之间，堂长、教员之间攻讦不断；而外部势力一直不忘染指教育场域，甚至无赖奸猾之徒也扯起旗号开办学堂。徽州新式教育可谓在负重中前行，发展与困局并存。

1. 教育场域内部的纠葛

“自学务日渐孳生，士夫攻讦之风亦纷至沓来而未有已，甚至投匭告奸，含沙射影，互相倾轧互相报复，见恶者固多诬蔑，见好者亦一味铺张或别有用意，所在纷纷扰扰，其影响于学务地方者甚巨。”[①]这是徽州知府刘汝骥颇为无奈的一段话，透露出教育界的纷争乱象。

在学堂的日常运行中，各种各样的问题此起彼伏。学生动辄挟众罢课，与教员、堂长相互攻讦，而教员因薪金待遇、地位问题与堂长互相抵牾，官府屡禁不止。学生桀骜不驯，主持校务的堂长不能不加以整治，但有时又不免滑向报复的一端。绩溪县东山小学堂堂长胡晋接将不安守纪的学生赶出校门，起初地方士绅对其行为并没有异议，后来发现胡晋接屡次行此惩罚，绅董曹作朋便提出异议，与胡晋接争端不断。刘汝骥对此措辞严厉：“如此士绅互相倾轧，学生愈长虚骄，此非地方之福也。”[②]官府对学生挟众罢课行为尤其警觉，倾向于严惩以杜绝此风蔓延。光绪三十四年新安中学堂学生滋事，刘汝骥做出批示：“以学生无理取闹，挟众罢学，久已悬为禁令，仅予记过，不足以遏嚣风，饬即查明为首之人牌示开除，严追在校费用以示惩儆……奉批：以全体学生联名

① 刘汝骥：《陶甓公牍》卷五《批判・学科・绩溪县师范传习所学生曹杰等禀批》。

② 刘汝骥：《陶甓公牍》卷五《批判・学科・绩溪县廪贡生胡晋接禀批》。

具禀，最为学堂恶习，似此藉众要挟不守规章，断难轻恕，饬府会同监督并案查明前次滋事及此次倡首具禀，学生择尤开除以肃学务。”①对为首学生处以开除的惩戒不可谓不严厉，但是这种风气仍是无法彻底根除，因为纷争的背后隐藏的是利益纠葛，“学界中人亦且有同室操戈互相攻讦情事，究其眼光所注射者不过此阿堵中而已”。②

自光绪三十四八月二十八日起，绩溪县东山高等小学堂掀起了长达数月的风潮。八月二十八日，以宋征为首的全体学生以经学教员胡嗣运年迈重听，无故怒骂学生为由禀报县令要求撤换。绩溪县令张廷权到校察看情形，极力调停，但教员、学生相持不下，由训导孙家仁暂充经学教员后情形才有所缓和，但这只是一个开启争端的引线。此次风潮起因于学生要求胡嗣运略加钟点提前结束课程以求早日毕业，而胡嗣运因不满自己经学教员的地位在西学教员之下而长期郁郁不平，经此触动而暴发。此外，因堂长对教员之去留有决断之权，故胡嗣运与堂长周懋和结怨，在九、十两月内，胡嗣运攻击周懋和醉心私利，营作菟裘，应绅董曹诚琪之请，聘用其弟曹诚瑾为该学堂教员，并准许未达到毕业年限的曹锡章与宋征、宋琪获得毕业奖励。章正镡、许士荣也奏报周懋和办学四年，靡费巨万却未收一效。而周懋和则攻击胡嗣运之子胡荣璆隐没书院公款，曹诚琪对周懋和予以声援，一时间“药线一动，万弩齐发，卒激成交讧之象，其余袒胡而攻周，袒周而攻胡者纷纷绕绕，上年九、十月间几至巷无居人，实属不成事体”。此事拖延到次年才由刘汝骥派员调查处理完毕。对于这次延续数月的攻讦之风，时人总结道：“抉其病根，争权夺利四字而已，非为学务之兴衰起见也。”③诚哉斯言。

堂长选用非人，贪墨渎职，吞没学款的事例也时有发生。休宁县高

---

① 刘汝骥：《陶甓公牍》卷十《禀详·详查复新安中学堂学生滋事情形文》。

② 刘汝骥：《陶甓公牍》卷五《批判·学科·绩溪县商会司事高维干等呈批》。

③ 本段所引资料皆源自刘汝骥：《陶甓公牍》卷十《禀详·禀查办绩溪县胡嗣运周懋和互讦一案文》；《批示辨诬侵蚀公款之学董》，《申报》1909年6月2日。

等小学堂堂长吴荣发沾染烟瘾，学务废弛，被本县士民禀请查办。[①] 屯溪公立两等小学堂堂长张裕杰平素夤缘交结，任该堂堂长后，在学款项下肆意克扣侵吞，其行为之恶劣，引发徽州府属六县学界中人联合呈省具控。[②]

2. 教育场域外部的困扰

教育场域外部的困扰主要来自因筹集经费而引发的乡民毁学，以及地方无赖之徒染指学界等几个方面。这给处在蹒跚起步阶段的新式学堂造成极大的冲击破坏，有些学堂甚至因之停办。

教育活动最核心的部分是课程教学，为保证这一核心活动的正常运转，需要其他一系列机构跟进。近代新式教育发展初期，面临的最大难题就是经费的筹措。清政府采取了就地筹款兴学的办法，把筹集教育经费的压力转嫁给了地方，地方官府除了四处罗掘，动用旧式教育资源外，只能打加派捐税的主意，本已不堪重负的民众显然反对这种饮鸩止渴的做法。徽州出产茶、锡箔、珠兰花，每年行销外地的产品数量可观，学堂董事便欲抽捐以充学款，此举遭到商家的强烈抵制，虽然学董一再禀请地方官督饬办理，但总是难以落实。《申报》不断地报道徽州府署各县抽收捐税遭到抗拒之事，“未准再抽茶盐两捐兴办小学”“兴学不准抽收渔捐”之类的报道屡现。光绪三十三年八月八日，报载“禀请抽收米麦捐兴学未准”，“绩溪县绅士胡毅等禀办教育社，拟抽米、麦二捐作为经费，日前奉现署藩司沈学宪批示，兴学总以筹款为第一要务，然必视民力所及与舆情之向背……该处绅等拟抽米麦等捐为教育经费，惟开办之先业，经歙邑商会已议，其后是商情未洽，即此可知，且已据该府通禀，应办与否未便准理”。

新安中学堂开办后欲扩充学务，因经费不敷，学堂监督许承尧呈请

① 《休宁士民禀请查办小学堂长》，《申报》1910 年 8 月 26 日。
② 《堂长侵吞学款被控》，《申报》1911 年 1 月 23 日。

抽收该府出产的箬捐，嗣因箬商反对，绅董奉禀在街口厘卡严行催收。即便这样，“该箬商等一味诿卸，总以商情困顿无可再捐为词，诚如贵绅之所谓对于地方义务放弃已甚者矣”。[①] 刘汝骥也只能无可奈何地说道：“本府于宪饬事件无不奉令承教，孜孜行之，独此事矢尽援绝，自告才力不及万一，士绅不见谅，虽加阻挠，学捐之咎亦俯首而无辞。”[②]

晚清政府为摆脱统治危机，不断变革，而为变革埋单的则是广大民众，苛捐杂税层出不穷，民众因不堪忍受横征暴敛，反抗事件叠起，毁学便是其中一项。新式学堂之所以会成为民众出气的靶子，个中原因固然复杂，但是，新式学堂发轫期存在诸多的不足及不合适宜之处，以致引发乡民的怀疑乃至仇恨也是不容忽视的。而对兴学权力的争夺也往往会带来失意者的报复行为。毁学不仅冲击了学堂正常的教学秩序，更是大肆破坏学堂物件，使其元气大伤，更甚者，是进一步弱化了学堂在民众中的地位。

徽州境内发生的一起比较严重的毁学事件是光绪三十二年三月歙县潭川毁学。该年年初，潭川罗凤藻等人在罗氏宗祠之旁造房舍七、八间招生开学，所有开办经费均由罗凤藻等人分担，并没有派捐情事。但是学堂开办之初，武生罗文英及罗炵基、詹灶发等便已有仇学之意。三月间，罗文英唆使匪徒将学堂门房所悬牌示捣去，并散布谣言称学堂将收人口捐、菜子捐、米捐、牛猪捐等项，煽动众听，使人皆有仇视学堂之心。潭川每年六月十五日都要供奉瘟神，名曰保安会，并于六月初一日议决赛会演戏事宜。光绪三十二年六月初一日的议决结果是赛会演戏缓期两月举行。这给罗文英等人以口实，遂借此大起蛊惑，于初三那天夜里纠同罗社高等数十人吹号鸣锣，明火执仗，蜂拥至学堂，将堂中一切物件捣毁净尽，并随之拥至罗凤藻家，用石头撞开大门，将厅内器具肆行打毁。罗凤藻之子罗会珪(即堂内教员)逃至城中，急请歙县县令

① 刘汝骥：《陶甓公牍》卷五《批判·学科·歙县内阁中书程锦龢庶吉士许承尧等呈批》。
② 刘汝骥：《陶甓公牍》卷五《批判·学科·歙县增生叶光禄禀批》。

前来勘查。黎明时分，罗文英再次聚众到各教员家，将各教员带至赛会处，勒令他们写悔据，答应“永远勿许再开学堂，永远勿许赴城控告”。时到中午县令才赶到村里，而罗文英依仗人多势众，竟将县令胁迫至学堂，又将新造学舍七八间拆毁，旋又率同乱党拥至罗凤藻家内，举凡一切器用、财物捣毁无存，并又打至罗军松家，大规模的暴乱行为持续至当天晚上才结束。县令虽然回署，但是并没有派兵前来弹压。此后数天，罗文英一干人等每日到各家查点，不许私逃一人，离村一步。直至十五日赛会举办，罗凤藻等人才寻得机会陆续逃遁。潭川学堂在动乱中遭到了毁灭性的冲击。诚如报端所感慨的，“民智如此，诚教育前途之忧也”。[①] 其后《申报》又报道了几起徽州毁学事件。

正因为官府把兴办学堂的权力下放给地方士绅，并允许酌情收取学费、膳费，才激发了地方兴学的动力，但另一方面，也刺激了奸猾之徒借兴学而渔利的贪念，“近日自命为学界中人而文理不通者比比皆是，即如所禀亦不免此病”。[②] 绩溪县二都周星办学事件为我们提供了一个分析案例。据胡适所载，周星实为一目不识丁之徒，平素在家设赌局诱人赌博，又开一牛场，盗窃宰杀耕牛，因家境渐丰，便捐一例监生，并贿赂交结县中讼棍、蠹书作为护符。周星攀援上这层关系，便“无所忌惮，日事敲诈，大则送官，小则罚款，无论富室贫民，受其荼毒而至倾家荡产者指不胜屈”。[③] 周星见本村尚没有设立学堂，便设一小学堂，名曰兢实，以其子周鼎与另一人为教员，这两人皆文理不通，并嗜洋烟，且瘾甚大。周星开办学堂，其目的就是借机勒捐敛财，周星不但雇一裁缝匠在校内兜售洋烟给学生，更以筹措学堂经费为名，将本都分作十方，每方勒捐洋 20 元，每一私塾亦勒捐 20 元，都中每户宰猪一石，捐钱 400 文，

---

① 《补记潭川毁学情形》，《申报》1906 年 9 月 1 日；《皖抚批徽郡闹学案》，《申报》1906 年 10 月 1 日。

② 刘汝骥：《陶甓公牍》卷五《批判·学科·绩溪县学界汪希以等禀批》。

③ 胡适、许棣棠：《绩溪二都校头巨棍周星之历史》，《安徽白话报》第 4 期，光绪三十四年十一月初一日。

每田一亩勒捐谷10斤，通过暴敛手法，兢实学堂每年收入超过1 000余元，这些钱款均未禀报官府立案，全部落入周星囊中。周星甚至在校中夜夜聚赌，每夜抽洋20元，把整个学堂搞得乌烟瘴气，全然失去教书育人之所应有的纯净。对此，远在上海求学的胡适极为愤慨，联合许棣棠撰文投诸报章揭露周星的恶劣行径。本地士绅也多次向县、府控诉，揭发周星聚赌敛财，摊派勒捐等种种为人所痛恨之行径。①

晚清徽州新式教育的发展伴随着全国兴学的步伐，国家的教育政策及制度变革在徽州地域有着明显的反应。不过，在因地制宜式的发展路径中，徽州传统社会因素的影响不容忽视，如果没有强大的宗族力量的支持，那些耗费巨大的学堂不可能在短时间内遍布城乡，而这也与徽州一脉相承的崇文重教传统密不可分，民间对教育的需求推动了学堂的发展。

另一方面，我们不能否认的是，新式教育的发展也是各方力量逐力的结果，如前文所述，教育处于社会结构的结点上，牵涉多方利益，国家、社会、民众力量全部在场。因此，在教育场域内，也最能体现三者间的互动关系，任何一方缺席，教育都不可能获得良性发展。国家没有能力满足全体民众的教育需求，只能让渡部分权力给地方士绅，让他们承担起教育基层民众的重任。士绅兴学，既与这个集团一贯的价值追求有关，更与他们自身充裕的财力分不开。而民众对教育的态度也能左右教育发展的走向，不单是他们需不需要教育，而是他们如果觉得教育机构的存在损害了他们的利益，他们便会诉诸简单的暴力抵抗，这样，教育的发展便会因之而改变命运。

---

① 详见胡适、许棣棠：《绩溪二都校头巨棍周星之历史》，《安徽白话报》第4期，光绪三十四年十一月初一日，以及刘汝骥：《陶甓公牍》卷五《批判·学科》之《绩溪县学界汪希以等禀批》《绩溪县绅学界葛光汉等禀批》《紫阳师范学生胡熙等禀批》《绩溪县张令廷权禀批》。

第二节　刘汝骥与清末徽州宪政调查和改革

刘汝骥，字仲良，号李青，直隶静海人，散馆，授编修，曾任多地监察御史，于光绪三十三年正月奉旨补授徽州知府。由《陶甓公牍》卷首所收录的《丙午召见日记》和《丁未召见恭记》可知，刘汝骥因条陈甚有见地而颇得慈禧信任，先后两次入宫觐见，就立宪政体、兴办学堂、振兴工艺、中外形势等问题向慈禧、光绪奏陈了个人看法，慈禧训令刘汝骥就任知府后要整顿学堂流弊，体恤百姓，严饬州县实心办事。刘汝骥出任徽州知府时仅 39 岁，正值年富力强的壮年时代，极欲在仕途上有所作为，因而上车伊始便颁布裁革门丁、禁演淫戏、劝禁缠足、破除迷信、严禁烟馆等多条示谕，大力推行新政。徽州府各县在知府刘汝骥的推动下，积极开展宪政调查，实行地方自治。

一、刘汝骥与徽州宪政调查

对地方民事、商事习惯进行调查的目的是为地方自治找到切入口。1907 年 10 月，宪政编查馆通知各省设立调查局，下设编制、统计两科，负责办理宪政，编制法律，统计政要。1908 年 4 月 8 日，安徽巡抚冯煦择地设局，任命“于新旧法政均能观其会通”的分发试用道顾赐书为总办，饬令“妥订章程，详细调查，按类分编，以备编查馆之采辑。并照章通饬司道及府厅州县各衙门添设统计处，就该管事项分别列表汇送该局，以收通力合作之效”。[①] 安徽宪政调查局要求本省各州县“一切政俗

① 《安徽巡抚冯煦奏派员办理调查局并开办情形折(光绪三十四年三月十七日)》，张湘炳、蒋元卿、张子仪编：《辛亥革命安徽资料汇编》，黄山书社 1990 年版，第 181—182 页。

自应切定调查，以作议案之依据”。安徽咨议局为此制定调查章程，将调查分为经常调查和特别调查两类，经常调查自宣统元年起，凡关于地方政务兴革之事件，每年调查一次，以次年四月为期，报告到咨议局，以凭参酌情事。经常调查分教育、实业、财政、自治四大纲，按纲系目，制成各种表格，附以调查方法，由各州县发交自治公所会同省咨议局籍贯隶属于该州县之议员慎重调查填写。特别调查是在咨议局闭会以后，“凡本局议员之报告，本省人民之陈请有未便率为呈请抚部院者，则由协议会议决公推常驻议员一人或二三人前往调查，俾得悉情伪而可否之”。[①]

刘汝骥奉令在徽州设立统计处，委派各县学识兼优、热心公益之士绅组织统计学会，分项调查，撰写报告。徽州各县统计处的成立，以绩溪县为最早，调查报告也由该县乡绅最早提交。各县负责调查事项的士绅分别是歙县的鲍鸿、汪达本、鲍振炳，休宁的王世勋，婺源的汪开宗、汪镜芙、董晋璧，祁门的方振钧，黟县的余攀荣，绩溪的朱瑞麒等人。调查有固定格式，先分成若干大类，再细分为若干小类，各县士绅将实地调查所得按类填写，编成报告后汇送到府，刘汝骥进行审核编订，再上报安徽巡抚。刘汝骥对调查一事重视有加，多次与六县乡绅往返信函，时刻加以催促。他在《致绩绅朱石松秀才瑞麒》一信中指出：“前据曹绅作朋赍呈调查法制报告，展读大箸，风俗、绅士二项尤为击节，当即面交学会格纸二百页，嘱转致缮清寄府，以便汇核编纂，此公一去渺如黄鹤，怪事怪事，仍请执事将民情、风俗、绅士三项习惯报告先行缮好邮递敝处，是所切望。”[②]正如信中提及的，调查的主要内容分为法制科下民情、风俗、绅士三项，具体子目如下。

---

① 《安徽咨议局调查章程》，《安徽咨议局第一期报告书》，安徽省图书馆古籍部藏。
② 刘汝骥：《陶甓公牍》卷十一《笺启·致绩绅朱石松秀才瑞麒》。

表 35　清末徽州宪政调查表式

<table>
<tr><td rowspan="14">民情之习惯</td><td rowspan="4">甲：从生活上观察民情</td><td>子：住居之流动固定</td></tr>
<tr><td>丑：共产析产之趋势</td></tr>
<tr><td>寅：食用好尚之方针</td></tr>
<tr><td>卯：生产者不生产者之分数</td></tr>
<tr><td rowspan="4">乙：从行为上观察民情</td><td>子：权利义务之观念</td></tr>
<tr><td>丑：诉讼之诬实</td></tr>
<tr><td>寅：婚嫁之年龄</td></tr>
<tr><td>卯：溺女之年龄</td></tr>
<tr><td rowspan="2">丙：从成绩上观察民情</td><td>子：职业趋重之点</td></tr>
<tr><td>丑：制造之品类</td></tr>
<tr><td rowspan="2">丁：从团体上观察民情</td><td>子：集会结社之目的</td></tr>
<tr><td>丑：交际间之况状</td></tr>
<tr><td rowspan="2">戊：从教育上观察民情</td><td>子：受学者百分之比例</td></tr>
<tr><td>丑：报纸之销数</td></tr>
<tr><td></td><td rowspan="2">己：从道德上观察民情</td><td>子：犯罪以何项为最多</td></tr>
<tr><td></td><td>丑：自杀之多寡</td></tr>
<tr><td rowspan="12">风俗之习惯</td><td colspan="2">祭祀</td></tr>
<tr><td colspan="2">丧葬</td></tr>
<tr><td colspan="2">婚娶</td></tr>
<tr><td colspan="2">居处</td></tr>
<tr><td colspan="2">服饰</td></tr>
<tr><td colspan="2">饮食</td></tr>
<tr><td colspan="2">岁时</td></tr>
<tr><td colspan="2">乐歌</td></tr>
<tr><td colspan="2">方言</td></tr>
<tr><td colspan="2">游宴</td></tr>
<tr><td colspan="2">神道</td></tr>
<tr><td colspan="2">宗教</td></tr>
</table>

续　表

绅士办事之习惯	甲：属诸人者	子：资格
		丑：责任
		寅：任免
		卯：期限
		辰：功过
		巳：有给无给
	乙：属诸事者	子：宗旨
		丑：权限
		寅：能力
		卯：秩序
		辰：效果
		巳：有继续力无继续力
		午：规则
		未：经费

资料来源：根据刘汝骥：《陶甓公牍》卷十二《法制科》中徽州各县调查材料整理而成。

可见调查的内容包罗万象，几乎涵盖了徽州社会的各个层面。因调查出自多人之手，各自的认真程度难免参差不齐，这就使得调查报告详略不一。其中以绩溪县的调查最为详细深入，刘汝骥赞许道："察阅法制三册附风俗表一册，详明精核，切实不浮，统计表亦大致不差，惟农田表似据官册照抄，稍欠精核，此亦非咄嗟所能立办者也。该绅等办事实心，确有见地，迥非率尔操觚、敷衍塞责者所能望其肩背，嘉慰何已。"[①]黟县则显得颇为潦草，属于刘汝骥笔下的敷衍塞责者，士绅提供的资料多所辗转抄自前代方志，内容非常单薄。尽管如此，这次调查还是对徽州的民情、风俗、绅士办事习惯作了一次比较全面的梳理，为地方官体察民情，了解基层社会提供了难得的参考。如婺源县用简练的

① 刘汝骥：《陶甓公牍》卷三《批判·户科·绩溪县职贡生曹作朋禀批》。

语言对县内各类会社的种类及功用作了精要的描述："婺邑社会有以一邑为范围者，有以一乡一村为范围者。紫阳学社目的在辅助官治，文庙灯会目的在庄严祀事，劝学所目的在普及教育，自治研究所目的在讨论公益，物产分会目的在宏奖实业，统计分会目的在调查庶物，不缠足会目的在改良闺范，皆以一邑为范围者也。城乡之集善局以慈善为目的，水龙会水筹会以拯火灾为目的，各乡文会以观摩文艺为目兮，青苗会以保护农林为目的，桥会路会以便行人备水患为目的，皆以一乡一村为范围者也。惜风气未开，以私人集赀结社为教育、政治、实业上之研究者寂然罕闻，而敛费酬神，若同年会、戏会、土地会、社会、灶会、胡帅会、李帅会等则不一而足。其尤著者，如城乡之四月八会、东乡汪口之三宝仙会、北乡清华之端阳会、南乡中云之重阳会，演戏至十余日，靡费至数百金，竭可惜之，脂膏以媚无知之土木，已属大愚。尤可恶者，会场一开，赌局林立，奸人倚为利薮，荡子因而破家。邑尹悬禁赌之示，而书役巧藉以抽头；营佐借弹压为名，而赌棍例有所馈献。伤风败俗，为害不可殚述，此俗不革，婺邑名誉减损多矣。"①安徽巡抚朱家宝对徽州府上报的六县民情风俗绅士办事习惯报告册作出批示："据送该府六县民情、风俗、绅士办事习惯报告册均悉，察阅编辑各条尚属详赡，良深嘉慰。"②不过这只是当时众多调查中的一种。根据安徽宪政调查局的分期调查计划可知，民情、风俗、绅士办事习惯调查属于法制科第一股第一期，第二期的商事习惯、民商事共同习惯，第三期的民事习惯都有待调查。刘汝骥指出："民政、财政为统计最要之事，现已奉颁馆表，酌举要例，转行遵办，此后查报事项，应按照馆表填送，毋庸照省章办理，以求简要而省复繁。"③

---

① 刘汝骥：《陶甓公牍》卷十二《法制科·婺源民情之习惯·丁：从团体上观察民情·子：集会结社之目的》。

② 刘汝骥：《陶甓公牍》卷十二《法制科·申送六县民情风俗绅士办事习惯报告册文》。

③ 刘汝骥：《陶甓公牍》卷三《批判·户科·绩溪县职贡生曹作朋禀批》。

调查户口是筹备立宪的重要基础。晚清婺源秀才詹鸣铎在其章回体自传小说《我之小史》第十三回《办自治公禀立区，为人命分头到县》中曾对户口调查作过详细描述：“但试问看官这调查户口，却是何事？盖朝廷变法之后，预备立宪，查立宪政体，立法、司法、行政有三大机关，立法、司法权归社会，而行政则属官府。所谓地方自治，即是以人治人的意思。且立宪基础，百废待兴，自治方针，法良意美，一切开办，当以调查户口为入手。在昔夫子式负版者，盖‘负版’系持邦国国籍，即此调查户口的事业。夫子式之，为重民数，即重此调查户口的民数。中国向归户部经理，发逆乱后，曾为调查，得男女四万万之数，故有‘四万万同胞’之说，也叫做‘四百兆同胞’。自后保甲局、十家牌，视为具文，第循故事。今国家设立民政部，调查户口，务须切实举行，以故移文及省，由省而郡而县而乡，分区划段，为宪政中绝大关系。且其办法，以地方乡绅就地筹款，公举调查员担任，而一切胥吏之诈索，官样之文章，屏除殆尽。揆情度理，亦属简便易行。所谓调查户口，即是此事。”[①]

光绪三十四年十二月十日《民政部奏调查户口章程折》称：“臣等窃维立宪政体以建设议院为成效，而采用两院制度之国，其议员必有半数以上出于民间之公选，额数之分配不可不以人口之多寡为衡，而选举权及被选举权之限制又不可不以年龄、职业、籍贯、住址等资格为准。”[②]清廷为此颁布了《调查户口章程》，决定自宣统元年开始全国范围的户口总数调查。[③] 徽州府属各县根据部署在辖境内进行了户口调查，歙县县

① 詹鸣铎著，王振忠、朱红整理校注：《我之小史》，第213页。

② 《民政部奏调查户口章程折》，《大清法规大全》卷六，政学社宣统二年印本。

③ 《调查户口章程》第一条规定：“调查户口分二次办理，第一次调查户数，第二次调查口数。”调查的具体过程为首先划定调查区域，以地方自治区域划定调查户口区域，尚未划定自治区域的地区由各该监督就所管辖地区参照面积大小暂行分割区域，并报总监督核定，派员分别调查。调查户数时由调查长在其调查区域内再分地段，各设调查处，由调查员分别调查；调查员在该地段内按照民政部制定的门牌格式按户依号编订，每户编门牌一号，有二户以上同住者以先住者为正户，其余为附户，若同时移住，则以人口较多之户为正户，附户另列号数，标明附户字样，另订门牌；门牌编齐后应由调查员造具本段户数册二份，一份存调查处，一份报告调查长；户数册应载明本段共若干户，编为若干号，并载户主姓名；调查长接到 （转下页）

令陈德慈奏陈刘汝骥，拟在四乡按户收费60文作为调查经费。刘汝骥鉴于民政部已通饬严禁借端需索，担心民众贫富不一，如若一律征收60文，会激起事端，便令歙县会同士绅妥议章程，以于事无误，于民无扰。经过数月努力，各县陆续将户口调查结果上报徽州府，如绩溪县辖15都693村，共计正户15 512户，附户3 713户，均已悬挂门牌，发给证书，刘汝骥接到禀报后指令该县速将人户名册先行造送，派员抽查以求实际。宣统元年六月，婺源县县令魏正鸿申送该县覆查户口总数表，正附户共计50 668户，男女人数共计217 943口。刘汝骥对此颇为激赏，令以后凡遇婚嫁生死及侨居迁移等事，应即督饬调查员随时报告添注以求翔实。

二、刘汝骥与安徽咨议局议员选举

选举是推行宪政的重要内容，端绪纷繁。议员选举分两级进行，县一级为初选，获选者到府一级进行复选，复选当选即为省咨议局议员。咨议局议员的选举，是中国尝试迈向民主政治路程上前所未有之盛事。[①] 清廷颁布了统一的章程，对选举人资格、被选举人条件、选举方式均作了详细的规定。1908年6月24日，宪政编查馆奏拟定各省咨议局

(接上页)各段报告后应汇齐申报监督，监督汇齐各区申报后再申报给总监督，总监督接到各监督申报后应按照民政部制定的表式汇报民政部；自各户门牌编定之日起，嗣后该户如有迁移等事，应责令该户主自赴调查处或巡警派出所呈报，至迟不得逾三日，并另列表册备查。在户数调查的基础上再调查口数，由调查员就编定的户数将民政部制定的查口票交每户户主限期填报，至迟不得超过十日；调查的口数应注明姓名、年龄、职业、籍贯、住所等项；另制调查证于各户缴回查口票时发给户主收执；查口票填齐后仍应由调查员随时亲赴各户按照所填内容抽查；查口票填齐后应由调查员造具口数册二份，一份存调查处，一份报告调查长，口数册应载各项即照查口票所载，按照户数次序编列；口数册申报及汇报事项同户数册；自查口票填报之日起，嗣后该户如有生死婚嫁、承继往来等事，应责令该户户主自赴调查处或巡警派出所呈报，至迟不得超过三日；一家无人呈报者应由该亲族近邻代报，并另列表册备查。详见《民政部奏调查户口章程折》，《大清法规大全》卷六，政学社宣统二年印本。

① 谢国兴：《中国现代化的区域研究——安徽省》，“中研院”近代史研究所专刊第64种，1991年，第174页。

及议员选举章程，规定了选举人和被选举人的资格[①]：

第三条：凡属本省籍贯之男子，年满二十五岁以上，具左列资格之一者，有选举咨议局议员之权：一、曾在本省地方办理学务及其他公益事务满三年以上著有成绩者；二、曾在本国或外国中学堂及与中学同等或中学以上之学堂毕业得有文凭者；三、有举贡生员以上之出身者；四、曾任实缺职官文七品、武五品以上未被参革者；五、在本省地方有五千元以上之营业资本或不动产者。

第四条：凡非本省籍贯之男子，年满二十五岁，寄居本省满十年以上，在寄居地方有一万元以上之营业资本或不动产者，亦得有选举咨议局议员之权。

第五条：凡属本省籍贯，或寄居本省满十年以上之男子，年满三十岁以上者，得被选举为咨议局职员。

第六条：凡有左列之情事之一者，不得有选举权及被选举权：一、品行悖谬、营私武断者；二、曾处监禁以上之刑者；三、营业不正者；四、失财产上之信用，被人控实，尚未清结者；五、吸食鸦片者；六、有心疾者；七、身家不清白者；八、不识文义者。

第七条：左列人等停止其选举权及被选举权：一、本省官吏或幕友；二、常备军人及征调期间之续备后备军人；三、巡警官吏；四、僧道及其他宗教师；五、各学堂肄业生。

第八条：现充小学堂教员者，停止其被选举权。

宪政编查馆要求筹备选举的基本内容有8项[②]：

---

① 《宪政编查馆等奏拟订各省咨议局并议员选举章程折（光绪三十四年六月二十四日）》，中国第一历史档案馆编：《清末筹备立宪档案史料》，中华书局1979年版，第671—673页。

② 《官长调查（续）》，《申报》1909年1月12日。

（一）通饬设立自治讲习所、宣讲所为初选举预备；（二）发各属调查选举人名表式、调查须知、调查手续，使调查有所依据；（三）拟定告示草式，分发各属，使斟酌变通，广行张贴；（四）拟定期限清单，分发各属使归一律，并藉以见办理之勤惰；（五）拟定投票开票规则，投票纸、投票匦得数清单，初选当选人执照之定式；（六）电询关于选举资格解释之疑义，得复电，即刷印多张，分发各属，并将各省询电复之件一并摘录；（七）划清选举区域；（八）筹拨经费。

安徽咨议局的开办，完全是奉令行事。1907 年 12 月 4 日，安徽巡抚冯煦在省垣开办咨议局，作为筹划咨议局选举的临时办事机构。次年 10 月奉命改为咨议局筹办处，分设总办、督办等职，订立章程，分科办事，正式筹办咨议局选举事宜，要求全省各府厅州县将选举理由，编成白话告示，广为张贴，并由各属派人分赴城乡进行演讲，解疑答惑。徽州府属各县根据安徽咨议局筹办处的进度要求逐步开展选举工作，与徽州府之间就选举区域划分、选举资格调查、选举事务所设立、选举人名册登记等事项进行了繁复的公文往来，知府刘汝骥事无巨细，作了大量的批示。比照选举人和被选举人的资格规定，刘汝骥明确提出："选政如何重要，罚则如何严明，果实有串通舞弊情事及不合被选举资格之人，一经判实，即遵馆章办理，断不能失宪政之信用，贻地方之后害。"①但是由于事属草创，相关人员对选举步骤和规则缺乏了解，以致在具体选举过程中出现了各种问题。刘汝骥也坦陈："徽州本人文渊薮，近则稍稍陵替矣。其黠者以匿名攻讦为事，其贤者遂杜门谢客，对于此事尚漠然无所动，于中始之弗慎。第四章选举变更、第五章选举诉讼之事将层出迭起而未有已，不敢谓其有效也。"②

① 刘汝骥：《陶甓公牍》卷九《批判・宪政科・歙县第八区耆民禀批》。

② 刘汝骥：《陶甓公牍》卷十《禀详・徽州府禀设立选举事务所文》。

在选举筹备阶段，刘汝骥遵章在署内设立了选举事务所，拣选公正士绅在籍陕西遇缺题奏道汪廷栋、奉天候补道李淦、内阁中书程锦龢、四品封职洪廷俊等人办理选举事宜。他又以绅商散处四乡，山路崎岖，村落未及周知为由，撰刻简明告示千余张分发到县，派丁分赴各都各图交绅董张贴，随时加以解释演说。鉴于选举事务繁杂无序，非多数绅董划区调查不易速于蒇事，刘汝骥令各县迅速划立选举区域，经数日努力，休宁县划分为 8 区，绩溪县、黟县均划分为 5 区，祁门县先是划为 5 区，因地方广狭与人口多寡之间很难分配匀当，便重新划分为 8 区，歙县和婺源因辖境较广，被划分为 10 区。詹鸣铎记录了婺源县为划分选举区发生的一起事例，从中可以窥见地方士绅在划分选举区中对乡村权势的争夺，如上所述，婺源县起初被划为 10 区，北乡的凤山、庐源属段莘选举区，虹关、察关、士堡、环川属沱川选举区，凤山的查某"财雄一乡，好名心切，闻新政令下，将来中央之权，散归社会，于是运动益力"，便合约各村，借丽泽文社名义，欲于凤山自立一选举区，以为日后的自治张本。众人公议之后，举某生到县同县令杨兆斌谈及此事，但被回绝。随后在选举中出现了种种弊端，詹鸣铎考虑到庐源既然不能自立，就力促凤山成此好事，以舍远就而近，他遂修书一封致某生，而该时凤山也正在筹议，漫无着落，适得此信，众人群情激奋，当下议决会合各村，征求同意。某生持詹鸣铎原信到环川、虹关、察关、士堡等处，各村皆同意自立，由是同具公禀，委派专人到县承办，即蒙批准，凤山被立为十二调查区，上文的查某为调查长，各村分段为调查员。庐源村五段的调查员为詹鸣铎，六段的调查员为詹荣森。后凤山被改为北三区自治公所，查某为区长，各段为段董。[①]

选举区域既定，对选举人进行资格调查，登记造册等事宜即被提上日程。为按期进行选举，安徽省咨议局筹办处派祝崧年赴徽州现场督

① 詹鸣铎著，王振忠、朱红整理校注：《我之小史》第十三回《办自治公禀立区，为人命分头到县》，第 214—215 页。

促选举人资格调查登记造册事宜，刘汝骥亦再三严札催促，并专门委派士绅汪达本帮同查催。祝崧年先后深入到六县视察办公，汪达本逐县劝谕，在各方的督迫下，六县陆续将选举人名册呈送到府。因期限紧迫，绅员的重视程度不同，各县汇送到府的初选人名册存在各种各样的问题。如婺源县上报的初选人名册，既没有遵照安徽省咨议局筹办处颁发的登记册表格样式，也没有分区填写，而是笼统混杂在一起。刘汝骥饬令该县按照定式，分区造册，每区一式十本，十区共三十本，多雇书手日夜缮写。其语词颇为严厉："倘再错误逾延，定即详请撤参不贷，凛之切切。"[①]刘汝骥的盛怒与婺源县此前的消极态度有关，在婺源县令杨兆斌筹办选举的申报册上，刘汝骥已严厉指责该县的不作为。杨兆斌称婺源僻处山陬，户鲜殷实，士习亦坏，合格当选之人未易多得。对此刘汝骥指出，婺源幅员既广，人文鼎盛，茶商、木商有五千元以上之资本及不动产者更不乏人，"该县何卒然出此愤语，此本府之无从索解者矣。"此外，从光绪三十四年十月二十七日起，刘汝骥便分发简明告示到各县，并不断下发多种批札，但时过三个月，杨兆斌无一字回复，直至次年一月初才草草陈报，所谓另文详报者，二十日也未见只字片语。刘汝骥认为该县："玩视要政，不明时局，莫此为甚。本应详请示惩以儆泄沓，姑先手示申饬，仰即会督士绅迅速调查宣示草册，赶造正册，限二月十五日以前专差送府以赎前愆，懔之慎之，勿再玩忽，切切。"[②]但杨兆斌仍然玩忽懈怠，在选举人调查登记上草草应付了事，实际上这也从一个侧面折射出了地方官员在地方自治推行过程中的真实态度。

宣统元年闰二月初，选举人名册登记工作完成，在六县申报的选举人名册中，绩溪人共登记选举人 780 名，另有 3 人粘签请示；黟县共有选举人 943 名，其中朱宇辉等 36 名应厘剔者另册呈送；婺源县共有选举人 1 792 名，应厘剔者 164 名另册呈核；歙县共有选举人 904 名，应厘

① 刘汝骥：《陶甓公牍》卷九《批判·宪政科·婺源县杨令兆斌详送初选人名册批》。
② 刘汝骥：《陶甓公牍》卷九《批判·宪政科·婺源县杨令兆斌申报筹办选举批》。

剔者 9 人另册呈核，因歙县选举登记册遗漏过多，汪廷栋等人补查出京外各官、举贡生员 203 名分区造册作为补遗；祁门县共有选举人 613 名，其中吴永涛等 16 名另册呈核。徽州府六县共划分四十六区，每区一册，歙县补遗一册，共计选举人 6 037 名，除重复及未合格者 228 名另造清册呈送抚宪裁断外，实际共登记选举人 5 809 名。比较六县呈报的选举人登记名册，以黟县较为完善，其余各县有失之迁就者，有失之遗漏者，有失之错误者，都存在不尽完善之处。如歙县申送的初选人名册中，程锦龢、徐巽、徐谦皆漏填科分，鲍琪豹误填顺天籍，二区胡士梅、九区程开均漏填住址，第一区李嘉善已据原籍绩溪填写，其在本籍并未呈请注销，第十区二十七号谢升瑞、四十四号又有此名，可知审查不细。①

所谓失之迁就者，对照上文所列的选举人资格，学堂毕业，必须是从中学堂及与中学堂同等或中学堂以上之学堂毕业并获有文凭者，师范两年以上者，政法讲习满一年半者才为合格，芜湖徽州公学、徽州紫阳师范、绩溪东山师范传习所的学生皆一年毕业，既然与章程不符合，登记册却一概没有剔除。此外，办理学务项下有填办义塾者，有填办本村学务者，也有填私塾改良教员者，名目混乱。文官七品、武官五品以上皆须曾任实缺，任缺二字本来已包括署理、代理在内，而登记册候补各员有填洋务局当差者，有填分销缉私差者，有填办理厘卡者，各项差使皆非署理、代理可比，其人既能纳粟得官，应非一贫如洗，登记册并未声明别项资格。昔日积谷、社仓、团防、保甲，本皆在公益范围之内，唯积久玩生，大半有名无实。至于阅报所、宣讲所、树艺会、农学会、植物会、不缠足会者，名词虽新，按其实际或并无其事，或徒具形式，并无成绩之可言，但登记册却往往将此作为选举人资格而皇然列之。

---

① 刘汝骥：《陶甓公牍》卷九《批判 · 户科 · 歙县陈令德慈申送初选人名册批》。

所谓失之遗漏者，徽州是一个聚族而居的宗族社会，其户族蕃衍者莫如汪、程二姓，其他如朱、舒、洪、余、詹、胡等也都是著姓望族，登记册中以这些姓氏的人为多，那些僻居深山的单户稀姓原不乏才干超群之人，但登记在册者有的一区不过二十余人，有的一都竟无一人。我国习俗一贯讲究“良贾深藏，知士怀宝”，骤兴调查财产，民众难免不心生误会。众所周知，明代中叶以来徽商势力如日中天，其家资在五千以上者应不乏人，但在徽州却很难有登记五千元以上之财产者，而“至乡间多田足谷之翁讳莫如深，尤难解此大惑，甚至有掩耳而走，自甘放弃者”，[①]对比宪政编查馆所列“在本省地方有五千元以上之营业资本或不动产者”具备选举资格，可知在徽州仅此一项而遗漏者仍不在少数。

所谓失之错误者，是指寄居人在寄籍投票，原准通融办理，唯须在本籍呈请注销，经地方官批准，始作为有选举权及被选举权之证据。就休宁一县论之，外府寄籍如青阳县人，同府寄籍如绩溪人最占多数，外府寄籍者无从校勘，但休宁、绩溪二县人名册重复者甚多，可见无论是原籍还是寄籍都将其登记在册，既然不能两处投票，两名也不能同见。休宁训导、教谕以任所为寄籍，一起登记，则尤显错误，因为教官有选举权，是指本省范围内，在原籍投票可以，但在任职地投票则不可。另外，生员须注明年分、科分，但所填出身与科分、年分上下均不一致，如休宁县登记册中胡宗瀛填写已巳毕业进士，程霦填写丁未科主事，绩溪县登记册则漏注年分，其余各县或漏注科分，或漏填住址，或误注籍贯。宪政编查馆颁发的登记册表式只令填写姓名，无须填号，如某某区某某号某某人，但各县申报的登记册或加号或不加号，参差不齐，备注格式也是或存或删，殊不一致。以上数端虽是瑕疵，但也有违通例。

选举资格调查结束后，选举便进入主体程序——投票。投票规则主要依据《咨议局选举章程》和《城镇乡地方自治选举章程》，如《咨议局

---

① 刘汝骥：《陶甓公牍》卷十《禀详 · 徽州府详送初选选举人名册文》。

选举章程》分为总纲、初选举、复选举、选举变更、选举诉讼、罚则、专额议员选举方法、附条八章，共 115 条。投票所一般设立选举区内适中之地，以方便投票人。负责投票事宜的人员为管理员、监察员，如休宁县委任胡钦顺、许桂林、吴荣等 16 人为投票监察员，按区派充，以胡荣庆、方家燦充当开票监察员。[①] 按章程规定，管理员应停止选举权，黟县只好每区仅设一名投票管理员，由程希濂、胡肇桂、叶登瀛、孙树昌、汪保和派充，监察员由余毓元、王淦、吴翔藻等 10 人充当，开票管理员由陈训导、程定保派充。[②] 四月初，进行初选投票，投票期间，所谓运动选举法层出不穷，詹鸣铎曾描写了投票中发生的事件，很具代表性："初次办选举，有不开通的人民，委实不知何事。有运动的先立门外，见有人来，教他投票写某某名，后来开匭，毫不一致，全无选举的真正民意。凤山某生，以曹某运动当选，设法推翻，又到邑改组覆选，从多数取决，复到段莘投票。此番以实力制造民意，搜罗票纸，自行带去，填名投匭。我村共计有三十票，他来运动，我以一手和盘托出，交他带去，此乃惠而不费顺水人情，这种选举，真叫何苦！中国人无资格，大都如是。后来曹某果然无形消灭，某生则得一议员。"[③]

各县选举一般分两天进行，第一天投票，第二天投票检票，由于票数分散或投票人积极性不高，第一次投票大多不能选出额定人数，还要进行第二次甚至第三次投票，如休宁县于宣统元年四月初四日开票，实际投票人数共 623 名，以当选 9 人除之再折半，应达到 34 票才能当选，但仅有吴嗣箴一人当选，还缺 8 人，初十日再行投票，共投 379 票，以 8 人除之，需 47 票又十六分之六，折半为 23 票又十六分之十一，应以 24 票为当选数，金沄、王世勋、李鸿遇等 8 人当选。黟县则进行了三次投票才选举出 8 人。在核算投票数和选举人应得多少票才能当选时总是

---

① 刘汝骥：《陶甓公牍》卷九《批判 · 户科 · 休宁县刘令敬襄申批》。

② 刘汝骥：《陶甓公牍》卷九《批判 · 户科 · 黟县罗令贺瀛申批》。

③ 詹鸣铎著，王振忠、朱红整理校注：《我之小史》第十三回《办自治公稟立区，为人命分头到县》，第 215 页。

存在这样那样的问题，有将各次票数累计核算者，有票数与票额不符者，各县将当选人姓名、职衔、得票数及初选情形开折造册申送到府后，由知府刘汝骥进行审核，再返回县里进行更正，最终确定所有当选票额均按照每次投票人实数核算办理。初选结束后立即受理选举诉讼，人们可以就选举人资格、票数等问题提出自己的疑问。应当说此类诉讼是保证选举公正的必要一环，但实际上往往会异化为互相攻讦的契机，因而不时出现联名具禀或捏名控告之事。刘汝骥也颇为头疼，他无奈地说道："近来联名具禀之事日益加多，或封交邮局迳寄，或雇遣乡民赍投，既非本人亲呈，即无从知其真赝。其被捏捏人及有被告并无原告之事，亦往往而有一经彻查跟究，长舌巧妇又率变为乌有先生。"①所以他郑重指出邮递匿名是非正式之诉讼，姑存之以观其后。②

根据咨议局议员选举章程第 61 条规定，当选人接到知会后应二十日内呈明情愿应选，逾期不复者即作为不愿应选处理。徽州各县完成初选后，休宁、黟县各辞选 1 人，祁门县辞选 2 人，随即照额推补。宣统元年五月，徽州各县将初选选举人名册汇报到府，歙县第一次得 596 票，按当选人 11 名除算，以 28 票为当选票数，得汪国傑等 4 人；二次投票得 494 票，以 35 票为当选票数，得黄家驹等 7 人。休宁县第一次得 623 票，按当选人 9 名除算，以 35 票为当选票数，得吴嗣箴 1 人；二次投票得 379 票，以 24 票为当选票数，得金淦等 8 人。婺源县第一次得 1 295 票，按当选人 18 名除算，以 35 票为当选票数，得王日含等 8 人；二次投票得 1 264 票，以 63 票为当选票数，得余家鼎等 10 人。祁门县第一次得 456 票，按当选人 6 名除算，以 38 票为当选票数，竟无一人当选；二次投票，得 354 票，以 30 票为当选票数，得陈郊等 6 人。黟县第一次得 334 票，按当选人 8 名除算，以 21 票为当选票数，得余攀荣等 2 人；二次投票得 279 票，以 24 票为当选票数，得姚国宜等 3 人；第三次

① 刘汝骥：《陶甓公牍》卷九《批判・户科・休宁县岁贡韩熙禀批》。
② 刘汝骥：《陶甓公牍》卷九《批判・宪政科・歙县第八区耆民禀批》。

投票得 314 票，以 53 票为当选票数，得吴翔藻等 3 人。绩溪第一次得 454 票，按当选人 8 名除算，以 29 票为当选票数，得朱瑞麒等 3 人；二次投票得 437 票，以 44 票为及额，得周懋和等 5 人，总计徽州六县共得初选当选人 60 名，正好符合分配定额。[①]

初选选举人即为复选投票人，初选选举人确定后，发给投票执照，再集中到府进行投票，选出安徽省咨议局议员，是为复选。由于各县初选选举人家境贫富不一，各县距离府城也远近不一，在交通落后的时代，往返车马及伙食、住宿等费用非数十元不可，家境寒畯之士殊难负担，刘汝骥便在复选期间指派招待员二人专门安排复选选举人的食宿，其经费由刘汝骥捐廉支给，有富裕士绅及附郭而居者自愿提供食宿均从其便，旅途伕马一项则由各该初选监督量路之远近分别筹给，这也是仿照科举时代公车之例的变通做法，足见对选举的重视。[②] 安徽省咨议局筹办处分给徽州府议员的名额为 6 名，候补 3 名。宣统元年六月十日为复选投票之日，徽州府六县的初选当选人已先期齐集府城，刘汝骥会同参议洪廷俊、程锦龢及管理员、监察员全部到投票所公同监督。当日，投票人实到 56 名，按议员 6 名除之折半，为 4 票又九分之六，应以 5 票为当选票额。十一日当堂开匭，黄家驹、洪廷俊、江谦、赵文元、吴翔藻、周懋和等 6 人均得 7 票，当选为议员，康达得 5 票，作为候补议员，其次汪国傑、余家鼎各得 4 票，卢琪得 1 票，检票无误即当场公布。因候补议员尚缺 2 人，而得数较多的只有汪国傑、余家鼎、卢琪 3 人，遂取决众议由六县士绅各举 1 人，再于 6 人中由知府刘汝骥当众抽签 1 人以补足 4 人。十二日重新投票，当天开票，除检出一张废票外，得 55 票，以 14 票为当选票额，汪国傑得 20 票，余家鼎得 19 票，乃当选为候补议员，附于康达之后，卢琪得 16 票，能否作为候补议员，由安徽巡抚裁定。刘汝骥将两次投票纸分别保存，知会当选议员限于二十日内答

---

① 刘汝骥：《陶甓公牍》卷十《禀详 · 徽州府详送复选选举人名册文》。

② 刘汝骥：《陶甓公牍》卷十《禀详 · 徽州府详复选投票办法文》。

复已否应选，定期给与执照，并将复选选举人得票数目、姓名、职衔、履历造册上报到省。[1] 徽州府进行的初选、复选共计8个多月，分发两次告示一千多张，制备初选、复选投票纸六千多张，再加之其他费用，共支洋银115.196元，钱19千零84文，以钱合银，统用洋银129.075元，经会商各绅，由书院息银项下如数借拨。安徽巡抚朱家宝对徽州府在选举中所支各款均无浮滥，撙节办事之举极为赞赏，记大功一次。[2] 自此，徽州府的议员选举圆满结束。

表36　徽州府当选安徽省咨议局议员、候补议员表

类别	姓名	县份	年龄	职　　衔	得票数
议员	黄家驹	歙县	37	光绪庚子辛丑并科举人，拣选知县	7票
	洪廷俊	休宁	65	花翎知府衔	7票
	江　谦	婺源	35	附生，曾举经济特科南洋公学毕业，分部员外郎（后被选为资政院议员）	7票
	赵文元	婺源	40	光绪壬寅举人，江西法政学堂最优等毕业，江西候补知县	7票
	吴翔藻	黟县	43	附贡生，署庐州府训导	7票
	周懋和	绩溪	56	岁贡生	7票
候补议员	康　达	祁门	34	光绪丁酉拔贡，内阁中书（后因江谦被选资政院议员，出缺叙补）	5票
	汪国傑	歙县	33	光绪科副贡，日本宏文学校毕业	20票（再选）
	余家鼎	婺源	58	附贡，浙江候补知县	19票（再选）

资料来源：1. 刘汝骥：《陶甓公牍》卷十《禀详·徽州府详选举议员衔名册数文》；2.《安徽咨议局议员名籍一览表》，载《安徽咨议局第一期报告书》。

---

① 刘汝骥：《陶甓公牍》卷十《禀详·徽州府详选举议员衔名册数文》。

② 刘汝骥：《陶甓公牍》卷十《禀详·徽州府申报复选事竣文》。

三、刘汝骥与徽州地方自治

地方自治分两级，府厅州县为上级，城镇乡为下级，由下级开始试办。宣统元年一月八日，清廷颁布了宪政编查馆订立的《城镇乡地方自治章程》和《城镇乡地方自治选举章程》。自治章程第一章第一节第一条即开明宗义："地方自治以专办地方公益事业，辅佐官治为主，按照定章，由地方公选合格绅民，受地方官监督办理。"城指府厅州县治所在之城厢，镇指一般市镇村集人口在五万以上者，不满五万者即为乡。自治机关包括议决机关与执行机关两种，议决机关在城、镇、乡均称议事会，议员任期两年；执行机关在城镇称董事会，董事由议事会于选民中选出，任期两年，在乡则设乡董、乡佐各一人，由乡议事会于选民中选出，任期两年。而县级议决机关有二，一为议事会，由议员组成，任期三年，一位参事会，参事由议员互选，人数为议员数的十分之二。

安徽省遵照清廷有关规定，先于光绪三十四年十一月开办自治讲习所，以培养自治人才，后成立自治筹办处。宣统元年，安徽省制定了城镇乡自治实施进度：宣统元年六月至宣统二年六月，办完城厢自治；宣统二年六月至宣统三年六月，办完镇区自治；宣统三年六月至宣统四年六月，办完乡区自治。其详细的分期进度如下表所示。

表 37　清末安徽省城镇乡地方自治分期进度

时间节点	进度安排	时间节点	进度安排
宣统二年六月一日至三十日	各州县分设镇乡筹备自治公所	三月一日至五日	知会议事会当选人
七月一日至二十日	确定镇、乡自治区域之划分	三月六日至十日	当选人答复（是否应选）
七月二十一日至八月二十日	调查男女口数及选民，分别登册	三月十一日至二十日	发给议员执照，选举正副议长，名册报巡抚及自治筹办处

续　表

时间节点	进度安排	时间节点	进度安排
八月二十一日至九月十日	选举人名册公布	三月二十一日至四月二十日	自治筹办处汇整各州县镇乡选举结果，由抚宪转咨民政部，预备选举镇、乡董事会、乡董、乡佐
九月十一日至二十日	选举人名册及人口册呈地方官审查	四月二十一日至三十日	镇董事会、乡董、乡佐选举投开票
九月二十一日至十月十日	各县人口册及选民册报自治筹办处	五月一日至三十日	选举诉讼
十月十一日至十二月三十日	自治筹办处核定各镇乡议员董事额数	六月一日至二十日	镇议事会、乡董、乡佐选举结果呈报各主管机关
宣统三年一月一日至二十日	抄发投、开票办事通则及议会选举传单	六月二十一日至七月十日	公布各镇总董，加劄任用
一月二十一日至三十日	投开票并公布当选人票数	七月十一日至三十日	颁发各董事、乡董、乡佐证书
二月一日至二十八日	进行选举诉讼	七月二十一日至三十日	核定木质图记，分给各镇乡议董两会应用，正式成立议事会、董事会

徽州府根据安徽省自治筹办处的进度安排，开始推行地方自治，虽然时隔不久即被辛亥革命打断了进程，但其已经开展的工作还是产生了一定的影响。

筹备自治公所是基础性事宜，刘汝骥敦促各县尽快设立。歙县分东南西北四乡，北乡六区组织成镇自治公所，由所长程源铨捐助开办经费。[①] 东乡一带土客杂居，田畴不治，情况较为复杂，但东乡士绅仍然提

① 刘汝骥：《陶甓公牍》卷三《批判·户科·歙县直隶试用道程源铨等禀批》。

前筹办，组织歙东自治公所，选举了所长、参议。[①] 因南乡地域广阔，便分为三镇，士绅吉林候补知府汪士仁等人集第二镇民众在深渡设立自治公所，刻期办公。[②] 士绅拣选知县程恩浚等人联络七区合成为歙南第一镇，人口达七万以上，其“生聚之蕃、地利之饶”甲于其他镇乡，自治公所设在王村，非常便利。[③] 黟县士绅余攀荣、李淦等人也禀请设立自治研究所，试图为自治推行过程中出现的问题提供对策，不过刘汝骥出于整体筹划的考虑，以“兹事体大，固不可不求完备，亦未便自为风气”为由未予批准，殊为遗憾。但刘汝骥对余攀荣洁诸士绅己奉公，非但从未开支薪水，反而自行筹措常年自治经费之举大为赞赏，认为“深合自治名义，嘉慰何已”。[④] 与歙县各乡设立自治公所的积极态度相比，祁门县则甚为消极，虽然已奉令设立自治公所与统计处，但办事并无一人，当其他五县按照规定在宣统二年十月十日之前将各自城乡人口细数及镇乡区划图呈报到府之时，唯独祁门县没有上报，刘汝骥对此严厉督责，令新任县令孔庆尧赶紧调查城乡人口造册送核，毋再玩延。[⑤]

宣统三年四月，徽州各县城董事会先后成立，选举出总董、陪董。歙县城董事会选定总董为许鸿熙，陪董方文甯，休宁县城董事会总董为吴嗣箴，陪董汪启寅，婺源县城董事会总董为程学诰，陪董汪启功，祁门县城董事会总董为程际隆，陪董姚仲南，绩溪县城董事会总董为章尚达，陪董周懋和。刘汝骥在各县申报册中要求各总董、陪董及名誉董事、董事等人要实力任事，为六月下旬议事会、董事会两会的成立做好准备。

---

① 刘汝骥：《陶甓公牍》卷三《批判・户科・歙县湖南候补知县洪濴等禀批》。

② 刘汝骥：《陶甓公牍》卷三《批判・户科・歙南吉林候补知府汪士仁等禀批》。

③ 刘汝骥：《陶甓公牍》卷三《批判・户科・歙南拣选知县程恩浚等禀批》。

④ 刘汝骥：《陶甓公牍》卷三《批判・户科・黟县罗令贺瀛详邑绅前芜湖县训导余攀荣奉天候补道李淦等设立自治研究所批》。

⑤ 刘汝骥：《陶甓公牍》卷三《批判・户科・祁门县杜令英才禀批》《批判・户科・祁门县孔令庆尧禀批》。

四、刘汝骥与徽州物产会的兴办

奖励实业是清末新政的一项重要举措。晚清时期面对凋敝的经济状况，朝野上下产生了急切希望发展工商业的普遍社会心态需求。清政府为此制定了振兴工商的措施，主要包括设立商部、制定经济法规、奖励工商、劝办商会等方面的内容，在经济政策上对商品赛会进行扶持，由此促成20世纪初“赛会热”在中国大地的兴起。1905年清朝商部颁行《出洋赛会通行简章》20条，支持商人出国参加万国博览会。1906年10月，农工商部又开设京师劝工陈列所，“专供陈列中国自制各货，供人观览，以为比较改良之张本”。[①] 各省会和通商巨埠均有仿行，各种类型的劝工会、劝业会、物产会等地方性博览会纷纷而起。据学者研究，博览会系统实际上也是一种网状的结构，从地方性博览会到全国性博览会再到各种各样的国际性博览会；从博览会到各种物产会、协赞会、出品协会、商品陈列所，其间都有某种或明或暗的管道联系，构成了一张纵横交错的物流、人流、信息流、商品流的大网。[②] 1910年在南京举办的南洋劝业会为中国举办的第一次全国性博览会，规模宏大，会场占地700余亩，设各省展览馆30余个，并设3所参考馆，分别展出美、英、日、德等国展品，会期长达5个月，参观人员20余万次。为了举办南洋劝业会，两江（江西、江苏、安徽）所属各府州设立了镇江、苏州、徐州、徽州等39个物产会，其任务是先在本地征集土特产品，举办展览，然后再择优运往南洋劝业会赴赛，徽州物产会就是这样的背景下产生的。“照得宣统元年奉南洋商督宪札饬创办物产会，征集物品送宁陈赛”，[③]“窃奉宪饬南洋创办第一次劝业会，各府应遵章设立物产会，以知府充物产会监督，商会总理或有资望而具热心者充物产会创立员，务期

① 农工商部统计处编：《第二次农工商统计表·农政》，1910年。

② 马敏：《中国近代博览会事业与科技、文化传播》，《历史研究》2004年第2期。

③ 刘汝骥：《陶甓公牍》卷一《示谕·物产会颁发奖品示》。

官商联络一气，共底于成”。[1]

接到筹办物产会的草案简章后，刘汝骥便遴选地方绅商办理此事，主要人员为歙县商会总理许鸿熙、休宁县知府衔洪廷俊、婺源县同知衔赵文光、祁门县候选训导方振均、黟县商会总理余毓元、绩溪县五品封职程全，他们被聘为物产会创立员，会同地方官绅切实筹办，刘汝骥还饬令各县县令督同办理。考虑到选择赛会场所，布置会场，搜采物产进行陈列以及准备参加南洋劝业会等诸多事宜，刘汝骥利用各县初选士绅集中到府城进行复选选举的机会，邀集阖府士绅公同集议：一、决定组建一个联合机关以居中协调筹划，于会场所在地选取一人为主任，因会场设在休宁县屯溪镇，便推选休宁人洪廷俊担任；二、征集物产之事由士绅在各自县内进行，分别向许鸿熙、赵文光等6位物产会创立员负责，以期责任既专，实心任事。因洪廷俊复选当选省咨议局议员，当年八月份就要到省城赴任，不能终始其事，遂令屯溪镇上的绅董湖北候补知州曹蕊、候选布经历宁恩举人郑景侨、同知衔宁本纯、试用巡检程康、梓州同衔贾日华等人帮同办理，以收同力合作之效。

举办物产会，首在得人，其次在于筹集经费。刘汝骥原本打算就各地迎神赛会演戏项中提拔经费，因顾及民智未开，恐滋烦扰，便劝地方绅商捐助。据洪廷俊先后函报预算，举办此次物产会的经费约需英洋三千元，拟由屯溪商号认筹一千元，休宁县绅商捐助一千元，此法由洪廷俊会同休宁县召集地方绅商决议获得同意，其余一千元由于事关阖郡公益，洪廷俊请饬五县共同承担，刘汝骥认为符合官绅合力筹办之宗旨，当即分别致函札饬照办。刘汝骥对经费一事用力独多，他写信告诫洪廷俊，南洋劝业会会期长，运费旅费所需甚巨，须宽为筹备，亦须实力撙节。他在洪廷俊寄来的收支录内看到厷厦司代办监督公馆支洋20元一项，甚为诧异。刘汝骥一行于宣统元年十一月初七日到达屯溪，初

① 刘汝骥：《陶甓公牍》卷十《禀详・徽州府禀筹办物产会文》。

九返回府城，其间的三餐都在物产会内。刘汝骥每日发给差役轿夫饭钱，临行前他们向饭馆购买点心以备路上食用，也是刘汝骥亲自付账。刘汝骥据此认定二十元远远超出他们的开支范围，就要求事务所开列明细，查账开单以便核实。他指出："事关公款，一文不能含胡也。"①在会场处所的选择上，他们决定借用茶税总局，该处不但面积宏敞颇为合宜，而且可以省去建筑装潢的费用。但后来因事搁浅，由士绅另外借用屯溪中街凤邻巷下首邻河的孙怡泰茶行，面积也够使用，并另借江晋丰茶行招待各分会会员。物产会事务所暂时设在屯溪德源钱庄，职员有监督、创办、坐办、会计员、调查员、庶务员、书记员、内外账房司事、内外陈列所司事、生物场司事、游艺场司事、招待员、稽察员等几类。各县所派员绅经刘汝骥亲笔致书敦促劝勉，也开始组织绅、学、农、工、商各界按照刊发调查表广为搜采物产。

对物产会会期的安排，刘汝骥也很费思量。根据简章，各地物产会会期一月，开赛之期最迟不得迟于当年十一月初一日，刘汝骥本拟推迟到明年正月十五开会，以从容布置，力求完备。刘汝骥后来到省城面禀劝业道请示机宜，并晤商劝业会事务所调查科科长陶逊，经一番讨论，他们均认为年前开会为宜，便立即星夜兼程返回徽州督促进行，决定于十一月初八日为开会期，以十二月初八日为闭会期，会期一个月。

徽州物产会开办的宗旨与国外赛珍会、展览会不甚相同，"本会专以搜集本府歙休婺祁黟绩出品，陈列比较，鼓励农工商界之进步为宗旨"，所以搜集物产不求严苛。在物产征集的途径上，歙县、婺源、祁门、黟县、绩溪五县各设分会征集汇送，休宁县的物产由本镇绅商征集送会。各县士绅广泛征集的物产主要可分为农业部类六、水产部类三、药材部类二、开采部类三、狩猎部类一、工艺品染织部类一、服装部类二、

① 刘汝骥：《陶甓公牍》卷十一《笺启·复物产会洪绅廷俊》。

陶磁部类一、髹漆部类二、五金部类五、竹木部类二、玉石部类一、笺扇部类一、化学制造部类二种、美术品绘画部类二、煅冶部类一、手工编制部类三、教育品教授用具部类三、图书部类一。属于歙县士绅征集的一百七十种,属于休宁县士绅征集的六百七十五种,属于婺源士绅征集的三十一种,属于祁门士绅征集的六十六种,属于黟县士绅征集的六十四种,属于绩溪士绅征集的一百零四种。征集到的物品全部装潢完好,签注详明,共四十四类一千一百十种,由刘汝骥编成出品目录以便检查,并令会员各自撰写切实简明的解说书,以供审查员、评议员研究之用。①

在会场的布置方面,孙怡泰茶行门首悬挂"徽州府物产会"匾额一方,东西建牌楼两座,事务所设在门内东偏附卖票所。票分两种,一为入场券,售价铜钞三枚;一为优待券,先期送绅、学二界,不取分文。由正门入厅,是为教育品陈列所,再进为招待所,由招待所而东,是为天产品陈列所,再进为工艺品陈列所,又进为美术品陈列所,逶迤而至东北隅,是为书记室,又设有生物场、游艺场以娱视听。放置物品的器具视其容积各装配二层玻璃厨十个,两层木板架十个,三层木板架底、木板架各二十个,高低适合观览人的视线。会场大门外的小贩、食摊栉比而居,还罗致嘉卉文禽,准备灯彩花炮,渲染会场的气氛,增加参观者的兴趣。

为保证物产会顺利进行,刘汝骥还会同办事员绅制定了详细的入场观览规则,有如下几条:(甲) 开会后每日上午十点钟起,下午三点钟止;(乙) 无论中外人等,须在头门购券,二门缴券,再入陈列所观览;(丙) 无论何种出品,只许眼观,不许手动;(丁) 孩童无人带领不许入内;(戊) 陈列所内无论何人不许吸烟吐痰;(己) 妇女准星期一、四日购券入览,余日停止;(庚) 未闭会前,出品不得出售;(辛) 如有愿购各项

① 刘汝骥:《陶甓公牍》卷十一《笺启·致物产会》。

出品者，可预先订定，闭会再行交易。刘汝骥同时也制定了会场保卫措施，要求配备消防器具，常设内外巡更，如遇特殊情况临时请派警察，以保证万无一失。①

会期临近，刘汝骥专门颁发物产会开会示，以简明扼要的语言阐发了物产会的宗旨，号召绅商士庶人等前来参观，并注意不得扰乱会场秩序。“此次物产会，本府专以‘惟土物爱’四字为宗旨，与各埠赛珍会展览会用意迥不相同，凡饮食日用所必需，无论卖品非卖品，皆得赴会陈列以资比较而求进步，开会时间任人观览，惟不得紊乱秩序，致干查究。勗我商民联翩至止，共谋进益，共膺褒赏，本府有厚望焉。”②宣统元年十一月初八日，徽州物产会在屯溪孙怡泰茶行隆重开幕，一时观者如堵，我们从事后刘汝骥的答词中能够看出刘汝骥兴奋的心情，当天到会庆祝的学堂学生有 300 余人，刘汝骥特捐廉 100 元交由劝学所总董制成奖品，按人分发以作纪念。③

经遴选员绅对参会物产进行审查，评定分数，请奖在案，宣统二年七月二十二日奉督宪核定颁发奖牌，由事务所转送到徽州府，共发金牌 5 面，银牌 17 面，铜牌 59 面，证明书 81 张。其中，歙县参会物品有 10 种获三等铜牌；休宁县参会物品有 42 种获得奖项，获得一等金牌的 3 种，获得二等银牌的 10 种，获得三等铜牌的 29 种；婺源县参会物品有 4 种获得奖项，二等银牌 1 种，三等铜牌 3 种；祁门县参会物品有 9 种获得奖项，二等银牌 1 种，三等铜牌 8 种；黟县参会物品有 2 种获得三等铜牌；绩溪县参会物品有 14 种获得奖项，一等金牌 2 项，二等银牌 4 项，三等铜牌 8 项。获得一等金牌的物品分别为休宁县农业公司出产的肥丝、胡开文百寿图墨、黄锡祉肥丝，绩溪县程敷楷国、省、府、县图四帧、胡继本细丝。④

---

① 刘汝骥：《陶甓公牍》卷十《禀详・详报物产会开会文》。
② 刘汝骥：《陶甓公牍》卷一《示谕・物产会开会示》。
③ 刘汝骥：《陶甓公牍》卷十一《笺启・答词》。
④ 刘汝骥：《陶甓公牍》卷一《示谕・物产会颁发奖品示》。

徽州物产会结束后，安徽巡抚在刘汝骥的禀文中做出批示："该府物产会征集物品分类骈罗，若网在纲，有条不紊，所需会费尽由绅商捐助，该府劝导有方，与该绅等踊跃从事均堪嘉许，应先传谕嘉奖，并准于闭会时择其为出力者，由府发给名誉执照，以示优异。"[①]可见徽州物产会取得了应有的成效。

本 章 小 结

清末新政形成了"官为主导、绅为辅助"的推行模式，在这场自上而下的改革运动中，各级官员成为统治阶层倚重的对象，他们对新政的认知、采取的对策及对新政的督导都会不可避免地影响到新政的开展。对于受到慈禧太后和光绪皇帝赏识的刘汝骥而言，推行新政似乎更是报答浩荡皇恩的极佳机会，他本人虽在翰林院、都察院当差十余年，但并没有局限于旧学的桎梏，而是对中外形势有着较为精到的判断。如他在召见中奏陈对振兴工艺的看法时就明确说道："振兴工艺莫若赛会，各国有共进会、物产会、博览会，每数十年又特开大会奖进工艺，其法最善，我国可先择川陆通衢省分举行内地赛会以鼓舞之。"[②]新政中"赛会热"在中国的兴起也足可证明刘汝骥的眼光。在徽州知府任上，刘汝骥对开办学堂、警政，推行宪政调查，进行议员选举等事宜不遗余力，与下属六县的官员、士绅书信往还，严厉督责，从而保证了新政各项举措的有效落实，但是通过史料记载我们也能看到刘汝骥对下属官员的懈怠、塞责的痛责乃至无奈，这就从一个侧面说明能否得人成为新政推行过程中的关键。

---

① 刘汝骥：《陶甓公牍》卷十《禀详・详报物产会开会文》。

② 刘汝骥：《陶甓公牍》卷首《丙午召见恭纪》。

新政对僻处山陬的清末徽州社会产生了深远影响。各县民情习惯调查可视为对徽州传统习俗的一次盘点，而调查本身对沿袭已有生活传统数百年的徽州乡民来说也是一种新生事物的冲击，咨议局、地方自治议员选举在他们看来更是前所未见新鲜的招数，投票、办地方自治、结文明团体等等都是很难理解的新名词。由此，具有一定知识水准和功名的士绅就成为新政最直接的推动者。可以说，在传统乡村社会的权力关系中，绅权是极为重要的权力之一，杜赞奇在考察1900—1942年的华北乡村社会时，提出了“权力的文化网络”概念，并详细论证了国家权力是如何通过商业团体、经纪人、庙会组织、宗教、神话及象征性资源等深入社会底层的。杜赞奇指出，“权力的文化网络”这一模式可以使我们在同一框架中理解晚清社会中帝国政权、绅士以及其他社会阶层的相互关系，并以将这种对文化及合法性的分析置于权力赖以生存的组织为基础，来达到这一目的。在组织结构方面，文化网络是地方社会中获取权威和其他利益的源泉，也正是在文化网络之中，各种政治因素相互竞争，领导体系得以形成。① 新政以及由此推进的地方自治，为日趋扩展的士绅权力提供了合法性和制度性基础。“新政举行以来，教育之机关则绅士握之，实业之大权则绅士揽之，将来自治咨议局成立以后，董事议员等等，其大多数又将以士绅充之……一言以蔽之，新政发生以后，乃绅士恢复权力之一好机会也，何也？中国既因上下之隔阂而致弊政丛生矣，则当此预备立宪之时，自以沟通上下为要义，然官吏挟其积威不肯稍事俯就，人民又限于地位不敢贸然上攀，上下之间依然隔绝，而彼绅士者出无乞丐之拥护，入无皂隶之喧喝，其在社会之上，究与人民为切近，民间之疾苦，政治之利弊必能周知而尽悉，故有一新政之举行，必有一绅士之位置。”②制度的变革，使得一些士绅获得了掌握资

① （美）杜赞奇著，王福明译：《文化、权力与国家——1900—1942年的华北农村》，江苏人民出版社1996年版，第13页。

② 《论绅权》，《申报》1908年2月22日。

源的优势，获得资源而又缺乏监督，就很容易滋生贪墨问题，接触不到资源者心有不甘，便采取各种手段力图分肥，由此引发了士绅间种种的问题。这在末代秀才詹鸣铎的《我之小史》中都有着生动的记载，而乡村权势的转换也对徽州社会产生了深远的影响。

第七章

旅外徽州人与近代徽州社会赈济事业

以徽商为主体的旅外徽州人无论身处何地，从事何种行业，始终与桑梓故里保持着密切联系，举凡徽州开展修桥筑路，赈济灾荒，兴办教育等各类社会公益事业，都离不开旅外徽州人的大力支持。徽州各县方志中的“人物志·义行”收录了大量的徽州人慷慨解囊，热心家乡社会公益的事迹。可以说，对故乡各类社会公益事业的财力扶持已经成为旅外徽州人的一种生活常态，尤其是当徽州发生水旱灾害，急需赈济时，旅外徽州人更是众志成城，奔走呼号，筹募财物，积极帮助家乡社会渡过难关。[①] 本章重点考察旅外徽州人对近代徽州社会赈济事业的关注与扶持，以光绪三十四年徽州爆发特大水灾后，[②]旅外徽州人踊跃捐资赈济桑梓之地的事件为例，广泛搜集晚清时期出版的报刊资料，辅之以政书文牍，细致梳理徽商在此次赈捐中，如何利用现代公共传媒，突破地域限制，召集流寓各地的徽籍人士捐资捐物纾解故土危难。另外还探讨1930年代旅外徽州人为帮助家乡应对旱灾而采取的赈济举措，以期丰富我们对旅外徽州人与近代徽州赈济事业的理解。

---

① 卞利以《徽商与明清时期的社会公益事业》为题，讨论了徽商在捐资兴办教育和文化事业、修桥筑路、灾荒救济、社会慈善等方面进行支持与捐助的情况，认为这种行为不仅体现了徽商乐善好施的良好美德，而且为徽商的进一步发展拓展了获利的空间，形成了徽商与社会的良性互动。此前，他还撰文探讨了明清徽商在捐款赈济灾荒中所付诸的努力。参见卞利：《徽商与明清时期的社会公益事业》，《中州学刊》2004年第4期；卞利：《明清时期徽商对灾荒的捐助与赈济》，《光明日报》(理论版)1998年10月23日。

② 对于光绪三十四年暴发的徽州特大水灾，吴媛媛进行了初步探讨，从区域社会史的角度讨论偏处一隅的徽州地区如何应对这场突如其来的大水灾，从而窥探晚清徽州社会的变迁。作者利用历史地理学的专业优势，以《徽属义赈征信录》中的赈灾款额作为代用资料，细致入微地考察了灾害的空间分布格局，在此基础上分析了水灾的赈济机构和赈济程序，并关注了赈灾款项及来源。参见吴媛媛：《晚清徽州社会救济体系初探——以光绪三十四年水灾为例》，《中国历史地理论丛》2007年第2期。

第一节　旅外徽州人与光绪三十四年徽州水灾赈济

一、徽州水灾报道及初期赈灾

光绪三十四年入夏以后，徽州各县雨水不断，池塘沟渎日见盈满。及至农历五月二十四日，倾盆大雨直泻而下。次日午后一时一刻左右，阴雨迷漫天空，洪水瞬间陡涨，势若倒海。时人称："方一瞬间即涨至一二丈高，当者无法防维逃避"。[①] 地方官员称："本年五月间阴雨连绵，乡民以为霉雨之常，均未设备。迨二十五日下午，阴云四合，迷漫天空，霎时山洪陡发，蛟水奔腾，卷地而来，房屋冲倒，人口淹毙，田地被砂石填压，财物随波涛荡尽，哭泣之声惨不忍闻。"[②]负责办理赈灾的绅董调查发现，受灾区主要沿河溪分布，长达三百余里。由于洪水从高山奔涌而下，以往不近水之处也波涛数丈，休宁县西乡之玉桥、山背，南乡之黄金桥、吴天岭各村遭灾尤惨。从当时比较详细的报道可知："休宁五城灾情最重，山斗以上冲屋伤人不少，清漪一带居民皆已荡然，龙湾之下溪口、星洲、伦堂水灾相同。其自南乡向西各路，自月潭到小珰一路，山崩于途，道路不通，水高数丈；下溪口、浮潭、东州、方干、竹背后等处一片汪洋；荪田、商山一路亦山崩道塞。屯溪众水所汇，水势更甚，沿河店屋尽被水淹，茶叶淹没，有一百数十万之巨，水退泥深六尺，舟无泊处。"[③]这场突如其来的特大水灾给徽州社会经济造成了极大的破坏，洪水所到之处，道路桥梁尽毁，交通断绝，膏腴之田变成瘠壤。"今次洪水成

① 《旅沪徽州水灾劝赈所第一次报告·附第一次来函》，《申报》1908年8月15日。

② 《徽属义赈征信录·告示》，宣统二年刻本，上海图书馆古籍文献部藏。

③ 《皖省水灾续志》，《申报》1908年7月15日。

灾，多从山顶、山腰直决横冲而下，所有路径或被冲倒，或经崩摧，无不失其故步，往来要道断绝行人，甚或成为绝涧，扳藤牵葛，一里费十里工夫。”[①]屯溪为皖南巨镇，是晚清徽州茶叶集散之所，每年输送到海外的茶叶额几至千万元，“而今被水冲决已毁其半，今年茶叶殆无望矣”。[②]街内店铺进水三五尺不等，七十余家茶号仅有四家未遭水淹，其余无一家幸免，损失数十万金。沿河街一带居民铺户悉数被水冲毁，各洋庄茶号及各行业的货物被冲走二三十万金，盐、油、粮食、酱园损失更甚。所幸无人丧生，沿河民户只得搭棚栖身。[③] 但休宁西乡渭桥等处被淹毙大小丁口 18 人，损失惨重。[④] 歙县西南各村镇也遭到洪水洗劫，婺源县大畈、江湾以及官亭各处，沿河一带民居、田地多付之东流，其幸存之屋则东倒西歪，未死之人亦流离失所。[⑤] 水灾造成物价腾涨，灾区米价每石需洋甚至十余元，一时间道路饥馑相望。耆老咸云：“此次蛟水为数十年所未有。”[⑥]

水灾过后，徽州地方官绅迅即展开赈济工作。屯溪公济局绅董洪廷俊、程恩浚、江福桢等人不忍坐视水灾惨状，邀集街上的士绅出面筹集赈款，因屯溪盐、货各店遭灾甚巨，仅向钱庄、茶行、典当铺及茶栈、各善局筹募到英洋 2 700 余元，就近散给受灾最严重人户每人英洋 2 元，米 1 斗，赈济之后的数百元余款用来雇佣石匠修造黎阳大桥，因工程浩繁，赈余之款不足以供给需费，便由洪廷俊等人筹垫。

赈灾初期，屯溪公济局绅董只是将注意力放在挖掘徽州本土财力上，还没有充分发现旅外徽商的作用，或者说尚无暇顾及向旅外徽商求助。在旅沪徽商将第一笔赈款 5 000 英洋和各报馆筹垫的 3 000 元汇

---

① 《旅沪徽州水灾劝赈所第一次报告·附第一次来函》，《申报》1908 年 8 月 15 日。

② 《论今日助款救灾不仅为慈善事业实为爱国心之表见者》，《中外日报》1908 年 7 月 15 日。

③ 《徽州屯溪镇水灾情形》，《中外日报》1908 年 7 月 11 日。

④ 刘汝骥：《陶甓公牍》卷十《禀详·禀查勘屯溪水灾文》。

⑤ 《纪徽州水灾情形》，《中外日报》1908 年 7 月 5 日。

⑥ 《安徽·皖省水灾汇报》，《大公报》1908 年 8 月 14 日。

到屯溪公济局，委托其散发后，洪廷俊等人才意识到从家乡走出的商人群体是一笔多么宝贵的财富，旋即致函旅沪徽商，称“今捧诸大善士华翰，急公好义之诚溢于楮墨。洪廷俊等展读未终，不觉为灾黎额首称庆，先即代其泥首致谢。”接着汇报了婺源、休宁等处遭灾情形，认为以工代赈非巨款不能成事，“希诸大善士于筹赈之余，借箸更筹，不拘定数，集腋成裘，如能得有常款，源源接济，则造福于瘠土，功何可纪！”[①]从整个赈济过程来看，此次水灾之所以能够安然度过，也多半程度上仰赖于旅外徽商的募捐。

旅外徽商以上海徽商为主体，通过在《申报》《中外日报》《神州日报》等发行量较大的报刊上发布募赈公告，把分散于杭州、无锡、汉口、九江等国内各主要城市的徽籍人士团结到了一起。在故土乡谊纽带的联结下，旅外徽商不分所在之县是否受灾，慨输资财。随着外来赈款源源不断的输入，徽州受灾各县的赈济工作在地方官绅的主持下开始有条不紊地进行，最终取得了一定成效，对徽州受灾民众生活的安定、道路交通的修建乃至社会经济的恢复起到了至关重要的推动作用。

二、旅沪徽商的募捐举措

光绪三十四年六月十四日午后一时，旅居上海的徽州绅商集会于徽宁会馆，商讨募捐事宜。斯时参加议事的徽商还未接到徽州绅董的灾情报告，只能从《中外日报》《申报》等媒体的报道中了解灾区最近消息，“知徽河两岸被水冲毁受灾之地，其长达于三百，现在灾地米价每石需洋二十元尚不易得，故道馑相望，饥民遍野，非办急振不可”。故土的灾情迫在眉睫，便决定先设立旅沪徽州水灾劝赈所，由公众委托法租界永安街长源泰栈为赈款总汇之处，推举长源泰店主谢筠亭为收支员，以

---

① 《旅沪徽州水灾劝赈所第一次报告·附第一次来函》，《申报》1908年8月15日。

万昌典执事余鲁卿辅助之。同时还议定了办事程序，一面发急电请求安徽巡抚拨官款赈济，一面由徽商分处投报进行募捐，商定于即日内先行向屯溪茶业公所汇款作为最先之急赈。由于灾区需款甚殷，而时间又至为紧急，此次集议，除到会商人量力捐款外，还决定先行借款，然后再分头筹款，由上海茶业公所垫解 2 000 元，神州日报馆垫解 500 元，中外日报馆亦允诺垫解 1 500 元，徽宁会馆更是责无旁贷，垫款 2 000 余元，此外还同沪上保安堂、果育堂等善堂相商，请先行垫拨款项。集会当天，上海徽商便募集到首批赈款 5 000 元英洋，各报馆垫款 3 000 元。六月十五日，5 000 元英洋由益和、通裕、万康、致祥、德记五庄每庄各汇 1 000 元到屯溪公济局，并致电公济局绅董派员切实调查受灾情况，保证赈款发放落到实处。[①]

屯溪公济局绅董洪廷俊、程恩浚接到赈款后，便派人分路前往灾区查勘，与各县商议共同办理。旅外徽商汇寄的赈款极大地缓解了公济局的燃眉之急。时值六月中旬，距山洪暴发已将近一个月，各处灾情陆续上报，亟待赈济之民望眼欲穿，但是徽州本土所能筹集到的赈灾款显然满足不了如此巨大的需求，前述屯溪公济局募集的 2 700 元英洋和安徽巡抚拨发的 2 000 元赈款仅能就屯溪附近受灾之地发放，其余各乡则无款赈济。在此情势下，旅外徽商的努力受到徽州绅董的高度重视，地方官员也对他们寄予厚望。六月十八日，安徽巡抚冯煦致电汪嘉棠，在赞赏旅沪徽州水灾劝赈所情关桑梓的同时，希望广大徽商能继续筹款赈济："惟念灾区较广，需款孔殷，全仗在事诸公合力广筹，苦口劝集，源源接济。"[②]在接下来的数月时间里，屯溪公济局绅董和旅沪徽商保持着紧密联系，他们广派调查人员，深入受灾区域，通过电报和书信把家乡受灾情况尽快地报告旅沪徽州水灾劝赈所，让上海徽商及时知晓家乡的灾情发展状况，以便调整募捐程序。事实证明，徽州本土和旅外徽商

① 《旅沪皖人筹振徽属水灾初志》，《中外日报》1908 年 7 月 13 日。
② 《皖抚致上海电 · 为徽州水灾事》，《中外日报》1908 年 7 月 16 日。

适时有效的沟通极大地提高了赈济效率，旅外徽商的捐款源源不断地输送回来。我们从旅沪徽州水灾劝赈所在《中外日报》刊登的解往屯溪公济局赈款的第一次报告中就能看出：六月十五日，第一次汇寄屯溪公济局英洋五千元；六月二十日、七月初二日、七月初九日、七月十四日，每次汇寄屯溪公济局规元五千两；七月十七日，第六次汇寄屯溪公济局规元七千五百两。以上共计洋五千元、规元二万七千五百两。此项赈款由驻沪万康、益和、致祥、德记等五家屯庄汇寄助赈。六月十八日，旅沪徽州水灾劝赈所电至杭州，委托郑凤台购屯溪赈米 495 石。朱研涛、朱幼鸿两位观察助捐运往屯溪面粉 1 000 包。[①] 由此不难发现，从六月十五日第一批赈款解往屯溪起，在一个月的时间里，旅沪徽州水灾劝赈所便筹集出六笔款项，而且每笔数目都比较可观，这既反映出旅沪徽商对故土灾情的关注程度，也从另一个侧面映衬出旅沪徽商的规模与财力。数额不菲的赈款之所以能够在如此短的时间里筹募起来，与旅沪徽州水灾劝赈所的调停处置有着莫大的关系。

为了筹款，旅沪徽州水灾劝赈所绅董借用刚刚兴起的公共传媒，连续不断地在报纸上发布募赈告白，将徽州遭受水灾的情状报道出来，并刊登收款处所和经收之人，呼吁各界捐款，下面是一份比较完整的募赈布告。[②]

> 敬启者。天灾流行，岁所不免。不意五月二十后徽州淫雨经旬，蛟水陡发，歙、休、婺尤甚，淹没田庐人畜不计其数。现存灾黎遍野，无家无室，嗷嗷待哺，悠忽之间行将转填沟壑。哀吾同胞何忍坐视？为此，迫求诸善长慨发仁慈，节衣缩食，以救此数百万同胞。捐款多多益善，总祈多一衣食之资，即灾

---

① 《旅沪徽州水灾劝赈所解往屯溪公济局赈款第一次报告》，《中外日报》1908 年 8 月 19 日。

② 《谨募皖赈启》，《申报》1908 年 7 月 17 日。六月二十日，《中外日报》第一张第一版刊登《谨募徽州水灾急赈启》，内容与《谨募皖赈启》相同，只是落款由此前的十七位经手人改为“皖南徽州劝赈公所同人公启”。时隔一周，这份广告刊登在《申报》上。

黎多一份生全之望。如蒙诸公惠振，请送：永安街长源泰、英大马路万昌、兴仁里永泰源茶楼、申报馆、新闻报馆、中外日报馆、时报馆、神州报馆、仁济堂。

汪叔芾、汪颉荀、何颂圻、朱砚儒、朱幼鸿、宁价人、谢筠亭、汪琼卿、汪仲间、汪汉溪、余鲁卿、洪伟臣、汪宽也、金焕堂、金介堂、吴詠宽同启。

这是旅沪徽州水灾劝赈所发布的首份劝赈声明。六月十九日开始刊登，六月二十六日才截止，每日都登在第一张第一版。从广告传播的利用效率来说，刊登在如此醒目的位置显然有助于提高布告的关注度。为规范赈款经收，防止有人借机欺诈，劝赈所在报纸上发布“皖南徽州水灾交收赈款之处”声明，除增加上海埠内祥泰布号、福泰衣庄两个收款处，还特别强调除上述收款处外，其他并无经手赈捐点。“所有公启、简明捐册系托至好亲信之人劝募。如蒙捐助，乞寄至以上各处，挈取收条为凭。除报馆、善堂外，其收条均系祥泰经手刊刷，并无二式，亦未派人带捐册出外到各省募捐。”①

随着募款启事的连续刊布，旅沪徽籍人士纷纷将数目不等的捐款交送或汇寄到各收款处。其中既有个人性的捐款，也有典当、茶栈、布业、药房等行业性的捐资，数额从一元、十元到数十元、数百元不等。永安街长源泰、中外日报馆等收款处每隔一段时间就将所收赈款交至劝赈所，劝赈所绅董负责汇集款项解往屯溪公济局，并将捐款名单和数目刊登在报纸上，此举一方面可以取信于社会，及时地让社会人士了解筹款的具体过程并进行监督，另一方面也起到了广而告之的作用，有助于宣传善举，激励更多的人捐款、捐物。从《申报》于六月二十三日首次刊布水灾赈捐报告，至十一月二十八日发布“皖南徽州水灾劝捐公所截止劝赈声明”，旅沪徽州水灾劝赈所共登了十次赈捐报告，虽然有时仅是

---

① 《皖南徽州水灾声明交收赈款之处》，《申报》1908年8月2日。

两三笔款目或者捐款数额很少，也照样登报声明。如七月初五日的报告所示："(六月)二十七日收余鲁卿经募洋一千五百元，福康美记洋一千元，汪安山经募乾昌典众友洋七元，元昌典众友三十一元，益昌典众友三十四元，晋昌典众友十一元，震昌典众友六元，益昌代步众友十六元，共一百零六元。"同日还刊登了永源泰洪伟臣经收徽州水灾捐款清单。[①] 账目不分涓滴，能做到如此公开，在一定程度上减少了有意捐款者的疑虑，推动了赈捐行动的持续开展。[②] 募捐过程中，徽商移筵助赈的事例屡屡出现，如谢筠亭为庆祝寿辰，本欲设席酬谢诸亲友，但念及徽州水灾，便将100两谢客筵资捐助赈济。徽宁会馆每年都援乡饮之例，与徽宁旅沪茶业、丝业两帮一年一叙，藉樽酒以联乡谊，因家乡遭受水灾，特从公项下酌提英洋300元筵资赈捐。[③]

借用演戏筹款是旅沪徽州水灾劝赈所采取的另一个募捐途径。义演筹资是晚清义赈的重要机制之一。朱浒的研究表明，演戏在义赈活动中的最初出现，极有可能是对西方义演形式的一种仿效，虽然早在光绪二年就开始出现，但真正成为义赈募捐机制中的一种重要手法，则是在光绪三十一年崇明、宝山一带发生严重水灾时丹桂茶园开演的助赈专场。[④]

作为角逐于上海商界的一股重要力量，徽州商人经常将茶园、戏院这样的公共空间作为联系私人情谊的重要场合，在义演助赈渐成潮流

---

① 《皖南徽州水灾劝赈公所报告》，《申报》1908年8月1日。

② 《安徽水灾赈捐报告》，《申报》1908年7月21日；《寿筵移赈》，《申报》1908年7月21日；《安徽劝赈公所经收捐款清单》，《申报》1908年7月24日；《皖南徽州水灾劝赈公所报告》，《申报》1908年8月1日；《保安堂经收安徽水灾赈捐一次清单》，《申报》1908年8月30日；《谢筠亭君谢筵移赈》，《申报》1908年8月30日；《徽州水灾》，《申报》1908年9月25日；《徽宁茶丝水客暨茶丝各栈账房筵移赈》，《申报》1908年9月26日；《旅沪徽州水灾劝赈所报告》，《申报》1908年10月2日；《金伯蕃经募来徽州赈捐》，《申报》1908年11月19日；《无锡新安义赈所各户交来清单第八次》，《申报》1908年12月8日；《皖南徽州水灾劝捐公所截止劝赈声明》，《申报》1908年12月21日。

③ 《谢筠亭君谢筵移赈》，《申报》1908年8月30日；《徽宁茶丝水客暨茶丝各栈账房筵移赈》，《申报》1908年9月26日。

④ 朱浒：《地方性流动及其超越——晚清义赈与近代中国的新陈代谢》，中国人民大学出版社2006年版，第363—369页。

的时局下，演戏成为徽商的首选，并增加了新的内容。六月二十七日，《申报》和《中外日报》同时发布丹桂茶园排练新戏捐助安徽水灾的普告。[①] 园主夏月珊身为安徽人，“谊关桑梓，更难坐定”，便上演新戏《黑籍冤魂》头本及后本，中间加入了关涉安徽水灾的情节，呼吁“几吾安徽人不可不看，即非安徽人，人之欲善，谁不如我?”所收看资悉数移交新闻报馆以寄往安徽灾区。[②] 丹桂茶园演戏的时间持续了将近一个月。

七月二十日，《申报》登出两则演戏助赈启事。一则是《皖南徽州水灾开演影戏助赈》，邀请美国技师在大马路五云日升楼后面演西洋影戏。启事称：“蒙美国技师扶贫，不取分文，并减半取影片租价，除正项开销，其余全数助赈，交由余鲁卿经收。其影戏片有声有色，上海从未演过，绅商闺秀惠临方知斯言不谬也。戏院凉爽，并有电扇，有马路可停车马。”票价是头等八角，二等五角，三等三角，在徽商经营的大马路万昌当，二白大桥晋元当，永安街长源泰三处售票。另一则是《丹凤茶园捐助安徽水灾普告》，因“徽州灾情最重，哀鸿遍野，伤心惨目”，丹凤茶园主人特邀集本园名角恩晓峰等一起登台，并外请著名校书客串合演“特别好戏”，所收看资尽数移交新闻报馆，由其转解徽州水灾劝赈所汇往灾区。

八月初一日，《群仙戏院演剧助赈》登出，该则启事直接以旅沪绅商的名义发出，是针对旅沪商人的专场募捐。“凡旅沪绅商各大善士既可藉以消暑，又得惠及灾黎”，这起赈戏“请群仙戏园诸女伶排演好戏，除所列客串外，另聘著名校书数人登台以博诸君子青赏”，所售戏资，登楼者每客八角，正厅六角，交新闻、神州两报馆发解徽州灾区。[③] 八月二十

① 夏月珊系安徽怀宁人，京剧老生，在上海梨园名声多著。光绪三十年左右，接办丹桂瑞记茶园，其后，与潘月樵等合办丹桂胜记茶园。光绪三十四年夏月珊、夏月润昆仲和潘月樵创办了中国第一座近代剧场“上海新舞台”，夏月珊亲任后台经理，由其主导的丹桂茶园在演戏助赈方面非常踊跃，被视为义演活动的正式手法。参见李太成主编：《上海文化艺术志》第十篇《人物》第一章《传略·夏月珊》，上海社会科学院出版社 2001 年版。

② 《丹桂茶园捐助安徽水灾普告》，《申报》1908 年 7 月 25 日。

③ 《群仙戏园演剧助赈》，《中外日报》1908 年 8 月 28 日。

三日晚，号为“皖南野鹤”的上海梨园名角鲍鹤龄在宝善街大观茶园演剧助赈，因桑梓受灾，鲍鹤龄特编《诉哀鸿》一戏，专门摹写水灾情状，绘影绘声，被称为“诚郑侠《流民图》之活动写真也”。这场戏连续上演了三天，还邀请了旅沪绅商著名者客串《浮海客》及《蓬莱居士》，大观茶园诸出色名角也登台献艺，各尽其能，轰动一时。①

三、旅外徽商的努力及赈捐物资

当旅沪徽州水灾劝赈所诸绅董为募款而奔走呼号之时，流寓其他城市的徽州商人也积极行动，呼吁各埠徽籍人士慨捐助赈，以解乡土父老的灾荒之难。七月初十日，《大公报》刊登了由窦延鑫、洪恩广、张云达等 19 人领衔的皖省筹济善会所发布的《募安徽水灾急赈告白》，称“徽属蛟水突发，淹没人口，财受灾尤重。近复继以瘟疫，死者暴露，生者饿殍，惨目伤心莫此为甚，哀鸿嗷嗷不可终日”。筹济善会刊发捐册分投劝募，由启新洋灰公司和直隶工艺总局代为收款。杭州协德堂皖浙筹赈所首先垫银 3 000 元，致电邀请在衢州经商的休宁人项华仰就近由开化县登岭进入婺源境内查勘灾情轻重，分别散赈。筹赈所绅董潘炳南同时委托旅杭徽州人金仲琴、吴心如携款前往休宁、歙县分头襄助办理赈济事宜。② 苏州徽商成立了新安义赈公会负责筹款，主其事的何子豪前后向屯溪公济局汇寄了 5 000 元赈款。③ 无锡徽商成立了新安义赈所，分行业筹款，先后交到新安义赈所八次清单，赈款分三次汇寄，汇费及龙洋、次洋贴水垫息由同和庄一家承担，募捐费用也均自备，不占用赈款分毫。④ 九江徽商虽没有直接成立劝赈机构，但平素运转的徽州笃谊堂则承担起赈济职责。⑤ 对于旅外徽商为解乡梓之难所付出的

① 《皖南野鹤演剧助赈》，《申报》1908 年 9 月 14 日。
② 《杭州协德善堂皖浙筹赈所潘君炳南等来函》，《中外日报》1908 年 8 月 24 日。
③ 《徽属义赈征信录 · 收款》。
④ 《无锡新安义赈所各户交来清单第八次》，《申报》1908 年 12 月 8 日。
⑤ 《徽属义赈征信录 · 收款》。

诸种艰辛，徽州知府刘汝骥颇有感触：“沪、汉诸君子奔走呼号于炎天烈日之中，高义凤麟固堪景跂。”①下表是笔者根据屯溪公济局刊印的《徽属义赈征信录》及《申报》中的相关资料整理而成的旅外徽商筹募赈款的数量及其所分布的城市。

表 38　光绪三十四年旅外徽商赈款概况

汇款城市	汇 款 者	汇款时间	汇 款 数
上海	上海徽州水灾劝赈公所汇来	六月二十日	英洋 5 000 元
		六月二十六日	九八规元 5 000 两
		七月初七日	九八规元 5 000 两
		七月十五日	九八规元 5 000 两
		七月二十一日	九八规元 5 000 两
		七月二十五日	九八规元 7 500 两
		八月初六日	九八规元 10 000 两
		八月十三日	汇杭办米英洋 2 711.413 元
		八月十四日	九八规元 5 000 两
		十二月二十四日	九八规元 5 000 两
	章莘夫	九月十四日	英洋 200 元
	谢筠亭寿礼移赈	九月初一日	英洋 20 元
苏州	孙培卿	七月初九日	英洋 50 元
	德成典汪伟三	七月二十四日	英洋 20 元
	新安义赈公会何子豪经手汇来	七月二十四日	英洋 4 000 元
		八月二十一日	英洋 500 元
		九月十五日	英洋 200 元
	新安义赈公会由福春祥汇来	九月二十日	英洋 300 元

① 刘汝骥：《陶甓公牍》卷三《批判・户科・徽州办赈义绅花翎知府衔洪廷俊禀批》，第 481 页。

续 表

汇款城市	汇 款 者	汇款时间	汇 款 数
无锡	无锡新安义赈所	六月二十六日	解洪伟臣洋 1 000 元
		七月初七日	解交洋 2 000 元
		十一月初四日	解交洋 1 037 元,解交小洋 7 角,解墨卿经修扶车岭洋 1 000 元
常熟	孙莲记、孙旭记汇来	七月初九日	英洋 2 元
通州	梁缙卿、江易园汇来	七月二十九日	英洋 1 000 元
		八月二十二日	英洋 1 000 元
		十月初十日	英洋 1 000 元
清江	戴纯甫汇来	七月二十九日	英洋 500 元
杭州	杭州保商会项华卿、金仲勤、吴心如汇来	七月初三日	英洋 1 500 元
	杭州保商会宁琯香、李蠡莼、汪子谷汇来	七月初八日	英洋 1 000 元
	杭州保商会潘赤文汇来	八月初六日	英洋 1 500 元
	杭州保商会汪子谷汇来	二月二十八日	英洋 1 198.025 元(内有铜洋 1 元)
	杭州保商会于天顺由克成布店交来	六月二十六日	英洋 10 元
海盐	程受卿汇来	七月二十四日	英洋 500 元
溧阳	章莘夫汇来	正月二十五日	英洋 208 元
菱湖	程炳文汇来	十月初八日	英洋 1 000 元
玉山	怀远旧人	六月十九日	英洋 100 元
江西	俞仲康汇来	七月初七日	英洋 200 元
		七月十五日	英洋 200 元
		八月初十日	英洋 125 元
		八月二十六日	英洋 26 元

续　表

汇款城市	汇 款 者	汇款时间	汇 款 数
江西	洪明度经募	七月十八日	英洋 100 元
		八月初六日	英洋 72 元
九江	徽州笃谊堂等经募	八月初三日	英洋 2 000 元
景德镇	康特璋经手由益和庄汇来	九月十九日	英洋 937 元
汉口	新安书院汇来	七月二十六日	九八规元 6 000 两
芜湖	新安会馆汇来	七月初九日	英洋 2 000 元
		十月二十三日	龙洋 8 元
天津	皖省筹济善会汇来	八月十八日	英洋 4 000 元
		十月初六日	英洋 4 000 元
		十二月二十日	英洋 3 500 元
安庆	清节堂黄肇初经手汇来	十月初五日	英洋 3 000 元
婺源	江思训堂江铁臣亲手交来	十一月二十五日	英洋 260 元
	渔潭程汪口交来	二月二十五日(宣统元年)	英洋 6 元
总共收到九八规元 53 500 两、英洋 43 945.438 元(内有龙洋 1 930 元、铜洋 1 元)			
备注：另收上海寄来物资：棉衣 2 020 件,办棉衣价九八规元 1 642 两,解面粉水脚英洋 298.67 元,痧药 1 800 瓶(由屯溪公济局经手散发),药水 1 000 瓶(由屯溪公济局经手散发),药茶 18 000 小包(由屯溪公济局经手散发)			

资料来源:《徽属义赈征信录·收款》。

上表反映出比较丰富的信息,首先可以看到旅外徽商分布的地点主要集中在上海、苏州、无锡等长江三角洲这一区域。这既从一个角度证明了学界此前得出的长三角成为徽商主要集聚地的结论,也说明晚清时期贸迁于此的徽商人数依然较多。此外,从向屯溪公济局汇款的时间先后上,我们也不难看出上海徽商的行动要早于其他地方的徽商。

徽州接到的第一笔外来赈款是旅沪徽州水灾劝赈所于六月十五汇出的。虽然我们不排除有些城市因距离徽州较远、路途不便而导致屯溪公济局统计接到汇款的时间滞后这个因素，但是就我们所能掌握到的资料可以看到，旅沪徽商在整个募捐过程中始终起着主导作用。他们率先设立了专门负责筹款的劝赈所，推举主事的绅董，并采取相应的举措，来统筹协调募捐行动的开展。筹募赈捐从一开始就没有局限于上海一地，汪嘉棠、谢筠亭、余鲁卿等劝赈所绅董连续在《申报》《中外日报》《时报》等报纸上发布劝募徽州水灾急赈启事，其用意就非常明显，即力图借助报纸的力量来广泛发动旅外徽籍人士。① 六月十二日，《中外日报》刊登《哀告徽州人》的公告，提出设立赈捐所广为劝募，并分别致电汉口、苏州、杭州及各省同乡会馆各在该地量力捐助，"俾集腋成裘，聚沙成塔，庶数万之父老不致尽填沟壑也"。六月二十日，安徽旅沪绅商致电京外同乡为官者，请求他们设法协助募捐。同日，汉口新安书院致上海劝赈所，电文称"徽宁会馆转徽郡义赈董事鉴电，敬悉徽灾重，同人筹垫二万洋赴饶办米平糶，并派人回徽查办"。② 这就很清楚地表明，旅沪徽州水灾劝赈所在这之前曾就徽州水灾筹赈事宜向汉口新安书院同乡发电，汉口新安书院复电汇报他们所安排的赈灾行动。而镇江徽州会馆将其劝募的1000元英洋交给旅沪徽州水灾劝赈所也可以说明上海徽商所起的主导作用。③

经过近半年的努力，旅外徽商的赈捐行动接近了尾声，十一月二十八日，以"徽宁会馆同人"名义发布的《皖南徽州水灾劝捐公所截止劝赈

---

① 《申报》自1872年由英国商人美查在上海创办后，发展就至为迅速。到1877年，该报每日发行量就达5 000份，至迟到1879年底，《申报》已在北京、天津、南京、苏州、杭州、宁波、武昌、汉口、扬州、安庆、南昌、福建、香港、长沙等16个国内主要城市设立了分销点，是近代报刊史上具有重要影响力的一家报纸。参见方汉奇：《中国近代报刊史》，山西人民出版社1981年版。

② 《安徽旅沪绅商致京外同乡官电》，《申报》1908年7月18日；《汉口新安书院致上海义赈董事电》，《申报》1908年7月18日。

③ 《谨将去年徽州劝赈水灾收支先行登报，诸善士赐览容再刊刻征信录分送》，《申报》1909年5月22日。

声明》刊登出来。

夏间水灾，前蒙各报馆、各宝号经募，各处善士大发慈祥，惠捐甚巨。各捐户芳名、捐数蒙经陆续登报，连次解至灾区，并办棉衣及冬赈，计可敷衍。今经同人于是月廿六日在徽宁会馆集议，年已将闲，此间劝赈已经截止，除已收回之存根捐册外，仍有未经缴回者，务请经募诸君即日将存根及空白捐册、收条汇齐一并缴交长源泰、福寿衣庄两处验收为盼。至于散赈清账、屯溪公济局报告到申一并刊造征信录分送，以昭信实。特先申明。

徽宁会馆同人公具

该份声明标志着旅沪徽州水灾劝赈所牵头组织的募捐活动正式结束，由此，这场持续时间长、影响范围广，在近代义赈发生历程中具有重要意义的赈捐行动告一段落。由旅沪徽州水灾劝赈所筹募的物资钱款如下表所示。

表 39　旅沪徽州水灾劝赈所经收款

新闻报馆经收款	新闻报馆洋 2 527 元，小洋 784 角，钱 3 480 文，规银 1 000 两；收神州报馆洋 500 元；收中外日报馆洋 7 100 元；收申报馆洋 2 000 元
个人经募款	孙镜湖垫洋 1 000 元；北洋杨莲帅规银 6 576 两；黄公续洋 3 500 元；汪颉荀观察洋 200 元；余朗溪洋 300 元；张子谦经募洋 267 元；李季皋廉访洋 1 000 元；电局来徐观察洋 200 元；山东方鹤人观察经募规银 855.2 两；朱砚广幼鸿观察次面粉 1 000 包；方观察洋 15 元；海门汪汉槎经募洋 1 304 元，小洋 88.6 元，钱 2 760 文；苏州何乡经募洋 391 元；余鲁卿经募洋 8 074.5 元，小洋 1 259 角，规银 70 两，铜小洋 356 角，半铜洋 56 元，钱 6 019 文，粤路股洋 10 元，皖路彩票股规元 10 两，废铜元 600 个，废钞票洋 10 元次玉印 1 个，小瓷瓶 1 支，面粉 120 包；洪伟臣经募洋 9 250 元，小洋 144 角，苏路股洋 20 元，铜洋 7 元；郑维善经募洋 948 元；黄广滔、汤隽人经募洋 166 元，铜小洋 20 角；金菊蕃洋 40 元，又经募洋 34 元，铜洋 1 元；金焕堂经募洋 191.6 元；潘实之、潘光甫经募洋 38 元，铜小洋 4 角，小洋 68 角

行业公所、善堂、会馆等公共机构捐款	茶业公所 2 000 元;五省振捐局洋 10 000 元;仁济善堂规银 3 000 两,药茶 9 000 小包;镇江徽州会馆洋 1 000 元;巡警总局经募洋 705 元,小洋 72.5 角,规元 5 两,洋 110 元;五洲药房痧药水 1 000 瓶;思恭堂司总、新泰祥、泰裕昌经募洋 11 399 元,小洋 136 角,铜洋 196 元,规元 2 300.987 两,息元 4.56 两,苏路股洋 35 元,粤汉票 30 股;庶康庄息元 106.939 两;裕源长庄息元 86.7 两

资料来源:《谨将去年徽州劝赈水灾收支先行登报,诸善士赐览容再刊刻征信录分送》,《申报》1909 年 5 月 22 日。

四、徽州本土的赈灾举措

对光绪三十四年徽州水灾的赈济是一次内外联动,官绅合作,最终取得良好成效的典型案例。如前所述,水灾发生之初,屯溪公济局绅董洪廷俊等人就积极行动起来,出面筹募善款赈济灾民,并用赈余之款修造黎阳大桥。地方官府也高度重视此次水灾,官府出面组织的大笔赈济共两次。大水过后,徽州知府刘汝骥立即派员会同休宁县察勘,筹议赈抚之策,并谕令设法疏通积潦,补种晚禾以使秋季不至绝收。① 六月二十二日,刘汝骥抵达屯溪,实地查看灾情。到达屯溪的当日,刘汝骥便查得镇上东隅河街一带的店户约 200 余家椽瓦无存,尽为洪水席卷,受灾人户共 695 名,已先期由屯溪公济局洪廷俊等人劝捐 2 700 余元,按每名洋 2 元、米 1 斗的标准发放赈灾款。此后数日,刘汝骥到上下黎阳、隆阜、阳湖等村勘验灾情,发现被毁房屋亦有十之三四,办赈绅董查明受灾人数约 1 000 余名,连同此前赈济的人数,共计男女幼童 1 696 名,刘汝骥饬令从屯溪厘局拨发湘平银 1 000 两,兑换英洋 1 421.356 元,加上洪廷俊等发放急赈的余款英洋 200 元,每名发放英洋 1 元,其中幼童 139 人,每人发放 5 角。刘汝骥在屯溪期间,公济局绅董洪廷俊

① 刘汝骥:《陶甓公牍》卷十《禀详 · 禀查勘屯溪水灾文》。

当面向刘汝骥汇报了赈灾情形，告知公济局已接到上海筹赈公所徽商谢筠亭、洪伟臣等汇来的英洋 5 000 元，汉口休宁商人汇来的英洋 6 000 元，上海绅商发电报说明已筹集米 500 包、面 1 000 袋。洪廷俊认为转运需费时日，发函请将米、面按市场价格换成英洋汇寄过来。刘汝骥当即与洪廷俊商量，由公济局派人分赴休宁、婺源、歙县切实调查后，再将以上三笔赈灾善款核对发放，鉴于休宁渭桥等处已经派人查看，受灾严重，应当从优抚恤，提高发放标准。为使受灾人户都能收到善款，刘如骥请安徽布政使司再拨银 2 000 两，由屯溪厘局垫发。[①] 六月二十六日，刘汝骥返回歙县府衙，当天就签发了拨款移文，饬专差赶赴屯溪告知洪廷俊前去厘局领取赈灾款。此次实地赈灾，共发放 1 696 名，按成人每人 1 元、幼童每人 5 角的标准，共发英洋 1 626.5 元。安徽布政使司也很快批准了刘汝骥再拨湘平银 2 000 两的请求。因受灾人户过多，刘汝骥认为如果再按照此前由绅董挨户查访发放赈款的办法，恐怕不能惠及全部灾民，决定将此笔赈款专门用来抚恤水灾中不幸被淹毙的死者家属，以使死者有所归，孤寡者有所养。定下赈济方针后，洪廷俊从屯溪厘局领回湘平银 2 000 两，兑换英洋 2 842.712 元，然后通盘考虑，统计各县淹死人数，休宁县 84 人，婺源县 67 人，歙县 15 人，共计 166 人，每人发放抚恤英洋 12 元，由死者家属亲自具领，妥为掩埋，共用去洋 1 992 元。由于黟县没有进行过官赈，由该县据情禀报后，拨付英洋 400 元。府城附近穷苦灾民由歙县知县查看，发放洋 342.712 元，刘汝骥自行查看发放洋 108 元。至十月份，各笔善款先后如数发放完毕，刘汝骥将两次拨发的赈款发放缘由及过程造具清册，呈送安徽布政使司查核备案，官赈结束。[②]

与官赈齐头进行的是旅外徽商筹款，委托屯溪公济局绅董办理的义赈，而且赈灾款额更为庞大。由上述统计可以看到，由旅居天津、汉

---

① 刘汝骥：《陶甓公牍》卷十《禀详 · 禀请续拨赈款文》。

② 刘汝骥：《陶甓公牍》卷十《禀详 · 禀赈务报销文》。

口、杭州、苏州等地的徽商汇寄到屯溪公济局的善款共有九八规元53 500两、英洋43 953.438元,而徽州地方官府发放的赈灾款只有英洋4 469.212元,两相对比,旅外徽商的桑梓之情及其赈灾成效立等可判。六月二十四日,两江总督端方批饬由江南赈捐总局筹拨赈款湘平银10 000两,交由裕宁官银钱局电汇屯溪,要求"即交该处公济局绅董洪廷俊汇入上海义赈款内,派友分赴灾区查户散放,事竣造报并饬地方官妥为照料以拯灾黎"。[①] 与此同时,旅外徽商的捐款也源源不断地寄来,绅董洪廷俊、程丰厚、程恩浚等人着手开展赈济事宜,经再三商量,将赈济分为急赈、普赈、补赈几类,并派人到婺源、歙县分头查勘,决定对休宁西、北两乡,在县城内设局救济,东、南两乡在屯溪设局救济。因休宁东南两乡距离屯溪有百数十里不等,灾区甚广,恐当地绅衿地处远僻,只凭地保查报,而乡民良莠不齐,难免发生冒领弊窦,洪廷俊等人请休宁知县刘敬襄颁发告示50张,张贴各地以令周知,严饬各处地保据实查报,如有公同冒领情弊,一经查出或被人告发,本户加倍处罚以充赈款,地保亦从重枷责。要求本地绅衿监督造具赈灾清册,各绅衿竭诚相助,不得远避劳怨,倘若清册中有虚冒之名即行剔除,以便灾户得到实惠。七月初五日,刘敬襄颁布告示,除饬谕各灾区都董监督地保查办外,还令各户受灾人口由其族长、房长会同该里地保查明,开具清单,送交该都董造具总册,汇交屯溪公济局,由洪廷俊等人会同复查、核实、散放,如果该族长、房长及各里地保人等有公同混冒滥领等情事,经县查出或被告发,除对本户倍罚充赈外,并提该族长、房长、地保到案从严究惩,决不宽贷。[②]

婺源绅董设立了义赈分局,由绅董江江忠抡、江福桢负责,承屯溪公济局委派,开展赈济工作。江忠抡、江福桢深入各处灾区调查,先放急赈,继放加赈、普赈。因各村镇有大小,灾情有轻重,人数有多

---

① 《徽属义赈征信录·照会》。

② 《徽属义赈征信录·告示》。

寡，江忠抡二人与公济局就发放赈款事宜频繁通信商议，决定将各村应得之款悉数交该处公正绅耆发放，先贴清单散票，由灾民凭票兑洋。七月初九日，婺源县令魏正鸿广贴告示，饬令受灾各村绅民静候司理赈务的绅董调查散放赈款，不得借口受灾妄自争竞多寡或虚冒滥领。[①]

在急赈、普赈及抚恤被淹死者的过程中，休宁县共发放 128 村，合计给赈英洋 20 877.5 元；婺源县共发放 78 村，合计给赈英洋 24 224 元；歙县共发放 45 村，合计给赈英洋 5 147 元；黟县共发放 80 村，合计给赈英洋 4 854 元；祁门县共发放 8 村，合计给赈英洋 1 930 元。[②] 从发放赈款的村落数量上也可看出各县受灾严重情况。随着急赈、普赈陆续发放完毕，另一种赈灾形式被提上日程，即以工代赈。因受大水冲击，休宁、婺源等地的道路桥梁被冲塌毁坏者不可胜数。“查休宁各处桥梁道路，因灾冲塌者何可胜计，择尤兴修，即由山斗以上至搭岭，与婺交界一路，所有卷洞大桥及石矼平桥崩摧不下十余座，沿途路径倾陷，又不下千百丈。”[③]道路桥梁被毁，严重影响了人们出行及灾后社会重建。洪廷俊等人经慎重考虑，认为若要修理全部被毁道路桥梁，需十余万经费才可完工，现有资金缺口较大，当即派人查勘，并委托地方绅耆筹商，决定选择关键路段筹办工赈，提出“修一桥则少一阻隔，修一路则多一坦途”，从八月开始动工兴修。为减少工程阻力，洪廷俊等另禀请休宁、婺源两县县令在以工代赈处发布告示，使人人皆知以工代赈为地方公益，最是善后良法，宜各尽义务，不准借端滋事，若有不遵情形，由该地绅董商同督修人员指名禀究。九月十二日，休宁县令刘敬襄颁布告示，要求各以工代赈处，凡有需用石块、树木者，务必量力捐输，勿存吝啬以全公益，倘有地棍无赖从中阻拦滋事，准许地方绅董与督工人员具名指控以

① 《徽属义赈征信录·告示》。
② 《徽属义赈征信录·赈款》。
③ 《徽属义赈征信录·告示》。

凭提案究惩,绝不宽贷。工程款项如果不敷支用,即劝募地方殷实绅商乐善好施,慷慨解囊,如有捐助千金以上者,由知县专案奏请奖励。[①] 十月,婺源县令杨兆斌发布告示,明确规定酌提赈款以工代赈,专为修桥造路支用,别项不得开销,同时严禁地方民众借端需索,恣意妄为,阻挠工程。[②] 十月二十四日,两江总督端方批准了汪嘉棠等人拟将徽属办赈余款移作修理道路的请示。[③] 以工代赈自八月开始,至十二月初十日,共支出英洋 20 746.2 元,除平粜米及冬赈棉衣外,仍存规银 18 500 两,英洋 14 571.713 元,洪廷俊决定来年春天再开始工赈,经费若有不敷,由附近绅富捐助。次年春天,全部工赈结束,剩余赈银并入屯溪茶务总局所拨积谷余款内,用来建造仓储。光绪三十四年年底,洪廷俊遵札填具义赈一览表呈请核准禀销,洪廷俊特别强调全部赈款涓滴归公,查账人员及所用马匹等各项费用均由洪廷俊与在局绅董另行筹措,没有动用赈款分文,所存余款也务必精确计息以资挹注捐赈正款。洪廷俊等屯溪公济局绅董在此次赈捐过程中的辛苦付出得到了徽州知府刘汝骥的高度评价:"贵绅等呕心区画于漂风撼雨之间,覆巢既完,梗道兼通,赈工并策,劳怨不辞,所造福于维桑者尤大,正不独为距心谢谤已也。至查赈另筹伕马存款,酌认子金,尤足见涓滴归公,屋漏不愧,容城孙征君论人必求其足色者,如是如是,曷胜佩慰!"[④]

赈捐全部结束后,洪廷俊等人将收支各款的明细刊刻成征信录 400 本,分发各地,接受各方面审核监督。我们从中看到了整场赈捐中,收到的每一笔经费,支出的每一笔款项都有详细记录,可见地方绅董在义赈过中所发挥的关键作用。

① 《徽属义赈征信录·告示》。
② 《徽属义赈征信录·告示》。
③ 《徽属义赈征信录·督批》。
④ 《徽属义赈征信录·府批》。

表 40　光绪三十四年徽州水灾赈济款收支表

<table>
<tr><th colspan="3">收　　款</th><th colspan="3">支　　款</th></tr>
<tr><td rowspan="7">正款</td><td rowspan="2">收湘平银</td><td rowspan="2">10 000 两,易英洋 14 076.203 元</td><td>戊申放赈五县</td><td colspan="2">共英洋 57 032.5 元</td></tr>
<tr><td>乙酉散赈水火灾</td><td colspan="2">共英洋 987 元</td></tr>
<tr><td rowspan="3">收规元</td><td rowspan="3">53 500 两,除拨 3 000两付积谷仓,易英洋 67 763.25 元,照各庄折随时结价入来</td><td>衣赈</td><td colspan="2">共英洋 2 689.649 元</td></tr>
<tr><td>平粜</td><td colspan="2">共英洋 2 178.804 元</td></tr>
<tr><td>工赈</td><td colspan="2">共英洋 63 863.361 元</td></tr>
<tr><td rowspan="2">收英洋</td><td rowspan="2">43 953.438 元(内龙洋 1 930 元,铜洋 1 元)</td><td>补龙洋水</td><td colspan="2">计英洋 38.6 元</td></tr>
<tr><td rowspan="2">付积谷仓</td><td>造屋</td><td>英洋 1 000 元,吴俊德经手</td></tr>
<tr><td rowspan="9">息银</td><td rowspan="2">收裕宁局</td><td rowspan="2">规银 127.981 两
英洋 21.408 元</td><td>办谷</td><td>规银 3 000 两</td></tr>
<tr><td rowspan="9">费用</td><td>认公济局伙食</td><td>英洋 100 元</td></tr>
<tr><td>收万康庄</td><td>规银 393 两
英洋 426.083 元</td><td>聚文堂刊印灾测、赈票</td><td>英洋 50 元</td></tr>
<tr><td>收益和庄</td><td>规银 314.2 两
英洋 291.696 元</td><td>查赈伕马伙食及各分局支销</td><td>英洋 698.5 元</td></tr>
<tr><td>收通裕庄</td><td>规银 299.009 两
英洋 135.677 元</td><td>笔墨印色纸张</td><td>英洋 57.6 元</td></tr>
<tr><td>收致祥庄</td><td>规银 346.5 两
英洋 229.525 元</td><td>挑洋脚力
信资汇费
开发差工</td><td>英洋 148.89 元</td></tr>
<tr><td>收德源庄</td><td>规银 543.9 两
英洋 158.652 元</td><td>面粉发力</td><td>英洋 136.4 元</td></tr>
<tr><td colspan="2" rowspan="2">共收息银:规银 2 024.59 两,易洋 2 717 元;英洋 1 263.041 元</td><td>笔友薪金
请人帮忙</td><td>英洋 185 元</td></tr>
<tr><td>杂支</td><td>英洋 75.974 元</td></tr>
<tr><td>外筹款</td><td colspan="2">收英洋 500 元(屯溪各钱庄捐助开办查赈费未列报销)</td><td>征信录(400 本)</td><td>英洋 140 元</td></tr>
<tr><td colspan="3">统共收英洋 130 272.932 元</td><td colspan="3">统共支英洋 129 387.278 元</td></tr>
<tr><td colspan="6">收支相抵,仍余英洋 885.654 元,归入积谷仓</td></tr>
</table>

资料来源:《徽属义赈征信录·总账》。

第二节　旅外徽州人与1934年歙县旱灾赈济

1934年夏秋之间，歙县、绩溪、休宁等地发生严重旱灾，因干旱持续时间长，多数田亩无法播种，颗粒无收，致使受灾人口达30余万，受灾面积达32万余亩。严重的旱灾和不安定的地方社会秩序造成谷价腾升，民众饥不聊生，歙县县政府、商会、财务委员会和各公法团联合成立了歙县民食调节委员会，负责办理平粜，赈济灾民。该委员会与歙县旅沪同乡会取得联系，向旅沪同乡进行募捐，并委托同乡会代购米粮。1934年，歙县旅沪同乡会动用基金洋4 788.6元，采购米粮运送回歙县，由民食调节委员会平粜给灾民，以平抑米价，保障灾民最基本的生存。民食调节委员会将平粜收回的款项汇寄给歙县旅沪同乡会，由同乡会继续购米运歙。①

1935年，歙县的春荒依然严重，歙县旅沪同乡会的中心工作还是围绕赈济旱灾进行，历次执监联席会议讨论的主要事项皆与赈济相关。

表41　1935年歙县旅沪同乡会执监联席会议赈济旱灾记录

会议名称	时间地点	报告事项	讨论及议决事项
第一次执监联席会议	1月13日下午三时，贵州新新酒楼	到会委员即席承认赈灾捐款，程霖生1 000元，曹叔琴200元，吴荫槐200元，汪晓宅2元，汪荫庭50元，吴润生200元，胡伯陶50元，姚子惠30元，方志成200元，叶汲三200元，	1. 讨论本会存歙县平粜米、面办法 议决：依据叶峙亭报告，存歙米、面由歙县布业公会负责，业经出售。拟到杭州续办米、面运徽平粜，将来该款由叶峙亭负责汇还办理

① 《歙县旅沪同乡会第十三届报告书·会议记录》。

续 表

会议名称	时间地点	报 告 事 项	讨论及议决事项
		方晓之200元,黄吉文50元,汪俊臣50元,吴文甫200元,章南园50元,章衡甫50元,方文炳100元,汪景山20元,姚萼辉40元,孙星三200元,吴锦记礼号漆栈200元,吴伯琦50元,吴惟玉50元,王仲奇300元。以上各款送交吴永顺漆号汇收	2. 讨论周信三运歙赈米被鸿飞公司扣留案 议决:请委员汪景山与鸿飞公司商洽放行 3. 讨论春赈办法 议决:该会已就此事在去年九月间发出捐簿,请到会诸公一致努力,并定期二月底结束
第二次执监联席会议	2月10日下午三时,劳合路居易里十二号		1. 闻赈米免税券尚有余额,拟函请许俊老尽量分配若干并拟公推代表前往取领 议决:推委员徐大公代表趋洽 2. 上次列会诸君认募赈款3 000余元,函请即日缴缴大东门吴永顺漆号 议决:照办 3. 本会平粜米、面款由裕大号汇来3 000元,分存何处,请公决 议决:分存吴永顺200元、义泰200元、南聚兴200元、万源200元、和源200元、吴锦记200元、义源200元、巨成昶500元、祥云寿500元、永源200元、履泰昶400元 4. 运徽平粜米、面,鸿飞公司索还垫款26元,有运费须照双八折计算 议决:垫款归还,运费请该公司特别通融,仍照对折计算

续 表

会议名称	时间地点	报告事项	讨论及议决事项
第三次执监联席会议	3月3日下午三时，劳合路居易里12号	本会联合休、祁、绩三县同乡会向旱灾义赈会领得赈米5 000石免税护照，本县派得2 500石，休宁1 000石，祁门1 000石，绩溪500石，现筹款购办第一批赈米500包，业经运交歙县民食调节委员会放赈	1. 本会去年运歙平粜米共动用基金洋4 788.6元，现由叶峙亭汇还共4 368.22元，计亏洋460.38元，应如何设法弥补案 议决：保留，俟总结束后再议 2. 本会筹募本邑旱灾捐款，前后经各同乡认定洋计4 248元，截至本日实收2 748元，尚有1 500元未经受到，除备函催收外，又本邑旅沪殷实同乡尚多，应如何劝募案 议决：本会业经发出捐簿，兹将本会现在募捐情形函知各经募人以便查考，再向各殷实同乡劝募 3. 委员姚子惠提议运歙赈米分配南乡者应请留存近处，不必运至渔梁以减轻运费案 议决：函歙县民食调节委员会查照
第四次执监联席会议	4月14日下午三时，劳合路居易里12号	1. 本会筹募本邑旱灾捐款，截至今日，由京、苏、杭及本埠共交来4 810元 2. 赈米免税护照交休宁同乡会运去1 000石，祁门同乡会运去1 000石，本县运去500石，现尚存2 500石	
第五次执监联席会议	5月12日下午三时，劳合路居易里12号	1. 歙县政府544号公函附来皖省政府配拨本县免税洋米2 000石护照一纸暨分配各区购运赈米石数单，由各区筹款直接托本会代购	

续　表

会议名称	时间地点	报告事项	讨论及议决事项
		2. 叶峙亭汇来洋 3 700 元，托代购运免税西贡米 600 包 3. 运歙赈米由委员徐大公昨持函向旱灾义赈会接洽免费车运 4. 推委员方晓之代表赴杭与鸿飞公司接洽平粜赈米运费作双八折计算 5. 六区代表洪琴、汪济仁来函，为该区自筹款项购免税赈米百石，请转知民食调节委员会	
第六次执监联席会议	6 月 9 日下午三时，劳合路居易里 12 号	1. 接祁门同乡会函，为该会只领得免税赈米实装 780 包，外界责问，嘱本会去函证明 2. 歙县政府第七次会议公布赈米平粜价格 3. 委员徐大公报告各区委托代购免税赈米数额 4. 委员吴荫槐报告经收办米款项清单	1. 续向各省旱灾义赈会请求拨发赈米免税护照案 议决：通过 2. 六区洪琴平粜局请代办免税赈米 630 石案 议决：除前办 100 包外，再代办 150 包，并函民食调节委员会转六区公所查照 3. 免税赈米交船装运，规定最低运费案 议决：请委员孙星三函杭州昌行商酌运至正口深渡每石 1 元，朱家村、渔梁、王村每石 1.2 元
第七次执监联席会议	7 月 7 日，劳合路居易里 12 号	1. 截至今日，各区共委办免税西米 4 068 袋，米照所余无几，函民食调节委员会查照 2. 休宁同乡会函请补装免税米 120 包，本会复函该照业经领讫注销 3. 江干公昌行来函，为七区赈米 250 包，有张柳香者派船前往装运，嘱本会去函证明	1. 添领免税赈米案。楼县长来函嘱本会设法向旱灾义赈会再领免税米照 1 000 石或 500 石。本会当派员持函与赈会接洽，赈会复函免税米照早经分配各省，现已无余。但今日本会又接县府函，省颁歙免税米 500 石，嘱本会派员代领。本会推何人代领并应否再向赈会请求，请公决

续　表

会议名称	时间地点	报 告 事 项	讨论及议决事项
			议决：推委员徐大公向赈灾会代领并口头请求再颁500石或1 000石 2. 县府来函，为拟请将旅外同乡所捐之赈灾捐款1 600元拨充抵补省颁赈米出售后亏欠案 议决：函复县府，赞同在旅外同乡赈灾捐款内拨1 600元抵补查赈灾捐款。据叶峙亭来函，共存2 900元，除1 600元尚余1 300元，由会再函叶峙亭将该款拨还，将来除弥补本会去年平粜损失外，余备充他项公益 3. 江永生船运免税米50包，在上港失水，损失约90余元，拟函公昌和行请补助损失案 议决：请委员孙星三函公昌和行查明，酌补损失
第八次执监联席会议	8月1日，劳合路居易里12号	赈务委员会调查领放赈米免税护照分发表格除绩溪同学照填送来外，休、祁二会尚未填送，今日已由电话中催办	委员吴荫槐报告叶峙亭来函本会，前募赈灾捐款业经完全散放，照本会去岁所办平粜米面洋500余元，由叶峙亭负责汇还，应如何处理案 议决：函请叶峙亭将县政府印收寄会以凭征信，并将去年平粜米面500余元负责汇还
第九次执监联席会议	9月1日，劳合路居易里12号	1. 本会所领免税米照三纸，5 000石一纸缴还旱灾义赈会，2 000石一纸暨500石一纸缴还歙县民食调节委员会 2. 本会去岁办理平粜亏折740余元，函知叶峙亭查照	吴荫槐委员报告代办赈米收付清账请付查核并寄歙民食调节委员会查照 议决：照办

续 表

会议名称	时间地点	报 告 事 项	讨论及议决事项
第十次执监联席会议	10月6日下午三时，劳合路居易里12号	去岁平粜，本会代垫之款经县府来函请免息金，复函遵办，计尚应找还县府43.08元，交方晓之委员汇还	
第十一次执监联席会议	11月3日下午三时，劳合路居易里12号	1. 本会归还赈余捐款洋43.08元，现准县政府函复收到 2. 歙县四区六十四保保长吴韫仙寄来报告购领免税赈米收支账略	

资料来源：《歙县旅沪同乡会第十三届报告书·会议记录》。

为办米赈灾，歙县县政府及各公法团同歙县旅沪同乡会之间函电往来频繁。上海赈务委员会从海外采购一批免税米分配给各受灾省份，安徽省分到的免税赈米共45 000石，歙县分得500石，歙县县政府去电请歙县旅沪同乡会派员赴上海赈务委员会驻沪办事处代领购运，歙县民食调节委员会分会采运组主任叶峙亭与同乡会接洽购运事宜。与此同时，歙县县政府从安徽省领到第一批、第二批赈米1 300石，但运费不赀，折耗甚多，而接下来的第三批、第四批赈米900石更是已经霉烂，故而民食调节委员会仿照其他县的成例在芜湖就地卖掉赈米，得款5 917.5余元，悉数汇到上海，委托歙县旅沪同乡会代购免税米作为偿还。同乡会方面派出吴荫槐代购小绞免税米600包，每包合市斗1石2斗，尚欠150包，但是按照当时的小绞价格计算，连运费须贴1 600元左右，这是笔额外的款项，歙县无款可筹，为此楼文钊县长致电歙县旅沪同乡会，请在各地同乡会的赈捐款内拨支，得到了同乡会的同意。上海免税赈米运到歙县后，由歙县民食调节委员会负责发放，但是在实际运行过程中周折颇多，转运环节繁琐，因此歙县民食调节委员会分会与赈粮联合查放办事处联合召开了第四次会议，叶峙亭在会上提议，由各区备价，直接向上海购办，而不再经过民食调节委员会这一环节，经众人议决照办。其后，歙县各区就和歙县旅沪同乡会取得联系，请其代为购办赈米，第三区购办免税赈米 175 包，第七区 144 包，第六区 119 包，第五区的王村 70 包，第一区的渔梁 50 包，第六区的齐武第二次购领免税西米 500 包，第七区的正口第二次购免税米 250 包，第五区购免税赈米 160 包，城区购免税赈米 40 包，第七区又购免税赈米 136 包，这些赈米都由吴荫槐代为购办。因上海火车站赈米堆积如山，都在排队等待装运，为使赈米尽快运送回歙县，经各方议定，由慎大转运公司缴费运到杭州。[①]

徽州地方士绅认为仅依靠省县区各募赈会摊款救济无异于杯水车薪，也积极行动起来，采取多种措施开展救济活动。歙县郑村的郑绍祖、黄艮峰、邵霞庵、郑芷蕃、郑渭占、郑墨西、潘寿山、李伯熙、黄奇觚、江殿臣、郑衡甫、吴镕卿等人发起组织郑村乡旱灾筹赈会，公推黄艮峰、邵霞庵、郑芷蕃、郑渭占、郑绍祖、郑墨西、江殿臣为委员，互推黄艮峰为主席，郑绍祖为副主席，于 1934 年 11 月 10 日呈准县政府在案，正式成立郑村乡旱灾筹赈会，并起用木质方式“歙县第四区郑村乡旱灾筹赈会”图记，公推郑绍祖经收筹募到的捐款。旱灾筹赈会设总务、工赈、平粜、借贷、审查五股，推定郑墨西为总务股主任，邵霞庵、许甲夫为干事；郑渭占为工赈股主任，郑芷蕃为平粜股主任，郑绍祖为审查股主任。另由旱灾筹赈会聘请郑次仲为借贷股主任，李剑虹、郑冠楚、郑业权、郑朗轩为工赈股干事，吕肇俊、郑拱宸、郑中五、黄律声、郑在兰、胡致和、鲍摺之、孙敏之、胡亮一、许有福为平粜股干事。旱灾筹赈会印发了捐册及信函，恳请旅外歙县同乡捐款，共发出 106 本捐册，除退还及未缴回者，总共募缴捐册 67 本，收到捐洋 1 669 元。[②]

---

① 《歙县旅沪同乡会第十三届报告书 · 文件 · 办米赈灾案》。

② 《歙县旧第四区郑村乡旱灾筹赈会征信录 · 附录 · 本会办事经过概要》。此份材料复印件承歙县档案局邵宝振副局长惠赐，谨致谢忱。

考虑到大旱之后，种子缺乏，旱灾筹赈会议决，派人到浙江兰溪等地选购60天、70天、90天各类谷子9.766石（正埸斗），借给农民耕种，秋收后收回，不计利息，借贷股设专册登记借贷种子者的姓名以备查考。1935年3月30日，旱灾筹赈会借贷股向灾民贷出各类谷子275斗5升。因天气欠佳，秧苗大部分都没有长出，借贷股又于4月20日进行第二次借贷，共贷出各类谷子57斗8升。此外，郑渭占个人交出谷子24石，主要分为百日谷子、一百十日谷子、红谷子、糯谷子四类，由旱灾筹赈会贷给灾民播种，秋收后无利收回。

表42　1935年4月歙县第四区郑村乡旱灾筹赈会借贷股种子借贷统计表

	借贷数目				合计	备注
	日期	第一次	日期	第二次		
60日谷子	3月30日	12斗	4月20日	2斗4升	14斗4升	由浙江兰溪办来
70日谷子	3月30日		4月20日	8斗5升	8斗5升	由浙江兰溪办来
90日谷子	3月30日	56斗4升	4月20日	24斗7升	81斗1升	
百日谷子	3月30日		4月20日	1斗	1斗	
110日谷子	3月30日	61斗8升	4月20日	1斗	62斗8升	
红谷子	3月30日	140斗7升	4月20日	20斗2升	160斗9升	
糯谷子	3月30日	4斗6升			4斗6升	
80天玉蜀黍	5月20日	8斗3升			8斗3升	由休宁西乡买来
合　计		283斗8升		57斗8升	341斗6升	

资料来源：《歙县旧第四区郑村乡旱灾筹赈会征信录》。

因秋禾无收，灾黎遍野，旱灾筹赈会议决以工代赈，男工每工洋3角，女工每工洋2角，童工每工洋1角，疏浚本村田段各水甽，各甽长约十华里，深阔各二尺余，共计男工394工、女工392工，童工201工，新筑机器戽水坝长约62丈。又自坝之北段开甽，至石坝闸止，计男工688

工、女工8工。大旱期间，河涸水竭，河床暴露，旱灾筹赈会决定用荤油篓满贮沙石横成堤以蓄水，以方便机器汲引灌田，计男工179工半。①

由于秋季无收，次年的春夏之间是灾荒最严重的时刻，民众面临衣食无着的窘境。旱灾筹赈会议决，自1935年4月16日起至7月16日止共88天，由平粜股负责平粜事宜，委托亿中和、许有福、胡亮一、汪瑞兴四家米号轮流值售，由米号负责采购大米，采用抽签的方法决定销售先后。虽然当年商界已改用市斗，但旱灾筹赈会为保护灾民利益起见，进出仍以正堨斗为标准登记。各米号的米价涨落照渔梁坝市面为标准，平粜价目由旱灾筹赈会视米价高低随时开会议决，规定铜元价目随时照市面，但亦须经旱灾筹赈会视市价涨落多寡，议决增减，按日详细填列售米统计表，悬挂于平粜处。所有购米人按户发给购米证，平粜结束后，购米证仍在各户保存以便对照，平粜期间共售米105.15石，一定程度上解决了民众的饥荒问题。②

旱灾筹赈会于1935年8月17日正式结束，筹赈会筹集的赈灾款总计洋1 699元，以工代赈、平粜米价等各项支出共计洋890.498元，收支相抵结存洋778.502元。筹赈会同人经开会讨论，一致认为该笔款项应以备救灾荒为要，而备荒要政莫如积谷，于是公决将此款项拨充郑村积谷基金，另组积谷委员会，并公推郑芷蕃、郑渭占、郑墨西为监察委员，郭集宜、郑绍祖、郑拱宸、吕肇俊、郑朗轩、郑中五、郑守本、郑维隆、李剑虹为执行委员，负责订立管理章程，名为“通济仓”，款项如数移交后，由积谷委员会签立收据。1935年秋收时购谷202.035石(正堨斗)，在师山书院内新建一所石仓以供储存，每届青黄不接时，贷给贫困农民，等新谷登场，视年岁之丰歉，分别加利或免息收还，期冀累积扩充仓

---

① 《歙县旧第四区郑村乡旱灾筹赈会征信录·歙县第四区郑村乡旱灾筹赈会工赈股工赈人工统计表》。

② 《歙县旧第四区郑村乡旱灾筹赈会征信录·歙县第四区郑村乡旱灾筹赈会平粜股售米统计表》。

谷,维系善举。[①]

表 43　1935 年歙县郑村乡旱灾筹赈会收支表

收入		支出		
经募人	经收数额	项目	金额	办理情况
江西胡克恭经募51号册	洋50元	工赈工资	洋479.05元	因秋禾无收,灾黎遍野,旱灾筹赈会议决以工代赈,男工每工洋3角,女工每工洋2角,童工每工洋1角,疏浚本村田段各水甽,自蒋塘桥起,经全段由大圣庙前过大路下及庙后大圣塘至大四七塘止,各甽长约十华里,深阔各二尺余,计男工394工,女工392工,童工201工,新筑机器戽水坝长约62丈。又自坝之北段开甽,至石坝闸止,计男工688工,女工8工。又当大旱时,河涸水竭,河床暴露于本村,经魁前河流中用荤油篓满贮沙石横成堤以蓄水,俾机器汲引灌田,计男工179工半,共支洋478.55元。又鸣锣集工女工2工、童工1工,支洋5角,合如上数,有工赈股专册及逐日工作详细人名表存考登明
龙游茶圩叶树臻经募8号册	洋21元			
青岛郑器也经募38号册	洋60元			
江苏如皋罗勤斋经募29号册	洋40元			
江西吴城郑昌期经募24号册	洋70元			
金华郑元龙经募4号册	洋30元			
蚌埠黄龙章经募58号册	洋35元			
兰溪童吉甫经募77号册	洋40元			
凤阳项贡珊经募26号册	洋30元			
扬州黄宾日经募69号册	洋15元			
汉口郑颂耆经募37、72号册	洋80元			
宣城许晋溥经募36号册	洋15元			
北平郑治平经募44号册	洋15元			
大通郑笃初经募64号册	洋40元			

① 《歙县旧第四区郑村乡旱灾筹赈会征信录·支出项下》。

续　表

收　　入		支　　出		
经募人	经收数额	项　目	金　额	办理情况
金华郑陟甫经募1号册	洋42元	工赈工料	洋30.643元	因田段水甽既阔，非择要搭桥，不足以利行人。搭桥石料支洋5.328元，石匠14工，支洋7元，疏甽筑坝，挑箕、手箕绳索等支洋18.315元，合如上数，有工赈股专册存考登明
金华汪宪臣经募3号册	洋20元			
金华郑绍棠经募23号册	洋8元			
兰溪方泽春经募7号册	洋30元			
上海程绍渭经募13号册	洋16元			
上海方晓之经募21号册	洋20元			
宁波许聚林经募30号册	洋20元			
金华张麟书经募5号册	洋2元			
上海汪曙之经募14号册	洋4元	平粜米价折耗	洋279.7元	由旱灾筹赈会议决，自1935年4月16日起至7月16日止88天，计售米105.15石，平均折耗洋2.663 429元，合如上数。另有逐日售米统计表，按日详细填列，悬于平粜处，所有购米人按户发油购米证，平粜结束后，该证仍由各户保存以俾对照上项支出，有平粜股各项专册及表册存考登明
上海吴一纯经募16号册	洋100元			
溧水郑克邵经募93号册	洋10元			
龙游溪口黄律声经募10号册	洋12.5元			
龙游溪口汪子元经募9号册	洋12.5元			
永康胡鉴卿经募62号册	洋20元			
东台郑瑞安经募灾字1号册	洋20元			

收入		支出		
经募人	经收数额	项目	金额	办理情况
武穴潘寿山经募57号册	洋4.1元	平粜免税米价折耗	洋1.528元	由旱灾筹赈会备价向第四区公所买免税米6石,除于端午日以每升9分粜出米价收回外,折耗如上数,有平粜股专册及表存考登明
武穴潘寿山经募56号册	洋95.9元			
上海浦东郑烈臣经募92号册	洋40元			
兰溪胡品瑜经募94号册	洋20元			
汉口黄喆人经募52号册	洋100元			
汉口黄喆人经募53、54号册	洋45元			
河北省宁晋郑韶九经募41号册	洋4元	谷子借贷折耗	洋35.838元	因恐大旱之后种子缺乏,旱灾筹赈会议决,往兰溪等处选购60天、70天、90天各项谷子9.766石(正埸斗),及时借给农民耕种,秋收后无利收回,计谷价折耗洋23.921元,贷出斗耗、鼠耗洋3.447元,收回时,斗耗、鼠耗洋0.838元。又谷子运费洋7.632元,合如上数,有借贷股专册及种子借贷人名详细表存考。此外,郑渭占独备各种谷子24石有奇交由旱灾筹赈会贷出,秋收后无利收回,其谷价损耗概作乐输登明
山东潍县郑韶九经募39号册	洋17元			
山东周村郑韶九经募40号册	洋10元			
湾沚汪巨川经募59号册	洋21元			
淳安王绍杰经募88号册	洋13元			
芜湖郑维铣经募79号册	洋5元			

续表

<table>
<tr><th colspan="2">收入</th><th colspan="3">支出</th></tr>
<tr><th>经募人</th><th>经收数额</th><th>项目</th><th>金额</th><th>办理情况</th></tr>
<tr><td>龙游庙下郑吉亨经募35号册</td><td>洋23元</td><td rowspan="4">苞芦子折耗</td><td rowspan="4">洋5.13元</td><td rowspan="4">因恐青黄不接，由旱灾筹赈会议决往休宁购买80天苞芦子纪实借给农民，秋收后折价收回，每升作洋5分计，耗洋3.727元。又贷出收回斗耗、鼠耗折洋1.403元，合如上数，有借贷股专册及种子借贷人名详细表存考登明</td></tr>
<tr><td>武穴程宝泉经募31、32号册</td><td>洋27元</td></tr>
<tr><td>开化华埠郑俊卿经募91号册</td><td>洋10元</td></tr>
<tr><td>上海郑谦六经募73号册</td><td>洋10元</td></tr>
<tr><td>芜湖许复初经募83号册</td><td>洋10元</td><td rowspan="4">修路</td><td rowspan="4">洋3元</td><td rowspan="4">系郑绍祖经修本村要道，除就地募捐外，不敷如上数，由旱灾筹赈会支用登明</td></tr>
<tr><td>江苏如皋李伯熙经募灾字6号册</td><td>洋20元</td></tr>
<tr><td>上海郑风夫经募45号册</td><td>洋4元</td></tr>
<tr><td>宜兴郑雅堂经募49号册</td><td>洋5元</td></tr>
<tr><td>上海王仲奇经募20号册</td><td>洋10元</td><td rowspan="4">印刷</td><td rowspan="4">洋30.8元</td><td rowspan="4">系印刷捐册、收条、谢信、征信录等项登明</td></tr>
<tr><td>杭州罗瓒文经募60号册</td><td>洋5元</td></tr>
<tr><td>杭州江干黄云轩经募76号册</td><td>洋10元</td></tr>
<tr><td>常山张秀卿经募99号册</td><td>洋6元</td></tr>
</table>

续表

<table>
<tr><th colspan="2">收入</th><th colspan="3">支出</th></tr>
<tr><th>经募人</th><th>经收数额</th><th>项目</th><th>金额</th><th>办理情况</th></tr>
<tr><td>兰溪汪应川经募25号册</td><td>洋12元</td><td rowspan="6">邮费</td><td rowspan="6">洋12.5元</td><td rowspan="6">系发寄外埠捐册、收条、信件、征信录等登明</td></tr>
<tr><td>兰溪汪德艮募15号册</td><td>洋20元</td></tr>
<tr><td>兰溪王铭九经募2号册</td><td>洋5元</td></tr>
<tr><td>衢州胡剑山经募65号册</td><td>洋30元</td></tr>
<tr><td>北平方鼎甫经募42号册</td><td>洋39元</td></tr>
<tr><td>上海曹霆声经募28号册</td><td>洋10元</td></tr>
<tr><td>杭州程少云、程锦芳经募80号册</td><td>洋15元</td><td rowspan="3">纸张</td><td rowspan="3">洋5.471元</td><td rowspan="3">系本会各项账簿、表册、纸张、信纸、信封等登明</td></tr>
<tr><td>上海汪干明经募18号册</td><td>洋50元</td></tr>
<tr><td>金华汪艺甫经募6号册</td><td>洋10元</td></tr>
<tr><td>杭州刘秉钧经募87号册</td><td>洋10元</td><td rowspan="4">杂支</td><td rowspan="4">洋6.838元</td><td rowspan="4">系旱灾筹赈会镌刻图记并办洋铁公用箱及金阑一带捐款寄力等项登明</td></tr>
<tr><td>芜湖江步瀛经募85号册</td><td>洋10元</td></tr>
<tr><td>汉口郑颂耆经募(无册)</td><td>洋50元</td></tr>
<tr><td>本县第四区区公所</td><td>洋15元</td></tr>
<tr><td colspan="2">统计捐册67本、共捐洋1 669元</td><td>以上共11项</td><td>共计洋890.498元</td><td></td></tr>
<tr><td colspan="5">收支两比，总结存洋778.502元</td></tr>
</table>

资料来源：《歙县旧第四区郑村乡旱灾筹赈会征信录·收入项下》，《歙县旧第四区郑村乡旱灾筹赈会征信录·支出项下》。

本章小结

当我们以后来者的眼光打量光绪三十四年徽州这场声势浩大的赈捐行动以及 1935 年歙县郑村旱灾筹赈会的赈济行动时，其间的情节依旧可辨。无论徽州商人到何地求财摄利，他们与故土之间的脐带是斩不断的，流寓异地的徽商在地缘与血缘关系的双重网络中，进一步强化了对桑梓情关的认同感，举凡在徽州本土发生的各种动荡，都会牵引他们的目光。除却徽商热衷社会公益事业主要受“儒行”观念影响这种学理上的归纳，仅从徽商个人情感的依处层面来讲，他们都不会对乡关家园的水旱灾害坐视不问，旅外徽商对光绪三十四年徽州暴发的特大水灾不遗余力地赈捐也正可以说明这个问题。旅沪徽州水灾劝赈所在报刊上发布劝赈启事，频频使用“谊关桑梓”“哀吾同胞”之类的词语来激发旅外徽州人的乡土意识。劝赈所进行募捐也均由徽州人主持，上海徽商经营的茶栈、布庄等商铺负责接受各类捐款，并全权委托徽商经营的钱庄向屯溪公济局汇寄赈款。在同其他城市的徽商联系时，劝赈所同样积极利用徽州会馆等同乡网络组织，接收电报转达信息多由当地徽州会馆负责，这样就构建起了一张能够互相沟通的网络，使得赈捐行动始终处于一种良性互动之中。此外，我们也可以看到，从徽州山区走出的商人群体对于徽州社会具有非常重要的意义，晚清时期的徽商依然大力扶持家乡的救济事业，徽州地方官绅也非常明白地意识到这一点，在灾后赈济中，屯溪公济局绅董派员深入灾区查看灾情，及时地把灾区情况传达到上海等地，其目的就是希望旅外商人能够慷慨解囊，而不是被动地依赖于官方拨款。

旅外徽商对光绪三十四年徽州水灾的赈捐也为考察晚清义赈运作

实态提供了一个适合的样本。据李文海先生的研究，自光绪丁戊奇荒之后，义赈迅速发展为一种具有广泛社会影响和强大活动能力的民间赈灾机制，并创造出一套新颖而有效的工作程序和方式。每当有重大灾情发生，义赈主持者们首先成立由社会名流领衔的义赈组织，然后大力开展宣传活动，接着统一印制募捐册，待筹集到相当赈款后，即直接派人专程赴灾区散发。① 旅外徽商在光绪三十四年开展的赈捐行动也基本上沿袭了这一路数，但与之又有所不同的是，这次义赈是徽商对家乡水灾的赈济，在宣传语的选择和募捐程式上添加了桑梓情谊的地缘色彩。同时，劝赈所把赈款的发放完全交给了徽州地方绅董，而不是直接派人专程赴灾区散放。汪嘉棠等绅董在劝赈所第一次报告中就明确指出："吾侪又各有职役，不能锐身自离所业，以往救济则为灾民谋受赈之便利，固舍因屯镇之公济局为总汇而更选举妥绅四出查赈，因利乘便以设分局，盖末由也。比月以来，屡获灾地所来报告，知公济局诸君任事极为猛进，今除屯镇早放急赈外，余如休婺歙诸邑被灾诸乡亦皆早经调查施放。"②通过旅外徽商持续不断的努力，外来赈款极大地补充了徽州地方财力，与之相比，官赈已退居到次要位置，完全由官款拨发的赈款只有寥寥数笔，如仅有刘汝骥奉安徽巡抚的指示在厘局拨发湘平银千两，③两江总督端方拨湘平银一万两④的两次拨款，而我们从安徽巡抚、徽州知府及各知县的往来电文中也可以非常明确地感受到，他们对旅外徽商寄予了极大的希望。也正如他们所预期的，源源不断的外来赈款承担了此次赈灾的绝大部分支出。赈款除用来急赈、普赈，还剩余诸多，从八月起便开始用来"以工代赈"，修复被洪水冲毁的道路桥梁，直至宣统二年春，以工代赈才差不多结束。⑤ 这对徽州灾后社会秩序的

---

① 李文海：《晚清义赈的兴起与发展》，《清史研究》1993 年第 3 期。

② 《旅沪徽州水灾劝赈所第一次报告》，《申报》1908 年 8 月 15 日。

③ 刘汝骥：《陶甓公牍》卷十《禀详 · 禀请续拨赈款文》。

④ 《徽属义赈征信录 · 照会》。

⑤ 《徽属义赈征信录 · 禀呈》；《拨将赈余移作修路》，《大公报》1908 年 12 月 10 日。

重建产生了重要影响。

因为义赈具有灵活广泛的运作机制，使得义赈在近代历次赈灾过程中不断地被采用。1935 年歙县郑村乡旱灾筹赈会实际上就是沿着义赈的路径开展赈济工作，广泛地向旅外徽州同乡进行募捐，对灾民进行平粜，以工代赈，免息借贷种子等，都显示出民间赈济机构已经具备成熟的运作逻辑，从而弥补了官赈的不足，有效地保障了受灾民众的生命安全，维护了灾区社会秩序的稳定。

第八章

创办报刊：旅外徽州人与近代徽州社会舆论导向

报刊是报纸和刊物的合称，报纸是以刊载新闻和时事评论为主的定期向公众发行的印刷出版物，刊物则是登载各类作品的定期或不定期的连续出版物，两者都是大众传媒的重要载体，具有反映和引导社会舆论、传播文化的功能。近代徽州的报刊非常发达，开徽州地方报业先河的是1912年在屯溪创刊的《新安报》，此后各类报纸不断涌现，仅民国时期就有报纸100余种。[①] 数量如此繁多的报纸，主要可分为官办和民办两大系统，而主办者则有中共地下党员和进步人士、国民党、商界人士等，都带有一定的政治色彩。另有一类刊物是由旅外徽州人主办的，这些刊物在上海、北京等地编辑发行，但通过各种渠道传入徽州。旅外徽州人面对家乡故里的衰败，产生了强烈的焦虑感和使命感，为改变徽州闭塞落后的现状，他们四处奔走呼号，组建同乡团体，创办报刊，揭露徽州社会的各种负面问题，并提出大量的改良建议，掀起建设新徽州的运动。不管这些报刊的主办者是谁，都对徽州社会保持高度关注，登载了所属六县的各类新闻报道，在办刊宗旨、栏目设置、版面内容上也体现出鲜明的徽州地方特色，为我们考察近代徽州社会文化提供了重要参考。

《新安报》出现之前，在徽州流通的报纸主要是从外埠传入的，其中邮局所起的作用不容忽视，如在清末绩溪县，邮局未开办之前，阅报者寥寥无几，关注时局的人只有辗转反侧想方设法才能看到报纸。邮局开设之后，阅报者逐渐增加，据调查，全县报纸销数在百份以上，城内学界的订阅者占了绝大多数，乡下除了一些学堂和派销的官报外，读报的

① 黄山市报业志编纂委员会编：《黄山市报业志》，黄山书社1998年版，第7页。

人仍属极少数。[①] 绩溪报纸销数城乡之间的差别与其他各县相类似，如歙县，“学堂、商会及城镇绅商皆喜阅报纸，乡曲农民不知报纸为何事，销数不多。”[②]在休宁县，由官方系统派销的报纸有《政治报》《学部报》《南洋报》和《安徽报》，经县署转发各界；《芜湖报》《汉口报》仅在商界偶然一见；上海的《神州日报》《时报》《中外日报》《申报》《新闻报》《舆论》和《女报》等，通过屯溪民信局寄送的约在十份上下，由邮局寄送的五十份左右。此外，《东方杂志》《教育杂志》《卫生报》《医报》和《国粹报》等由绅、学、医、商各界订阅的也有十余份。[③] 黟县因在外经商的人常常将看过的报纸寄回家乡，所以当地人也可以看到外埠出版的不少报纸，而通过上海邮局直接寄送的报纸也有十数份。[④] 由此可见上海新闻界在徽州当地的影响非常巨大，祁门县虽处群山环绕之中，但人们一向喜欢阅读京报阁钞，自从上海的报馆接踵而起后，祁门订阅的人不断增加。据清末民情习惯调查显示，除县、学两署及城乡各学堂外，城内销售报纸的有十四家，东乡浒溪有二家，南乡平里、鳙溪等处有六家，西乡历口、闪里等处有四家，北乡善和等处有二家。[⑤] 婺源县则因地僻民贫，阅报者非常稀少，之前县内曾创设阅报社一处，但未及一年即告中辍，加之邮局又疲玩异常，颇不正规，致使婺源四乡外出经商者多不通过邮局寄送报纸。据清末调查，当时经邮局寄达婺源的报纸仅有《时报》二份、《神州日报》三份、《汇报》二份、《新闻报》《中外日报》各一份而已。其他如《外交报》以及各种官报，除县署外，再无其他人购阅。[⑥]

---

① 刘汝骥《陶甓公牍》卷十二《法制科·绩溪民情之习惯·报纸之销数》。
② 刘汝骥《陶甓公牍》卷十二《法制科·歙县民情之习惯·报纸之销数》。
③ 刘汝骥《陶甓公牍》卷十二《法制科·休宁民情之习惯·报纸之销数》。
④ 刘汝骥《陶甓公牍》卷十二《法制科·黟县民情之习惯·报纸之销数》。
⑤ 刘汝骥《陶甓公牍》卷十二《法制科·祁门民情之习惯·报纸之销数》。
⑥ 刘汝骥《陶甓公牍》卷十二《法制科·婺源民情之习惯·报纸之销数》。

第一节　民国初期徽州报刊的起步与发展

虽然与徽州庞大的人口相比，城乡之间阅报的人数少之又少，但是外来传媒毕竟撕开了徽州社会久已闭塞的缺口，或多或少地开通了徽州社会风气，为徽州本土报业的萌生奠定了基础。所以当历史的巨轮刚驶入民国元年，《新安报》便创刊了。1912 年 12 月 16 日，从屯溪还淳巷送出了第一份《新安报》。这也是徽州最早一张招股经营的报纸，4 开 3 张 6 版，油光纸单面铅印，为半文言半白文，正文排四号字，标题用二号字、一栏题。《新安报》根据"徽州处万山之中，弊在风气闭塞，不能周知外事"和"侨居各省谋生生业，关心桑梓，弊又在于消息不灵"的特点，决定传播内地新闻和外界电讯并重。第一版为本埠和外埠广告；第二版为言论（设有"论说""专稿"栏目）和专件（法规等文件）；第三、第四版载国内外大事，有"本馆专电""选电""时评"和"要闻"栏目，"要闻一"为国际大事，"要闻二"为国内大事，"要闻三"为省内大事；第五版"新安纪事"栏目，为徽州本埠新闻；第六版为设有小说、诗词、杂录小栏目的副刊和记录本埠市场价格的"商情"栏目。①

1913 年，《徽州新闻》在歙县上路中街创办，此为一份单面石印册装式报纸，16 开幅，一页二版，共 20 余版。设置栏目的编排顺序是：论说、本馆专信、徽事阳秋、要闻、斗山月旦、新闻、文苑、小说、沪事商情、本埠商情。报馆主笔是吴愚父，思想倾向革命。《徽州新闻》刊载的新闻，多针砭时弊，如第四期"新闻"栏中报道了婺源、黟县、休宁、祁门四

① 黄山市报业志编纂委员会编：《黄山市报业志》，第 55—56 页。

县的 7 条消息，其中有 6 条是抨击时政的内容。该报在徽州六县招聘访员提供稿件，设代办处发行报纸。

进入 20 世纪 20 年代之后，旅外徽州人所办刊物逐渐成为主流。1921 年，旅居上海的黟县人胡渊如、余一辰、汪励吾等发起组织“黟县青年励志会”，大部分成员是店员，总会设在上海，浙江、山西、山东、湖北、安徽一些城市和黟县均设有分会。总会于次年 4 月创办《黟山青年》季刊，该刊为“中华邮政特准挂号认为新闻纸类”，32 开本铅印，每期定价银 2 分，每年分春、夏、秋、冬四季出版，汪励吾任主编。因来稿量增加，1926 年改版为《黟山青年月报》，地址在上海哈同路民厚里弄 666 号。这是笔者目前所见最早的旅外徽州人创办的报刊。1923 年 8 月 20 日，北京“黟麓学社”主办的《古黟新语》创刊。这是一份宣扬爱国、民主、进步的报纸，发起人为当时在北京大学等高等学校求学的黟籍学生舒耀宗、王同甲、欧阳道达等人，社址在北京西城李阁老胡同穿同门甲 5 号。1925 年 10 月，该刊因经费支绌停刊，翌年 8 月复刊，1927 年终刊。刊物 32 开本，每月 1 期，每期 2 万字左右。在先后数年的时间里，旅外徽州人先后创办了十余种报刊，分布在上海、北京、苏州、镇江、芜湖等地，具体情况如下表所示。

表 44　旅外徽州人所办报刊情况一览

刊物名称	刊期	刊本	创刊时间	办刊者	社　址	备　注
黟山青年	季刊	大 32 开	1922 年 4 月	黟山青年励志会，主编汪励吾	上海哈同路民厚礼弄 666 号	1927 年改为月刊，16 开本
古黟新语	月刊	32 开本	1923 年 8 月 20 日	黟麓学社	北京西城区李阁老胡同	1927 年终刊
微音月刊	月刊	32 开本	1923 年创刊	徽社，主编程本海	上海英租界北泥城桥新闻路鸿祥里第 2136 号	1927 年 3 月因程本海协助创办“晓庄”而终刊

续 表

刊物名称	刊期	刊本	创刊时间	办刊者	社 址	备 注
徽侨月刊	月刊		1927年3月10日	徽州旅浙硖石同乡会	海宁县硖石镇童家园新安会馆	
乡潮	不定期	16开本	1929年4月15日	黟县旅芜同乡会，主编汪晋侯	芜湖	1930年12月复刊
黟声报	月刊	4开4版	1929年8月1日	黟社，舒人文、陈默若、胡燮侯	上海贝勒路义和里16号	
徽州旅沪同学会会刊		大32开本	1929年7月	徽州旅沪同学会	上海	胡适题写刊名
绩溪旅休同学会季刊	季刊	32开本	1930年6月10日	绩溪旅休同学会	休宁	同年12月15日，将刊物命名为《前进》
双溪潮声			1931年8月	黟县双溪旅沪同乡会	上海	仅出一期便停刊
黟县同学会期刊		32开本后改为大16开	1932年	黟县同学会		创刊号油印本，后为铅印
新安月刊	月刊	32开本	1933年4月	徽宁旅镇同乡会，主编黄乐民、黄白民	江苏镇江王家巷	1935年12月休刊，1936年11月复刊
徽光		大32开本	1934年春	徽州六邑旅省同学会	安庆	1936年复刊，出版第二期
沪黄报	月刊		1935年6月	负责人程律谐	上海	
皖事汇报	旬刊	16开本	1936年1月创刊	主编汪已文	苏州南显子巷	次年终刊

上表所列报刊大致可以分为两类，一类为同学会会刊，出版日期不固定，由于加入同学会的是各级在校学生，所以其编辑者、发行者及作者大多为青年，基本上可以定位为专门面向青年的刊物。从办刊宗旨可以看出青年学生激情澎湃，以时代为己任，渴望改变社会的抱负。《绩溪旅休同学会会刊》的发刊辞充满诗性与鼓动性："青年学子，正适发奋有为的时代，好似四季中的春天，百花争艳，万物更新，我们当这大好春光，应如何的向着我们的目的地进取？把青年的热血染遍在宇宙之间！……我们先从小的范围做起，把绩溪的青年学子联络起来，在这小的刊物上可以尽量的把我们胸中要说的话，所要做的事，都发表出来，以供大家研究、讨论。我想，于我们的学业上、见识上、思想上，也许可以补救于万一。"在外地求学的青年对家乡社会的衰退感同身受，在办刊物时有了更明确的针对性，希望能够改变徽州闭塞的现状。《绩溪评论》发刊词称："绩溪的空气太沉闷了，沉闷得怕人，这固至由于绩溪的青年们不智努力，但环境的恶劣，使他们不过分的努力，也是无可讳言的，不讲别的，只说刊物罢，偌大的一个绩溪，竟找不出一本刊物来。……我们不避谫陋，产生了绩溪评论社，发行月刊，将我们对于绩溪所见到的缺点一些些的吐了出来，或得到社会上一般圣人之徒们的谅解。……给绩溪的民众擂一次大鼓，给我们绩溪久已沉闷了的空气怦然地轰了一个炸弹，我们就这样地期望着，祝他健康而长寿。"①《黟山青年》用简练的语言将其使命定义为"改善黟县社会"，宗旨为"提倡农工商业"，目标为"增进青年知识"。《徽光》的使命则如其第二期封面所说："劝学所向，实闳徽猷；光昭乡邦，无疆之休。"具体言之有三重意思："第一就想把故乡实际状况，如教育、政治、经济、农村、商业，忠实地描写出来。使旅外同乡都知道一个大概。第二就想把现代思潮、新的学说以及各种新的学术传达给故乡父老。第三就想把我们的意见，我们

---

① 曹绥之：《发刊辞》，《绩溪评论》第1期，1929年12月1日。

研究所得的结果，一一报告给全徽州的民众。”

另一类是以徽商为主体的旅外同乡会创办的报刊，这类刊物比较注重联络乡谊，强调刊物的使命在于“研究学术与讨论改造社会问题，谋建设事业，造成新徽州”，力图办成徽州舆论界的中心读物，如《徽侨月刊》旨在“保护同乡利益，增进旅居幸福，提倡教育实业，维持同乡生活，宣扬社会公理，促进行政完善”。上海徽社创办的《徽音》月刊较为详细地阐释了办刊宗旨：“（一）徽州的言论界，实在太觉寂寞了，在这样沉闷的状态下，本刊责难旁贷，敢以造成健全的舆论，引导徽州的民众入于光明之途为己责，务使本刊成为我全徽州的喉舌，为我全徽州唯一的民众发言机关。（二）本社同人只知为社会服务，为公众牺牲，本刊就是秉着这个宗旨，以光明的心地，公正的态度，发为言论，合于正义者扶持之，失于谬误者纠正之，绝不受任何党派的束缚与利用。（三）除研究学术之外，并一方注重同乡旅外事业之发展，一方谋内外之联络与团结，以集中注意力于一个共同的目标，而达到促进乡土方面之福利与改造新徽州之目的。”镇江新安同乡会创办的《新安月刊》将办刊方向明确定位为：“对于家乡公安、教育、财政建设诸要政，以及徽属之重要消息，均有翔实之阐扬与记载，渐渐培养成徽州舆论界的中心读物。”《黟声》在一卷五期《今后的本刊》一文中称：“本刊为秉承黟社宗旨：‘本互助精神，以求社员生活的进展；用科学方法，以谋桑梓社会之改造’而出版。我们认为，要想改造桑梓社会，非先扫除改造障碍物不可，尤其是那班所谓有害于我们桑梓社会的贪污土劣，非进攻得他们残败无余，不足以言改造。”

可见，这两类报刊都将“改造徽州社会”作为共同的使命，它们对徽州社会保持着高度关注，坚持徽州舆论喉舌的办刊导向，以建设新徽州作为刊物的使命。这从栏目设置上也能反映出来，《黟山青年》开设的栏目有讲坛、评论、纪事、特载、讨论、社会新闻、杂感录、儿童思潮、文艺、平民文学、会务报告、来往信函等；《微音月刊》的常设栏目有言论、研究、通讯、纪事、特载、调查、文艺、杂感、社务报告等，每期侧重点虽有不同，但言论所占篇幅较多。《新安月刊》的内容主要分为三部分，一为新闻，二为论文，三为文艺。新闻类有“家乡情报”栏目，每期将一月来徽州六县发生的重要事件按日编录，对各地旅外徽州人的情况也多有反映。论文类涉及的是与家乡民众息息相关的重要问题，对家乡发生的重大事件，撰写短文进行评论。这些报刊的论著或者论说的话题都与徽州有关，内容非常丰富。《徽侨月刊》发布的《本刊征求启事》或许更能说明这一问题：“本刊为吾徽舆论机关，抱有闻必录之旨，以同乡事业上利害真实情形见报者，甚属欢迎。”

报刊在日常运行过程中面临的首要问题是稿源。部分刊物因为发行时间短，影响力比较弱，来稿量非常少，编者需要四处组稿，甚至要亲自上阵撰文凑数。《前进》第 2 期于 1930 年 12 月 15 日出版，但是直到 11 月底稿件还“尚属寥寥”，半个月的时间内，编辑部“收集稿件忙碌异常，以致发现许多不满之处”，为此，编辑部人员决定分别去写几篇讨论实际问题的文章以使刊物内容充实一些。为扩大稿源，《新安月刊》从第 3 卷第 3 期开始实行现金征稿办法，普通稿件每千字一元，“佳作巨著从优议酬”，并聘请特约撰述 4 位，特约访员 3 位以保证栏目的正常开办。此外，办报需要编辑人员，但是旅外徽州人中很少有专职办报者，大部分报刊编辑都为兼职，在忙完各自的本职事务之余进行组稿、编稿。何世发接手《黟山青年》时，还是上海文化大学即将毕业的学生，因白天课务繁忙，只有在夜间编排稿件，引致刊物出现了很多错误，如在 1931 年第 3 期将孙华堂的稿子遗漏，误把《八都村活埋王德明》一文中的村名当作人名。我们从“编辑余谈”“编者后记”中能时时看到编辑疲于应付的窘态，有时刊物因编辑离职或返乡归里数日，将数期合并成一期推迟出版，如《新安月刊》1931 年第 4、5 期之所以合刊，是因为编者黄乐民患眼疾一月，无法处理任何事情。

各家报刊尽一切办法提高发行量，扩大影响力。首先，非常讲究刊物的版式设计,如《古黟新语》的封面为木刻设计,新颖大方。《黟山青年》为大 32 开铅印本,装帧比较讲究,刊布制版照片,每期封面单色彩印,设计与题签均有不同。如 1925 年第 4 卷第 1 期和 1926 年第 5 卷第 1 期的封面,分别刊登了黟县“云门塔”与“西武岭之松”两幅照片。1926 年改版为月刊后,增加了讽刺图画,目的是“具些引起人们有审美的兴趣,不致寡兴乏味的去接起他”。《微音月刊》也从第 23 期开始,添辟图画一栏,登载徽州各地风景古迹、名人书画、篆刻等照片。其次,适时地推出专刊,专门讨论徽州发生的重要社会问题,以引起人们的关注。《微音月刊》在第 25 期刊登特别启事,称拟于最近数期出版专号,以“作一种有系统的研究、有具体的计划,为达到新徽州之张本”,具体为:(一) 徽州教育问题;(二) 徽州市政问题;(三) 徽州生计问题。稍后出版的“徽州教育问题号”,主要讨论徽属六县中小学师范教育中存在的种种困难与革新方法。《新安月刊》鉴于徽州天灾兵乱交迫,社会经济日趋衰败,在第 2 卷第 11 期推出“合作事业”专号,总结了合作运动的发展和理论,以及镇江新安合作社运作一周年的经验,其出发点在于“尤望吾故乡人士因此获得特殊注意与兴趣也”。《黟山青年》也相继推出“青年图书馆特刊”和“徽属匪灾特刊”,均是“分赠各界,不取分文”,主编汪励吾还专为“徽属匪灾特刊”撰写了发刊辞:“这是一幅民众惨劫图,看的人们要把他当着明日黄花,至少要感觉到土匪的凶暴,官兵的无能与荒谬,和政府对于民众生命财产的轻视,也要感觉到民众本身力量的懦弱,崇拜土豪为捍卫领袖的失计,和好礼怀柔古风的不可恃!”这些特刊出版后,读者反映强烈,纷纷写读者来信进行赞扬。为扩大发行量,刊物间进行互相交换,并依靠徽商市场网络设立了刊物代售处。《新安月刊》创立伊始,便注意构建销售点,在第 1 卷第 2 期发布公告,拟在家乡六县各重要乡镇及徽侨繁盛之外地城市招请刊物代售人一位或数位,规定每期销售 10 至 30 册者,照定价给予 7 折优惠,30 至 100 册者 6 折,100 册以上者对折。次年,即在徽商聚集较多的城市上海、南京、苏州、无锡、扬州、丹阳、安庆及徽州六县设立了代售处，刊物发行量不断增加，达到2 000余份。为了扩大发行量，《新安月刊》还准备在杭州、汉口、天津、芜湖、大通、九江等地增设代派处。

表 45 《新安月刊》在各地代派处及代办人

城　　市	通　讯　地　址
南京	中华路会济典吴浮生
上海	成大巷洪源永茶栈金健行
苏州	高师巷安泰典汪子英 南显子巷安徽公学汪已文
无锡	南门外怡大兴木行程彦英
扬州	运司街胡开文墨庄洪吟秋
丹阳	大街泰兴典金鹤年
安庆	建设厅余裴山
蚌埠	经一路中华商行王仲之
屯溪	新徽印书馆吴菊仙
休宁	启新书局戴超白
歙县	双凤巷毓材学习杨镜湖 城内十横街文林堂书店
祁门	亚光书店胡用韶
婺源	江湾族立小学江友莲
绩溪	城内吴希衡
黟县	渔亭华清通讯社曹瑞庭

资料来源：《本刊各地代派处》，《新安月刊》第 2 卷第 1 期，1934 年 1 月 25 日。

《微音月刊》的代售处也广布上海、杭州、南京、北京、广州、武昌、芜湖及徽州六县。其给予代售处的优惠幅度更大，规定“凡代售五份以上者照定价九折，十份以上者八五折，二十份以上者八折，三十份以上者七折，五十份以上者六折”。

旅外徽州人所办的同学会会刊与同乡会报刊在经费来源上有一定的区别。徽州同乡会所办报刊的经费主要有同乡会会费、报刊征订费、私人捐助和广告收入，其中以同乡会会费为主。如新安旅镇同乡会每年支付《新安月刊》印刷费 86 元，1935 年因同乡会编制新预算，执行监督委员产生不同意见，致使《新安月刊》停刊两个月。为接受同乡监督，报刊定期发布收支报告，1927 年 7 月 8 日《徽侨月刊》第 3 期中缝有《六月份收支报告》，1929 年 1 月 28 日第 22 期《徽侨月刊》中缝有《本会五月份至十二月份收支报告书》。各刊也极力招揽广告以解决经费问题。《新安月刊》以广告收入作为稿费，为扩大广告业务，在各地招请兼职广告员，并规定，凡在广告登载期间，按期赠阅一份，广告费每半年一结，文字、图样自拟或代拟均可，所登广告全年九折，分为优等、普通两种。优等封面单彩色，全面每期 10 元，半面 7 元；普通全面 5 元，半面 3 元。在该刊登载广告的多是在镇江的徽商，如于 1935 年第 3 期登载了镇江中国国货公司和新安黄协民书法作品的广告。《微音月刊》的广告价目分三等：“一等，底页外面；二等，底页里面；三等，二分之一面”，并结合登载期限的长短而收费，在登载广告期内，另奉送刊物一份，凡由社员介绍者一律八折收费。作为同学会的会刊，其发行主要限定在会员范围内，一般标注为“非卖品”，少量的作为赠品与其他同学会刊物相互交换，或由会员带回家乡散发以扩大影响，所以报刊征订费和广告费都无从谈起，其运转经费主要依靠同学会会费和个人捐输。《黟县同学会期刊》在第 8 期登载了《本期出刊特别出捐题名录》，该期共收到捐款 13.5 元，这也是期刊能够正常出版的最为主要的经费来源。《绩溪旅休同学会会刊》的创刊号即依靠同学会 13.3 元的会费支持才得以面世。因缺少经费，同学会会刊的办刊条件比较简陋，刊物多为油印出版，手写体，版式设计也很简单，经常出现异体字、错别字，与同乡会所办的报刊相比有不小的差距。

第二节　旅外徽州人所办报刊与改造徽州乡土社会的努力

徽州人虽然为谋生计而“贸迁宇内”，但他们与家乡的血缘之链始终无法切断，通过成立同乡组织，创办报刊，既加强了旅外徽州人彼此的联系，也满足了各自关注故乡社会的心理需求。“我们旅外同乡，为衣食所驱使，原有天南地北的，有这月刊，便可得知各地情形了，即故乡的景况，及物产出数之多寡，年岁丰歉，这背井的同乡，想必欲先睹为快吧？”①在这种办刊动机的支配下，对徽州社会的各种报道构成了旅外徽州人所办报刊的主要内容。但是，这些报刊并没有停留在仅仅报道徽州社会生活的层面，而是把更多精力放在了对徽州社会问题的揭露上，刊登了大量的调查报告、言论建议乃至小说、谚语、歌谣等文学作品，为改造徽州社会进行比较充分的舆论动员，在徽州本土逐渐形成了革新社会面貌的舆论氛围，对徽州新思想文化的孕育与传播影响深远，可以说旅外徽州人在用一种批判的态度来表达对乡土的敬意。

旅外徽州人对徽州社会问题的关注涉及政治、经济、文化等诸多方面。不过，对旅外徽州人所办报刊的内容进行整理后能够发现，无论这些报刊存在的时间长短与否，都对教育与烟赌保持着持续的关注。在他们看来，这是其时徽州最为严重的，需要迫切解决的社会问题。

教育之所以引起旅外徽州人的高度重视，是因为它被视为开启民智，培养人才的主要工具。在旅外徽州人看来，徽州的闭塞导因于风气

① 《徽侨月刊》第3期，转引自王振忠：《“徽侨”与长江中下游区域社会》，《徽州社会文化史探微——新发现的16—20世纪民间档案文书研究》，第465页。

未开,而风气未开又与教育不发达有关。“大概一个地方进步的迟速,总以教育为转移,教育能得发达,地方莫有不进步的。”[①]在休宁县万安镇任教的绩溪人胡寄萍曾谈及对家乡教育的看法,他认为绩溪县的教育多年来未见发达,而屡现颓丧者,其症结在于教育界本身。办学者把学校当作营利场所,只求学生增多,而不关心经费、校舍、教员等实际问题,导致学校数量虽多而质量太差。教师又不注意自身的言行,在社会上产生了不良影响,引起民众对学校的不满。[②] 胡寄萍的总结具有一定的代表性,旅外徽州人对家乡教育的批评多数集中在办学者身上。“大凡办理一事,是好是坏,完全关乎办理那事之人”,然而办学者“是为饭碗而办的,是为分赃而办的,是为占一个位置而办的”。[③] 所以他们办学是为扩张权力,而非献身教育。教师队伍良莠不齐,不学无术者有之,十四五岁高小没有毕业便充任教师的所在多有,由冬烘先生改头换面而来者亦有之。“居教职者,或为前清老学究,或为失业商人,更有学文不就习贾未成者,亦忝然而为人师。”[④]他们要求学生“教师做错了事,无论如何,学生不便干涉”,却放松对自身举止的监督,与村民们聚赌,叉麻雀、推牌九,打纸牌,“吃饭的时候也要赤膊,授课时躺躺藤椅,吸吸纸烟,兴到时还要唱支小曲”,[⑤]忘记了应有的师道尊严。

近代徽州教育领域存在的普遍问题是乡村私塾林立,屡禁不止。“观十五都除二三较大之村镇有完全小学之设立,余则皆半新半旧之改良蒙馆,甚或并蒙馆而无之。”[⑥]有些塾师“自知难以久远存在,所以只好跑到城里来,向书店里买几幅挂图,办一盒粉笔,回去张挂起来;并在那‘天造地设’的黑色屏门上,写着几行雪白似的粉笔字,便当做黑板的用

---

① 汪邦钟:《歙县小学教育的黑暗》,《微音月刊》第 25 期,1925 年 8 月 13 日。

② 《通讯:给曹若怯同志的一封信及曹若怯回复》,《绩溪评论》第 1 期,1929 年 12 月 1 日。

③ 舍我:《歙县师范讲习所的“人”的问题》,《微音月刊》第 26 期。

④ 孙之杰:《黟县教育进行之计划》,《黟山青年》夏秋二季季刊合刊,1923 年 9 月。

⑤ 柯莘麓:《谈谈母校底近况并质问当局》,《微音月刊》第 25 期,1925 年 8 月 13 日。

⑥ 周渭泉:《谈谈绩溪的教育》,《绩溪评论》第 1 期,1929 年 12 月 1 日。

途；又在他公寓的门口，实贴着一条很长很阔的‘某某初级小学校’的招牌；这也要算是‘改造’、‘刷新’了”。[①] 但是，他们上的科目仍然是三字经、百家姓、幼学、四书之类，每天“上午温书、背温书，上生书、背生书；下午写字、认字、默字、上生书、背生书。惩罚是打嘴巴、敲脑壳、打手心、打屁股、扯耳朵、下跪种种”。[②] 与过去的私塾教学情形并无二致。

为改变徽州教育落后的现状，旅外徽州人提出了多种改良建议。针对办学者存在的问题，他们认为，办教育应以教育人为根本，要认真思考办教育的动机是什么，是否热心教育，以教育人为己任。“若以沽名钓誉和敛钱为唯一宗旨，那么，请诸君趁早偃旗息鼓，不要再闹！”办教育还要有真实的牺牲，能够牺牲精神，牺牲金钱，牺牲时间。同时，办教育要有教育人的能力，不能滥竽充数。[③] 徽州旅浙硖石新安同乡会发布《电请安徽省政府整顿徽属之教育》，请准予饬令徽属六县县长从严肃清劣绅把持之小学，取缔不良塾师，普及党化教育。[④] 归纳旅外徽州人所提出的具体改良措施，可以看到主要集中在以下数端：（一）办理师范教育，培养师资力量，以解决乡村小学师资缺乏的问题。这也是倡导教育普及者的核心议题。他们认为已创办的学校大多集中在城区，办在乡村的寥寥无几，纵然有创办的也不能持久，至多不过五年，甚至一两年就停办，这固然是乡村经济困窘，教育经费无法持续投入所致，但乡村师资缺乏则是无法忽视的问题。为此，他们提出要办理速成师范，培养能够担当乡村教育的人才，同时呼吁“办教育的人，应该分一部分向乡下跑，办办乡村教育，不要统统都向城里跑，因为乡村教育在这时是非常的重要，实在是教育根本的根本”。[⑤] 他们对小学教师的言行

---

① 汪邦钟：《歙县小学教育的黑暗》，《微音月刊》第 25 期，1925 年 8 月 13 日。

② 劭振人：《绩溪私塾问题》，《微音月刊》第 25 期，1925 年 8 月 13 日。

③ 张国良：《告同乡的办教育者》，《微音月刊》第 26 期，1926 年 1 月。

④ 《徽侨月报》第 13 期，转引自王振忠：《“徽侨”与长江中下游区域社会》，《徽州社会文化史探微——新发现的 16—20 世纪民间档案文书研究》，第 470 页。

⑤ 周渭泉：《谈谈绩溪的教育》，《绩溪评论》第 1 期，1929 年 12 月 1 日。

也提出了要求，要学生们做的事，教师们应从自身做起；不要学生们做的事，教师们应从自身不做起。“评判小学教师之好坏的地方，不问是课室中，是假期里，小学教师的动作是给他们学习的机会，假使小学教师不能留意自己的动作，有出轨的行为，当然就不能感化学生，甚且学生要受其同化，所谓‘己正而后物正’，正确乎不谬。”[①]为培养乡村小学教师，陶行知在南京创办了“晓庄试验乡村师范学校”，致函徽州六县县长及教育局(会)，要求各县选派二人至南京投考，以期学成之后，回到徽州从事乡村教育。[②]（二）筹集教育经费，保证教育的正常发展。徽州各都各村皆有文会，其基本金大者数千元，少者亦有数百元，自科举停废后，这些有名无实的文会依然存在，每年的收入或移作他用，或归私囊。他们便建议对文会资产进行整理，作为教育基本金。此外，提议扩充经费筹集渠道，如黟县碧阳书院的经费非常可观，每年除拨付碧阳高等小学常年经费外，还剩余四五百金，有人便提出要把这笔经费全数补助师范传习所，以造就人才。（三）设立教育行政机构，统筹管理地方教育。地方上最为重要的教育行政机构为劝学所、县视学，一县教育有无计划，能否进行，端赖劝学所所长是否得人，县视学员是否实心任事。旅外徽州人提出各县要由地方公同推举视学员、劝学所长，经省教育厅通令后，县公署详请委任，赋予其行政权威。（四）整顿学校教育，改良或取缔私塾。1923 年黟县共办国民学校 20 余所，办理确有成绩者仅寥寥几所，大多数只具学校之名，而行私塾之实。因此建议对办理优良的学校进行重点扶植，增加补助，以示学校与私塾的优劣，提高民众对学校的信任度。为普及乡村教育，孙之杰提出了改良私塾的具体计划：制定私塾调查表，按各学区进行详细调查；县视学员深入乡村考察私塾的教授、设备、管理等情况；设立塾师讲习会，以一月或两月为限，教授教

① 胡寄萍：《评论小学教师》，《绩溪评论》第 1 期，1929 年 12 月 1 日。

② 陶行知：《中国乡村教育之根本改造及建设新徽州之使命》，《微音月刊》第 31、32 期合刊，1927 年 1 月 25 日。

育学识，同时进行定期演讲，于每星期或每两星期在各学区举行分区讲演会一次，讲授教育原理、教育法、三民主义教育等内容，凡学区内的私塾必须参加，如无故缺席三次以上者，给予相应的处罚；组织塾师检定委员会，办理塾师的检查，凡成绩优良者，准照私立学校标准及立案手续，改为私立学校，酌予补助，未经呈报备案及经备案而视察认为办理不合者，一律加以取缔。取缔方法分警告与停闭两种，凡有意规避及经指导后仍不改良者予以警告，其情节重大或警告后经过一定期间而未见改进者，勒令停闭。将私塾改办为初等小学者，学生直接转入学校，塾师也延揽入校，帮助管理，使其逐渐接受学校教育。①

改良徽州的社会风气与习俗也是旅外徽州人高度关注的问题。近代徽州有吸食鸦片、赌博、缠足三种陋俗，其中为害最烈，最难根治的社会痼疾当为吸毒与赌博。鸦片传入徽州后，迅速蔓延，城乡各处烟馆林立。“徽俗不论贫富，吃烟者十人而六七，面黧骨削，举目皆是。”②如婺源县，“鸦片流毒遍海内，婺人嗜之者亦多，自士夫以及负贩细民，靡然成癖。虽穷僻山居，无他市肆，而烟寮随在皆有”。③ 光绪末年徽州知府刘汝骥曾奉朝廷旨意在徽州严令禁烟，要求“阖属士绅人等一体查照劝禁，其以烟馆为生涯者速速改图他业”，④歙县县令蔡世信奉命设立戒烟局，制定了“减价售药，限期戒烟”的政策；黟县县令胡汝霖甚至联合士绅创立了族祠戒烟社，以补官力之不足，但最终都没有收到实效。民国时期的徽州乡村还是禁者自禁，贩者自贩，吸食鸦片、红丸者为数甚多。“我徽郡烟馆之盛，烟鬼之多，甲于全省，土豪劣绅多方包庇，中央禁令名存实亡，四乡烟土红丸买卖等于公开。”⑤黟县的烟土遍地充斥，“吾黟烟馆林立，盛于他县，城区乡村到处皆是，渔镇之烟馆土贩，更不待言，

---

① 孙之杰：《黟县义务教育进行计划书》，《黟山青年》春夏两季合刊，1929 年 8 月。

② 刘汝骥：《陶甓公牍》卷十《禀详·徽州府禀地方情形文》。

③ 光绪《婺源乡土志》第六章《婺源风俗》。

④ 刘汝骥：《陶甓公牍》卷一《示谕·严禁烟馆示》。

⑤ 《徽州治安问题》，《新安月刊》第 1 卷第 6 期，1933 年 8 月 25 日。

加以冒名军士运土求销，日有所闻”。[①] 南屏、双溪、古筑、碧山、渔亭、宏村等处为红丸销路最广之区，全县每日消耗红丸烟土 5 000 元以上。[②] 绩溪县西乡七八两都的吸毒之风也非常兴盛，“土客盈村，啡贩(贩卖吗啡者)难举，该地人民入则一榻横陈，出则千金孤注，波澜所及，几无完人”。[③]

鸦片流毒无法禁绝，赌博的风气也呈愈演愈烈之势。徽州赌博的陋俗由来已久，早在明末即“赌风日炽，亡赖、恶棍串党置立骰等、马局，诱人子弟，倾家荡产，甚有沦为奸盗，而犯者比比”。[④] 清末，在诸种犯罪中，赌博为最，各式赌窟在徽州遍地皆是，赌博的种类也甚多，有牌九、扑克、麻将、摇宝等名目，不论老少贫富贵贱皆愿意为之。聚众赌博，多发生在三元会、保安会、观音会等由各地举办的迎神赛会上，地痞劣绅互相联络，以演戏为名，聚赌抽头，坐收渔利。“绩多迎神赛会风俗……若论多数人之目的，其愚者不外祈冥福，祓不祥，其黠者藉此敛钱肥己，聚赌抽头而已。”[⑤]据刘汝骥的调查，绩溪县“剧场会期，赌棚林立，棚或数十人或数百人，宝摊、骰牌，色色俱全。秋成后，无论大村、小村，不啻以赌场为其俱乐部，通宵达旦，习以为常。然开赌之先又必于佐贰、衙门说费，纳则略无顾忌，成年子弟因此倾家破产者有之”。[⑥] 民国时期，情况依然如此。“藉演神戏聚赌抽头，最近如大石门之九月十二，石街头之九月二十四，楼基之十月初一，城区十月半之三元会……皆是聚赌卖烟的大好机会，应请特别留意。”[⑦]

烟、赌相连，叠相为害，耗费了社会财富，败坏了社会风气。其屡禁

---

① 何世发：《为禁烟当局进一言》，《黟山青年》第 10 卷第 5 期，1931 年 5 月。

② 《一个惊人的报告》，《黟山青年》第 10 卷第 8 期，1935 年 8 月。

③ 《春晓》第 1 期，1931 年 11 月 1 日。

④ 傅岩：《歙纪》卷五《纪政类》，崇祯刻本，安徽省图书馆古籍部藏。

⑤ 刘汝骥：《陶甓公牍》卷十二《绩溪民情之习惯 · 丁 · 从团体上观察民情：集会结社之目的》。

⑥ 刘汝骥：《陶甓公牍》卷十二《绩溪民情之习惯 · 己 · 从道德上观察民情：犯罪以何项人为最多》。

⑦ 《绩溪的新希望》，《绩溪评论》第 1 期，1929 年 12 月 1 日。

不止的主要原因在于地方行政机构不作为。官员、胥吏、军警等公职人员在利益的驱动下与赌局、烟贩互相勾结，明禁暗放，终使烟、赌之害在徽州难以根除。“土著赌棍又以客民为羽翼，以衙役为爪牙，故历来禀赌，从无拿获到案者，一纸官符直若辈之发财票耳。去恶不尽，反起而与告发人为难，为民除害，是所望于良有司。”[①]旅外徽州人为此非常痛心，不断在报刊上发表文章进行揭露，其中以对肩负地方治安责任的公安局批评为多。“地方当局、公安人员，只须按年按节，规矩不短少，禁赌捉赌无异于痴人说梦，即有告发，亦惟游行一周而已，因之赌风愈赌愈烈，至不可收拾乃止，年开为赌而倾家荡产者，莫不叠见曾闻，亦可衰已。”公安局查禁烟赌之所以流于形式，是因为办公经费不固定，要通过抽取烟赌捐来维持正常的运转。公安局长之类的官员为谋取私利，包庇烟贩，窝藏烟土者也比比皆是。很多烟贩直接从负责禁烟的“监运专员”手里领取烟土，满街兜售，时人称是在保险公司上过保险，比什么都安稳。《新安月刊》主编黄乐民痛斥道：“徽州的鸦片是已经有所谓‘监运专员’公然以运销鸦片为官，这可概见一般的情况。鸦片由官家监运推销，烟民也由官家抓捕罚禁，这是黑暗矛盾到什么程度！怎不造成社会种种纠纷、贫弱与罪恶。”他提出了政府“禁”与社会“劝”相结合的禁烟办法。具体而言，政府要敢于破除情面，严厉处罚贩卖烟土者，公务人员要切实调查，对涉嫌人员依律严惩，为防止军警借口包庇，各乡区自办保卫团，确保公安分局经费的按时发放。社会各界也应当尽力宣传吸食鸦片红丸的危害，让吸食者意识到吸毒不但败坏了家财，更摧残了身体，无异于慢性自杀。[②]《黟山青年》辟出专栏，刊登各处人士对黟县烟毒情况的调查与禁烟主张，如黟县旅居宣城同乡汪西发发表了《红丸——鸦片的一封公开讨论的信》，请求设法抵制毒品的流通，并函请

① 刘汝骥：《陶甓公牍》卷十二《歙县民情之习惯·己·从道德上观察民情：犯罪以何项人为最多》。

② 黄乐民：《鸦片流毒中徽州的烟禁问题》，《新安月刊》第1卷第8期，1933年10月25日。

县长及公安局长秘密调查，遇到贩卖吃户，按律罚办。但是经过无数次的禁烟运动后，旅外徽州人对地方政府的作为产生了深刻怀疑，认为鸦片流毒深极，断不是函请当局可以禁而绝之的。① 所以他们更倾向于发动广大同乡，用自身行为去推动禁烟。如黟县人何世发提议，实行劝告方法，大量印刷劝告的印刷品，分贴各村。该建议得到同乡的赞同，胡笃初等人主动奔走张贴布告，产生了一定的影响。旅外徽州人逐渐意识到教育对禁烟的作用，尝试着开办社会教育，启迪民众心智。他们出资倡导设立阅报社、图书馆，组织通俗讲演团，开办游戏运动场。黟山青年励志会从上海购置书籍，在黟县县城设立了青年图书馆，并在《黟山青年月报》上发表声明，号召广大青年到图书馆去看书。“不要荒废宝贵的光阴，到青年图书馆看书去；不要赌博与吸烟，到青年图书馆看书去；不要作无益的应酬，到青年图书馆看书去；青年图书馆有报纸、有书籍、有杂志，看了能知时事，能增知识，能益身心；无论男女老幼，不费一分一文，均可去看。”②力图从精神上丰富徽州人的生活，摆脱对毒品的依赖。

第三节 《徽州日报》的创刊与徽州乡土文化的传播

1932 年 10 月 10 日，《徽州日报》在屯溪创刊。从其问世到 1949 年 4 月终刊，历时 17 年，是建国前徽州地方报纸中办报时间最久、发行面最广的一家报纸。③《徽州日报》系中华邮政特准挂号认为新闻纸类，南

① 汪西泉：《红丸——鸦片的一封公开讨论的信》，《黟山青年》第 10 卷第 3 期，1931 年 3 月。

② 《黟山青年月报》第 9 卷第 3 期，1930 年 3 月 1 日。

③ 黄山市报业志编纂委员会编：《黄山市报业志》，第 61 页。

京国民政府内政部登记证警字二五一三号，中宣部登记证中字一四三六号，由新徽印书馆承接印刷。馆址初在屯溪下街，后因业务扩大搬迁到新筑大厦，最后搬至西杨梅山脚的公路旁。《徽州日报》是在上海、杭州、南京、苏州等地徽商捐资合股经营的民营报纸，第一届董事会董事长为大同大学毕业的上海徽商章锡骐，首任社长是富商曹霆声，经理兼主笔是毕卓君。1935 年 9 月 16 日，应大多数股东要求召开全体股东大会，当天出席 28 人，共计 54 股，会议通过了报馆股份有限公司章程，投票选举出董事 9 人、监督 5 人，推举章锡骐为社长，吴郁文为经理，马民导为副经理兼副社长。[①]《徽州日报》虽是一份地方性报纸，但其发行面十分大，既贴近徽州本底民众，也贴近旅外徽州人士，这主要得益于徽商网络的完善与发达，旅外徽商不但从资金、设备等方面提供帮助，还在发行上给予支持。《徽州日报》创刊后即向国内外发行，在上海、杭州、南京、苏州、镇江、武汉、北平、严州、金华、九江、景德镇、长沙、安庆、芜湖等国内 22 个大中商埠，均由徽州旅外同乡会帮助设立的分馆或分销处代售报纸，并由报馆发行部门直接向欧美及日本等国外寄发报纸，几乎是徽商足迹所到之处均能见到此报。如兰溪分销处发布启事称分销《徽州日报》意在沟通家乡消息，沾利极微。汉口分馆代办广告、分销，凡湖北省欲订阅《徽州日报》者向经理邵振之接洽即可。1936 年 10 月，为方便上海读者起见，《徽州日报》设立上海分馆，委托上海同孚路 102 弄 6 号徽宁旅沪同乡会办理分销兼广告事宜。[②]《徽州日报》在所属六县重要市镇也广设办事处，如 1933 年歙县先撤销了设在王村的办事处，后改在旧徽州府北门外范兴记杂货号设立分销处，自 10 月起由范兴记出具收条向歙县城内、渔梁各阅户收取订报费用。[③]

《徽州日报》初为四开日报，后因广告业务增加，上海、杭州各大广

---

① 《本馆昨开股东大会》，《徽州日报》1936 年 9 月 17 日。

② 《本报设立上海分馆启事》，《徽州日报》1936 年 10 月 23 日。

③ 《本馆启事》，《徽州日报》1933 年 11 月 3 日。

告公司，常要求该报登载篇幅很大的广告，国内外和徽州六县的新闻也一天多过一天，便决定于1934年元旦扩大张幅，改为对开4版日报。元旦当天的报纸刊发了扩大张幅的宣言："从今天起，我们把本报的张幅扩大了。在今天以后的徽州继续进展之新史页中，本报当如何肩荷徽州社会先驱与推进时代之责任，如何使徽州进入合理之常轨，如何使徽州臻于兴盛与繁荣，是则本报同人在今天以后尤当深自体念。同时，报章系以传达舆论诉说民众痛苦为使命的，但是这个使命能不能切实的负荷，绝对不是本报所克胜任，而需要各友报加以一致的劳力。"[①]为了实现"宣扬文化，代表舆论，服务社会"的使命，《徽州日报》不断扩大队伍，决定从六县各区乡聘请数十位通讯员，要求他们采访新闻客观准确，每星期须投稿6篇，最少也要3篇，其报酬除免费送一份《徽州日报》外，月底按照投稿数量付给酬金。[②] 此前因报纸篇幅所限，屯溪外勤记者只要一人即可应付，篇幅扩大后，为求内容充实，屯溪的外勤记者相应地增至四五人，各负其责，对屯溪的报道日渐丰富。[③] 虽然《徽州日报》已扩大张幅，但报价并没有上涨，仍然是本埠每月4角，半年2.2元，全年4元，每天清晨专差送到。外埠每月5角，半年2.6元，全年5元，邮费在内。国外每月8角，半年4.6元，全年8.8元，邮费在内，这也是为了尽量减轻读者负担，但是《徽州日报》也同时推出征求3 000户基本订户的办法，在从4月1日至7月31日的征求期内，凡一次花费5元订阅全年《徽州日报》者即为基本订户，或者已经订阅尚未期满而在征求期内预缴大洋5元续订全年者亦为基本订户。凡属该报基本订户者即享有多重优惠，如在三年内不加报价，购买"徽州日报丛书"一律半价，每年赠送义务广告一次，以三行三天为标准，超过者照补刊费，可以委托该报调查任何事件，该报在尽可能的范围内详细答复，无须附寄回信

---

① 《本报扩大张幅宣言》，《徽州日报》1934年1月1日。

② 《本报启事》，《徽州日报》1934年1月1日。

③ 《本馆启事》，《徽州日报》1934年3月18日。

邮费。[①]

除了订报费,《徽州日报》另一个主要收入渠道是广告费,收费标准分为两种:特别广告,每行66字高,刊费3角;普通广告,每行66字高,刊费2角,无论特别广告还是普通广告,均以三行起码,一周以内,不折不扣,一周以上,十天以内九折,十天以上八折,长期广告则面议。《徽州日报》除了每日正常出刊外,遇有国庆、元旦、日报周年纪念日等特别节日,还推出专刊或增刊,如1934年元旦增刊征求1933年一年来的政治、经济、文化、交通、商业等各项文章,[②]1935年双十节推出增刊专载庆祝国庆及纪念该报发行三周年的文字,[③]1937年元旦增刊刊登了"自力更生的、救亡图存的、剿匪御侮的文字,以鼓励国人努力复兴民族之工作"。[④] 发行增刊或特刊的同时,也大量刊登广告,1933年《徽州日报》一周年纪念日,该报印刷了3 000份纪念增刊分发六县各乡,其广告费用亦分两种,其一是以行数计,每行大洋2角(每行33字),五行起码,不折不扣;其二是以方寸计,每方寸大洋四角,4方寸起码,亦不折不扣。特种字及图画,如须另刻木戳者,一律收取木刻费。[⑤]

《徽州日报》设有广告部,专门负责广告启事专版,该报登载的广告内容与表现形式丰富多样,包括香烟、香水、药品、皮鞋、电池、电灯、电报、电话、汽车、戏剧、彩票等商品广告,涉及服饰、食品药品、纺织、交通运输、电器、资讯等社会生活的各个方面。而启事属于非商品性广告,主要有公私启事、声明和通知等,包括大量的律师事务所启事、商会通告、离婚声明、结婚启事、修谱通告等。

《徽州日报》的办报宗旨是:"宣扬文化,促进地方建设,沟通地方消

---

① 《本报特别启事》,《徽州日报》1934年4月2日。
② 《本报元旦增刊征文特别启事》,《徽州日报》1934年12月19日。
③ 《本报征文启事》,《徽州日报》1935年10月2日。
④ 《本报元旦增刊征文启事》,《徽州日报》1936年12月20日。
⑤ 《本报周年纪念增刊大张,招登广告启事》,《徽州日报》1933年10月3日。

息，冀内外徽州人士，共同努力创建新徽州。”[①]在《徽州日报》办刊一周年之际，社会人士对其要求上升到民族高度，希望能够指点迷津，发扬文化：“报纸为代表舆论之利器，纳政治于正轨，驱社会于文明，其责任因重而且巨也。……‘代表舆论，指导社会’原则之下，不偏不倚，不屈不挠，为民众之南针，启示迷津，发扬文化，更有进者，值兹国庆声中，时局多艰之秋，应负有唤起群众之责，作整个中华民族生存问题的挣扎。”[②]由此在版面内容安排上，主要以报道徽州各县地方新闻为主，包括相关商业行情、启事广告，并简要报道国内新闻，开设文艺生活副刊，主要栏目为社论、电讯、各县新闻、本埠新闻、经济新闻等。但是在具体的办报过程中，《徽州日报》并没有墨守成规，而是根据社会变化，不断调整版面内容和前后刊登的顺序以适应读者对于新闻内容的要求变化，报社同仁认为要“以生动精彩为唯一条件，视材料之性质及多寡而为分栏别类之标准，伸缩增减，固不必泥执也”。[③] 为更好的服务读者，《徽州日报》特开辟了“社会服务”栏目，主要分为“读者话坛”“读书指导”“申辩理由”“贫苦求助”“特别征求”“著作代刊”“读者信箱”“大众呼声”九类，对来稿的要求方面，“读者话坛”要以读者公正意见及系徽州社会者为准；“读者指导”以读书方法及疑问为准，由编者答复；答复来问，来函询问一切，但每人每函不得超过 60 字，由编者答复；“声辩理由”来稿须有铺保，否则不登；“贫苦求助”来稿须有所属县区之保甲长盖章证明，否则不刊；“特别征求”来稿至多 50 字，并以属于正当之征求为限；“著作代刊”来稿以未经他种刊物刊过而富有社会性者为最欢迎；“读者信箱”来稿每次不得过百字，并不得含有营业广告及宣传意味；“大众呼声”来稿须附翔实证据，不得妄事攻讦。这也是拉近报纸与读

---

① 黄山市报业志编纂委员会编：《黄山市报业志》，第 62 页。
② 李承舜：《徽州日报周岁礼赞》，《徽州日报》1933 年 10 月 10 日。
③ 《本报编辑大纲》，《徽州日报》1932 年 10 月 21 日。

者之间的距离，密切双方的关系的有效之举。[①]

最能体现《徽州日报》办报宗旨，彰显徽州地域文化特色的是各类副刊的开设，《徽州日报》先后自办副刊“徽州公园”“碎月滩”“照明弹”“原子”“徽国春秋”“汤泉”“科学月刊”“儿童园地”“妇女园地”“新安医药”等，与中国民俗学会徽州分会、黄山文艺社、海持志公学徽州同学会、国民政府陆军独立第46旅政训处分别合办了“民俗”“桃源”“法学知识”“奋斗”等副刊。这些副刊有不同层面的读者群，相对于茶余饭后谈资类的社会新闻报道来说，他们更能吸引读者的注意力，同时也在一定程度上推动了徽州文化走向民间大众。其中“徽国春秋”为旬刊，专门登载具有徽州特色的文字，凡徽州之史乘掌故、古今名人轶事、山水名胜、风土人情等类文字皆在搜罗之列，文体不限，文言、白话皆可。“汤泉”为不定期刊，专载一般学术常识，凡探讨国际、国内时事，介绍社会科学、自然科学，研究妇女、家庭、教育问题等类文字都在采纳之中，体裁以白话文为主，愿意以文言撰述者亦无不可。[②] “科学月刊”于1934年3月31日发行了第一期，此后于每月月底出版，本刊旨在提倡科学，凡属科学理论、科学上的新发现、基本科学常识以及科学方面的质疑都予以刊登，主编为胡克思。“儿童园地”于每月七日及二十一日各出版一次，内容分为儿童通讯、儿童言论、儿童文艺、儿童创作、儿童游戏、儿童杂技，对儿童投稿极为欢迎，主编为方槐三。“妇女园地”于1934年4月起发行，每月二日及十六日各出版一次，内容分为妇女问题、妇女经济、家庭问题、服装问题、恋爱问题、婚姻问题、节育问题、妇女运动史料、妇女生活史料，尤其欢迎女性投稿，主编为忆月女士。[③]“新安医药”为半月刊，每月一日、十五日各出版一次，毕梦飞医师为主编，该刊发行的意义在于“医药为保全全民族之健康，是社会必需之组

① 《本报辟设社会服务栏，现订稿约如左》，《徽州日报》1934年11月30日。

② 《本报副刊徽国春秋、汤泉编辑部征稿启事》，《徽州日报》1934年11月10日。

③ 《本报各种副刊征稿启事》，《徽州日报》1934年3月8日。

织，而国家对于医药的审查，已有严格的条例，足见医药在社会上的责任，关系重大，故为医者，必须具有相当学识与经验，始可为病人解除痛苦，增进人类之幸福。”所以“新安医药”的办刊宗旨就定为“发扬固有医药学术，灌输民众卫生常识，作家庭医药之顾问”。① 来稿要求重点关注“地方医药状况、先贤遗著、名医传记、医药研究、临床笔记、民间验方、医药问答”七方面内容，文言白话，体例不拘，如若来函寻医问答，须将患病原因、经过情形及现在病症分别写明，由该刊答复，而要用专函答复者须照诊例附邮费 6 角。②

至于《徽州日报》与其他文艺、学术团体合办的副刊，“桃源”由黄山文艺社主编，该社有社员 70 人，徽州有一定名气的文人皆网罗在内，社长一人，下设事务与编辑两股，各设主任一人，事务并附文书及会计各一人，编辑亦附印刷及编排各一人。“桃源”编发的文章有小说、诗文，材料丰富，编辑为孤灵、贵法、继五、虚舟四人，从 1937 年元旦开始另行出版单行本，每月一册，64 开，40 页左右。“桃源”在徽州文学界的影响日渐扩大，超过了“徽州公园”的势头，因为在徽州文人看来，“徽州公园”所刊发的文字都是吟风弄月类型的，是为了迎合大众低级趣味，不足为观。③ “奋斗”刊载的内容偏向救亡运动的研讨，附带报告徽属各地的军政消息，凡属阐发革命理论，注重时事解剖及介绍国际消息，对各种实际问题进行系统研究的稿件，无论创作文艺、通讯等，均极为欢迎，由于该刊是陆军独立第 46 旅出版的，所以对于第 46 旅战士的来稿，无论好坏，均尽量予以发表。④

“民俗”周刊是由中国民俗学会徽州分会编纂的，谢麟生负其责，目的在于提倡民俗运动，到 1936 年底已先后出版 35 期，逐渐引起了徽州当地民众对民俗事象的注意。“民俗”对以下稿件比较关注：“甲、关于

① 《本刊发行之意义：编辑室播音之一》，《徽州日报》1936 年 12 月 1 日。
② 《投稿简例》，《徽州日报》1936 年 12 月 1 日。
③ 《徽州文坛的动态》，《徽州日报》1936 年 11 月 24 日，1936 年 12 月 3 日。
④ 《征稿简则》，《徽州日报》1936 年 11 月 20 日。

民俗学研究的论文、随笔等；乙、民间信仰与行为：关于地与天、植物界、动物界、人间、人造物、灵魂与他生、无人间的存在（神、小神及其他）、预兆与占卜、咒术、疾病与民间医方等；丙、民间风俗与习惯：关于社会与政治的制度、个人生活诸模式、生业与工业、斋日与节日、竞技、运动与游嬉等；丁、民间艺术与语言：民间故事、歌谣、谜语、谚语、歇后语、方言等；戊、各地与民俗研究有关系之集会与出版消息。”①因为读者对于民间故事有极高的兴趣，但往往因为记忆零散而遗忘很多，所以“民俗”周刊在征求民间故事时，特委托民俗学者钟敬文先拟个故事大纲，以使读者顺利成文，如钟敬文所拟的民间故事“百鸟衣”大纲：一、一人得一美女为妻；二、他恋家废工，妻令带己（她）像往工作；三、像为风吹去，贵人大索图中人；四、妻别时，嘱他日后以百鸟衣住叫卖；五、贵人堕其计中，夫妻再合，并得富贵。“皮匠驸马”故事大纲为：一、一公主或贵家女儿，悬奇字以选婿；二、皮匠误会得选；三、种种的试验，皮匠皆以误会得胜利；四、他终享公主或贵家女儿。“民俗”周刊先后整理出版多期徽州歌谣、民谣、童谣，体现出浓郁的徽州文化特色，为丰富徽州民间文学宝库提供了难得的资料。

本章小结

对于近代报纸的功能，时人曾总结道：“新闻纸是社会的耳目，国民的喉舌，人群的明镜，文坛的霸主，未来的燎光，现在的食粮。”②报纸在发挥正确的舆论导向，开阔民众眼界，推动社会进步方面发挥了重要作用。近代徽州报刊的出现是徽州社会变迁的一项主要衡量指标，反过

① 《征稿简章》，《徽州日报》1936 年 11 月 27 日。
② 小报人：《谈徽州的报人》，《战时记者》第 2 卷第 6、7、8 期合刊，1939 年。

来也在一定程度上深化了徽州社会变迁。

近代徽州报刊主要分为徽州本地报刊和旅外徽州人所办报刊两种。旅外徽州人对家乡的报纸倾注了极大的心血，不仅在财力上给予支持，也积极帮助拓展发行渠道，《徽州日报》不但在国内 22 个城市发行，还向海外发行，这对僻处一隅的地方报纸来说，如果没有旅外徽州人的支持是不可想象的。以《徽州日报》为代表的徽州本地报纸秉承“宣传文化，促进地方建设，沟通地方信息，冀内外徽州人士，共同努力创建新徽州”的办报宗旨，立足于报道徽州社会各界信息，注重贴近百姓生活，涵盖徽州地方建设经济、振兴教育、改良风气等方面的内容，同时也高度关注旅外徽州人的一举一动，及时报告他们的活动，反映他们的意见，报纸既能让旅外徽州人及时了解家乡的信息，也能让家乡亲人看到旅外徽州人的情况，从而发挥了居中联络的作用。

从时间上来看，近代旅外徽州人创办的报刊大多集中在上世纪二三十年代，这也是中国社会发生重大变动的时代，日本帝国主义正在加紧对中国侵略的步伐，民族危机日益加深，救国的呼声普遍高涨。在旅外徽州人看来，救乡与救国是一致的。徽州民众除了受内乱外患的压迫，还要受到恶绅劣董的挟制，兵警的勒索，交通不便的痛苦，以及旧礼教底的束缚，所以他们呼吁，作为徽州人，在担负救国工作之余，还要致力于救乡运动。[①] 他们认为，救乡运动不是一种狭隘的乡土主义的运动，而是救国运动的必要步骤。当中国正处在破碎、分裂、灾害频仍的时代，“实在不是空喊口号，徒唱高调的时候了”，“最好大家能都注意到各人自己关系密切情势熟悉的家乡，集合各个地方的人才，从事关于各该地方的各种问题的研究，这是事半功倍的工作，就研究的结果，随时随地向政府与社会贡献，实较易于达到分途建设的目的”。[②] 由此，《新安月刊》把办刊方向定位于树起“集中人才，充实力量，研究徽州，建设

① 方业韶：《救乡运动的我见》，《微音月刊》第 26 期，1926 年 1 月。
② 黄乐民：《本刊今后的趋向》，《新安月刊》第 1 卷第 7 期，1933 年 9 月 25 日。

徽州"的目标,以尽革新桑梓的义务,从而有裨于徽州,以至国家。这也是当时大多数徽州人所认同的。"民族意识的基础大部分建筑于乡土观念之上,故欲民族意识的发扬,必先培植爱乡观念,而爱乡观念的正鹄的,在能促进地方之发荣与社会之改善。"[①]从而我们也就很容易理解旅外徽州人对徽州社会进行改良的迫切心情了。而徽州本地报纸也在民族危机深重的时代背景下,密切关注时局变化,力图通过发行民众能看得懂的报纸,宣传抗战理念,号召民众积极抗战。"希望徽州文化界先进,即领导徽州文化运动的机关团体,多多发行大众化的小型报纸,使徽州文化水准低下的农工、士兵及一般家庭妇女、商店伙友,人人买得起、看得懂,切实的发动民众,提高他们的民族意识,鼓励将士,坚决他们的抗战意志,并希望开设'新闻事业人员训练',尽量训练新闻界生力军,来担负起大时代的非常任务。"[②]

回到旅外徽州人所办报刊本身,我们也要看到,在现实条件的制约下,旅外徽州人的改良建议有时不免流于形式。黟县人项仲薇曾以无奈的口气说道:"我们一般投稿的作家,在黟山青年上贡献了不少的好政策,太息都没履行,社会、道路、家庭、实业、风俗、卫生等,无不依然如故。"[③]这在某些程度上折射出了旅外徽州人所办报刊的尴尬处境,虽然这些报刊以改良家乡社会,建设新徽州为己任,但他们作为媒介,只是起着一种舆论监督的作用,而很难保证地方政府落到实处。另一方面,这些报刊的作者群成分复杂,所投稿件有时真伪难辨,甚至存在抄袭,发泄个人私愤的情况。《古黟新语》曾收到读者来信,反映该刊发表的文章所用材料太少,拉杂而书,并且"骂人之字面甚多,个中有无情弊,阅者甚为怀疑"。[④]《黟山青年》经常刊发更正或辩论性质的文章,舒璟在第10卷第3期发表了《我黟小学生人数最近的统计》一文,其统计的

① 本刊同人:《一个总答谢》,《新安月刊》1934年2月25日。
② 小报人:《谈徽州的报人》,《战时记者》第2卷第6、7、8期合刊,1939年。
③ 《黟山青年》第5卷第1期,1926年1月。
④ 汪之疆:《敢告一言》,《古黟新语》第11号,1925年9月1日。

碧阳、屏山、蔚文、敬业四所小学的学生人数存在失误,后予以改正。此外,敬业小学校长吴乐仁来信,对其提出反驳,就该文所列“学生日渐减少、成绩毫无、狡计百出、拍电欢迎”等事进行辩论。编辑认为“二者各执一词,均含有攻击的意味,如是互相钩角,恐闹成教育界分裂不良的现象”,特征求第三方的公评。[①] 这就提醒我们,旅外徽州人所办报刊只是为后来者提供了一个了解近代徽州社会的窗口,而非全部。而《徽州日报》等报纸刊登了大量反映地方民俗文化的报道,有助于保存与传播徽州乡土文化,成为我们了解民国时期徽州文化的一个重要载体。

① 《黟山青年》第10卷第4期,1931年4月。

结　语

传统时代的徽州人因“田地少，户口多，土产微，贡赋薄。”[①]生存压力巨大，被迫远走他乡谋求生计。自明代开始，从天下繁华都会以至山陬海隅、孤村僻壤，处处可见徽州商人的足迹。胡适曾总结道：“因为山地十分贫瘠，所以徽州的耕地甚少。全年的农产品只能供给当地居民大致三个月的食粮。不足的粮食，就只有向外地去购买补充了。所以我们徽州的山地居民，在此情况下，为着生存，就只有脱离农村，到城市里去经商。因而几千年来，我们徽州人就注定的成为生意人了。”[②]近代以降，外出务工经商依然是徽州人最为基本的生存方式。随着近代中国工业化、城市化的起步和发展，涌入城市的旅外徽州人群体中出现了新的面孔，公务员、产业工人、职员、店员、学徒、学生、教师等人员日渐增多，构成了一个成分多样、阶层多元的庞大的旅外徽州人队伍。旅外徽州人如同一颗颗雨滴散落到全国各地，将之维系在一起的纽带则是各类同乡和同业组织。一定程度上，近代都市又是个地缘社会，各地移民组织成一个个带有强烈地缘色彩的社会，在都市环境中人为地割裂出虽是无形却让旅居者能够真切感受到壁垒的孤岛。同乡团体成为旅居者的一种社会资源，为他们进入都市，适应都市生活提供了极大的方便。因而，具有强烈地缘观念的旅外徽州人为联合力量以应付陌生的都市环境，组成了类型多样的同乡团体，针对旅外同乡的不同需求提供相应的服务。旅外徽州人以同乡认同为纽带结成了利益群体，既帮助

① 弘治《徽州府志》卷二《食货一》。

② 胡适英文口述稿，唐德刚译注：《胡适口述自传》第一章《故乡和家庭·徽州人》，欧阳哲生编：《胡适文集 1》，第177 页。

徽州人在竞争激烈的都市中生存下来，也在旅外徽州人与家乡社会的互动中发挥了居中联络协调的重要作用。

一、联络乡谊：旅外徽州人群体组织的构建、特点及其功能

旅外徽州人构建起多重层次的同乡团体，大致分为以地缘关系为连接点的会馆、同乡会，以业缘关系为核心的同业公所，以学缘关系为纽带的同学会等。这些同乡团体具有组织类型多样，组织结构严密，社会功能多重而又彼此交叉的显著特点。

会馆是明清以来旅外徽州人最为倚重的同乡组织，存在时间久远，从明中叶开始出现，清朝大规模设立，民国时期仍保留着对同乡群体的象征性中心地位，继续发挥自身功能。如果从种类上进行划分，主要有科举会馆与商人会馆两大类，前者为参加科举考试的读书人和官员提供食宿服务，仅有 11 所，集中在北京和南京两地。相形之下，徽州商人会馆则数量庞大，分布域也更为广泛，徽商在经营地或单独设立或与周边地区商人联合兴建会馆，在商品经济发达、徽商大量聚集的江南地区更是形成"前人之设会馆，凡一邑一镇之中莫不创建"[①]的空间格局，徽州会馆的分布成为考察徽商主要经商地及扩散方向的一项重要指标。

步入近代，随着城乡社会急剧变迁，包括同乡会在内的基础更广泛、形式更现代的各类新式民间社团蜂拥而出。近代徽州同乡会的数量及其分布反映了徽州人向外迁移的状态，在徽州人聚集较多的上海、杭州等地，多以县域为单位设立同乡会，如上海一地就有歙县旅沪同乡会、绩溪旅沪同乡会等 7 所。如果人数较少，则以徽州府属六县为设立范围，或者联合宁国府的旅居人士成立同乡会，人数更为稀少的地方则选择加入皖南同乡会、安徽同乡会等更大地域范围的同乡会。各地徽州同乡会的设立情况也比较多样，有的脱胎于该地徽州会馆，借用会馆

---

① 光绪《唐棲新安怀仁堂征信录·塘棲重建新安会馆序》。

作为办公地点，吸纳会馆原班管理人员，有的则另起炉灶，比较典型的是近代北京的徽州各县会馆，虽然仍被称为会馆，但是其功能与运作方式已与同乡会并无二致。需要指出的是，近代徽州同乡会与传统会馆之间不是线性的演进替代关系，换而言之，同乡会的出现并不意味着对会馆的取代，两者的关系是多维的，折射出丰富的历史向度。

由于徽商的同业组织兼具同业与同乡的色彩，需要在同一地区经营同一行业的徽商人数足够多，才有成立同业组织的现实条件，杭州木商公所和上海星江敦梓堂茶业公所的设立便具备了这两方面的因素。即便徽商没有单独设立属于同乡的同业组织，但在徽商聚集较多的地方，他们一般都会在参与发起或建立同业组织，并担任相应的职务，掌握一定的发言权。如果从劳资关系入手可以看出，杭州徽商木业公所属于资方的同业组织，具有明确的阶层归属性和处理问题的指向性，而敦梓堂茶业公所则属于茶商、茶栈工头、工人的联合体，这就决定了茶业公所在处理劳资纠纷问题时不可避免地首鼠两端，态度暧昧。近代中国社会劳资双方处于对立状态，为了维护自身权益，旅外徽州工人先后成立了徽馆伙友联合会、婺源帮制墨工会、绩溪帮制墨工会、上海制茶工会第二分会等工人组织，代表工人争取提高工资待遇，协调劳资关系，有效地瓦解了劳资矛盾，较好地保护了工人利益。由于徽商与其雇佣的伙计多来自家乡，劳资双方蒙上了同乡的情谊，由此影响到同业组织在处理劳资纠纷的态度，他们更多地将矛盾限定在同乡范畴内，尽量进行调解以期和平了结，从而避免了暴力冲突，安定了社会秩序，成为官方倚重的对象。

旅外徽州同学会是具有鲜明群体特征的一种同乡组织，由在外地读书的徽州青年学生组织成立。从空间格局来看，旅外徽州同学会一类集中在徽州本土，另一类分布在省城、北京、上海、南京等大城市。由于青年学生尚处在求学阶段，没有独立的经济基础，同学会的经费也就显得捉襟见肘，拖欠会费的情况时常出现，同学会要保持正常运转，多依靠当地徽州商人和知名同乡的捐赠。旅外徽州同学会在组织结构、运行机制和社会功能等方面与旅外徽州同乡会有诸多相合之处，强调对内联络感情，切磋学问，促进同学间的交流；对外服务桑梓，用自身所学改造家乡社会，推动徽州社会经济的发展。

就性质来说，近代旅外徽州同乡团体是自我管理与约束，自我服务与受益的民间组织。会馆和同乡会、同业组织等建立起严格的自律机制以规范自身行为，制定了详细而周密的管理章程，在章程规定的宗旨和业务范围内开展活动，并随着时代的变化不断对章程进行调整，如清代北京歙县会馆先后五次更易条规，从而保持了制度的弹性和活力。旅外徽州同乡团体的管理体制处在逐渐完善的过程中，会馆实行的是"寡头政治"，管理权一般掌握在少数精英人物手中，他们或是仕途显达的官员或是席丰履厚的商人，颇具社会声望和活动能力。他们定期集会讨论会馆事务，代表会馆对外进行交涉，但很多时候决策过程不够透明，尤其是在会馆经费的收支方面缺少必要的监督，虽然每年都要刊布征信录，但外界对账目的使用过程仍不甚了解，这也是会馆屡屡遭受徽州同乡诟病之处。同乡会摒弃了会馆精英式的领导和习惯性的管理方式，采用现代党团选举法、任期法的组织形式，实行决策权、执行权、监督权分立的权力运行机制，内部分工明确，各司其职，突出集体领导，民主决策，强化监督，既规范了权力的使用范围，提高办事效率，又能实现民主公正，保证了同乡会的良性运行。旅外徽州同乡会的管理体制和运行机制被旅外徽州同学会、同业组织所借鉴，显示出制度的优越性。

近代旅外徽州人被网罗在同乡团体的羽翼下，在异地他乡的艰难生存中感受到同乡提供的心理慰藉，徽州不再是一个空洞的家乡符号，而是一种身份认同，一种能为他们带来各种便利条件的社会资源。各类徽州同乡团体以联络乡谊为宗旨，致力于服务旅外同乡，其任务约略分为事生和事死两端。"事生"意为满足在世同乡的各类利益诉求，诸如调解纠纷，排忧解难，慈善救助，维护正当权益等等。会馆的基本功能是为旅外同乡士商提供食宿和居停存贮货物的场所，以免露宿街头，衣食无着。“同乡宦幕商贾以及正业营生者初到省城，来馆暂住，不及半月，毋须出租，愿输者听，其有欲常住者较外客月租减收十分之三。”①其次才是属于精神层面的“迓神庥，联嘉会，襄义举，笃乡情”，每年岁时节令在会馆举行聚会活动，同乡之人无论关系亲疏，是否熟识，皆相聚在会馆内祭拜汪华、朱子等乡土神，观看地方戏，气氛融洽，缓解了愁乡之苦，思亲之情。会馆也是徽商在经营地联络同行，进行自我管理，谋求发展的社会组织。当徽商利益受到侵害时，总是由会馆出面交涉；徽商遇到经营纠纷时，也是由会馆进行协调，商量经营事宜。会馆成为徽商自我保护，增强实力，抱团发展，开拓进取的地域团体。近代徽州同乡会在继承会馆原有事务的基础上又有所发展，奉行“联络乡谊，交换感情，发挥互助精神，增进旅居幸福”的宗旨，注重保护旅外同乡的生命财产安全。如 1931 年元旦歙县旅沪同乡会全体会员大会修正通过的同乡会章程将应办事项定为七项，其中有五项与旅外同乡利益相关：“旅沪儿童之教育事项；失业会员之救济事项；调解乡人之争议事项；旅沪同乡受不正当侵害时之援助事项；其他为同乡增进幸福之事项。”②各旅外徽州同乡会将保障同乡权益放在首位，举办慈善公益设施，开夜校，办小学，建医院，为同乡提供医疗、教育服务，提高他们的就业能力，从而赢得了同乡的信任与支持。

旅外徽州同乡团体的另一个重要功能是为不幸客死旅居地的同乡处理身后事。各地徽州会馆最基本的设施是义冢和善堂，是明清以来中国善会善堂的重要组成部分。凡是徽州人聚集之地，可以没有会馆，但不能没有义冢、善堂，购置义冢往往是设立会馆的先奏，从义冢、善堂的分布可以窥见当地徽商的发展势力。从施衣、施棺、助殓、寄棺、埋葬到扶柩回里，各地徽州会馆构建了一个完整的民间社会救助体系。各

① 同治《安徽会馆录》卷二《规条》。
② 《歙县旅沪同乡会第八届报告书·本会会章》。

地徽州善堂设有专职管理人员，经费比较充足，制度比较严密，部分善堂甚至独立于会馆之外。在徽商麇集的江南地区和长江沿线，因水路发达，形成了完善的运棺网络。江南地区以杭州新安惟善堂为中心，各地善堂定期将棺木运送到惟善堂，经查验处理后，由新安江水路转送到徽州，徽州各地在水陆交通口岸设立的善堂负责停放、转送到亡者老家。从汉口、九江到徽州各地也形成了以笃谊堂为核心的运棺路线。各地徽州义冢、善堂周详的规定，完善的运棺网络，有效地解决了旅外徽州人的后顾之忧，体现了徽州人以众帮众、相互扶持的协作精神，这也是徽州人驰骋商场不可或缺的社会保障。

二、服务桑梓：旅外徽州人与近代徽州社会变迁

在近代中国社会变迁的时代背景下，地处皖南低山丘陵间的徽州也开启了缓慢而坚定的变迁步伐。清末新政期间，在徽州知府刘汝骥的推动下，徽州各地积极实行地方自治，兴办新式学校，进行宪政调查，相继成立咨议局、选举事务所、物产研究会，培养了一批新式人才，启迪了民众心智，向古老的徽州大地吹进了一股新风，揭开了近代徽州社会变迁的序幕。

近代徽州社会变迁的浪潮中，旅外徽州人的身影及其所发挥的作用不容忽视。旅外徽州人无论身处何地，从事何种职业，他们与桑梓之地的联络始终没有中断，对故乡的认同感始终是最强烈的，徽州一直是他们心目中挥之不去的烙印。徽州人与家乡的联系有两个层次，一是个体的徽州人与家庭之间的关系。前文曾提及，徽州人外出务工经商是沉重的生存压力所致，因而在外奔波劳碌的徽州人辛苦所得对个体家庭具有十分重要的意义，某种程度上是为了满足家庭最低生存需要。这一点我们从无数的徽商家书中可以看出，留守家庭的妇女苦苦挣扎，望眼欲穿，期望接到家人汇寄的银两。第二个层次是徽州人群体及其组织与徽州的关系徽州同乡团体在为旅外同乡做好服务的同时，也高

度关注家乡社会，以组织的力量与徽州本土保持密切联系。旅外徽州同乡会在章程中都明确规定了对徽州应办的各项事务。如旅溧新安同乡会就要求："对徽州各县的治安、农工、教育、交通、水利等事业，该会有调查督促的任务。"①

美国学长顾德曼指出，早期民国的研究常把都市和农村分离，孤立研究一方，忽视了他们通过旅居者网络而形成的持续不断的联系和相互影响。同乡团体实际上成为平衡都市和乡村中国两个世界的桥梁。②旅外徽州人与徽州社会的互动也可分为两种情况，一种是当徽州社会遭遇旱涝灾害、大兵过境等非正常事件亟待救援时旅外徽州人的行动。1908 年夏徽州各地受到特大洪涝灾害的袭扰，旅沪徽商得知家乡受灾的消息后立即行动起来，成立旅沪徽州水灾劝赈所负责募捐赈济事宜。劝赈所在《申报》《时报》《神州日报》等当时颇具影响力的报纸上发布劝赈启事，并利用各地徽州会馆勾连起一张庞大的同乡组织网络，向各地徽州同乡发起募捐活动。旅沪徽商除了带头捐资捐物外，还更新募捐手段，利用演戏筹款，在很短的时间内筹集到大量的物资，他们委托屯溪公济局负责发放赈款，形成了独立于官方之外的民间义赈模式。旅外徽州人的义举受到以徽州知府刘汝骥为代表的地方官府的重视与赞扬，也影响到此后徽州社会的赈灾行为，每当徽州发生水旱灾害，地方官府和民众就会第一时间向旅外同乡求助。1920 年代地方军阀混战，徽州屡受溃兵骚扰或成为各路军队过境之地，旅外徽州同乡接到家乡的求援信后，便迅速联合各地的徽州同乡团体，群策群力，向当局发出请求，使得徽州社会避免了一次又一次的动乱。

另一种情况是旅外徽州人对家乡社会各项事业的关注支持，包括社会公益事业、文教事业、社会习俗改良等多方面的内容。社会公益事

① 《旅溧新安同乡会简章》。

② （美）顾德曼著，宋钻友译，周育民校：《家乡、城市和国家——上海的地缘网络与认同，1853—1937》，第 162 页。

业是指旅外徽州人对徽州社会的积谷恤贫、修桥筑路等公共事务的支持，如宣统二年，黟县倡议积谷，旅外同乡纷纷捐输，汉口一地的徽商就捐款 6 000 余元，而武穴、九江、安庆、芜湖、上海、杭州、屯溪、婺源、祁门、饶州、景德镇、乐平等地的黟县商人皆"慕义争先"，慷慨解囊。[①] 为修筑杭徽公路，上海、杭州等的徽州同乡会四处奔走，多方呼号，如徽宁旅沪同乡会先后召开数次理事会，讨论举办徽杭长途汽车路方案，旅沪绩溪人士程本海还在报刊上撰文呼吁同乡"赞成此种事业者即日联合起来，共同筹商精密方法，如调查路线，预算费用，募集资本，访求人才，抱定宗旨向着切实方面去进行，终有达到目的之一日"。[②] 在旅外徽州同乡的多方努力下，1933 年 10 月 26 日，徽杭公路全线竣工通车，极大地改善了徽州社会的交通条件，便利了茶叶等徽州经济作物的运输，促进了徽州社会经济的发展。

近代徽州社会因交通闭塞日趋落后，社会风气沉沦败坏，民众吸食鸦片、聚众赌博者屡禁不止。面对家乡社会的衰败，旅外徽州人产生了强烈的焦虑感与使命感，他们创办报刊，发表揭露徽州社会各种负面问题的文章，提出大量的改良建议，掀起了建设新徽州的运动。据不完全统计，旅外徽州人所办刊物有 20 余种，登载的文章中有相当一部分是关于徽州教育和烟赌问题的，文章深入剖析了徽州教育落后的现状和原因，对徽州顽固的烟赌陋俗提出尖锐的批评意见，呼吁旅外人士要高度关注徽州社会存在的各种问题。旅外徽州人除了撰文倡导改良徽州社会的舆论氛围，还积极行动，在乡村开办初等教育和社会教育，将教育理念付诸实践，并发到广大同乡，用自身行动去推动禁烟禁赌，出资设立阅报社、图书馆，组织通俗讲演团和游戏运动场，力图从精神上丰富徽州民众的日常生活，以摆脱对烟赌的依赖。

旅外徽州人与桑梓故里的频繁交流，凝聚了异乡游子对故土的向

---

① 民国《黟县四志》卷十四《杂志·文录·黟县积谷总序》。

② 程本海：《论徽州亟宜创办长途汽车》，《微音月刊》第 21、22 期合刊。

心力,强化了徽州人对家乡的身份认同和情感认同。在旅外徽州人的努力下,徽州的社会风气有了很大改变,道路交通、教育水平、医疗条件、抗灾能力得到了一定程度的提高。旅外徽州人是徽州社会的宝贵财富,是近代徽州社会变迁的重要推动力,他们的桑梓情怀值得我们充分肯定。

附　　录

附录一：

《旅京歙县同乡录》(1927 年)

姓　名	年龄	职　业	住　址	原　籍	居京年数	备　考
王明金	57	源龙茶号商业	宣武门内本号	南乡杞梓里		
王成模(字式周)	57	茶商	宣武门外粉房琉璃街	南乡杞梓里		
王世卿(字泽臣)	55	学界	通县城内	南乡杞梓里		清廪膳生
王经邦(字仲和)	54	内务部典礼司主事	通县沙竹胡同	南乡杞梓里	3 代	
王经佐(字穆孙)	52	内务部礼俗司佥事	通县沙竹胡同	南乡杞梓里	3 代	
王茂恢(字复斋)	50	森泰茶号总经理	前门大街本号	南乡杞梓里	30 余年	京津关浙茶庄经理
王经翰(字墨舫)	50	森泰茶号商业	前门大街本号	南乡杞梓里	30 余年	
王岳岩	49	茶商	北新桥瓦窑胡同	南乡杞梓里	20 年	
王博涛	48	茶商	左安门内	南乡杞梓里	3 代	
王伟(字叔仪)	48	津浦路济南段里亩处长	通县沙竹胡同	南乡杞梓里	3 代	
王渭明(字竹川)	42	森泰茶号商业	前门大街本号	南乡杞梓里	27 年	

续 表

姓　名	年龄	职　业	住　址	原　籍	居京年数	备　考
王经纬	42	茶商	彰仪门内白纸坊	南乡杞梓里	2代	
王和清	40	长盛魁杂货商业	武定侯胡同本号	南乡杞梓里	2代	
王锺翰（字屏之）	36	高审厅录事	宣外粉房琉璃街	南乡杞梓里		
王子澍	30	森泰、利泰两茶号主	前外大街本号	南乡杞梓里	10年	
王锺彦	30	地检厅录事	宣外粉房琉璃街	南乡杞梓里		
王明珩	21	森泰茶号商业	前门大街本号	南乡杞梓里	3年	
王明泉	20	永安茶号商业	天津南市东兴市场本号	南乡上干村	5年	
王福堂	19	开设复生茶号	东四牌楼本号	南乡杞梓里	2代	
王云楼	18	利泰茶号主人	安定门本号	南乡杞梓里	3年	
王观春	17	利泰茶号商业	安定门本号	南乡杞梓里	3年	
方钧恩（字甫元）	78	商业	北新桥报恩寺胡同	南乡磻溪	3代	
方钧受（字荫庭）	69	德利茶号经理	北新桥瓦岔胡同	南乡磻溪	3代	
方光维（字慎之）	61	茶业商会书记	崇文门外草厂三条	南乡磻溪	40余年	
方广寿（字波杉）	60	景春茶号经理	通县沙竹胡同	南乡磻溪	50余年	清候选知县

续表

姓名	年龄	职业	住址	原籍	居京年数	备考
方梓钰(字君佩)	59	宝源茶号商业	崇外粪厂	南乡磻溪		
方本恒	58	商业	草厂十条八号	南乡磻溪	3代	
方仲平	56	源隆茶号商业	宣内本号	南乡杞梓里		
方鸿珪(字锡伯)	56	开设肇新茶号	北新桥九道湾	南乡磻溪	3代	
方永茂(字柏卿)	54	开设开泰茶号	西四牌楼本号	南乡七梓里	40年	
方钧石(字叔昆)	54	商业	通县沙竹胡同	南乡磻溪	2代	
方增五	54	正茂茶号经理	德胜门内本号	南乡磻溪	2代	
方志贵(字丹书)	53	开设南源隆茶号	西四砖塔胡同十八号	南乡杞梓里	2代	
方高迪(字建兴)	53	天津方震大茶号	天津南门本号	南乡磻溪	居津12年	
方光銮(字葛臣)	53	商界	上堂子胡同	南乡磻溪	2代	
方日炳	53	东源隆茶号商业	东安门本号	南乡下磻溪		
方光绍(字纪堂)	51	地方厅书记官	崇文门外井儿胡同	南乡磻溪	2代	
方栋臣	50	瑞源茶号经理	崇文门外东半壁街	南乡磻溪	3代	
方文煜	50	财政部庶务科科员	崇文门外西利市营	南乡磻溪		

续 表

姓　名	年龄	职　业	住　址	原　籍	居京年数	备　考
方钧玉（字季良）	49	肇新闽庄经理	北新桥瓦岔胡同	南乡磻溪	2 代	
方体坚（字辅仁）	48	磁州中和煤矿文牍	崇文门外井儿胡同	南乡磻溪	3 代	
方明清	48	天津永安茶庄商业	天津北石桥本号	南乡大洲源江村	居津 7 年	
方鸿烈（字承宣）	48	德聚茶号副理	北新桥报恩寺胡同	南乡磻溪	3 代	
方先善	48	政界	东四十条	南乡磻溪	3 代	
方兆辉（字玉含）	48	森泰茶号津闽水客	前门外森泰茶号	南乡磻溪	40 余年	
方文元	45	商界	三庆戏园	南乡磻溪	3 代	
方锡荣（字鹤年）	45	永合公茶栈	天津针市街三道街本栈	南乡磻溪	居津 14 年	
方维录（字苞庭）	45	京师官医生	崇文门外上头条六十一号	南乡齐武	25 年	清知县三等文虎章政事堂存记
方鸿谟（字显庭）	45	同兴银号店员	北新桥报恩寺胡同	南乡磻溪	3 代	
方文荣	45	茶商	左安门	南乡磻溪		
方丹铭（字鼎甫）	44	交通部事务员、电报总局洋账处办事	斋内芳嘉园三十七号	西乡小路口，现住岩寺上街	24 年	上海电报测量学毕业，五等嘉禾章荐任职，任用前大明府电报局局长
方宗式（字云章）	43	安定门税局稽查员	崇文门喜雀胡同	南乡齐武	25 年	税务传习所毕业

续 表

姓 名	年龄	职 业	住 址	原 籍	居京年数	备 考
方维铨(字蓴初)	42	京师地审厅书记官登记处主任	崇文门外上头条六十一条	南乡齐武	25年	律学馆毕业,中国公学毕业,法部小京官补地检厅主簿荐任职,任用陕西候补知事
方大纯	42	森泰茶号商业	前门大街本号	南乡杞梓里	2代	
方光桀	40	政界	东四十条	南乡磻溪	2代	
方大春(字玉枢)	36	商界		南乡磻溪	4代	
方剑(字蔚宸)	36	京汉铁路段长	崇文门外上头条61号	南乡齐武	25年	瑞士铁路见习员三等嘉禾章
方礼坚(字仲庭)	35	北京电话南局任事	崇文门外井儿胡同	南乡磻溪	3代	
方鸿基(字鹤山)	34	商界	北新桥瓦岔胡同	南乡磻溪	4代	
方信坚(字叔岩)	33	同济药房商业	崇文门外井儿胡同	南乡磻溪	3代	
方成柱	30	瑞源茶号商业	崇文门外三转桥	南乡磻溪	4代	
方增锦(字织裳)	29	恒盛茶号商业	蒜市口本号	南乡齐武	10年	
方鸿胪(字志明)	28	商界	通县沙竹胡同	南乡磻溪	3代	高等小学毕业
方炳荣	28	瑞源茶号商业	崇文门外三转桥	南乡磻溪	4代	

续　表

姓　名	年龄	职　业	住　址	原　籍	居京年数	备　考
方堉林	28	北京电报局任事	东四十条	南乡磻溪	3代	
方培汝(字景宽)	26	森泰茶号经理	前门外本号	南乡磻溪	4年	
方炳煊	26	三益合洋菜店商业	崇文门外玉清观	南乡磻溪	3代	
方辉增	26	前门西车站邮务员	西直门大街六号	南乡磻溪	3代	
方庆坪	25	学界	崇文门外西利市营	南乡磻溪	4代	
方锡恩	25	正茂茶号商业	德胜门内本号	南乡磻溪	3代	
方大旺	24	开泰茶号商业	西四路东本号	南乡杞梓里	10年	
方焕章	23	学界		南乡磻溪	3代	
方曾兴(字锦裳)	23	鼎盛茶号商业	护国寺本号	南乡齐武	1年	
方乃强(字尔康)	23	三阳金店商业	崇文门外井儿胡同	南乡磻溪	3代	
方堉森	23	学界	东四十条	南乡磻溪	3代	
方增祉	23	西四广大欣茶号	阜成门内宫门口四条	南乡磻溪	3代	
方炳昆	23	三益合洋菜庄商业	崇文门外玉清观	南乡磻溪	3代	
方文(字达天)	19	学界	崇文门外上头条六十一号	南乡齐武	京生人	北京法文学堂毕业

续表

姓名	年龄	职业	住址	原籍	居京年数	备考
方武(字仰天)	17	学界	崇文门外上头条六十一号	南乡齐武	京生人	中学毕业
方瑞禾(字八修)	17	学界	崇文门外上头条六十一号	南乡磻溪		高小毕业
方庆堃	17	学界	崇文门外西利市营	南乡磻溪	4代	
方焕旗	16	学界		南乡磻溪	3代	
任国瑞(字悦华)	43	胡竹溪笔墨庄商业	杨梅竹斜街蕴和店内本庄	西乡忠堂	4年	
江仁纯(字粹青)	43	政界	本县会馆内	南乡皋径	20年	前任甘肃宁夏县县长
江源卿	49	茶食商业	湿井胡同	南乡小溪	20年	
江上林	23	鼎和茶号商业	西单牌楼本号	南乡大阜	7年	
朱绍武	56	茶商	西四砖塔胡同十八号	南乡溪上村	京生人	
朱明亭	41	福康药号商业		南乡溪上村	京生人	
朱功益	29	锦泰茶号	锦什房街本号	南乡溪上村	京生人	
朱世豪(字正海)	27	开设隆泰、永泰、世泰三茶号	西四砖塔胡同十八号	南乡溪上村	京生人	
朱允升(字毅生)	22	茶商	西四砖塔胡同十八号	南乡溪上村	京生人	华文商业专科

续　表

姓　名	年龄	职　业	住　址	原　籍	居京年数	备　考
朱桂芬	21	锦泰茶号	锦什房街本号	南乡溪上村	京生人	
吴本达	84	东昇茶号旧主	京南黄村	南乡石潭	60年	
吴世昌（字炽甫）	81	商业	东四吉祥胡同八号	南乡昌溪	60年	创办北京各茶号，津闽浙茶庄，汉口、扬州各实业
吴世玺（字传甫）	73	开设聚丰茶号	护国寺小帽胡同二号	南乡昌溪	50年	
吴绍箕	72		财神庙	南乡北岸	4代	
吴恩潜（字复斋）	72	吴德泰茶号主人	椿树二条东头	南乡昌溪	60余年	清法部都事司主事
吴绍勋	64	实业	大兴县	南乡北岸	4代	
吴际昌（字汝言）	62	茶商	椿树二条东头	南乡昌溪	京生人	清太常寺典簿
吴亦琳	62	吴德泰茶号主人	椿树二条东头	南乡昌溪	京生人	京兆任用知事
吴恩绶（字印霆）	61	政学界	永光寺中街	昌溪	15年	清岁贡，前歙县知事，京同乡会会长，恒泰、三泰旧主
吴绍钺（字锡卿）	57	实业	骆驼胡同	南乡北岸	4代	十里庄歙义地董事长
吴云铭（字诵先）	57	茶商	永定门外石榴庄	南乡昌溪	3代	清内阁供事
吴绍墉	51	茶商	骆驼胡同	北岸	4代	

续 表

姓名	年龄	职业	住址	原籍	居京年数	备考
吴绍荣	51	十四师书记长	京西海淀军机处	北岸	4代	
吴云材	49	吴德丰茶号主人	东四本号	昌溪	30年南北往来	开设支店，德一、瑞春两茶号
吴云鈵	49	茶盐业	东四吉祥胡同九号	昌溪	30余年	
吴久山	48	天利茶号经理	西四砖塔胡同十八号	水南乡溪南	3代	
吴绍昌	48	实业	京西海淀军机处	北岸	4代	
吴元甫	48	商界	彰仪门	水南乡南溪南		
吴云钧（字炳臣）	47	茶商	崇外宋姑娘胡同	昌溪	3代	
吴云钜（字福如）	46	恒瑞、祥瑞茶号主人	东四吉祥胡同	昌溪	30余年	
吴承佩（字薇孙）	45	商界	前外府井胡同	昌溪	18年南北往来	恒泰、三泰、阜昌旧主
吴春华	45	商界	彰仪门	南溪南		
吴鸿林（字竹修）	44	甘肃省银行交际主任	新街口正觉寺罗儿胡同	昌溪	6代	
吴承仕（字检斋）	43	司法部佥事，大学教授，故宫博物院委员	宣外校场四条二十七号	昌溪	18年	清举人，会考主事大理院五品推事
吴云纶	43	聚丰茶号商业	护国寺想帽胡同二号	南乡昌溪	20年	
吴宝林	43	茶商	崇外送姑娘胡同六号	昌溪	30年	

续表

姓名	年龄	职业	住址	原籍	居京年数	备考
吴永浩	42	邮政管理局供职	东单二条	北岸	4代	
吴浩（字舜琴）	41	商界	宣外西单厂五十三号	昌溪	京生人	中央法政毕业
吴云鍊（字纯如）	41	开设德润茶号	东四吉祥胡同九号	昌溪	20年	
吴承侃（字希亮）	39	京师地方审判厅推事	宣外永光寺中街	昌溪	16年	
吴光祖（字克绳）		军政界	东四牌楼六条	南乡白杨	10年	
吴云鉴	37	茶业	护国寺小宗帽胡同	南乡昌溪	20年	
吴鸿桂（字雁洲）	36	茶商	崇外北河漕十六号	南乡昌溪	4代	
吴成勋（字晏卿）	36	邮政局供职	锦什房街六铺炕七号	昌溪	3代	北平学校毕业
吴云志（字德铭）	36	闽省同德茶庄经理	通县南门内外郎各庄	昌溪	京生人	
吴济世（字泽民）	36	吴德泰茶号商业	椿树二条一号	昌溪	京生人	
吴树森	35	十四师军官团教务长	通县东关	北岸	4代	
吴永淇	35	京兆尹公署供职	大兴县	北岸	4代	
吴承海（字如山）	34	茶商	京南黄村	南乡石潭	京生人	
吴援世（字尧拯）	34	胶济路局供职	椿树二条一号	昌溪	京生人	中央法政专门毕业

续　表

姓　名	年龄	职　业	住　址	原　籍	居京年数	备　考
吴云钧（字力人）	34	鼎和茶号运输	广渠门外郎各庄	昌溪	京生人	
吴云栋（字良臣）	34	鼎和、鼎隆茶号，津闽浙茶庄主人	西单鼎和本号	昌溪	10年	屯溪农校毕业
吴承傅（字习斋）	33	医学士、安澜医院院长	前外大安澜营本院	昌溪	14年	军医校毕业，历任山西、上海军医
吴树言	32	丹凤火柴公司任事	东单三条	北岸	4代	
吴树泽	32	财政部印刷局供职	通县东门	北岸	4代	
吴成泽（字阜生）	31	学界	吉祥胡同	昌溪	20年	北京大学毕业
吴成灏（字公度）	30	开设肇祥茶号	吉祥胡同	昌溪	10年	
吴树培	30	中东路局供职	骆驼胡同	北岸	4代	
吴久恩	30	学界	财神庙	北岸	4代	
吴浩扬	30	德丰茶号商业	东四牌楼本号	昌溪	10余年	协泰成茶号运输
吴树芳	30	奉天军队供职	京西海淀军机处	北岸	4代	
吴树行	28	第八旅供职	东单二条	北岸	4代	
吴树培	28	鼎裕茶号商业	骆驼胡同	北岸	3代	
吴光大	27	稻香村茶食商业	菜市口本号	北岸	10年	

续　表

姓　名	年龄	职　业	住　址	原　籍	居京年数	备　考
吴启有	27	稻香村茶食商业	前门大街本号	南乡杨村	8年	
吴树泽	27	财政部印刷局供职	彰仪门枣林街	北岸	3代	
吴久恕	25	中东路局供职	财神庙	北岸	4代	
吴承绥	24	京汉路局供职	大兴县	北岸	4代	
吴云镛	24	德丰茶号商业	东四牌楼本号	昌溪	京生人	
吴士焜(字君望)	24	学界	椿树二条	昌溪	60年①	
吴永焕(字绮川)	34	政学界		西乡西溪南	10年	同乡会副董事长
吴鸿达(字鹏飞)	24	德丰茶号商业	东四牌楼本号	昌溪	5年	吴裕泰茶号旧主
吴元炳(字燮君)	23	保府吴同合茶号经理	新街口正觉寺罗仓三十九号	昌溪	京生人	
吴树德	23	直军供职	京西海淀军机处	北岸	4代	
吴成洛(字宗伊)	23	德丰茶号商业	东四本号	昌溪	5年	
吴树辉	22	电话南分局司机生	齐化门外	西乡北岸	4代	
吴元烈	22	学界	正觉寺孛罗仓	昌溪	京生人	畿辅中校毕业
吴鸿机	21	山东飞艇厂技工	正觉寺孛罗仓	昌溪	京生人	

① 包括吴士焜祖上的居京年数。

续 表

姓　名	年龄	职　业	住　址	原　籍	居京年数	备　考
吴树漉	20	山东飞艇厂技工	骆驼胡同	北岸	4 代	
吴树荫	20	天津裕源纱厂练习生	海淀军机处	北岸	4 代	
吴承泰	20	茶商	京南黄村	南乡石潭	2 代	
吴承健（字康安）	20	商界	前外甘井胡同	昌溪	京生人	
吴荣庆	19	桂香村茶食业	观音寺本号	南乡武阳	1 年	
吴鸿迦（字曼秋）	19	学书画	宣外校场四条	昌溪	18 年	
吴元熙（字普光）	19	温泉中学三年级	正觉寺罗儿胡同三十九号	昌溪	4 代	
吴鸿述（字山宗）	18	中校毕业	宣外永光寺中街	昌溪	14 年	
吴云穗	18	广盛茶号商业	宣外大街本号	昌溪	3 年	
吴鸿迈	17	师大预科毕业	宣外校场四条	昌溪	京生人	
吴士俊	17	学生	椿树二条一号	昌溪	京生人	
吴士贤（字孟尊）	16	畿辅中学肄业	宣外西厂五十二号	昌溪	京生人	
吴蔚昌	16	商界	彰仪门	南乡南溪南		
吴承俊	15	畿辅中校肄业	前外甘井胡同	昌溪	京生人	
吴承倬	14	高小六年级	宣外永光寺中街	昌溪	京生人	

续 表

姓 名	年龄	职 业	住 址	原 籍	居京年数	备 考
吴成纪	14	第二十四中学肄业	护国寺想毛胡同二号	南乡昌溪	8年	
吴士佳	12	学生	椿树二条	昌溪	京生人	
吴鸿逖	12	小学校肄业	宣外校场四条	昌溪	京生人	
汪廷魁(字星伯)	66	洪裕茂茶号经理	宣外菜市口本号	南乡汪埸千	50年	
汪大成(字振声)	56	开设汪元昌茶号津闽茶庄	东四牌楼本号	南乡汪埸千	40年	
汪福田	50	交通部电政司供职	西单白庙胡同	南乡棉潭	20年	
汪远谋(字筱峰)	49		本会馆内	东乡汪村	4年	
汪观尚	48	茶食业	炭儿胡同二号	南乡洪村	20年	
汪惟正(字君肃)	43	政界	后门外钱串胡同	南乡汪埸千	4代	清度支部主事，候选知府
谢善贵	15	正祥茶号商业	前外大街本号	北乡芳村	1年	
方宜翰(字西园)	39	现任京绥路局地亩课课员	西直门内新街口北一百二十号	歙县	4代	
吴承亮	46	农务	京西郊万泉寺门牌四十二号	昌溪	4代	
吴承瑞(字兆祥)	41	商界	京西郊万泉寺门牌四十二号	昌溪	4代	西鹤年堂药铺司事

续表

姓名	年龄	职业	住址	原籍	居京年数	备考
吴承海(字泽川)	31	商界	京西郊万泉寺门牌四十二号	昌溪	4代	
汪家福	40	老香村商业	前门外大街本号	南乡洪村	14年	
汪文钊(字荣卿)	42	开设桂香村、老香村茶食业	前门外取灯胡同	南乡洪村	20年	
汪孔祁(字采白)	41	北京师范学校教员	本会馆内	西乡西溪	7年	书画家
汪云章	39	老香村茶食业	前门外大街本号	南乡棉潭	15年	
汪文钼(字云洲)	38	老香村茶食业	前门外大街本号	南乡洪村	20年	
汪文钰(字如之)	35	桂香村茶食业	观音寺本号	南乡洪村	15年	
汪溶(字慎生)	33	司法部储才馆供职兼监狱官	本会馆	东乡满田	寄居浙徐,来京4年	书画家
汪嘉祥(字耘阡)	28	印铸局课员,德商颜料化学厂任事	骑河楼十九号	南乡汪埸千	3代	北京财政商业局,毕业进学通讯社记者
汪嘉麟(字玉书)	28	汪正大东记茶号商业	西北城麻花胡同	南乡汪埸千	10年	
汪廷佩(字玉如)	28	元昌茶号徽闽运输	东四牌楼本号	南乡汪埸千	10年	
汪惟馨(字桂祺)	28	元昌茶号商业	东四牌楼本号	南乡汪埸千		

续 表

姓　名	年龄	职　业	住　址	原　籍	居京年数	备　考
汪鸿茂	25	老香春茶食业	西单本号	南乡洪村	10年	
汗嘉善	24	陆军被服厂副官	后门外钱串胡同	南乡汪堨千	3代	陆军军需校毕业
汪嘉平	22	德外正大茶号商业	寄居故城县郑家口	南乡汪堨千	15年	
汪明鉴（字镜怀）	21	警界		东乡四区汪村	4年	
汪炳有	21	老香村茶食业	前门外大街本号	南乡洪村	10年	
汪家权	19	汇文中学校	炭儿胡同东头	南乡洪村	2年	
汪明征（字叔泉）	18	警界		东乡四区汪村	4年	
汪克全	18	学生	本会馆	西乡西溪	6年	
汪明权	16	军界	本会馆	东乡四区汪村	4年	
汪加穌（字成先）	15	孔教中学肄业	后门外钱串胡同	南乡汪堨千	3代	
林秉权	55	祥泰茶号商业	地外大街本号	北乡山口		
周嘉辉（字仲祥）	30	军事部科员	宣内繖子胡同	南乡斯千	2年	
胡德植（字槐三）	48	开设胡开文笔墨业	琉璃厂二百二十四号	西乡堨田	20年	
胡德谟（字仲偕）	42	开设胡开文仲记笔墨业	琉璃厂东头路南	西乡堨田	20年	
胡志厚（字汉光）	36	大生银行文书主任	西交民巷本行	西乡上长林	10年	

续表

姓名	年龄	职业	住址	原籍	居京年数	备考
胡厚福(字载之)	32	胡竹溪笔墨庄主人	杨梅竹斜街蕴和店	西乡竭田	10年	
胡官高	25	桂香村茶食业	前门外观音寺本号	南乡安溪	1年	
胡钧(字中正)	18	军界	琉璃厂二百二十四号	西乡竭田	4年	
柯堃(字晴岚)		警厅行政科科员、卫生处科长	西交民巷西口	南乡水竹坑	8年	
姚锦甫	40	桂香村茶食业	前门外观音寺本号	南乡深渡	10年	
姚永祥	40	老香村茶食业	前门外大街本号	南乡深渡	15年	
姚日章(字锡畴)	25	恒瑞茶号商业	西单牌楼本号	南乡深渡	南北往来	闽同德茶庄司帐
姚美源	20	老香村茶食业	前门外大街本号	南乡深渡	8年	
洪汝闿(字泽臣)		警厅总务科	本会馆	西乡岩寺	15年	
洪惟敬(字守斋)	53	开设洪裕茂茶号	菜市口本号	南乡三阳川	40年	开设津闽浙茶庄
洪炳彰(字理臣)	52	鸿记茶号商业	朝阳门外六里屯村	南乡锺村	3代	
洪文瑞	32	洪裕茂茶号商业	朝阳门外六里屯村	南乡锺村	3代	
洪秀琳	32	老香村茶食业	西单牌楼本号	南乡查川源	8年	
洪子隆	28	外交部供职	本会馆	西乡岩寺	6年	

续表

姓名	年龄	职业	住址	原籍	居京年数	备考
洪国本（字子固）	27	中华懋业银行行员	新廉子胡同	西乡岩寺	8年	
洪文祥	26	景泰茶号商业	朝阳门外六里屯村	南乡锺村	3代	
洪殿璐（字廷珍）	25	天津同丰茶栈商业	天津北门外大仪门本栈	北乡溪滩村	10年	
洪瑜（字瘦石）	19	留学日本		南乡三阳坑	2年	前上海震旦肄业，北京清华肄业
洪文庆	18	聚义金店商业	朝阳门外六里屯村	南乡锺村	3代	
冯瑞山	56	茶商	北新桥北王大人胡同	南乡鸿飞	30年	
冯基厚	56		京南马驹桥丁庄	南乡鸿飞	2代	
冯石卿	56	开设永馨茶号	北新桥路东本号	南乡鸿飞	30	兼办津闽茶庄
冯云辅	50	开设怡和泰茶号	北新桥北汪大人胡同	南乡鸿飞	30	
冯基纯	50		京南马驹桥丁庄	南乡鸿飞	2代	
冯基朴	37	椿茂苜莉花厂任事	京南马驹桥丁庄	南乡鸿飞	2代	厂设京南黄土冈
冯存元	30	茶商	京南马驹桥丁庄	南乡鸿飞	3代	
冯存德	23	茶商	京南马驹桥丁庄	南乡鸿飞	3代	
冯佐臣	20	茶商	北新桥王大人胡同	南乡鸿飞		

续表

姓名	年龄	职业	住址	原籍	居京年数	备考
冯存竺	17	森泰茶号商业	前门外大街本号	南乡鸿飞		
冯存善	15		京南马驹桥丁庄	南乡鸿飞	3代	
许穉丞		直鲁军参谋长	西单牌楼皮裤胡同	西乡唐模		
许僎		政界	宣外南横街	西乡唐模		
曹兆禧（字奉璋）	66	政界	宣武门内中街路南	南乡雄村寄局湖北	10余年	前湖北黄冈县知事
曹家辉（字瑞庭）	54		宣外南半截胡同六号	南乡雄村寄局湖北	3代	
曹家骧（字云甫）	49	财政部供职	宣外南半截胡同六号	南乡雄村，寄局湖北	3代	
曹家驯（字良甫）	44		宣外南半截胡同六号	南乡雄村，寄局湖北	3代	
曹浤（字少璋）	40	北京中国银行行员	宣外中街路南	南乡雄村，寄局湖北	10余年	
曹溶（字凤池）	36		宣外中街路南	南乡雄村，寄局湖北		书画家
曹家骐	34	财政部供职	宣外南半截胡同六号	南乡雄村，寄局湖北	3代	
曹伯伦（字见微）	30	益世报馆编辑	本县会馆内	南乡雄村	3年	本县中学毕业，北京新闻界记者
曹国璋（字辰生）	24	学界	宣外南半截五号	南乡雄村	3代	
曹国玺（字庚生）	18	学界	宣外南半截五号	南乡雄村	3代	安徽中学肄业

续 表

姓　名	年龄	职　业	住　址	原　籍	居京年数	备　考
黄体元	52	茶商	右安门	南乡薛坑口		
黄体方	49	茶商	右安门	南乡薛坑口		
张人杰(字锦钊)	60	开设锦云春糖坊	宣外校场头条木坊	南乡绍村	2年	
张昌翼(字文卿)	60	开设张一元茶号三处	崇外汪太乙胡同十号	南乡定潭	3代	前清五品顶戴盐大使职衔，京师总商会董事，茶行商会正会长
张国基(字建侯)	59	开设景元茶号	琉璃厂西南园	南乡定潭	3代	
张鹏翎(字翰飞)	44	司法部秘书	本县会馆内	南乡定潭	20年	分发江西县知事，前审计处协审员参议院秘书兼科长，安徽省公署秘书
张安文(字玉衡)	41	茶商	本县会馆内	南乡定潭	20年	速记学堂毕业
张安业(字席先)	38	交通部办事员	本县会馆内	南乡定潭	20年	商业学校毕业
张钧(字禹和)	35	交通部办事员	琉璃厂西南园	南乡定潭	3代	英文传习所毕业
张祥云(字召夫)	28	恒瑞茶店商业	西单牌楼本号	南乡定潭	6年	
张源彩(字建亭)	28	京师看守所供职	司法部后身本所	南乡黄弼	2年	

续　表

姓　名	年龄	职　业	住　址	原　籍	居京年数	备　考
张安凤(字瑞歧)	25	茶商	崇外汪太乙胡同十号	南乡定潭	3代	京师公立第三十三高等小学毕业
张安祥(字瑞庭)	19	茶商	崇外汪太乙胡同十号	南乡定潭	3代	京师公立第三十三高等小学毕业
张祥和(字孝先)	17	电报局电务员	琉璃厂西南园	南乡定潭	3代	第八高小毕业
张祥霖	17		琉璃厂西南园	南乡定潭	3代	第十九高小毕业
张江北	17	桂香村茶食店店员	前门外观音寺本号	南乡漳潭	1年	
程士堃(字晓山)	58	商界	东直门外车子营	崇村		
程树棠	52	开设馥泰茶号	东直门外大街	崇村		
程荣沛(字润卿)	51	商界	朝阳门外大街	崇村		
程荣喜	50	商界	东直门外二里庄	崇村		
程宗麟(字丽生)	38	开设乾裕茶号	朝阳门外大街	崇村		
程宗启	38	商界	西长安街	崇村		
程廷熙(字春台)	36	教育界	宣外大街五十二号	崇村		算学专家
程贵荣	36	开设老香春茶食店	西单牌楼本号	南乡棉溪口	10年	

续 表

姓 名	年龄	职 业	住 址	原 籍	居京年数	备 考
程绍崧	30	军界	宣外教场小五条	西北乡云塘村	6代	陆军学校毕业，陆军中校
程恩荣（字惠庭）	29	祥泰茶号商业	地外大街本号	北乡汤口		
程荣德	28	商界	东直门外枣子营	南乡崇村		
程遵治（字沛仁）	28	恒瑞茶号，商业	西单牌楼本号	南乡五渡岭脚	2年	
程荣祥	25	商界	东直门外枣子营	南乡崇村		
程肃持	23	学界	本县会馆内	西乡槐塘	6年	
程荣春	19	商界	东直门外枣子营	南乡崇村		
程荣连	19	商界	东直门外枣子营	南乡崇村		
程鸿达（字镇远）	18	豫章中学三年级	宣外教场小五条九号	西北乡云塘村	7代	
程鸿述	15	学界	宣外教场小五条九号	西北乡云塘村	7代	
项恒吉	50	稻香村茶食业	前外观音寺本号	水南乡杨村	15年	
詹春华	26	老香村茶食业	前外大街本号	南乡深渡	1年	
鲍国琛（字朴存）	69	政界	西单报子街七十号	西乡棠樾		清举人
鲍典勋（字宇虞）	32		西单报子街七十号	西乡棠樾		

续 表

姓　名	年龄	职　业	住　址	原　籍	居京年数	备　考
鲍仲虞	29		西单报子街七十号	西乡棠樾		
郑谨乡	47	开设东源隆茶庄	东安门本号	南乡箬坑源		
郑荫祺(字颂耆)	39	中国实业银行行员	西交民巷八十六号电南三七五八	西乡郑村	12年	会计师
郑维夔(字韶九)	33	天津华新银行	天津英界本行	西乡郑村	4年	安徽省立第三中学毕业
郑德中(字治平)	29	北京电报总局办事	齐内芳嘉园三十七号	西乡郑村	16年	上海电报学堂毕业
郑漪(字谦六)	29	大北水线电报公司办事员	东单小土地庙二十七号	西乡郑村	14年	上海电报学堂毕业
郑克念(字省三)	29	北京劝业银行行员	本县会馆内	西乡郑村	9年	歙县旅京同乡会事务所庶务员
郑维文(字质文)	27	北京电报总局办事	齐内芳嘉园三十七号	西乡郑村	14年	天津电报学堂毕业
郑克越(字践侬)	25	天津劝业银行	天津法界本行	西乡郑村	5年	
郑观恒(字子中)	25	东源隆茶号,商业	东安门本号	南乡箬坑源	1年	
郑克昌(字器也)	24	天津中国实业银行	天津英界本行	南乡箬坑源	9年	
郑刚(字体乾)	21	中国实业银行	西交民巷本行内	南乡箬坑源	6年	簿记学校毕业
潘仁元	50	津浦铁路局材料科科员	天津河北	西乡岩镇	居津30年	

续 表

姓 名	年龄	职 业	住 址	原 籍	居京年数	备 考
潘振甲（字第云）	36	警察厅科员，电报局稽查员	警察厅特务委员所	南乡北岸	2年	
潘锦堂（字馥园）	19	中国实业银行	西交民巷本行内	西乡岩镇	1年	
蒋有瀛（字石舟）	49	政界	崇外东茶食胡同二十八号	北乡冈村	3代	前清候选直隶州知州
蒋有泰（字岱如）	47	政界	崇外东茶食胡同二十八号	北乡冈村	3代	前清候选巡检
蒋兆玉（字子璞）	38	外交部主事驻德使馆参赞	德京使馆	北乡冈村	3代	德国农科大学毕业，硕士
蒋兆琛（字献庭）	34	京汉铁路会计处处长室办事	霞公府西口京汉官社三十九号	北乡冈村	3代	前清附近生
蒋兆熙（字辑五）	26	哈尔滨审判厅俄文翻译	本厅	北乡冈村	3代	
蒋兆铎（字伯衡）	23		崇外东茶食胡同二十八号	北乡冈村	3代	
蒋兆炘	18	安徽中学肄业	崇外东茶食胡同二十八号	北乡冈村	3代	
蒋兆麐	18	北京学院肄业	崇外手帕胡同卅二号	北乡冈村	3代	
蒋兆蓉	19	学界	崇外手帕胡同卅二号	北乡冈村	4代	

续　表

姓　名	年龄	职　业	住　址	原　籍	居京年数	备　考
蒋兆荫(字仲三)	18	学界	崇外东茶食胡同二十八号	北乡冈村	3代	
蒋兆骏(字少石)	16	京师公立第四中学肄业	崇外手帕胡同卅二号	北乡冈村	3代	
蒋子厚(字品笃)	16	开设天津义泰春茶庄	天津粬店街本号	北乡冈村	3代	
蒋兆新(字叔芾)	15	励志中学肄业	崇外东茶食胡同廿八号	北乡冈村	居津1年	
蒋兆铭(字季青)	15	北京扶轮小学肄业	崇外东茶食胡同廿八号	北乡冈村	3代	
谢光龢(字惠卿)	60	开设祥泰茶号	地外大街本号	北乡芳村		
谢积泰(字子衡)	55	开设隆泰泉茶号	米市大街本号	北乡芳村		
谢光藻(字莘卿)	53	开设肇泰景泰茶号	后门外本号	北乡芳村		
谢明辉(字玉山)	53	开设恒通茶号	东安门外大街本号	北乡芳村		
谢光贤(字良卿)	47	开设吉泰正祥茶号	前外大街本号	北乡芳村		
谢明焘(字梓如)	48	恒通茶号	东安门大街本号	北乡芳村		
谢光镈(字铁良)	35	开设祥泰茶号	地外大街本号	北乡芳村		
谢正英	26	恒通茶号	东安门外大街本号	北乡芳村		

续　表

姓　名	年龄	职　业	住　址	原　籍	居京年数	备　考
罗肇基(字绍箕)	29	正祥茶号	前门外大街本号	北乡芳村		
谢正逖	18	正祥茶号，商业	前门外大街本号	北乡芳村	1年	
吴鸿珍	26		京南郊万泉寺门牌四十二号	昌溪	5代	
吴鸿恩	26		京南郊万泉寺，门牌四十二号	昌溪	5代	
吴鸿宾	11		京南郊万泉寺，门牌四十二号	昌溪	京生	
吴鸿富			京南郊万泉寺，门牌四十二号	昌溪	京生	

附录二：

上海市徽宁会馆第三届董事会办事董事履历表

姓　名	性别	年龄	籍贯	履　历	现任职务	职业及其地位	住　址
曹叔琴	男	67	歙县	歙县旅沪同乡会监事	董事会办事董事	开设曹素功尧记墨庄	中正北二路41弄62号
王杏滋	男	46	歙县	上海市漆商业同业公会理事长	同前	义泰漆号经理	金陵东路笃行里16号
洪仲生	男	74	歙县	歙县旅沪同乡会名誉理事	同前	开设统益袜厂	金陵东路笃行里16号

续 表

姓　名	性别	年龄	籍贯	履　历	现任职务	职业及其地位	住　址
黄禹鼎	男	63	休宁		同前	开设仁义当	方浜中路福昌里黄禹记
李达孚	男	58	休宁		同前	开设福泰衣庄	金陵东路西新桥
吴介眉	男	56	休宁		同前	开设万丰酱园	山西北路
胡义儒	男	70	婺源		同前	开设裕昌木行	合肥路怡怡别墅2号
詹福熙	男	62	婺源		同前	开设华昌照相材料行	南京东路471号
詹克峻	男	51	婺源	前任上海震旦女中教师，现任上海鱼市场监察	同前	教师	黄陂南路福熙村54号
卢象三	男	57	黟县		同前	开设卢象记申庄	北苏州路德安里信昌隆报关行内卢象记
万志仁	男	38	黟县		同前	中医师	中正东路恒业里10号
余阶升	男	65	黟县		同前	开设余源茂布号	老北门城内元和里内升恒里3号
胡洪钊	男	43	绩溪		同前	建筑工程师	南昌路195号
胡元堂	男	46	绩溪	上海市酒菜馆商业同业公会理事	同前	开设大中华菜馆	宝山路口5号
程守臣	男	39	绩溪	上海市茶业商业同业公会理事	同前	程裕新茶号经理	广东路贵兴里7号
谢淮卿	男	59	祁门		同前	开设长源泰报关行	民国路新开河

续　表

姓　名	性别	年龄	籍贯	履　历	现任职务	职业及其地位	住　址
杨啸天	男	61	宁国	前任淞沪警备司令，现任监察院监察委员	同前	政	南昌路59号
胡惠人	男	51	泾县		同前	开设顺泰袜厂	淮安路口
汪云裳	男	46	太平		同前	长安公墓主任	四川南路兴业里1号
方汉臣	男	60	太平		同前	开设义泰漆号	金陵中路济瑞康里266号
胡幼卿	男	51	泾县		同前	开设睽华手帕厂	河南中路济阳里11号
曹次谨	男	63	泾县		同前	开设曹义发宣纸号	永寿街原上里10号
郑鉴源	男	59	婺源	上海市茶叶商业同业公会理事长	同前	开设鸿怡泰茶号	永嘉路郑家弄59号
方炜平	男	45	歙县	歙县旅沪同乡会理事长	董事会候补办事董事	履泰昶布号经理	金陵东路277号
曹志功	男	49	休宁	休宁旅沪同乡会理事长	同前	政	北四川路安慎坊4号
俞灿如	男	58	婺源	婺源旅沪同乡会理事	同前	开设俞顺兴墨庄	管驿路安宁里2号
余成鋐	男	41	黟县		同前	律师	南京西路96弄12号
胡福庭	男	54	绩溪		同前	开设鸿福织造厂	浙江北路98号
朱如山	男	44	泾县		同前	商	新乐路167号
汪玉屏	男	52	太平		同前	开设江宝记申庄	天津路太古辉内

续　表

姓　名	性别	年龄	籍贯	履　历	现任职务	职业及其地位	住　址
孙子茀	男	59	婺源	上海茶输出业同业公会理事	同前	慎源茶叶公司经理	河南北路景兴里
张蔚云	男	65	祁门		同前	商	建国西路合兴坊49号

资料来源：《上海市社会局关于徽宁会馆注册登记等文件·上海市徽宁会馆第三届董事会办事董事履历表》，Q6－9－110，上海市档案馆藏。

附录三：

上海市徽宁会馆全体董事名册(1947年11月)

姓　名	性别	年龄	籍贯	职业	住　址	备　注
曹叔琴	男	66	歙县	商	卡德路41弄62号	
方志成	男	68	歙县	商	金陵东路66号	
方晓之	男	77	歙县	商	金陵东路巨成昶洋货号	
许伯龙	男	56	歙县	律师	长乐路杜美新村24号	
朱志卿	男	65	歙县	商		回乡
吴荫槐	男	54	歙县	商		回乡
吴惟玉	男	41	歙县	商	南市里马路太平弄老大顺漆号	
吴星斋	男	53	歙县	商	浙江中路570万源漆号	
王杏滋	男	45	歙县	商	金陵东路66号	
章南园	男	73	歙县	商	北京东路706号汇源漆号	
方炜平	男	44	歙县	商	金陵东路277号	
吴泽光	男	44	歙县	商	江西南路吴志大漆号	
吴镇周	男	52	歙县	商	浙江中路574号宝源漆号	

续 表

姓 名	性别	年龄	籍贯	职业	住 址	备 注
汪景山	男	65	歙县	商	江西南路吉安里 8 号	
程贻泽	男	42	歙县	商	北京西路 724 号	
汪渭功	男	58	歙县	商	新闸路黄山茶庄	
王志大	男	46	歙县	商	河南南路 65 弄 2 号	
洪仲生	男	73	歙县	商	金陵东路笃行里 16 号	
曹士彦	男	44	歙县	商	闵行万康行	
王畿道	男	32	歙县	商	金陵中路建安里 10 号	
叶日暄	男	43	歙县	商	浙江中路 578 号永源漆号	
吴润生	男	55	歙县	商	福建路 207—209 号	
潘荫庭	男	55	歙县	商	福建南路 127 号	
吴异凡	男	47	歙县	商	新闸路 681 号	
凌颖初	男	39	歙县	商	东嘉兴路 285 号	
李达孚	男	57	休宁	商	金陵东路福泰衣庄	
王旭辰	男	62	休宁	商	林森中路益昌提庄	
汪屡年	男	59	休宁	商	南京西路沧州别墅 154 号	
程筠孙	男	58	休宁	商	河南中路屯镇胡开文墨庄	
林屹思	男	50	休宁	商	重庆中路裕福里 16 号	
黄禹鼎	男	62	休宁	商	方浜东路福昌里 16 号	
程雄甫	男	77	休宁	商		回乡
吴蝶卿	男	66	休宁	商		回乡
汪育斋	男	46	休宁	商	江苏路 14 号	
金敬予	男	68	休宁	商	天津路 157 弄 4 号	
程用六	男	77	休宁	商	南京东路老介福绸缎局	

续 表

姓 名	性别	年龄	籍贯	职业	住 址	备 注
吴介眉	男	55	休宁	商	山西北路万丰酱园	
吴锡勤	男	46	休宁	商		回乡
金郁周	男	56	休宁	商	河南中路屯镇胡开文墨庄	
周茂生	男	51	休宁	商	紫金街祥大布号	
黄翰	男	58	休宁	律师	中正东路 39 号 3 楼大来地产公司	
程奉卿	男	51	休宁	商	汉口路绸业大楼 5 楼聚德钱庄	
黄慕耕	男	48	休宁	商	金陵东路福泰衣庄	
曹志功	男	48	休宁	政	四川北路安慎坊 4 号	
刘紫垣	男	48	休宁	商	金神父路金谷屯 21 号	
程一帆	男	48	休宁	商	天津路 40 号民孚银行	
汪述祖	男	45	休宁	商	天津路福绥里久丰绸庄	
胡复华	男	58	休宁	商	中正东路 716 号	
汪伯奇	男	51	婺源	商	江西路花旗大楼 3 楼 209 号中联行	
胡义儒	男	69	婺源	商	合肥路怡怡别墅 2 号	
江家瑂	男	53	婺源	政	书锦里戴春和记	
汪维英	男	66	婺源	商	医院路 35 号	
金里仁	男	63	婺源	政		战后住址不明
詹以和	男	59	婺源	商	河南中路曹素功敦记墨庄	
詹克峻	男	50	婺源	教师	黄陂南路福煦村 54 号	
詹福熙	男	61	婺源	商	南京东路华昌行	
俞章	男	54	婺源	商	愚园路柳林别墅 60 号	

续 表

姓　名	性别	年龄	籍贯	职业	住　　址	备　注
李鉴贤	男	60	婺源	商	福州路义成钟表号	
胡升甫	男	63	婺源	商	合肥路裕昌木行	
程泰昇	男	55	婺源	商	新昌路青岛路口厚德里 3 号	
汪可三	男	48	婺源	商	天津路恒源里诚兴棉布号	
王海澄	男	57	婺源	商	复兴中路益源当	
曹子华	男	59	婺源	商	新闸桥堍戴春林香粉号	
詹沛霖	男	48	婺源	商	山东鲁益记兴纸号	
汪子文	男	68	婺源	商	青龙桥同吉里 6 号	
洪子敬	男	49	婺源	商		离沪
詹从吾	男	38	婺源	商		离沪
汪鹤年	男	49	婺源	商		回乡
詹谦甫	男	71	婺源	商	金陵东路祥安里 4 号	
俞观明	男	41	婺源	商	广东路涌生泰纸号	
俞灿如	男	57	婺源	商	管驿路安宁里 2 号	
胡静山	男	39	婺源	商	合肥路裕昌木行	
詹励吾	男	42	婺源	商	山东路 345 号	
汪匡时	男	29	婺源	商	南京东路老九和绸缎局	
汪英宾	男	50	婺源	政	中正西路两宜里 1 号	
查廷芳	男	36	婺源	商	东台路查二妙益记	
汪智涌	男	47	婺源	商	林森中路 1670 弄中南新村 18 号	
曹凤声	男	40	婺源	商	南京东路大昌祥绸缎局	
俞养涵	男	54	婺源	商	侯家路北王医马巷思恭里 1 号	

续 表

姓 名	性别	年龄	籍贯	职业	住 址	备 注
余阶升	男	64	黟县	商	老北门城内元和里内升恒里3号	
余润生	男	71	黟县	商	北海路益生祥牛皮号	
舒黎望	男	55	黟县	商		回乡
余成鋐	男	40	黟县	律师	南京西路96弄12号	
汪盛生	男	41	黟县	商	福建中路余兴里510号	
吴发莱	男	43	黟县	商	广东路51号5楼美盛烟叶公司	
万志仁	男	37	黟县	中医师	中正东路恒业里10号	
卢象三	男	56	黟县	商	北苏州路德安里信昌隆报关行内卢象记	
汪炳祥	男	45	黟县	商		回乡
金节庵	男	44	黟县	商	七浦路232弄3号	
余成伟	男	45	黟县	商	新昌路懋益里33号	
谢淮卿	男	58	祁门	商	民国路新开河长源泰报关行	
张蔚云	男	64	祁门	商	建国西路合兴坊49号	
许楷贤	男	40	祁门	律师		回乡
谢仁钊	男	41	祁门	商	常熟路中信一村4号	
周履堂	男	48	绩溪	商		回乡
洪耀章	男	51	绩溪	商	安南路富贵楼	
程克藩	男	56	绩溪	商	凤阳路逸民里19号	
程芦生	男	49	绩溪	商	广东路贵兴里7号	
汪孟邹	男	72	绩溪	商	西藏中路475弄6号	
胡元堂	男	45	绩溪	商	宝山路口老大中华楼	

续 表

姓　名	性别	年龄	籍贯	职业	住　　址	备　注
曹志明	男	48	绩溪	商		回乡
胡洪开	男	45	绩溪	商	河南中路老胡开文墨庄	
胡洪钊	男	42	绩溪	建筑工程师	南昌路 195 号	
邵之林	男	36	绩溪	商	中正北二路沪西大中华酒楼	
余亚青	男	60	绩溪	商	福州路崇让里大东棉布号	
石民群	男	47	绩溪	商		离沪
胡福庭	男	53	绩溪	商	浙江北路 98 号	
程守臣	男	38	绩溪	商	广东路贵兴里 7 号	
吴祥鸿	男	46	绩溪	商	华成路银河里同泰永茶行	
汪莲桂	男	47	绩溪	商	河南中路瑞生和腿行	
张荫之	男	44	绩溪	商	虹口大连路 469 号	
邵萍友	男	41	绩溪	商	中华路 1465 号	
曹炳兴	男	37	绩溪	商	永年路同顺兴厂	
胡仲寅	男	54	绩溪	商	河南中路瑞生和腿行	
许虎章	男	41	绩溪	商	顺昌路 326 弄六兴坊 15 号	
胡洪发	男	55	绩溪	商	河南中路胡开文发记	
胡春棠	男	51	绩溪	商	北海路程裕新 3 号	
程义开	男	37	绩溪	商	南京西路程裕新 4 号	
汪瘦岑	男	68	旌德	政	愚园路底联安坊大章洗染厂二楼	
汪剑屏	男	59	旌德	商		战后住址不明
汪介卿	男	66	旌德	商		战后住址不明

续 表

姓　名	性别	年龄	籍贯	职业	住　址	备　注
戴戟	男	53	旌德	政	常熟路善钟里 69 号	
喻庆祥	男	48	旌德	商	城内东梅家弄寿昌里 1 号	
朱博渊	男	58	泾县	商		离沪
朱斗文	男	57	泾县	商	江宁路永德里 3 弄宋家 7555 号	
朱缙侯	男	44	泾县	商	江宁路 1054 号	
朱如山	男	43	泾县	商	新乐路 167 号	
朱尊一	男	56	泾县	教师		回乡
胡惠人	男	50	泾县	商	淮安路口顺泰袜厂	
胡歧珊	男	62	泾县	商	江宁路 1045 号	
胡幼卿	男	50	泾县	商	河南中路济阳里 11 号	
卫祝三	男	33	泾县	商	武定路慎余里 4 号	
曹次谨	男	62	泾县	商	永寿街原上里 10 号	
杨啸天	男	60	宁国	政	南昌路 59 号	
饶味新	男	60	宁国	政		回乡
汪棣章	男	56	太平	商	建国西路 550 号	
汪云裳	男	45	太平	商	四川南路兴业里 1 号	
方汉臣	男	59	太平	商	金陵东路瑞康里 266 号	
陈子俊	男	46	太平	商	新乐路 137 弄 13 号	
江玉屏	男	51	太平	商	天津路太古辉内江宝记	
罗惠泉	男	51	太平	商		战后住址不明
孙子茀	男	58	婺源	商	河南北路景兴里慎源茶栈	
郑鉴源	男	58	婺源	商	天潼路怡如里源丰润茶栈	

续　表

姓　名	性别	年龄	籍贯	职业	住　　址	备　注
胡松圃	男	57	婺源	商	海宁路太原坊永兴隆茶栈	
程炳宏	男	65	婺源	商	安庆路同泰丰茶栈	
郑之樑	男	38	婺源	商	江西中路广东银行大楼402号	
洪经五	男	49	祁门	商	七浦路232弄3号	
张益斋	男	50	休宁	商	中正路西段(即福煦路)419号	
余贻荪	男	39	休宁	商	南京东路香粉弄大申绸庄	
汪雨辰	男	50	休宁	商	福佑路72号裕昌当	

资料来源:《上海市社会局关于徽宁会馆注册登记等文件·上海市徽宁会馆全体董事名册》,Q6-9-110,上海市档案馆藏。

参 考 文 献

一、史料文献

(一) 地方志

1. 淳熙《新安志》,《宋元方志丛刊》第 8 册,中华书局 1990 年版。

2. 弘治《徽州府志》,《天一阁藏明代方志选刊》21—22,上海古籍书店 1964 年版。

3. 嘉靖《徽州府志》,《北京图书馆古籍珍本丛刊・史部・地理类》第 29 册,书目文献出版社 1988 年版。

4. 万历《歙志》,《上海图书馆藏稀见方志丛刊》第 123—125 册,国家图书馆出版社 2011 年版。

5. 康熙《常熟县志》,《中国地方志集成・江苏府县志辑》第 21 册,江苏古籍出版社 1991 年版。

6. 康熙《徽州府志》,《中国方志丛书》华中地方第 237 号,成文出版社 1975 年版。

7. 康熙《婺源县志》,《中国方志丛书》华中地方第 676 号,成文出版社 1985 年版。

8. 康熙《休宁县志》,《中国方志丛书》华中地方第 90 号,成文出版社 1970 年版。

9. 乾隆《婺源县志》,《中国方志丛书》华中地方第 678 号,成文出版社 1985 年版。

10. 嘉庆《绩溪县志》,《中国方志丛书》华中地方第 724 号,成文出版社 1985 年版。

11. 嘉庆《西安县志》,《中国方志丛书》华中地方第 66 号,成文出版社 1970 年版。

12. 嘉庆《黟县志》,《中国方志丛书》华中地方第 725 号,成文出版社 1983 年版。

13. 道光《徽州府志》,《中国方志丛书》华中地方第 235 号,成文出版社 1975 年版。

14. 道光《婺源县志》,《中国方志丛书》华中地方第 679 号,成文出版社 1985 年版。

15. 道光《休宁县志》《中国地方志集成·安徽府县志辑》第 52 册,江苏古籍出版社 1998 年版。

16. 道光《黟县志》,《中国地方志集成·安徽府县志辑》第 56 册,江苏古籍出版社 1998 年版。

17. 同治《湖州府志》,《中国方志丛书》华中地方第 54 号,成文出版社 1970 年版。

18. 同治《九江府志》,《中国方志丛书》华中地方第 267 号,成文出版社 1975 年版。

19. 同治《南浔镇志》,《中国地方志集成·乡镇志专辑》第 22 册,上海书店 1992 年版。

20. 同治《祁门县志》,《中国地方志集成·安徽府县志辑》第 55 册,江苏古籍出版社 1998 年版。

21. 同治《如皋县续志》,《中国方志丛书》华中地方第 46 号,成文出版社 1970 年版。

22. 同治《黟县三志》,《中国地方志集成·安徽府县志辑》第 57 册,江苏古籍出版社 1998 年版。

23. 同治《玉山县志》,《中国方志丛书》华中地方第 274 号,成文出版社 1975 年版。

24. 光绪《常山县志》,《中国方志丛书》华中地方第 209 号,成文出版社 1975 年版。

25. 光绪《长兴志拾遗》,光绪二十三年刻本。

26. 光绪《常昭合志稿》,《中国地方志集成·江苏府县志辑》第 22 册,江苏古籍出版社 1991 年版。

27. 光绪《富阳县志》,《中国方志丛书》华中地方第 583 号,成文出版社 1983 年版。

28. 光绪《嘉兴府志》,《中国方志丛书》华中地方第 53 号,成文出版社 1970 年版

29. 光绪《兰溪县志》,《中国方志丛书》华中地方第 178 号,成文出版社 1974 年版。

30. 光绪《罗店镇志》,《中国地方志集成·乡镇志专辑》第 4 册,上海书店 1992 年版。

31. 光绪《清河县志》,《中国方志丛书》华中地方第 60 号,成文出版社 1970 年版。

32. 光绪《苏州府志》,《中国方志丛书》华中地方第 5 号,成文出版社 1970 年版。

33. 光绪《皖政辑要》,《安徽历代方志丛书》,黄山书社 2005 年版。

34. 光绪《婺源乡土志》,《中国方志丛书》华中地方第 681 号,成文出版社 1985 年版。

35. 民国《重修婺源县志》,《中国地方志集成·江西府县志辑》第 27 册,江苏古籍出版社 1996 年版。

36. 民国《大场里志》,上海市地方志办公室编:《上海乡镇旧志丛书》第 11 册,上海社会科学院出版社 2006 年版。

37. 民国《德清县志》,《中国方志丛书》华中地方第 465 号,成文出版社 1983 年版。

38. 民国《淮安河下志》,《中国地方志集成·乡镇志专辑》第 16 册,上海书店 1992 年版。

39. 民国《怀宁县志》,《中国地方志集成·安徽府县志辑》第 11 册,江苏古籍出版社 1998 年版。

40. 民国《建德县志》,《中国方志丛书》华中地方第 69 号,成文出版社 1970 年版。

41. 民国《江阴县续志》,《中国方志丛书》华中地方第 25 号,成文出版社 1970 年版。

42. 民国《菱湖镇志》,《中国地方志集成·乡镇志专辑》第 24 册,上海书店 1992 年版。

43. 民国《濮院志》,《中国地方志集成·乡镇志专辑》第 21 册,上海书店 1992 年版。

44. 民国《衢县志》,《中国方志丛书》华中地方第 195 号,成文出版社 1974 年版。

45. 民国《歙县志》,《中国地方志集成·安徽府县志辑》第 51 册,江苏古籍出版社 1998 年版。

46. 民国《寿昌县志》,《中国方志丛书》华中地方第 51 号,成文出版社 1970 年版。

47. 民国《芜湖县志》,《中国方志丛书》华中地方第 88 号,成文出版社 1970 年版。

48. 民国《吴县志》,《中国地方志集成·江苏府县志辑》第 11、12 册,江苏古籍出版社 1991 年版。

49. 民国《夏口县志》,《中国地方志集成·湖北府县志辑》第 3 册,江苏古籍出版社 2013 年版。

50. 民国《黟县四志》,《中国地方志集成·安徽府县志辑》第 59 册,江苏古籍出版社 1998 年版。

51. 民国《鸳鸯湖小志》,民国二十四年铅印本。

52. 黄山市报业志编纂委员会编:《黄山市报业志》,黄山书社 1998 年版。

(二) 正史、政书、文集、征信录、报告书等

1.《安徽咨议局第一期报告书》，安徽省图书馆古籍部藏。

2.《大清法规大全》，政学社宣统二年印本。

3. 戴启文：《新安游草》，家藏自印本，安徽图书馆古籍部藏。

4. 道光《重续歙县会馆录》，国家图书馆藏。

5. 道光《登善集》，安徽省图书馆古籍部藏。

6. 道光《绩溪捐助宾兴盘费记》，绩溪县图书馆古籍部藏。

7. 董敷桂编：《紫阳书院志略》，嘉庆十一年刻本。

8.《典业须知》，浙江新安惟善堂抄本。

9. 傅岩：《歙纪》，崇祯刻本，安徽省图书馆古籍部藏。

10. 光绪《九江新安笃谊堂征信录》，黄山学院图书馆藏。

11. 光绪《浙省新建安徽会馆征信录》，浙江省图书馆古籍部藏。

12. 光绪《歙县馆录》，黄山学院图书馆藏。

13.《徽宁旅沪同乡会第一届报告书》，上海图书馆古籍文献部藏。

14.《徽宁思恭堂征信录》，不分卷，民国六年第三十七刻，上海图书馆古籍文献部藏。

15.《徽宁医治寄宿所征信录》，民国五年第五刻，上海图书馆古籍文献部藏。

16.《徽属义赈征信录》，宣统二年刻本，上海图书馆古籍文献部藏。

17.《徽州不缠足会章程》，安徽图书馆古籍部藏。

18.《旅京歙县同乡录》(1927 年)，黄山市歙县档案馆藏。

19.《旅溧新安同乡会简章》，黄山学院图书馆藏。

20. 刘汝骥：《陶甓公牍》，《官箴书集成》第 10 册，黄山书社 1997 年版。

21.《绩溪县志馆第一次报告书》，安徽省图书馆缩微胶卷室藏。

22. 民国《京师休宁会馆公立规约》，安徽省图书馆古籍部藏。

23.《新安笃谊堂征信录》，光绪十三年刻本，上海图书馆古籍文献

部藏。

24.《新安思安堂征信录》,民国九年第一刻,上海图书馆古籍文献部藏。

25.《新安惟善堂征信全录》,光绪七年刻本,安徽省图书馆古籍部藏。

26.《新安惟善堂征信全录》,光绪十七年刻本,安徽省图书馆古籍部藏。

27.《新安惟善堂征信全录》,光绪二十九刻本,上海图书馆古籍文献部藏。

28.《新安屯溪公济局征信录》,光绪二十二年刻本,安徽省图书馆古籍部藏。

29. 民国《新安义园征信录》,上海图书馆古籍文献部藏。

30. 咸丰《遗爱堂征信录》,安徽省图书馆古籍部藏。

31.《塘栖新安怀仁堂征信录》,光绪戊寅年初刊,上海图书馆古籍文献部藏。

32.《思义堂征信录》,宣统三年石印本,吴平、张智主编:《中国祠墓志丛刊》第 28 册,广陵书社 2004 年版。

33.《歙县旅沪同乡会第一届报告书》,Q117-27-3,上海市档案馆藏。

34.《歙县旅沪同乡会第八届报告书》,Q117-27-3,上海市档案馆藏。

35.《歙县旅沪同乡会第十三届报告书》,Q117-27-3,上海市档案馆藏。

36.《歙县旧第四区郑村乡旱灾筹赈会征信录》,黄山市歙县档案馆藏。

37. 汪廷栋等编:《重建新安会馆征信录》,安徽图书馆古籍部藏。

38. 夏炘:《景紫堂文集》,沈云龙主编“近代中国史料丛刊”第 934 种第 1 册,文海出版社 1986 年版。

39. 宣统元年《徽商公所征信录》。

40. 许承尧撰,李明回、彭超、张爱琴校点:《歙事闲谭》,黄山书社

2001 年版。

41. 余之芹:《经历志略》,复旦大学图书馆古籍部藏。

42.《浙省新建安徽会馆征信录》,浙江省图书馆古籍部藏。

43. 朱寿朋编:《光绪朝东华录》,中华书局 1958 年版。

44. 朱琦:《小万卷斋文稿》,《清代诗文集汇编》第 494 册,上海古籍出版社 2010 年版。

(三) 族谱

1. 乾隆《重修古歙东门许氏宗谱》,清乾隆二年刻本。

2. 道光《新安歙西沙溪汪氏族谱》,清道光五年刻本。

3. 民国《(婺源)双杉王氏支谱》,民国三十五年孝睦堂铅印本,张海瀛、武新立、林万清主编:《中华族谱集成》王氏谱卷第十八册,巴蜀书社 1995 年版。

4. 光绪《绩溪金紫胡氏宗谱》,光绪三十三年木刻本。

5. 民国《绩溪庙子山王氏谱》,民国二十四年排印本。

6. 民国《(婺源)星江严田李氏宗谱》,民国十一年刊本。

7. 民国《新安柯氏族谱》,民国二十四年木活字本。

8. 民国《黟县鹤山李氏宗谱》,民国六年木活字本。

(四) 近代档案

1.《董事会董事名额分配名单》,Q6 - 9 - 110,上海市档案馆藏。

2.《公益慈善团体登记表》,Q6 - 9 - 110,上海市档案馆藏。

3.《华东区上海市公(私)立医院诊所调查表》(1951 年 4 月 11 日),B242 - 1 - 370,上海市档案馆藏。

4.《徽宁旅沪同乡会第三届报告书·十五年份救助报告表》,Y4 - 1 - 304,上海市档案馆藏。

5.《上海市徽宁会馆 1946 年度经费收支预算表》,Q6 - 9 - 110,上海市档案馆藏。

6.《上海市社会局关于徽宁会馆注册登记等文件·上海市徽宁会馆章程》,Q6-9-110,上海市档案馆藏。

7.《上海市社会局关于歙县旅沪同乡会申请登记的文件·人民团体理监事履历表》,Q6-5-1034,上海市档案馆藏。

8.《上海市社会局关于徽宁十二县旅沪同乡会申请登记文件·人民团体理监事履历表》,Q6-5-964,上海市档案馆藏。

9.《上海市社会局关于徽宁十二县旅沪同乡会申请登记文件·本届当选之负责人姓名及履历》,Q6-5-964,上海市档案馆藏。

10.《上海市社会局关于休宁旅沪同乡会申请登记的文件·人民团体理监事履历表》,Q6-5-1037,上海市档案馆藏。

11.《上海市社会局关于婺源旅沪同乡会申请登记的文件·人民团体理监事履历表》,Q6-5-1037,上海市档案馆藏。

12.《上海市社会局关于黟县旅沪同乡会申请登记的文件·人民团体理监事履历表》,Q6-5-1036,上海市档案馆藏。

13.《歙县旅沪同乡会新厦落成纪念特刊》,1948年6月6日出版,Y4-1-305,上海市档案馆藏。

14.《新安旅禾同乡会章程》,L035-001-0212,浙江省档案馆藏。

15.《星江敦梓堂》,Q6-9-85,上海市档案馆藏。

(五)近代报刊

1.《安徽白话报》

2.《安徽教育行政周刊》

3.《茶声》

4.《春晓》

5.《大公报》

6.《妇女杂志》

7.《古黟新语》

8.《国闻周报》

9.《徽光》

10.《徽州日报》

11.《今代妇女》

12.《绩溪评论》

13.《民国日报》

14.《祁门旅休同学会会刊》

15.《商业月报》

16.《申报》

17.《神州日报》

18.《时报》

19.《皖事汇报》

20.《微音》

21.《吴江》

22.《新安月刊》

23.《新黎里》

24.《黟山青年》

25.《黟县同学会期刊》

26.《益世报》

27.《战时记者》

28.《中外日报》

29.《中央日报》

（六）资料汇编

1. 安徽省立茶业改良场编:《皖浙新安江流域之茶业》,上海大文印刷所 1934 年印行。

2. 北京市档案馆编：《北京会馆档案史料》，北京出版社 1997 年版。

3. 陈学文：《湖州府城镇经济史料类纂》，浙江社会科学院出版社 1989 年版。

4. 江苏省博物馆编：《江苏省明清以来碑刻资料选集》，生活·读书·新知三联书店 1959 年版。

5. 李华编：《明清以来北京工商会馆碑刻选编》，文物出版社 1980 年版。

6. 李金龙、孙兴亚主编：《北京会馆资料集成》，学苑出版社 2007 年版。

7. 彭泽益主编：《中国工商行会史料集》，中华书局 1995 年版。

8. 上海博物馆图书资料室编：《上海碑刻资料选辑》，上海人民出版社 1980 年版。

9. 上海市文史馆、上海市人民政府参事室文史资料工作委员会编：《上海地方史资料》(三)，上海社会科学院出版社 1984 年版。

10. 舒新城编：《中国近代教育史资料》，人民教育出版社 1961 年版。

11. 苏州历史博物馆等编：《明清苏州工商业碑刻集》，江苏人民出版社 1981 年版。

12. 王国平、唐力行主编：《明清以来苏州社会史碑刻集》，苏州大学出版社 1998 年版。

13. 王日根、薛鹏志主编：《中国会馆志资料集成》第一辑，厦门大学出版社 2013 年版。

14. 张湘炳、蒋元卿、张子仪编：《辛亥革命安徽资料汇编》，黄山书社 1990 年版。

15. 故宫博物院明清档案部编：《清末筹备立宪档案史料》，中华书局 1979 年版。

二、学术论著

(一) 著作

1. 卞利主编:《徽州文化史》(近代卷),安徽人民出版社 2015 年版。

2. 陈瑞:《明清徽州宗族与乡村社会控制》,安徽大学出版社 2013 年版。

3. (美) 杜赞奇著,王福明译:《文化、权力与国家——1900—1942 年的华北农村》,江苏人民出版社 1996 年版。

4. 范金民:《明清江南商业的发展》,南京大学出版社 1998 年版。

5. 方光禄、许向峰、章慧敏等著:《徽州近代师范教育史(1905—1949)》,安徽师范大学出版社 2013 年版。

6. 方汉奇:《中国近代报刊史》,山西人民出版社 1981 年版。

7. 冯剑辉:《近代徽商研究》,合肥工业大学出版社 2009 年版。

8. 傅衣凌:《明清社会经济史论文集》,人民出版社 1982 年版。

9. (日) 夫马进著,伍跃、杨文信、张学锋译:《中国善会善堂史研究》,商务印书馆 2005 年版。

10. 高红霞:《上海福建人研究(1843—1953)》,上海人民出版社 2008 年版。

11. 郭绪印:《老上海的同乡团体》,文汇出版社 2003 年版。

12. (美) 顾德曼著,宋钻友译,周育民校:《家乡、城市和国家——上海的地缘网络与认同,1853—1937》,上海古籍出版社 2004 年版。

13. 胡颂平编:《胡适之先生晚年谈话录》,联经出版事业公司 1984 年版。

14.《胡适自传》,江苏文艺出版社 1995 年版。

15. 李瑊:《上海的宁波人》,上海人民出版社 2000 年版。

16. 李森堡:《同业公会研究》,青年书店 1947 年版。

17. 梁其姿：《施善与教化——明清的慈善组织》，河北教育出版社2001年版。

18. 刘道胜：《明清徽州宗族文书研究》，安徽人民出版社2008年版。

19. 刘淼辑译：《徽州社会经济史研究译文集》，黄山书社1988年版。

20.（美）罗威廉著，江溶、鲁西奇译：《汉口：一个中国城市的商业和社会（1796—1889）》，中国人民大学出版社2005年版。

21.（美）韩起澜著，卢明华译：《苏北人在上海，1850—1980》，上海古籍出版社2004年版。

22. 桑兵：《晚清学堂学生与社会变迁》，广西师范大学出版社2007年版。

23. 宋钻友：《广东人在上海（1843—1949年）》，上海人民出版社2007年版。

24. 宋钻友：《同乡组织与上海都市生活的适应》，上海辞书出版社2009年版。

25.（美）施坚雅主编，叶光庭等译，陈桥驿校：《中华帝国晚期的城市》，中华书局2000年版。

26. 唐力行：《明清以来徽州区域社会经济研究》，安徽大学出版社1999年版。

27. 唐力行：《徽州宗族社会》，安徽人民出版社2005年版。

28. 唐力行等著：《苏州与徽州——16—20世纪两地互动与社会变迁的比较研究》，商务印书馆2007年版。

29. 唐力行：《延续与断裂：徽州乡村的超稳定结构与社会变迁》，商务印书馆2015年版。

30. 陶明选：《明清以来徽州信仰与民众日常生活研究》，光明日报出版社2014年版。

31. 王日根:《乡土之链:明清会馆与社会变迁》,天津人民出版社 1996 年版。

32. 王日根:《明清民间社会的秩序》,岳麓书社 2003 年版。

33. 王裕明:《明清徽州典商研究》,人民出版社 2012 年版。

34. 王振忠:《徽州社会文化史探微——新发现的 16—20 世纪民间档案文书研究》,上海社会科学院出版社 2002 年版。

35. 王振忠:《明清以来徽州村落社会史研究——以新发现的民间珍稀文献为中心》,上海人民出版社 2011 年版。

36. 吴媛媛:《明清徽州灾害与社会应对》,安徽大学出版社 2014 年版。

37. 谢国兴:《中国现代化的区域研究——安徽省》,"中研院"近代史研究所专刊第 64 种,1991 年。

38. 徐松如:《都市文化视野下的旅沪徽州人(1843—1953 年)》,上海人民出版社 2015 年版。

39. 杨正泰校注:《天下水陆路程 · 天下路程图引 · 客商一览醒迷》,山西人民出版社 1992 年版。

40. 詹鸣铎著,王振忠、朱红整理校注:《我之小史》,安徽教育出版社 2008 年版。

41. 张海鹏、王廷元主编:《徽商研究》,安徽人民出版社 1995 年版。

42. 周绍泉、赵华富主编:《'95 国际徽学学术讨论会论文集》,安徽大学出版社 1997 年版。

43. 朱浒:《地方性流动及其超越——晚清义赈与近代中国的新陈代谢》,中国人民大学出版社 2006 年版。

44. 朱美予编著:《中国茶叶》,中华书局 1937 年版。

45. 邹怡:《明清以来的徽州茶业与地方社会(1368—1949)》,复旦大学出版社 2012 年版。

（二）论文

1. 卞利：《明清时期徽商对灾荒的捐助与赈济》，《光明日报》（理论版）1998 年 10 月 23 日。

2. 卞利：《20 世纪徽学研究回顾》，《徽学》第二卷，安徽大学出版社 2002 年版。

3. 卞利：《徽商与明清时期的社会公益事业》，《中州学刊》2004 年第 4 期。

4. 陈联：《商人会馆新论——以徽州商人会馆为例》，《徽学》2000 年卷，安徽大学出版社 2001 年版。

5. 陈联：《徽州会馆与徽商网络》，《光明日报》2001 年 7 月 31 日，第 B04 版。

6. 储德天、徐松如《从歙县旅沪同乡会组织来看社会变迁》，《黄山学院学报》2004 年第 1 期。

7. 范金民：《清代江南会馆公所的功能性质》，《清史研究》1999 年第 2 期。

8. 范金民：《清代徽州商帮的慈善设施——以江南为中心》，《中国史研究》1999 年第 4 期。

9. 范金民：《清代徽商与经营地民众的纠纷——六安徽州会馆案》，《安徽大学学报》（哲学社会科学版）2005 年第 3 期。

10. 范金民：《身在他乡不是客——清代商人会馆的功能》，《寻根》2007 年第 6 期。

11. 冯剑辉：《近代徽商地缘网络研究——以上海同乡组织为例》，《淮北煤炭师范学院学报》（哲学社会科学版）2010 年第 1 期。

12. 冯筱才：《中国大陆最近之会馆史研究》，《近代中国史研究通讯》第 30 期，2000 年 9 月。

13. 冯筱才：《乡亲、利润与网络：宁波商人与其同乡组织，1911—1949》，《中国经济史研究》2003 年第 2 期。

14. (美) 顾德曼:《民国时期的同乡组织与社会关系网络——从政府和社会福利概念的转变中对地方、个人与公众的忠诚谈起》,《史林》2004 年第 4 期。

15. 郭绪印:《评近代上海的会馆(公所)、同乡会》,《上海师范大学学报》(哲学社会科学版)2015 年第 1 期。

16. 黄志繁、邵鸿:《晚清至民国徽州小农的生产与生活——对 5 本婺源县排日账的分析》,《近代史研究》2008 年第 2 期。

17. 蒋含平、张芳:《民国时期旅沪徽州人团体“徽社”研究》,《安徽大学学报》(哲学社会科学版)2014 年第 3 期。

18. (法) 劳格文撰,王振忠译:《传统徽州村落社会的日常生活》,《民间文化论坛》2013 年第 3 期。

19. 李琳琦:《明清徽商妇教子述论》,《华东师范大学学报(教育科学版)》2005 年第 3 期。

20. 李琳琦:《论徽商研究中的几个问题》,《安徽史学》2014 年第 2 期。

21. 刘凤云:《清代北京会馆的政治属性与士商交融》,《中国人民大学学报》2005 年第 2 期。

22. 刘家富:《近代旅沪徽商的“乡土之链”——徽宁会馆述论》,《江苏社会科学》2010 年第 3 期。

23. 刘石吉:《一九二四年上海徽帮墨匠罢工风潮——近代中国城市手艺工人集体行动之分析》,《江淮论坛》1989 年第 1 期、第 2 期。

24. 刘永华:《从“排日账”看晚清徽州乡民的活动空间》,《历史研究》2014 年第 5 期。

25. 刘永华:《小农家庭、土地开发与国际茶市(1838—1901)——晚清徽州婺源程家的个案分析》,《近代史研究》2015 年第 4 期。

26. 罗莉:《近年来徽州木材业研究综述》,《农业考古》2014 年第 3 期。

27. 马敏：《中国近代博览会事业与科技、文化传播》,《历史研究》2004 年第 2 期。

28. 彭南生：《近代中国行会到同业公会的制度变迁历程及其方式》,《华中师范大学学报》(人文社会科学版)2004 年第 3 期。

29. 邱国盛：《从国家让渡到民间介入——同乡组织与近代上海外来人口管理》,《华东师范大学学报》(哲学社会科学版)2005 年第 3 期。

30. 沈旸：《扬州会馆录》,《文物建筑》第 2 辑。

31. (日) 寺田隆信：《关于北京歙县会馆》,《中国社会经济史研究》1991 年第 1 期。

32. 宋钻友：《民国时期上海同乡组织与移民社会关系初探》,《上海社会科学院学术季刊》1996 年第 3 期。

33. 宋钻友：《从会馆、公所到同业行会的制度变迁——兼论政府与同业组织现代化的关系》,《档案与史学》2001 年第 3 期。

34. 唐力行：《论商人妇与明清徽州社会》,《社会学研究》1992 年第 4 期。

35. 唐力行：《从杭州的徽商看商人组织向血缘化的回归——以抗战前夕杭州汪王庙为例论国家、民间社团、商人的互动与社会变迁》,《学术月刊》2004 年第 5 期。

36. 唐力行：《徽州旅沪同乡会与社会变迁(1923—1953)》,《历史研究》2011 年第 3 期。

37. 唐力行：《城乡之间：徽州旅沪同乡会的救乡功能》,《安徽史学》2013 年第 1 期。

38. 唐力行：《城乡之间：1947 年歙县旅沪同乡会扑灭家乡疟疾运动会》,《史林》2013 年第 1 期。

39. 田彤：《民国时期劳资关系史研究的回顾与思考》,《历史研究》2011 年第 1 期。

40. (日) 田仲一成：《清代会馆戏剧考——其组织·功能·变迁》,

《文化艺术研究》第 5 卷第 3 期,2012 年 7 月。

41. 王丽韫:《从徽州贞节牌坊的盛行看徽商妇的生存状态》,《铜陵学院学报》2007 年第 6 期。

42. 王静:《试论近代天津的山东旅津同乡会》,《历史教学》(高校版)2007 年第 7 期。

43. 王奇生:《工人、资本家与国民党——20 世纪 30 年代一例劳资纠纷的个案分析》,《历史研究》2001 年第 5 期。

44. 王日根:《国内外中国会馆史研究述评》,《文史哲》1994 年第 3 期。

45. 王日根:《明清时代会馆的演进》,《历史研究》1994 年第 4 期。

46. 王日根:《晚清至民国时期会馆演进的多维趋向》,《厦门大学学报》(哲学社会科学版)2004 年第 2 期。

47. 王日根、徐萍:《晚清杭州徽商所建新安惟善堂研究》,《安徽大学学报》(哲学社会科学版)2013 年第 6 期。

48. 王日根、徐萍:《清后期杭州徽商木业公所的剖析》,《浙江学刊》2014 年第 5 期。

49. 王裕明:《〈仁峰集〉与明中叶徽州社会》,《安徽大学学报(哲学社会科学版)》2005 年第 5 期。

50. 王振忠:《同善堂规则章程——介绍徽商与芜湖的一份史料》,《安徽大学学报》(哲学社会科学版)1999 年第 4 期。

51. 王振忠:《徽州旅浙硖石同乡会与〈徽侨月刊〉》,《福建论坛》2001 年第 2 期。

52. 王振忠:《清末徽州学生的〈庚戌袖珍日记〉》,《安徽史学》2009 年第 1 期。

53. 王振忠:《晚清民国时期江南城镇中的徽州木商——以徽商章回体自传小说〈我之小史〉为例》,《传统中国研究集刊》第二辑,上海人民出版社 2006 年版。

54. 王振忠：《徽州与衢州：江南城乡的片断记忆——稿本〈静寄轩见闻随笔、静寄轩杂录〉初探》，《社会科学》2011 年第 3 期。

55. 王振忠：《上海徽商余之芹的生平及其时代——近代徽州重要史料〈经历志略〉研究》，《安徽史学》2013 年第 2 期。

56. 王振忠：《20 世纪初以来的村落调查及其学术价值——以社会学家吴景超的〈皖歙岔口村风土志略〉为例》，《安徽大学学报》(哲学社会科学版)2015 年第 3 期。

57. 王振忠：《万安停槥处：一处徽州慈善设施的重要遗存》，《寻根》2015 年第 3 期。

58. 魏文亨：《近代工商同业公会研究之现状与展望》，《近代史研究》2003 年第 2 期。

59. 魏文亨：《雇主团体与劳资关系——近代工商同业公会与劳资纠纷的处理》，《安徽史学》2005 年第 5 期。

60. 魏文亨：《回归行业与市场：近代工商同业公会研究的新进展》，《中国经济史研究》2013 年第 4 期。

61. 吴慧：《会馆、公所、行会：清代商人组织演变述要》，《中国经济史研究》1999 年第 3 期。

62. 吴媛媛、何建木：《晚清徽州社会救济体系初探——以光绪三十四年水灾为例》，《中国历史地理论丛》2007 年第 2 期。

63. 武强：《团结亲爱·嘉惠灾黎·告慰同乡：河南旅沪同乡会的事业(1930—1950)》，《兰州学刊》2011 年第 12 期。

64. 徐思彦：《20 世纪 20 年代劳资纠纷问题初探》，《历史研究》1992 年第 5 期。

65. 徐松如：《试析同乡网络在婺源回皖运动中的社会动员能力》，《江西师范大学学报》(哲学社会科学版)2014 年第 1 期。

66. 徐松如：《旅沪徽州人与近代徽州文教事业》，《安徽史学》2014 年第 5 期。

67. 杨正军：《近 30 年来中国善会善堂组织研究述评》，《开放时代》2010 年第 2 期。

68. 尤育号：《民国时期旅外同乡组织与家乡社会的双向互动——以温州旅沪同乡会为例》，《中国社会经济史研究》2015 年第 2 期。

69. 虞和平：《清末以后城市同乡组织形态的现代化——以宁波旅沪同乡组织为中心》，《中国经济史研究》1998 年第 3 期。

70. 余南宁：《女子教育——20 世纪前期徽州妇女口述史之三》，《黄山学院学报》2009 年第 4 期。

71. 张朝胜：《民国时期的旅沪徽州茶商——兼谈徽商衰落问题》，《安徽史学》1996 年第 2 期。

72. 赵崔莉：《徽商妇的“琵琶行”——论明清徽商妇的品质特征及贡献》，《安徽史学》2002 年第 1 期。

73. 赵赟：《竹枝词中的徽商妇形象研究》，《妇女研究论丛》2008 年第 3 期。

74. 郑小春：《从繁盛走向衰落：咸同兵燹破坏下的徽州社会》，《中国农史》2010 年第 4 期。

75. 周致元：《明清徽州妇女节烈风气探讨》，《95’国际徽学学术讨论会论文集》，安徽大学出版社 1997 年版。

76. 邹怡：《善欲何为：明清时期北京歙县会馆研究（1560—1834）》，《史林》2015 年第 5 期。

77. 朱英：《近代中国同业公会的传统特色》，《华中师范大学学报》（人文社会科学版）2004 年第 3 期。

（三）学位论文

1. 何建木：《商人、商业与区域社会变迁——以清民国的婺源县为中心》，复旦大学历史系博士学位论文，2006 年。

2. 刘芳正：《民国时期上海徽州茶商与社会变迁》，上海师范大学人文与传播学院硕士学位论文,2009 年。

3. 沈树永:《徽宁同乡会研究》,上海师范大学人文与传播学院硕士学位论文,2008 年。

4. 孙向群:《身在京华,心系齐鲁——近代旅京山东人群体研究》,山东大学博士学位论文 2009 年。

后　　记

可能是战线拉得太长的缘故，当我准备为本书的出版撰写一些背景介绍性质的文字时，却不知从何处说起。这是根据本人主持的国家社会科学基金青年项目“旅外徽州人与近代徽州社会变迁研究”(11CZS049)的结项书稿修改而成的同名专著，也是十余年来从事徽学研究的一个阶段性总结。

能踏上徽学的学习、研究之路，与自己的求学经历息息相关。在南京大学历史系攻读硕士学位期间，范金民老师开设的“明清史史料学”“江南经济史研究”，夏维中老师开设的“明清史专题”“明清史籍导读”等课程都对徽学的研究现状和徽州文献有所介绍，“徽学”成了日常学习交流中的高频词。我在历史系资料室经常看到在读博士生的安徽大学卞利教授、安徽省社会科学院陈瑞研究员奋笔抄录徽州文书，耳濡目染，对那些颜色发黄、款式不一的契约、簿册也产生了很大兴趣，偶尔请阅览室老师取出一两件看看热闹，但因基础薄弱，常把一件契约文书读得支离破碎，不解其意，遑论从中发现问题了，后来在做毕业论文时就避开了徽学。之后时时为当初的选择懊悔不已，南大历史系资料室所藏徽州文书量多质优，为学界所瞩目，我却没有加以利用，如入宝山空手回，徒留遗憾。2005 年 9 月，我进入复旦大学历史地理研究中心，在王振忠教授指导下攻读博士学位。王老师是学界公认的徽学研究名家，对学生的培养倾注了很多心血，在课堂上带领大家一起研读徽州文书以提高文献阅读能力。王老师要求严格，为了破解难认的字，课前我们一遍遍地释读文书，查草书字典，联系上下文仔细推敲，实在识别不出的，才由王老师定夺，一个学期下来，认识了很多疑难杂字，再读徽州文书就感觉轻松了很多。现在想来，那种疑义相与析的师生交流场景是多么的温馨和令人难忘。2007年暑假，我在阅读清末徽州知府刘汝骥的《陶甓公牍》时，发现徽州一府六县兴办新式教育的资料比较集中，就以此为主干材料，再辅之以地方志和《申报》中的相关史料，先后撰写发表了《发展与困局：清末徽州新式教育运作实态论述》《清末徽州新式教育经费筹措与配置研究》两篇论文，这也是我从事徽学研究的初步尝试。

2008年6月博士毕业后，我进入安徽大学徽学研究中心专职从事科研工作，为尽快转入徽学研究领域，我放弃了博士论文的修改，想方设法搜集徽学资料，建立个人的史料库。除了在中心资料室阅读家谱，我主要利用地利之便，到安徽省图书馆古籍部查阅徽州文献。由于该馆的检索系统需要输入所查文献的首字，我又不熟悉馆藏情况，只好采用最笨的方法，查阅登记馆藏文献信息的卡片，从字母a开始，一张张地翻下去，遇到可能是徽州文献的就抄录下来。有两个月左右的时间，我几乎每天都站在古籍部门前的走廊里翻看卡片，很多珍稀文献的信息渐次浮现出来，此后就带着笔记本电脑风雨无阻地前往图书馆输入资料。由于之前写过清末徽州教育的论文，我便以此为核心，不断扩充史料收集范围，经过大半年的忙碌，终于把缩微胶卷室收藏的《徽州日报》《新安月刊》《徽光》等一批报刊资料整理了出来。在资料整理的过程中，时常感到莫名的压力，年终单位考核要看发表了几篇论文、参加了几次学术会议，申请到几项课题，而这对于手中没有任何学术资源的青年教师来说，都不是容易做到的事情。从年初开始，就要绞尽脑汁填写各类课题申请书，有时明知道是做无用功，还是要不停地去写，就像买彩票，不买是一点希望都没有，买了则有中的可能。这种患得患失的心情无形中影响到教学、科研的效率，愈是申请不到课题愈要坚持，从而挤占了思考、写论文的时间，让人不得安宁，仿佛陷入恶性循环，但是若想在高校站稳讲台，就必须面对无法自主掌控命运的生活状态。只有在应付多种压力的仓皇无措中，逐步学会调整心态，才能以不变应万变，否则只能越来越被动。

尽管硕士、博士阶段都没有选择徽学，但对江南的关注也在一定程度上影响了我对徽学的认识，而没有将视野局限在徽州本土。江南是明清时期商品经济高度发达之区，也是徽商活动的主要区域，上至繁华都市，下至偏僻乡村，都能见到徽商四处奔波的身影。正因为对江南的史料有所了解，自然就注意到分布在江南境内的以徽商为主体的徽州人。2011 年，我在此前积累的基础上，以“旅外徽州人与近代徽州社会变迁研究”为题申报国家社科基金项目，侥幸得中。课题立项后，身上的压力瞬间减轻了很多，感觉终于能踏实做点事情了。我集中精力翻阅了安徽图书馆所藏徽州族谱的原件和胶卷，把徽学研究中心资料室所藏《徽州千年契约文书》和刘伯山研究员主编的 4 辑 40 册《徽州文书》等大型史料一页一页地翻过，对安徽大学图书馆收藏的《民国日报》《中央日报》《益世报》《大公报》等报纸也逐份查阅，并全面检索了学校图书馆购买的大成老旧刊数据库和瀚堂近代报刊数据库。经过近两年的努力，终于收集到一大批与课题直接相关的材料，有徽州同乡会档案和新闻报道、徽州会馆和善堂征信录、旅外徽州人通讯录等，先后整理出五十多万字的文档。这种资料收集整理工作看似很忙碌，却因没有很好地利用时间发表论文，焦虑感再次油然而生。几年的兜兜转转切身感受到在高校工作，需要不断地为教学、科研投入时间，容不得半点懈怠。

每当坐在寂静无声的办公室里眺望外面的一方世界，感觉自己离学术界越来越远，内心涌动着迫切改变现状的想法。2014 年 10 月起，我进入中国社会科学院历史研究所从事博士后研究工作，合作导师杨珍研究员给予了慈母般的关怀与宽容，使得我能够继续徽学研究。只要家中能走得开，我就会在北京待一段时间，先后在国家图书馆、中国第一历史档案馆和中国社会科学院历史研究所图书馆查阅徽州文献。

在北京的生活虽然孤独忙碌，但也异常充实。工作日出去查资料，每天来回挤三个小时的地铁，晚上回到宿舍身体很疲惫，但一想到当天又看到史料价值高的文献立刻充满了精神动力。周末便待在房间阅读文献、撰写论文，周而复始。2015 年，我有幸作为子课题负责人加入王振忠教授主持的国家社会科学基金重大项目“明清以来徽州会馆文献整理与研究”（14ZDB034），参与整理了一批徽州会馆资料。自 2015 年 12 月起，我集中全部精力撰写书稿，无论在合肥还是在北京，每天都要写几个小时。至 2016 年 6 月，终于完成全部工作。经过数月的等待，课题结项成果通过了鉴定，等级为“良好”。我参考专家意见，对书稿进行了压缩修改。这是一个值得继续关注的话题，因水平和时间所限，还有太多的不足，只有留待在下一阶段的工作改进了。

自己在徽学研究领域蹒跚起步，迄今尚未取得令人自豪的成绩，但回望过去，一路得到太多师友的帮助和提携。衷心感谢从硕士到博士、博士后各个阶段的导师夏维中教授、范金民教授、王振忠教授、杨珍研究员。自己天资鲁钝，又乏上进之心，但几位导师以极大的宽容之心待我，时常加以提点，让我感受到来自老师的温暖关怀。师恩难忘，唯有心存感念，勉力前行，以不负老师的栽培、关爱之恩。安徽大学徽学研究中心是个温馨团结的集体，我在卞利教授主持工作期间进入中心，时常得到他的督促和提携。程雁雷副校长兼任主任期间，虽然学校行政事务繁忙，但她桑梓情深，时刻关心中心的发展，争取到很多资源，打开了僵局，提振了士气。周晓光主任继往开来，放手让大家去做事。单位虽小，但也是大家的安身立命之本，衷心希望中心有一个光明的未来，也真诚感谢中心各位同事对我的支持和帮助。我能进入中国社会科学院历史研究所进行博士后研究工作，离不开卜宪群所长的帮助和阿风研究员的引荐，对两位老师的关照诚致谢意。书稿在撰写过程中，承蒙安徽日报社退休高级记者鲍义来先生、《安徽大学学报》编辑部张朝胜老师、复旦大学社会发展与公共政策学院李甜博士、歙县党史地志办公室邵宝振主任、休宁县地方志办公室汪顺生主任、黄山学院马克思主义学院冯剑辉教授、刘芳正博士等惠赐个人收藏的资料，让我省下很多心力，体会到学术研究之外的乐趣。责任编辑王亮为本书出版付出了辛勤的劳动，在此一并致谢。

时间飞逝，在踏入工作岗位的这十年里，我完成了多重身份的转变。从一个双手空空，一文不名的穷学生到现在双子成行，生活安定，这一切都离不开妻子张爱萍副教授的默默付出。她操持家务，抚育幼子，帮我省去了很多烦心事，让不善交际的我能够安心向学。虽然生活清贫，也有很多压力，但因有她分担，我感受到前行的力量。此外，也要感谢双方父母和家人的关怀和支持。

随着书稿的付梓，过去十余年的努力将画上一个圆满的句号。轻轻掀过这一页，对未来充满期待！

二〇一八年七月